Horst Dietrich Preuß

Theologie des Alten Testaments

Band 1

JHWHs erwählendes und verpflichtendes Handeln

Verlag W. Kohlhammer
Stuttgart Berlin Köln

Die Deutsche Bibliothek – CIP-Einheitsaufnahme

Preuß, Horst Dietrich:
Theologie des Alten Testaments /
Horst Dietrich Preuß. -
Stuttgart ; Berlin ; Köln : Kohlhammer.

Bd. 1. JHWHs erwählendes und verpflichtendes Handeln. – 1991
ISBN 3-17-011074-8

Stuttgart Berlin Köln
Verlagsort: Stuttgart
Umschlag: Studio 23
Gesamtherstellung:
W. Kohlhammer Druckerei GmbH + Co. Stuttgart
Printed in Germany

Vorwort

In der alttestamentlichen Wissenschaft ist zur Zeit vieles im Umbruch und umstritten. In dieser Situation eine "Theologie des Alten Testaments" vorzulegen, ist ein Wagnis. Dieses Wagnis wird aber teilweise dadurch aufgewogen, daß jede solcher Darstellungen ihrer Zeit verpflichtet ist und diese mit ihren Fragen und Problemen widerspiegelt. Außerdem ist das Wagnis auch durch die Situation der heutigen Studierenden der Theologie gerechtfertigt. Das Erscheinen des bedeutenden Werks von *G. von Rad* liegt über 30 Jahre zurück. *W. Zimmerli* hatte vor, seinem "Grundriß" eine größere Darstellung folgen zu lassen. Was not tut, ist eine nicht zu knappe, mit Einblicken in die veränderte Forschungssituation verbundene, neue Zusammenschau des alttestamentlichen Glaubenszeugnisses, die natürlich nicht vom Standpunkt des Verfassers absehen kann (s. § 1). So sollen Verweise, Zitate und Literaturangaben diesem Buch auch etwas vom Charakter eines Lehrbuches geben. Bibeltexte auszudrucken war jedoch unmöglich. Sie müssen nachgeschlagen werden. Daß bei der Art der Darstellung es auch Wiederholungen gibt, ist so unvermeidlich wie beabsichtigt.
Der vorliegende Versuch, dessen zweiter Band (s. S. VIII) *deo volente* baldmöglichst folgen soll, weiß um seine Grenzen. Vieles von dem, was heute "neu" ist, findet zwar Erwähnung, nicht aber immer Zustimmung des Autors. Andere mögen hier später Ergänzendes, Korrigierendes oder anders Orientiertes vorlegen. Neben der Absicht, die Zeugniswelt des Alten Testaments einigermaßen vollständig zu erfassen, stehen zwei Sonderinteressen des vorliegenden Werkes. Hinter und in der Fülle dessen, was das Alte Testament uns vermittelt, wird nach *Grundstrukturen* des in diesen Schriften bezeugten Glaubens gefragt. Da aber das alttestamentliche Israel ohne seine damalige *Umwelt* nicht recht gesehen werden kann, wird ferner öfter ein Blick auf die Religionen dieser Umwelt geworfen, die sich uns immer deutlicher erschließt. Außerdem möchten diese Seitenblicke etwas mehr verhindern, daß an der Verflechtung der Bibel in ihre religionsgeschichtliche Umwelt vorbei Theologie getrieben wird. Was Israels Glaube an Eigenem und Besonderem bietet, wird eher durch solche Vergleiche, nicht aber bereits dadurch herausgestellt, daß man die Religionen der Umwelt der Bibel außer acht läßt.
Das Manuskript des vorliegenden ersten Bandes wurde im Herbst 1990 abgeschlossen. Danach erschienene oder mir erst später zugängliche Literatur konnte (schon aus drucktechnischen Gründen) nicht mehr eingearbeitet werden. Ein Werk, das manches des hier Gesagten abgesichert, modifiziert und ergänzt hätte, sei aber noch genannt, nämlich *J. Assmann's* gehaltvolles Buch über die "Ma'at. Gerechtigkeit und Unsterblichkeit im Alten Ägypten" (München 1990).
Für manche Hilfen danke ich Frau Pfarrerin Dr. J. Hausmann und Herrn stud.theol. I. Schurig. Frau A. Siebert führte mich in den Umgang mit einem Computer ein und gab der Druckvorlage die Endgestalt. Dem Verlag W. Kohlhammer und seinem Lektor J. Schneider, der mich zu dieser Arbeit ermunterte, danke ich für die Betreuung und Herausgabe des Werkes.

Neuendettelsau, im März 1991 *Horst Dietrich Preuß*

Inhaltsverzeichnis

Band 2 wird enthalten:

III. Die Auswirkungen und das Weiterdenken der Urerwählung:
Die weiteren Objekte des geschichtlich erwählenden Handelns JHWHs
(= §§ 6 - 10)

§ 6: Die Erzvätererzählungen
§ 7: Das Königtum und die messianische Hoffnung
§ 8: Der Tempel und die Gottesstadt
§ 9: Das Priestertum und die Leviten
§ 10: Die Propheten

IV. Folgen und Folgerungen der erfahrenen geschichtlichen Erwählung
(= §§ 11 - 15)

§ 11: Der Israelit und seine Gottesbeziehung (Anthropologie)
§ 12: Das Leben der Erwählten (Grundfragen von Ethos und Ethik)
§ 13: Der Gottesdienst Israels (Kultus)
§ 14: Die Zukunft des Gottesvolkes (Zukunftserwartungen, Eschatologie, Apokalyptik)
§ 15: Das erwählte Gottesvolk und die Völker

§ 1: Standortbestimmung - Zu Geschichte, Methodik und Aufbau einer "Theologie des Alten Testaments"[1]

1. Eine Vorlesung oder gar ein Buch über die "Theologie des AT"[2] ist einerseits die schönste und wichtigste Aufgabe innerhalb der atl. Wissenschaft, anderseits aber auch die schwierigste. Da muß der Versuch gemacht werden, eine Zu-

---

1 Der geschichtlichen Orientierung dienen: *L.Diestel,* Geschichte des A.T. in der christlichen Kirche, 1869 (und Neudruck).- *H.Karpp,* Das A.T. in der Geschichte der Kirche, 1939.- *R.C.Dentan,* Preface to O.T. Theology, ²New York 1963.- *E.G.Kraeling,* The O.T. since the Reformation, New York (1955) 1969.- *J.S.Preus,* From Shadow to Promise. O.T. Interpretation from Augustin to the Young Luther, Cambrigde/Mass. 1969.- *R.E.Clements,* A Century of O.T. Study, Guildford and London 1976.- *H.-J.Kraus,* Geschichte der historisch-kritischen Erforschung des A.T., (1956) ³1982.- *ders.,* Die Biblische Theologie. Ihre Geschichte und Problematik, 1970.- *W.Zimmerli,* Art. "Biblische Theologie. I: A.T.", TRE 6 (1980), 426-455 (Lit.).- *J.H.Hayes & F.C.Prussner,* O.T. Theology. Its History and Development, London 1985.- *R.Smend,* Deutsche Alttestamentler in drei Jahrhunderten, 1989.- Vgl. auch *W.H.Schmidt,* "Theologie des A.T." vor und nach G.von Rad, VuF 17, 1972 (H.1), 1-25 (Lit.).- *J.Scharbert,* Die biblische Theologie auf der Suche nach ihrem Wesen und ihrer Methode, MThZ 40, 1989, 7-26.

2 In der folgenden Darstellung werden bestimmte, oft herangezogene und wichtige Standardwerke nur noch mit Verfasserangabe und abgekürztem Titel zitiert. Dabei handelt es sich um:
E.Sellin, Theologie des A.T., (1933) ²1936 (zitiert: Theol.).-
W.Eichrodt, Theologie des A.T., Teil 1 [Gott und Volk], (1933) ⁸1968; *ders.,* Teil 2/3 [Gott und Welt/Gott und Mensch], (1935/1939) ⁷1974 (zitiert: Theol.).-
L.Köhler, Theologie des A.T., (1935) ⁴1966 (zitiert: Theol.).-
O.Procksch, Theologie des A.T., 1950 (zitiert: Theol.).-
E.Jacob, Théologie de l'Ancien Testament, (1955) ²1968 (zitiert: Théol.).-
Th.C.Vriezen, Theologie des A.T. in Grundzügen, (holl. 1949) 1956 (zitiert: Theol.).-
G.von Rad, Theologie des A.T., Bd.I: Die Theologie der geschichtlichen Überlieferungen, (1957), ⁵1966 [u.ö.]; *ders.,* Bd.II: Die Theologie der prophetischen Überlieferungen, (1960) ⁴1965 [u.ö.] (zitiert: Theol.I bzw. Theol.II).
H.H.Rowley, The Faith of Israel, (1956) London 1965 (zitiert: Faith).-
E.Jacob, Grundfragen atl. Theologie, 1970 (zitiert: Grundfragen).-
G.Fohrer, Theologische Grundstrukturen des A.T., 1972 (zitiert: Grundstrukturen).-
A.Deissler, Die Grundbotschaft des A.T. Ein theologischer Durchblick, 1972 [u.ö.] (zitiert: Grundbotschaft).
C.Westermann, Theologie des A.T. in Grundzügen, (1978) ²1985 [ATD Erg.Bd. 6] (zitiert: Theol.).-
R.E.Clements, O.T. Theology. A Fresh Approach, London 1978 (zitiert: Theol.).-
H.Graf Reventlow, Hauptprobleme der atl. Theologie im 20. Jahrhundert, 1982 [EdF 173] (zitiert: Hauptprobleme).-
B.S.Childs, O.T. Theology in a Canonical Context, London 1985 (zitiert: Theol.).-
W.H.Schmidt, Atl. Glaube in seiner Geschichte, (1968) ⁶1987 (zitiert: Atl. Glaube).-
W.Zimmerli, Grundriß der atl. Theologie, (1972) ⁶1989 (zitiert: Theol.).-

sammenschau der Glaubens- und Zeugniswelt des AT zu bieten. Das AT ist nun aber eine Schriftensammlung, eine Bibliothek unterschiedlicher Texte aus einem Zeitraum von vielleicht 1000, zumindest aber etwa 800 Jahren. Es ist außerdem nicht nur ein vielschichtiges, sondern auch ein umfangreiches Buch, dazu eines aus uns fernliegender Zeit mit vielfach uns fremder Art des Denkens, und wer kann folglich von sich sagen: "Ich kenne und verstehe das AT"? So ist jeder Versuch einer solchen Zusammenschau mit persönlichen Eigenarten behaftet, d.h. im vorliegenden Versuch mit *meinen* Eigenarten und Mängeln, mit der Art und den Grenzen meiner Erkenntnis.[3]
Wenn nun ein Alttestamentler eine "Theologie des AT" vorträgt oder gar schreibt, dann ist dies der Ort, wo er sich und anderen zusammengefaßt Rechenschaft gibt über sein Verständnis des AT, "d.h. vor allem über die theologischen Probleme, die dadurch entstehen, daß die Mannigfaltigkeit des alttestamentlichen Zeugnisses auf ihren Zusammenhang hin befragt wird."[4] Damit ist zugleich gesagt, daß unter einer "Theologie des AT" hier *die* Theologie verstanden wird, die das AT selbst enthält und bietet, nicht aber die, welche das AT zum Gegenstand hat[5], weil die zweitgenannte Fragestellung mehr in die Hermeneutik oder die Fundamentaltheologie gehört. Schließlich ist eine "Theologie des AT" von einer "Geschichte der atl.-israelit. Religion" zu unterscheiden. Aber mit diesen ersten, hier nur angedeuteten Fragen sind schon wichtige Probleme angesprochen, die genauer zu entfalten sind.

2.a) Wer nach der Entstehung der Forschungsdisziplin "Atl. Theologie" und nach den wichtigsten Werken innerhalb ihrer Geschichte fragt[6], wird - wie auch im Bereich der ntl. Theologie oder der biblischen Theologie überhaupt - an die Antrittsrede des Altdorfer Theologen *Johann Philipp Gabler* vom 30.3.1787 verwiesen[7], die das Thema hatte "Oratio de justo discrimine theologiae biblicae et dogmaticae regundisque recte utriusque finibus".[8] Hier wird die biblische Theologie von der alleinigen Zulieferung von dicta probantia für die Dogmatik befreit und als primär historisch orientiertes Fragen gegenüber der "lehrenden" dogmatischen Theologie, deren Notwendigkeit er nicht bestritt, gekennzeichnet, wobei im biblischen Bereich Sprachgebrauch, Begrifflichkeit, Eigenart und zeitliche Einordnung der Texte zu berücksichtigen sind, um die "wahre biblische

---

3 Zum Problem des eigenen Standorts und dessen Grenzen vgl. weiterführend *E.Gerstenberger,* Der Realitätsbezug atl. Exegese, in: VT Suppl 36, 1985, 132-144 und *J.W.Rogerson,* "What Does it Mean to be Human?", in: The Bible in Three Dimensions (JSOT Suppl 87), 1990, 285-298.

4 Vgl. *G.Ebeling,* Was heißt "Biblische Theologie"?, in: *ders.,* Wort und Glaube I, ^{3}1967, 88 (Zitat gekürzt).

5 Vgl. *Th.C.Vriezen,* Theol., 94.

6 Vgl. dazu auch: *O.Procksch,* Theol., 19-47.

7 Für die Zeit davor vgl. *J.H.Hayes & F.C.Prussner,* O.T. Theology (s. Anm.1), 5ff.

8 Lateinisch in: *ders.,* Opuscula academica 2, Ulm 1831, 179-194; in deutscher Übersetzung am besten zugänglich in: *G.Strecker (Hg.),* Das Problem der Theologie des N.T., 1975 (WdF 367), 32-44.- Dazu: *R.Smend,* Universalismus und Partikularismus in der Alttestamentlichen Theologie des 19. Jahrhunderts, EvTh 22, 1962, 169-179.- *ders.,* Johann Philipp Gablers Begründung der biblischen Theologie, EvTh 22, 1962, 345-357.- *M.Sæbø,* Johann Philipp Gablers Bedeutung für die Biblische Theologie, ZAW 99, 1987, 1-16.-

Theologie" sammelnd, ordnend und vergleichend darzustellen, dabei auch den Unterschied zwischen Religion und Theologie genau zu erheben. Dadurch, daß *Gabler* zwischen "wahrer" und "reiner" biblischer Theologie unterschied und die erstere in den mehr zeitgebundenen Aussagen der biblischen Autoren, die zweite in den "ewigen Wahrheiten" mit Gültigkeit für alle Zeiten fand, bereitete er schon die Unterscheidung zwischen nur darstellender und zugleich wertender biblischer Theologie vor.

Machte man mit diesen Forderungen Ernst, mußte es notwendig auch zur Unterscheidung zwischen einer Theologie des AT von einer des NT kommen, was *Gabler* noch nicht im Blick hatte. Der erste Versuch dieser Art[9] kam (1796) nochmals aus Altdorf und stammte von *Georg Lorenz Bauer.*[10] Er will das AT und die in ihm enthaltenen Religionsideen, z. B. über Gott, Engel, Dämonen und den Menschen in seiner Gottesbeziehung, im Geist des Zeitalters der atl. Schriften lesen. Dieses Zeitalter wird von ihm differenzierend in fünf Epochen aufgegliedert, und die Religionen der Umwelt des alten Israel werden vergleichend herangezogen. Man solle das AT als Vorstufe des NT sehen und nicht bereits christliche oder auch nur ntl. Gedanken in ihm suchen. Aber sowohl *Gabler* als auch *G.L.Bauer* haben die Aufgabe einer vollen historischen Interpretation des AT noch nicht wirklich einer ersten Lösung zuführen können. Ihre und d.h. besonders *Gablers* Anregungen wurden erst später voll wirksam.

An dieser Aufgabe versuchten sich dann weiter *Gottlieb Philipp Christian Kaiser* (1813/14/21)[11] und besonders *Wilhelm Martin Leberecht de Wette,* letzterer 1813 (^{3}1831) mit seinem Werk "Biblische Dogmatik Alten und Neuen Testaments. Oder kritische Darstellung der Religionslehre des Hebraismus, des Judenthums und des Urchristentums"[12]. Der Titel schon läßt erkennen, daß es, neben der jetzt deutlicher vollzogenen Trennung von AT und NT, auch weiterhin um die seit *Gabler* gestellten zwei Probleme geht: Eine historische Interpretation des biblischen Befundes und gleichzeitig dessen systematische Zusammenfassung, oder - etwas verändert ausgedrückt - das Erheben des Befundes einerseits und dessen Wertung anderseits. Dabei wird (besonders bei *de Wette)* zugleich deutlich, daß man sich um eine Verhältnisbestimmung der atl. Religion in ihrer Entwicklung zur Geschichte der Offenbarung überhaupt und um ihr Verhältnis zum NT und zum Christentum bemüht, und dies z.B. unter den Fragen nach dem Verhältnis von vorexilischer zu nachexilischer Religion Israels

---

9 Der "Entwurf einer reinen biblischen Theologie" von *Chr.F.von Ammon* (1792) war faktisch noch ein Rückschritt hinter *Gabler.*

10 "Theologie des A.T. oder Abriß der religiösen Begriffe der alten Hebräer. Von den ältesten Zeiten bis auf den Anfang der christlichen Epoche. Zum Gebrauch akademischer Vorlesungen", Leipzig 1796.

11 "Die biblische Theologie, oder Judaismus und Christianismus nach der grammatisch-historischen Interpretation und nach einer freymütigen Stellung in die kritisch-vergleichende Universalgeschichte der Religionen, und die universale Religion".- Der Titel des Werkes zeigt an, daß hier deutlicher zwischen AT und NT geschieden und die allgemeine Religionsgeschichte herangezogen werden sollte. Aber auch das AT als solches wurde vor allem in seiner sich von unserem Denken und Glauben unterscheidenden Fremdheit dargestellt.

12 Vgl. genauer zu beiden: *W.Zimmerli,* TRE 6, 429f.- *J.H.Hayes & F.C.Prussner,* (s. Anm.1), 91ff.98ff.- Zu *de Wette*: *R.Smend,* W.M.L. de Wettes Arbeit am A. und am N.T., 1958.

(Hebraismus und Judaismus) und von Partikularismus und Universalismus[13]. Gleichzeitig zeigte die an *de Wette* anschließende kritische Diskussion[14], daß es schon damals nicht leicht war, eigene Probleme und Vorentscheidungen oder eben auch Beeinflussungen durch die Philosophie (bei *de Wette* die von *J.F.Fries*) aus den Darstellungen und besonders den Wertungen herauszuhalten. *De Wette* versuchte aber auch bereits eine Art "Mitte" des AT zu orten, denn für ihn war Gott als "heiliger Wille" die "Grundidee" des AT.

b) Dieser Einfluß der Philosophie und hier dann der *Hegels* ist klar zu spüren bei *Wilhelm Vatke,* der 1835 sein Werk "Die biblische Theologie wissenschaftlich dargestellt. I. Die Religion des A.T." herausbrachte.[15] Nach einer Einführung und Grundlegung, die den philosophischen und damit auch terminologischen Standort des Autors beschreibt, versucht *Vatke* im Hegelschen Dreischritt von These, Antithese und Synthese, der dem AT aber nicht überall leicht zu entnehmen ist und oft den historischen Erkenntnissen *Vatke's* sich nicht wirklich fügt, die Stufen der Religion als Entwicklungsstufen des Bewußtseins, der Selbstverwirklichung des reinen Geistes in der Geschichte zu sehen. Hierbei wird - *Wellhausen* vorwegnehmend - das Gesetz mit seinen theokratischen Institutionen, worunter vor allem das gerechnet wird, was wir heute der sog. Priesterschrift zuweisen, als Antithese den Propheten (These) nachgeordnet. Das Christentum bietet, nach der positiv gesehenen atl. Weisheitsliteratur, in der das spezifisch Jüdische verschwindet, dann die krönende Synthese. "Theologie" des AT wurde damit aber zugleich vorwiegend in der Form einer Darstellung der geschichtlichen Entwicklung der atl. Religion vom Niederen zum Höheren geboten, und die Unterscheidung von "Begriff" und "Erscheinungsform" von Religion bringt auch hier erneut die Spannung zwischen reiner Darstellung und Wertung des Dargestellten zum Ausdruck.

Eine Reihe weiterer Werke zur Theologie des AT erschien dann vorwiegend posthum[16], und der Einfluß der Forschungen *Wellhausen's* sowie der religionsgeschichtlichen Schule *(Gunkel, Greßmann u.a.)* bewirkte, daß man sich an eine mehr systematisch orientierte Darstellung einer Theologie des AT kaum noch heranwagte. Es erschienen vielmehr jetzt eher Darstellungen der isr.-jüd. Religionsgeschichte. So betonte *R.Smend (sen.)* ausdrücklich, daß er nicht systematisch, sondern historisch darstellen wolle[17], und als *K.Marti* 1903 die frühere "Theologie des A.T." von *A.Kayser* ([2]1894) in 3. und 4. Auflage neu herausgab, benannte er sie um in "Geschichte der isr. Religion". Eine mehr an der geschichtlichen Abfolge und Entwicklung ausgerichtete "Biblische Theologie des A.T." ist auch das zweibändige, materialreiche und gründliche Werk von *B.Stade*

---

13 Dazu *R.Smend* (s. Anm.8).

14 Dazu erneut knapp, aber instruktiv: *W.Zimmerli,* TRE 6, 430ff. Dort (wie auch bei *J.H.Hayes & F.C.Prussner,* [s. Anm.1], 92ff.) auch zu den folgenden, hier aber übergehbaren Entwürfen von *D.G.C. von Cölln* (1836 posthum) und *C.P.W.Gramberg* (1829/30).

15 Zu ihm: *L.Perlitt,* Vatke und Wellhausen, 1965 (BZAW 94).

16 Vgl. *W.Zimmerli,* TRE 6, 433 (dort Nennung der Personen und Werke).- Vgl. *B.Stade,* Bibl. Theol. des A.T., Bd.1, 1905, 22: "Die Biblische Theologie des AT ist eine Wissenschaft der posthumen Werke."- Siehe auch erneut: *J.H.Hayes & F.C.Prussner,* (s. Anm.1), 103ff.

17 Lehrbuch der atl. Religionsgeschichte, 1893; [2]1899.

(Bd.I)[18] und *A.Bertholet* (Bd.II) aus den Jahren 1905 und 1911. Ähnliches gilt von der 1911 posthum erschienenen "Biblische(n) Theologie des A.T." von *E.Kautzsch.* Dergleichen an der Geschichte der isr.-jüd. Religion orientierte Werke haben ihre Nachfolger gefunden und ihr Recht bis heute als *eine* Art, sich der Glaubenswelt des AT zu nähern, behalten.[19]
Von inzwischen mehr forschungsgeschichtlichem Interesse, als daß sie für heutiges Fragen nach einer "Theologie des AT" noch wirkliche Bedeutung haben könnten, sind dann die Werke von *G.F.Oehler* (1845; ferner 1873 u.ö.) mit einer ausgeprägt heilsgeschichtlichen, historisch-genetischen Sicht[20], *E.Riehm* (1889), *A.Dillmann* (1895) und selbst von *H.Ewald* (1871-1876).[21]
Anders ist die "Alttestamentliche Theologie" von *H.Schultz* mit ihrem Untertitel "Die Offenbarungsreligion auf ihrer vorchristlichen Entwickelungsstufe" zu beurteilen (zuerst 1869). Sie erlebte mehrere Neuauflagen und ständig neue Bearbeitungen durch ihren Verfasser (5.Aufl. 1896), war als Lehrbuch bei damaligen Studenten beliebt und ist für uns auch insofern von Bedeutung, als der Verfasser sich genötigt, aber auch in der Lage sah, in der Abfolge der Neubearbeitungen fortschreitend Fragestellungen und Ergebnisse aufzunehmen, die von den Forschungen *J.Wellhausen's* und *B.Duhm's* betreffs Gesetz und Propheten ausgingen.[22] Festzuhalten ist, daß *Schultz* ab der 4. und besonders der 5.Auflage als ersten Hauptteil (^{5}, S.59-309) eine Religionsgeschichte Israels unter dem Titel "Die Entwicklung der Religion und Sitte Israels bis zur Aufrichtung des Hasmonäerstaates" bietet, bevor der zweite Hauptteil "Das Heilsbewußtsein der Gemeine des zweiten (!) Tempels" unter den Themen Gott und Welt, Mensch und Sünde und Hoffung Israels "rein geschichtlich" (^{5}4) darzustellen versucht. Sowohl diese Zweiteilung als auch die Unterthemen des zweiten Teils sollten ihre Nachwirkungen haben. Hervorzuheben ist außerdem, daß *Schultz*, neben Erörterungen über AT und Religionsgeschichte sowie AT-NT, seiner Darstel-

---

18 Vgl. dort den ersten Satz: "Unter Biblischer Theologie des AT versteht man die Geschichte der Religion unter dem Alten Bunde" (I/1). "Biblische" Theologie sei dies aber wegen des Zusammenhangs mit dem NT (I/2.5.13 u.ö.).- Zu *Stade* vgl. *R.Smend,* Deutsche Alttestamentler... (s. Anm.1), 129ff.

19 Vgl. etwa noch: *E.König,* Geschichte der Atl. Religion, (1912) $^{3+4}$1924.- *R.Kittel,* Die Religion des Volkes Israel, 1920.- *G.Hölscher,* Geschichte der isr. und jüd. Religion, 1922.- *G.Fohrer,* Geschichte der isr. Religion, 1969.- *W.Eichrodt,* Religionsgeschichte Israels, 1969.- *G.W.Anderson,* The History and Religion of Israel, (1966) Oxford 1971.- *H.Ringgren,* Israelitische Religion, (1963) ^{2}1982.- *W.Kornfeld,* Religion und Offenbarung in der Geschichte Israels, 1970.- *W.H.Schmidt,* Atl. Glaube in seiner Geschichte, (1968) ^{6}1987. Das letztgenannte, in 1.Aufl. noch unter dem Titel "Atl. Glaube in seiner Umwelt" erschienene Werk nimmt allerdings (bezeichnenderweise?) immer mehr den Charakter einer "Theologie des AT" an (s.u.).

20 Vgl. später noch das Werk von *W.und H.Möller,* Biblische Theologie des A.T. in heilsgeschichtlicher Entwicklung, 1938 (heilsgeschichtlich-konservativ, weithin der Abfolge der atl. Texte folgend und diese öfter typologisch auf ntl. Befunde beziehend).

21 Dazu *W.Zimmerli,* TRE 6, 433-436.- Zu den wenigen und vor allem nicht sehr bedeutsamen Werken zur atl. Theologie, die im 19. und beginnenden 20.Jh. außerhalb Deutschlands erschienen, vgl. *J.H.Hayes & F.C.Prussner,* (s.Anm.1), 123ff.

22 Zu *Schultz* vgl. *W.Zimmerli,* a.a.O., 436f.

lung ein wichtiges Kapitel über "schriftstellerische Formen in den Schriften des A.T." vorausschickte, wo z.B. auch über Mythus und Sage gehandelt wird und sich bereits der später von *H.Gunkel* etwas modifizierte, programmatisch herausgestellte Satz findet, daß die Genesis das Buch der heiligen Sage sei (22). Nach *Schultz* war es das Königtum Gottes, das Reich Gottes, welches sowohl das AT in sich als dieses mit dem NT verband[23]. Aus dem sonstigen engeren Schüler- und Freundeskreis um *J.Wellhausen* kam neben den bereits genannten historisch orientierten Darstellungen der Religion Israels nur die "Theologie der Propheten" von *B.Duhm* (1875), die aber auch historisch fragte, um anhand der Theologie der Propheten eine "Grundlage für die innere Entwicklungsgeschichte der israelitischen Religion" zu geben.
Den Versuch einer nicht nur historischen, sondern auch systematischen[24] "Darstellung der Faktoren und Ideen, die in der alttestamentlichen Heilsgeschichte sich als lebendig erwiesen haben", wagte nach *H.Schultz* erst wieder *E.König* 1922 ($^{3+4}$1923) in seiner "Theologie des A.T. kritisch und vergleichend dargestellt." Das Werk blieb aber infolge mancher eigenwilliger Thesen und der besonders in seinem zweiten Teil stark dogmatisch bestimmten Fragestellung ohne großen Einfluß.
c) Wichtiger für die weitere Entwicklung wurden drei kleinere Beiträge, die erneut aus dem Kreis deutscher AT-ler stammten. 1921 erschien *R.Kittel's* Vortrag "Die Zukunft der atl. Wissenschaft".[25] Diese Wissenschaft solle nicht nur Archäologie und - wie vor allem bisher - Literarkritik und Literaturgeschichte sein und betreiben, sondern "Geistesgeschichte Israels", und das "spezifisch religiöse Gut" herausarbeiten, wie den Gottesdienst, den sittlichen Willen, die besonderen Persönlichkeiten, und darin die Höhe atl. Religion zeigen. Daß es *Kittel* dabei besonders um die Persönlichkeiten und die mit ihnen verbundene Geistesgeschichte ging, ließ auch sein Buch "Gestalten und Gedanken in Israel" (1925) erkennen.

---

23 Dazu ein für seine Sicht typisches Zitat: "Für einen alttestamentlich Frommen bedurfte es keiner Religionsveränderung, um ein Christ zu werden. Gefordert wurde nur die entscheidende Glaubensthat, wie jede prophetische Predigt sie doch auch fordert, und die bußfertige Gesinnung, die ebenfalls eine unveräußerliche Forderung aller Propheten ist, die das Kommen des Reiches Gottes verkündigen" (Atl. Theologie^5, 37f.).

24 Vgl. dazu aber die "kleine Erinnerung" von *A.Jepsen* (Theologie des A.T. Wandlungen der Formen und Ziele, in: Bericht von der Theologie, Berlin/DDR 1971, 15-32, dort 15:) Als auf dem Bonner Orientalistentag 1928 W.Eichrodt die "Theologie des A.T." von E.König als eine systematisch aufgebaute lobend hervorhob, "erhob sich (in der Aussprache) Eduard König und erklärte, seine Theologie sei keine systematische, sondern eine streng historische Arbeit, worauf Paul Volz als Vorsitzender meinte, es sei bezeichnend für die Situation, daß Kollege König für seine systematische Darstellung ein großes Lob bekommen habe, es aber nicht habe annehmen wollen." Dazu Jepsen: "In der Tat hatten beide recht". (Der Aufsatz von Jepsen ist insgesamt lesenswert.)

25 ZAW 39, 1921, 84-99.- Zu der hier beginnenden Forschungsepoche vgl. auch: *R.E.Clements,* A Century of O.T. Study, Guildford and London 1976, 118ff.

1926 regte *O.Eißfeldt* an[26], zwei Ebenen zu unterscheiden. Auf der Ebene der Religionsgeschichte gehe es um ein Erkennen. Die Religion Israels wird dort als *eine* Religion, als geschichtliche Größe zu erfassen versucht. Auf der Ebene der "Theologie" hingegen gehe es um den Glauben. Hier werde die Religion Israels als die *wahre* Religion, als Gottes Offenbarung, als Zeugnis betrachtet und nach ihrer Wahrheit gefragt. Die erste Ebene sei somit eher geschichtlich, die zweite systematisch darstellbar, und beide Methoden befruchten sich gegenseitig. Sie seien aber nicht zu vermengen, ihre Spannung sei zu ertragen, und ihre Einheit liege darin, daß es die *eine* Person des Forschers sei, die beides handhabe. Diese Argumentation erinnerte an seit *Gabler* aufgebrochene Fragen, war durch die beginnende dialektische Theologie angeregt[27], richtete sich aber auch bereits gegen sie, die vehement nach dem "Wort Gottes" fragte, und wollte die Selbständigkeit historischer Betrachtung sicherstellen.[28]
W.Eichrodt jedoch[29] wollte die beiden genannten Ebenen als Einheit sehen. Man könne ja zum Wesen der atl. Religion nur auf geschichtlichem Wege dringen. Die Frage nach Wahrheit und Wertung hingegen sei dann eine der Dogmatik, nicht aber der biblischen Theologie. Die Forschung dürfe nun aber nicht bei der genetischen Analyse stehenbleiben, sondern müsse eine große systematische Arbeit leisten, nämlich auch den Querschnitt durch das Gewordene legen, die innere Struktur einer Religion im Verhältnis ihrer verschiedenen Inhalte zueinander aufzeigen. Das sei zwar auch noch historische Arbeit, diese aber nicht unter normativer Fragestellung und auch noch nicht als "Zeugnis". Die atl. Theologie sei aus den Fesseln der atl. Religionsgeschichte zu befreien. Daß in diese Diskussion um das AT auch der "Streit um das AT" überhaupt hineinwirkte, wie dieser seit dem Babel-Bibel-Streit[30], dem seit Ende des 19. Jh.s verstärkt im Zusammenhang mit völkischen und rassischen Ideen sich entwickelnden Antisemitismus und dem heraufkommenden Nationalsozialismus entstanden war, sei nur angemerkt.[31]
d) Eine erste Folgerung aus dieser Debatte zog *E.Sellin.* Er veröffentlichte 1933 eine "Atl. Theologie auf religionsgeschichtlicher Grundlage" in zwei Bänden,

---

26 Israelitisch-jüdische Religionsgeschichte und atl. Theologie, ZAW 44, 1926, 1-12 (=*ders.,* KS I, 1962, 105ff.).- Später noch einmal aufgenommen und ausgebaut in: *ders.,* Geschichtliches und Übergeschichtliches im A.T., 1947.

27 Zu diesen Einflüssen vgl. *J.H.Hayes & F.C.Prussner,* (s. Anm.1), 154ff.- *H.Graf Reventlow,* Hauptprobleme..., 14ff.21ff.- Zu ihrer inhaltlichen Charakterisierung vgl. die Quellenbände "Anfänge der dialektischen Theologie" *(Hg. J.Moltmann),* TB 17 (2 Teile) 1962 (u.ö.)

28 Vgl. dazu auch: *W.Staerk,* Religionsgeschichte und Religionsphilosophie in ihrer Bedeutung für die biblische Theologie des A.T., ZThK NF 4, 1923, 289-300, und zu einem ähnlichen Nebeneinander wie *Eißfeldt* kam *C.Steuernagel,* Atl. Theologie und atl. Religionsgeschichte, in: FS K.Marti, 1925 (BZAW 41), 266-273.

29 Hat die atl. Theologie noch selbständige Bedeutung innerhalb der atl. Wissenschaft?, ZAW 47, 1929, 83-91.

30 Vgl. dazu *K.Johanning,* Der Babel-Bibel-Streit, 1988.

31 Vgl. dazu: *R.Abramowski,* Vom Streit um das A.T., ThR NF 3, 1937, 65-93.- *H.Graf Reventlow,* Hauptprobleme..., 11ff.31ff.- Ferner die der Auslegungs- und Wirkungsgeschichte des AT gewidmeten Abschnitte bei *A.H.J.Gunneweg,* Vom Verstehen des A.T. Eine Hermeneutik, (1977) ²1988 (ATD Erg. Bd.3) und *H.D.Preuß,* Das A.T. in christlicher Predigt, 1984.

von denen Bd.I (1933) eine "Israelitisch-jüdische Religionsgeschichte", Bd.II (1933) eine "Theologie des A.T." bot, wobei Bd.I das Werden und Wachsen der isr.-jüd. Religion darstellen wollte, Bd.II systematisch die religiöse Lehre und den Glauben, die sich in der jüdischen Gemeinde aufgrund der im AT gesammelten Schriften gebildet haben,- "aber nur, soweit sie Jesus Christus und seine Apostel als Voraussetzung und Grundlage ihres Evangeliums, als Offenbarung des von ihnen verkündeten Gottes anerkannt haben"(1). Man spürt den sich anbahnenden Wandel, und es verwundert nicht, wenn zwar der Bd.II 1936 eine zweite Auflage erlebte, nicht aber Bd.I. Der Bd.II (gegenüber Bd.I etwas weniger hypothesenfreudig) gliedert sich dann in drei Teile: Gott und sein Verhältnis zur Welt; der Mensch und seine Sünde; Gericht und Heil (vgl. später: *L.Köhler)*, unterscheidet dabei zwischen Volksreligion und Hochreligion, nationaler Kultreligion und prophetisch-sittlich-universalistisch-eschatologischer Religion, und die Idee vom "Heiligen Gott" ist nach *Sellin* für das AT besonders wichtig. *Sellin's* Auswahl- und Wertungsprinzip bewirken z.B. aber auch, daß die atl. Weisheitsliteratur im zweiten Band seines Werkes keine Rolle spielt. Die beiden Bände stehen ferner schlicht nebeneinander, und das Verhältnis von Religionsgeschichte und Theologie wird nicht genauer geklärt.
Schaut man - anderes vorerst übergehend - einige Zeit voraus, so kann ein ähnlich dualistisches, vor allem durch *H.Schultz* eingeführtes, Schema in der 1950 posthum herausgegebenen (und dabei bereits in manchen Bereichen, wie etwa betr. der Geschichtlichkeit von Abraham oder Mose überholten[32]) "Theologie des A.T." von *O.Procksch* gefunden werden. Sie enthält zwei Hauptteile, nämlich "Die Geschichtswelt" und "Die Gedankenwelt" des AT, wobei die "Geschichtswelt" von Abraham bis zur Apokalyptik führt, die "Gedankenwelt" wieder die Dreiteilung Gott und Welt, Gott und Volk, Gott und Mensch bietet. Der programmatische Anfangssatz des Werkes ("Alle Theologie ist Christologie", 1) kann dabei weder bewahrheitet noch durchgehalten werden.
Eine dem Werk *Sellin's* ähnliche Aufteilung in zwei Bände vollzog später auch *G.Fohrer*. Seiner "Geschichte der israelitischen Religion" (1969), in der er den Werdegang dieser Religion als normale Geschichte einer normalen Religion abhandeln wollte[33], folgte die systematische Darstellung der atl. Glaubenswelt in seinem Buch "Theol. Grundstrukturen des A.T." (1972; s.u.), in die er dann auch deutliche Wertungen hineinverlegte.
Wenn man unmittelbar vor der Erwähnung des großen Werks von *W.Eichrodt* innehält und fragt, welche Hauptprobleme einer "Theologie des AT" bisher be-

---

32 Die Diskrepanz zwischen dem hist.-krit. und dem atl. Geschichtsbild hatte schon *A.Köhler* (Lehrbuch der biblischen Geschichte des A.T., 1875-93) gesehen und in Richtung auf die Frage des Verhältnisses von Heilsgeschichte und Offenbarung zu durchdenken versucht: Atl. Heilsgeschichte sei nur die Geschichte der Offenbarungen Gottes, die sich im Bewußtsein der atl. Gemeinde widerspiegele! Dann also hat die göttliche Offenbarung ihre Geschichte nicht neben und außerhalb der profanen Geschichte Israels, sondern in ihr. Geschichte sei eben nicht nur Tatsache, sondern auch Interpretation und Aneignung.- Ähnliches konnte man auch schon bei *J.Köberle* (1905 und 1906) lesen (vgl. *H.-J.Kraus,* Gesch. der hist.-krit. Erforschung...,³380ff.). Die später angesichts der diesbezüglichen Thesen *G.von Rad's* aufbrechende Diskussion hätte hier schon einiges Klärende lernen können.

33 a.a.O., S.7f.

gegnet sind, dann wären zu nennen: (1) Das Verhältnis von atl. Religionsgeschichte zur AT-Theologie, damit eng zusammenhängend (2) das von historischer und/oder systematischer Darstellung. Bedenkt man das zweitgenannte Problem etwas genauer, entläßt es aus sich die Frage (3), woher man die möglicherweise gewählte Systematik bezieht, wie man zu der gewählten Gliederung und Anordnung kommt. Gott und Welt, Gott und Volk, Gott und Mensch z.B. erscheint als von außen an das AT herangetragen, wobei die Frage der richtigen Abfolge, des richtigen Einsatzes dieser Dreiteilung noch hinzukommt. Teilt man ein nach Gott - Mensch - Gericht und Heil, so ist eine solche Dreiteilung eher aus der (christlichen) Dogmatik entlehnt, als aus dem AT abgeleitet. Weitere Grundfragen werden zu den hier vorerst festgehaltenen drei methodischen wie inhaltlichen Hauptproblemen einer Theologie des AT hinzukommen. An sich war bereits von *Gabler* eine vierte Frage eingebracht worden, und etwa *Eißfeldt* oder *Eichrodt* hatten sie auf ihre Weise bedacht, nämlich das Verhältnis von (mehr historischer, deskriptiver) Darstellung und gleichzeitiger oder z.B. erst von der Dogmatik zu vollziehender Wertung (4). Man hatte diese Fragestellung aber, wie es schien, eine Zeitlang vergessen oder beiseite geschoben. In jüngster Zeit kommt sie jedoch neu auf, so daß später nochmals darauf einzugehen sein wird.

In Erlangen war *W.Eichrodt* Schüler von *O.Procksch* gewesen. 1933 (!) veröffentlichte *Eichrodt* den ersten Band seiner "Theologie des A.T.", der den Untertitel "Gott und Volk" trug. 1935 folgte Bd.II ("Gott und Welt"), 1939 Bd.III ("Gott und Mensch")[34]. Es war also gegenüber *Procksch* eine bewußte Umstellung der Hauptteile vorgenommen worden und atl. legitimer wurde mit "Gott und Volk" eingesetzt. Vor allem aber wollte *Eichrodt* "die Religion, von der die Urkunden des Alten Testaments berichten, als eine trotz wechselvoller geschichtlicher Schicksale in sich geschlossene Größe von beharrender Grundtendenz und gleichbleibendem Grundtypus" darstellen[35]. So will er mit seinem betont systematisch angelegten Werk "mit der Alleinherrschaft des Historismus" brechen und "die alttestamentliche Glaubenswelt in ihrer strukturellen Einheit.... begreifen und unter Berücksichtigung ihrer religiösen Umwelt einerseits, ihres Wesenszusammenhanges mit dem Neuen Testament andererseits in ihrem tiefsten Sinngehalt...deuten" (I^8,5f.)[36]. Das AT stehe zwischem dem Alten Vorderen Orient und dem NT; dies sei deutlich zu machen. So wird oft auf die Religionen der Umwelt geblickt, auch die Forschungslage zu den einzelnen Themen dargestellt.[37] Was das AT mit dem NT verbinde, sei die gemeinsame Ausrichtung auf die Königsherrschaft Gottes in dieser Welt. Der in dieser Weise bestimmte Bezug des AT zum NT, bei dem es ja letztlich auch um die Frage ging, welche Bedeutung eine atl. Theologie innerhalb christlicher Theologie hat

---

34 Später erschien das Werk in zwei Bänden, wobei in Bd.2 die Teile II und III der Erstauflage zusammengefaßt wurden.- Eine ausführlichere Würdigung des Werks findet sich (zusammen mit der des Werks von *G.von Rad;* s.u.) in *D.G.Spriggs*, Two O.T.Theologies, London 1974 (SBT Sec.Ser. 30).

35 So im Vorwort zur 1.Auflage (auch in den späteren Auflagen mit abgedruckt).

36 Eine "Religionsgeschichte Israels" schrieb *W.Eichrodt* erst 1953 im Rahmen des Sammelwerkes "Historia Mundi", Bd.II, S.377-448 und gab diese in überarbeiteter Form 1969 noch als Dalp-Taschenbuch Nr. 394D separat heraus.

37 In beidem liegt m.E. ein deutliches Plus dieses Werkes gegenüber der Darstellung *G.von Rad's*.

und haben kann, und diese eschatologische Ausrichtung des AT in der Interpretation von *Eichrodt* wurden leider oft zuungunsten des von ihm dann als für das AT beherrschend gesehenen Bundesgedankens nicht genug gewürdigt. Wichtig ist außerdem, daß *Eichrodt* hierin die charakteristische Bezeichnung einer Lebensbewegung sehen möchte, das beherrschende Zentrum des AT wie das eigentlich charakteristische Element der israelitischen Religion, und sich dagegen sperrt, nur nach der entsprechenden Vokabel zu suchen.

Die Kritik ging trotzdem vor allem und mit einem gewissen Recht auf die zu zentrale Stellung und die Überdehnung des Bundesgedankens zu[38], die man auch damals kritisch anmerken konnte, obwohl die neueren Arbeiten zu בְּרִית noch nicht vorlagen.[39] Dabei konnte *Eichrodt* an sich oft bestimmte atl. Sachverhalte darstellen, ohne den Bundesgedanken bemühen oder (wie zuweilen verfahrend) ihn urplötzlich und überraschend einzubringen zu müssen. Ja selbst das Fehlen des Bundesgedankens an Stellen und in Zusammenhängen, wo man ihn hätte hilfreich heranziehen können (Sünde, Vergebung), ist dann auffällig. Hinzukommt aber auch das starke theologische Engagement des Verfassers, das ihn nicht selten zu Überinterpretationen verleitet, zu theologischen Überfrachtungen. Trotz aller kritischen Anfragen aber bleibt festzuhalten, daß *Eichrodt's* Werk eine große Leistung darstellte, und daß sie außerdem zur rechten Zeit kam. Ab 1933 und auch noch nach 1945 hat diese "Theologie des A.T." vielen wertvolle Dienste geleistet, und sie tut es wegen ihrer Gründlichkeit und ihres Materialreichtums in bestimmten Bereichen heute noch.

Im Vorwort zur neubearbeiteten 5.Auflage des ersten Teils seines Werkes konnte *Eichrodt* (1957) noch auf Anfragen eingehen und seinen beibehaltenen Standpunkt unterstreichen. Theologie des AT bleibt für ihn eine historische Aufgabe, daraus folgt die Ablehnung aller Verlockungen, sie in das Gebiet der normativen Wissenschaften hineingreifen zu lassen. Ferner wird am Zentralbegriff des Bundes festgehalten, um von ihm aus "die strukturelle Einheit und beharrende Grundtendenz der alttestamentlichen Botschaft ins Licht zu stellen. Denn hier faßt sich die Grundüberzeugung Israels von seinem besonderen Verhältnis zu Gott zusammen" (VI). Und schließlich kann es nicht nur um Nacherzählung von Geschichtsberichten des AT gehen, auch nicht nur um die bruta facta dieser Geschichte, da inneres Geschehen und äußere Fakten nicht trennbar sind. Man ersieht leicht, daß inzwischen neue, weitere Fragen aufgekommen sein müssen, die den bisher[40] genannten vier Grundproblemen einer Theologie des AT hinzuzufügen sind. Doch zuvor muß die weitere Entwicklung skizziert werden.

1935 veröffentlichte *L.Köhler* eine knappe, aber sehr präzise "Theologie des A.T."[41] Ihre Stärken lagen, was bei dem Verfasser eines damals geplanten Wörterbuchs zum AT nicht verwundert, in den Begriffsuntersuchungen, den Wortstatistiken, damit auch in ihrer kurzen und prägnanten Sprache. "Wenn schon Theologie, dann auch systematisch", so hatte *Köhler* vorher geschrieben,- historische Differenzierungen bringt er dann innerhalb der einzelnen §§,- gleichzeitig aber betont, daß man diese Systematik, den Aufriß und die Ordnung des

---

38 Vgl. z.B. *L.Köhler*, ThR NF 7, 1935, 272f.

39 Vgl. dazu S.77f., Anm.219.

40 Siehe S.8f.

41 Vgl. auch seine Äußerungen in ThR NF 7, 1935, 255ff.; 8, 1936, 55ff.247ff.

theologischen Gehalts des AT nicht diesem selbst entnehmen könne.[42] Folglich entlehnt *Köhler* diesen von außen, und das heißt, wenn man die von ihm vorgenommene Dreiteilung (Gott - Mensch - Gericht und Heil)[43] betrachtet, aus der christlichen Dogmatik. Der Gottesbegriff des AT, Gott als gebietender Herr, sind ihm darin besonders wichtig, und der erste Satz des Vorworts sagt sofort klar, wie die Reise durch das AT verlaufen soll: "Mit Theologie des Alten Testaments kann man ein Buch bezeichnen, wenn es eine durch ihren Inhalt gerechtfertigte, in den richtigen Zusammenhang gebrachte Zusammenstellung derjenigen Anschauungen, Gedanken und Begriffe des AT bietet, welche theologisch erheblich sind oder es sein können"(V). Mit diesem "richtigen Zusammenhang" bekommt der (reformierte) Theologe *Köhler* nun aber beim Kultus seine Schwierigkeiten. Er kann und will ihn nicht dem Handeln Gottes zuordnen, zu Gericht und Heil paßt er auch nicht. So kommt er dann als § 52 am Ende der Anthropologie unter der Überschrift "Die Selbsterlösung des Menschen: Der Kultus" zu stehen, womit er im Sinne seines atl.-theologischen Selbstverständnisses nur als großartig mißverstanden erscheinen kann.[44] Wurde hier nicht doch den Dingen Gewalt angetan, was, wie er im gleichen Vorwort versichert, *Köhler* doch nicht wollte?[45]
Die erstrebten und verwirklichten Tendenzen damaliger theologischer Arbeit am AT versuchte *A.Weiser* in seinem Vortrag auf dem Göttinger AT-ler Tag 1935 anzusprechen.[46] Exegese sei zu treiben und damit die Frage nach dem Selbstverständnis des AT anzugehen. Dieses zeige uns ein dynamisches Wirklichkeitsverständnis (Wahrheit "geschieht" hier), mit theologischen Linien des Verstehens der Menschen und Dinge von Gott her und auf Gott hin, damit eine Dynamik der Gotteswirklichkeit, die auch uns selbst betrifft. Folglich könne die atl. Wissenschaft nicht in rein historischer Zielsetzung, in Religionsgeschichte verharren, dürfe vielmehr auf die Wahrheitsfrage nicht verzichten. Wissenschaftliche und theologische Erforschung des AT solle und dürfe man nicht aus-

---

42 ThR NF 7, 1935, 272.276. Vgl. das Vorwort der "Theol.[4]", S.Vf.

43 Ähnlich, jedoch detaillierter und damit auch etwas näher am atl. Befund gliedert *H.H.Rowley,* The Faith of Israel, London 1956 u.ö.: Die Offenbarung und ihre Mittel; Gott; Mensch; Einzelner und Gemeinschaft; Ethik; Tod und Jenseits; Tag JHWHs (Eschatologie).

44 Als Kontrasthinweis: *J.L.McKenzie,* A Theology of the O.T., Garden City/N.Y. 1974 setzt bei seiner Darstellung mit der Gotteserfahrung Israels aus dem und im Kult *ein*! - Vgl. dazu später Bd. II, § 13.

45 Daß die dem röm-kath. Bereich entstammende "Theologie des A.T." von *P.Heinisch* (1940) noch stärker vom dogmatischen Denken mitbestimmt war, verwundert nicht. Hier finden sich z.B. folgende Hauptteile: Das Wesen Gottes; die Eigenschaften Gottes; Vorbereitung auf das Trinitätsgeheimnis (Engel, Weisheit, Wort und Name Gottes); Schöpfung; Erlösung; der Messias.- Eine weitere röm.-kath. Darstellung war die von *P.van Imschoot* (Théologie de l'Ancien Testament, Bd.I, Paris 1954; Bd. II, [Der Mensch], ebd. 1956). Bd. I ["God"] (New York u.a.) konnte 1965 noch in engl. Übersetzung erscheinen, Bd.III (Gericht und Heil; Eschatologie) gar nicht mehr. Daß auch hier die Dogmatik die Gliederung (Gott; Gott und Welt; Offenbarung usw.) bestimmte, ist leicht ersichtlich.- Zu weiteren kath. Werken siehe *J.Scharbert,* (s. S.1, Anm.1), 7f.

46 Die theologische Aufgabe der atl. Wissenschaft, in: BZAW 66, 1936, 207-224 (=*ders.,* Glaube und Geschichte im A.T., 1961, 182ff.).

einanderreißen. Die Tatsache, daß immer mehr Forscher, die eine "Theologie des AT" schrieben, sich genötigt sahen, sie - trotz aller dabei entstehenden Schwierigkeiten - "systematisch" anzulegen, zeigt an, daß man dies sehr wohl sah und ihm zu entsprechen versuchte. Die Herausstellung von Normativem wurde zwar weithin vermieden, aber durch die starke Betonung der Beziehungen zwischen AT-Theologie und NT(-Theologie) etwa bei *Sellin* und *Eichrodt* doch mit eingebracht. *Gabler's* Unterscheidung von reiner und wahrer biblischer Theologie[47] hatte etwas Richtiges gesehen und wirkte folglich immer noch nach.
1955 erschien die später "Théologie de l'Ancien Testament" genannte Arbeit von *E.Jacob.*[48] Gottes Wesen, sein Handeln (hier erscheint im Zusammenhang der Schöpfung auch die Anthropologie), sein endzeitlicher Triumph (Sünde, Erlösung, Eschatologie) benennen die wichtigsten Unterteile seines Werkes, wobei besonders der Herausstellung der "Lebendigkeit" Gottes das Interesse und Engagement des Verfassers dieser (leider nie ins Deutsche übersetzten) Theologie des AT gilt. Das Einteilungs- und Aufbauschema zeigt auch hier noch eine deutliche Nähe zu dogmatischen Loci.[49]
Nach kriegs- und nachkriegsbedingter Zwangspause konnte erst 1956 wieder eine "Theologie des AT" in deutscher Sprache erscheinen.[50] Es war dies jedoch die Übersetzung des zuvor 1949 in holländisch erschienenen Werkes von *Th.C.Vriezen* "Theologie des A.T. in Grundzügen"[51]. *Vriezen* stand insgesamt mehr *Eichrodt* nahe als *Köhler*, wollte die "leitenden Gedanken" des AT erfragen, die Botschaft des AT in ihren Grundzügen nachzeichnen, war dabei neben der deutschen auch der angelsächsischen Forschung sehr verbunden, hatte auch das Verhältnis des AT zu seiner Umwelt mit im Blick. Was jedoch besonders auffällt, sind die ausführlichen, über 100 Druckseiten umfassenden "Prolegomena", in denen über "Christliche Kirche und AT" oder über "Das AT als Wort Gottes" nachgedacht, dann aber auch "Der Weg des Glaubens Israels in der Geschichte" als vor der Systematik notwendige historische Vororientierung dargestellt wird. Der christlich-theologische Ausgangspunkt wie die von dorther erfolgende Wertung der atl. Verkündigung werden klar genannt, ebenso der Unter-

---

47 Vgl. oben S.2f.

48 Neuchâtel und Paris; 2. durchgesehene und ergänzte Aufl. 1968. Im Vorwort zu dieser Neuauflage beschreibt *E.Jacob* seinen Standpunkt innerhalb der seit der Erstauflage geführten Debatte um die Theologie des AT ergänzend zu den Ausführungen auf S.22-26, wo der Ort einer Theologie des AT innerhalb der übrigen atl. Zweige der atl. Wissenschaft (systematisch, aber historisch bleibend) sowie innerhalb der anderen Disziplinen der Theologie bestimmt wird.

49 An der zu starken Betonung der Etymologie und Wurzelableitung hebräischer Wörter bei *E.Jacob* hat *J.Barr* Kritik geübt (JSS 5, 1960, 168).

50 Von den zwischenzeitlich im englisch-amerikanischen Sprachbereich erschienenen Werken zur Sache konnte meist erst viel später Kenntnis genommen werden. Hierbei handelt es sich z.B. um: *M.Burrows,* An Outline of Biblical Theology, Philadelphia 1946.- *O.J.Baab,* The Theology of the O.T., New York 1949.- Zu beiden vgl. *J.H. Hayes/F.C.Prussner* (s. Anm.1), 192-198.- Vgl. ferner (mit weiterer Lit.): *H.Graf Reventlow,* Hauptprobleme..., 58-60.

51 Engl. Übersetzungen der 2.Auflage (1954) 1958, der dritten holländischen (1966) 1970. Die dritte Auflage hielt gegenüber *von Rad* (s.u.) angesichts der doch auch zu konstatierenden Einheit des AT ausdrücklich an der Zusammenschau des atl. Zeugnisses fest.

schied zwischen einer Theologie des AT zu einer Geschichte der atl. Religion sowie die Stellung zwischen dogmatischer und historischer Theologie unterstrichen (97-101). Der zweite Teil setzt dann mit dem für dieses Werk bestimmenden Leitgedanken ein, nämlich der atl. Gotteserkenntnis ("Erkennen als Gemeinschaft") als Gemeinschaftsverhältnis zwischen dem heiligen Gott und dem Menschen, worin *Vriezen* die Verkündigungsmitte des AT sieht, der er z.B. Wort, Geschichte, Bund und Mensch als Bild Gottes zuordnet. Danach wird zuerst von Gott, dann vom Menschen, dann vom Verkehr zwischen Gott und Mensch (Offenbarung, Erlösung und Gericht, Kultus), dann über die Ethik (Verkehr zwischen Mensch und Mensch) und abschließend über Gott, Mensch und Welt in der gegenwärtigen wie zukünftigen Herrschaft Gottes gehandelt. Nach den programmatischen Prolegomena verwundert es nicht, wenn die Darstellung von Wertungen durchzogen, ja auch durch sie bestimmt ist, und diese entnehmen ihren Maßstab nach dem dort Ausgeführten naturgemäß dem NT. Es trifft zu, wenn *A.Jepsen* formulierte[52]: "Hinter der Frage nach der Theologie des Alten Testaments verbirgt sich die theologische Frage nach dem Alten Testament überhaupt." Und die Verbundenheit beider Testamente ist nicht nur eine historische, ja kann auch nicht nur eine historische sein.
Ähnlich wie *Vriezen* rückte auch *G.A.F.Knight* sein Werk "A Christian Theology of the O.T., London/Richmond 1959", wie schon der Titel ausweist, in die Nähe des NT. Innerhalb der vier Hauptteile (Gott; Gott und Schöpfung; Gott und Israel; Der Eifer des Herrn) bringt er gern "Bildentsprechungen,..a gallery of pictures"[53] zwischen den Testamenten ins Spiel, z.B. "Sohn Gottes" für Israel einerseits, für Jesus Christus anderseits, oder Geburt/Hochzeit/Tod im Leben des Israeliten, des Volkes Israel (Hochzeit = Sinaibund) wie des Christen, um so die Nähe beider Testamente zueinander zu verdeutlichen. Sein Buch wurde oft mit dem "Christuszeugnis des A.T." von *W.Vischer* (Bd.I, 1934; II, 1942) verglichen.
Es verdient an dieser Stelle festgehalten zu werden, daß, wenn man auf die Forscher des 20.Jh.'s schaut, die sich zum Problem einer Theologie des AT geäußert haben, *O.Eißfeldt, W.Eichrodt, E.Sellin, W.u.H.Möller, O.Procksch, E.Jacob, Th.C.Vriezen* und der zuletzt genannnte *G.A.F.Knight* ein solches Unterfangen eindeutig als durch christliche Fragestellungen bedingt und auf das NT hin ausgerichtet und auszurichten bestimmt haben. Vom rein äußeren Befund her dürfte damit das, was später *B.S.Childs* (s.u.) zu diesem Problem vermerkte, vorbereitet und angebahnt sein.
e) Nach mehreren kleinen Vorarbeiten, die sich vor allem mit der dem AT am meisten entsprechenden Methodik einer AT-Theologie befaßten und das Kommende eigentlich schon gut ahnen ließen[54], veröffentlichte *G.von Rad* 1957 den ersten Band seiner "Theologie des A.T. Theologie der geschichtlichen Überlieferungen." 1960 folgte Bd.II (Theologie der prophetischen Überliefe-

---

52 Vgl. S.6, Anm.24; dort S.19.

53 So *W.Zimmerli,* TRE 6, 442 (in Anlehnung an *Knight).*

54 Grundprobleme einer biblischen Theologie des A.T., ThLZ 68, 1943, Sp. 225-234.- Kritische Vorarbeiten zu einer Theologie des A.T. in: Theologie und Liturgie (Hg. *L.Hennig),* 1952, 9-34.- Diese methodenkritischen Erwägungen wurden später durch ihn weitergeführt in: Offene Fragen im Umkreis einer Theologie des A.T., ThLZ 88, 1963, Sp. 401-416 (= *ders.,* TB 48, 1973, 289ff.).- Antwort auf Conzelmanns Fragen, EvTh 24, 1964, 388-394.

rungen). Bd. I erfuhr zu seiner 5. Auflage (1966), Bd.II zu seiner 4. (1965) eine stärkere Neubearbeitung. Die späteren Auflagen sind dann nur noch Nachdrucke dieser Neubearbeitungen[55]. Dieses Werk fand - besonders unter den Studenten - begeisterte Leser und übt bis heute einen großen und wichtigen Einfluß auf vielen Gebieten atl. Wissenschaft aus.
Im ersten Band ist dem eigentlichen theologischen Teil ein kurzer historischer vorangestellt, nämlich ein "Abriß einer Geschichte des Jahweglaubens und der sakralen Institutionen in Israel". Dieser Teil soll nur die Gegenstände, deren Kenntnis der zweite Teil voraussetzt, in ihren geschichtlichen Zusammenhängen, ihrem jeweiligen "Sitz im Leben" aufzeigen. Der geschichtliche Ort der Texte und ihrer Überlieferung soll deutlich werden. Damit wird zwar in gewisser Weise die Zweiteilung der Darstellung von *Sellin* oder *Procksch* aufgenommen, aber auch bezeichnend modifiziert. Vor allem aber will *von Rad* dann die Zeugniswelt des AT erfassen, nicht eine systematisch geordnete Glaubenswelt bieten. Israel hat ja über seinen Gott nicht Lehrsätze formuliert, sondern vorwiegend von ihm erzählt. So erachtet *von Rad* für das AT, das ja ein Geschichtsbuch ist[56], und vor allem für die atl. Geschichtsbücher die Nacherzählung[57] als die legitimste Form theologischen Redens vom AT. Es gilt, das Kerygma der einzelnen Werke, Bücher, Propheten zu erfassen, "das, was Israel jeweils von Jahwe bekannt hat". Es geht weiterhin um die Erfassung des Bildes von der Geschichte, das Israel selbst gezeichnet hat, nicht um das kritisch erarbeitete Geschichtsbild *hinter* diesen Zeugnissen[58], damit zugleich um die jeweilige Interpretation der Glaubenstraditionen. So werden dann Urgeschichte, Vätergeschichten, Herausführung aus Ägypten, Gottesoffenbarung am Sinai, Wüstenwanderung, Auffassungen von Mose, Verleihung des Landes Kanaan dargestellt, wobei dann auch nach dem "Kerygma" der einzelnen Schriften sowie traditionsgeschichtlich differenziert wird. Für letzteres sind bei *von Rad* kultische Institutionen und Feste besonders prägend. Der erste Band enthält dann noch den Abschnitt über die "Gesalbten Jahwes" (Richter, Königtum, Königspsalmen), in dem aber auch die Theologie des deuteronomistischen Geschichtswerks, der Priesterschrift und des chronistischen Geschichtswerks dargestellt und damit die geschichtliche Abfolge (nämlich unter vorläufiger Ausblendung der Prophetie) verlassen wird, und der Band schließt mit dem Abschnitt "Israel vor Jahwe (Die Antwort Israels)", wo neben den Psalmen auch die Weisheit (mit Hiob und Qohelet) zur Sprache kommen. Besonders innerhalb der Darstellung des Pentateuch/Hexateuch zeigt sich der Einfluß der formgeschichtlichen Arbeiten *von Rad's* zur Sache, und insgesamt ist zu vermerken, daß immer wieder seine besondere Nähe zum dtn/dtr Denken hervortritt. Letzteres hat seinen Grund sowohl in entsprechenden früheren Arbeiten *von Rad's* zum Dtn, als auch darin, daß man dieses Buch ja in gewisser Weise als eine für das AT zentrale Schrift ansehen kann (s.u.).

---

55 Vgl. dazu erneut *D.G.Spriggs,* (s. Anm.34). Ferner: *H.Graf Reventlow,* Hauptprobleme..., 65ff.- *J.H.Hayes/F.C.Prussner,* (s. S.1, Anm.1), 233ff.- *R.Smend,* Deutsche Alttestamentler... (s. Anm.1), 226ff.

56 Vgl. dazu *H.Graf Reventlow,* Hauptprobleme..., 68.121ff.

57 Vgl. ähnlich *G.E.Wright,* God Who Acts, London 1952 u.ö.: "Biblical Theology als Recital". Zu ihm vgl. *J.H.Hayes/F.C.Prussner,* (s. Anm.1), 224f.

58 Vgl. dazu die "Methodische(n) Vorerwägungen" in Bd. I., 111ff. ([5]117ff.) und das Vorwort von Bd.II, in dem sich *von Rad* mit seinen Kritikern auseinandersetzt.

Bd.II gilt dann den Propheten. Der I.Hauptteil befaßt sich mit der vorklassischen Prophetie, aber auch mit übergreifenden Fragen, wie dem Weg vom Prophetenwort zum Prophetenbuch, dem Offenbarungsempfang, dem "Wort Gottes" bei den Propheten, den Vorstellungen Israels von Zeit und Geschichte und der Frage nach der prophetischen Eschatologie. Der zweite Hauptteil stellt die einzelnen Propheten und ihre Botschaft dar (von Amos bis Maleachi und Jona) und mündet in den Abschnitt "Daniel und die Apokalyptik", in dem die Herleitung der Apokalyptik aus der Weisheit überrascht, die *von Rad* aber in späteren Auflagen dieses Bandes und anderenorts[59] ausdrücklich beibehalten und genauer zu begründen versucht hat. Daß dann noch ein dritter Hauptteil folgt, ist von Inhalt und Methodik des Gesamtwerks her eigentlich weder zu erwarten noch notwendig und dies vor allem deswegen, weil sich dieser dritte Teil von allem Bisherigen grundlegend unterscheidet. Wurden bisher (und dies auch unter häufiger Herausstellung der Bedeutung von "Heilsgeschichte"[60]) die einzelnen Schriften oder Propheten schön säuberlich voneinander getrennt dargestellt, so werden hier jetzt übergreifende Fragestellungen erörtert, die dann nicht nur bis ans Neue Testament heranführen, sondern es sogar einbeziehen. Da geht es um die Vergegenwärtigung des AT im NT, um das atl. Heilsgeschehen im Licht der ntl. Erfüllung, um das atl. Verständnis von der Welt und vom Menschen und der Christusglaube sowie um das Gesetz. Damit werden hermeneutische Fragestellungen in die AT-Theologie einbezogen und diese in Richtung auf eine "Biblische Theologie" weiterzudenken versucht.[61] Es bleibt also folglich weder beim reinen Nebeneinander der einzelnen "Kerygmata", noch bei einer Beschränkung auf die reine Darstellung atl. Befunde.
Hier aber, in eben diesen Einzeldarstellungen (etwa des Jeremia oder des DtJes), liegt die große Stärke dieses Werkes. Das jeweilige Kerygma wird präzise und in seinem inneren theologischen Zusammenhang zu erfassen versucht. Was in diesen Zusammenhängen, von ihnen ausgehend und ihnen verbunden bleibend, dann über Wort und Geschichte, Tradition und Interpretation, Geschichte und Kerygma, Überlieferungs- und Traditionsgeschichte ausgeführt wird, ist so lesenswert wie inhaltsreich. Vielleicht hat aber *von Rad* selbst empfunden, daß seine "Theologie des A.T." in der Darbietung des atl. Materials dann doch noch dergleichen Zusammenfassungen und Ergänzungen nötig hatte, wie sie im Schlußteil des zweiten Bandes geboten werden.
Aber es bleiben Fragen, und diese wurden auch sehr schnell, manchmal aber auch zu schnell und zu hart geäußert.[62] Da ging es zuerst um das Verhältnis von Geschichte und Kerygma.[63] Hier aber hatte *von Rad* wohl doch die besseren

---

59 Nämlich in seinem Buch "Weisheit in Israel", 1970, 337ff.

60 Zu diesem Problem vgl. *H.Graf Reventlow,* Hauptprobleme..., 96ff., aber auch ebd., 78ff.

61 Zu den Anregungen, die *von Rad* hier für diese Probleme gegeben hat, vgl. *H.D.Preuß,* Das A.T. in christlicher Predigt, 1984.- *M.Oeming,* Gesamtbiblische Theologien der Gegenwart, ^{2}1987.

62 Eine so freundliche wie weiterführende Rezension schrieb *W.Zimmerli,* die nach wie vor der Lektüre zu empfehlen ist (VT 13, 1963, 100-111). Einen wenig freundlichen Verriß schrieb *F.Baumgärtel* (ThLZ 86, 1961, Sp. 801-816+895-908).

63 Vgl. etwa *F.Hesse,* Kerygma oder geschichtliche Wirklichkeit?, ZThK 57, 1960, 17-26.- *V.Maag,* Historische oder außerhistorische Begründung atl. Theologie?, SThU

Karten, in dem er daran festhielt, daß es in einer AT-Theologie um das Geschichtsbild des atl. Israel, nicht um das der heutigen kritischen Wissenschaft gehen müsse. Jedoch wird bei aller Betonung des kerygmatischen und traditionsgeschichtlichen Aspekts in *von Rad's* "Theologie des A.T." das Verhältnis von Glaube und Geschichte[64] nirgends genauer diskutiert[65]. Wohl auch aus diesen Gründen erfolgt die Heranziehung der Umwelt des alten Israel nur ziemlich knapp, und *von Rad* kommt über eine Nacherzählung der Nacherzählungen Israels, nicht aber der Taten Gottes selber nicht hinaus.[66] Ist aber dann das ganze Werk, da - abgesehen vom dritten Hauptteil des zweiten Bandes - der Versuch einer Zusammenschau betont unterbleibt, nicht letztlich ("nur") eine theologisch angereicherte "Einleitung in das AT"? Bietet *von Rad* nicht auch nur eine Glaubensgeschichte Israels? Kann und darf man diesen Versuch einer Zusammenschau, die auch nach dem Wort in den Wörtern fragt (*Zimmerli),* so unterlassen? Was war und ist dann letztlich verbindlich in und aus dem AT? Wo hat das AT Autorität, wenn man seine Einzelbotschaften nur nebeneinander ordnet?[67] Damit eng zusammen hängt natürlich das Problem einer möglichen "Mitte" des AT. Diese Mitte, ja schon die Berechtigung der Frage nach ihr[68], wurde durch *von Rad* heftig bestritten.[69] Daß außerdem zahlreiche Einzelanfragen an *von Rad* gestellt wurden, wie etwa an seine Wertung des Gesetzes oder an Möglichkeit und Unmöglichkeit einer Darstellung des DtrG, der Priesterschrift (mit ihrer Idee der Sühne) oder des chronistischen Geschichtswerks, ohne vorhergehenden Blick auf die Prophetie, oder die Frage nach dem Ort der Propheten überhaupt, dann dem Ineinander von ästhetischen und theologischen Urteilen[70], sei hier nur angedeutet und ist im jeweiligen Sachzusammenhang zu erörtern.
Das umfangreiche, sprachlich großartige und theologisch weiterführende Werk *G.von Rad's* hat folglich zu den angesichts einer AT-Theologie zu stellenden Hauptfragen[71] einige weitere hinzugefügt. Zu den Problemen von Religionsgeschichte Israels oder Theologie des AT (1), einer historischen oder systematischen Darstellung (2), der Frage nach einer möglichen inneratl. Systematik oder einer Systematik von außen (3) sowie einer nur deskriptiven oder einer auch (und woher) wertenden Darstellung (4), kommen jetzt hinzu die nach dem Ver-

---

29, 1959, 6-18 und die Erörterungen von *H.Graf Reventlow,* Hauptprobleme..., 71ff. (dort weitere Lit.).

64 Dazu auch *M.Honecker,* Zum Verständnis der Geschichte in Gerhard von Rads Theologie des A.T., EvTh 23, 1963, 143-168.

65 Sowohl beim Verhältnis von Glaube (Kerygma) und Geschichte als auch im Blick auf das Nebeneinander der einzelnen "Kerygmata" ist für die *v.Rad*'sche Theologie eine gewisse Nähe zur "Theologie des N.T." von *R.Bultmann* (1948-53 u.ö.) nicht zu übersehen.

66 Vgl. *C.A.Keller* (ThZ 14, 1958, 308): bei *W.H.Schmidt,* VuF 17, 1972, 13, Anm.27.

67 Vgl. dazu z.B. *J.Bright,* The Authority of the O.T., Nashville und New York 1967.- *G.E.Wright,* The O.T. and Theology, New York 1969.-

68 *G.von Rad,* ThLZ 88, 1963, Sp. 405. Anm.3a: "Was hat es überhaupt mit dieser fast unisono gestellten Frage nach der 'Einheit', der 'Mitte' des AT auf sich?..."

69 Theol.II[4], 386: "...das Alte Testament hat keine Mitte wie das Neue Testament."- Vgl. aber ebd.,446f.: Man muß aber doch die Frage nach dem für den Jahweglauben "Typischen" stellen!

70 Hier erinnert manches an *Herder* oder auch *Gunkel.*

71 Vgl. S.8f.

hältnis von Historie und Kerygma (5)[72], nach der möglichen oder unmöglichen Mitte des AT (6) und schließlich die nach der Offenheit für eine beide Testamente der christlichen Bibel übergreifende "Biblische Theologie"(7). Bei der Frage nach Historie und Kerygma sei darauf verwiesen, daß man so nur fragen kann, wenn man übersieht, daß das AT in religiöser Sprache von im Glauben interpretierten Erfahrungen spricht und eine andere Sprache nicht kennt. Religiöse Sprache jedoch auf "Fakten" abgesehen von der Interpretation in und aus eigener Betroffenheit befragen zu wollen, verkennt deren Eigenart. Auf die dem Werk *von Rad's* folgende bzw. es begleitende umfangreiche Diskussion von methodischen wie inhaltlichen Grundsatzfragen, die meist um die hier genannten Hauptprobleme kreisten, sei nur noch verwiesen.[73] Es waren viele Gelehrte,

---

72 Vgl. dazu jetzt auch: *J.Strange,* Heilsgeschichte und Geschichte. Ein Aspekt der biblischen Theologie, SJOT 2, 1989, 100-113 (+136-139).- *N.P.Lemche,* Geschichte und Heilsgeschichte. Mehrere Aspekte der biblischen Theologie, SJOT 2, 1989, 114-135.

73 Vgl. schon Anm.24 *(A.Jepsen)* und Anm.60-66.- Dann ferner (in Auswahl!): *H.Graf Reventlow,* Grundfragen atl. Theologie im Lichte der neueren deutschen Forschung, ThZ 17, 1961, 81-98.- *Chr. Barth,* Grundprobleme einer Theologie des A.T., EvTh 23, 1963, 342-372.- *R.C.Dentan,* Preface to O.T. Theology, ²New York 1963.- *H.-J.Stoebe,* Überlegungen zur Theologie des A.T., in: FS H.-W.Hertzberg, 1965, 200-220 (=*ders.,* Geschichte, Schicksal, Schuld und Glaube, 1989 [BBB 72], 268ff.).- *G.Fohrer,* Der Mittelpunkt einer Theologie des A.T., ThZ 24, 1968, 161-172.- *S.Wagner,* Zur Frage nach dem Gegenstand einer Theologie des A.T., in: FS M.Doerne, 1970, 391-411.- *E.Jacob,* Grundfragen atl. Theologie, 1970.- *R.Smend,* Die Mitte des A.T., 1970 (ThSt 101) (=*ders.,* Die Mitte des A.T., Ges. Stud. Bd.1, 1986, 40ff.).- *E.Würthwein,* Zur Theologie des A.T., ThR NF 36, 1971, 185-208 (Lit.).- *W.Zimmerli,* Atl. Traditionsgeschichte und Theologie, in: FS G.von Rad, 1971, 632-647.- *W.H.Schmidt,* "Theologie des A.T." vor und nach G.von Rad, VuF 17, 1972, H.1, 1-25 (Lit.).- *G.F.Hasel,* Old Testament Theology: Basic Issues in the Current Debate, Grand Rapids 1972.- *ders.,* Methodology as a Major Problem in the Current Crisis of O.T. Theology, BTB II, 1972, 177-198.- *W.Zimmerli,* Erwägungen zur Gestalt einer atl. Theologie, ThLZ 98, 1973, Sp. 81-98.- *G.F.Hasel,* The Problem of the Center in the O.T. Theology Debate, ZAW 86, 1974, 65-82.- *E.Oßwald,* Theologie des A.T. - eine bleibende Aufgabe atl. Wissenschaft, ThLZ 99, 1974, Sp.641-658.- *C.Westermann,* Zu zwei Theologien des A.T., EvTh 34, 1974, 96-112.- *W.Zimmerli,* Zum Problem der "Mitte des A.T.", EvTh 35, 1975, 97-118.- *J.Gamberoni,* Theologie des A.T., ThGl 66, 1976, 332-342.- *E.Otto,* Erwägungen zu den Prolegomena einer Theologie des A.T., Kairos NF 19, 1977, 53-72.- *M.E.Tate,* O.T.Theology: The Current Situation, RExp 74, 1977 (Nr.3), 279-300.- *H.Graf Reventlow,* Basic Problems in O.T.Theology, JSOT 11, 1979, 2-22.- *R.Martin-Achard,* A propos de la Théologie de l'A.T., ThZ 35, 1979, 63-71.- *A.H.J.Gunneweg,* "Theologie" des A.T. oder "Biblische Theologie"?, in: FS E.Würthwein, 1979, 39-46 (=*ders.,* Sola Scriptura, 1983, 227ff.).- *R.Rendtorff,* I principali problemi di una teologia dell' Antico Testamento, Protest. 35, 1980, 193-206.- *G.F.Hasel,* A Decade of O.T. Theology: Retrospect and Prospect, ZAW 93, 1981, 165-183.- *H.Graf Reventlow,* Hauptprobleme der atl. Theologie im 20. Jahrhundert, 1982 (EdF 173).- *J.A.Soggin,* Den gammaltestamentigla teologin efter G. von Rad, SEÅ 47, 1982, 7-20.- *ders.,* Teologia dell' Antico Testamento oggi, Protest. 39, 1984, 125-137.- Horizons in Biblical Theology 6, Nr.1, 1984.- *P.Höffken,* Anmerkungen zum Thema

die sich dazu äußerten, wie man eine Theologie des AT schreiben oder nicht schreiben solle oder könne. Es waren aber nur relativ wenige, die sich selbst an diese Aufgabe wagten.

f) Im Jahr 1972 kamen im deutschsprachigen Raum zwei weitere "Theologien des AT" heraus. *G.Fohrer* fragte nach "Theologische(n) Grundstrukturen des A.T.", fand diese in verschiedenen Daseinshaltungen der atl. Menschen, wie z.B. in der magischen, kultischen, prophetischen oder weisheitlichen. Er stellte aber auch die Frage nach der Einheit in der Vielfalt und sah diese in dem Miteinander von Gottesherrschaft und Gottesgemeinschaft. Zugleich vollzog er Wertungen und sah die prophetische Daseinshaltung, wie sie im Zeugnis der klassischen, vorexilischen Schriftpropheten begegnet, als die innerhalb des AT wichtigste und festzuhaltende an. In "Anwendungen" fragt *Fohrer* dann aber auch noch nach direkten Bezügen des atl. Redens von Gott zu unserer gegenwärtigen Wirklichkeit, die allerdings (z.B. betr. Staat und politischem Handeln) etwas zu direkt und ohne ausreichende hermeneutische Erwägungen erfolgen.

Obwohl zeitlich erst nach dem Werk von *W.Zimmerli* (s.u.) einzuordnen, ist wegen des *Fohrer* nahestehenden methodischen Ansatzes mit "Strukturen" hier knapp die "Theologie des A.T. in Grundzügen" (1978) von *C.Westermann* zu nennen. Nach einem Teil I (Was sagt das A.T. von Gott?) - denn eine AT-Theologie muß zusammenfassen und zusammensehen, was das AT als ganzes von Gott sagt - geht es hier vor allem um die beiden Grundstrukturen des in der Geschichte rettenden (Teil II) und des in der Schöpfung und durch sie segnenden Gottes (Teil III). Damit ist zugleich deutlich, daß es sich für *Westermann* im Unterschied zu *Fohrer* nicht um gedankliche, sondern um Geschehensstrukturen handelt. Die Frage ist folglich, ob diese mit der für *Westermann* grundlegenden Unterscheidung des rettenden und segnenden Handelns Gottes wirklich getroffen sind. Irgendeinen Teil oder Begriff[74] des AT dürfe man nicht herausgreifen oder anderem vorordnen, auch nicht zuvor fragen, was die Mitte des AT sei. Allerdings spricht *Westermann*, z.B. unter Aufnahme von Dtn 6,4, dann doch von dem "Einssein Gottes als Ermöglichung des Zusammenhanges" des atl. Zeugnisses (25-27)[75], meint damit aber nicht eine "Mitte", sondern die konstante Grundstruktur, die den Zusammenhang einer Geschichte ermöglicht. Ist mit der "Grundstruktur" nicht aber doch etwas für das AT Typisches, damit (s)eine mögliche Mitte angesprochen? Zwei weitere Teile (Gottes Gericht und Gottes Erbarmen; die Antwort Israels: Lob, Klage, Gottesdienst, Geschichtsdeutung) schließen an, während der abschließende Teil VI ausdrücklich die Beziehung zwischen dem AT und Christus (vorwiegend als "Strukturanalogie") thematisiert. Die Abfolge der Teile schließt dabei auch in etwa an den Aufbau

---

Biblische Theologie, in: FS A.H.J.Gunneweg, 1987, 13-29.- *H.Graf Reventlow,* Zur Theologie des A.T., ThR NF 52, 1987, 221-267 (Lit.).- *G.F.Hasel,* O.T. Theology from 1978-1987, AUSS 26, 1988, 133-157.- *J.Høgenhaven,* Problems and Prospects of O.T. Theology, Sheffield 1988.- Weitere Lit. bei *J.H.Hayes/F.H.Prussner,* (s. S.1, Anm.1), 219ff.

74 Knappe Darstellungen atl. Glaubenswelt anhand der Untersuchung atl. Begriffe, geben - ohne damit allerdings eine "Theologie des AT" bieten zu wollen - *E.Jones,* The Greatest Old Testament Words, London 1964 und *N.H.Snaith,* The Distinctive Ideas of the O.T., New York 1964.

75 Vgl. ähnlich: *A.Deissler,* Die Grundbotschaft des A.T., 1972 und auch *W.H.Schmidt* (s.u. S.27).

und die Reihenfolge des atl. Kanons (allerdings nicht in dessen hebräischer Gestalt) an.

Von größerer Bedeutung wurde allerdings der "Grundriß der atl. Theologie" von *W.Zimmerli* (1972; ^{6}1989).[76] Gegenüber *G.von Rad* wird hier betont das Wagnis des Zusammendenkens vollzogen, und dies unter der Mitte des AT, die *Zimmerli* im offenbaren Namen JHWHs, in seinem "Ich bin, der ich bin", in der Selbigkeit Gottes und seines Namens findet, der ungreifbar bleibt, aber sich doch Israel zuwendet. So handelt die "Grundlegung" zuerst von diesem offenbaren Namen, dann von "Jahwe, der Gott Israels von Ägypten her", von Jahwe als dem Gott der Väter, von Jahwe als Schöpfer, König und Gott vom Sinai, von Israels Erwählung. Jahwes Gabe (z.B. Krieg, Land, Charismata), Jahwes Gebot, das Leben vor Gott (Gehorsam, Opfer, Weisheit), Krise und Hoffnung (Gericht und Heil, Prophetie, Apokalyptik) sind die weiteren Hauptteile des sehr konzentriert geschriebenen Buches. Die bei seiner Lektüre entstehende Hauptfrage ist die nach der richtigen Bestimmung der Mitte des AT, um die sich alles herumrankt. Bei der näheren Erörterung dieser Problematik wird darauf genauer einzugehen sein.[77]

Innerhalb der atl. Wissenschaft ist eine steigende Bedeutung des AT als Kanon zu beobachten. Nach einer "Theologie des AT" wird ja auch gefragt, weil das AT eben als Kanon vorliegt, wobei über das Wann und Wie der Herausbildung dieses Kanons hier nicht zu handeln ist. Dieser Schriftenkanon, der dann im Judentum und im Christentum seine je unterschiedliche Wirkungs- und Auslegungsgeschichte erfuhr, wurde und war eine für Glauben, Ethos und Kultus normative Schriftensammlung und damit innerhalb der Religionsgeschichte des Alten Vorderen Orients etwas Einmaliges[78], was entsprechend zu bedenken ist. Beim Blick auf das AT als Kanon[79] geht es ferner um das AT in seiner Endgestalt, dann aber auch um das AT innerhalb des christlichen Bibelkanons[80], damit um die Beziehung der atl. Theologie zum NT und seiner Botschaft, folglich - beides zusammenfassend - um die Bedeutung des AT für die christliche Theo-

---

76 Vgl. auch die knappe Skizze von *W.Zimmerli,* in: TRE 6, 445-454.- Zu ihm: *R.Smend,* Deutsche Alttestamentler... (s. Anm.1), 276ff.

77 Siehe unten Abschnitt 4 (S.25f.).

78 Als es in der sog. Kassitenzeit zu einer gewissen "Kanonisierung" mesopotamischer Literatur kam, hatte diese andere Gründe, einen anderen Charakter und eine andere Absicht. Vgl. zur Sache: *H.Klengel (Hg.),* Kulturgeschichte des alten Vorderasien, 1989, 315+317.

79 Vgl. zu diesen Fragen mehrere Beiträge in "Mitte der Schrift? Ein jüdisch-christliches Gespräch", Hg. *M.Klopfenstein u.a.,* 1987.- Dann: *R.Rendtorff,* Zur Bedeutung des Kanons für eine Theologie des A.T., in: FS H.-J.Kraus, 1983, 3-11.- *M.Heymel,* Warum gehört die hebräische Bibel in den christlichen Kanon?, BThZ 7, 1990, 2-20.- Zur Überschätzung der "Endgestalt" atl. Texte vgl. jedoch auch die beherzigenswerten, kritischen Bemerkungen von *H.-J.Hermisson,* FS R.Rendtorff, 1990, 277+299.

80 Hierbei darf allerdings nicht übersehen werden, daß der Aufbau des "christlichen" AT gegenüber dem hebräischen Tanakh nicht erst durch die christliche Kirche strukturiert wurde, sondern voll (nicht nur "im wesentlichen") aus der LXX des (hellenistischen) Judentums stammt. Insofern sind an die Ausführungen von *E.Brocke* (FS R.Rendtorff, 1990, 589; s. auch unten S.26) kritische Rückfragen zu richten.

logie, für den christlichen Glauben und die christliche Kirche. Diese Fragen sind für zwei neuere englisch-sprachige Werke wichtig. Zuerst ist zu nennen *R.E.Clements*, O.T.Theology. A Fresh Approach, London 1978. Sein einleitendes Kapitel benennt und behandelt die genannten Fragen ausdrücklich, während die eigentliche Darstellung der atl. Theologie bewußt übergreifend und zusammenfassend nach Israels Gott, dem Gottesvolk, dem Gesetz und der Verheißung fragt. Zwei Schlußabschnitte erörtern das Verhältnis des AT zu den Religionen seiner Umwelt und seinen Ort innerhalb des Studiums der Theologie, dabei auch Aspekte seiner Wirkungsgeschichte.
Beinahe mehr Aufsehen als seine Einleitung in das AT[81] erregte die "Old Testament Theology in a Canonical Context" (London 1985) von *B.S.Childs.* Hier werden zwar in zwanzig Kapiteln auch viele der innerhalb einer Theologie des AT üblichen Themen und Traditionen behandelt (z.B.: How God is known; God's Purpose in Revelation; Law; Decalogue; Ritual und Purity Laws; Empfänger der göttlichen Offenbarung [Israel; Völker]; Moses, Richter, Könige, Propheten, Priester, Kultus, Anthropologie, Leben unter Drohung und Verheißung). Aber schon hierbei ist nicht völlig klar, wie der "canonical process", der innerhalb dieser Loci für *Childs* stets bedeutsam ist, genauer zu denken und zu fassen ist.[82] Bestimmend aber ist neben dem Blick auf die "editors" als letztgültiger Interpreten, was allerdings dann vielfach genaueres historisches Verstehen verschließen kann, die These, daß, weil ja der "Kanon" als Gesamtgröße für das Verständnis der Texte und damit für die Theologie des AT bestimmend sei, auch stets die ntl. Erfüllung des Interpretations- und Traditionsweges mit berücksichtigt werden müsse. Denn das Unterfangen einer "Theologie des AT" erfolge im christlichen Kontext und sei ein christliches Vorhaben[83], was ja schon

---

81 Introduction to the O.T. as Scripture, London 1979.

82 Vgl. *J.A.Emerton,* VT 36, 1986, 376-378 und *G.F.Hasel,* AUSS 26, 1988, 154.- Zur Sache vgl. auch: *J.H.Hayes/F.C.Prussner,* (s. Anm.1), 268-273.- *J.G.Høgenhaven,* (s. S.18, Anm.73), 68ff.83ff.- Eine (sehr) kritische Stellungnahme zu *Childs*, die allerdings auf seine "Theology of the O.T." noch nicht eingeht, findet sich bei *M.Oeming,* Gesamtbiblische Theologien der Gegenwart, ²1987, 186-209. Die dort gemachten kritischen Einwände, daß keineswegs stets nur die Endredaktion - also, wie man ergänzen kann, auch nicht stets die ntl. Interpretation - normativ sein kann, da sie vieles auch entstellen oder verdunkeln könne, und man von Text zu Text entscheiden müsse (a.a.O., 201), sowie das unklare Ineinander des Kanons als Prozeß, Produkt und Norm (202ff.) sind daraus besonders festzuhalten..

83 *Childs* hat seine Auffassung auch noch knapp zusammengefaßt in seinem Vortrag "Die Bedeutung des Jüdischen Kanons in der Atl. Theologie", in: Mitte der Schrift? *(Hg. M.Klopfenstein u.a.),* [Judaica et Christiana 11], 1987, 269-281. Vgl. dort etwa (280): "Die Aufgabe einer atl. Theologie besteht darin, theologisch über nur diesen Teil des christlichen Kanons nachzudenken, aber als christliche Schrift."- Kritisch dazu: *W.E.Lemke,* Is O.T. Theology an Essentially Christian Theological Discipline?, HorBiblTheol 11, 1989 (N.1), 59-71. Dort (67) die folgende Beschreibung von "AT-Theologie", die dann notwendig (und mit Recht) die entsprechende These von *Childs* ablehnt: "Old Testament Theology is an exegetical and theological discipline which seeks to describe in a coherent and comprehensive manner the Old Testament understanding of God in relationship to humanity and the world." Die Beziehung des AT zum NT ist als solche nicht notwendig mitgesetzt; auch Juden sollten sich an den entsprechenden Aufgaben beteiligen.

durch den Namen "*Altes* Testament" angezeigt werde. Diese hier klar herausgestellte These war aber letztlich nicht so neu, wie man zuweilen meinte, denn auch frühere Gelehrte waren von ihr ausgegangen.[84] Für *Childs* bedeutet dies nun aber auch, daß Theologie des AT eine deskriptive wie eine konstruktive Seite hat, und daß vom NT her die atl. Aussagen (kritisch) zu beurteilen seien. Darstellung und Wertung gehen also ein Miteinander ein, und es kommt zu einem innerbiblischen Dialog der Testamente. Die Theologie des AT vermengt sich mit der atl. Hermeneutik. Ob dies für die eigentliche Theologie des AT von Vorteil ist und nicht auch Verkürzungen in der Darstellung heraufbeschwören kann, bleibt zu fragen. Außerdem entsteht auch angesichts des AT als "Kanon" erneut die Frage, ob und wo denn diese Schriftensammlung nun ihre Mitte hat. Juden finden sie in der Tora. Ist damit die Einheit von Geschichte und Weisung gemeint, wird wesentliches gesehen. Wie aber ist das Verhältnis beider Größen zueinander zu bestimmen, und welche Rolle spielen innerhalb des AT als Kanon die Propheten und die "Schriften"? Ist die dem Aufbau und der Abgrenzung der "hebräischen Bibel" inhärente Hermeneutik eine sachgemäße?

Zwar zeitlich vor dem Werk von *Childs* einzuordnen, hier aber wegen des für *Clements* und *Childs* gemeinsamen kanonischen Interesses erst nach beiden erwähnt, ist das Werk von *E.A.Martens* (God's Design. A Focus on O.T. Theology, Grand Rapids 1981)[85]. Es bietet insofern einen eigenständigen Ansatz, als *Martens* die vierfache Verheißung in Ex 5,22 - 6,8 zum Ausgangspunkt wählt, wo "God's design (d.h. sein Plan, seine Absicht) articulated" sei (Part 1). Die Entfaltung dieses Ansatzes erfolgt dann in drei großen Hauptteilen, die sich an der Geschichte Israels ausrichten (vormonarchische Zeit; Zeit der Monarchie; nachmonarchische Zeit: Part 2-4), wobei auch den Teilen 3 und 4 atl. Texte als jeweiliger "Prolog" vorangestellt werden, nämlich Hos 2,14-23 und Ez 34,17-31. Innerhalb dieser Hauptteile werden dann jeweils die einzelnen, für die Zeiten und Texte typischen Absichten und Ziele des göttlichen Handelns besprochen, so etwa für die vormonarchische Ära Befreiung, Bund, Gotteserkenntnis, Land, für die monarchische Zeit Königtum, Propheten, Leben im Land. Dabei wird aufgezeigt, daß sich letztlich bestimmte Grundstrukturen und Themen göttlichen Handelns oder göttlicher Absicht durchhalten, wie Befreiung, Bundesgemeinde, Gotteserfahrung, Land.[86] Auch hier beschließt ein Ausblick auf das NT die Darstellung.

Zwar keine "Theologie des AT" im strengen Sinne, wohl aber ein wichtiger Beitrag zu ihr ist noch das Werk von *J.Goldingay* (Theological Diversity and the Authority of the O.T., Grand Rapids 1987). Da werden die Verschiedenheiten z.B. der Rede von Gott, vom Gottesvolk oder des Verhältnisses von Schöpfung und Erlösung innerhalb des AT herausgestellt und dabei gefragt, ob sich diese Unterschiede durch den jeweiligen Kontext, ihre Situation erhellen lassen[87]. Es

---

84 Vgl. oben S.13; dazu auch *R.E.Clements; W.C.Kaiser, Jr.*

85 In England erschien das Werk unter dem Titel "Plot and Purpose in the O.T.", Leicester 1981.

86 Auch aus diesen Gründen stärkerer Differenzierung ist das Werk von *Martens* überlegen dem (außerdem mehr fundamentalistischen) von *W.C.Kaiser, Jr.*, Toward an O.T. Theology, Grand Rapids ^{5}1981, das alles unter dem Oberbegriff der Verheißung zu verhandeln versucht.

87 Eine ähnliche Kombination von Darstellung des Glaubens des atl. Israel in seiner Komplexität in Kombination mit einer dann historischen Differenzierung (vorexi-

werden die verschiedenen Aussagen (z. B. innerhalb des vielschichtigen Dtn's) miteinander konfrontiert, inneratl. wie im Gespräch mit dem NT nach ihrem Wert befragt, denn es geht ja auch um die "Autorität" des AT für Christen. Eine AT-Theologie hingegen muß den Versuch einer Zusammenschau auch dieser Gegensätze wagen, dabei nicht nur deskriptiv-rekonstuierend, sondern zugleich konstruktiv-kreativ verfahren[88] und den niedrigsten gemeinsamen Nenner suchen, auf dem die verschiedenen Ausprägungen ihren Ort finden können. Für die notwendigen theologischen Urteile zieht der christliche Theologe dabei auch das NT mit heran, damit eine gesamtbiblische Theologie möglich wird[89]. Wie der genannte gemeinsame Nenner aussehen kann, wird leider nicht gesagt. Man wird ihn weiterhin suchen und erproben müssen.[90]

Wie die von *R.Rendtorff* angekündigte "Theologie des AT" aussehen wird, ist bisher nur aus einer kleinen Skizze erkennbar[91]. Hiernach soll ein erster Teil die Theologie der einzelnen atl. Bücher und Büchergruppen in ihrer kanonischen Ordnung und ihren Beziehungen darstellen, ein zweiter die historische Entfaltung bestimmter Themen bringen. Außerdem möchte *Rendtorff* den Dialog mit jüdischen Gelehrten stärker einbeziehen. Das Mühen um eine sachgemäße AT-Theologie nimmt offensichtlich wieder zu.

Damit soll der Durchblick durch die bisherige Geschichte der "Theologie des AT" an sein Ende kommen. Es bleibt zu fragen, was sich aus ihm ergibt und welche Folgerungen gezogen werden sollen. *Ein* Ergebnis ist zumindest schon dies, daß es für die Strukturierung einer Theologie des AT sehr unterschiedli-

---

lisch, Exil und Perserzeit, nachexilisch, hellenistische Zeit) und der Frage nach dem möglichen Gemeinsamen ("l'unanimité") bietet auch *J.Vermeylen,* Le Dieu de la promesse et le Dieu de l'alliance, Paris 1986. Unter Anreicherung mit Erörterungen über die literarischen Quellen, Zeugen und Redaktionen sowie mit theologischen Fragestellungen (jeweiliges Zentralproblem und dessen Zusammenhang) wird hier faktisch eine Kombination von Einleitung in das AT und isr.-jüd. Glaubensgeschichte geboten, die zugleich nach beherrschenden theologischen Fragen und Problemen der einzelnen Epochen fragt.

88 Vgl. oben S.21 bei *Childs.*

89 Über diese Position hinausgehend hat *H.Seebass* (Der Gott der ganzen Bibel, 1982, 219, Anm.5) daraus gefolgert, daß eine in einer christlich-theologischen Fakultät vertretene atl. Theologie kaum eine andere als eine (gesamt-)biblische Theologie sein kann, wenn sie nicht eine verdeckte Religionsgeschichte sein will. Daß man sich leider mit der Erfüllung dieses Postulats zumindest zur Zeit praktisch aus mancherlei Gründen noch übernimmt, erweist sein eigener Entwurf. Auf positiv aufzunehmende Einzelheiten ist an ihrem jeweiligen Ort einzugehen.

90 Der traditionsgeschichtliche Ansatz von *H.Gese* hat zwar wichtige Untersuchungen zu einzelnen atl. Traditionen und Themen hervorgebracht (vgl. vor allem: *ders.,* Zur biblischen Theologie, [1977] ³1989; Vom Sinai zum Zion, [1974] ³1990), jedoch haben sich diese (noch) zu keiner Gesamtdarstellung einer atl. Theologie verdichtet.- Zur Diskussion dieses Ansatzes vgl. z.B. die Bände 1 und 2 der "biblisch-theologische(n) studien", 1977+1978 und *M.Oeming,* Gesamtbiblische Theologien der Gegenwart, ²1987.- Vgl. auch: *J.H.Hayes/F.C.Prussner,* (s. Anm.1), 260-264.- Eigene kritische Anfragen an das traditionsgeschichtliche Konzept finden sich in *H.D.Preuß,* Das A.T. in christlicher Predigt, 1984, 32.68f.

91 *ders.,* Theologie des Alten Testaments - Überlegungen zu einem Neuansatz, NGTT 30, 1989, 132-142.

che Modelle gegeben hat. Ein neuer Versuch wird daher auch nicht "die" Lösung bringen; trotzdem muß er gewagt werden.

3. Sieben Hauptprobleme der Darstellung einer Theologie des AT waren genannt worden.[92] Anhand ihrer muß nun der Standort des hier vorgelegten Versuchs näher eingegrenzt und bestimmt werden.

Es wird also (1) keine historisch orientierte Religionsgeschichte des atl. Israel, sondern eine systematisch orientierte und aufgebaute Theologie des AT versucht. Dies geschieht natürlich nicht, weil systematisch per se theologischer als chronologisch ist[93], sondern es gibt andere Gründe. Zuerst ist eine systematisch aufgebaute Darstellung überschaubarer, und nur so ist auch das Verhältnis des AT zum NT, an dem christlicher Theologie ja auch liegen muß, wirklich angehbar. Gibt es Ähnlichkeiten, Unterschiede, Ferne oder Nähe? Wenn man analoge (oder differierende) Grundstrukturen des Zeugnisses und des Glaubens aufdecken möchte, ist eine systematische Darstellung und Zusammenschau hilfreicher. Von einer mehr systematischen Darstellung ausgehend ist auch die notwendige Frage nach Wertung und Geltung atl. Befunde im Rahmen christlicher Theologie eher möglich. Insgesamt jedoch bleibt eine "Theologie des AT" ein historisch orientiertes, damit deskriptives Unterfangen.

Dabei sollte folglich die Wertungsfrage (2) nicht bereits innerhalb der Darstellung einer Theologie des AT erfolgen, sondern diese gehört in den Bereich der Hermeneutik und der Fundamentaltheologie.[94] Ferner ist dies die jeweilige Aufgabe der hermeneutischen Reflexion bei der Exegese eines konkreten Einzeltextes. Die Theologie des AT muß allerdings helfen, diese Fragen beantworten zu helfen, und sie versucht daher, ihre Darstellung mit dem Blick auf das Ganze der Theologie zu gestalten, den Ort des AT darin mit zu klären. Die Beschäftigung mit dem AT muß sich ja auch vor der Gegenwart verantworten, sich in die theologische Gegenwartsdebatte einbringen.[95] Dies ist auch wichtig im Blick auf den Prediger/die Predigerin atl. Texte oder den/die, der/die Texte aus dem AT im Unterricht zu erschließen hat. Eine systematische Darstellung bietet sich aber auch deswegen an, weil das AT letztlich doch wohl eine Mitte hat(3).[96]

Daraus ergibt sich (4), daß diese Systematik tunlichst nicht von außen an die Darstellung einer AT-Theologie herangetragen, sondern möglichst aus dem AT erschlossen und abgeleitet sein sollte. Es geht darum, "das at. Reden von Gott in seinem inneren Zusammenhange" darzustellen.[97] Die Systematik muß der zu erfassenden Sache gemäß sein, muß das Eigenwort des AT möglichst klar zur Sprache bringen. Notwendige historische Differenzierung darf nicht unterblei-

---

92 Vgl. oben S.8f. und S.16f.

93 Eine solche Wertung wird mit Recht kritisch in Frage gestellt durch *A.H.J.Gunneweg,* Vom Verstehen des A.T. Eine Hermeneutik, ²1988, 78.

94 Anders z.B. früher *F.Baumgärtel,* Erwägungen zur Darstellung der Theologie des A.T., ThLZ 76, 1951, Sp. 257-272; heute neben *G.F.Hasel* (s. S.17+18, Anm.73) auch *E.Otto* (s. Anm.73). Nach ihm müht sich die Theologie des AT ausgehend von modernen Fragestellungen um den Beitrag des AT zu heutiger heilvoller Lebensgestaltung.

95 Vgl. *W.H.Schmidt,* VuF 17, 1972, 22.

96 Vgl. unten Abschnitt 4 (S.25ff.).

97 *W.Zimmerli,* Theol.⁶, 9.

ben, sondern muß in diese systematisch orientierte Darstellung integriert werden, denn Gottes Weg mit seinem Volk war ein geschichtlicher, ein Stück Geschichte. Die Einbeziehung der Historie schließt notwendige oder unterstreichende, vergleichende Seitenblicke in die religiöse Umwelt des AT ein(5)[98]. In *G.von Rad's* "Theologie des A.T." war dieses fast völlig unterblieben. Denn "die heutige Forschungslage drängt zur Erkenntnis, daß das Alte Testament bei aller Verwurzelung in seiner Umwelt doch gerade in seiner Grundstruktur nicht von ihr her verstanden werden kann, einem erratischen Block zu vergleichen, der wohl in einer bestimmten Landschaft drin liegt und zu ihrem Bild zu gehören scheint und bei näherem Zusehen doch nur als ein Fremdling verstanden werden kann."[99] Israels Glaube hat manches aus seiner Umwelt (es mehr oder weniger umprägend) aufgenommen. Er lebt aber zugleich in polemischer Auseinandersetzung mit dieser Umwelt. So ist nicht unwichtig, daß das AT viele Arten von religiöser Literatur, die in Israels Umwelt wichtig und beherrschend waren, nicht enthält. Es fehlen die für Ägypten wesentliche Jenseitsliteratur, die für Mesopotamien typischen Omina-Listen. Es fehlen die für das dortige Selbstverständnis des Königtums bezeichnenden Königsinschriften oder königliche Feld-

---

98 Dafür ist zuerst auf die wichtigsten Textsammlungen zu verweisen: AOT^2; ANET^{2+3}; RGT^2; TUAT.- Der allgemeinen Orientierung dient gut: *H.W.Haussig (Hg.)*, Wörterbuch der Mythologie, Bd.I: Götter und Mythen im Vorderen Orient, (1965) ^{2}1983 (zitiert: WdM).- Vgl. auch: *H.Ringgren*, Die Religionen des Alten Orients, 1979 (ATD Erg.).- *H.Klengel (Hg.)*, Kulturgeschichte des alten Vorderasien, 1989.- Zum Gesamtproblem: *C.Westermann*, Sinn und Grenze religionsgeschichtlicher Parallelen, ThLZ 90, 1965, Sp. 489-496 (=*ders.*, TB 55, 1974, 84ff.).- Dann jeweils nur als einen Einstieg und Überblick vermittelnde Werke:
Für das alte Ägypten: *A.Erman*, Die Religion der Ägypter, 1934 (und Neudruck).- *S.Morenz*, Ägyptische Religion, 1960.- *J.Assmann*, Ägypten. Theologie und Frömmigkeit einer frühen Hochkultur, 1984.- *H.Brunner*, Grundzüge der altägyptischen Religion, (1983) ^{3}1989.- Dann die Artikel "Ägypten I" (*J.Bergmann*) und "Ägypten II: Ägypten und Israel" (*R.J.Williams*) in: TRE 1, 465-492.492-505 (Lit.).- *M.Görg*, Art. "Ägypten", NBL I, Sp. 36-49.
Für Mesopotamien: *H.W.F.Saggs*, Mesopotamien, 1966.- *Th. Jacobsen*, The Treasures of Darkness, New Haven und London 1976.- *K.Bergerhoff*, Mesopotamien und das Volk Gottes, 1983.- *J.Bottéro*, Mésopotamie. L'écriture, la raison et les dieux, Paris 1987.- *J.Bottéro/S.N.Kramer*, Lorsque les dieux faisaient l'homme. Mythologie mésopotamienne, Paris 1989.- Ferner die Artikel "Assyrien und Israel" (*W.G.Lambert*) und "Babylonien und Israel" (*W.G.Lambert*) in: TRE 4, 265-277 und TRE 5, 67-79 (Lit.); vgl. auch TRE 5, 79-89 zur babyl.-ass. Religion (*W.von Soden*).- *W.Röllig/M.Görg*, Art. "Babylonien", NBL I, Sp. 227-233.
Für die Hethiter: *O.R.Gurney*, Die Hethiter, 1969.- *E. und H.Klengel*, Die Hethiter, 1970.- Dann den Artikel "Hethitische Religion" in: TRE 15, 290-297 (*J.Ebach*).
Für Syrien/Kanaan/Ugarit: *H.Gese/M.Höfner/K.Rudolph*, Die Religionen Altsyriens, Altarabiens und der Mandäer, 1970 (darin der Beitrag von *H.Gese*).- *D.Kinet*, Ugarit - Geschichte und Kultur einer Stadt in der Umwelt des A.T., 1981 (SBS 104).- *O.Loretz*, Ugarit und die Bibel, 1990.- Vgl. auch den Artikel "Kanaan" in: TRE 17, 539-556 (*F.Stolz*) [Lit.].-
Für die Perser: *G.Widengren*, Die Religionen Irans, 1965.-

99 *H.Wildberger*, EvTh 19, 1959, 77.

zugsberichte, und es fehlen auch Göttermythen sowie astrologische und astronomische Texte.
Es geht folglich nicht darum, das gesamte AT auf eine Linie festzulegen, und wenn von einer Mitte gesprochen wird, ergibt sich damit notgedrungen und mit innerer Konsequenz, daß es Schriften und Texte geben wird, die dieser Mitte näher, andere die ihr ferner stehen. Gewisse Differenzierungen oder gar Wertungen innerhalb des komplexen atl. Zeugnisses sind daher nicht auszuschließen. Es geht aber um das für das atl. Glaubenszeugnis überwiegend Typische, um die "zentrale Struktur des israelitischen Glaubens".[100] Eine solche Art von "Mitte" sieht nicht ab von der historischen Weite des AT, auch nicht von literarischen Unterschieden und soziologischen Bezügen verschiedenster Art. Sie weiß um die Gefahr, daß die systematische Darstellung die historische Vielfalt verdecken kann.[101] Sie möchte aber Anlaß und Hintergrund zu den Fragen nach der "Einheit des göttlichen Handelns hinter dem Vielerlei an Geschehen, und nach dem *einen* Wort hinter den vielen Worten"[102] bieten.

4. Damit stehen wir vor dem Problem einer möglichen oder unmöglichen[103] "Mitte des AT".[104] Diese hatte man, wie *R.Smend* instruktiv gezeigt hat, früher auch "Grundprinzip", "Grundgedanken", "Grundwesen", "Grundidee" oder auch "Kern", "Spezifikum" (u.a.m.) genannt und bisher etwa als Heil, Erlösung, Erkenntnis JHWHs *(H.Ewald)*, Heiligkeit Gottes *(A.Dillmann; J.Hänel)*, Jahwe als lebendiger, handelnder Gott *(E.Jacob)*, als gebietender Herr *(L.Köhler)*, als Theokratie[105] oder als Bund *(W.Eichrodt)*[106], als Gemeinschaft zwischen dem heiligen Gott und dem Menschen *(Th.C.Vriezen)*, als Gottesgemeinschaft und Gottesherrschaft *(G.Fohrer)*, als Verheißung *(W.C.Kaiser)*, als Gottes Gegenwart und auch Verborgenheit[107], als seinen Plan und seine Absichten *(E.A.Martens)* gesehen oder sogar genauer zu bestimmen versucht. Jetzt sagte man so schlicht wie zugleich die weiteren Probleme damit erst heraufbeschwörend "JHWH" bzw. die (jeweilige) Rede von Gott. Oder man nannte, das zur Debatte stehende Problem genauer fixierend, die Selbigkeit Jahwes in der Vielfalt der Überlieferungen, der offenbare Name "Jahwe", sein "Ich bin, der ich bin" *(so W.Zimmerli)*. Wie aber wird von ihm geredet, und wie begegnet Israel ihm? Ist von ihm außerdem innerhalb des AT überall in gleicher Weise die

---

100 ebd., 78.

101 Vgl. *W.H.Schmidt*, VuF 17, 1972, 9.

102 *W.Zimmerli*, VT 13, 1963, 105; vgl. *S.Wagner*, FS M.Doerne, (s. Anm.73), 409.

103 So vor allem *G.von Rad*, ThLZ 88, 1963, Sp. 405; Theol. II^4, 386. Er fragt aber doch auch nach dem "für den Jahweglauben und seine Bezeugungen Typischen" (Theol. II^4, 447; vgl. ThLZ 88, 1963, 406).

104 Hierzu vgl. die Arbeiten von *R.Smend*, *G.F.Hasel* und *J.Høgenhaven* (s. Anm.73).- *J.H.Hayes/F.C.Prussner*, (s. Anm.1), 257-260.- *H.Graf Reventlow*, Hauptprobleme..., 138ff.

105 Dazu *R.Smend*, Die Mitte des A.T. (Ges. Stud. 1), 1986, 57ff.

106 Diesen Versuch möchte *D.H.Odendall* erneuern (*ders.*, Covenant - the Centre of the O.T.?, NGTT 30, 1989, 143-151).

107 So *S.Terrien*, The Elusive Presence. Toward a New Biblical Theology, San Francisco u.a. 1978.

Rede?[108] Ist z.B. der JHWH eines Amos identisch mit dem JHWH von Spr 10-29? Muß nicht - im Gegensatz zu *Zimmerli* - mit dem "JHWH von Ägypten her" eingesetzt werden, bevor man überhaupt etwas von diesem JHWH als solchem aussagen kann, da Israel ihn dort als seinen Gott grundlegend erfahren hat? Kann man zuerst von "Gott an sich" reden, bevor man von "Gott für den Menschen" redet? Wie steht es außerdem mit dem von *Zimmerli* ständig bemühten Vorgang der Kundgabe dieses Namens als direkter (!) Selbstoffenbarung Gottes? Inwieweit stand *K.Barth* hier Pate?[109] Wie ist ein "Sich-selber-Sagen Jahwes" (in der Geschichte)[110] zu denken oder auch zu glauben?[111] Auch die Bestimmung der Mitte als "JHWH" oder "Jahwes Selbstoffenbarung" *(H.Graf Reventlow; Hasel)*, hilft nicht viel weiter, da sie ebenfalls zu allgemein bleibt. Wie redet das AT von JHWH, woher weiß es von ihm? Wie geschieht seine Offenbarung? Sie geschieht doch nicht an sich, sondern an ein Du. Sie ist nicht Selbstzweck, sondern geschieht zur Gemeinschaft mit diesem Du. Dieses Du ist im AT primär Israel, erst durch Israel auch die Welt, die Völker. Sind JHWHs Handeln an Israel und der Welt nicht näher beschreibbar, in die Bestimmung der "Mitte des AT" mit hineinnehmbar?[112]

Ein "Begriff" sollte zur Bestimmung dieser Mitte nicht bemüht werden, denn begriffliches Denken ist dem AT weithin fremd. *C.Westermann*[113] hat mit Recht auf die Geschehensstruktur atl. Rede von Gott verwiesen. Auch sollte diese Mitte "nichts Statisches" an sich haben[114], da es im AT auch um ein geschichtliches Weiterschreiten geht. Man hat dann ein für das AT zentrales Buch als dessen Mitte benannt. *S.Herrmann* dachte dabei mit guten Gründen an das Dtn.[115] Auch *G.von Rad* stand dieser Bestimmung zuweilen nicht völlig fern. Es wird sich zeigen, daß auch der vorliegende Entwurf manches davon aufnehmen möchte. *R.Smend*[116] wollte die sog. Bundesformel ("JHWH der Gott Israels - Is-

---

108 Vgl. dazu auch *W.S.Prinsloo,* The Theology of the Book of Joel, 1985 (BZAW 163), 1f.

109 Vgl. etwa: *ders.,* KD I/1, 334ff.

110 Vgl. z.B. *ders.,* Theol.^{6}, 123.

111 Ähnlich formuliert *K.Schwarzwäller,* Das A.T. in Christus, 1966 (ThSt 84), 55: Heilsgeschichte als "Geschichte des göttlichen Selbsterweises".

112 In die Diskussion um die "Mitte des AT" haben erfreulicherweise jetzt auch jüdische Gesprächspartner eingegriffen. Vgl. den Sammelband "Mitte der Schrift? Ein jüdisch-christliches Gespräch" *(Hg. M.Klopfenstein),* 1987 und *E.Brocke,* Von den "Schriften" zum "Alten Testament" - und zurück? Jüdische Fragen zur christlichen Suche einer "Mitte der Schrift", in: FS R.Rendtorff, 1990, 581-594. *Brocke's* Meinung, die Suche nach einer Mitte des AT sei kein exegetisches oder methodisches, sondern ein "christlich-existentielles" Problem (584), wird schon durch die jüdischen Beiträge in dem genannten Sammelband in Frage gestellt, die z.B. verdeutlichen, daß die jüdische Herausstellung der Tora als innerhalb des Tanakh wesentlichstem Corpus doch auch eine Wertung und Abstufung innerhalb des Tanakh insgesamt, eine Bestimmung seines Zentrums versucht.

113 Theol., 5.

114 *R.Smend,* Die Bundesformel, 23 (= Ges. Stud. 1, 55).

115 So vor allem *S.Herrmann,* Die konstruktive Restauration. Das Deuteronomium als Mitte biblischer Theologie, in: FS G.von Rad, 1971, 155-170.- Vgl. auch *A.Deissler,* Grundbotschaft, 91f.

116 Siehe S.17, Anm.73.

rael das Volk JHWHs")[117] mit ihrer Vorgeschichte, ihrer Beschreibung gegenwärtiger Wirklichkeit wie zukunftsbezogener Hoffnung als Mitte des AT bestimmen. Auch hier sind damit wichtige Wahrheitsmomente angesprochen, aber es entsteht sofort die Frage, wie die beiden in der Bundesformel genannten Partner denn so zueinander gefunden haben und "was die Relation Jahwe - Israel sachlich einschließt".[118] Von daher kommt *W.H.Schmidt*[119] zum ersten Gebot in dessen Geschichte als Mitte des AT und Leitfaden einer Theologie des AT. Dieser Vorschlag vereint in sich JHWH als geschichtlich handelnden (Präambel des 1. Gebotes) und zugleich sein Volk verpflichtenden Gott und kommt insofern dem hier versuchten Ansatz sehr nahe. Nur scheint es nicht recht möglich zu sein, das erste Gebot mit seinem Ausschließlichkeitsansspruch der Verehrung JHWHs schon als überall innerhalb des AT wirklich bestimmend darzutun[120], und das, was in der Präambel angesprochen wird, ist genauer als Voraussetzung alles weiteren zu entfalten. Der Vorschlag von *W.Dietrich*[121], "Gerechtigkeit" als "roten Faden" des AT zu bestimmen, ist angesichts des Fehlens dieser Fragestellung in zahlreichen, vor allem erzählenden und damit für das AT konstitutiven Textcorpora des AT nicht recht überzeugend.[122] Und wenn man wie *J.W.Rogerson*[123] als zentrale Frage einer AT-Theologie die Beiträge des AT zu den "contemporary questions about the nature and destiny of the human race" ansieht[124], dann verlangt auch dies nach genauerer Explikation, wenn es nicht zu allgemein bleiben soll.

5. Der vorliegende Versuch der Darstellung einer "Theologie des AT" möchte nach der dem AT gemäßen Mitte fragen, nach dem Typischen für diesen JHWHglauben, nach dem Zentralen, den entscheidenden und prägenden Grundstrukturen. Wie kommt Gott in den Texten des AT zur Sprache, wie geschieht dort "Theo-logie"? Wie wird dort von Gott oder zu ihm hin geredet, wo hat dieses Reden seinen Ermöglichungsgrund? Denn wir haben im AT ja nicht Gottes Offenbarung als solche vor uns, sondern Zeugnis(se) davon und Antworten darauf. Wir haben die "Fakten" nur im "Kerygma", in der Betroffenheit der glaubenden Zeugen, damit Texte, die davon Zeugnis geben, die sagen, daß hier oder dort JHWH (nach der Glaubensüberzeugung dieser Zeugen) gehandelt, sich "geoffenbart" habe, und dieses Zeugnis blieb innerhalb der atl. Glaubensgeschichte nicht einförmig. Es wandelte sich und setzte aufgrund neuer, interpre-

---

117 Vgl. zu ihr auch § 3.5 (s. unten S.84f.).

118 *W.H.Schmidt,* VuF 17, 1972, 12 (Anm.25).

119 *ders.,* Das erste Gebot, 1969 (ThEx 165); Atl. Glaube in seiner Gesch.,[6] u.ö.

120 Zu dieser "namentlich im Judentum geradezu klassische(n) Anschauung" vgl. noch den kritischen Durchblick bei *R.Smend,* Die Mitte des A.T. (Ges. Stud.1), 1986, 63ff.

121 Der rote Faden im A.T., EvTh 49, 1989, 232-250.

122 Ähnliches gilt für den Versuch von *H.Spieckermann,* "Barmherzig und gnädig ist der Herr...", ZAW 102, 1990, 1-18, der die Gottesaussagen in der Formel von Ex 34,6, ihrer Streuung und Vorgeschichte, für die Bestimmung des theologischen Zentrums des AT heranziehen möchte. Es muß ja immer zuvor gesagt werden, woher Israel z.B. weiß, daß JHWH "barmherzig" ist.

123 Vgl. oben S.2, Anm.3.

124 a.a.O., 298.

tierter Erfahrungen neues Zeugnis aus sich heraus und antwortete erneut darauf.

Das AT bezeugt nun primär JHWHs Handeln, nicht etwa nur sein "Sein". Folglich muß die zu suchende Mitte des AT von seinem Handeln sprechen, nicht aber einen Grundgedanken, einen Begriff als zentral herausstellen, sondern eher ein Grundhandeln, wie es in den Aussagen der Zeugen faßbar wird. Äußere und innere Geschichte, Ereignis und Interpretation sind dabei nicht zu trennen[125], denn wir haben die Geschehnisse "nur" im und als Wort, und auch die Überlieferungsgeschichte dieser unter den Aspekten des Doxologischen, Soteriologischen und des Polemischen[126] erfolgenden Interpretationen ist ein Stück der Geschichte wie der Glaubensgeschichte Israels.[127] Man kann dabei versuchen, den Unterschied zwischen einem das Zeugnis auslösenden und einem Zeugnis gebenden Geschehen zu bedenken[128], sofern dies jeweils sich als exegetisch möglich erweist.

JHWH handelt nach dem AT nun primär an Israel, und dieses sein Handeln war nicht nur ein einmaliges. JHWH *erwählt* sich durch geschichtliches Handeln eine Gruppe, ein Volk zur Gemeinschaft mit ihm[129]. Damit und dadurch verpflichtet er sich zugleich dieses Volk. So gewinnt "Gottesgemeinschaft und Gottesherrschaft" *(G.Fohrer)* ihre Gestalt, darin hat sie ihren Grund. Diese "Erwählung" geschah im Grundgeschehen des Exodus aus Ägypten, der Rettung am Meer, wurde aber auch immer wieder, wie etwa bei der Installierung des Königtums oder der Eingliederung des Zion in die Glaubenswelt Israels, als solche erfahren und bezeugt. "Erwählung" ist damit offen für weiteres, neues Handeln JHWHs an seinem Volk, gibt das Interpretationsmuster für weitere Erfahrungen mit diesem Gott, ist damit eine Grundstruktur atl. Zeugnisses von JHWH[130], nennt des AT's innere Einheit *(Hasel)*, kennzeichnet das für das AT und seinen Gott Typische, die "Grunddimension" atl. Glaubens.[131] Das notwendige Ineinander von "Systematik" und "Geschichte", von Synchronie und Diachronie ist damit auch schon vom AT selbst her gefordert, beim Erkennen dieser seiner Grundstruktur aber auch ermöglicht.

Dieser "Mitte" müssen sich die weiteren, zentralen Grundstrukturen atl. Glaubens, wie sie sich z.B. im atl. Zeugnis von Offenbarung, vom Kultus, von der Geschichte, den Vätern u.a.m., zuordnen[132], was sich durch den Vollzug des

---

125 Daß und inwiefern die Wertung der Geschichte bei *G.von Rad* das Geschichtsverständnis des (damaligen) Kreises um *W.Pannenberg* [Offenbarung als Geschichte, (1961) ^{5}1982] mitbestimmt hat, erörtert z.B. *M.Oeming*, Gesamtbiblische Theologien der Gegenwart, ^{2}1987, 139ff.

126 So mit *R.Martin-Achard*, (s. S.17, Anm.73).

127 Dazu *R.Rendtorff*, Geschichte und Überlieferung, in: FS G.von Rad, 1961, 81-94 (=*ders.*, TB 57, 1975, 25ff.).

128 So mit *H.-J.Stoebe*, (s. S.17, Anm.73), 203.

129 Vgl. ähnlich auch *E.Jacob*, Grundfragen, 41.

130 Vgl. selbst *G.von Rad*, Theol. II^{4}, 442: "Das alte Israel sah z.B. in seiner Erwählung eine Tatsache von äußerster Wichtigkeit."

131 So *A.Soete*, Ethos der Rettung - Ethos der Gerechtigkeit, 1987, 41.

132 Vgl. *H.-J.Hermisson*, Zur Erwählung Israels, in: FS G.Krause, 1982, 37-66; dort 37: "Das Thema 'Erwählung Israels' gehört zu den zentralen Aussagen alttestamentlicher Theologie. Man könnte darin sogar die (oder genauer: eine) Mitte des Alten Testaments sehen..." Dann aber dort (39): "...daß man nicht das ganze Alte Testa-

vorliegenden Entwurfs als möglich, berechtigt und richtig erweisen muß. Es sei jedoch daran erinnert, daß die Herausstellung einer Mitte Schriften und Texte in notwendig unterschiedlicher Nähe zu dieser Mitte orten will und muß, daß "die Mitte des Alten Testaments... nicht das ganze Alte Testament" ist.[133] Es gibt aber innerhalb des AT bestimmte Textcorpora, die in sich und durch sich schon eine "Theologie" zu entfalten versucht haben[134]. Dies gilt etwa für das Dtn, für Dtjes, vielleicht auch für die Priesterschrift. Folglich wird darauf zu achten sein, daß sich der eigene Versuch möglichst auch in deren Nähe bewegt. Ferner wird zu fragen sein, ob dieses Erschließen und zuordnen von Grundstrukturen des atl. Glaubens in ihrer Zuordnung zur so bestimmten Mitte offen ist für eine gesamtbiblische Theologie als einem christlichen Anliegen, das gleichzeitig mit diesem Versuch christlichen Verstehens doch weder in den Verdacht gerät noch dieses gar versucht, daß man das AT den Juden entreißen will.[135] Als christlicher Leser oder auch Erforscher des AT kann man eben schlecht dieses AT so lesen, als ob man von der Botschaft des NT noch nichts wüßte[136]. "Theologie des AT" ist damit noch nicht selbst "Biblische Theologie", schon gar nicht christlich-normative Theologie, die als atl. Theologie am ntl. Zeugnis zu messen ist.[137] Wohl aber möchte sie, und dies z.B. gerade durch ihr historisch-deskriptives Fragen nach Grundstrukturen des atl. Glaubens[138], der biblischen Theologie den Weg bereiten. Es wird gehofft, daß trotz dieser Ausrichtung auch manch jüdischer Leser die hier versuchte Zusammenschau des "Tanakh" als eine sachgemäße ansehen kann.

So soll *"JHWHs erwählendes Geschichtshandeln an Israel zur Gemeinschaft mit seiner Welt"*[139], *das zugleich ein dieses Volk (und die Völker) verpflichtendes Handeln ist,* als Mitte des AT, damit als Grundstruktur atl. Glaubens, um die sich die folgende Darstellung zu gliedern versucht, bestimmt werden[140]. Es wird zu fragen sein, ob sich dieser Mitte des AT weitere, ihr sich angliedernde oder aus ihr sich ergebende Grundstrukturen atl. Glaubens, wie etwa die atl. Rede von Gott oder vom Handeln des Menschen, zuordnen.

Man braucht nur ein wenig nachzudenken, um zu der kritischen Nachfrage zu kommen, wie es dann aber z.B. mit JHWHs Schöpfungshandeln bestellt ist,

---

ment darunter begreifen soll, ist bereits ein Gebot des guten Geschmacks."- <Über "Geschmack" läßt sich bekanntlich nicht streiten.>

133 *R.Smend*, Die Mitte des A.T., 55 (=Ges. Stud. 1, 81).

134 Zu dieser Frage, wenn auch mit anderen Akzenten: *R.Smend*, Theologie im A.T., in: FS G.Ebeling, 1982, 11-26 (= *ders.*, Die Mitte des A.T. [Ges. Stud., Bd.1], 1986, 104ff.).

135 Vgl. dazu auch *J.Blenkinsopp*, O.T. Theology and the Jewish-Christian Connection, JSOT 28, 1984, 3-15; vgl. auch *W.Dietrich*, EvTh 49, 1989, 249.

136 Vgl. *B.S.Childs*, Theol., 8f.

137 Anders vor allem jetzt *A.H.J.Gunneweg*, (s. S.17, Anm.73), vgl. aber auch *M.E. Tate* (ebd.).

138 Vgl. auch *H.Strauß*, Theologie des A.T. als Bestandteil einer biblischen Theologie, BN 24, 1984, 125-137.

139 Vgl. ähnlich auch *H.Wildberger*, Auf dem Wege zu einer biblischen Theologie, EvTh 19, 1959, 70-90.

140 Vgl. auch *G.von Rad*, TB 8, ^{3}1965, 136: "Der Jahweglaube des Alten Testaments ist Erwählungsglaube, d.h. primär Heilsglaube."

oder wie es bei dieser Bestimmung der Mitte theologisch um die Weisheitsliteratur steht. Die Darstellung selbst wird hierauf Antworten zu geben versuchen. Daß ferner die augenblickliche Forschungssituation mit ihren divergierenden Fragestellungen, Thesen und Ergebnissen vor allem auf den Gebieten der Literar- und Redaktionskritik allgemein, der Pentateuch- wie der Prophetenforschung im besonderen, einer zusammenfassenden Fragestellung, wie sie für eine Theologie des AT unerläßlich ist, nicht gerade günstig erscheint[141], aber auch noch niemand weiß, in welcher Richtung sich ein möglicher neuer Konsensus anbahnen könnte, braucht nur noch genannt zu werden. Da aber kaum Aussicht besteht, daß sich dies in absehbarer Zeit ändern wird, die Diskussion (z.B. um die Existenz oder Datierung des sog. Jahwisten) auch hin- und herwogt, muß der Versuch trotzdem gewagt werden. Dies erfolgt im Bewußtsein der Gefahr, nicht überall und von jedem als "voll über den augenblicklichen (und dann jeweils sehr eigenen) Forschungsstand informiert" oder gar hoffnungslos hinter ihm zurückgeblieben (ihm aber vielleicht auch schon wieder voraus?) angesehen zu werden. Es sei jedoch - und dies unter ausdrücklicher Aufnahme des Votums eines anderen AT-lers - angemerkt, daß die heute öfter gegen die Authentizität z.B. prophetischer Texte vorgebrachten Gründe nicht immer wirklich überzeugend sind, vielfach von unbewiesenen Hypothesen ausgehen[142] und "gerade bei Profetenbüchern mehr auf subjektivem Gefühl der Interpreten als auf ausweisbaren textlichen Gegebenheiten" basieren. So "traue ich der Überlieferung hinsichtlich der Authentizität lieber zu viel als zu wenig zu"[143] und kann vieles aus den z.Zt. zuweilen vertretenen Spätdatierungen von Texten und Traditionen oder einer fast vollständigen Abwertung atl. Texte als Quelle für auch "Historisches" nur als ungesichert, wenn nicht gar als Irrweg ansehen.[144]

---

141 "Die Offenheit der Einleitungsfragen öffnet einem radikalen Umbau der alttestamentlichen Theologie Tür und Tor": So *B.Seidel*, WZ Halle 38/1989, (1), 81.

142 Z.B. dtr Einfluß auf Jes 6 oder Jes 1-32 insgesamt.

143 *K.Koch*, Die Profeten I, ^{2}1987, 120.

144 Vgl. die wichtigen Ausführungen von *S. Herrmann*, Die Abwertung des A.T. als Geschichtsquelle. Bemerkungen zu einem geistesgeschichtlichen Problem, (erscheint in "Sola Scriptura" [Kongreßband Theologenkongreß Dresden 1990]).

I. Grundlegung (= §§ 2+3)

§ 2: Die Erwählungsaussagen des Alten Testaments - Ein Überblick[1]

1. JHWHs erwählendes und verpflichtendes (Geschichts-) Handeln an Israel wurde als die mögliche Mitte des AT bezeichnet, als das Typische, als die wichtigste Grundstruktur atl. Zeugnisses und Glaubens[2]. Wie wird nun wo von diesem geredet? Inwiefern ist dieses Glaubenszeugnis atl. bestimmend?
Hier muß zuerst beachtet werden, daß es nicht nur darum gehen kann, das Auftreten oder Fehlen der Vokabel "erwählen" zu registrieren, um dann von dortaus Folgerungen zu ziehen oder vor allem nicht zu ziehen. Es geht weder um den spezifischen Erwählungs*begriff* des AT, noch gar nur um die Streuung der Wurzel בחר. Es handelt sich vielmehr einerseits um das von diesem erwählenden Handeln JHWHs zeugende Wortfeld, damit um die Zusammenschau von Wörtern, die im Umfeld dieses Begriffs auftreten, anderseits und vor allem aber um die Erkenntnis des erwählenden Handelns JHWHs als der entscheidenden Grundstruktur atl. Zeugnisses von diesem Gott, um ein Erwählungsdenken und -glauben, um ein Erwählungsleben und -bewußtsein. Um knapp anzudeuten, was gemeint ist, sei z.B. auf Am 3,2 und 9,7 verwiesen, wonach JHWH sein Volk "erkannt" und es "aus dem Land Ägypten heraufgeführt hat". Dort fehlt zwar der Begriff "erwählen", die Sache aber ist klar angesprochen. Gleiches gilt von dem Einsatz der Abrahamserzählungen mit Gen 12,1-4 (vgl. 28,14), wo faktisch eine Erwählung Abrams durch JHWH zur Sprache kommt, ohne daß die Vokabel auftaucht[3]. Jede Wortgeschichte hat außerdem ihre sachliche Vorgeschichte, und die Herausbildung eines Begriffs steht nicht am Anfang einer Glaubensentwicklung und Glaubensanschauung.

2. Um den angedeuteten Befunden sich anzunähern sei dennoch mit dem Betrachten des Gebrauchs von בחר mit JHWH/Gott als Subjekt eingesetzt. Vom erwählenden Handeln JHWHs wird in dieser Form 99mal gesprochen[4], so daß

---

1 Lit.: *K.Galling,* Die Erwählungstraditionen Israels, 1928 (BZAW 48).- *M.Buber,* Die Erwählung Israels (1938), *in: ders.,* Werke. Zweiter Band (Schriften zur Bibel), 1964, 1037-1051.- *Th.C.Vriezen,* Die Erwählung Israels nach dem A.T., 1953 (AThANT 24).- *K.Koch,* Zur Geschichte der Erwählungsvorstellung in Israel, ZAW 67, 1955, 205-226.- *H.Wildberger,* Jahwes Eigentumsvolk, 1960 (AThANT 37).- *H.H.Rowley,* The Biblical Doctrine of Election, (1950) [2]London 1964.- *H.-J.Zobel,* Ursprung und Verwurzelung des Erwählungsglaubens Israels, ThLZ 93, 1968, Sp.1-12.- *H.Wildberger,* Die Neuinterpretation des Erwählungsglaubens Israels in der Krise der Exilszeit, in: FS W.Eichrodt, 1970, 307-324 (= *ders.,* TB 66, 1979, 192ff.).- *ders.,* Art. "בחר *bḥr* erwählen", THAT I, Sp. 275-300.- *H.Seebaß,* Art. "בָּחַר", ThWAT I, Sp. 592-608.- *ders.,* Art. "Erwählung. I: A.T.", TRE 10, 1982, 182-189 (Lit.).- *H.-J.Hermisson,* Zur Erwählung Israels, in: FS G.Krause, 1982, 37-66.- *G. Braulik,* Art. "Erwählung (AT)", NBL I, Sp.582f.- Vgl. auch: *L.Köhler,* Theol.[4], 65-67.- *E.Jacob,* Théol., 163ff.- *R.E.Clements,* Theol., 87ff.- *W.Zimmerli,* Theol.[6], 35-39.- *W.H.Schmidt,* Atl. Glaube[6], 134ff.

2 Vgl. oben S.29.

3 Vgl. dazu *J.Scharbert,* "Erwählung" im A.T. im Licht von Gen 12,1-3, in: Dynamik im Wort (FS KBW), 1983, 13-33.

4 Vgl. dazu THAT und ThWAT s.v.(s. Anm.1).

schon einmal deutlich wird, daß es sich hierbei um keinen innerhalb des AT unwesentlichen Begriff handelt (insgesamt kommt er 146mal vor). Hinzuzurechnen sind 13 passivische Belege, die etwas oder jemanden als durch JHWH "erwählt" kennzeichnen, wie z.B. Mose (Ps 106,23), David (Ps 89,4) oder den Gottesknecht (Jes 42,1). Schaut man auf die Streuung dieses spezifisch theologischen Gebrauchs , so zeigen sich mit dem Dtn (29mal), DtJes (7mal) und den Psalmen (9mal) besondere Schwerpunkte. Dort wird dann aber stets so von diesem Erwählen gesprochen, daß der Begriff weder eingeführt noch erklärt werden muß. Außerdem wird - gut atl. - von diesem Erwählen verbal, nicht aber in Form eines Abstraktnomens ("Erwählung") gesprochen , das wir im Deutschen zu benutzen genötigt werden, das es aber auch z.B. im Akkadischen gab *(itûtu)*.[5] Es geht atl. um die jeweilige Tat dieser Wahl, bei der das Subjekt in freier Willensentscheidung, in gnädiger Zuwendung diese Tat als Auswahl zur Gemeinschaft mit ihm vollzog. Warum z.B. JHWH den Abraham oder den Zion erwählte, wird nicht begründet, und wenn in Dtn 7 über die Erwählung Israels theologisch reflektiert wird, wird die Begründung für dieses Handeln allein in JHWH selbst gefunden. Außerdem wird deutlich, daß es sich bei JHWHs Erwählen nicht um einen überzeitlichen Ratschluß (vielleicht noch gar in prädestinatorischer Form) handelt, sondern um geschichtliches Heilshandeln JHWHs, das die Geschichte JHWHs mit diesem seinem Volk begründet (Ps 106,5ff.; 135,4ff.; Ez 20,5f.).[6] Und die atl. Texte zur Sache zeigen, daß man keineswegs erst dann von einem erwählenden Handeln JHWHs an seinem Volk handeln konnte, nachdem man eine universalgeschichtliche Überschau hatte.[7]

3. Wen oder was erwählt JHWH? Daß er Einzelmenschen erwählt[8], wird (abgesehen vom König; s.u.) relativ spät und auch seltener innerhalb des AT ausgesagt. Neh 9,7 nennt Abraham (vgl. seine "Berufung" nach Jes 51,2), Ps 106,23 Mose (vgl. auch Ps 105,26). Die Propheten gebrauchen diesen Terminus zur inhaltlichen Näherbestimmung ihrer Berufung nicht, und dies vielleicht auch deswegen, weil sie ja in kritischem Gegenüber zu den sich erwählt Glaubenden stehen.[9] Nur beim Gottesknecht wird promiscue von Erwählung und Berufung gesprochen (vgl. Jes 42,1 mit 49,1). Daß JHWH aber, obwohl die Wurzel בחר nicht verwendet wird, doch als ein Gott geglaubt wurde, der auch einzelne erwählt, kann man etwa an Jer 1,5 festmachen, wo von "aussondern" und "bestimmen" gesprochen wird, was letztlich nichts anderes als ein Auswählen meint. Noah war letztlich auch ein "allein aus Gnaden" zur Rettung Erwählter (Gen 6,8)[10]. Ähnliches gilt vom "Erkennen" (Gen 18,19) oder vom "Nehmen" (Gen 24,7) JHWHs. Auch wenn JHWH etwa die sog. "großen Richter" zur Rettung Israels beruft (Ri 3-16), dann erwählt er sie zu Werkzeugen seines kriegerischen Handelns, die diesem Volk Recht verschaffen gegen seine Nachbarn. Wie und daß Israel/Juda erwählt ist zu einer Geschichte mit JHWH, wird in den Psal-

---

5 AHw I, 407.

6 Vgl. *K.Koch*, EKL[1], III, Sp. 268.

7 So z.B. *G.von Rad*, Theol. I[5], 192.

8 Vgl. dazu *H.H.Rowley*, The Biblical Doctrine of Election, 95ff.

9 Vgl. Bd.II, § 10.1.

10 Die Priesterschrift setzt dann später mit dem Hinweis auf Noahs Frömmigkeit andere Akzente: Gen 6,9; 7,1b.

men 68, 78, 105 und 106 reflektiert, gepriesen und im Blick auf daraus sich ergebende Folgerungen bedacht oder auch beklagt.
Eine Erwählung zum Priesteramt erfolgte nach Num 16,5ff.; 17,20 (P). Das Haus Eli wird in dem alten Beleg 1 Sam 2,28 als erwählt bezeugt, wie später Aaron in Ps 105,26, die Leviten zum Dienst vor und für JHWH nach Dtn 18,5; 21,5; 1 Chr 15,2; 2 Chr 29,11. Erwählung ist folglich mit einer Beauftragung verbunden.
Einer der Söhne Davids hatte einen mit der Wurzel בחר zusammengesetzten Namen (*Jibḥar*: 2 Sam 5,15), und dieser Beleg führt dann in den Bereich der Aussagen über Erwählung königlicher Gestalten durch JHWH. Allgemein gewendet wird von einem göttlichen Erwählen des Königs in den späten Texten Dtn 17,15 (exilisch) und 2 Chr 6,5 gesprochen. Wenn auch der König durch JHWH erwählt war, so blieb das ihm nun unterstellte und anvertraute Volk doch das Volk JHWHs (2 Chr 6,5: "über mein Volk Israel"; vgl. 2 Sam 6,21; Ps 28,8f.; 72,1f.; auch 78,67-71). Dann ist Saul von JHWH erwählt (1 Sam 10,24). Der Leser, der von diesem Handeln JHWHs an Israels erstem König erfährt, wird aber bald darauf damit konfrontiert, daß JHWH eben diesen Saul auch wieder verworfen hat (1 Sam 15,23.26). Erwähltsein ist hiernach - wann auch immer diese Texte zu datieren sind - offensichtlich kein Habitus, was andere Belege, die von einer Verwerfung Israels sprechen, unterstreichen (2 Kön 17,20; vgl. 2 Kön 23,27; Jer 14,19.21; Klgl 2,7 u.ö.)[11]. Von der Erwählung Davids und damit - wie öfter im AT - von der Erwählung des Geringen[12] sprechen 1 Sam 16,8ff. und 2 Sam 6,21, wobei (neben 1 Sam 9,21; 10,24 zu Saul) diese Belege aus der Aufstiegsgeschichte Davids und der Ladeerzählung als alte gelten können, zumal auch Israels Umwelt von der göttlichen Erwählung des Königs sprechen konnte[13], während weitere Aussagen zu diesem Thema späterer Zeit entstammen (1 Kön 8,16 dtr; Ps 78,70; 89,4; 1 Chr 28,5; 2 Chr 6,5). Auch Absalom wird als durch JHWH erwählt bezeichnet (2 Sam 16,18). Aus späteren Texten gehören dann noch in diesen Zusammenhang die Nennungen Serubbabels (Hag 2,23) und Salomos (1 Chr 28,5f.; 29,1). Mit dem Problem einer endgültigen Verwerfung des Davidhauses ringt der exilische Ps 89, wagt jedoch selbst angesichts dieser Not noch eine fragende Bitte (V. 50f.).[14]
Abgesehen von der Kennzeichnung Sauls, Davids und Absaloms als erwählten Königen und Thronanwärtern und der Eliden als einem erwählten Priestergeschlecht ist eine Erwähnung von durch JHWH erwählten Einzelmenschen, soweit sie dafür ausdrücklich die Wurzel בחר verwenden, dann erst wieder in exilischen und nachexilischen Texten zu Hause. Damit ist die Rede von der Erwählung einzelner mehr ein Nebenstrang zu der von der Erwählung des Volkes. Er läßt aber im Blick auf den König erkennen, daß man von einem solchen göttlichen Handeln schon früh zu sagen wußte, während man im Blick auf andere Personen eine solche Aussage dann erst überwiegend in exilischen und vor allem nachexilischen Texten findet.

---

11 Vgl. dazu Bd.II, § 14.6.

12 Vgl. dazu *O.Bächli*, Die Erwählung des Geringen im A.T., ThZ 22, 1966, 385-395.

13 Vgl. die Belege in THAT I, Sp. 281; ThWAT I, Sp. 593.

14 Vgl. *T.Veijola*, Verheißung in der Krise, Helsinki 1982.

4. Entscheidend sind dann aber die Aussagen über die Erwählung des Volkes[15], von denen die Erwählungsaussagen über einzelne her leben und auf welche sie bezogen sind. Da sind es (wenn rückwärtsschreitend eingesetzt wird) die nachexilischen Texte, die vom Volk und besonders diesem Volk als gottesdienstlicher Gemeinde als den "Erwählten" sprechen (Jes 65,9; vgl. V.15+22; dann Ps 105,6.43; 1 Chr 16,13.- Ps 65,5; Num 16,7). Dann ist bei DtJes Israel als Knecht JHWHs von ihm erwählt (Jes 41,8-10; 43,10; 44,1f.; 49,7). Hierbei kann die Volkserwählung sogar mit der Schöpfung in eins gesetzt werden (Jes 43,10ff.; 44,2), so daß geschichtliche Berufung und Schöpfung zusammengesehen sind. Ezechiel spricht in einem seiner Geschichtsüberblicke davon, daß JHWH sein Volk erwählte, als er sich ihm in Ägypten zu erkennen gab (Ez 20,5). Denn als Israel aus Ägypten zog, da wurde Juda JHWHs Heiligtum, Israel sein Herrschaftsgebiet (Ps 114,lf.). Häufig nennt das Dtn die Erwählung des Volkes, die (nach Dtn 9,4ff.) nicht aufgrund des Wertes der Erwählten geschah (Dtn 7,6-8; 10,15; 14,2; vgl. 1 Kön 3,8b).

Nach Am 3,2; 5,14f.; 6,1 und 9,7 hatte das Volk die Gewißheit einer festen Gemeinschaft zwischen JHWH und sich als Glaubensinhalt, wobei diese Gewißheit jedoch zur Sicherheit geworden war, was Amos anprangerte, obwohl selbst er noch in seinen Gerichtsankündigungen JHWH von Israel als von "meinem Volk" reden ließ (Am 7,8.15; 8,2; 9,10). Ähnliches findet sich in Jes 40,1 und Ps 81,9, dann z.B. bei Hosea (Hos 4,6.8.12; 11,7; dazu der Kontrast in 1,9), bei Jesaja (Jes 1,3; 3,12.15; 5,13.25; 10,2) und bei Micha (Mi 1,9; 2,4.8.9; 3,3; 6,3.5; 7,14 [sek.]).[16]

Die Erzvätergeschichten[17] schildern einzelne "Väter" mit den zu ihnen gehörenden Gruppen oder Großfamilien, die in einer persönlichen Beziehung zur Gottheit stehen. Sie schildern damit letztlich das Verhältnis einer erwählten Gruppe und eines herausgerufenen Einzelnen zu dieser Gottheit und umgekehrt, und Gen 12,1-4a nehmen faktisch schon die Frage nach dem Verhältnis Israels zu den Völkern, damit der Erwählung auf. Die Vätergeschichten erzählen von dieser Führung und Gemeinschaft, ohne daß sie den Begriff "Erwählen" gebrauchen (vgl. aber Gen 18,19; 24,7), d.h. sie erzählen, wo wir nach Definitionen suchen, von dem Gott, der sich in ein persönliches Verhältnis zu der jeweiligen Sippe gebracht hat[18]. Die begriffliche Fixierung des hier noch schlicht Erzählten erfolgt später, wie Ps 105,6 erweist ("...du Geschlecht Abrahams, seines Knechtes, ihr Söhne Jakobs, seine Auserwählten"). Und als das werdende Israel sich in Ägypten vermehrt und unter die Bedrückung des Pharao gerät, wendet sich JHWH (nach dem jetzigen Erzählzusammenhang erneut) dieser Moseschar zu und erwählt sie geschichtlich rettend, führend und verpflichtend zur Gemeinschaft mit sich. Die Erzähler lassen hier JHWH erstmals "mein Volk" sagen (Ex 3,7.10; 5,1; 7,16; 8,16ff. u.ö.), das Volk spricht umgekehrt von "unserem Gott" (Ex 3,18; 5,3.8), womit die Verbindung "Volk JHWHs" ("dein Volk": Ex 5,23) vorbereitet ist, wie sie in anderen frühen Texten des AT auftaucht (vgl. schon Ri 5,11; dann weiter 1 Sam 2,24; 2 Sam 1,12; 14,13 u.ö. und die Kontrastformulie-

---

15 Vgl. *W.Eichrodt,* Theol.I[8], 18 zum Erwählungsbewußtsein Israels, das sich schon auf die Schicksale der Erzväter gründet. Vgl. auch *B.S.Childs,* Theol., 93ff.

16 Nach Jes 19,25 (sek.) ist sogar Ägypten für JHWH "mein Volk".- Am 9,14 ist sek.

17 Vgl. zu ihnen Bd.II, § 6.

18 "Was war das anderes als ein Erwählungsakt...": *G.von Rad,* Theol.I[5], 21 (vgl. 178).

rung Ex 32,7f.). JHWH ist der Gott Israels (so ebenfalls schon Ri 5,5)[19], ist sein Hirte (Ps 80,2) und sein König (Ex 15,18).

5. Was JHWH an diesem seinen Volk nun getan hat, kann dann sehr unterschiedlich, thematisch aber doch einheitlich mit dem eine geschichtlich erfahrene Erwählung umkreisenden Wortfeld beschrieben werden.[20]
JHWH ruft und beruft (קרא: Ex 31,2; 35,30; Hos 11,1; Jes 41,9, 43,1; 48,12; 49,1; 51,2; nach Jes 45,3 auch den Kyros als sein geschichtliches Heilswerkzeug). Er sonderte aus (בדל *hiph.*: Dtn 10,8; 1 Kön 8,53; Lev 20,24.26; Kontrast: Jes 59,2), er erfaßte (חזק: Jes 41,9.13; 42,6; 45,1; Jer 31,32), begehrte (אוה: Ps 132,13f.), erkannte (ידע: Gen 18,19; Am 3,2)[21], löste aus (גאל: Ex 6,6; 15,13; Ps 74,2; 77,16; 106,10; Jes 44,22f.; 48,20; 51,10; 52,3; 63,9), kaufte frei (פדה: Dtn 7,8; 9,26; 13,6; 15,15; 21,8; 24,18; vgl. 2 Sam 7,23; Hos 7,13; 13,14; Mi 6,4; Jer 31,11), erwarb durch Kauf (קנה: Dtn 32,6; Ps 74,2; 78,54; Jes 11,11; vgl. Ex 15,16), nahm oder griff (לקח: Gen 24,7; Ex 6,7; Dtn 4,20; 30,4; Jos 24,3; vgl. 1 Sam 12,22; Jes 41,9[22]), "fand" Israel (מצא: Hos 9,10; Dtn 32,10; vgl. Jer 2,2f.; 31,2; Ez 16,1ff.). Folglich wurde und ist Israel ein besonderes Volk (Num 23,9; vgl. Am 6,1 oder Mi 3,11 ["JHWH in unserer Mitte"] als Selbstgefühl), zu dem auch JHWH selbst "mein Volk" sagt oder sagen läßt (Jes 1,3.7; vgl. 5,7; Jer 9,6; Am 7,8.15; Mi 6,3; Ex 3,7 J; 3,10 E; 7,4 P; Kontrastaussage "Nicht-mein-Volk" Hos 1,9), oder auch später und reflektierter "mein Erbteil" (Dtn 4,20; 9,26.29), denn es ist geheiligt, ist ausgesondert durch JHWH (Jer 2,3). Nach Ps 74,2 hat JHWH sein Volk geschichtlich dazu gemacht. Auch von JHWHs "Eigentumsvolk" ist die Rede, um diese geschichtlich gewordene, von JHWH ausgehende Erwählungstat zur Gemeinschaft mit Israel adäquat auszusagen (Dtn 7,6; 14,2; 26,18; vgl. ähnlich Ex 19,5; Ps 135,4; Mal 3,17), und darin ist zugleich das Ineinander von Erwählung und Gehorsam gesetzt. Dieses sein Volk, "JHWHs Volk" (Ri 5,11; 2 Sam 1,12), ist nicht durch sich selbst, sondern durch JHWHs aussonderndes und herausgreifendes Handeln ein "heiliges" und d.h. JHWH zugeeignetes Volk (Ex 19,6; Dtn 7,6; 14,2.21; 26,19; 28,9).[23] Zur Näherbestimmung des Verhältnisses beider Partner kann das Bild der Ehe verwendet werden (Hos; Jer; vgl. Ez 16+23), oder es wird vom Vater-Sohn-Verhältnis gesprochen, was dann aber nicht naturhaft, sondern geschichtlich interpretiert wird (Ex 4,22; Jes 1,2f.; Hos 11,1; vgl. Jes 43,6; 63,16; Mal 2,10; Ps 103,13 und auch Dtn 14,1[24]).
Neben den dtn Schlüsseltexten zur theologischen Reflexion des Themas "Erwählung" in Dtn 7 und 9,1-6 ist noch Ex 19,3b-6 hier zu nennen[25], in dem vieles von dem, worum es in diesem Zusammenhang geht, zusammengefaßt und auf

---

19 Vgl. dazu weiter S.84f. (§ 3.5).

20 Vgl. dazu *Th.C.Vriezen,* Erwählung (s. S.31, Anm.1).

21 Dieses "erkennen" ist hier deutlich ein "auswählen"; vgl. 2 Sam 7,20; Jer 1,5; Ex 33,17b.

22 "Dabei handelt es sich gewiß um einen Ausdruck naiven Verständnisses von Erwählung, der etwa auch Gen 24,7 (Abraham), Jos 24,3 (euer Vater), 1 Kön 11,32 (Jerobeam I.), Jer 43,10 (Nebukadnezar zur Eroberung Ägyptens), Hag 2,23 (Serubbabel), 2 Sam 7,8; 2 Chr 17,7; Ps 78,70 (David) und Num 3,12.41.45; 8,16.18 (Leviten) vorkommt": *H.Seebaß,* ThWAT IV, Sp. 593.

23 "Heilig" wird im Dtn nur auf Personen, nicht auf Dinge bezogen.

24 Zu dem hier verwendeten ל der Zugehörigkeit vgl. GK[28], § 129.

25 Vgl. zu diesem Text auch S.78.

den Begriff gebracht ist, und auch 2 Sam 7,23f. sind für die Beziehung JHWH-Israel mit ihren Aussagen von Bedeutung. Angesichts dieser (leicht anzureichernden) Fülle von Aussagen, welche JHWH und Israel in eine geschichtlich gewordene Beziehung und Gemeinschaft setzen, die durch JHWHs Handeln gestiftet wurde, ist es sicher nicht zu vermessen, wenn behauptet wird, daß dort, wo dann expressis verbis von "erwählen" gesprochen wird, dies "unmöglich als (erst) dort ersonnen und proklamiert gelten kann."[26]
Daß JHWH dann auch noch als der Gott bekannt wird, der Jerusalem und den Zion, die Stadt und den Tempel wiederum geschichtlich erwählt hat[27], fügt der Erwählung des Volkes die von dessen gottesdienstlicher Stätte und Gottesstadt später hinzu, wobei von Bedeutung ist, daß auch dies als ein "erwählen" gekennzeichnet wird (vgl. Ps 132,13f.; dann oft im dtn/dtr Bereich, wie Dtn 12,5ff.; 14,23-25; 1 Kön 8,16.44.48; 11,32; 2 Kön 21,7; 23,27 u.ö.), sowie in Texten der Chronik (2 Chr 6,5f.34.38; 7,12.16; 12,13; 33,7), im Nehemiabuch (Neh 1,9) und in Psalmen (Ps 78,68; 132,13). Während das Dtn wohl infolge seiner Konzipierung als Moserede den Ortsnamen Jerusalem noch nicht nennt, ist diese Stadt nach Jes 48,2; 52,1 die "heilige Stadt". Sie ist "erwählt" (Sach 1,17; 2,16; 3,2). Daß auch dies nicht erst Ergebnis später Reflexion war, zeigen Jer 26 und 7, wonach sich Jeremia mit dem Volksbewußtsein absoluter Sicherheit des Tempels auseinandersetzen mußte, die durch Jesaja genährt sein konnte (Jes 28,16; 29,8; 30,18ff.; 31,4f.). Später sprach man vom "heiligen Berg" (Jes 56,7; 65,11; 66,20 u.ö.), womit aber auch nur wieder etwas aufgegipfelt wurde, was JHWH durch sein "Erwählen" des Zion initiiert hatte.
Weder war Israel schon naturgegeben oder seit Urzeiten JHWHs Volk, sondern es wurde dies erst durch JHWHs geschichtlich erwählendes Handeln, noch war Jerusalem Stadt und Heiligtum JHWHs kraft schon mythischer oder schöpfungsmäßiger Setzung (vgl. Ps 78,54 mit קנה betr. Sinai). Und wenn die Propheten so beredt vom Erwählungsglauben schweigen, ist dies darin begründet, daß sie sich[28] mit ihm in seiner Pervertierung zum Erwähltheitsglauben kritisch auseinandersetzen müssen (vgl. nur Am 3,2; 9,7).

6. Betrachtet man nun das - hier zuerst bewußt nur überblickhaft und grob - Dargestellte noch einmal in einem - vorerst ebenso mehr noch an der Oberfläche bleibenden - *historischen Längsschnitt*, so zeigen sich beim Blick auf den enger gefaßten und d.h. unter Verwendung von בחר in dessen theologischem Bereich geprägtem Gebrauch zwei Schwerpunkte.
Während בחר im theologischen Gebrauch bei J, E und den vorexilischen Propheten noch fehlt, dort in seinem sachlichen Gehalt vielmehr durch andere Begriffe und Erzählungsakzente vorbereitet wird, ist es dann zuerst das Dtn mit seiner ausgeprägten Erwählungstheologie[29], das - wie der Gebrauch in den Paränesen zeigen kann (Dtn 7+10) - eine naturgemäß vorhandene Vorge-

---

26 *H.Seebaß*, ThWAT I, Sp. 603.
27 Vgl. dazu Bd.II, § 8.
28 Vgl. Bd.II, § 10.1.
29 Dazu *H.D.Preuß*, Deuteronomium, (EdF 164), 1982, 182ff.- *R.Rendtorff*, Die Erwählung Israels als Thema der deuteronomischen Theologie, in: FS H.W.Wolff, 1981, 75-86.-

schichte der Erwählungsvorstellung auf den Punkt bringt[30]. Dtn 7,6-8 (in 7,1-11) ist dafür der "locus classicus"[31], neben dem Dtn 9,1-6 sich herausheben. Im Kontext dieser Erwählungsaussagen tauchen dann auch nicht zufällig die bereits erwähnten Termini "heiliges Volk", "Eigentumsvolk" und "Erbteil" auf, während von einer möglichen Bedeutung des erwählten Israel für die Völker beredt geschwiegen wird. Israel mußte und sollte nach dem Dtn vorerst (wieder) zu sich selbst finden[32]. Die Erwählungsaussagen (vgl. noch Dtn 4,34.37; 10,15; 14,2) enthalten vielleicht sogar älteres Gut in sich oder setzen es zumindest voraus.[33] Dann ist vom "Ort, den JHWH erwählen wird" die Rede (Dtn 12,5.11.14.18.21.26; 14,23ff. u.ö.)[34], und wenn von der Erwählung des Königs gesprochen wird, wird dieser als "Bruder" betont dem Gottesvolk eingegliedert (17,14ff.). "Der Erwählungsglaube ist <hier> der Boden für alles Weitere: für das Theokratische, für das Exklusive (bis zum Partikularismus), für die Konzentration des Kultes auf Jerusalem, für die strenge Aufforderung, das ganze persönliche und völkische Leben Gott zu weihen."[35] Dieser erste, mit dem Dtn, das nicht zu Unrecht als "Mitte" des AT angesehen wird, gesetzte Schwerpunkt von ausgesprochener Erwählungstheologie wirkte dann im DtrG nach, in dem sich weitere 20 Belege für "erwählen" mit Gott als Subjekt finden.[36]

Zweiter Schwerpunkt ist DtJes mit seinem Heilszuspruch und seinen Heilsverheißungen (Jes 41,8f.; 43,20f.; 44,1f.), in denen öfter von JHWHs "Erwählen" seines Volkes geredet wird (Jes 41,8-10; 43,10.20f.; 44,1f.; 49,7; vgl. 65,9.15.22), wobei - wie im Dtn[37] - mehrfach das dieses Erwählungshandeln auslegende Verbum "lieben" benachbart auftritt (Jes 41,8; 43,4) und auch auf die Väter abgehoben wird (Jes 41,8; 44,2; vgl. 51,2). Erwählt hat JHWH, nicht verworfen (Jes 41,9; vgl. Jer 33,24-26 sek.). "Erwählung ist bei Deuterojesaja zuerst eine Gottesaussage und von daher eine Israelaussage."[38] Erwählung geschieht hier dann aber auch zum Dienst (Jes 43,10), und damit ist wieder (vgl. Dtn 7, dort aber mehr im kritischen Gegenüber) das Verhältnis des so erwählten Gottesvolkes zu den anderen Völkern angesprochen.[39] Und wie Israel als Volk der durch JHWH erwählte Gottesknecht und Zeuge ist (Jes 43,10; 45,4), so ist es

---

30 "...freilich nicht in dem Bewußtsein, damit eine ganz neue theologische Einsicht zu proklamieren, sondern das, was seit jeher für das Verhältnis von Jahwe und Israel galt." So auch *H.-J.Hermisson,* (s. S.31, Anm.1), 43.

31 *Th.C.Vriezen,* Die Erwählung Israels...,51.- *H.Wildberger,* THAT I, Sp. 285.

32 So auch *H.-J.Hermisson,* a.a.O. 47 ("...und das konnte nur heißen: zurück in das exklusive Verhältnis zu Jahwe, weg von den Völkern").

33 Auch *R.Rendtorff* (a.a.O., 77f.) und *H.-J.Hermisson* (a.a.O., 43) verweisen für diese mögliche Vorgeschichte auf Dtn 32,8f.(LXX), *Rendtorff* noch auf Ps 82.

34 Vgl. dazu Bd.II, § 8.- Zu dieser Formel vgl. *H.Seebaß,* ThWAT I, Sp.599ff. und *ders.,* TRE 10, 183ff.- *H.Spieckermann,* (Heilsgegenwart, [FRLANT 148] 1989, 148f.) scheint den Erwählungsgedanken überhaupt aus der "tempeltheologischen Sphäre" ableiten zu wollen.- Vgl. S.195.

35 *Th.C.Vriezen,* Die Erwählung Israels..., 47.

36 Dazu *H.Wildberger,* THAT I, Sp.288ff.- Zum Dtn als "Mitte" des AT s. oben S.26.

37 Dtn 4,37; 7,13; 23,6; vgl. Jes 43,4; 48,14.

38 *H.-J.Hermisson,* (s. S.31, Anm.1), 57.

39 Vgl. dazu Bd.II, § 15.

auch der individuelle Gottesknecht der sog. Gottesknechtlieder (Jes 42,1; 49,6).[40]

Beide Schwerpunkte machen nun einiges deutlich. Da geht es zuerst stets um bekannte Dinge, die jetzt nur auf den präzisen Begriff gebracht werden. Eine ähnliche Pointierung liegt in Ps 78,67 in Anwendung auf das Ende des Nordreichs Israel vor. Dann wird diese Erwählung Israels in beiden Textcorpora (Dtn und DtJes) in Zeiten von Glaubenskrisen betont[41], daher auch begrifflich so verdichtet und herausgestellt. Ist es zur Zeit der Urform des Dtn's die assyrische Krise, so zur Zeit des jetzt dtr redigierten Dtn's wie des DtJes die Krise des Exils. Es war eine Zeit, in der Israel sich eher als verworfen denn als erwählt glaubte, wie die entsprechenden Überlegungen zeigen, die im Jeremiabuch[42] (vgl. nur Jer 33,23-26) oder auch in Ps 78 vorliegen.. Auch Ezechiel konnte von der Erwählung Israels nur noch kritisch sprechen (Ez 20,5ff.), da nach ihm die Beseitigung der Götzen Konsequenz dieser Erwählung gewesen wäre.

Dtn wie DtJes werden bei ihrer Reflexion des Erwählungsgedankens dann aber auch in Erwägungen über JHWH als den einen (Dtn 6,4ff.) oder gar den einzigen und einzig wahren Gott (DtJes) hineingenötigt, damit in die Fragen des sich herausbildenden (mehr und mehr auch "theoretischen") Monotheismus.[43] Das Miteinander beider Gedankenkreise in Dtn 4 kann dies gut verdeutlichen.[44]

Für die Priesterschrift hingegen war die Erwählung der Priester ausreichend (Num 16,5; 17,20). Folglich taucht bei ihr weder das Theologumenon von der Erwählung des Volkes noch des (bei ihr nur in Gen 17,6.16; 35,11 erwähnten) Königs auf.

In nachexilischer Zeit ist es dann zuerst Sacharja, der wieder und neu von der erneuten (עוֹד; vgl. Sach 8,4.20) Erwählung des durch JHWH verworfenen (2 Kön 23,27) Jerusalem spricht (Sach 1,17; 2,16; 3,2; vgl. Jes 14,1 und Jer 33,23ff. und wohl auch Ps 78,68 als nachexilische Texte.) In seine Nähe gehört Tritojesaja (Jes 65,9.15.22), für den die Heimgekehrten die "Erwählten" sind. Der Neuanfang nach dem Exil wird von Sacharja wie von Tritojesaja als neues Erwählen interpretiert. Daneben stehen mehrere Psalmen (Ps 33,12; 47,3-5 <wohl kaum schon vorexilisch>; 105,5f.42f.; 106,4f.; 132,13f.; 135,4) und ferner dann die Bücher der Chronik, die das Wortfeld der Erwählung, nachdem sich dieses in der Glaubenskrise des Exils nun voll ausgeprägt hatte, wiederaufnehmen und weiterführen (1 Chr 28,4ff.; 29,1; 2 Chr 6,5f.34.38; 7,12.16; 12,13; 33,7; vgl. Neh 1,9)[45]. David und Jerusalem werden hier eng aneinander gebunden, und natür-

---

40 Vgl. dazu Bd.II, § 15.7.

41 Dazu *H.Wildberger*, Neuinterpretation (s. S.31, Anm.1).

42 Vgl. dazu Bd.II, § 14.6.

43 Vgl. dazu S.130f.

44 Dazu *G.Braulik*, Das Deuteronomium und die Geburt des Monotheismus, in: *ders.*, Studien zur Theologie des Deuteronomiums, (SBAB 2) 1988, 257-300.

45 "Der Chronist verwendet das Verbum בָּחַר elfmal ohne literarische Vorlage; aber die Objekte dieses göttlichen Erwählens sind der König, der Kultort oder der Stamm Levi. So war der Begriff früher nicht gebraucht worden. Dem Chronisten waren aber diese speziellen Erwählungsakte wichtiger als die eine, die Erwählung Israels": *G.von Rad*, Theol.I[5], 364.- Vgl. 1 Chr 15,2; 28,4; 2 Chr 7,12.16; 12,13; 33,7; 29,11.- Oder war den Chronisten "Erwählung Israels" vorausgesetzter Topos, gängige Anschauung, die sie nur noch weiter spezifizieren wollten?

lich müssen auch die Leviten der Ehre eines besonderen Erwähltseins teilhaftig werden (1 Chr 15,2; 2 Chr 29,11).[46]
In Hymnen, die z.T. die Erwählung wie DtJes (Jes 43,20f; 44,1f.) in Zusammenhang sogar mit der Schöpfung bringen (Ps 33,6-15; vgl. 95,4ff.; 135,4f.6f.) oder sie deutlich in geschichtliche Abläufe einordnen (Ps 78,67-72; 89,3-5; 132,10-14) und als geschichtliches Handeln interpretieren ("zu Schafen seiner Weide gemacht": Ps 100,3; vgl. 79,13), wird darüberhinaus preisend der erwählende Gott und sein Handeln an seinem Volk besungen. In der atl. Weisheitsliteratur hingegen fehlt jede Erwähnung der Erwählung einzelner oder gar des Volkes durch JHWH.

7. Fragt man thematisch zusammenfassend nach dem mit der geschichtlichen Erwählung jeweils Gemeinten, nach dem, worauf diese bezogen ist, so waren es David wie auch Saul oder der König schlechthin (Dtn 17,15) und als einzelner, dann auch Leviten und Priester sowie die Stadt Jerusalem mit dem Zion (vgl. noch Ps 132,13; 78,68; nach 2 Kön 21,7 will JHWH seinen Namen sogar "für immer" dort wohnen lassen), die durch Erwählungsaussagen interpretiert wurden. Damit wurden mit dem Königtum und dem Zion jedoch zwei Bereiche via Erwählung dem JHWHglauben zugeordnet, die diesem erst im Kulturland und nicht vor Saul bzw. David und Salomo zugewachsen sind. Auch die Erwählung des Priestertums wird erstmals beim Haus Eli festgemacht. Der JHWHglaube war folglich daran interessiert sowie dazu imstande, ihm später zuwachsende "Traditionen" gerade via "Erwählung" sich zu integrieren.
Im Blick auf die für das AT zentrale Erwählung des Volkes sind es der Auszug aus Ägypten und die Erzväter, auf die als "Erwählung" zurückgegriffen wurde und die sich als *"Erwählungstraditionen"* herausgebildet haben.
Die Wichtigkeit des Auszugsgeschehens wird herausgestellt etwa in Am 9,7; Hos 11,1; 12,10; 13,4; Mi 6,3f.; Jer 2,2ff.; 16,14; 31,31f.; Ez 20,5f., aber auch schon in Num 24,8, sowie später in 1 Sam 12,6 [dtr]; Ex 20,2; Jos 24,4ff. oder in Ex 15,1ff. als Ausführung des älteren Textes Ex 15,21. Alles dieses ist jedoch später noch genauer zu entfalten.[47]
Wenn auch mittlerweile umstritten ist, ob bei dem früher postulierten "Gott der Väter"[48] schon von einer Gottheit gesprochen werden kann, die eine Gruppe in und mit deren Führer "erwählt" hat, so ist doch das nach den Erzvätergeschichten diesen Vätern und ihren Sippen widerfahrende Geschehen insgesamt als ein erwählendes Handeln (jetzt) JHWHs zu verstehen. Das lassen Gen 12,1-4a ebenso wie Gen 18,19 und 24,7 oder auch 28,10ff., sowie Kap.16 und 21 erkennen. Durch diese der anschließenden Volksgeschichte (Ex 1ff.) vorhergehende Vätergeschichte sind diese Väter jetzt via Verheißung von Land und Mehrung sowie durch die Linie vom Vater der Stammesväter zum daraus entstehenden Volk verbunden. In umgekehrte Richtung geschaut sind die Vätergeschichten vorlaufende Volksgeschichte, Geschichte des angekündigten wie entstehenden Israel. Daher gehen diese Väter und ihre Gruppen auch in Israel auf, und so verwundert es nicht, wenn von ihnen vorwiegend nur in der Genesis und dann erst wieder in späteren Texten (ab DtJes) die Rede ist. Es ist auch wahrscheinlich, daß mit der Bezugnahme auf die "Väter" es besonders der Volksglaube

46 Zur nachexilischen Zeit gut *H. Wildberger,* THAT I, Sp.293-297.
47 Vgl. dazu S.43ff. und S.51ff.
48 Vgl. dazu Bd.II, § 6.

war, der sich vorwiegend in dieser Tradition glaubte und gern zu ihr in stützende Beziehung setzte. Die kritische Bezugnahme von Hos 12 (Jakob als Betrüger) wie wohl auch Am 5,14f. ("mit euch sein, wie ihr sagt"; vgl. das "Wir haben Abraham zum Vater" Mt 3,9 par.) könnten begreiflich machen, daß und warum die kritische Prophetie von diesen Vätern überwiegend schwieg, da eben diese Glaubenstradition u.a. ihr zu kritisierendes Gegenüber war.
Als dann Väter- und Exodustradition zusammengefügt wurden (vgl. Ex 3 und 6), die Erzväter dem Auszug, die Vätergruppen dem Volk Israel vorgeordnet werden, wird der JHWHglaube mit seinen Inhalten sozusagen schon weiter nach rückwärts ausgedehnt oder verankert, und das ihm innewohnende lineare Geschichtsdenken wird verstärkt. Von JHWHs zukunftsgerichtetem Handeln kann nun noch umgreifender Zeugnis gegeben werden. Die Auszugstradition war wohl älter und genuiner "israelitisch", wurde außerdem bei den für die Volkwerdung Israels im Lande einflußreicheren Stämmen tradiert, zumal diese wohl auch JHWH "mitgebracht" hatten.[49] Die Vätertradition hingegen wuchs erst im Lande auf dem Weg des Zusammenwachsens der jeweiligen Verehrergruppen diesem Israel des Auszugs zu, wofür Jos 24 spricht. Was beide Gruppen leichter zusammenführte, war außerdem noch eine beiden eigene Landverheißung[50]. Daß es außerdem ähnliche Grundstrukturen des jeweiligen Gottesglaubens waren, die hier vereinigend wirken konnten, wird ebenfalls noch darzustellen sein.

8. "Erwählung" meint also alttestamentlich keinen überzeitlichen göttlichen Ratschluß, kein urzeitliches, sondern ein geschichtliches Handeln JHWHs.[51] Durch den Auszug aus Ägypten wurde Israel/Juda zu JHWHs Heiligtum und Herrschaftsbereich, kann es z.B. heißen (Ps 114,1f.). JHWHs erwählendes Handeln hat für sein Verhältnis zu Israel und dessen Bindung an JHWH einen zeitlichen Beginn und inneren Grund gesetzt. Das AT kennt ein solches erwählendes Handeln JHWHs in mehreren Bereichen, nämlich Exodus, Väter, König, Zion, Priester, und es ordnet diese Erwählungstaten in einem Nacheinander an, wobei der Exodus die klare Prävalenz hat.[52] Israel war somit glaubensmäßig primär an die Geschichte gewiesen. Dort erfuhr es seinen Gott, dort darf und soll es ihn wirksam glauben. So wurde durch die Erzähler oder auch durch die Propheten immer wieder Sinndeutung von Geschichte getrieben und gefordert, und die Geschichtsschreibung ging von diesem Bewußtsein aus, auch wenn sie bei ihrer Schilderung von Geschehnisabläufen den JHWHnamen gar nicht (Buch Esther) oder nur sehr spärlich einbringt (Thronnachfolgeerzählung 2 Sam 9 - 1 Kön 2; Josephsgeschichte Gen 37-50), oder der Prophet Jeremia bei Ankündigung kommenden Unheils nicht auch gleich von JHWH redete.[53] Geschichtsschreibung kann hier dann auch anders als nur annalenmäßig erfolgen,

---

49 Vgl. dazu S.58f. und S.163ff.

50 Vgl. dazu S.134ff.

51 "An die Stelle der Theogonie, aber auch der 'Kratogonie', der Entstehung von Herrschaftsformen und -zentren, tritt eine *Ethnogonie* unter dem Aspekt göttlicher Erwählung": *K.Koch,* Qädäm. Heilsgeschichte als mythische Urzeit im Alten (und Neuen) Testament, in: FS W.Pannenberg, 1988, 253-288; dort 285.

52 Vgl. S.51ff.

53 Dazu jetzt *K.-F.Pohlmann,* Die Ferne Gottes - Studien zum Jeremiabuch, 1989 (BZAW 179), 113ff.

ja sie muß es sogar. So hört der Erwählungsglaube "das Wort von Gott in der Geschichte".[54]

Der Erwählungsglaube ist alt. Am 3,2 und 6,1 setzen ihn voraus, Gen 16 und 21 tun dies ebenfalls, wenn auch noch auf eine schlichte, begrifflich nicht verdichtete Weise. Die begriffliche Klärung und Durchdringung erfolgt dann erst allmählich und fortschreitend und findet im Dtn und bei DtJes ihre Spitze. Man erzählte eben, bevor man definierte. Das geglaubte Faktum der Erwählung, das Bewußtsein dieser Erwählung und damit dieser geschichtlich entstandenen Gemeinschaft zwischen Gott und Volk sind grundlegend für den Glauben des AT, wenn der Begriff בחר auch jünger ist. Je deutlicher dann die theologische Durchdringung und Füllung dieses Erwählungsglaubens geschah, desto mehr wurde gleichzeitig erkannt, daß Erwählung Verheißung einschließt, daß sie auf ihre volle Einlösung und volle sichtbare Verwirklichung hin tendiert. Erwählung beinhaltet geschichtliche Aussonderung zur Gemeinschaft wie zum Eigentum und darin Bestimmung zum Heil. Erwählung ist damit auch Verheißung, die auf Erfüllung wartet, ist Grund ständig neuer Hoffnung.[55]

Fragt man nach Motiven der Erwählung, so bleibt das AT hier bezeichnend zurückhaltend (vgl. etwa nur Dtn 7 und 9,1-6). Warum JHWH den Abraham berief, wird nicht gesagt. Israel war nicht besser als andere Völker, und JHWH wählt offensichtlich anders, als Menschen (z.B. Lot: Gen 13) es tun. Weil JHWH sein Volk liebt(e) und seinen den Vätern gegebenen Eid einhalten wollte, darum hat er sein Volk erwählt (Dtn 7,8). Die Begründung liegt damit allein in JHWH selbst[56]. Israel kann dies nur dankbar bezeugen. JHWH "fand" sein Volk wie Trauben in der Wüste (! Hos 9,10). Mehr kann und will das AT dazu nicht sagen.

9. Hat eine Gruppe, hat ein Volk die Glaubenserfahrung einer geschichtlichen Erwählung gemacht, hat Israel sein Erleben als göttliches Erwählen interpretiert[57], so werden damit auch nach und nach und je länger je mehr weitergreifende Fragen hervorgerufen. Erwählung "aus" läßt nach den anderen Völkern fragen, nach ihren Göttern, nach JHWHs und Israels Verhältnis zu beiden. Ist außerdem auch von einer Erwählung "zu" zu reden? Hat Israel eine Aufgabe an den anderen Menschen und Völkern, etwa als Zeuge JHWHs in und vor der Welt? Hat, was JHWH an und mit Israel tut, exemplarischen Charakter? Es muß mit der Entstehung und Herausbildung solcher Fragen noch keineswegs ein allgemeiner und großer Universalismus verbunden sein, wohl aber eine wache Erfahrung und ein Gottesgedanke, der die eigene Gruppe zu übergreifen in der Lage ist. Dies aber ist schon klar im Debora-Lied (Ri 5), beim Jahwisten des 10. vorchristlichen Jahrhunderts oder bei Amos (8.Jh.) der Fall. Der Interpret des AT, der vor diesen Problemen steht, wird dadurch genötigt, nach der Eigenart Israels innerhalb seiner damaligen Umwelt zu fragen, nach dem Verhältnis des JHWHglaubens zu den Religionen der Israel begegnenden, an Israel angrenzenden oder auch mit ihm sich vermischenden (=Kanaanäer) Völker.

---

54 *K.Galling*, Erwählungstraditionen (s. S.31, Anm.1), 93 (mit Verweis auf *J.Hempel*).

55 Vgl. dazu Bd.II, § 14.

56 Vgl. die Begründungen in Ps 89,34f.; Jes 14,24; 45,5-7, wenn diese auch ohne den direkten Bezug zum "Erwählen" verbleiben.

57 *G.von Rad* (Theol.II^4, 442) macht auch an dieser Frage das Verhältnis von geglaubter und "wirklicher" Geschichte (vgl. oben S.15f.) deutlich.

Und hier ist festzustellen, daß die Rede von der Erwählung eines Volkes durch eine Gottheit eine innerhalb der Religionsgeschichte des Alten Vorderen Orients bisher einmalige Aussage ist.[58]
JHWHs Verbindung zu Israel wird zunächst nicht anders als die anderer Völker zu ihren Göttern gesehen (vgl. Ri 11,24; 1 Sam 26,19; Mi 4,5; vgl. Dtn 32,8f. [LXX und t.em.]). Aber es waren und wurden bestimmte geschichtliche Erfahrungen, die zur Erkenntnis der Besonderheit, Einzigartigkeit und sogar Einzigkeit JHWHs führten und nötigten, die dann auch den klaren Begriff des Erwählens und dann z.B. auch dessen Konsequenz der Abgrenzung nahelegten (vgl. etwa Dtn 14,1f.), und dies selbst und gerade angesichts der Ausweitung des Glaubens in die Bereiche von Natur, Schöpfung, Fruchtbarkeit, Völkerwelt und anderem. JHWH erwählte Israel, obwohl oder sogar weil er dann auch Herr des Himmels und der Erde war (Dtn 10,14f.).
Die Ausbildung des atl. Erwählungsglaubens beruht auf Voraussetzungen, die dessen ausgebildetem Charakter nicht fernstehen, sondern ihm Vorschub leisten. Es geht auch und schon hier um die für diesen Glauben immer wieder zu konstatierende Entfaltung von schon ursprünglich Angelegtem. So ist mit Recht die bestimmende Grundstruktur des JHWHglaubens die seines geschichtlich erwählenden Handelns. Dieses Handeln in seinen verschiedenen Ausprägungen und Stufen soll durch seinen Weg mit Israel zur Vollendung seiner Herrschaft über sein Volk und über seine Welt führen. Wie das atl. Zeugnis davon spricht, wird zu entfalten sein.

---

58 Zur Frage eines "Bundes" s. S.77f., Anm.219.- Zu "Kanaanäer" vgl. Reg. s.v. und besonders unten S.265, Anm.668.

§ 3: Die Erwählung und Verpflichtung des Volkes

Israel kennt seinen Gott JHWH als "JHWH von Ägypten her" (Hos 12,10; 13,4). Damit wird, wie auch die wichtige Präambel des Dekalogs erweist (Ex 20,2; Dtn 5,6), auf die Herauf- bzw. Herausführung aus Ägypten und die Rettung am Meer als der für die Gemeinschaft zwischen JHWH und Israel, für deren äußeren Beginn wie innere Grundlegung entscheidenden Tat dieses Gottes verwiesen. Hier hat das atl. Zeugnis von Gott seinen Ursprung und sein Zentrum. Von dorther, nicht aber aus mythischer Vorzeit oder in naturhafter Bindung, gilt das "Ich bin JHWH, dein Gott", wobei das "der ich dich aus Ägyptenland, aus dem Sklavenhaus, herausgeführt habe" dem göttlichen Namen "wie eine zweite Definition hinzugefügt" ist.[1] Dieses geschichtliche Handeln JHWHs an seinem Volk wurde zu Israels bleibendem Urbekenntnis (*M.Noth*). Diese Rettung war zugleich eine Erwählung; in ihr sah Israel seine "Urerwählung". Wie hat es nach dem Zeugnis des AT von diesen Erfahrungen gesprochen?

1. "Als Israel auszog aus Ägypten, das Haus Jakob aus stammelndem Volk, da wurde Juda sein Heiligtum, Israel sein Herrschaftsbereich" (Ps 114,1f.). "Hat je ein Gott versucht, zu einer Nation zu kommen und sie mitten aus einer anderen herauszuholen..., wie es JHWH, euer Gott, in Ägypten mit euch getan hat... Weil er deine Väter liebgewonnen hatte, hat er alle Nachkommen eines jeden von ihnen erwählt und dich dann in eigener Person durch seine große Kraft aus Ägypten geführt..." (Dtn 4,34.37). "Dich hat JHWH, dein Gott, erwählt, damit du unter allen Völkern das Volk wirst, das ihm persönlich gehört" (Dtn 7,6).
Dieses *Exodusgeschehen als Urerwählung*[2] wird in den es bezeugenden ältesten Texten als ein kriegerisches Handeln JHWHs zugunsten seines Volkes besun-

---

1 So mit *R.Smend*, (s. Anm.2), 28.- Zur Frage eines vorisraelitischen JHWHismus und eines JHWH vor dem Exodus, der sich möglicherweise auch noch in einigen atl. Texten spiegelt, vgl. (etwas phantasiereich und mit schwierigen Datierungsvorschlägen, auch für atl. Texte) das "neue Paradigma" (so dort S.221) von *J.C.de Moor*, The Rise of Yahwism, 1990 (BETL XCI), passim und unten in § 4.1.a (S.163f.) zur sog. Keniterhypothese.

2 Dazu: *K.Galling*, Die Erwählungstraditionen Israels, 1928 (BZAW 48), 5-26.- *H.Lubsczyk*, Der Auszug Israels aus Ägypten, 1963.- *G.Fohrer*, Überlieferung und Geschichte des Exodus, 1964 (BZAW 91).- *A.F.Lenssen*, Der Auszug aus Ägypten im Zeugnis der Bibel, 1966.- *G.J.Botterweck*, Israels Errettung im Wunder am Meer, BuL 8, 1967, 8-33.- *E.W.Nicholson*, Exodus and Sinai in History and Tradition, Oxford 1973.- *P.Weimar*, Untersuchungen zur priesterschriftlichen Exodusgeschichte, 1973 (fzb 9).- *W.Groß*, Die Herausführungsformel, ZAW 86, 1974, 425-453.- *P.Weimar/E.Zenger*, Exodus. Geschichten und Geschichte der Befreiung Israels, 1975 (SBS 75).- *S.I.L.Norin*, Er spaltete das Meer. Die Auszugsüberlieferung in Psalmen und Kult des alten Israel, Lund 1977 (CB OT 9).- *M.A.Klopfenstein*, Auszug, Wüste, Gottesberg, in: *B.Rothenberg*, Sinai, 1979, 17-31.- *J.L.Ska*, Le passage de la mer, Rom 1986 (AnBibl 109).- *R.Smend*, Der Auszug aus Ägypten: Bekenntnis und Geschichte, in: *ders.*, Zur ältesten Geschichte Israels, (Ges. Stud. 2) 1987, 27-44.- Themaheft "Exodus, ein Paradigma mit bleibender Wirkung": Conc (D), 23, 1987, H.1.- *M. Görg*, Art. "Exodus", NBL I, Sp. 631-636.
Dann: *E.Jenni*, Art. "יצא *jṣ*ʾ hinausgehen", THAT I, Sp. 755-761.- *G.Wehmeier*, Art. "עלה *ʿlh* hinaufgehen", THAT II, Sp. 272-290.- *H.D.Preuß*, Art. "יָצָא *jāṣāʾ*",

gen (Ex 15,21) und geschildert (J-Anteil in Ex 13,17 - 14,31).[3] Die direkte Sprache - ohne Metapher oder Vergleich - des wahrscheinlich sogar aus dieser Rettungssituation stammenden Mirjamliedes[4] besingt als Siegeslied mit Dankfunktion und Lobpreis JHWH als handelnden Gott: Roß und Reiter hat er ins Meer gestürzt. Hier wird verbal und dankbar bekennend von JHWH geredet.[5] Das Lied ist eine unmittelbare Antwort, ein Lob göttlicher Tat, einer rettenden Geschichtstat. Ereignis und antwortendes Lob setzen Vertrauen aus sich heraus. Damit wird letztlich zugleich Zukunft unter diesem Gott besungen, nicht aber nur Erinnerung bewahrt.

Wie das Kapitel Ri 4 neben und vor dem (ebenfalls alten) Deboralied (Ri 5) steht und erzählt, was im Lied dann oder besser zuvor besungen wurde und wird, so stehen Ex 13,17 - 14,31 vor dem Mirjamlied.[6] In diesem Textabschnitt sind verschiedene "Quellen" ähnlich verwoben wie in der Sintflutgeschichte (Gen 6,5 - 8,22). Eine Datierung des geschilderten Geschehens wird nicht geboten.[7] Gewöhnlich denkt man bei dem "Pharao des Auszugs" an Merenptah (1224-1204 v.Chr.?), da es wegen der auf dessen Regierungszeit zutreffenden Angaben in Ex 1,11 ziemlich sicher ist, daß sein Vater Ramses II. der "Pharao der Bedrückung" war. Wenn die priesterschriftliche Darstellung der Rettung am Meer[8] in typischer Übersteigerung älterer Texte ins stärker Wunderhafte auch

---

ThWAT III, Sp. 795-822.- *H.F.Fuhs,* Art. "עָלָה *ʿālāh*", ThWAT VI, Sp. 84-105.- Vgl. auch *H.H.Rowley,* Faith, 40ff.- *G.von Rad,* Theol. I[5], 189ff.- *W.Zimmerli,* Theol.[6], 16ff.35ff.- *W.H.Schmidt*, Atl. Glaube[6], 36ff.

3 Ex 13,(20f.=R?).22; 14,5.(6?).(7?).9aα.10bα.(11-12?).13.14.19β.20.21aβ.24*.25(b).27aβb.30.(31?a?).- Textzusammenhang in deutscher Übersetzung bei *R.Smend,* (s. Anm.2), 38f.- Beim zeitlichen Ansatz des Jahwisten sehe ich immer noch für die Zeit des (davidisch-) salomonischen Großreichs um 950 v.Chr. die besten Gründe und stehe damit den Argumentationen z.B. von *L.Schmidt* (EvTh 37, 1977, 230-247), *W.H.Schmidt* (BZ NF 25, 1981, 82-102) und *H.Seebaß* (TRE 16, 441-451) nahe. Vgl. ausführlich: *K.Berge,* Die Zeit des Jahwisten, 1990 (BZAW 186).

4 Es muß betont werden, daß eine andere Situation der Geschichte Israels, in die hinein das Lied passen könnte, nicht bekannt ist. Die knappe Sprache und die Tatsache, daß weder Ort noch Zeit genannt zu werden brauchen, sprechen für die Urtümlichkeit der Zuordnung von Lied und (historischem wie literarischem) Kontext.- Anders *P.Weimar/E.Zenger,* Exodus...(s. Anm.2), 71ff.: aus dem Jerusalem der Frühzeit Davids stammend.

5 "Alles wirkliche, lebendige Bekennen aber geschieht in *einem* Satz": *C.Westermann,* Das Loben Gottes in den Psalmen, 1954, 75.

6 Das Moselied (Ex 15,1-18) ist ein jüngerer Text, eine Ausführung des knappen Liedes Ex 15,21, das schon den Weg von Ägypten zum Zion (V.17) im Blick hat.

7 Die mit dem Exodus zusammenhängenden historischen Fragen werden ausführlich dargestellt und diskutiert in *P.Weimar/E.Zenger,* Exodus..., (s. Anm.2), 100-138.

8 Ex (13,20?); 14, 1.2*.3.4.8*.9a b.10abß.15-18.21b.22-23.26.27aα.28-29. Textzusammenhang in deutscher Übersetzung bei *R.Smend* (s. Anm.2, 39f.).- Eine neben J und P möglicherweise dritte Schicht (mit der Erwähnung einer "Flucht") stellen die Verse Ex (13,17-19?); 14,5a.(6?7?).19a.25a dar, die zuweilen den E-Fragmenten zugerechnet werden. Auch die Texte, die von einem "Gottesschrecken" sprechen, werden manchmal noch einer eigenen Schicht zugewiesen (Ex 14,24ab.25a.27b.28b).

den Pharao selbst mit an Israels Verfolgung teilhaben und dann wohl auch mit ertrinken läßt (Ex 14,[6?].8.17f.23.28), so muß darauf verwiesen werden, daß kein Pharao eines solchen Todes gestorben ist, also auch diese Aussagen nichts "Historisches" hergeben. Ägyptische Quellen schweigen von dem in Ex 13/14 Erzählten. Ebenso unscharf steht es um die Frage der Lokalisierung des Geschehens. Die unterschiedlichen Ortsangaben sind schwer miteinander harmonisierbar (Ex 13,17f.20; 14,2.9; vgl. 12,40), zumal darüber hinaus keineswegs klar ist, wo etwa Pi-Ḥaḥiroth zu suchen ist, und "Schilfmeer" kann den Golf von Suez, die Bitterseen, das Rote Meer oder auch den Golf von Akaba bezeichnen. Ob man die unterschiedlichen Angaben dadurch "ausgleichen" kann, daß man an verschiedene, ähnliche Erlebnisse mehrerer, kleinerer Gruppen denkt, ist auch zweifelhaft. Obwohl für die spätere Priesterschrift der Auszug aus Ägypten eine Art Urdatum der Geschichte Israels war (vgl. Ex 12,41; 16,1; 19,1; Num 1,1 u.ö.), müssen wir uns doch damit abfinden, daß zwar mehrere Erzähler und darunter die uns bekannten wichtigsten innerhalb des Pentateuch/Hexateuch vom Auszug und der Rettung am Meer erzählten, daß sie dies aber jeder auf seine Art taten, mit eigenen Akzenten und Interessen, und diese Interessen waren offensichtlich nicht die der exakten Historie. Dies ist besonders deswegen bedeutsam, weil es sich ja bei Auszug und Rettung nicht um irgendein Ereignis innerhalb der Geschichte Israels handelte, sondern eben um das "Urdatum" der Gotteserfahrung dieses Volkes. Dies gilt auch, wenn man davon ausgehen muß, daß nicht das ganze spätere Volk Israel damals in Ägypten war und den Auszug erlebte.[9] Man denkt, z.B. auch wegen der zeitgleichen Erwähnung eines "Israel" in Kanaan in der Stele des Pharao Merenptah[10], meist an eine relativ kleine Gruppe, wie die "Rahelstämme", das "Haus Joseph" oder, wie hier aus später zu erörternden Gründen gesagt werden soll[11], an die sog. "Mosegruppe".[12] Diese Gruppe hat ihre Rettung vor einer ägyptischen Militäreinheit (Grenzwacht?) als Tat JHWHs erfahren. JHWH wurde durch diese seine Rettungstat zur Führungsgottheit der Mosegruppe, diese zu JHWHverehrern, was durch eine Verpflichtung des Volkes gegenüber diesem Gott an seinem Berge, wo er in einer Theophanie sich dem Volk zeigte, bekräftigt und festgelegt wurde.[13] Diesen ihren Glauben und ihren Gott JHWH hat diese Gruppe in das spätere "Israel" eingebracht, wo er bestimmend wurde für den Glauben des ganzen Volkes in dessen Geschichte. Dies allein ist für eine "Theologie des AT" entscheidend.

Es stehen aber nun in Ex 13/14 verschiedene Aussagen über dieses Geschehen schlicht nebeneinander, und auch kein Redaktor fühlte sich veranlaßt, hier an- oder auszugleichen, wohl aber alles gut ineinander zu verflechten. Neben den unterschiedlichen Ortsangaben stehen differierende Schilderungen des Wie der Rettung (Ex 14,16.21a+b.24.25), des Untergangs der Ägypter (Ex 14,27+28), des Entschlusses des Pharao (Ex 14,5+8), der Motivierung des Weges des Volkes (Ex 13,17.18a; 14,1-4), der nachsetzenden Ägypter (Ex 14,6+7) und wohl auch der Reaktion Israels (Ex 14,31a+b). Die Begleiterscheinungen (Wolke,

---

9 Über die Hintergründe und Probleme der Zahlenangaben (600 000 Männer ohne Frauen und Kinder u.a.m.) vgl. *G.Beer*, HAT I/3, 68f. (Gematrie-Deutung).

10 TUAT I/6, 544ff.

11 Vgl. unten S.108f.

12 Genaueres in den Darstellungen der "Geschichte Israels" (*H.Donner; A.H.J.Gunneweg; S.Herrmann).*

13 Vgl. dazu unten S.71ff.

Finsternis, Engel) stehen in Ex 14,19f. auch vereint, und das Motiv des Auszugs ist nach Ex 14,5 eine Flucht, nach 12,31-33 (u.ö.) ein Opferfest.[14]
Der Jahwist erzählt, daß JHWH, der vorher seinem Volk vorangezogen war, jetzt schützend hinter das Volk trat und so die Ägypter von Israel trennte (Ex 14,19b.20). Dann trocknete ein Ostwind, der die ganze Nacht hindurch wehte, das "Meer" soweit aus, daß die Israeliten hindurchziehen konnten, die Ägypter - durch einen "Gottesschrecken" kopflos gemacht? - rannten den zurückkehrenden Wassern geradezu entgegen und kamen darin um (Ex 14,24.25b.27aβb). JHWH hatte auf diese Weise für das Volk gestritten, dabei kriegsmächtig, naturmächtig und mächtig sogar über ein Fremdvolk sich erweisend, es gerettet (Ex 14,30f.). "Der Herr wird für euch streiten, und ihr werdet stille sein" (Ex 14,14; vgl. 15,21) hatte "Israel" nach dem Zeugnis von J erfahren, der folglich das Rettungsgeschehen mit den Stilmitteln eines JHWHkrieges geschildert hat. Aber schon bei ihm ist eine Herausstellung des Wunderhaften festzustellen, denn ein Ostwind drückt ja normalerweise die Wasser *gegen* das Westufer, nicht aber von ihm weg.[15] "So streitet JHWH für die Seinen" ist letztlich das Motto, unter dem der Jahwist die Rettung am Meer nicht rückwärtsgewendet, sondern betont gegenwartsbezogen und diesen JHWH in dieser seiner Art neu wichtig machend erzählt (vgl. Num 24,8). Das Faktum ist voll in das Kerygma integriert, die Vergangenheit wird als die Gegenwart bestimmend geschildert.
Die exilische Priestergrundschrift hingegen steigert das Geschehen ins stark Wunderhafte zu einem Wunder *im* Meer und will damit deutlich machen, daß und wie JHWH herrlich befreien kann. Auch hier ist der Bezug des Erzählten zur eigenen Gegenwart wichtiger als rückwärts gewandtes Berichten. Das Berichtete wird hier beinahe mehr zu einem Geschehen zwischen JHWH und "Ägypten", in dem JHWH sich verherrlicht (Ex 14,4.8.17f.). Gegenüber Israel hat JHWHs Handeln auch einen pädagogischen Effekt (Ex 14,15), und es ist, wie auch sonst bei P (vgl. nur Gen 1), die Macht des göttlichen Wortes, die als wirkend bezeugt wird (Ex 14,26). Und wenn die ganze Schilderung von P nahe an Verheißungen eines neuen, zweiten Exodus aus Babylonien durch DtJes herankommt (vgl. nur Ex 14,28f. mit Jes 43,16ff.), dann dürfte dies kein Zufall sein. P will Zuversicht auf eine analoge, herrliche Befreiung der Exilsgemeinde wecken[16] und ist damit wie J bei seiner Schilderung mehr gegenwartsbezogen als vergangenheitsorientiert. Daher verwundert auch die Unbekümmertheit nicht, die man bei den Orts- und anderen Detailangaben walten ließ. Einig war man sich im wirklich Wesentlichen, und dies war nichts anderes als das, was der älteste Text Ex 15,21 bereits besungen hatte: JHWH war ein geschichtsmächtiger Gott, der befreien und retten kann, der sich durchsetzt. So auch bezeugte und bekannte es der Redaktor, der diese Erzählungen verschiedener Autoren

---

14 "Die sogenannten historischen Texte der Bibel sind eigentlich *keine* historischen Texte. Der Jahweglaube praktiziert in diesen Texten vielmehr eine überraschende Freiheit, indem er einzelne historische Fakten für die jeweilige Situation von Jahwe her auf ihre Tiefendimension hin deutet." So *P.Weimar/E.Zenger,* Exodus...,(s. S.43, Anm.2), 95.

15 Vgl. dazu die gekünstelte Auslegung von *I.Willi-Plein* (Das Buch vom Auszug, 2. Mose, 1988, 90): "Das vom Wind getriebene Wasser konnte nicht über das erhöhte Westufer treten und wurde darum nach beiden Seiten, also nach Norden und Süden, abgetrieben."

16 Vgl. dazu unten S.47f.241f.249.

zusammenfügte. Hierbei erhielt die P-Darstellung eine gewisse Prävalenz, wenn jetzt auch durch die Einbeziehung von J manches modifiziert wurde.[17] JHWH erweist sich in einer Epiphanie als wundermächtig und vollzieht sein Gericht an seinen wie an Israels Gegnern. So wird und ist er legitim alleiniger Gott des hier letztlich konstituierten Volkes Israel, und Mose ist sein wahrhaft Bevollmächtigter. Die Konstituenten des Exodusgeschehens, nämlich Bedrückung, Ruf zu JHWH und Rettung wurden Konstituenten der weiteren Geschichtsschreibung wie des Bekenntnisses Israels (vgl. Dtn 26,5-9). Daß ein Volk das früheste Stadium seiner Geschichte jedoch als eines der Unfreiheit ("Fremdlinge in Ägypten"[18]) schildert, um dann allerdings das befreiende Handeln und die rettende Art seines Gottes, der z.B. "aus dem Sklavenhaus (Ägypten)" befreit[19] oder von den Fronlasten der Ägypter weggeführt habe (Ex 6,6f.), umso mehr betonen zu können, verdient festgehalten zu werden.[20]

Daß das AT dann oft und gern und dazu innerhalb wichtiger Zusammenhänge auf dieses Exodusgeschehen zurückgriff, damit die "Exodustradition(en)" herausbildete, verwundert nicht. Bereits in den beiden ältesten Festkalendern[21] wird als erstes Fest das an sich landwirtschaftlich orientierte Mazzenfest mit der Erinnerung an den Auszug versehen und verbunden (Ex 23,15; 34,18; vgl. Dtn 16,1 zum Passah). Alte Texte mit Erwähnungen des Auszugs sind auch die Bileamsprüche (Num 23,21b-22; 24,8) oder Amos 9,7. Bei Hosea steht neben den bereits genannten Hinweisen auf den "JHWH von Ägypten her" (Hos 12,10; 13,4) noch das JHWHwort, daß er seinen Sohn Israel aus Ägypten gerufen habe (Hos 11,1), sowie die Erinnerung an Israels "Jugend", als es aus Ägypten zog (Hos 2,17). Ob Ri 6,13 in einer Klage Gideons mit der Erwähnung der Herausführung aus Ägypten als Motiv der Erhörung und als Rückblick auf früheres Heilshandeln JHWHs, das jetzt Hoffnung auf neues ermöglicht, ein alter Text ist, ist umstritten. Auch Jer 2,6 greift auf die Heraufführung zurück, um den unverständigen Abfall Israels von diesem Gott zu verdeutlichen. In seinem Handeln in Ägypten gab JHWH sich zu erkennen (Ez 20,5f.); er wird an Assur handeln, wie damals an Ägypten (Jes 10,26). Weil JHWH sein Volk aus Ägypten führte, um ihr Gott zu sein und in seiner Mitte zu wohnen (Ex 29,45f.: P), soll Israel heilig sein, denn auch JHWH ist heilig (Lev 11,45). Und für die dtr Redaktion des Jeremiabuches setzt der Hinweis auf die Herausführung aus Ägypten die Hoffnung auf eine Sammlung und Heimkehr Israels aus dem Exil und der Diaspora aus sich heraus (Jer 16,14f.). Damit stehen wir in der Nähe zu DtJes, der von einem neuen Exodus aus Babylonien sprechen konnte, was durch Hosea vorbereitet worden war (Hos 2,16ff.; 9,1-4; 11,1ff.; 12,10). Dieser neue Exodus sollte und würde den alten aus Ägypten sogar weit überbieten (Jes 40,3-5; 41,17-20; 43,16-21; 48,20f.; 49,7a.9-13; 51,9f.; 52,7-10.11f.; vgl. 58,8).[22] In

---

17 Vgl. dazu *F.Kohata*, Die Endredaktion (R^{P}) der Meerwundererzählung, AJBI 14, 1988, 10-37.

18 Vgl. dazu *F.A.Spina*, Israelites as *gērîm*, 'Sojourners', in Social and Historical Context, in: FS D.N.Freedman, Winona Lake/Ind. 1983, 321-335.

19 13mal im AT, dabei oft in dtr Texten (z.B. Dtn 5,6; 6,12; 7,8; 8,14; 13,6.11; Jer 34,13): Vgl. ThWAT III, Sp. 805+814 (mit Lit.).

20 Vgl. dazu auch Bd.II, § 15.3.

21 Vgl. dazu Bd.II, § 13.4.

22 Vgl. dazu: *H.D.Preuß*, Deuterojesaja. Eine Einführung in seine Botschaft, 1976, 42-45.- *K.Kiesow*, Exodustexte im Jesajabuch, 1979 (OBO 24).- *H.Simian-Yofre*,

Jes 51,9f. (vgl. Ps 74,13; 77,17-21; 136,11; Jes 63,13 תהום) wird sogar das geschichtliche Rettungshandeln beim Durchzug durchs Meer (vgl. Sach 10,11) mit dem urzeitlichen Handeln JHWHs bei der Schöpfung und dem Sieg über Rahab gleichgesetzt.[23] Ezechiel dagegen hatte diesen neuen Exodus noch mit einem Aussonderungsgericht verbunden (Ez 20,32-44). Der Rückverweis auf die Herausführung mit heilsgeschichtlich weiterer Ausdehnung in Mi 6,3ff.(sek.) läßt JHWH selbst von diesen seinen Heilstaten reden. Die bereits genannten Präambeln der Dekaloge argumentierten ähnlich, wenn sie den Forderungen JHWHs seinen Hinweis auf das rettende Herausführen vorordnen, damit das Evangelium dem Gesetz, die Erwählung der Verpflichtung zeitlich wie sachlich voranstellen. Man hatte nach allem bei der Herauf- oder Herausführung aus Ägypten und beim Wunder am Meer nicht nur erfahren, wie und wer JHWH *war,* sondern man verdeutlichte daran, wer er immer jeweils neu *ist.* Der erwählende Gott ist der erlösende und befreiende.

Interpretierte man die befreiende Herausführung aus Ägypten durch deutende Vokabeln, dann wurde oft von den "Wundern" den "Zeichen und Wundern" gesprochen, die Israel darin erfahren durfte.[24] Zugleich wird aber am weitergehenden Gebrauch dieser Begriffe deutlich, daß die damaligen "Wunder" nicht isoliert blieben, sondern auch in Israels weiterer Führungsgeschichte sich weitere "Wunder" ereigneten und auch für die Zukunft vom einzelnen wie vom Volk erhofft wurden und werden konnten[25]. Das Exodusgeschehen erwies sich auch hier als äußere wie innere Grundlage des atl. Glaubens und Hoffens als "besondere Manifestationen von Gottes Wirken überhaupt, die als solche grundlegende und über sich hinausweisende Bedeutung haben."[26]

Innerhalb der atl. Rechtstexte erwähnt das Bundesbuch den Exodus nur in Zusammenhang mit den "Fremden"[27], die nicht bedrückt werden sollen, zumal Israel selbst Fremdling in Ägypten war (Ex 22,20; 23,9). Im Dtn steht das Exodusgeschehen dann erheblich deutlicher im Mittelpunkt theologischen Argumentierens, und dies nicht nur besonders häufig in den paränetischen Stücken, sondern auch innerhalb des eigentlichen Gesetzescorpus (vgl. Dtn 13,6.11; 15,15; 16,1; 24,18.22). Erwählung, Gabe der Gebote und des Landes sind auf die Herausführung aus Ägypten bezogen[28]. Welche wichtige Rolle die Bezugnahmen auf den Exodus dann im Heiligkeitsgesetz (Lev 17-26) spielen, hat *F.Crüse-*

Esodo in Deuteroisaias, Bibl 61, 1980, 530-553.- *E.Zenger,* Der Gott des Exodus in der Botschaft der Propheten - am Beispiel des Jesajabuches, Conc (D) 23, 1987, 15-22.- *H.M. Barstad,* A way in the wilderness, Manchester 1989 (JSS Mon. 12).

23 Vgl. dazu unten S.270.

24 Ex 3,20; Ri 6,13; Neh 9,17; Ps 78,11f.; 106,7.21f.- Dann Dtn 4,34; 6,22; 7,19; 26,8; 29,2 (dort mit מוֹפֵת und אוֹת; vgl. dazu die entsprechenden Artikel im THAT und ThWAT).

25 Ex 34,10; Jer 21,2; Mi 7,15; Ps 9,2; 26,7; 40,6; 71,17; 72,18; 86,10; 96,3; 105,2.5; 107; 111,4ff.; 136,4; 145,5.- Anders bezeichnenderweise im Hiobbuch: Hi 9,10; vgl. 5,8f.; 37,5.14.16.

26 *D.Conrad,* ThWAT VI, Sp. 578.- Dort Sp. 569-583 Art. "פלא *pl'*", mit Lit. zum Thema "Wunder im AT".

27 Vgl. dazu Bd.II, § 15.3.- Zum Exodus in alt. Rechtstexten s. auch S.52, Anm.56 (Lit.).

28 Vgl. dazu *H.D.Preuß,* Deuteronomium, 1982 (EdF 164), 187f.

mann[29] gezeigt, wo dieser Exodus mit der Kategorie der Heiligkeit und der Heiligung verbunden wird (Lev 11,44f.; 18,3; 19,36; 20,24-26; 22,32f.). Durch den Exodus wurde Israel JHWHs ("ausgesondertes": Lev 20,24b) Volk, er dessen Gott. Der Exodus wird als Heiligung, diese wird als Aussonderung interpretiert, und für alles ist das Tun JHWHs Voraussetzung und Grundlegung. Es sind priesterliche Kreise, die in der Zeit des Exils für alle Israeliten diese aussondernde Heiligung als Gabe und Aufgabe herausstellten und damit eine wichtige Grundlage für das israelitische Recht der nachexilischen Zeit schufen.

Die sog. katechetischen Texte des AT[30] greifen bei ihrer Beantwortung der "Kinderfragen" stets auf den Auszug aus Ägypten zurück[31], und selbst als Jerobeam I. goldene "Kälber" aufstellen und sie dem Dienst Israels anbefehlen wollte, mußte er sie als "deine Götter, die dich aus Ägyptenland heraufgeführt haben" qualifizieren (1 Kön 12,28). Die Beziehung zu Aaron und dem Abfall am Gottesberg ist deutlich (Ex 32,8), in beiden Texten aber auch das Zusammengehen von positivem Bezug trotz polemischer Beurteilung.

Dann sind es zahlreiche Psalmen, damit meist Gebete, die auf die Herausführung aus Ägypten und die Rettung am Meer Bezug nehmen. Ob daraus sich eine mögliche ursprüngliche Trennung dieser beiden "Traditionen" ableiten läßt[32], ist nicht nur angesichts der Psalmen, die beides deutlich verbinden, zweifelhaft.[33] Hier in den Gebeten unterschiedlichster Art, wie Klagen (vgl. auch Ri 6,13), Hymnen, Volksklageliedern (vgl. auch Jes 63,12-14)[34], Geschichtspsalmen und Dankliedern wird auffällig häufig auf die Herausführung aus Ägypten und die Rettung am Meer angespielt oder zurückgegriffen, um neue Zuversicht zu wecken, JHWH oder sich selbst an früheres Heilshandeln zu erinnern. Auch in mehr lehrhaft gestalteten oder liturgisch konzipierten Psalmen , wie Ps 114 oder 136, hat die Herausführung aus Ägypten ihren wichtigen Ort (Ps 114,1f.; 136,10-15).[35]

In Parallele zu Ex 13/14 wurden dann auch die Erzählungen vom "Durchzug" durch den Jordan gestaltet (Jos 3/4; vgl. Ps 114,3). Daß es jedoch ein "Auszugsfest" und einen "Exoduskult" im atl. Israel gegeben habe, der über Passah/Mazzot und deren Beziehung zum Auszugsgeschehen hinausging, ist nicht so sicher,

---

29 Der Exodus als Heiligung, in: FS R.Rendtorff, 1990, 117-129.- Das Folgende im Anschluß an ihn.

30 Dazu: *J.A.Soggin,* Kultätiologische Sagen und Katechese im Hexateuch, VT 10, 1960, 341-347 (=*ders.,* O.T. and Oriental Studies, Rom 1975, 72ff.).- *N.Lohfink,* Das Hauptgebot, 1963 (AnBibl 20), 113ff.- *J.Loza,* Les catéchèses étiologiques dans l'A.T., RB 78, 1971, 481-500.

31 Ex 10,2; 12,27; 13,8; Dtn 4,9ff.; 6,7-20; 11,19ff.; 32,7; Jos 4,6.21.

32 So z.B. nach *J.Scharbert,* Das "Schilfmeerwunder" in den Texten des A.T., in: FS H.Cazelles (AOAT 212), 1981, 395-417.

33 Vgl. Ps 18,15f.; 66,5ff.; 68,7ff.; 74,12f.; 77, (6ff.?).16ff.; 78,12f.43ff.; 80,6ff.; 81,11; 89,11; 103,7; 105,23.37f.43; 106,9f.21; 114; 135,8f.; 136,10ff.; vgl. Ex 15,4ff.; Jes 63,12f.; Jer 32,20f.; Nah 1,4; Hab 3,8; Neh 9,9-11.18; Dan 9,15.- Dazu: *J.Kühlewein,* Geschichte in den Psalmen, 1973.- *E.Haglund,* Historical Motifs in the Psalms, Malmö 1984 (CB OT 23).- Ferner: *S.I.L.Norin* (s. S.43, Anm.2).

34 Zu Jes 63,7 - 64,11 vgl. *I.Fischer,* Wo ist Jahwe? Das Volksklagelied Jes 63,7-64,11 als Ausdruck des Ringens um eine gebrochene Beziehung, 1989 (SBB 19).

35 Zu Ps 114 siehe noch unten S.52f.

wie *S.I.L.Norin* meint.[36] Daß die "Exodustradition(en)" während der vorexilischen Zeit mehr in Schriften des Nordreichs als in denen aus Juda belegt sind und z.B. bei Jesaja fehlen, bei Hosea sowie dem im Nordreich wirkenden Amos jedoch nicht, hat schon im Blick auf den Jahwisten oder wegen Jer 2,4-6 wohl doch nicht die große traditionsgeschichtlich differenzierende Bedeutung, die man diesem Befund oft gibt.
Von diesem befreienden, rettenden Handeln JHWHs in Ägypten wird dann innerhalb des AT auf unterschiedliche Weise gesprochen. Zuerst ging es wohl nur um das "Freilassen" des Volkes (שׁלח pi.: Ex 4,21.23; 5,1f. u.ö.). Dann aber spricht man mit JHWH als Subjekt und unter Verwendung des Verbums עלה hiph. vom "Heraufführen" aus Ägypten. Dieser Gebrauch überwiegt in älteren Texten[37], findet sich aber auch noch in nachexilischen (Neh 9,18)[38] und argumentiert mehr vom Sitz im Land her, da seine semantische Opposition oft ein "hinabsteigen (ירד)" nach Ägypten ist. Mehr in jüngeren und d.h exilisch-nachexilischen Texten, z.B. damit aber auch in den Rechtscorpora Dtn und Heiligkeitsgesetz, wird (ebenfalls mit JHWH als Subjekt)[39] von einem "Herausführen" (יצא hiph.) gesprochen.[40] Dabei ist die Hineinführung ins Land (בוֹא, הֵבִיא) oft semantische Opposition, so daß eher von einem Standpunkt außerhalb des Landes her gedacht wird. Es ist sicherlich kein Zufall, daß diese Argumentationsart vorwiegend in exilischen Texten, wie z.B. in dtr Literatur oder in der Priesterschrift, vorherrscht. Außerdem schwingt der Aspekt der Befreiung, auch der machtvollen Offenbarung hier noch stärker mit, da das Verbum auch für die Benennung der Freilassung von Sklaven verwendet wird. In nachexilischer Zeit war dann der Unterschied der beiden vornehmlich verwendeten Verben "verblaßt".[41] Umso eindeutiger wurde festgehalten das "Ich bin JHWH, euer Gott, der ich euch aus Ägypten herauf-/herausgeführt habe", und dies von den ältesten Texten des AT (Ex 15,21; Num 24,8) bis zu einem seiner jüngsten (Dan 9,15). Durch dieses eine Gruppe rettende, sie an sich bindende und damit zur Gemeinschaft erwählende Gotteshandeln hatte Israels Glaube seine Grundlage erhalten. Daß dieses Handeln Israel auf einen weiteren Weg mit JHWH stellte, machen schon die an Ex 13/14 anschließenden Erzählungen von der Führung in der Wüste deutlich. Daß Israel sich gegenüber JHWH als ein undankbares Volk erwies und erweist, zeigt die Tatsache, daß diese Geschichten von der Führung in der Wüste mehrfach und nicht nur als ein erzählerischer Nebenzug vom "Murren" des Volkes zu reden sich genötigt sehen. Es war eben JHWHs alleinige Initiative und allein in seiner Zuwendung und Gnade, seiner "Liebe" begründet, daß er sich Israel zu seinem Volk erwählte. Dtn 7,7-11 bringen diese

---

36 Vgl. *ders.*, (s. S. 43, Anm.2), 171ff.

37 Vgl. etwa Ex 3,8.17[J]; Jer 2,6; Hos 2,17; Am 9,7; Ps 81,11; Jos 24,17 (vordtr).- Am 3,1 ist redaktionell, Am 2,10 dtr.

38 Neh 9 ist hier aber von Ex 32,4.8; 1 Kön 12,28 abhängig.

39 Daß auch (in älteren Texten) z.B. Mose Subjekt der "Herausführung" sein kann, zeigt Ex 3,11. Mose ist auch Subjekt des "Herausführens" nach Ex 32,1.7.23; 33,1 - hier aber in deutlicher Abgrenzung mit dem Unterton: "Du, Mose, - nicht aber (Ich,) JHWH".

40 Diese Verwendung fehlt z.B. ganz beim ersten Jesaja, bei Hosea, Amos, Micha, Nahum, Habakuk und Zephanja.- Vgl. zu den genaueren Befunden die S.43f. in Anm.2 genannten Artikel im THAT und ThWAT.

41 *H.F.Fuhs,* ThWAT VI, Sp. 97.

Überzeugung später in eine begrifflich verdichtete, dankbare theologische Reflexion.

2. Wie sehr sich *Israel als Exodusgemeinde* gesehen hat und sein Glaube durch das Handeln JHWHs beim Auszug aus Ägypten bestimmt war, kann dadurch unterstrichen werden, daß man sich vergegenwärtigt, in welchen Sinnzusammenhängen innerhalb atl. Texte eine Bezugnahme auf diesen Exodus erfolgt.[42] Wenn man von "JHWH, der aus Ägypten(land) herausgeführt hat" spricht, dann zeigt sich diese, bezeichnenderweise durch Verben bestimmte, Rede oft in formelhafter Verdichtung[43], ferner als öfter herangezogenes Bezugsdatum[44], dabei jedoch zugleich mit nicht immer ganz gleichlautendem Wortlaut. Neben den Verben יצא und עלה sind es dann noch גאל und פדה, die bei der Interpretation des Exodusgeschehens gern verwendet werden.[45] Ex 6,6; 15,13; Ps 77,16; 106,10 sprechen von diesem "Loskauf", dieser "Erlösung" aus der Fronarbeit, aus Ägypten. Daß DtJes dann diese Vokabel gern auch für die Erlösung aus Babel mit ihrem zweiten, neuen Exodus gebraucht, verwundert nicht (Jes 43,1; 44,22f.; 48,20; 51,10; 52,9). Auch wird bei DtJes JHWH selbst öfter als גֹּאֵל bezeichnet (Jes 41,14; 43,14; 44,6.24; 47,4; 48,17; 49,7.26; 54,5.8; vgl. 60,16), wobei גאל mehr einen famlienrechtlichen Bezug, פדה (bei DtJes nur in 50,2; 51,11 ist umstritten) mehr einen handelsrechtlichen hat. Es kommt DtJes also sehr auf die "mit dem Begriff selbst gegebene Motivation" an: "der גֹּאֵל handelt immer aus einer inneren Verbindung zu dem zu Erlösenden heraus."[46] פדה ist dann in dtn/dtr Texten beliebt[47]. JHWH hat sein Volk "ausgelöst", und dies - wie im Dtn gern hinzugefügt wird - "mit starker Hand (und ausgestrecktem Arm)"[48].
Das Auszugsgeschehen war es dann, das Israels Gottesverhältnis und seine Gotteserkenntnis begründete.[49] Von dorther wird die daraus folgende, notwendige Ablehnung fremder Götter begründet.[50] JHWHs Heilshandeln beim Exodusgeschehen begründet auch seine Forderungen an sein Volk.[51] In der Herausfüh-

---

42 Zum folgenden vgl. aus der S. 43, Anm.2 aufgeführten Lit. vor allem die Arbeiten von *H.Lubsczyk* und *A.F.Lenssen*.- Ferner: *S.Herrmann*, Art. "Exodusmotiv. I: A.T.", TRE 10, 732-737 (Lit.).

43 Ex 13,9; 16,1; 18,1; 20,2; 29,46 (P); 32,4.8.11; Lev 11,45; 19,36; 22,33; 25,38; 26,13.45; Num 15,41; 23,22; 24,8; Dtn 4,20; 5,6; 6,12.21; 7,8; 8,14; 29,24 (u.ö. im Dtn); Jos 24,6.17; Ri 2,12; 6,8; 1 Sam 8,8; 10,18; 12,6.8; 1 Kön 8,16.21.51.53; 9,9; 12,28; 2 Kön 17,7.36; Jer 2,6; 16,14; 32,20f.; Dan 9,15; Am 2,10; Neh 9,18 und öfter; vgl. Ps 81,11: vorwiegend also in dtr beeinflußten bzw. späteren Texten.

44 Ri 19,30; 1 Sam 8,8; 2 Sam 7,6 ("seit der Zeit, als ich..."); vgl. Dtn 9,7; 1 Kön 6,1; 2 Kön 21,15; Jer 7,25.- Vgl. S. 46 zu P.

45 Vgl. dazu wieder die entsprechenden Artikel in THAT und ThWAT.

46 *K.Elliger*, BK XI/1, 151.

47 Dtn 7,8; 9,26; 13,6; 15,15; 21,8; 24,18 (so sonst nie im Hexateuch!); 2 Sam 7,23; auch Jer 15,21; 31,11?

48 Dtn 7,8; 9,26; zu den übrigen (nicht mit פדה kombinierten) Belegen vgl. *H.D.Preuß*, Deuteronomium, 1982 (EdF 164), 187.

49 Dtn 6,12; 7,6ff.; 8,14 (u.ö. im Dtn); Hos 2,10.22; 11,3; 12,10; 13,4; Mi 6,6-8; 7,8-20; Am 3,1f.; Ps 105,37-41; 114,1-8; 136,10-16.

50 Hos 11,1ff.; 13,4; Ex 20,2f.par; Dtn 6,14; 7,4; 13,6.11 u.ö (auch im dtr Schrifttum).

51 Vgl. die Präambeln der Dekaloge; dann Am 3,1f.; Hos 12,7.9.15; Mi 6,4f.- Vgl. 1 Kön 8,9; 2 Kön 21,8; Ez 20,10f.; Ps 81,6; 105,43-45.

rung aus Ägypten, die ja auf die Hineinführung ins Land zielte, gründet die Gabe des Landes durch JHWH an Israel.[52] Am Gegenüber zum Auszugsgeschehen als göttlichem Gnadenerweis kann der Aufweis von Schuld Israels geschehen.[53] Ein angedrohtes Strafhandeln JHWHs wird von dortaus motiviert[54], und dieses kann sich in Form eines "umgekehrten Auszugs", nämlich wieder aus dem Land hinaus, in die Wüste, ja nach Ägypten zurück vollziehen.[55] Israels Lebensart wird von dorther begründet oder kritisch beleuchtet, wie etwa seine Stellung zum Königtum, zum Luxus und Stadtleben, zum Kult und zu anderen Völkern.[56] Und natürlich wird von dorther Geschichte insgesamt gesehen und inpretiert (Am 9,7; Dtn; DtJes). Oft hat dabei die Bezugnahme auf den Exodus im Kontext der genannten Belege eine Schlüsselstellung. Was man legitimieren muß oder will, was kritisch betrachtet wird, muß sich beides an Israels Frühzeit messen lassen, an dem Exodusgeschehen, an der Mosezeit, dem Weg durch die Wüste. Das gilt vom Sabbat nach dem Dekalog im Dtn (Dtn 5,15), von den Stierbildern Jerobeams I. (1 Kön 12,28), von prophetischer Kritik am Opferkult (Am 5,25; Jer 7,22f.; vgl. die Begründungen von Kultordnungen in Jos 5,1-8; 1 Kön 8,9.21), vom Passah, das ursprünglich nichts mit der Exodussituation zu tun hatte (Ex 12 par.)[57], ja sogar von der "ehernen Schlange" (2 Kön 18,4).[58] Besonders das dtr Schrifttum beurteilte vieles nach dem vom Exodusgeschehen und seiner unmittelbaren Folgezeit und Folgesituation gesetzten Maßstab. Von dorther wird Gericht begründet oder angedroht (Ri 2,1-5; 2 Kön 17,7-23.34b-40[59]), von dorther Israels Verhalten damals wie in der angesprochenen Gegenwart kritisch gesehen (1 Sam 8,7-9; 10,17-19; 12,6-11; 2 Sam 7,1-7), von dorther aber auch weiteres, wenn auch nur zwischenzeitlich rettendes Handeln motiviert (Ri 6,7-10.11-13; 11,12-28; 1 Sam 15,1-6; 1 Kön 8,21). Es wurde dabei offensichtlich auf historische Richtigkeit oder auch nur Wahrscheinlichkeit keine Rücksicht genommen. Die Theologie war wichtiger als die Historie.

Besonders prägnant wird "Israel als Exodusgemeinde" in Ps 114 gekennzeichnet. Auszug einerseits und Einsetzung des Volkes zu JHWHs, dem "Herrn" und "Gott Jakobs" (V.7) Heiligtum und Herrschaftsgebiet[60], werden eng zusammengeordnet (V.1+2). V.8 ~~setzt~~ nimmt DtJes auf (Jes 41,18; vgl. Ps 107,35). "In kaum zu überbietender Abbreviatur wird hier die Heilsgeschichte in eigenarti-

---

[52] Hos 12,10; Am 2,10; Dtn 6,10-12.15; 8,6-10.- Vgl. schon Ex 3,8; 34,10 (J); Ex 13,17 (E?).

[53] Am 3,1f.; Mi 6,3f.- Vgl. die "Murrgeschichten" in Ex und Num und ferner 1 Sam 8,7ff.; 10,17f.; 12,6.12f.; auch 1 Sam 15,1ff.; 2 Sam 7,5f.; 1 Kön 12,28.

[54] Am 2,6-10; 3,1f.; Hos 2,4ff.; 7,15f.; 11,1ff.; 12,10; 13,1ff.; Mi 6,5; Jer 2,4ff.; 11,1ff.

[55] Hos 2,16; 11,5; 12,10.13f.; Am 9,7.9f.; Mi 6,13ff.

[56] Lev 19,33f.35f.; 25,35ff.; Dtn 6,12.21.23; 7,8.19; 8,6-16.17b; 10,19; 13,6.11; 15,15; 16,1.3.6; 23,5.8; 24,18.22; 25,17; 26,8; Hos 2,10.13; 11,5; 12,10f.12; 13,4a.11; Am 2,8; 3,1.12.14; 9,1.7.8; Mi 6,6f.13ff.; Jer 7,21ff. u.ö.- Vgl. auch: Ex 22,20; 23,9.15.- Dazu *J. Pons,* La référence au séjour en Égypte et à la sortie d'Égypte dans les Codes de Loi de l'A.T., ETR 63, 1988, 169-182.

[57] Vgl. dazu Bd.II, § 13.4.

[58] Auffallend ist wiederum, daß sich beim "ersten Jesaja" keine dieser Bezugnahmen finden.

[59] Vgl. Ez 20,13ff.34ff.; auch Jer 2,4ff.

[60] So mit *H.Spieckermann,* Heilsgegenwart, 1989 (FRLANT 148), 150f., der (a.a.O., 150-157) eine ansprechende Auslegung dieses Psalms bietet.

ger Weise zusammengerafft", und zwar geschieht dies durch die "zeitaufhebende Dimension" der Tempeltheologie, damit des Kultus. "Es ist somit nichts anderes geschehen, als daß die Psalmtheologie in nachexilischer Zeit endlich mit ihrem Bemühen erfolgreich gewesen ist, die Heilsgeschichte ganz ihren theologischen Maßstäben anzuverwandeln."[61]

Das Exodusgeschehen bekam dann auch seine herausragende Bedeutung für die Zukunftserwartung. Dafür wurde bereits auf die Rede vom neuen Exodus bei Ez (20,33ff.) und DtJes verwiesen[62]. Auch das (in seiner Grundlage exilische) Heiligkeitsgesetz[63] verankert seine Heilserwartung (Lev 26,40ff.) mit darin, daß JHWH an Herausführung ("vor den Augen der Völker") und Bund gedenken wird. Vom Gott des Exodus glaubt und hofft man, daß seine Gnade ewiglich währt (Ps 136,10-16). Er führte ja sein Volk auch weiterhin (Ps 136,16; vgl. Ex 15ff.), und war auch trotz dessen Abfall weiterhin durch seinen Engel, sein Zelt und sein Angesicht führend bei ihm gegenwärtig (Ex 33).[64] Daß in der atl. Weisheitsliteratur (Spr; Hi; Koh) jedoch jegliche Bezugnahmen auf Exodus, Bund und Wüstenführung völlig fehlen, verdient vermerkt zu werden. Das Gottesvolk und seine Geschichte spielen darin keine Rolle. Erst die Bücher Jesus Sirach und Weisheit Salomos (Sap) nehmen diese Themen, und dies doch wohl aufgrund einer Defiziterkenntnis, mit in ihr Denken hinein.

Schließlich nehmen die sog. Credotexte (Dtn 26,5-9; daneben auch 6,20-24; Jos 24,2b-13) jeweils betont auf das Exodusgeschehen Bezug und bauen es in theologisch bestimmender, die Wende zum Heil markierender Position in ihr Textgefüge ein. Man sieht in diesen Texten heute allerdings nicht mehr (wie vor allem *G.von Rad*) alte, wenn auch möglicherweise überarbeitete Stücke oder findet in ihnen gar die Keimzelle des erzählend ausbauenden Hexateuch.[65] Ein älterer Credotext ist vielleicht Num 20,14b-16, der aber auch schon auf den Exodus zentralen Bezug nimmt. Entscheidend in diesen, in ihrer jetzigen Formulierung deutlich durch die dtr Schule geprägten, als eine gewisse Summe ihrer Theologie anzusehenden Credotexten ist der Blick auf die Heilstaten JHWHs. Es wird dabei ein Weg dankbar (und auch betend) bekannt, den JHWH geführt hat, ein Weg vom umherirrenden Bedrohtsein hin zur Landgabe, von einem Vater zum Volk, von der Gefangenschaft, Bedrückung und Wüste über die rettende Herausführung hin zur Gabe des Landes an die Befreiten. JHWH hat gezeigt, daß er auf ein Schreien hört und Not wendet[66], und in der als zielgerichtete Strecke gesehenen Geschichte vollzieht sich planvolles Heilshandeln als Erfüllung von Verheißung. Hier kommt die theologische Würdigung des Exodusgeschehens zu einem (neben z.B. DtJes) ihrer atl. Höhepunkte.

---

61 Die Zitate aus *H.Spieckermann*, (s. vorige Anm.), 151.155.157.

62 Vgl. oben S.46.

63 Vgl. dazu TRE 14, 713-718 (Lit.).

64 Zu Engel, Zelt und Antlitz JHWHs vgl. unten S.291ff. + 187-191.

65 Zur Forschungsdiskussion (mit Lit.) vgl. *H.D.Preuß*, Deuteronomium, 1982 (EdF 164), 144-147.- *S.Kreuzer*, Die Frühgeschichte Israels in Bekenntnis und Verkündigung des A.T., 1989 (BZAW 178).- *D.R. Daniels*, VT Suppl 41, 1990, 231-242.

66 Zur Funktion der Exodustradition in den Psalmen vgl. schon oben S.49.

In den spätnachexilischen Chronikbüchern[67] hingegen taucht zwar - analog zu den Psalmen - in den für die Chronik wichtigen Gebeten dreimal ein Rückgriff auf das Exodusgeschehen auf (1 Chr 17,21; 2 Chr 6,5; 20,10). Darüberhinaus wird die Exodustradition jedoch nur noch in weiteren drei Belegen herangezogen (1 Chr 17,5; 2 Chr 5,10; 7,22). Außerdem wird eine unterschiedliche Terminologie in diesen Texten verwendet, da sich diese in der spätnachexilischen Zeit wohl schon verschliffen hat. 1 Chr 17,5.21 und 2 Chr 6,5 sind aber ferner durch ihren gemeinsamen Kontextbezug auf die Davidverheißung zusammengehalten, wodurch der Exodus jedoch auch an Eigengewicht verliert. Dies wird auch durch die Veränderungen unterstrichen, die der Chronist bereits bei der Einbettung der Bezugnahmen in seinen eigenen, neuen Kontext gegenüber seiner (dtr) Vorlage vorgenommen hat. Darüberhinaus hat er Erwähnungen der Exodustraditionen, die in seiner Vorlage standen, für sich getilgt.[68] "Fragt man nach der Begründung für dieses auffallende Zurücktreten der Exodustradition in den Chronikbüchern, so gibt wohl am deutlichsten der Befund in 2.Chr 6 Auskunft. Die doppelte Erwählung Jerusalems als Ort des Heiligtums und des Königs David als Begründer einer ewigen Dynastie und Initiator des Tempelbaus sind für den Chronisten die entscheidenden Ereignisse der Geschichte Israels... Das Exodusgeschehen wird zwar noch im Sinne einer überkommenen Tradition erwähnt, aber es ist seiner Dynamik - und der in ihr enthaltenen Befreiungserfahrung - entkleidet. Es wird zu einem Datum der Vergangenheit. Seine Bedeutung wird durch die des Tempels und seiner (fiktiven) Ursprungssituation überholt."[69] Es sind jedoch wiederum "Erwählungstraditionen" und "Erwählungsaussagen" über David und Jerusalem, die jetzt für die nachexilische Gemeinde zusätzlich tragend und prägend werden.[70]

3. Mit dem Exodusgeschehen war die Rettungserfahrung einer *Gruppe* grundlegend für den Glauben Israels. Hier sammelte kein einzelner dann andere Menschen um sich[71], sondern ein Volk sah sich durch ein geschichtlich erwählendes Handeln seines Gottes in die Gemeinschaft mit diesem Gott gestellt. Dieser Glaube ist religionsgeschichtlich ein ziemliches Unicum, wovon auch das AT selbst etwas zu wissen scheint: "Oder hat je ein Gott es ebenso versucht, zu einer Nation (גּוֹי) zu kommen und sie mitten aus einer anderen herauszuholen unter Prüfungen, unter Zeichen, Wundern und Krieg, mit starker Hand und hoch erhobenem Arm und unter großen Schrecken, wie es der Herr, euer Gott, in Ägypten mit euch getan hat, vor deinen Augen. Das hast du sehen dürfen, damit du erkennst: Jahwe ist der Gott, kein anderer ist außer ihm" (Dtn 4,34f.).[72] Dieses Volk nannte sich "Israel", und es war durch diese Gottestat als

67 Vgl. dazu *J.Kegler,* Das Zurücktreten der Exodustradition in den Chronikbüchern, in: FS C.Westermann, 1989, 54-66.

68 Vgl. 2 Chr 3,2 mit 1 Kön 6,1; 2 Chr 6,24-29 lassen das Gebet Salomos vor 1 Kön 8,51 enden, womit 1 Kön 8,51-53 entfallen; 2 Kön 21,10-16 fehlen in 2 Chr 33,10-17, damit auch 2 Kön 21,15.- 1 Kön 12,28; 2 Kön 17,7.36 fehlen, dies aber auch, weil sich die Vorlagen auf das Nordreich bezogen.

69 *J.Kegler,* a.a.O., 64.

70 Vgl. dazu schon den Überblick in § 2; ferner in Bd.II die §§ 7 und 8.

71 Vgl. *W.Zimmerli,* Theol.^{6}, 19.

72 Übersetzung von *G.Braulik,* NEB z.St.- *E.Brunner-Traut* (Frühformen des Erkennens, 1990) weist z.B. darauf hin, daß in der altägyptischen Gesellschaft das Indi-

Gottesvolk (vgl. Ps 100,3) stets gleichzeitig *Volk und Glaubensgemeinde.*[73] JHWH hatte seine Gemeinschaft mit diesem Volk geschichtlich begonnen[74]; er konnte sie (daher) auch wieder auflösen. Dies reflektierten das Dtn in seiner dtr Gestalt (vgl. Dtn 8,19f.; 9,14) wie auch andere dtr Texte (2 Kön 17,7-23). Dies verkündigten die Propheten in ihrer Gerichtspredigt gegen Israel und Juda.[75]
a) Nach den Vätergeschichten (Gen 12-36), der Josephsgeschichte (Gen 37.39-48.50) sowie dem ersten Kapitel des Exodusbuches hatte sich dieses Volk aus Familien und Sippen entwickelt. Aus der Familie eines einzelnen (Abraham) und der Großfamilie des Stammvaters Jakob/("Israel"?)[76] hatte sich "Israel" nach dem Willen und unter der Führung JHWHs zum Volk herausgebildet (Ex 1,6f.). Erwählung zum Eigentum und aus Liebe, Herausführung und Befreiung aus Treue zum Väterschwur sind nach Dtn 7,7-9 theologische Grunddaten für die Verbindung JHWHs mit Israel, seinem Volk, auch wenn es ursprünglich nur eine kleine Gruppe war, welche die rettende Befreiung und Herausführung aus

---

viduum die konstituierende Einheit war, nicht die Großfamilie oder Sippe (82f.). "Der Einzelne war nicht Glied eines gemeinschaftlichen Ganzen" (84).

73 Dazu: *L.Rost,* Die Bezeichnungen für Land und Volk im A.T., in: *ders.,* Das kleine Credo, 1965, 76-101.- *H.W.Wolff,* Volksgemeinde und Glaubensgemeinde im Alten Bund, EvTh 9, 1949/50, 65-82.- *H.W.Hertzberg,* Werdende Kirche im A.T., 1950 (ThEx NF 20).- *F.Maaß,* Wandlungen der Gemeindeauffassung in Israel und Juda, ThViat 2, 1950, 16-32.- *W.Eichrodt,* Israel in der Weissagung des A.T., 1951.- *H.-J.Kraus,* Das Volk Gottes im A.T., 1958.- *O.Bächli,* Israel und die Völker, 1962 (AThANT 41) [zum Dtn].- *N.A.Dahl,* Das Volk Gottes, ^{2}1963.- *C.Westermann,* God and His People. The Church in the O.T., Interp 17, 1963, 259-270.- *N.Lohfink,* Beobachtungen zur Geschichte des Ausdrucks עם יהוה, in: FS G.von Rad, 1971, 275-305.- *ders.,* Unsere großen Wörter, 1977, 111-126 ("Gottesvolk").- *G.Chr.Macholz,* Das Verständnis des Gottesvolkes im A.T., in: Jüdisches Volk - Gelobtes Land *(Hg. W.Eckert u.a.),* 1971, 169-187.- *N.Füglister,* Strukturen der atl. Ekklesiologie, in: Mysterium Salutis IV/1, 1972, 23-99.- *J.J.Stamm,* Wandlungen in der Gestalt der Gemeinde nach dem A.T., EMM 117, 1973, 31-39.- Judentum und Kirche: Volk Gottes (Theol. Berichte, Bd.3), 1974.- *H.-J.Zobel,* Das Selbstverständnis Israels nach dem A.T., ZAW 85, 1973, 281-294.- *J.Schreiner (Hg.),* Unterwegs zur Kirche. Alttestamentliche Konzeptionen, 1987.- *J.Høgenhaven,* Gott und Volk bei Jesaja. Eine Untersuchung zur biblischen Theologie, 1988.-
Ferner: *A.R.Hulst,* Art. "עַם/גּוֹי *ʿam/gôj* Volk", THAT II, Sp. 290-325.- *R.E.Clements,* Art. "גּוֹי", ThWAT I, Sp. 965-973.- *E.Lipiński,* Art. "עַם *ʿam*", ThWAT VI, Sp. 177-194.- Vgl. auch: *R.E.Clements,* Theology, 79ff.-
Zu den diachronisch unterschiedlichen Füllungen des atl. Gottesvolkgedankens siehe *J.Goldingay,* Theological Diversity and the Authority of the O.T., Grand Rapids 1987, 59ff. (z.B. vom wandernden Clan, über theokratisches Volk, Staat, Rest, zur Gemeinde der Hoffnung).

74 Es ist immerhin auffällig, daß die Verbindung "JHWH, der Gott Israels" erstmals in Ex 5,1 (dann erst wieder Ex 24,10) begegnet, nicht aber schon in der Genesis oder in Ex 1-4.

75 Vgl. dazu in Bd.II die §§ 10 und 14.

76 Ob es einen eigenen Stammvater "Israel" gegeben hat, ist umstritten. Besonders vertreten wird diese These durch *H.Seebass,* Der Erzvater Israel und die Einführung der Jahweverehrung in Kanaan, 1966 (BZAW 98).

Ägypten erfahren und interpretiert hatte und später mit diesem Glauben prägend in Israel ein- und aufging.[77]
Für "Volk" hat das Hebräische nun zwei Lexeme, nämlich גּוֹי und עַם. Ein גּוֹי ist zuerst einmal dort vorhanden, "wo eine Menschengruppe nach Abstammung, Sprache, Land, Gottesverehrung, Recht und Heerwesen zu einer Einheit zusammengefaßt und gegen Außenstehende abgeschlossen ist".[78] Die Einung zum Volk und Charakterisierung als ein solches ist hier mehr auch von außen mitbestimmt.
Das hebräische עַם hingegen kennzeichnet eine menschliche Gruppe mehr von innen her. Es bezeichnete ursprünglich vielleicht den Vaterbruder, damit dann die (männliche) Verwandtschaft, dabei auch die Vorfahren innerhalb der Großfamilie (Gen 17,14; 25,8f.17; 35,29; Ex 30,33.38; Lev 17,4; 21,1.4; 2 Kön 4,13; Ez 18,18 u.ö.). Von daher war dann die Anwendung auf den Männerbund, die Gesamtheit der wehrfähigen Männer, damit auf die Rechts- und Kultgemeinde der Vollbürger (2 Kön 11,14ff. u.ö.), sowie den (aus dem "Volk" ausgegrenzten) Heerbann nicht weit (vgl. schon Ri 5,13; vielleicht auch Ri 11,23; 20,2; 2 Sam 1,12; später dann Ex 7,4 P; Num 20,20; 21,33). Wie קָהָל (s.u.) wurde aber auch עַם später auch auf Frauen und Kinder ausgeweitet (Dtn 29,9ff.; 31,10ff.; Esr 10,1; Neh 8,2; 2 Chr 20,13). Daß עַם öfter innerhalb von Eigennamen begegnet, fügt sich gut zu diesem Befund.[79]
In der Verbindung עַם יהוה[80] (nie גּוֹי יהוה!) als dem "Volk JHWHs"[81] ist neben dem "Heer JHWHs" dann auch der Aspekt der "Herde JHWHs" mitgesetzt (2 Sam 5,2; 7,7f. u.ö.), damit der der Gemeinde und dann auch der Kultversammlung (Num 11,29; Ri 20,2). Zuerst erscheint diese Wendung oder ihre Umsetzung in "mein/dein Volk" bezeichnenderweise in Rettungs- und Fürbittzusammenhängen (vgl. Ri 5,11.13; dann bei J: Ex 3,7.10; 5,1.23; 7,16.26; 8,16ff.; 9,1ff.; 10,3f. ferner 1 Sam 9,16 u.ö.[82]). Die häufige Verwendung in dem dtr Programmtext des Tempelweihgebets (1 Kön 8,23ff.) ist daher nicht zufällig.[83] Daß die Wendung in der atl. Weisheitsliteratur fehlt, ist für diese Schriftengruppe und ihr anders gelagertes Interesse typisch. Dagegen ist sie innerhalb der prophetischen Schriften besonders häufig (152 Belege mit Daniel), hier auch oft in Form der Gottesrede ("mein Volk") bzw. in ausdrücklicher Bestreitung dieser

---

77 Diese Möglichkeit einer nur kleinen Gruppe würde auch erklären, daß in Kanaan kaum archäologische Spuren dieser dort später einwandernden Gruppe nachweisbar sind, ihre "Landnahme" archäologisch kaum erfaßbar ist.- Zu diesen Fragen z.B.: *I.Finkelstein,* The Archeology of the Israelite Settlement, Jerusalem und Leiden 1988.- *V.Fritz,* BA 50, 1987 (2), 84-100.- *M.Weinfeld,* VT 38, 1988, 324-332.

78 *L.Rost,* a.a.O. (Anm.73 am Anfang), 89.

79 Vgl. die Belege ThWAT VI, Sp. 185.

80 עַם (ה)אלהים nur in Ri 20,2; 2 Sam 14,13; sonst stets עַם יהוה. Vgl. dazu *N.Lohfink,* FS G.von Rad, 1971, 276; dort in den Anm. die Fülle der (359!) Belege.

81 Vgl. das עם כמוש in Num 21,29.- Ob sich nicht schon in den ägyptischen Texten, welche die Shosou-Beduinen erwähnen (vgl. dazu unten S. 164), die Wendung "Volk JHWHs" findet, erörtert *J.C.de Moor,* The Rise of Yahwism, Leuven 1990 (BETL XCI), 111f.

82 Die Belege in Fürbittzusammenhängen (außerhalb des Psalters) bei *N.Lohfink,* a.a.O., 291, Anm.59.

83 1 Kön 8,16.30.33.34.36(2).38.41.43.44.50.51.52.56.59.66.

Zusammengehörigkeit (Hos 1,9; vgl. 2,25).[84] Innerhalb gesetzlicher Texte steht die Wendung in Ex 22,24 im Bundesbuch noch isoliert, im Dtn auch nur in Dtn 14,2.21, sowie in dortigen Gebetstexten (Dtn 21,8; 26,15)[85], und im Heiligkeitsgesetz (Lev 17-26) fehlt die Wendung ganz. Sie ist also für die Gesetzessprache nicht typisch, sondern steht in Gesetzescorpora nur in Paränesen oder Gebeten. עַם יהוה steht dann interessanterweise öfter mit der (auch als Näherbestimmung aufzufassenden) Wendung נחלת יהוה zusammen (vgl. die Kombination von 1 Sam 10,1 und 13,14).[86] Das "Volk JHWHs" ist seine "Sippe", seine "Verwandtschaft", seine "Familie", "in deren Mitte JHWH lebte"[87] (Lev 26,12), und dies nicht naturhaft, sondern durch geschichtliche Setzung. Daß gleichzeitig damit JHWH Israels Gott ist, wie Israel sein Volk, stellt die sog. Bundesformel heraus, deren Entstehung (z.B. auch aus der Wendung עַם יהוה) *R.Smend* aufgezeigt hat.[88] *N.Lohfink* hat dann noch mit Recht darauf aufmerksam gemacht, daß es eine große Textgruppe gibt, welche diese Bundesformel gezielt im Zusammenhang von Exil und Heimkehr gebraucht: "Bei der Heimkehr aus dem Exil wird also die Wirklichkeit עם יהוה neu gesetzt".[89] Dieser Textgruppe wäre auch noch das bereits erwähnte Tempelweihgebet Salomos aus der dtr Schule zuzuordnen (1 Kön 8,23ff.).
Nach allem könnte man meinen, daß der Ausdruck עם ausschließlich für Israel, גוי (bzw. der jeweilige Plural) für die anderen Völker gebraucht würde. Dies aber ist nicht der Fall.[90] גוי kann auch, wenn auch erheblich seltener als עם, bei Israel stehen. Als Beispiele können gelten die Kombination גוי קדוש in Ex 19,6[91], die Rolle von גוי in Verheißungen, wie in Gen 12,2, 18,18 u.ö., und das Miteinander von עם und גוי als Bezeichnungen für Israel in Dtn 4,6[92], umgekehrt ein עם bei fremden Völkern (z.B. Jes 30,5 bei Ägypten; Jes 18,2 bei Kusch). Die (z.B. durch Ex 33,13b gut markierte) Entwicklung ging jedoch dahin, daß עם vorwiegend seinen Ort bei der Kennzeichnung Israels erhielt und damit auf die Bedeutung "Gottesvolk" immer mehr hintendierte. Bei גוי hingegen war es hauptsächlich der (auch statistisch häufigere) Plural גוים, der zur Kennzeichnung von Fremdvölkern Verwendung fand. Daß ferner dann wohl sehr häufig עם, aber nur selten גוי(ם) mit Suffix begegnet, verwundert nicht.

---

84 "Mehr als zwei Drittel aller Belege für עם יהוה stehen in Jahwerede, Rede im Namen Jahwes oder Gebetsanrede an Jahwe. Der Ausdruck gehört hauptsächlich in die Sprechsituation des Dialogs zwischen Jahwe und Israel, weniger in die Situation des objektiven Sprechens über Israel": *N.Lohfink,* FS G.von Rad, 1971, 280.

85 Zu diesen Gebeten vgl. *H.D.Preuß,* Deuteronomium, 1982 (EdF 164), 25.82.103.141.146f.184f.

86 Die Belege bei *N.Lohfink,* FS G.von Rad, 1971, 283f., Anm.36.

87 *E.Lipiński,* ThWAT VI, Sp. 187.

88 Vgl. dazu unten S.84f. und (neben *N.Lohfink,* a.a.O., 296ff.) *R.Smend,* Die Bundesformel, 1963 [ThSt 68] (=*ders.,* Die Mitte des A.T., Ges. Stud. Bd.1, 1986, 11ff.).

89 *N.Lohfink,* a.a.O., 302.

90 Erst die LXX verwendet für עם das λαος, für גוי das εϑνος.

91 Dazu ThWAT I, Sp. 970f.

92 Nach *A.Cody* (VT 14, 1964, 1-6) ist dies besonders dann der Fall, wenn Israel anderen Völkern gegenübergestellt wird (vgl. etwa Gen 12,2; 18,18; Dtn 9,14), oder etwas betont wird, was auch andere Völker haben.

Wird dieses Israel als "Volk JHWHs" näher gekennzeichnet, dann wird (seit und im Dtn) von einem "heiligen Volk" gesprochen, das durch JHWH folglich durch geschichtliche Erwählung ausgesondert und ihm zugehörig ist (Ex 19,6; Dtn 7,6; 14,2.21; 26,19; 28,9). Das Dtn sagt auch "Eigentumsvolk" (עַם סְגֻלָּה; Dtn 7,6; 14,2; 26,18; vgl. Ex 19,5; Mal 3,17; Ps 135,4).[93] Oder man spricht in Personalisierung eines bodenrechtlichen Begriffs von Israel als JHWHs נַחֲלָה und sagt damit, daß Israel ohne sein Verdienst JHWH zugehörig ist, JHWH jedoch auf sein Volk einen Anspruch hat.[94] Daß in diesem Zusammenhang öfter auch עם neben נחלה auftaucht und auf den Exodus aus Ägypten als Grundlegung dieses Verhältnisses zwischen JHWH und seinem so gekennzeichneten Volk verwiesen wird (Dtn 4,20; 9,26.29; 1 Kön 8,51; vgl. Ps 33,12 und 1 Kön 8,53), verwundert nicht. "Wenn auch das Wissen um eine verwandtschaftliche Verbundenheit mit im Spiele war, (war für Israel doch entscheidend, daß) die Einheit des Volkes letzten Endes in Gottes zusammenfassendem und einigendem Handeln gründete."[95] "Heilig" wurden und waren die Israeliten[96], weil JHWH sie durch sein befreiendes Handeln im Exodus geheiligt und ausgesondert hatte (Lev 11,45; 20,24-26; 22,32f.), betont das Heiligkeitsgesetz in seinen Anreden an eben dieses Volk.[97]

b) Dieses "Volk JHWHs" nannte sich *Israel*.[98] Bei diesem, im AT 2514mal vorkommenden Namen, der allerdings - abgesehen von der Kombination mit Jakob - im AT nicht als echter Personenname begegnet, überrascht sein theophores Element "El" (אֵל). Man erwartet eher einen mit *JHWH* oder dessen Kurzform *JH(W)* zusammmengesetzten Namen. Dies aber ist wahrscheinlich so zu erklären, daß der Name Israel ursprünglich an einer Gruppe haftete, die als Verehrer des Gottes El bereits in Palästina ansässig war[99], als die JHWHverehrer, aus Ägypten kommend, dort (auf welche Weise auch immer) ebenfalls sich niederließen und sich nach und nach mit "Israel" verbanden. Die Neuhinzukommenden brachten ihren offensichtlich überzeugenderen Gott in diese Stämmegemeinschaft ein, die Voreinwohner den Namen dieses "Israel". Der alte Kern von

---

93 In diesem Zusammenhang ist der Hinweis nicht unwesentlich, daß "Volk" in Israels damaliger Umwelt des Alten Vorderen Orients als Begriff nicht verwendet wurde. "Die Konzeption des Volkes und eine Geschichtstheologie waren dem alten Orient ganz fremd": *W.von Soden*, TRE 5, 82.- *ders.*, Sprache, Denken und Begriffsbildung im Alten Orient, 1974, 35f.- ThWAT VI, Sp. 189.

94 Dtn 4,20; 9,26.29; 1 Kön 8,51.53; Jes 47,6; 63,17; Joel 2,17; 4,2; Mi 7,14.18; Ps 28,9; 74,2; 78,62.71; 94,5.14; 106,5.40.- Vgl. auch Ex 34,9.- Älterer Beleg wohl Dtn 32,8f. (t.em.), vgl. S. 140.

95 *A.R.Hulst*, THAT II, Sp. 314.

96 Von einem "heiligen *Volk*" spricht das Heiligkeitsgesetz jedoch gerade nicht, wohl aber von den Israeliten als "Heiligen" (vgl. z.B. Lev 19,2; 20,26).- Zur Sache vgl. *H.F.Fuhs*, Heiliges Volk Gottes, in: Unterwegs zur Kirche (s. S. 55, Anm.73), 143-167.

97 Vgl. dazu oben S. 48f.

98 *Dazu: G.Gerleman*, Art. "ישׂראל *Jiśrāʾel* Israel", THAT I, Sp.782-785.- *H.-J.Zobel*, Art. "יִשְׂרָאֵל *jiśrāʾel*", ThWAT III, Sp. 986-1012 (Lit.).- *R.Albertz*, Art. "Israel. I: A.T.", TRE 16, 368-379 (Lit.).- *O.Margalith*, On the Origin and Antiquity of the Name »Israel«, ZAW 102, 1990, 225-237.

99 Vgl. die Erwähnung eines "Israel" auf der Stele des Pharao Merenptah; vgl. oben S. 45.

Jos 24[100] spiegelt einen solchen Vorgang der Vereinigung verschiedener Gruppen unter der gemeinsamen Akzeptanz der Verehrung des Gottes JHWH, der sich als ein Bundesschluß in Sichem abgespielt haben soll, wider, und Gen 33,20 spricht bezeichnenderweise von einem "El", der als "Gott Israels" ebenfalls in Sichem verehrt wurde. Ri 9,46 erwähnen außerdem einen "El-Berit" von Sichem, Ri 8,33; 9,4 einen Baal-Berit. "JHWH, der Gott Israels" war an die Stelle von "El, der Gott Israels" getreten, und dabei hatte sich die Verehrerschar JHWHs entscheidend über die (Nachfahren der?) ursprünglichen Exodus- und Mosegruppe auf Bewohner des Kulturlandes ausgeweitet.
Der Sinngehalt des auch außerhalb Israels belegten[101] Satz- und Danknamens "Israel", in dem "El" Subjekt mit einem verbalen Prädikat ist, ist nun leider nicht völlig klar.[102] Man übersetzt vor allem mit "El/Gott ist zuverlässig/redlich, vertrauenswürdig" (Verbum ישׁר), "El/Gott herrscht" (Verbum שׂרר) oder "El/Gott streitet/kämpft" (Verbum שׂרה; vgl. Gen 32,29; Hos 12,4). Bezeichnete der Name ursprünglich einen Zusammenschluß von Stämmen oder Sippen[103], für die JHWH "streitet" (Jos 10,14.42; Ri 5), und "in der ganzen vorstaatlichen Zeit von Ex - Jdc...unter stark theologischer Perspektive immer das als Einheit vorgestellte Gesamtvolk"[104], so wurde er mit dem Aufkommen des Königtums neben dem auch weiterhin "mit religiöser Würde belegte(n) Namen"[105] zum staatsrechtlichen Begriff für ein ebenso benanntes Reich (vgl. z.B. 1 Sam 9,16; 24,15 bei Saul und David), dann nach der sog. Reichsteilung nach dem Tode Salomos (926 v.Chr.) - vor allem nach dem Sprachgebrauch der Königebücher ab 1 Kön 11[106] - zum Namen nur des sog. Nordreichs. Dies könnte unter dem Einfluß oder der Wiederaufnahme einer auch früher schon belegten Verwendung geschehen sein (vgl. 2 Sam 2,9f.; 3,17; auch 1 Sam 17,52; 18,16). Von dort ging er nach dem Ende dieses Reiches (722 v.Chr.), bei Jesaja[107] möglicherweise schon ab 734 v.Chr., auf das Südreich Juda über. Seitdem und besonders seit dem Exil wird "Israel" zur Bezeichnung des dieses Exil überlebenden, neu beginnenden Volkes, das vom deuteronomistischen[108] wie chronistischen Geschichtswerk[109] dann sehr betont als "ganz Israel" tituliert wird (z.B. Dtn 1,1; 11,6; Jos 23,2; 1 Sam 12,1; 1 Chr 9,1; 2 Chr 18,16). Die Heimkehrer der Exilsge-

---

100 Vgl. S. 62 und 83.

101 Z.B. in Ugarit und Ebla; vgl. dazu THAT I, Sp. 782; ThWAT III, Sp. 988; TRE 16, 369.

102 Vgl. dazu *H.-J.Zobel*, ThWAT III, Sp. 988ff.; *R.Albertz*, TRE 16, 369f.

103 Zum Problem des "einigenden Bandes" dieses Stämmeverbandes ("Amphiktyonie"?) vgl. unten S.63ff.

104 *R.Albertz*, TRE 16, 370.

105 *H.-J.Zobel*, ThWAT III, Sp. 998.

106 Zum Sprachgebrauch der Propheten vgl. *L.Rost*, Israel bei den Propheten, 1937 (BWANT 71) und *H.-J.Zobel*, ThWAT III, Sp. 992f.1006ff.; s. auch die folgende Anm.

107 Zu "Israel" bei Jesaja vgl. auch *J.Høgenhaven*, (s. S. 55, Anm.73), 5ff. (dort 20ff. auch zu "Israel" bei Hos, Am, Mi.).

108 Zur "Ekklesiologie" des Dtn und des DtrG vgl. *F.L.Hossfeld*, Volk Gottes als "Versammlung", in: Unterwegs zur Kirche (s. Anm.73), 123-142 (dort 128ff.).

109 Zum sehr differenzierten Gebrauch von ישׂראל, יהודה, גולה und עם in den Büchern Esra, Nehemia (und Chronik) vgl. vor allem *H.C.M.Vogt*, Studie zur nachexilischen Gemeinde in Esra und Nehemia, 1966.

meinde werden als Kern dieses neuen "Israel" angesehen, und "Israel" wird nun völlig zum geistlichen, religiösen Namen dieses Gottesvolkes (vgl. z.B. Jes 43,1.15; 44,1.5.23; Mal 1,1.5; Esr 2,70; 6,17; 1 Chr 28,8 u.ö.). Immer aber hatte dieser Begriff auch eine theologische Komponente[110], so daß Israel nie nur als ein Volk beschreibbar war, das durch gemeinsame Sprache, Geschichte und gemeinsames Land gekennzeichnet war. Es war der Gottesglaube ("Gott/El herrscht"), der hier mitprägte. Man sagte "So tut man nicht in Israel" (2 Sam 13,12 u.ö.) oder "Dies ist eine Schandtat in/an Israel" (Gen 34,7 u.ö.)[111], man sagte aber nicht "eine Schandtat in Juda, Ephraim" oder ähnlich. Auch war JHWH der "Gott Israels", nie der Judas usw. So war Israel "eine durch gemeinsame Sitte, Rechtsanschauungen und durch gegenseitige Anteilnahme und Solidarität geprägte Gemeinschaft"[112], wobei diese Sitte und diese Rechtsanschauungen durch den Glauben an JHWH als den dieser Stämmeverbindung gemeinsamen Gott bestimmt wurden.[113] Dieses Israel stand von daher immer zwischen Volk und Gemeinde, "von beiden Grössen hat es gewisse Züge, aber mit keiner ist es ganz identisch."[114] Das Volk prägende Faktoren waren der JHWHglaube mit seinen charakteristischen Eigenarten (JHWH als befreiender Gott der Geschichte und des Rechts), die solidarische Gruppenbeziehung untereinander[115] und die gemeinsame Beziehung zum Land, das man als Gabe seines Gottes an sein Volk sehen lernte. Diese Faktoren waren aufeinander bezogen und hingen eng miteinander zusammen.

c) In bestimmten Schriftengruppen wird Israel als קָהָל und/oder als עֵדָה gekennzeichnet.[116] Als JHWHs קָהָל wird Israel zunächst im Dtn benannt (Dtn 5,22; 9,10; 10,4; 23,2-9 [vgl. Klgl 1,10]; 31,30; vgl. 4,10; 18,16). Während קָהָל eigentlich nur allgemein eine (auch kriegerische: Gen 49,6; in 1 Kön 12,21a das Verbum) "Versammlung" oder "Ansammlung" meint, wird in atl. Zusammenhängen mit theologischer Relevanz Israel, das auch oft in cstr.-Verbindung neben קָהָל steht, dadurch vorwiegend als JHWHs "Gemeinde" bezeichnet, in die man "hineinkommen" kann oder auch nicht[117] und die sich am "Tag der Versammlung" (Dtn 9,10; 10,4; 18,6) als durch Sinai, Gesetz und Kultus bestimmte Gemeinde und damit als Gemeinschaft JHWHs darstellt. Neben dem Dtn und dem DtrG (vgl. Jos 8,35; 1 Kön 8,14[2].22.55ff.) sind es vor allem Texte aus den verschiedenen Schichten der sog. Priesterschrift (Ex 12,6; Lev 4,13 u.ö.) und aus dem chronistischen Geschichtswerk (z.B. 1 Chr 28,8; 29,1.10.20; 2 Chr 30[9]

110 Vgl. den informativen Überblick bei *H.-J.Zobel*, ThWAT III, Sp. 1003-1011.

111 Vgl. dazu in Bd.II § 12.3.

112 *R.Albertz*, TRE 16, 371.

113 Vgl. dazu S. 93+100 und Bd. II, § 12.

114 *W.Eichrodt*, Israel in der Weissagung des A.T., 1951, 21.

115 Vgl. die Bedeutung der Genealogien im AT und dazu *M.Oeming*, Das wahre Israel, 1990 (BWANT 128), 9ff.

116 Dazu: *L.Rost*, Die Vorstufen von Kirche und Synagoge im A.T., 1938 (BWANT 76) [vgl. zur Sache aber auch *W.Schrage*, ZThK 60, 1963, 178-202].- *H.-P.Müller*, Art. "קָהָל *qāhāl* Versammlung", THAT II, Sp. 609-619.- *J.Milgrom/H.Ringgren/H.-J.Fabry*, Art. "עֵדָה *ᶜedāh*", ThWAT V, Sp. 1079-1093.- *F.L.Hossfeld/E.-M.Kindl/H.-J.Fabry*, Art. "קָהָל *qāhāl*", ThWAT VI, Sp. 1204-1222.- *F.L.Hossfeld*, (s. Anm.108).

117 Zum Gemeindegesetz Dtn 23,2-9 vgl. *H.D.Preuß*, Deuteronomium, 1982 (EdF 164), 142f. (Lit.); dann THAT II, Sp.615 und ThWAT VI, Sp. 1211f.

u.ö.)[118], sowie aus Esr/Neh (z.B. Neh 8,2.17), die von Israel als קָהָל sprechen, dann auch einige Psalmen (Ps 22,23.26; 35,18; 40,10f.; 89,6; 107,32; 149,1) oder auch Joel 2,16. Ältere Belege sind wohl nur Gen 49,6; Num 22,4; Spr 21,16; 26,26. Zu dieser קָהָל können auch Frauen und Kinder gehören. In der Weisheitsliteratur begegnet nur in Spr 21,16; 26,26 der allgemein gebliebene Begriff "Versammlung", in Spr 5,14 ist, da קָהָל und עֵדָה nebeneinanderstehen, sowohl die politisch-rechtliche (vgl. Hi 30,28) als auch die kultische Versammlung gemeint. Ihre Erwähnung hat hier aber kein kulttheologisches oder ekklesiologisches Gewicht.

"Für P^G ist *ʿeḏāh* der Qualitätsbegriff, der den Charakter der Versammlung der Söhne Israels beschreibt, wohingegen *qāhāl* seine technische Bedeutung als aktuelle Ansammlung durchhält...P^S hingegen hält diese klare Trennung so nicht weiter aufrecht."[119] So geht es z.B. in Ex 12,3.6 (P^G), dem gerade in diesem Zusammenhang sicher nicht zufällig plazierten, ersten priesterschriftlichen Beleg für עֵדָה, um die aktuelle Versammlung zur Vorbereitung des Passah; in Lev 4,13 (P^S) stehen beide Begriffe dann parallel und für die "institutionelle Kultversammlung"[120] (vgl. auch Ps 1,5; Lev 8,3-5; Num 8,9-20). Im Dtn findet sich עֵדָה (noch) nicht. Num 1,2f. (vgl. V.44-47[P]) zeigen an, wie eine עֵדָה aussieht: Es gehören nur Männer zu ihr, und sie ist nach Stämmen und Sippen geordnet. Sie ist in ihrem "Lager" um den אֹהֶל מוֹעֵד[121] herum gelagert und gegliedert (Num 2,1-34; 9,15-23; 10,11-28; 20,1.22).[122] Dort und damit inmitten der Gemeinde offenbart sich JHWH und tut seinen Willen kund. Sie ist auch für ihre eigene Reinhaltung verantwortlich und hat daher auch juristische Funktionen, wie Lev 24,10-16 (Hinrichtung eines Gotteslästerers) und Num 15,32-36 (Steinigung eines Sabbatschänders) erweisen. Sie ist "heilig" durch JHWH (Lev 19,2; Num 16,3) und soll dies auch bleiben bzw. immer wieder werden. Auch die Begriffe קָהָל und עֵדָה zeigen somit das In- und Miteinander von Volk und Gemeinde im Blick auf das atl. Israel an.

d) Allein schon die Tatsache, daß das atl. Israel sowohl Volk als auch Gemeinde JHWHs war, stellt die Frage nach dem Verhältnis beider Größen zueinander. Waren Volk und Gemeinde stets identisch? War stets das jeweilige gesamte Volk mit der "Gemeinde JHWHs" deckungsgleich?

In den Büchern Exodus bis Richter wird, wenn man von der Sondergröße Dtn absieht, eine Diffenrenzierung nicht vollzogen. Aber auch dem Dtn geht es um Israel als Gesamtvolk, das rechtes Gottesvolk sein bzw. wieder werden soll. Nur die spätexilischen dtr Texte Dtn 4,27 und 28,62 sehen wohl die Exilsgemeinde als geretteten "Rest", der aber zugleich auch wieder Keim des neuen Gottesvolkes sein soll und sein wird. Im Buch Exodus ist es die Moseschar, die hier als "Volk JHWHs" tituliert wird und damit letztlich auch für das spätere Gesamtisrael steht (Ex 3,7.10; 5,1-23; 7,16; 8,16ff.; 9,1.13; 10,3). Nach dem alten Deboralied sind die dort zum Kampf versammelten Stammesgruppen "Volk = Heerbann JHWHs" (Ri 5,11.13; vgl. 2 Sam 1,12). Sonst aber wird in der Richterzeit, soweit die uns vorliegenden Texte dies erkennen lassen, nicht zwischen Volk

---

[118] Zu den Belegen in Chr vgl. *F.L.Hossfeld*, ThWAT VI, Sp. 1215ff.

[119] *F.L.Hossfeld*, ThWAT VI, Sp. 1214.- Zu קָהָל und עֵדָה in P vgl. auch *K.Elliger*, HAT I/4, 1966, 70 (mit Anm.20f.)

[120] *F.L.Hossfeld*, ThWAT VI, Sp. 1215.

[121] Vgl. dazu S. 291f.

[122] Zu עֵדָה vgl. auch Num 32,2.12.13; Jos 18,1; 20,6.9; 22,12.16ff.20.30.

und Gemeinde unterschieden.[123] Dies gilt auch für die Zeit des Jahwisten, damit für die des davidisch-salomonischen Großreichs. Nach ihm sah sich Israel in einem Beistand verheißenden "Bund" mit JHWH (Ex 34,10).[124] Inwieweit der alte Kern von Jos 24 mit seinem Aufruf zur Gottesfurcht und Treue gegenüber JHWH (V.14f.) dem Elohisten zugeordnet werden kann, ist fraglich. Er läßt aber in Num 23,9 sein Zeugnis darüber erkennen, wie Israel sich selbst zu verstehen hat (s.u.). Jos 24 erzählt jedoch klar davon, daß Menschen zur Entscheidung für JHWH, den Gott Israels, aufgerufen werden und sich damit zugleich dem "Haus" Josuas anschließen. Oft werden die "7000, die ihre Knie nicht vor Baal gebeugt haben" (1 Kön 19,18), als eine Eingrenzung innerhalb Israels angesehen, was aber nicht so eindeutig erhebbar ist[125], wie überhaupt der Restgedanke nicht mehr überall für eine Differenzierung innerhalb des Volkes Israel hin auf eine herausgehobene Gemeinde JHWHtreuer oder durch ihn Bewahrter bemüht werden kann.[126] Innerhalb vorexilischer Texte ist es wahrscheinlich nur Am 5,15, das mit seinem "vielleicht" göttlicher Gnade für einen "Rest Josephs", auf den die Hörer zu hoffen schienen (Am 3,12), hier herangezogen werden kann. Es war aber dann doch vor allem die kritische Botschaft der atl. Propheten, die per se in das angeredete Israel eine Unterscheidung hineintrug, wenn es auch, wie die Prophetenbücher erweisen, jeweils nur sehr wenige waren, die der prophetischen Botschaft den Glauben schenkten, zu dem auch direkt aufgerufen wurde (Jes 7,9; Jer 5,3). Jesaja sammelte aus Menschen im Juda seiner Zeit getreue Schüler um sich (Jes 8,16.18), und solche Schüler stehen sicher auch anderswo (Hoseabuch; Jeremiabuch; Ezechielbuch; DtJes u.ö.) hinter der Weiterüberlieferung der Botschaft ihrer "Meister".

Hosea hoffte auf eine Erneuerung Israels insgesamt (Hos 2,19-25). Dies gilt auch für die entsprechenden Verheißungen bei Ezechiel (Ez 34; 36,16ff.; 37,15ff.; vgl. auch Jer 31,31-34: dtr bearbeitet), wobei diese sich teilweise (Ez 37,1-14) aber besonders an die Exilsgemeinde richten, was auch für DtJes gilt (vgl. Jes 46,3; 48,1: die aus Juda). Die "Demütigen" aus Zeph 2,3 gehören, wie die "Armen" oder die "Stillen im Lande" des Psalters[127], eher mehr nachexilischen Texten an und werden dort zur Sprache gebracht, weil sie als Anwärter besonderer göttlicher Hilfe gelten können. Das Exil hatte zum Zerbrechen auch des Volkes geführt. Israel wurde als "Gemeinde" neu konstituiert, wofür Haggai, für den die aus der Golah das wahre Gottesvolk sind (Hag 1,12; 2,2: vgl. Jer 24: die "guten Feigen") und Sacharja 1-8 mit den "Nachtgesichten" über die künftige Gestalt der neuen Gemeinde Modelle liefern.[128] Esra und in anderer Weise

---

[123] "Die vorprophetische Zeit kennt ein Volk, aber keine 'Kirche'; in der prophetischen Zeit beginnt sich vom Volk eine 'Kirche' abzulösen; die nachprophetische Zeit läßt die 'Kirche' neben das Volk treten und diesem gegenüber gesteigerte Bedeutung gewinnen": *O.Eißfeldt,* Volk und 'Kirche' im A.T., in: *ders.,* Geschichtliches und Übergeschichtliches im A.T., 1947, 9-23 (dort: 10).

[124] Vgl. dazu S. 78+82.

[125] Vgl. *J.Hausmann,* Israels Rest, 1987 (BWANT 124), 123-125.

[126] Vgl. dazu Bd.II, § 14.8.

[127] Ps 9,10.19; 10,8.14.18; 12,6; 14,6; 22,25; 35,10; 37,14; 40,18; 49,3; 69,34; 70,6; 74,21; 86,1; 107,41; 109,22.31; 140,13.-Ps 35,20.- Zu den "Armen" im Psalter vgl. *H.-J.Kraus,* BK XV/1, 108-111.

[128] Zu den Nachtgesichten des Sacharja vgl. *H.-G.Schöttler,* Gott inmitten seines Volkes. Die Neuordnung des Gottesvolkes nach Sach 1-6, 1987 (TThSt 43).

auch Nehemia sowie die nachexilischen Ausgestaltungen der Priesterschrift versuchen, das neue Gottesvolk zu schaffen und zu gestalten[129], wobei auch für sie die Heimkehrer aus dem Exil dafür besonders tragende Kräfte sind. Jude kann sein, wer das Gesetz hält, und Maleachi kennt innerhalb seiner Zeitgenossen solche, die sich dadurch von der Masse des Volkes unterscheiden, daß sie "JHWH fürchten und an seinen Namen gedenken" (Mal 3,16-20). Der atl. Weisheitsliteratur jedoch blieb auch der Gemeindebegriff fremd.

Diese Differenzierungen und damit auch die Offenheit für Neues und Neuhinzukommende waren möglich, weil das durch JHWH erwählte und verpflichtete Volk keine numerisch fest umschriebene Größe war.[130] So aber konnte auch *innerhalb* dieses Israel eingegrenzt werden. Durch diese Entwicklung und durch dieses, durch mancherlei Anlässe und Gründe angestoßene Auseinandertreten von Volk und Gemeinde konnte das atl. Israel als Gemeinde doch fortbestehen, als Israel als Volk und gar als Staat zerbrochen war. Und diese Glaubensgemeinde Israel vermochte es dann sogar, in bestimmten Bereichen sich dem Gedanken eines Heils auch für die Völker zu öffnen.[131] Gott und Volk als Gemeinde gehören nach dem AT zusammen, wie nach dem NT Christus und Kirche, und das für Eph 5 und die dort angesprochene Verbundenheit konstitutive Bild der Ehe stammt nicht zufällig aus dem AT (vgl. Hos und Jer).

e) Im Blick auf die Frühgeschichte der Größe Israel gibt es einige wichtige, bisher aber nicht voll geklärte Fragen. Ob es ein Wissen um die Zusammengehörigkeit der Stämme oder auch nur einiger von ihnen schon vor der Zeit im Kulturland gegeben hat, ist nicht eindeutig erweisbar. Was war es dann, das dieses Israel zusammenband, zusammenfügte, zusammenhielt? Vor nicht allzu langer Zeit hätte man - im Gefolge von *M.Noth*[132], der aber auch schon Vorläufer hatte - auf die *Amphiktyonie* verwiesen. Danach seien die zwölf Stämme ein sakraler Stämmeverband gewesen, mit einem Zentralheiligtum zur Verehrung des gemeinsamen Gottes JHWH und dem Kult dieses Gottes als einigendem Band.

---

129 "Unterlassen der Beschneidung (Gen. 17,14), Entweihung des Sabbats (Num. 15,32-36), Gotteslästerung (Lev. 24,10-16), Opfer an unheiliger Stätte (Lev. 17,9), Versäumnis von Passahfeier (Num. 9,13) und Versöhnungsfasten (Lev. 23,29), Blutgenuß (Lev. 7,27) u.a. sind nach dem Gesetz mit dem Tode zu bestrafen"...: die Gemeinde "besteht aus den Gesetzestreuen": *F.Maaß*, ThViat 2, 1950, 28.

130 Vgl. *L.Köhler*, Theol.[4], 48: "Das Volk ist nicht die Summe der Volksgenossen, keine Additionsgröße, sondern es wird durch jede beliebige Menge der Volksgenossen dargestellt..." Vgl. *H.W.Wolff*, EvTh 9, 1949/50, 73f.

131 Vgl. dazu Bd.II, § 15.

132 *ders.*, Das System der zwölf Stämme Israels, 1930 (BWANT IV/1) und Neudruck 1966.- Zur (weiteren) Forschungsgeschichte: *O.Bächli*, Amphiktyonie im A.T., 1977 (Lit.).- Vgl. die kritischen, aber auch positiv weiterführenden Erwägungen von *M.Metzger*, Probleme der Frühgeschichte Israels, VuF 22, 1977 (H.1), 30-43 (Lit.); *R.Smend*, Zur Frage der altisraelitischen Amphiktyonie, EvTh 31, 1971, 623-630 (= *ders.*, Zur ältesten Geschichte Israels, Ges. Stud. Bd.2, 1987, 210ff.); *A.H.J.Gunneweg*, Geschichte Israels, [6]1989, 45-54; *W.H.Schmidt*, Atl. Glaube[6], 124ff.- Einen instruktiven Überblick über neuere Forschungen zu diesen Fragestellungen gibt *J.D.Martin*, Israel as a tribal society, in: The World of Ancient Israel *(Ed. R.E.Clements)*, Cambridge u.a. 1989, 95-117.

Daß es kein hebräisches Wort für "Amphiktyonie" im AT gibt[133], besagt noch nichts darüber, daß es ein solches Phänomen nicht gegeben habe. Auch die Heranziehung von kleinasiatischen, griechischen und italischen Parallelerscheinungen[134] macht *Noth's* Hypothese noch nicht fragwürdig.[135] Es läßt sich aber vor allem ein solches Zentralheiligtum für das vorstaatliche Israel nicht klar erweisen. Es kommen dafür sowohl Sichem, als auch Bethel, Gilgal und Silo in Frage, wobei jedoch schon ihr Nebeneinander Probleme bereitet, ihr zeitliches Nacheinander als Zentralheiligtum nicht erweisbar ist. Ob ferner die Lade[136] sich jemals an all diesen Heiligtümern befunden hat, ist für Bethel[137] und Sichem nicht belegt. Auch daß sie überhaupt eine Rolle in Verbindung zu "zentralen" Kultstätten gehabt hat, läßt sich nicht erweisen. In Silo war sie "zum Symbol eines kurzzeitigen militärischen Stämmebündnisses geworden, das sich angesichts der Bedrängnis durch die Philister gebildet" hatte.[138] Samuel opfert und "richtet" an mehreren Heiligtümern (1 Sam 7,6ff.16; 9,12; 10,8; 11,15), und für die vorausgehende Richterzeit ist ein einheitlicher Kult als einigendes Band nicht einwandfrei belegt. Was hier einige Stämme miteinander verband, war vielleicht für die Stämme Sebulon und Issachar ein Heiligtum auf dem Tabor (Dtn 33,18f.)[139], dann aber vielmehr die gemeinsam erfahrene Bedrohung, der Kampf unter dem Gott JHWH zur Landeroberung innen (Ri 5; Jos 10/11) oder zur Landsicherung gegen Feinde von außen (Ri 3,27; 6,34f.; 7,23; 8,1-3; 11,29; 12,1-7). Hier wurde JHWH erfahren, hier begegnete man seiner rettenden, kriegerischen Kraft.[140] Hier erlebte man die kriegerische Mächtigkeit dieses Gottes, die eigene Kraft unter diesem Gott. Nur Ri 19-21 erwähnen nach dem jetzt vorliegenden Text mit der Strafexpedition "Israels" gegen Benjamin eine Unternehmung Gesamtisraels. Aber wahrscheinlich hat es sich auch hier ursprünglich nur um einen Zwist zwischen Ephraim und Benjamin gehandelt[141], der später - wie so manches andere im Josua- und Richterbuch - zu einer Un-

---

133 So *G.Fohrer* in seiner umfassenden Kritik an der Amphiktyonie-Hypothese (Altes Testament - "Amphiktyonie" und "Bund"?, ThLZ 91, 1966, Sp. 801-816.893-904 (=*ders.*, BZAW 115, 1969, 84ff.; dort 90f.); vgl. *ders.*, ZAW 100 Suppl, 1988, 244-248.

134 Die Frage, ob es auch im Alten Orient dergleichen "Amphiktyonien" gegeben habe, wird bei *O.Bächli* (s. Anm.132), 33-41 erörtert.

135 Auf die weiteren Hypothesen, die auf der Amphiktyonie-Hypothese zu fußen versuchten (amphiktyonische Ämter, amphiktyonische Rechtsverkündigung, JHWH-Krieg als kultisches Handeln der Amphiktyonie, amphiktyonische Feste u.a.m.), ist hier nicht einzugehen, da sie (auch infolge der "Ubiquität der Amphiktonie": so *R.Smend*, EvTh 31, 1971, 628) noch unsicherer sind, als die Grundhypothese selbst.

136 Vgl. dazu S. 289-291.

137 Ri 20,27b wird allgemein als Zusatz angesehen; vgl. aber S.289, Anm.23.

138 *G.Fohrer*, BZAW 115, 98.

139 So nach *H.-J.Zobel*, Stammesspruch und Geschichte, 1965 (BZAW 95), 84f.

140 Vgl. *F.Maaß*, ThViat 2, 1950, 18: "Immer erneuerte nicht notwendig an den Kult gebundene, sondern von ihm unabhängige Jahvebegegnung verhinderte das Auseinanderfallen des Volkes."

141 So mit *O.Eißfeldt*, Der geschichtliche Hintergrund der Erzählung von Gibeas Schandtat, in: FS G.Beer, 1935, 19-40 (= *ders.*, KS II, 1963, 64ff.) und *K.-D.Schunck*, Benjamin, 1963 (BZAW 86), 57ff.

ternehmnung "ganz Israels" (Ri 20,3) aufstilisiert wurde. So wird man - z.B. mit *G.Fohrer*[142] - in dem System der zwölf Stämme mit seinen Stämmelisten nicht eine Ordnung zur jeweils monatlichen Versorgung des Zentralheiligtums durch einen Stamm im Laufe eines Jahres sehen, sondern, wie bei anderen, im AT so beliebten Genealogien auch, das Interesse am Aufzeigen und Begründen von Verwandtsschaftsverhältnissen und darin gründender Zusammengehörigkeit finden, für die die Zwölfzahl "die runde Zahl einer Gesamtheit" war[143], die Vollständigkeit eines Volksganzen bezeichnete.[144] Da Juda nach Dtn 33,7 zu dieser Gemeinschaft noch nicht hinzuzugehören schien, wird man das System der zwölf Stämme insgesamt als der vorstaatlichen Zeit noch nicht entstammend anzusehen haben. Da es jedoch anderseits die zusammenfassende Gruppierung der (sechs?)[145] Leastämme als offensichtlich vorgegebene Größe, vielleicht sogar als ursprünglicher Träger des Namens "Israel"[146] gegeben hat, wird man darauf verwiesen, daß diese Gruppierung, die JHWH noch nicht verehrt haben muß[147], bereits vor dem Zwölfstämme-Israel miteinander verbunden und auch im Land ansässig war, die "Landnahme" der Stämme oder Gruppen, wie schon öfter und an anderen Stellen erwähnt[148], folglich mehrphasig und auf unterschiedliche Art von Ansiedlung vor sich gegangen sein muß[149], und Israel als Gesamtvolk erst innerhalb des Kulturlandes zusammenfand.

Ein Zentralheiligtum hat es mit ziemlicher Sicherheit nicht gegeben. Das schließt aber nicht aus, daß nicht auch an den nebeneinander bestehenden Heiligtümern der Stämme JHWH verehrt wurde. Denn hatte man ihn als kriegsmächtig und helfend erlebt, sich vielleicht der Moseschar oder den Rahelstämmen mit ihrem Gott JHWH angeschlossen, war es ziemlich unwahrscheinlich, daß dies nicht auch in Form kultischer Verehrung des Gottes JHWH sich konkretisierte. Ferner ist es sehr wahrscheinlich, daß das so unter JHWH sich verbindende Israel auch bestimmte (schon durch den JHWHglauben geprägte?) Rechtsgrundsätze für sich als verbindlich erachtete, die der eigenen soziokulturellen Eigenart entstammten und diese bewahren und schützen sollten. Diese Verbindung von JHWHglauben, Recht und eigener soziokultureller Struktur der als "Israel" sich zusammenfindenden Gruppen gilt auch, wenn man von der Hypothese einer Amphiktyonie völlig abrückt und an deren Stelle, wie es neuer-

---

142 BZAW 115, 100ff.

143 *G.Fohrer,* ebd., 102.

144 So mit *S.Herrmann,* Geschichte Israels in atl. Zeit, [2]1980, 137.

145 Zum Problem des weltlichen Stammes Levi vgl. Bd.II, § 9.3.

146 Vgl. *H.-J.Zobel,* Zusammenschlüsse von Stämmen in der vorstaatlichen Zeit Israels, in: Theol. Versuche XIV, 1985, 29-37, der eine Vielzahl von Zusammenschlüssen israelitischer Stämme in vorstaatlicher Zeit nachzuweisen versucht, in "Israel" eine übergreifende Gesamtheit von Stämmen in vorstaatlicher Zeit mit dem gemeinsamen Bewußtsein der Zusammengehörigkeit findet, allerdings für diesen Stämmezusammenschluß betont, daß er - wie Ri 5 zeigt - noch nicht in ausgereifter Gestalt (34) vorhanden war.

147 Vgl. S. 58f.

148 Vgl. S. 56+134f. und darüberhinaus die Darstellungen der Geschichte des atl. Israel (*H.Donner; A.H.J.Gunneweg; S.Herrmann).*

149 Vgl. dazu *A.H.J.Gunneweg,* Geschichte Israels[6], 1989, 34-44.

dings zuweilen geschieht[150], das vorstaatliche Israel eher als "akephale, segmentäre Gesellschaft" sehen möchte. Auch hier wären gesellschaftlicher Wille und JHWHglaube (*N.Lohfink*), egalitäre Gesellschaft der Stämme des frühen Israel, JHWHverehrung und Recht[151] eng miteinander verbunden und aufeinander bezogen. Israel war auch hier schon sowohl eine geschichtlich gewordene, gesellschaftliche Größe als auch eine Glaubensgemeinde, deren durch das in diesen Stämmeverband prägend eingebrachte Zeugnis von der Befreiung aus Ägypten bestimmtes Freiheitsideal und Glaubensbewußtsein sich in Abgrenzung von den kanaanäischen Stadtstaaten, deren Glauben wie Gesellschaftsstruktur besonders deutlich zeigte.

f) *H.-J.Zobel*[152] hat in einer wichtigen Studie auf einige Texte verwiesen, in denen sich das Selbstverständnis Israels als Volk wie als damit eng verbundene und dadurch bestimmte Glaubensgemeinde spiegelt. Hierauf sei zur Abrundung dieses Abschnitts (3) noch eingegangen.

Da ist Israel nach dem ersten (wohl von E überlieferten) Bileamspruch ein "Volk, das für sich wohnt" (Num 23,9), was sicher nicht nur räumlich-geographisch, sondern zugleich innerlich und damit religiös gemeint ist. Es zählt sich nämlich nicht "unter die Völker" (Num 23,9b), und der vorangehende Kontext zeigt an, warum beides so ist: Israel ist nicht von seinem Gott verwünscht, kann daher auch von Bileam nicht verflucht werden. Es ist also durch seinen Gott beschützt, bestimmt, ja gesegnet, wie man ergänzen kann und muß. Der zweite, ebenfalls durch E überlieferte Bileamspruch führt hier noch weiter (Num 23,21-24). JHWH ist "mit" diesem seinem Volk[153], und Königsjubel ist in ihm. Dieser Königsjubel bezieht sich sehr wahrscheinlich auf JHWH als den König dieses seines Volkes[154], der hier also bekannt und hymnisch besungen wird. Er ist es, der sein Volk aus Ägypten herausführte (Num 23,22[155]), der Großes an ihm getan hat. Zauberei und Beschwörung findet man nicht in Israel, und dies als Konsequenz seiner JHWHerfahrung und seines JHWHglaubens (Num 23,23; vgl. die Abgrenzung von "Kanaan" in Gen 9,26f. J). Der segnende Gott ist auch der rettende[156], und das Volk dieses Gottes hat kriegerische Kraft (Num 23,24; vgl. Num 24,5-9 J). Das Besondere "Sem's", der in Gen 9,26f. (J) deutlich auch für

---

150 Vgl. dazu den Überblick in dem Themaheft "Anfänge Israels" der Zeitschrift "Bibel und Kirche", Jg. 1983, Heft 2 mit Beiträgen von *N.Lohfink*, *H.Engel*, *H.-W.Jüngling* (mit Lit.).- Vgl. auch *R.Albertz*, Art. "Israel. I: A.T.". TRE 16, 368-379; dort 374f. und die Textsammlung "Ethnologische Texte zum A.T.", Bd.1, 1989.

151 Hatten hier die sog. "Kleinen Richter" (Ri 3,31; 10,1-5; 12,8-15) ihre Funktion?

152 *ders.*, Das Selbstverständnis Israels nach dem A.T., ZAW 85, 1973, 281-294.- Dort (281) schreibt *Zobel*, daß es angesichts der Bedeutung, die das Exodusgeschehen und die Exodustradition für die Überlieferungen Israels einnehmen, fast verwundere, "daß man noch nicht von dort her das Proprium Israels zu erhellen unternommen hat." Vgl. aber *H.D.Preuß*, Jahweglaube und Zukunftserwartung, 1968 (BWANT 87), § 1, und den vorliegenden Entwurf einer "Theologie des A.T."

153 Dazu: ZAW 80, 1968, 139-173; ThWAT I, Sp. 485-500.- Dann: *R.Winling*, RScRel 51, 1977, 89-139.- *M.Görg*, ThGl 70, 1980, 214-240.- Vgl. auch Bd.II, § 6.5.

154 Dazu unten S.175 + 178.

155 Zum אֵל in diesem Zusammenhang vgl. ThWAT III, Sp. 817f. mit Lit.: Hier redet ein Nichtisraelit.- Zu den Bileamsprüchen vgl. *H.-J. Zobel*, FS R. Rendtorff, 1990, 141-154.

156 Vgl. zu dieser atl. folglich nicht durchzuhaltenden Differenzierung § 4.4g (S. 206).

Israel steht, ist eben sein Gott, ist dessen Segen, der geschichtlich wie auch in der Gabe des überschwenglich geschilderten Landes wirksam wird (Gen 12,3; Num 24,9 J)."Israels Weg durch die Zeit ist vom Mitsein Jahwes, seines königlichen Herren, aber auch von der Antwort des Glaubens und Bekennens Israels bestimmt."[157] Durch seinen unvergleichlichen Gott JHWH, von dem es Heil und Rettung empfängt, gibt es auch für Israel niemanden, der diesem Volk gleicht (Dtn 33,29). Es war "jeder Generation... aufgegeben, sich vor Jahwe selbst als Israel (so und neu) zu verstehen."[158]

4. Herausführung aus Ägypten, Erwählung, Bund und Landgabe richteten sich primär auf Israel als Volk. JHWH ist der Gott Israels. Auch wo und wann JHWH einzelne erwählt[159], dient dieses sein Handeln dem Volk als ganzem. Der einzelne Israelit sah sich als Glied dieses Ganzen. Wie verhielten sich *Gemeinschaft und Einzelner* zueinander?[160]
Da muß zuerst von der engen Verbundenheit des einzelnen mit der Gemeinschaft gesprochen werden. "Jakob" kann den Stammvater wie das Volk Israel meinen. Der Gottesknecht[161] ist Israel als Volk wie der Prophet oder ein herausgehobener Frommer als einzelner. Israel als Volk kann im Dtn singularisch mit "Du" oder pluralisch mit "Ihr" angeredet werden, und die Aufteilung beider Anredeformen auf verschiedene literarkritische Schichten läßt sich zwar oft, aber keineswegs überall im Dtn durchführen. Das sog. "kleine geschichtliche, kultische Credo" in Dtn 26,5-9 zeigt exemplarisch das Miteinander des Ich und des Wir/Uns, und im "Heute" des Dtn's werden die Generationen zu einer Einheit in heilsgeschichtlicher Gleichzeitigkeit und in Ermächtigung zu analogen Erfahrungen mit ihrem Gott JHWH verbunden (Dtn 5,2f.; 29,9-14). Die Stammesväter stehen in den Stammesprüchen (Gen 49; Dtn 33) für die Stämme insgesamt, Esau steht auch für Edom (Gen 27), Kain auch für die Keniter (Gen 4), Ismael für die Ismaeliter (Gen 16+21)[162], die Erzväter als Einzelperson für die durch sie vertretenen Sippen oder Großfamilien. Die Schwestern Ohola und Oholiba stehen für Israel/Samaria und Juda/Jerusalem (Ez 23), eine Frau für Israel (Hos 1+3; Ez 16). Jerusalem klagt über sein Geschick, wie dies analog ein einzelner Frommer tut (Klgl 1+3). Mit dem "Du sollst..." der Dekaloggebote und -verbote ist der einzelne rechtsfähige Bürger wie das Volk insgesamt ver-

---

157 *H.-J.Zobel*, ZAW 85, 1973, 286.- Zur Sache auch: *H.W.Wolff*, Gottesglaube und Selbstverständnis Altisraels, in: *ders.*, Wegweisung, 1965, 54-77.

158 *G.von Rad*, ThLZ 88, 1963, Sp. 405 [() = ergänzt vom Verf.]; vgl. *ders.*, Theol.I[5], 132.

159 Vgl. oben S. 32f.

160 Dazu: *H.W.Robinson*, The Hebrew Conception of Corporate Personality, in: BZAW 66, 1936, 49-62.- *W.Eichrodt*, Krisis der Gemeinschaft in Israel, 1953.- *J.Scharbert*, Solidarität in Segen und Fluch im A.T. und in seiner Umwelt, 1958 (BBB 14).- *L.Wächter*, Gemeinschaft und Einzelner im Judentum, (1959) 1961.- *J.de Fraine*, Adam und seine Nachkommen, 1962.- *H.W.Wolff*, Anthropologie des A.T., 1973 (u.ö.), 309-320.- Vgl. auch: *W.Eichrodt*, Theol. II/III[7], 157-183.- *L.Köhler*, Theol.[4], 149-154.- *Th.C.Vriezen*, Theol.,181-188.- *H.H.Rowley*, Faith, 99ff.

161 Vgl. dazu Bd.II, § 15.7.

162 Man spricht im Blick auf diese Eigenart oft von der "Korporativpersönlichkeit" (corporate personality); vgl. dazu *H.W.Robinson* und besonders ausführlich *J.de Fraine* (s. Anm.160).

pflichtend angesprochen, wie dies durch den Ort des Dekalogs sowohl in Ex 20 als auch in Dtn 5 signalisiert wird. Und wenn wir heute nach dem "Ich der Psalmen" fragen, so war der Gegensatz "Einzelner oder Gemeinde" für das damalige Israel viel weniger eine Alternative, als man heute oft meint. Klagepsalmen des einzelnen münden oft in Worte der Gemeinde. Der einzelne Israelit wußte sich als Glied des Ganzen, das Volk sah sich als Gesamtperson, als ein Groß-Ich. Der einzelne Fromme braucht die Gemeinschaft und lebt in und von ihr. Einsamkeit ist ein großes Negativum (Ps 25,16f.; 1 Sam 21,2)[163], und zwei Menschen haben es in vielerlei Beziehung besser als einer (Koh 4,9ff.). Es ist eben nicht gut, daß der Mensch allein sei (Gen 2,18), und erst Mann und Frau zusammen sind wirklich "Mensch" (Gen 1,27). אָדָם heißt daher auch sowohl "einzelner Mensch" (Ps 32,2; Hi 27,13 u.ö.) wie "Mensch schlechthin" oder "Menschheit". Will man aber genauer differenzieren, so sagt man zum einzelnen Menschen בֶּן־אָדָם (Ps 8,5). Auch die Ethik war durch die Gemeinschaft bestimmt. Man sagte "so tut man nicht in Israel" bzw. "dies ist eine Schandtat in/an Israel".[164] Für die Einhaltung der Rechtsbestimmungen waren, wie das Bundesbuch verdeutlicht, der einzelne Israelit, wie auch die Gruppe und das Volk insgesamt verantwortlich, wie es durch das Dtn erkennbar ist. Gastfreundschaft einerseits, Blutrache anderseits sind ebenfalls Ausprägungen dieses Gemeinschaftsgeistes, der zwar im Alten Vorderen Orient auch anderswo begegnet, in Israel aber durch die Beziehung zwischen Gott und Volk besonders ausgeprägt war. So war hier die Rolle der Gemeinschaft von viel größerer Bedeutung als etwa im alten Ägypten, und es ist auch nicht ohne Bedeutung, daß es dort für "Volk" keine Vokabel gab. In Israel waren einzelner und Gemeinschaft nicht nur biologisch, soziologisch und historisch, sondern eben auch "theologisch" miteinander verbunden und aufeinander bezogen, und dies durch die geschichtliche Erwählung und Führung des Volkes und der darin lebenden einzelnen. JHWH war der Hirte seines Volkes wie des einzelnen Frommen (Gen 48,15; 49,24; Ps 23,1; 80,2; Jes 40,11; Jer 31,10; Ez 34,12), und zum Gott Israels konnten der einzelne Beter wie auch das Volk insgesamt "Mein Gott" sagen.[165] Umgekehrt kannte Israel - in weitgehendem Unterschied zu seiner Umwelt - aber auch das Sündenbekenntnis in der Form des Wir, nicht nur des Ich.[166] Von einem "Kollektivismus" sollte man hier nicht reden, schon gar nicht im Gegensatz zum Individualismus, der dann auch noch als ein Fortschritt gegenüber dem erstgenannten anzusehen

---

163 Dazu *H.Seidel*, Das Erlebnis der Einsamkeit im A.T., 1969.

164 Vgl. dazu Bd.II, § 12.3.

165 Etwa 130mal im AT; vgl. etwa Ps 3,8; 5,3; 18,3; 22,2.11; 25,2; 31,15; 63,2; 68,25; 84,4; 89,27; 91,2; 102,25; 118,28; 140,7; dann Ex 15,2; Jes 40,27; Jer 31,18 u.ö.- Dazu: *O.Eißfeldt*, "Mein Gott" im A.T., ZAW 61, 1945-48, 3-16 (=*ders.*, KS III, 1966, 35ff.). Vgl. auch: *R.Albertz*, Persönliche Frömmigkeit und offizielle Religion, 1978.- *H.Vorländer*, Mein Gott, 1975 (AOAT 23). Die beiden letztgenannten Autoren betonen allerdings zu sehr (bei aller notwendigen Anerkennung des "religionsinternen Pluralismus": so mit *Albertz)* den Unterschied zwischen persönlicher Frömmigkeit und offizieller Religion, der aus dem AT so nicht erhoben werden kann, sondern mehr "vor" ihm liegt (vgl. Polemik des Dtn's oder Hoseas gegen die Volksfrömmigkeit).

166 Vgl. dazu *J.Scharbert*, Unsere Sünden und die Sünden unserer Väter, BZ NF 2, 1958, 14-26 und *ders.*, s. S.67, Anm.160.

wäre. Ein solches idealistisches Denken ist dem AT fremd.[167] Die Ausdrücke "Solidarismus" (*J.Scharbert*) oder "Ganzheitsdenken"[168] treffen hier besser den atl. Sachverhalt[169], zumal Gemeinschaft atl. nicht als Addition von Individuen verstanden werden kann. "Vielmehr ist die Gemeinschaft in ihren verschiedenen Kreisen (Familie, Stamm, Volk) die natürliche Lebenssphäre jedes ihrer Glieder."[170]

In welcher Weise ein einzelner Israelit in das Volk eingebettet und wie dieses Volk gegliedert war, lassen Jos 7,16-18 gut erkennen. Als der Diebstahl an Gebanntem durch Auslosung geklärt werden soll, wird aus "Israel" zuerst der Stamm (שֵׁבֶט oder מַטֶּה) ausgegrenzt, dann die Sippe (מִשְׁפָּחָה), die Familie (בַּיִת oder בֵּית־אָב), schließlich der einzelne (vgl. 1 Sam 10,20f.). Begangenes Unrecht wirkt "bis ins dritte und vierte Glied" der Nachkommenschaft (vgl. auch bei David: 2 Sam 12, 10-12),[171] Tun des Guten an vielen Tausenden (Ex 20,5f.; Dtn 5,9f.; Ex 34,7). "Vater" (אָב) bezeichnet ja auch nicht nur den direkten Vater, sondern auch den Großvater oder den noch weiter zurückliegenden Ahnherrn (Gen 28,13; 1 Kön 15,11 u.ö.). Die "Väter" sind die früheren Generationen überhaupt (Ex 3,15; 20,5; Jes 51,2; Ps 22,5 u.ö.). Die Bedeutung der Abstammung und der Genealogien erklärt sich weithin aus diesem Gemeinschaftsdenken[172]. Und wenn man stirbt, legt man sich zu den Vätern bzw. wird zu ihnen versammelt (Gen 47,30; Dtn 31,16; Ri 2,10; 2 Kön 22,20 u.ö.).[173]

Was JHWH an den Vätern getan hat und wovon sie erzählen (Ps 44,2), macht den Betern Mut zu Bitte und Vertrauen (Ps 22,5; 78,3f.). Es kann aber auch warnend auf die Sünde der Väter verwiesen werden, in deren Gemeinschaft wie unguter Tradition auch die sprechenden "Wir" stehen (Ps 106,6f.; vgl. Jer 3,25; 14,20; Neh 9,32ff.; Dan 9,7ff.). Vergehen der Söhne können auch den Vater mitbetreffen (1 Sam 2,12ff.: die Söhne Eli's).

Auch nach dem DtrG hat das Tun des Unrechten Wirkungen über Generationen hin. Es gibt den Vätersegen, aber auch den Väterfluch, und die Verfehlung des Königs, die dann oft noch in der Tradition "wie seine Väter" gesehen wird (1 Kön 15,3; 2 Kön 21,19ff. u.ö.), wirkt sich negativ aus auch für sein Volk, wie dies bei David deutlich wird (2 Sam 24)[174] oder bei der "Sünde Jerobeams" (1 Kön 12,26ff.). Israels Zukunftserwartung richtete sich auf das Neuwerden des Volkes insgesamt (Ez 36,16ff.; 37,1ff.; Jer 31,31-34), und das Volk empfing in seiner

---

167 Anders urteilte z.B. noch *F.Baumgärtel*, Die Eigenart der atl. Frömmigkeit, 1932.- Vgl. aber *H.van Oyen*, Ethik des A.T., 1967, 159: "Der Individualismus ist ein Produkt der Aufklärung und des Liberalismus und kommt in diesem abstrakten Sinne für die alte Welt überhaupt nicht in Frage."

168 So *R.Knierim*, Die Hauptbegriffe für Sünde im A.T., 1965 (passim) und andere.

169 Ob man für dieses Solidaritätsgefühl nomadisches Erbe bemühen kann oder muß, soll hier offen bleiben.

170 *J.Hempel*, Das Ethos des A.T., ^{2}1964 (BZAW 67), 34. Dort S. 32-67(93) auch zu "Kollektivismus und Individualismus".

171 *K.Elliger* (ZAW 67, 1955, 1-25 = TB 32, 1966, 232ff.) hat gezeigt, daß Lev 18 eine israelitische Großfamilie, in der im Normalfall vier Generationen zusammenleben, im Blick hat (vgl. *ders.*, HAT I/4, 239).

172 Zur Funktion von Genealogien im AT vgl. oben S. 60, Anm.115.

173 Vgl. dazu Bd.II, § 11.1.d.

174 Erst auf Davids Fürbitte hin "gereute" JHWH das Böse, das er noch weiterhin tun wollte (2 Sam 24,16f.).

Glaubensgeschichte auch mehr Verheißungen als der einzelne.[175] Hoffnung auf "Auferstehung" einzelner oder von bestimmten Gruppen begegnet erst in sehr späten Texten des AT (Jes 26,19; Dan 12,3)[176], wie auch das Problem des Leidens einzelner erst in späteren Texten, wie z.B. im Hiobbuch ausführlich reflektiert wird.

Wohl schon durch die stärker bestimmend werdende Stadtkultur und durch soziale Differenzierungen während der Königszeit wurde dieses Gemeinschaftsdenken Israels beeinträchtigt. Auch die Predigt der Propheten, die zwar das Volk insgesamt anredete, aber auch und gerade den einzelnen traf, wirkte ebenfalls aufgliedernd. Dtn 24,16 lehnt Sippenhaftung ab, zeigt damit aber zugleich an, daß diese üblich gewesen war, zumal das AT dafür auch klare Belege bietet[177]. Das Geschick wie die Entscheidung des einzelnen wurden mehr und mehr wesentlich. Amazja läßt die Mörder seines Vaters töten, aber nicht mehr auch deren Söhne (2 Kön 14,5f.). Das Exil brachte dann das Zerbrechen von Sippen und Familien, im Zusammenhang des Fragens nach der Schuld aber auch eine stärkere Individualisierung oder besser Personalisierung des Gottesverhältnisses. In diesen Zusammenhang, weniger jedoch aus Gründen seiner eigenen Persönlichkeitsstruktur, gehört auch die stärkere Betonung des Individuellen bei Jeremia. Das Volk hatte das Zerbrechen seiner Gemeinschaft vor Augen. Hoffnung konnte es allenfalls für einzelne geben. Die Schuld der Väter wurde folglich in ihrer notwendigen Wirkung auch auf die Kinder problematisiert. Wenn die Väter saure Trauben gegessen haben, warum müssen dann noch den Kindern die Zähne stumpf werden (Jer 31,29; Ez 18,2)? In seiner Antwort auf diese anklagende (vgl. Klgl 5,7) Frage vereinzelt dann Ezechiel im Namen JHWHs (Ez 18,3) die Verantwortung: JHWH fragt nach der Stellungnahme und der Umkehr des einzelnen (Ez 18,5ff.; vgl. auch Ez 14,12-20 und den anderen Akzent in Gen 18,20ff.). Wie sehr dies auch in Spannung zueinander stehen konnte, zeigt die paradoxe Formulierung in Jer 32,18f., nach der JHWH sowohl die Schuld der Väter auf das Haupt der Kinder kommen läßt, aber doch jedem nach seinen Wegen und der Frucht seines Tuns gibt.[178] Es kann daher auch keine Rede davon sein, daß für Ezechiel etwa der Gedanke des Gottesvolkes bedeutungsloser würde (vgl. Ez 34-37), und auch nachexilische Texte, wie etwa Tritojesaja, Sacharja oder Daniel, fragen noch nach der Zukunft des Gottesvolkes und hoffen auf dessen neues Werden, nicht nur das der einzelnen Frommen. Auch gab es, wie z.B. an den sog. messianischen Texten, den Königspsalmen, den Konfessionen Jeremias oder den sog. Gottesknechtliedern erweisbar ist, eine gegenläufige Tendenz der Übertragung des Individuellen ins Kollektive.[179] AT wie auch NT kennen kein Privatverhältnis des einzelnen Menschen zu Gott, "das weder in seinen Wurzeln, noch in seiner Betätigung, noch in seinem Ziel mit der Gemeinschaft verknüpft wäre."[180] Nicht erst in Eph 5 oder 1 Kor

---

175 Vgl. dazu auch Bd.II, § 6.5.

176 Vgl. dazu Bd.II, § 11.7.d.

177 Vgl. dazu: *J.Scharbert,* Solidarität... (s. S. 67, Anm.160), 113ff.- *J.Hempel,* (s. Anm.170), 46ff.

178 "Dieser Widerspruch wird im AT eigentlich nie ausgeglichen": *H.Ringgren,* ThWAT I, Sp. 14 (vgl. dort auch insgesamt den Artikel אָב in Sp.1-19).

179 Vgl. dazu Bd. II, §§ 7.7 und 15.7.- Zur Sache auch: *M.Saebø,* Vom Individuellen zum Kollektiven, in: FS C.Westermann, 1989, 116-125.

180 *W.Eichrodt,* Theol. II/III^7, 181.

12, sondern schon in Jes 1,5f. wird das Gottesvolk als ein "Leib" mit Gliedern verstanden, und wie sehr die Loslösung des einzelnen Frommen von der Glaubensgemeinschaft des Gottesvolkes und seinen Traditionen in Probleme oder sogar Sackgassen hineinführt, wird an Hiob und Qohelet deutlich.

5. Neben den Texten, die vom Exodusgeschehen erzählen und mit diesen vor allem durch die Person des Mose und das beteiligte Volk Israel eng verbunden sind, stehen die der sog. Sinaitradition[181], zu denen das Phänomen und Problem des Sinaibundes gehört.

a) Grob gesehen reichen die zur sog. *Sinaitradition* gehörenden Texte von Ex 19 bis Num 10, von einer Theophanie über die Mitteilung des Dekalogs, einen Bundesschluß bis zur Vorlage vieler Rechtsbestimmungen und Gebote. Aus diesem Komplex sind jedoch zunächst die umfangreichen P-Anteile verschiedener Schichten und Bearbeitungen auszugrenzen, die den auch in den übrigen Kapiteln festzustellenden Ausbau der Sinaitradition noch weiter fortsetzten. Zu diesen P-Stücken gehören (neben Ex 19,1+2a und 24,15b-18a) die großen Zusammenhänge Ex 25-31 und 35-40[182], dann das ganze Buch Leviticus und der Abschnitt Num 1,1 - 10,10. Ferner ist auch das sog. Bundesbuch (Ex 20,22 - 23,19), das seinen Namen aus Ex 24,7 hat, erst im Zuge der Redaktion von Ex 19-24 an seinen jetzigen Ort gelangt, und selbst der Dekalog (Ex 20,1-17)[183] gehört nicht zum ursprünglichen Bestand der Sinaiperikope, sondern wurde erst durch R^p bearbeitet und hinter Ex 19 gestellt.

Somit verbleiben folgende älteren und dtr Texte als für die Sinaiperikope im engeren Sinne konstitutiv: Ex 19,2b-25; 20,18-21; 24,1-11; 32-34. Nach dem vorangegangenen Kontext, der vom Auszug aus Ägypten und anschließenden Bewahrungen Israels handelt, wird hier nun nach der geschehenen errettenden Erwählung des Volkes dessen Verpflichtung durch den Gott der Rettung vollzogen. Das durch JHWH befreite Volk wird jetzt von diesem Gott auch in Pflicht genommen. Der Gott, welcher gerettet hatte, offenbart nun seinen Willen und holt das Volk in seine verpflichtende Gemeinschaft[184]. Aus diesem Grunde wurden mehrere Rechtssammlungen Israels, wie das Bundesbuch und das Heiligkeitsgesetz (Lev 17-26), am Sinai geortet und dorthin gebunden, um ihren theologischen Ort auch auf diese Weise klarzustellen.

---

180 Zu ihr und den Problemen ihrer Erforschung: *W.H.Schmidt,* Exodus, Sinai und Mose, 1983 (EdF 191), 71-90; *ders.,* Atl. Glaube^{6}, 46ff.; dann *P.Maiberger,* Art."סִינַי *sinaj",* ThWAT V, Sp. 819-838; *J.van Seters,* "Comparing Scripture with Scripture": Some Observations on the Sinai Pericope of Exodus 19-24, in: FS B.S.Childs, Philadelphia 1988, 111-130.- Vgl. auch: *G.von Rad,* Theol. I^{5}, 200ff.- *B.S.Childs,* Theol., 53ff.- *W.Zimmerli,* Theol.^{6}, 39ff.- *S.Terrien,* The Elusive Presence, New York 1978, 106ff.- Mit anderen als den hier vollzogenen literar- und redaktionskritischen Wertungen: *T.B.Dozeman,* God on the Mountain, Atlanta/Gg. 1989 (SBL MS 37).

182 Dazu *H.Utzschneider,* Das Heiligtum und das Gesetz, 1988 (OBO 77).

183 Zu ihm vgl. unten S. 112-116.

184 "Erwähltwerden bringt besondere Verantwortlichkeit. Es ist nicht bloße Zuwendung von Liebe" *(Th.C.Vriezen,* Theol., 140); vgl. *H.H.Rowley,* The Biblical Doctrine of Election, ^{2}1964, 43+45.

Der verpflichtende Charakter des Sinaigeschehens wird nun zuerst faßbar in der Sinaitheophanie (Ex 19)[185], dann durch das ebenfalls hier geortete sog. "Privilegrecht JHWHs"[186] und ferner durch den bereits erwähnten weiteren Ausbau der Perikope mit Texten verpflichtender Art, wie vor allem dem Dekalog.

Daß gerade in Ex 19, Ex 24 und Ex 32-34 die Bestimmung der einzelnen Textschichten besonders schwierig und umstritten ist, erschwert den Zugang zum jeweiligen Proprium der Texte. Daß der Spannungsbogen jedoch von der Gotteserscheinung (Ex 19) über die Gottesbegegnung (Ex 24) zur Gottesherrschaft (Ex 34) geht und gehen soll, ist unverkennbar.[187]

Der jahwistischen Schicht in Ex 19 sind zuzurechnen:[188] Ex 19,2b.18a.20.21.25a. Dem Elohisten sind Fragmente aus 19,2 ("und es lagerte dort Israel gegenüber dem Berg").3.10.11a.14.15a.16.17.18b.19a eigentümlich. An den jahwistischen Text aus Ex 19 schlossen sich möglicherweise Ex 24,4+5 an, dann Teile aus Ex 34,1.4.5.8 und 34,10. Die elohistischen Fragmente setzen sich in Ex 20,20 fort.

Im anschließenden Kontext von Ex 32 ist auf jeden Fall eine vordtr Grundschicht enthalten, und in Ex 34 begegnen neben dem vielleicht schon jahwistischen, jedenfalls aber jehovistischen "Privilegrecht JHWHs" auch vordtr und vorpriesterschriftliches Gut. So ergibt sich für die vorpriesterschriftlichen Texte die Geschehnisabfolge von Theophanie als Selbsterschließung JHWHs - Opfer - Abfall - neue Selbstverpflichtung JHWHs mit Rechtsverkündigung.

Die priesterschriftlichen Textanteile lassen zunächst erkennen,daß P von einem besonderen Sinai*bund* schweigt. Dies hat wahrscheinlich darin seinen Grund, daß dieser Bund von der mindestens exilischen Priester(grund)schrift als ein das Volk verpflichtender, aber eben durch dieses Volk gebrochener angesehen wurde.[189] Angesichts der Exilswirklichkeit greift P daher lieber auf den Noah- (Gen 9) und vor allem den Abrahambund (Gen 17 P) zurück, der dort ja gerade als auch den betont herausgestellten "Nachkommen" Abrahams geltend bezeugt wird. Was für P dann folgt, ist "die große Stiftung des Gottesdienstes, in welcher Gott seine Bundeszusage an Abraham einlöst."[190]

Wie die Priesterschrift das Sinaigeschehen (ohne "Bund") interpretiert sehen wollte, zeigt der Abschnitt Ex 24,15b.16-18a (P). Es geht um die feierliche Einführung des rechten Gottesdienstes, was dadurch ausgedrückt wird, daß nicht

---

185 Dazu vor allem: *E.Zenger,* Die Sinaitheophanie, 1971 (fzb 3); *ders.,* Israel am Sinai, 1982 (hier auch über R^P als Gestalter des Gesamtzusammenhanges von Ex 19,25 - 20,21); *L.Perlitt,* Bundestheologie im AT, 1969 (WMANT 36), 232ff.

186 Dazu *J.Halbe,* Das Privilegrecht Jahwes Ex 34,10-26, 1975 (FRLANT 114).

187 Zu diesen Zusammenhängen vgl. auch *Chr.Hinz,* "Feuer und Wolke im Exodus", EvTh 27, 1967, 76-109 (dort 91ff., allerdings zugespitzt auf ein kritisches Gespräch mit *J.Moltmann).*

188 Das Folgende weithin mit *E.Zenger,* Die Sinaitheophanie, bzw. *ders.,* Israel am Sinai (s. Anm.185).

189 Vgl. zum "gebrochenen Bund": Lev 26,15; Num 15,31; Dtn 17,2; 31,16.20; Jos 7,11.15; 23,16; Ri 2,20; 2 Kön 18,12; Jes 24,5; Jer 11,10; 34,18; Hos 6,7; 8,1 ; vgl. anders noch Dtn 29,24; 1 Kön 11,10; 2 Kön 17,15; Jer 22,9; Ps 78,10.37.

190 *W.Zimmerli,* TB 19, 215f.; vgl. 210f. und auch *L.Perlitt,* Bundestheologie..., 233.

JHWH selbst, wohl aber die "Herrlichkeit JHWHs", sein kabod[191], in gut priesterlich geprägtem Siebentageschema (vgl. Gen 1,1 - 2,4a P) als Zeichen göttlicher Gegenwart sich auf den Sinai senkt. JHWHs kabod aber war ein besonders in Jerusalemer Kulttheologie gern bemühtes Theologumenon (Jes 6,3; Ps 19,2; 29; 97 u.ö.), das jetzt aber (schon) in die "Wüstenzeit"[192] vorverlegt wird. Auch dort war JHWH schon in dieser Weise fern von Tempel und Jerusalem bei seinem Volk und ermöglichte die Erstellung des Heiligtums (Ex 25ff.). Daß nach Ex 24,17 alles "vor den Israeliten" und zu deren Gunsten erfolgt, ist ein weiterer, der Priesterschrift hier wichtiger Zug. "Die Priesterschrift setzt gegenüber den älteren Erzählungen [z.B. Ex 24,10f.] einen deutlichen Schwerpunkt in Richtung 'Gemeinde'".[193] Außerdem ist das Ergehen einer Wortoffenbarung für P wesentlich (Ex 24,16b). Daß und wie der k^{e}bod JHWHs dann auch weiterhin für P von Bedeutung ist, zeigen die anschließenden Belege in Ex 29,43; 40,34f. und Lev 9,4b.6b.23.24. Mit den letztgenannten Erwähnungen erst kommt das Sinaigeschehen für die Priesterschrift zu seinem Ziel: das erste Opfer kann erfolgen. Wenn in Ex 31,16f. der Sabbat zum "Bundeszeichen" wird, so handelt es sich bei diesem Text um einen späteren Zusatz.[194] Der weitere und in manchen Teilen ebenfalls spätere Ausbau der P-Anteile durch Lev 1-5+6-7 und Lev 10ff. unterstreicht, daß JHWH für P am Sinai den Kult für Israel gestiftet und geordnet hat.[195]

Innerhalb der JE-Texte steht dagegen die Theophanieerzählung von Ex 19 in ihrer nicht leicht zu entwirrenden Schichtung im Vordergrund[196]. Das Textstück Ex 19,3b-8[197] entstammt nicht diesen älteren Textschichten, sondern steht spätdtr Theologie nahe, ist aber von noch späteren Texten abhängig. Es will das, was im Exodus und am Sinai geschah und geschieht, theologisch zusammenfassend wie vorwegnehmend umgreifen (V.4-8), spricht von JHWHs Tat an Israel in Ägypten, seiner Führung und dem daraus folgenden Gehorsam gegenüber seiner "Stimme" und seinem "Bund", woraus dann Israels besondere Würde als Eigentumsvolk, Königreich von Priestern und heiliges Volk folgert. Israel ist JHWH zugeeignet und ihm so vertraut, wie sonst nur Priester es sein können. Mit der Definition גוי קדוש (nicht עם !) geht Ex 19,6 sogar noch über den üblichen dtn/dtr Sprachgebrauch hinaus (vgl. Dtn 4,7f.34; 9,14 betr. גוי, dort

191 Zur kabod-Theologie s. S.191-194.- Eine detaillierte Analyse der priesterschiftlichen Sinai-Texte und ihrer Beziehung zu Gen 1 und Gen 6-9* (P) bietet *P.Weimar,* Sinai und Schöpfung, RB 95, 1988, 337-385.

192 Chiffre für das Exil?

193 *U.Struppe,* Die Herrlichkeit Jahwes in der Priesterschrift, 1988 (ÖBS 9), 27.

194 Vgl. *M.Noth,* ATD 5 z.St.

195 Vgl. dazu weiter Bd.II, § 13.

196 Vgl. zu ihr auch *H.-J.Zobel,* Der frühe Jahwe-Glaube in der Spannung von Wüste und Kulturland, ZAW 101, 1989, 342-365; dort (346f.) verweist *Zobel* darauf, daß die alten Theophanieschilderungen Jahwes eigenständig und nicht nach kanaanäischem Vorbild gestaltet sind. "Der Grund hierfür wird wohl der sein, daß die Gotteserscheinung im AT stets den Vorgang der Gottesoffenbarung begleitet. Damit wird der israelitische Jahwe-Glaube als Offenbarungsreligion in seiner Besonderheit schon *ab ovo* bestimmt. Als Wesenselement ist ihm eigen, daß die am Anfang stehende Sinai-Theophanie gleichsam als Geburt eines Verhältnisses zu beschreiben ist, des Verhältnisses Jahwes zu Israel und Israels zu Jahwe."

197 Dazu vor allem *L.Perlitt,* Bundestheologie..., 167-181.

aber nie mit קדוש). Außerdem ist JHWH durch das "Königreich von Priestern" hier indirekt als König seines Volkes bezeugt. Die Verse Ex 19,7f. unterstreichen, daß eine Verpflichtung des Volkes vorgenommen wurde, und der Gesamtcharakter des Textes als bedingter Segensspruch[198] läßt erkennen, daß eine Zukunftseröffnung das Zentrum und eigentliche Anliegen des Textes war.
Nach den jahwistischen Bestandteilen von Ex 19, die auch schon mehr theologische Abhandlung als Erzählung sind, lagern die Israeliten in der Wüste. Der "Sinai" (so auch bei P; im Dtn und in dtr Texten "Horeb"; bei E oft nur "der Berg" bzw. "Gottesberg") beginnt zu rauchen, weil und als JHWH auf diesen Berg "herabsteigt (ירד *jrd*)[199]. V.18 weckt dabei Assoziationen an einen Vulkanausbruch (vgl. 20,18). Die (jahwistischen) Erwähnungen der Wolken- und Feuersäule könnten hierzu gut passen (Ex 13,21f.; 14,19b.24). Das durch dieses Geschehen betroffene Volk soll diesen Gott als den Seinen anerkennen. Schon für J zielt die Theophanie auf eine Antwort Israels, und in deren Fortsetzung wird der Gottesdienst Israels als Opfer an JHWH konstituiert (Ex 24,4f.). Die dann später der Sinaiperikope zugewachsenen Corpora von Gesetz und Recht "entstammen der Gotteserscheinung nicht, sondern werden durch deren legitimierende Kraft angezogen"[200]. Dies aber ist nicht nur als eine sekundäre Interpretation anzusehen, sondern jede Theophanie hat ja ein Ziel, verfolgt eine Absicht.
Mose wird dann nach J (Ex 34,2) auf den Berg gerufen, betet dort an (Ex 34,4f.), bittet um Weggeleit und erhält eine "Bundes"-Zusage, eine Selbstverpflichtung JHWHs als Verheißung (Ex 34,9f.).
Nach den elohistischen Fragmenten lagert Israel "gegenüber dem Berg" (Ex 19,2b). Mose steigt zu Gott hinauf (Ex 19,3a), erhält den Auftrag, das Volk zu heiligen, indem dieses z.B. seine Kleider wäscht (19,10), und es dann am dritten Tag[201] um den Berg herum aufzustellen. Mose steigt hinab und läßt diese Anweisungen ausführen (Ex 19,14b.15a). Dann folgt die Theophanie, die hier aber mehr die Züge eines Gewitters hat (19,16). Mose führt das Volk heraus (vgl. Ex 3,10f.) "Gott entgegen", womit die Herausführung des Volkes aus Ägypten durch Mose (so ja bei E) ihr erstes Ziel erreicht. Das Volk fürchtet sich, das - die Szene gottesdienstlich einfärbende - Hornsignal wird stärker (19,18b.19a), und Mose deutet dann dem Volk die (durch ein späteres Interpretament <?> als "Antwort" gewertete: Ex 19,19b)[202] Theophanie als Erprobung der Gottesfurcht (Ex 20,20; vgl. Gen 22,1.12), wobei nur er sich näher zu Gott hin wagt (Ex 20,21)[203]. *E.Zenger* findet in diesen Textfragmenten die Gattung "theologische Abhandlung mit dem Stilmittel eines Festtages"[204], woraus hier (wie bei J) wohl

198 So mit *L.Perlitt*, a.a.O., 178.

199 Zum "Herabsteigen" JHWHs (der Berg ist also nicht seine Wohnstätte!) vgl. Gen 11,5.7; 18,21; Ex 3,8; Num 11,17.- Vgl. S. 286f.

200 *L.Perlitt,* Bundestheologie...,235.

201 Vgl. Gen 31,22; 34,25; 40,19f.; Jos 1,11; 3,2; Hos 6,2: Dritter Tag als "Wende einer Geschehenskette": so *E.Zenger,* Israel am Sinai, 1982,181.

202 Bei Ex 19,19b setzt die Interpretation der Sinaitheophanie (als bedeutsam für Personalität und Ausschließlichkeit JHWHs!) durch *P.Welten* ein (Gott Israels - Gott vom Sinai, BThZ 1, 1984, 225-239; dort 233f.).

203 Nach *E.Zenger* (Sinaitheophanie, 101) sollen hier Ex 33,18.21a.22; 34,6-8.29-31* angeschlossen haben, was wenig wahrscheinlich ist.

204 a.a.O., 158.

nur die erste Hälfte dieser Textbestimmung zutreffend sein dürfte, und auch hierbei geht es in dieser theologischen Abhandlung vornehmlich um Typica einer Theophanieschilderung, die allerdings bei E (wie bei J) ihre jeweiligen Akzente erhalten. Während E mehr am Volk und dessen theologischer Qualifizierung interessiert ist und die Theophanie als eine große prophetische Gottesbefragung stilisiert, ist für J mehr die Art dieses "JHWH vom Sinai" selbst wichtiger.

Das jetzige Nacheinander von Exodus- und Sinaitradition soll nach Meinung zahlreicher Forscher nicht ursprünglich[205], beides vielmehr erst durch eine vor J und E liegende Grundschrift (so *M.Noth*) oder durch den Jahwisten (so *G.von Rad*) verbunden worden sein. Hinter den beiden zuerst getrennt zu sehenden Traditionen sollen verschiedene Trägerkreise gestanden haben, verschiedene Gruppen, die später in und zu Israel zusammenwuchsen, und/oder es soll sich um unterschiedliche Heiligtümer mit dort diese jeweiligen Traditionen vergegenwärtigenden Festen gehandelt haben. Zuweilen wird dabei die Priorität der Sinai- vor der Exodustradition behauptet, oder es soll sogar zwei Sinaitraditionen gegeben haben, von denen nur eine mit dem Exodus und mit Mose verbunden war.

Daß die sog. Credotexte[206] den Sinai unerwähnt lassen (Dtn 6,21ff.; 26,5-9; Jos 24,2ff.) bietet nun aber für die Abtrennung der Sinaitradition kein Argument, denn diese Bekenntnisse nennen nur die *Heil*staten JHWHs an seinem Volk, nicht aber die Verpflichtung dieses Volkes durch JHWH. Wie das christliche Credo sagen sie nichts von dem, was die jeweilige Gemeinschaft, die durch die dankbar bekannten Gottestaten bestimmt ist, zu tun hat.

JHWH ist ferner der "vom Sinai" (Ri 5,4f.; Dtn 33,2; Ps 68,9), folglich von diesem Berg nicht zu trennen. Er ist aber auch nicht vom Exodusgeschehen zu lösen (Ex 15,21; Hos 12,10; 13,4), und beides wiederum ist durch die Gestalt des Mose[207] wie durch die Größe Israel miteinander verbunden, so daß man zwar traditionsgeschichtliche Erwägungen über eine ursprüngliche Getrenntheit dieser Traditionen anstellen mag, diese aber weder historisch noch theologisch eine Relevanz für die Interpretation des jetzt vorliegenden Textzusammenhanges heraussetzen.[208]

Wenn dagegen die jetzige Sinaiperikope in ihrer Ganzheit erst ein Spätprodukt atl. Religions- und Redaktionsgeschichte ist, kann man sie nicht insgesamt als Festlegende eines *Bundes(erneuerungs)festes* (etwa aus Sichem)[209] interpretie-

---

205 Forschungsüberblicke bei *E.Zenger,* Sinaitheophanie, 13ff.; *W.H.Schmidt,* EdF 191, 71-90.

206 Zu ihnen: *H.D.Preuß,* Deuteronomium, 1982 (EdF 164), 145-147.236f.(Lit.).- *G.von Rad* (Theol. I^5, 135ff.) wertete sie noch als alte Texte und als Keimzelle des Hexateuch.

207 Zu ihr vgl. S. 106-111.

208 JHWHs "verheißendes Wort (Ex 3f; 6) wie seine rettende (Ex 14f) und in Notlagen helfende (Ex 15-17) Tat gehen der Gesetzgebung (Ex 20ff) voraus; die Rechts- und Lebensordnungen brauchen die Gemeinschaft nicht zu schaffen, sondern sind erst deren unumgängliche Folge" (*W.H.Schmidt,* Atl. Glaube^6, 46).

209 So nach *S.Mowinckel* (Le decalogue, Paris 1927) vor allem *G.von Rad,* Das formgeschichtliche Problem des Hexateuch, (1938), in: *ders.,* TB 8, ^{3}1965, 9-86 (dort 20ff.).

ren, wobei noch unklar bleibt, ob das dort tradierte Traditum dem Kult vorgeordnet oder erst von ihm her gestaltet wäre.
Ähnlich steht es um die erwogene Herleitung der Sinaiperikope aus oder einer Parallelsetzung zu den altorientalischen Vertragstexten, und hier neben hethitischen vor allem neuassyrischen Belegen, die man - im Zusammenhang z.B. auch mit Jos 24 - als *Bundesformular* angesehen hat.[210] Beim Blick auf die Sinaiperikope gibt es hierbei sowohl inhaltliche wie formale Probleme. Da müssen Textteile umgestellt werden (etwa Ex 24,3-8 gleich hinter 20,1-17) und der Dekalog damit zugleich als an seinem jetzigen Ort ursprünglich angesehen werden. Segen und Fluch, die für die Vertragstexte konstitutiv sind, fehlen im Zusammenhang der Sinaitexte. So ergibt sich aus allem, daß für die Interpretation der Sinaiperikope in letzter Zeit weder ein Bundes(erneuerungs)fest noch das sog. Bundesformular als hilfreich angesehen werden.
Um die eigentliche Sinaiperikope herumgeordnet sind Texte, die öfter zur sog. *Kadeschtradition*[211] gerechnet werden (Ex [16?]; 17; auch 18?; Num 10-14; vgl. Num 20; Dtn 1,46; 2,14). Bei ihnen ist es wahrscheinlich, daß sich hier Ereignisse und Traditionen spiegeln, die nicht ursprünglich mit der Exodus- und Mosegruppe in Zusammenhang standen, sondern daß dahinter Gruppen standen, die zwar später auch in "Israel" aufgegangen waren, nicht aber zu denen gehört hatten, für die der Exodus und das Erleben am Sinai ursprünglich bestimmend gewesen waren.
Manche der bisher genannten und mit der Sinaiperikope und dem Sinaigeschehen zusammenhängenden Probleme können wahrscheinlich dadurch einer Lösung nähergebracht werden, daß man nach der Lage des "historischen" Sinai fragt.[212]
Daß der "Sinai" (so J und P) auf der Sinaihalbinsel lag, wobei man dann noch darüber streiten kann und muß, ob es sich dabei um den *dschebel qaterin*, den *dschebel musa* oder gar den *dschebel serbal* handelt[213], ist erst eine vor allem seit dem 4.Jh. nach (!) Christus belegte Tradition, wenn diese auch auf ältere (nabatäische?) Grundlagen zurückgehen kann. Zahlreiche atl. Texte sprechen von dem/einem Gottesberg in midianitischem Gebiet (Ex 3,1f.[214]; 4,27; 18,5; 24,13) und führen damit in das Gebiet südlich von Edom an den Südostrand der Sinaihalbinsel in der Nähe des Golfes von Akaba. Dorthin auch führt das Stationenverzeichnis aus Num 33,3-49 (vgl. Dtn 1,2.19). So kann der Sinai ursprünglich ein vulkanischer Berg in Nordwestarabien gewesen sein (vgl. sogar noch Gal 4,25!), und auch das öfter im Zusammenhang mit JHWH erwähnte Seïr lenkt den Blick in diese Gegend (Ri 5,4f.; Dtn 33,2; vgl. Hab 3,3). Darüberhinaus ist jetzt die Kurzform des JHWH-Namens (*yhwȝ*) in ägyptischen Listen aus dem 14./13.Jh.v.Chr. bekannt, in denen ein "Land der Schasu JHWȝ" erwähnt wird.

---

210 So besonders *W.Beyerlin*, Herkunft und Geschichte der ältesten Sinaitraditionen, 1961; vgl. aber auch *M.Weinfeld*, ThWAT I, Sp.794ff.

211 Dazu *W.H.Schmidt*, Exodus, Sinai und Mose, 106-109 (Lit.).- Wichtig war sie für *O.Procksch*, Theol., 94ff.

212 Dazu wieder *W.H.Schmidt*, a.a.O., 79-82 (Lit.); *P.Maiberger*, Art." סִינַי *sinaj*", ThWAT V, Sp.819-838 (nach ihm lag der Sinai allerdings im Bereich von Kadesch).

213 Vgl. *S.Herrmann*, Art. "Sinai", BHHWB III, Sp.1801f. und dort die Karte Sp.1803f.

214 Dort die - gewollte? - Verbindung von סיני *sinaj* und סנה *s^enæh* Dornbusch. Vgl. dazu: *P.Maiberger*, Art. "Dornbusch", NBL I, Sp. 440f.

Auch diese Texte führen in die Gegend südlich Palästinas und in den Bereich der Midianiter. Hierbei ist allerdings bezeichnend, daß mit dem genannten *yhw3* möglicherweise sowohl eine Gottheit, als auch ein Berg oder ein Gebiet gemeint sein kann.[215]
Fügt man dazu die sog. Midianiter- oder Keniterhypothese[216], nach der auch diese Stämme einmal JHWH-Verehrer waren, Mose im Bereich der Midianiter,-wohin er ja geflüchtet war und wo er die Tochter eines Priesters heiratete, der immer wieder in seinen verschiedenen Namen Jethro (so bei E?), Reguel oder Hobab (so bei J?)[217] mit den Midianitern wie Kenitern zusammengebracht wird,- am "Gottesberg" eben diesen JHWH kennenlernte, dann wird ein möglicher Zusammenhang deutlich. Der Name dieses Gottesberges als "Sinai" (so zuerst bei J) wurde ja von späteren israelitischen Theologen bewußt vermieden, wie dies besonders die dtn/dtr Literatur erweist. Er erinnerte eben an fremde Einflüsse oder gar Ursprünge. Man sprach dann lieber vom "Horeb" und nahm bewußt in Kauf, daß dieses Wort eigentlich nur "Ödland, Wüstengebiet" bedeutete.[218] Die Horebtheophanie wurde dann gerne als eine mit und im Feuer geschildert, aus dem JHWH redete (vgl. Dtn 4,11ff.; 5,4.22f.26; 9,10.15; 10,4). Die gegenüber diesen (dtr) Theologen noch spätere Priesterschrift sprach dann zwar wieder vom "Sinai", daneben aber auch von der "Wüste (!) Sinai" (Ex 19,1.2a; Num 1,1 u.ö.). Da es zudem ja viele Gottesberge gab, konnte auch (der von) Kadesch mitintegriert werden, wo es vielleicht einmal eine (Aaron-?) Gruppe gab, die dort eine Stierbildverehrung übte.
b) Innerhalb der Sinaiperikope ist auch einige Male von einer *Sinaiberit* (Sinai*bund*)[219] die Rede, wobei diese *b^{e}rit* jetzt als Folge und theologische Ent-

---

215 Siehe *W.H.Schmidt*, a.a.O., 44; *ders.*, BK II/1, 145.- *L.E.Axelsson*, The Lord Rose up from Seïr, Stockholm (Lund?) 1987 (CB OT 25).- Andere Akzente bei *J.C.de Moor*, The Rise of Yahwism, 1990 (BETL XCI), 111f.- Vgl. unten S. 164.

216 Dazu *W.H.Schmidt*, Exodus, Sinai und Mose, 110-130 (Lit.) und unten S. 163f.

217 Ex 2,18; 3,1; 4,18; 18,1ff.; Num 10,29; Ri 4,11.

218 Dazu *L.Perlitt*, Sinai und Horeb, in: FS W.Zimmerli, 1977, 302-322; vgl. auch *P.Maiberger*, ThWAT V, Sp. 830ff.- Anders: *Chr.Levin*, VT 35, 1985, 190f.

219 Dazu vor allem: *D.J.McCarthy*, Der Gottesbund im A.T., 1966 (SBS 13).- *L.Perlitt*, Bundestheologie im A.T., 1969 (WMANT 36), 156ff. [dazu: *N. Lohfink*, SBAB 8, 1990, 325ff.].- *E.Kutsch*, Verheißung und Gesetz, 1973 (BZAW 131), 75ff.- *ders.*, Art. "בְּרִית *b^{e}rît* Verpflichtung", THAT I, Sp. 339-352 (vgl. TRE 7, 397-403).- *M.Weinfeld*, Art. "בְּרִית", ThWAT I, Sp. 781-808.- Aber auch: *W.Zimmerli*, Erwägungen zum «Bund». Die Aussagen über die Jahwe- ברית in Ex 19-34, in: FS W.Eichrodt, 1970 (AThANT 59), 171-190.- *W.Eichrodt*, Darf man heute noch von einem Gottesbund mit Israel reden?, ThZ 30, 1974, 193-206.- *L.Wächter*, Die Übertragung der Beritvorstellung auf Jahwe, ThLZ 99, 1974, Sp. 801-816.- *J.Scharbert*, «B^{e}rît» im Pentateuch, in: FS H.Cazelles, Paris 1981, 163-170.- *E.W.Nicholson*, God and his people, Oxford 1986; dort 121ff. zu den einzelnen "key texts" (meist ähnlich wie *L.Perlitt*).- *ders.*, Covenant in a Century of Study since Wellhausen, OSt 24, 1986, 54-69.- *R.A.Oden,Jr.*, The Place of Covenant in the Religion of Israel, in: FS F.M.Cross, Philadelphia 1987, 429-447.- *N.Lohfink*, Art. "Bund", NBL I, Sp. 344-348.- *R.Davidson*, Covenant ideology in ancient Israel, in: The World of Ancient Israel *(Ed. R.E.Clements)*, Cambridge u.a. 1989, 323-347.- Andere Sicht bei: *Chr.Levin*, Die Verheißung des neuen Bundes, 1985 (FRLANT 137).-

faltung der Theophanie (Ex 19) erscheint. Ex 19,1-6 sind im jetzigen Kontext letztlich eine vorwegnehmende theologische Zusammenfassung alles Folgenden, wo der späte Text 19,5 eine erste Deutung und Wertung des "Bundes" als durch das Volk zu bewahrender und zu befolgender Verpflichtung gibt (שׁמר ברית). Dann aber ist mit der inhaltlichen Füllung als Verheißung Ex 34,10 der wohl älteste Text zur Sache. Ex 34,27f. sind dazu eine auf 34,11-26 bezugnehmende Weiterführung[220]. Davor begegnen das "Buch des Bundes" (Ex 24,7) wie das in einem Deutewort genannte "Blut des Bundes" (Ex 24,8[221]; vgl. Sach 9,11: hier das Beschneidungsblut?) in dem nicht einheitlichen und in seiner Gesamtgestaltung auch dtr Denken nahestehenden Text Ex 24,3-8.[222] Ex 24,1-2 sind überwiegend redaktionell, während 24,9-11 ältere Elemente einer Gottesschau und eines Mahles nennen. Ob Ex 24,11 ein partnerschaftliches Bundesmahl meint (vgl. Gen 26,28-30; 31,52-54), ist nicht so sicher, wie oft gesagt wird. In dem Blutritus von Ex 24,6.8 jedoch, der in dieser Art (mit זרק von Blut auf beide Partner) innerhalb des AT einmalig ist, wird deutlich eine Zusammengehörigkeit und Gemeinschaft (keine Sühne!) zwischen Gott, dessen Gegenwart durch den Altar versinnblidlicht wird, und Volk realisiert und dargestellt.[223] "Die Gottesschau V.1-2.9-11 ist Höhepunkt und Abschluß der Theophanie, die Selbstverpflichtung des Volkes und der Bundesschluß V.3-8 sind Höhepunkt und Abschluß der Gesetzesproklamation".[224] So mögen Ex 24,1-11 einige ältere Elemente enthalten. Der Abschnitt insgesamt und seine Stellung im Kontext sind späterer Art, zumal 24,8 auf Dekalog und Bundesbuch anzuspielen scheint. Zur Erfassung des Phänomens und Interpretaments einer ברית[225] sind nun wichtige Forschungsergebnisse aus letzter Zeit anzuführen. Die Versuche etymologischer Ableitung des Wortes ברית[226] verweisen nicht mehr so sehr auf ברה I "essen" (so *L.Köhler)* oder auf die akkadischen Lexeme *birīt* "zwischen" (*M.Noth)* oder *birītu* "Fessel"[227] (so früher *R.Kraetzschmar,* dann *O.Loretz* und *M.Weinfeld),* sondern denken jetzt eher an das (im Hebräischen seltene) Ver-

---

Vgl. ferner: *W.Eichrodt,* Theol.I^{8}, 9ff.- *L.Köhler,* Theol.^{4}, 43ff.- *G.von Rad,* Theol.I^{5}, 143ff.- *W.H.Schmidt,* Atl. Glaube^{6}, 129ff.

220 Zu Ex 34 und der jahwistischen Interpretation des Sinaibundes vgl. auch *J.Scharbert,* Jahwe im frühisraelitischen Recht, in: Gott, der einzige *(Hg. E.Haag),* 1985, 160-183, dort 163ff.

221 Vgl. dazu Mk 14,24; Mt 26,28.

222 Zu Ex 24,1-11 s. auch *F.-L.Hossfeld,* Der Dekalog, 1982 (OBO 45), 190-204; *W.H.Schmidt,* Wort und Ritus, PTh 74, 1985, 68-83 (dort 72ff.).- Vgl. auch *A.Deissler,* Grundbotschaft, 87ff.

223 Darin, daß *E.Kutsch* (Verheißung und Gesetz, 82ff.; vgl. *ders.,* VT 23, 1973, 25-30; TRE 7, 400) die beiden "Hälften" des Blutes jeweils unterschiedlich deutet, liegt die größte Schwierigkeit seiner Auslegung (einerseits Opfer, anderseits Verpflichtung).

224 *Chr.Levin,* Der Dekalog am Sinai, VT 35, 1985, 165-191 (dort 177, aber mit anderer Sicht der Sinaitradition wie der vom Einbau des Dekalogs).

225 Zur Väterberit vgl. Bd.II, § 6.6.; zur Davidberit vgl. Bd.II, § 7.2.

226 Dazu *E.Kutsch,* THAT I, Sp. 340.- Kritisch zu diesen etymologischen Ableitungen und außerdem mit wichtigen Erwägungen zu den Bundesaussagen des AT: *J.Barr,* Some Semantic Notes on the Covenant, in: FS W.Zimmerli, 1977, 23-38.

227 Vgl. AHw I, Sp. 129f.

bum ברה II (*E.Kutsch*), das in 1 Sam 17,8 "wählen, festsetzen" bedeutet.[228] Zu letzterem kann vielleicht noch (mit *M.Görg*)[229] auf ein im Ägyptischen belegtes Fremdwort *bryt* verwiesen werden, das so viel wie ein "nötigendes Verhältnis" meint.

Vor allem aber hat sich in der theologischen Wertung und Füllung sowie der historischen Fixierung des Bundesbegriffs eine Wandlung vollzogen. *J.Wellhausen*[230] sah im Bund der Mosezeit ein Naturverhältnis zwischen Gott und Volk, das "ursprünglich als natürlich..., nicht als vertragsmäßig"[231] angesehen wurde, und der Sinai hatte ursprünglich mit der Gesetzgebung nichts zu tun. *R.Kraetzschmar*[232] sah das Problem ähnlich und verstand den Bundesgedanken daher auch als abhängig von der Prophetie. Für *J.Pedersen*[233] war der Gedanke wichtig, daß der Bund eine Lebenssphäre für die beteiligten Partner herstelle, damit das gegenseitige Verhältnis der Zusammengehörigkeit mit allen Rechten und Pflichten bedeutsam sei. Vor allem für *W.Eichrodt* war dann der Bundesgedanke für Aufriß und Darstellung der Theologie des AT insgesamt bestimmend[234], wobei für diesen Bund dessen Tatcharakter, der klare göttliche Wille, das durch den Bund entstandene Vertrauensverhältnis und das Herrschaftsverhältnis, durch welches die Idee des Gottesreiches seitdem in der Luft lag, als konstitutiv angesehen wurden. Außerdem habe der Bund eine wichtige Verbindung zur Geschichte und sichere folglich Glauben und Denken (also gegenteilig zu *J.Wellhausen*) gerade gegen eine zu naturalistische Verbindung ab, denn Gott kann dieses Bundesverhältnis auch lösen. *L.Köhler* dagegen betonte in seiner "Theologie des AT"[235] für den Bundesgedanken mehr die doppelseitige Abmachung mit beiderseitigen Rechten und Pflichten.

Von besonderer Bedeutung für die Klärung des Bundesbegriffs wurde jedoch ein Aufsatz von *J.Begrich*.[236] Er untersuchte zuerst den vortheologischen Gebrauch von ברית und fand dort eine ältere Art einseitiger Bundesgewährung, eine Geschenkberit (so etwa in Jos 9, dann zwischen David und Jonathan [1 Sam 18] oder z.B. in 1 Kön 20,34). Diese ältere, nach *Begrich* nomadische Art kenne keinerlei Rechte und Pflichten des Empfängers. Eine jüngere und d.h. auch kanaanäische Art hingegen sehe die ברית als zweiseitige Abmachung, als Vertragsberit, wofür dann aber nochmals auf David-Jonathan verwiesen wird. Die ältere Art sei nämlich öfter nach der jüngeren korrigiert worden. Hier nun sei der Bund mehr ein Verhältnis, sein Inhalt Schalom, ein Verhältnis, wo der Geber (zumindest zuerst) aktiv, der Empfänger passiv sei. Innerhalb der hierfür verwendeten Terminologie sei das כרת ברית ל die ältere Aussageweise, die Verwendung der Präpositionen עם, את und בין die spätere. Beim Blick auf

228 Vgl. aber auch (mit *E.Kutsch*) das akkad. *barû*: AHw I, Sp. 109.

229 FS G.J.Botterweck, 1977 (BBB 50), 25-36.

230 Prolegomena zur Geschichte Israels, [4]1895, 348ff.; *ders.*, Israelitische und jüdische Geschichte, [9]1958, 15ff.

231 *Ders.*, Grundrisse zum A.T. (*hg. R.Smend*), 1965 (TB 27), 73f.

232 Die Bundesvorstellung im AT, 1896; weitere ältere Arbeit: *P.Karge*, Geschichte des Bundesgedankens im AT, 1910.

233 Der Eid bei den Semiten, 1914.

234 Theologie des AT, Bd.I (Gott und Volk), 1933 (u.ö.; s. oben § 1 u. S. 9f.). Vgl. z.B. Bd.I[5], 9ff.

235 [4]1966, 43-59.

236 Berît, ZAW 60, 1944, 1-11 (= *ders.*, TB 21, 55ff.).

den theologischen Sektor[237] und damit auf das Verhältnis Gott-Mensch bezogen kommt nun nach *Begrich* eigentlich nur das ältere Verständnis in Frage, nämlich die gewährte Geschenkberit. Da ist Erwählung Ausdruck des stets von JHWH ausgehenden Bundes und Bund Ausdruck der ebenfalls nur von JHWH ausgehenden Erwählung. Es fehlt jeder Zusammenhang mit einer Verpflichtung des Empfängers, "mit anderen Worten ein Zusammenhang von ברית und Gesetz".[238] Diese Geschenkberit sei nun außerdem die genuin israelitische Auffassung gewesen, die Vertragsberit hingegen zeige kanaanäischen Einfluß, Einfluß auch eines Rechtsdenkens. "Die Ansätze zu einer Gesetzgebung können nicht aus dem ברית-Begriff verständlich gemacht werden".[239] Erst das jüngere *b^erit*-Verständnis (Dtn; dtr Denken; aber auch schon Elohist) verbinden beides, während die Priesterschrift bei ihrer Wertung des Noah- wie des Abrahambundes (Gen 9+17) mehr bei dem älteren Verständnis bleibe, allerdings die Terminologie etwas verändere (Verbum הקים) und außerdem die Bundeszeichen (Regenbogen bzw. Beschneidung) einführe, von einer Bundesurkunde jedoch schweige.
Diese Sicht des atl. Bundesgedankens und seiner Entwicklung wurde lange Zeit hindurch bestimmend. Das Gesetz ist hier ganz auf den Bund als Geschenkberit bezogen, ja von ihm umschlossen, wenn nicht gar absorbiert, da es eigentlich in Zuordnung zu ihm theologisch unpassend erscheint. Für die theologische Interpretation des atl. Gesetzes und für die Bestimmung seines theologischen Ortes, auf die noch genauer einzugehen sein wird[240], hatte und hat dieses schwerwiegende Folgen, wie z.B. besonders an der Wertung des Gesetzes in der "Theologie des AT" von *G.von Rad* deutlich wird. Jedoch ist zuvor noch auf weitere Forschungen zum atl. Bundesgedanken einzugehen.
Da wurden zunächst neben den zwei Typen von *b^erit*, die *Begrich* unterschieden hatte, noch weitere entdeckt, nämlich ein dritter mit JHWH als Bundesmittler[241], wonach ein Bund zwischen zwei Partnern also auch durch einen Dritten vermittelt werden kann (vgl. z.B. 2 Kön 11,17; Hos 2,20; Ez 34,25). Ein vierter Typ von "Bund" wurde dann noch im Zusammenhang mit den altorientalischen Vertragstexten und damit dem sog. Bundesformular erschlossen, wo auch ein mehr zweiseitiger Vertrag zwischen eher Gleichen geschlossen werden kann, "bei dem die Verpflichtungen der Kontrahenten materiell verschieden sein können, aber gleiche bindende Kraft besitzen".[242]
Dann wurde weiter gefragt, wie sich der Akt des Bundesschlusses zu dem dadurch gesetzten Zustand verhielte, ob nicht auch schon in älteren Texten eine zweiseitige *b^erit* erwähnt sei (etwa Gen 21,27ff.; 26,28-30; 31,44; 1 Sam 23,18; 2 Sam 5,3; 1 Kön 5,26), man folglich nicht die Entwicklung verfizieren könne, welche *Begrich* zu sehen meinte.[243] Unterstrichen wurde, daß *šalôm* Inhalt der

---

237 a.a.O., 7ff (=61ff.).

238 a.a.O., 7 (bzw. 62).

239 ebd.

240 Siehe den folgenden Abschnitt 6 dieses § (S. 89ff.).

241 So *H.W.Wolff*, VT 6, 1956, 316-320 (= *ders.*, TB 22, ^{2}1973, 387ff.); *M.Noth*, Ges. Studien zum AT I, ^{3}1966 (TB 6), 142-154.

242 *J.Hempel*, RGG^3, I, Sp.1514.

243 Dazu *A.Jepsen*, Berith. Ein Beitrag zur Theologie der Exilszeit, in: *ders.*, Der Herr ist Gott, 1978, 196-210.

b^{e}rit sei und beide Partner sich gegenseitig *ḥæsæd* erweisen (vgl. 1 Kön 5,26 und auch Jos 9,15 für die Gibeoniten als die weniger Mächtigen).
Vor allem aber ging es um den "Bund" JHWHs mit Israel unter der herausragenden Fragestellung, ob jemals dieser Bund ohne Verpflichtung des Partners gesehen werden könne. Selbst in den Bundesschließungen Gottes mit Noah und Abraham, die mehr den Charakter von Gnadenbünden hätten, sei doch auch von Verpflichtungen die Rede (Gen 9,3-6; 17,1c.9ff.), und im Blick auf die Sinaiberit sei eine solche Verpflichtung erst recht nicht auszuschließen. Es gehe folglich hier um Verheißung und Geheiß (*A.Jepsen*), um Zusage, Versprechen und Verpflichtung in eins, bei einer *b^{e}rit* zwischen JHWH und Volk allerdings naturgemäß nicht um eine gegenseitige Verpflichtung gleichberechtigter Partner. Wenn JHWH sein "Ich will euer Gott sein!" zuspricht, ist neben der gnädigen Zusage auch das "Ich allein will es sein!" eingeschlossen. Die Weisung des Zieles und die des Weges liegen ineinander. Die gemeinsame Geschichte des Volkes mit seinem Gott schafft auch Raum zum Gehorsam. Daß JHWH der "eifernde Gott" ist, wird nicht zufällig innerhalb des Dekalogs betont (Ex 20,5; Dtn 5,9), damit aber zugleich am jetzigen kontextuellen Schnittpunkt von Bund und Gesetz.
Aufgrund des verpflichtenden Charakters einer *b^{e}rit* können dann auch Bund und Fluch einander zugeordnet werden (Dtn 29,11; Ez 17,18f.)[244]. Dann unterstreicht der in ähnlicher Form auch in Israels Umwelt belegte[245] Ritus von Gen 15,9-18 (vgl. Jer 34,15ff.) den die Bundespartner verpflichtenden Charakter des Geschehens. Wenn ferner bei *b^{e}rit* das Verbum נתן steht (so gern im Dtn, aber auch P in Gen 17,2), ist wohl auch das Übergeben einer Urkunde mit im Blick, beim Verbum הֵקִים (so gerne bei P: Gen 9,9.11; 17,7) an das Aufrichten einer Gesetzesstele, bei כרת an eine Art Selbstverfluchung, die demjenigen, der diesen Bund bricht, ein ähnliches Geschick ("*krt*") androht. Darüberhinaus hat *E.Kutsch* doch wohl schlüssig nachgewiesen, daß ברית nicht einheitlich mit "Bund" übersetzt werden sollte, da dabei zu schnell an ein gegenseitiges Verhältnis zweier gleichberechtigter Partner gedacht werden könne, was im Blick auf den JHWHbund nun gewiß nicht zuträfe. Er übersetzt daher (zu?) konsequent mit "Verpflichtung", wobei zwischen einseitiger Selbstverpflichtung (z.B. JHWHs), d.h. dann mit starker Nähe zu Verheißung oder gar Eid (z.B. Ez 16,8; Gen 15,18; Ex 34,10; Ps 89,4; 105,9f.)[246], Fremdverpflichtung und gegenseitiger Verpflichtung (Dtn 26,17f.) zu differenzieren sei. Schließlich hat *L.Perlitt* zu zeigen versucht[247], daß eine ausgeführte "Bundestheologie" innerhalb des AT erst im Rahmen dtn/dtr Denkens entstanden und nachzuweisen sei. So sprechen eben dtn/dtr Texte vorwiegend vom "Bund" (hier: Horebbund[248]: Dtn 4,13.23; 5,2f.; Jos 7,11.15; 23,16 u.ö.), und auch in der Sinaiperikope selber seien die für die Erwähnung des Bundes entscheidenden Texte dtn/dtr geprägt oder von diesem Denken abhängig. Ebenso verhält es sich mit der singulären Vorstellung eines "Moabbundes" (Dtn 28,69; vgl. 29,8.11.13.20). Hier sind das gesamte Dtn und der Gehorsam gegenüber diesem Buch die Grundlagen dieses Bundes, und

---

244 Dazu *J.Scharbert*, ThWAT I, Sp.282f.; *M.Weinfeld*, ebd., Sp.785.

245 S^{e}fire I A: KAI Nr.222, Z.40 (ANET^{2+3}, 660a; TUAT I/2, 181f.).- Mari: ARM II, 37 (ANET^{2+3}, 482b).

246 S. auch Dtn 7,9.12; 8,18; 1 Kön 8,23; Neh 1,5; 9,32.

247 Zu *E.Kutsch* und *L.Perlitt* siehe die Angaben S. 77, Anm.219.

248 Siehe dazu oben S. 77.

dies vielleicht sogar als Ergänzung oder gar Ersatz für die durch Israel gebrochene Horebberit.[249]
Die Bundestexte innerhalb der Sinaiperikope zeigen folglich schon in sich, daß dieser Bund unterschiedliche theologische Interpretationen erfahren hat[250]. Zwei Konstanten der Deutung sind zu erkennen: Der Bund ging stets von JHWH aus, und er betraf stets das Volk, nicht nur einen einzelnen. Dann aber gibt es sich unterscheidende Akzente. Stand am Anfang eine Theophanie (Ex 19), die auf Antwort drängte, und wurde diese weitergeführt durch die theologische Füllung einer *b^erit* als Verheißung und Selbstverpflichtung JHWHs (Ex 34,10 J), so wurde dann durch diesen Bund auch die Zusammengehörigkeit und Gemeinschaft zwischen JHWH und seinem Volk ausgedrückt (Ex 24,8). Die in Ex 34,27f. sich anbahnende und auch in Ex 24,7 sich schon zeigende Verbindung von Bund und Verpflichtung auf den JHWHwillen kommt dann bei JE in Ex 34,11ff. und voll nach dtr Theologie in der Sinaiberit als Fremdverpflichtung des Volkes durch JHWH[251] in den Blick, durch die Einordnung des Dekalogs und des Bundesbuchs (wohl durch Rp) zu einem gewissen Abschluß. So können dann auch "Bund" und "Gesetz", ברית und תורה bzw. Dekalog zu einander nahestehenden Begriffen werden (Dtn 4,13; 17,2; 29,20; 2 Kön 22,13; 23,3.24; Hos 8,1). Das in dtn/dtr Literatur dann in Verbindung mit ברית bevorzugte Verbum צִוָּה ("befehlen"; vgl. z.B. Dtn 4,13; Jos 7,11; 23,16; Ri 2,20; 1 Kön 11,11) unterstreicht diese Verpflichtung des Volkes durch JHWH und sein "Gesetz".[252] Innerhalb eines solchen (dtr) Denkens können die Dekalogtafeln als "Bund" bezeichnet werden (1 Kön 8,21). Der Bund wird zum positiven Bezugspunkt theologischen Denkens (Ps 106,45; 111,5.9). Hierzu hat sicher auch die Priesterschrift beigetragen, die vom (ja durch Israel gebrochenen)[253] Sinaibund bewußt schweigt, dafür aber den Noahbund als Gnadenbund mit Bundeszeichen wichtig macht und den Abrahambund als auch besonders den Nachkommen Abrahams als ewiger (עוֹלָם) Bund mit Landbesitzzusage und Beschneidung als Bundeszeichen herausstellt[254]. Dies geschieht zudem unter Verwendung neuer Verben im Zusammenhang mit ברית, die geeignet sind, den gnadenhaften Zuwendungscharakter zu unterstreichen (so bei נתן: Gen 9,12; 17,2), oder das gültige "Aufrichten" einer Vertragsstele assoziieren (so bei הקים: Gen 6,18; 9,9-11.17; 17,7.19.21; Ex 6,4; vgl. Num 25,12 נתן; Lev 26,9 הקים). Auf den Noahbund wie den Abrahambund wird später daher ebenfalls zurückgegriffen (Jes 24,5; 54,10; 61,8; Ps 105,8-10).
Folglich ist es auch nicht möglich, den Akt des Bundesschlusses von dem dadurch gesetzten Verhältnis der Partner zu trennen[255], da letzteres durch diesen Akt bestimmt wird und auch bleibt. Daß das Volk sich gegenüber JHWH auch

---

249 Vgl. dazu *H.D.Preuß,* Deuteronomium, 1982 (EdF 164), 158f.

250 Vgl. dazu auch *H.Cazelles,* Les structures successives de la «berît» dans l'Ancien Testament, in: FS R.Martin-Achard (Bull. Centre Prot. d'Études 36), 1984 (3-4), 33-46.

251 Vgl. etwa Dtn 4,13.23; 5,2f.; 9,9.11.15; 10,8; 17,2; 28,69; 29,8.11.13.20.24f.; 31,9.16. 20.25f.; 1 Kön 11,11; 19,10.14; 2 Kön 17,15; 23,2f. u.ö.

252 Vgl. die späteren Texte Ps 25,10.14; 44,18; 50,16; 78,10.37; 103,18; auch Sach 9,11; Dan 9,27.

253 Vgl. oben S. 72f.

254 Vgl. auch Bd.II, § 6.

255 Anders *A.Jepsen,* a.a.O., 200.

selbst durch eine *b*ᵉ*rit* verpflichten kann, zeigen Esr 10,3; 2 Kön 23,3; 2 Chr 29,10; und daß es diese Verpflichtung gegenüber JHWH gebrochen und verlassen hat, ist ein häufiger Topos in dtr Theologie.[256] In Jer 31,31-34 wird dieser Bundesbruch Israels durch die (auch hier zumindest dtr bearbeitete) Verheißung eines "Neuen Bundes" unter neuer Zusage auch der Bundesformel (V.33) überhöht, bei dem JHWHs תורה ins Herz geschrieben, volle Gotteserkenntnis möglich sein und JHWH seinem Volk vergeben werde.
Mit allem ist zugleich gesagt, daß es einen "historischen" Sinaibund, an dem ganz Israel teilbekommen hätte, nicht gegeben hat[257], wie auch kein derartiger Bund das Volk Israel als Einheit oder in Form eines 12-Stämme-Bundes konstituierte. Der Sinaibund war damit auch nicht die Grundlage einer - auch als solche schon umstrittenen[258] - Amphiktyonie.
Außerhalb der Sinaiperikope und der dtn/dtr bzw. von dieser beeinflußter Literatur ist der (nie im Plural begegnende) Ausdruck ברית in theologischer Füllung in älterer Literatur des AT selten, in von dtn/dtr Literatur abhängigen Texten dagegen häufiger. Innerhalb der möglichen älteren Texte sollte man allerdings Hos 8,1 (vgl. 6,7?) angesichts der auch sonst sehr geprägten Sprache Hoseas die Echtheit nicht bestreiten. Daß ferner die sog. Bundesformel (s.u.) in ihren Teilen eine ebenfalls in die frühe Zeit Israels zurückgehende Vorgeschichte hat, ist erweisbar.
Damit ist die atl. Bundestheologie, die in dieser ihrer Art als "Bund" zwischen Gott und Volk in Israels Umwelt kaum belegt ist[259], in ihre begriffliche Verdichtung genauso hineingewachsen, wie das beim Glauben an das "Erwählen" durch JHWH der Fall ist (vgl. § 2), und wie diese hat sie einen wesentlichen Beitrag geleistet zur Ausprägung des JHWH-Glaubens Israels in seiner sich entwickelnden wie ausgebildeten Form. Daß dafür Anstöße auch aus dem kanaanäischen Raum gekommen sein können, ist angesichts der Tatsache nicht auszuschließen, daß in Ri 8,33; 9,4.46 ein *El* bzw. ein *Baal b*ᵉ*rit* im Zusammenhang mit Sichem genannt sind. Die Szene von Jos 24[260] ist sicher nicht zufällig bei Sichem angesiedelt.
Daß der Ausbau der Sinaiperikope und die Betonung der Bundestheologie überwiegend eine insgesamt doch innerhalb der atl. Frömmigkeitsgeschichte

---

256 Vgl. dazu die Belege auf S. 72, Anm.189.

257 Vgl. schon *J.Wellhausen,* Isr. und jüd. Geschichte, ⁹1958, 14ff.

258 Vgl. dazu S.63-66.

259 Nach *M.Weinfeld* (ThWAT I, Sp.807) dort unbekannt.- Vgl. aber *N.Lohfinks* Hinweis auf einen möglichen assyrischen Beleg für einen Vertrag König-Volk-Gott (Asarhaddon mit dem Volk und Gott Assur) in: *ders.,* Gott im Buch Deuteronomium, in: *J.Copppens* (Hg.), La Notion biblique de Dieu, Louvain 1976 (BEThL XLI), 101-126, dort 115, Anm.52; vgl. auch *H.D.Preuß*, Deuteronomium, 68.- Zum Begriff *adê* s. jetzt *K.Watanabe,* Die *adê*-Vereidigung anläßlich der Thronfolgeregelung Asarhaddons, 1987, 6-26; zum Text dort 181f.; der Begriff wird von *W.* mit "politische bzw. öffentliche Vereidigung" wiedergegeben (dort 24).

260 Daß Jos 24 nicht durchweg dtr ist (so *L.Perlitt,* Bundestheologie [s. Anm.219], 239ff.), sondern einen älteren (wohl JE) Text als Kern enthält, scheint mir erweisbar; vgl. dazu jetzt auch *J.C.de Moor,* The Rise of Yahwism, Leuven 1990 (BETL XCI), 177ff.

spätere[261] und vorwiegend durch die dtn/dtr Bewegung ausgelöste Erscheinung sind, macht auch das "Bundesschweigen" (*L.Perlitt*)[262] der Propheten des 8.Jahrhunderts deutlich. Amos, Jesaja und Micha erwähnen nirgends diese *b^erit*, und bei Hosea kommt nur 8,1 als älterer Text in Frage. Die Bundestexte im Jeremiabuch (Jer 7,22f.; 11,1ff.; 31,31ff.) sind sämtlich dtr bearbeitet, und Ps 44,18 steht in einem Volksklagelied, das erst der Exilszeit entstammt.[263] Bei Ezechiel wird "Bund" als Kennzeichnung eines göttlichen Ehebundes[264] JHWHs mit Jerusalem verwendet (Ez 16,8; vgl. 23,4 ohne "Bund"). Nach der weiterführenden Nachinterpretation (in 16,59ff.)[265] hat Jerusalem/Juda diesen Bund jedoch gebrochen (vgl. 44,7). JHWH jedoch will positiv dieses durch ihn initiierten und nicht selbstverständlichen Bundes "gedenken" (vgl. Gen 9,15f. P) und einen ewigen Bund aufrichten (V.60.62), dabei auch Vergebung schaffen[266] für das, was Jerusalem/Juda getan hat. Mit "gedenken", mit "ewigem Bund" (vgl. Gen 9,16; 17,7.13.19) und "aufrichten" (הקים; vgl. Gen 6,18; 9,9.11.17; 17,7.19.21; Ex 6,4) wirkt die Sprache von P nach[267]. Die Bundestheologie wurde im Ezechielbuch aber nicht sehr prägend (vgl. noch Ez 34,25; 37,26). Die Bedeutung der Bundestheologie für die nachexilische Frömmigkeit jedoch wird vielleicht auch dadurch herausgestellt, daß jetzt die Bücher Genesis und Exodus[268] und weiterschreitend bis zum Dtn und letztlich bis Josua (Kap.24) durch "Bundestexte" strukturiert sind.

c) Sich entwickelnde wie ausgeprägte Bundestheologie spricht sich auch in der sog. *Bundesformel*[269] aus ("Ich will euer Gott sein und ihr sollt mein Volk sein"). Neben häufigem Gebrauch als bedingte wie unbedingte Verheißung für die Zukunft[270] steht ihr Gebrauch in den grundlegenden Anfangssituationen der Geschichte JHWHs mit seinem Volk[271]. Nun zeigt sich aber, daß die einzelnen Teile dieser Bundesformel, wie etwa "mein Volk" oder "Volk JHWHs" oder "dir/ihnen/euch zum Gott sein" oder "JHWH, der Gott Israels" auch schon in

---

261 Daraus ergibt sich auch, daß sie nicht den hohen theologischen Stellenwert haben kann, den ihr *H.Gese* zuschreibt (*ders.*, Vom Sinai zum Zion, ^{3}1990, 21.34-36).

262 *ders.*, Bundestheologie, 129ff.

263 Zum "Davidbund" vgl. Bd.II, § 7.2.

264 Vgl. Mal 2,10.14; Spr 2,17.

265 Zu Ez 16 (V.1-43) vgl. *Th.Krüger*, Geschichtskonzepte im Ezechielbuch, 1989 (BZAW 180), 139ff.; zu V.44ff. dort 325ff.

266 Vgl. dazu Bd.II, § 11.10.

267 Vgl. oben S. 82.

268 Vgl. dazu *R.Rendtorff*, "Covenant" as a Structuring Concept in Genesis and Exodus, JBL 108, 1989, 385-393.

269 Zu ihr vor allem *R.Smend*, Die Bundesformel, 1963 (ThSt 68) = *ders.*, Die Mitte des A.T., 1986, 11ff. (die dort vertretene Herleitung der Gesamtformel aus der Zeit Josias scheint mir allerdings nicht erweisbar); vgl. ferner *N.Lohfink*, ZKTh 91, 1969, 517-553 (= *ders.*, SBAB 8, 1990, 211ff.); *H.H.Schmid*, in: FS G.Bornkamm, 1980, 1-25 und auch *W.H.Schmidt*, BK II/1, 285f.- Vgl. auch *N. Lohfink*, ThPh 65, 1990, 172-183 zu Ps 100,3.

270 Jer 24,7; 30,22; 31,1.33; 32,38; Ez 11,20; 14,11; 36,28; 37,23.27; vgl. 34,24; Sach 8,8: diese Belege gruppieren sich zeitlich um das babylonische Exil herum!- Zum "Exil" s. *B.J.Diebner*, NBL I, Sp. 625-631.

271 Ex 6,7; Lev 26,12; Dtn 29,12; 2 Sam 7,24; vgl. Jer 7,23; 11,4.- In Dtn 26,17f. doppelseitig gebraucht.

älteren atl. Texten begegnen. Formulierungen der genannten Art reichen bis in das Deboralied zurück (Ri 5,3.5.13), finden sich auch in der älteren Exodusüberlieferung (Ex 3,7.10; 5,1.23; 7,16; 8,16ff.; 9,1.13; 10,3), wie dann auch in Jos 8,30; 24,23; vgl. Gen 33,20[272], sowie in Am 7,8.15; 8,2; Hos 1,9; 4,6.8.12; 12,10; 13,4 u.ö.; Jes 1,3 u.ö; später z.B. Lev 11,45; 26,45 u.ö. Stellt man noch 2 Sam 1,12 neben die Belege aus dem Deboralied, so legt sich die Vermutung nahe, daß "die Beziehung zwischen dem Gott und seinen später in Israel aufgegangenen Verehrern ihren ersten und ursprünglichsten Ausdruck also in dem Kriege gefunden (hat), den Jahwe gegen die Feinde führte... Sind diese Kombinationen richtig, dann haben zur Doppelformel 'Jahwe der Gott Israels, Israel das Volk Jahwes' beigetragen: die aus Ägypten Kommenden 'Jahwe' und das 'Volk Jahwes', die bei ihrer Ankunft schon in Palästina Ansässigen 'Israel' und den 'Gott Israels'".[273] Da zu JHWH das kriegerische Element gehört[274], und auch die Rettung beim Auszug aus Ägypten kriegerisch gedeutet wurde[275], erhält diese These weitere Wahrscheinlichkeit. Durch das Gesagte wird aber zugleich deutlich, daß die ausgeführte Bundestheologie wohl ein Spätprodukt atl. Glaubensdenkens war, daß sie aber - und dies in klarer Analogie zum Erwählungsglauben - nur Dinge auf den Punkt brachte und in bestimmten Epochen der Geschichte des atl. Israel aus konkreten Anlässen, nämlich vor allem in Krisenzeiten, begrifflich verdichtete, die in der vorausgehenden Glaubensgeschichte ihre Vorgeschichte und ihren Ermöglichungsgrund hatten.[276]

d) Die Kapitel Ex 32-34 trennen jetzt Ex 25-31 mit den Anordnungen zum Bau des Heiligtums von Ex 35-40[277], wo die Ausführung dieses Baus erzählt wird. Damit macht der durch die Kapitelabfolge sowie durch das Motiv der zwei Tafeln in deren unterschiedlicher Bezeichnung und Funktion[278] jetzt eingebrachte Abfall (Ex 32) den Bundesschluß nach Ex 34[279] zu einer Bundeserneuerung. Zusammengenommen steht alles damit unter dem Leitsatz: Der Abfall verzögert die Erstellung des Heiligtums und damit die Gegenwart JHWHs dort und somit bei seinem Volk (vgl. Ex 29,45f. P). Ex 33 dagegen sucht die analoge Frage nach der Gegenwart JHWHs bei seinem (sündigen!) Volk auf unterschiedliche Weise und unter Heranziehung unterschiedlicher Aussagehilfen (Engel, Angesicht)[280] zu beantworten. Diese Komposition setzt damit offensichtlich die Erfahrung des Exils und Versuche seiner theologischen Bewältigung voraus.

---

272 Sämtlich Texte, die in Sichem geortet sind!

273 *R.Smend*, a.a.O., 16 bzw. 24.- Zu עם יהוה s. § 3.4a (S. 56f.).

274 Vgl. dazu unten S. 145ff.

275 Vgl. dazu oben S. 46.

276 Nach *B.Stade* (Bibl. Theologie des A.T., Bd.1, 1905, 46) war das "Jahve Israels Gott" der "Grundgedanke" der Religion Israels.

277 Siehe den Literaturhinweis S. 71, Anm.182.

278 Dazu *Chr. Dohmen*, Was stand auf den Tafeln vom Sinai und was auf denen vom Horeb?, in: *F.-L. Hossfeld* (Hg.), Vom Sinai zum Horeb, 1989, 9-50 (vgl. *ders.*, ThWAT V, Sp.830).

279 Vgl. dazu oben S.78.

280 Vgl. dazu unten S. 187-191.

Es war wohl die jehovistische (="JE") Schicht, die Ex 32[281] vor Ex 34 setzte. Die Grundschicht von Ex 32 (V.1-6.15a.19f.30-34) wagt es, unmittelbar nach den Sinaiereignissen von einem Abfall von JHWH, der sein Volk doch errettet und sich verpflichtet hatte, zu einem Stierbild ("Kalb")[282] zu reden, wobei dieses Stierbild sich aber bezeichnenderweise als Exodusgott ausweisen muß (V.4). Wenn dort sogar der in 1 Kön 12,28 ebenfalls auftauchende Plural ("deine Götter") verwendet wird, wird natürlich damit zugleich auf die beiden Stierbilder Jerobeams I. in Dan und Bethel angespielt. Das heißt aber auch: In der Vorschaltung von Ex 32 "gibt Je seine Antwort auf die Frage, wie es zum Untergang des Nordreichs kommen konnte.[283] Diese Antwort ist nicht naiv-vordergründig gemeint: weil das Nordreich dem Götzendienst verfallen war... Das Goldene Kalb von Ex 32 ist das Gegenbild des in Ex 19 offenbar gewordenen Sinaigottes: dem unsichtbaren Gott der Wüste und dem Gott des prophetischen Wortes widerstreitet der 'natürliche' Hang des Menschen zu Götzen, die man sehen und greifen kann..."[284] Die Polemik Hoseas gegen den Stierkult läßt ähnliches Denken erkennen (Hos 8,5f.; 10,5f.). Ob nach dieser Polemik nun schon das atl. Bilderverbot (Ex 20,23; 34,17; dann 20,4; Dtn 5,8f.)[285] übertreten wurde, oder ob es sich eher um eine bewußt andere Art der JHWH-Verehrung (Ex 32,5: "Fest für JHWH") und/oder die Wiederaufnahme oder das Weiterwirken eines (El-?) Stierkultes in Bethel handelt, ist schwer zu entscheiden, da das Alter zwar nicht des ausgeführten atl. Bilderverbotes, wohl aber auch hier von dessen inneren Voraussetzungen und seiner Vorgeschichte nicht eindeutig bestimmbar sind. Nach Ex 32 kann jedenfalls das Stierbild kein Symbol des das Volk führenden JHWH (Ex 32,1) sein.. Dieses Moment der Führung und der möglichen oder unmöglichen Gegenwart JHWHs bei seinem sündigen Volk (Ex 33,5)[286] ist es dann auch, das in Ex 33 weiterverfolgt wird. Der Abfall zieht dann notwendig Strafe nach sich (Ex 32,35). Aus V.30-32 ist die später eingefügte größere Fürbitte des Mose (V.7-14) herausentwickelt.[287] Mose will, wenn das Volk vernichtet werden sollte, auch nicht mehr leben (Ex 32,32). Von einem stellvertretenden Sühnetod des Mose handelt dieser Vers jedoch nicht.

Damit geht es in der Sinaitradition vorwiegend um die Verpflichtung des im Auszugsgeschehen erwählten Volkes. Daß historisch das ganze Volk Israel we-

---

281 Dazu *J.Hahn,* Das goldene Kalb, 1981; ferner die Kommentare und auch *Chr. Dohmen,* ThWAT V, Sp.830.

282 Dazu *Chr.Dohmen,* Das Bilderverbot, ^{2}1987 (BBB 62).- *S.Schroer,* In Israel gab es Bilder, 1987 (OBO 74), 81-104.- *H.Utzschneider,* Hosea, Prophet vor dem Ende, 1980 (OBO 31), 88-104.

283 Vgl. zu Ex 32,30f. "große Sünde": 2 Kön 17,21.

284 *E.Zenger,* Israel am Sinai, 1982, 186.- Zur Illustration dieses "natürlichen Hanges" kann auf die bronzene Stierstatuette verwiesen werden, die auf ein vorstaatliches, israelitisches, bäuerliches Clan-Heiligtum im samarischen Gebirge verweist; vgl. dazu *R.Wenning/E.Zenger,* ZDPV 102, 1986, 75-86. Vgl. ferner den Fund des "Kalbes" in Aschkalon.

285 Dazu *Chr.Dohmen* (s. Anm.282) und unten S. 119ff.- *Dohmen* (a.a.O., 66-132) rechnet für Ex 32 mit einer anders abgegrenzten Grundschicht und mehreren Bearbeitungen (Grunderzählung mit Erweiterungen; Kern nur in V.1-20); vgl. zum Text auch *P.Weimar,* BN 38/39, 1987, 117-160 (Lit.).

286 Vgl. dazu auch: *W.Zimmerli,* Theol.^{6}, 58ff.

287 Vgl. dazu *E.Aurelius,* Der Fürbitter Israels, Stockholm 1988 (CB OT 27).

der am Auszug noch an den Sinaiereignissen beteiligt war, ist common sense der Forschung.[288] Vielmehr wurden diese Geschehnisse infolge ihrer Bedeutsamkeit für die hier beteiligten Gruppen, die prägend Teil des späteren Israel wurden, auf Gesamtisrael ausgeweitet, behielten aber auch dort noch besondere Beziehungen zu bestimmten Gruppen und Gebieten (vgl. etwa das Fehlen der Auszugstradition bei Jesaja). Ursprünglich jedoch waren nur kleinere Gruppen betroffen ("Mosegruppe"? "Haus Joseph"? "Rahelstämme"?), deren Glaube an JHWH und deren mögliches Selbstverständnis als Volk dieses Gottes durch sie in Israel eingebracht wurden und eingebracht werden konnten, da JHWH der Gott dieses Israel wurde und war.

Mit dem Auszug verbunden sind jedoch jetzt die weiteren Themen von Bund, Abfall und Bundeserneuerung, d.h. es werden auch Israels Scheitern an der Verpflichtung durch seinen Gott und die sich daraus ergebenden Folgen in den Reflexionsbereich einbezogen. Dies ist auch dadurch bedingt, daß innerhalb der Kapitel Ex 19 und 24 sowie Ex 32-34 Texte unterschiedlicher Zeiten vereint sind, die jetzt aber einen übergreifenden Zusammenhang bilden, der sowohl nach den Anliegen und dem möglichen Ort der Einzeltexte als auch nach dem der stufenweisen Zusammenfügung und der Endredaktion fragen läßt.

e) Unmittelbar nach der Schilderung der Errettung der Auszugsgruppe am Meer und dem darauf antwortenden Lobpreis (Ex 14/15) setzen die Erzählungen vom *Murren des Volkes während der Zeit der Wüstenwanderung* ein.[289] Sie lagern sich um die Sinaitradition herum und haben in den an sie anschließenden Texten ihr Schwergewicht. In ihnen wird zuerst erzählt von einem Murren oder gar "Rebellieren" (לוּן)[290] des Volkes gegen (עַל) JHWH (Ex 16,7f.; Num 14,27ff.; 17,25) angesichts schlechter Versorgung auf dem Wege (Ex 15,24; 16; 17,3), von murrendem Zurückschauen nach den Fleischtöpfen Ägyptens (Num 11,4-6; 14,4; 20,5), dem "Land, wo Milch und Honig fließt" (Num 16,13)[291], umgekehrt von Führung und Bewahrung in der Wüste und von göttlichen Hilfen im kreatürlichen Bereich. Da geht es um Wasser (Ex 15,22ff: Das bittere Wasser von Mara; Ex 17,2f.: Massa und Meriba; Num 20,1-13: Wasser aus dem Felsen), um Speise (Manna: Ex 16), um Fleischnahrung (Wachteln: Ex 16; vgl. Num 11), dann aber auch um ein Murren gegen die Führenden, gegen Mose (Ex 15,24; 17,3; vgl. auch Num 12) sowie gegen Mose und Aaron (Ex 16,2.7; Num 14,2; 16; 17,6.20: so nur in P). Hierher gehört schon Ex 32,1, dann Lev 10 (Nadab und Abihu und ihre eigenmächtige kultische Handlung), dann Num 11 (Forderung nach Fleisch und Gabe der Wachteln), Num 14 (Murren angesichts des Bescheids der Kundschafter), Num 16 (Aufstand der Rotte Korah und von Dathan

---

288 Vgl. die Darstellungen der "Geschichte des atl. Israel".

289 Vgl. aber auch schon Ex 2,14; 4,1; 5,15ff; 6,9; 14,11f.

290 Dazu *R.Knierim*, Art. "לון *lūn* rebellieren", THAT I, Sp. 870-872; dort Sp.871f.: "Der Begriff *lūn* deckt demnach im Zentrum alttestamentlicher Theologie eine Art Sünde auf, wonach Gottes Volk als Ganzes in den Bedrohungen der Zwischenzeit (Wüste), zwischen Befreiung (Exodus) und Erfüllung (Landnahme), aus Blindheit und Ungeduld seinen Gott mißverstehend, die von ihm gewirkte Befreiungsgeschichte und damit seine eigene heilvolle Zukunft verwirft."- Das Verbum לוּן erscheint innerhalb des AT (abgesehen von Jos 9,18 [und Ps 59,16?]) nur in den "Murrgeschichten".- Vgl. auch *K.-D.Schunck*, Art. "לוּן *lûn*", ThWAT IV, Sp. 527-530.

291 Vgl. dazu unten S. 135f.

und Abiram)[292] und Num 21,4ff. (Murren des Volkes wird durch Schlangen gestraft).[293] Diese Texte sind damit Bestandteile aller im Pentateuch begegnenden Erzähler oder Bearbeiter, von denen keiner dieses Murren Israels unerwähnt lassen konnte und wollte[294], und es wurden Lokalsagen und Einzelüberlieferungen kombiniert, um zu den beabsichtigten und theologisch so aufschlußreichen Aussagen zu gelangen.

Es ist zunächst erstaunlich, daß Israel von sich selbst in dieser Weise erzählte, d.h. sich als in dieser Weise undankbar und ungläubig, in alle diesem letztlich damit als sündig charakterisierte[295]. Dann wird der rettende Gott auch als der bewahrende, geleitende geschildert. JHWH kann nicht nur kriegerisch erretten, sondern auch kreatürlich bewahren und versorgen, und er tut dies sogar an einem murrenden, ungläubigen, sich auflehnenden Volk. Die Erzählungen sind außerdem "zwischen Ägypten und dem verheißenen Land" geortet. Sie stellen damit die Frage, ob das Volk je in dieses Land kommen kann und wird, oder ob es nicht eher auf dem Wege umkommt oder gar besser sich zurück nach Ägypten wendet. Ferner haben die Ereignisse am Sinai innerhalb der Murrgeschichten eine einschneidende Bedeutung, da erst danach genauer von Strafen, Niederlagen, Zorn JHWHs und Fürbitte des Mose die Rede ist. Israel ist durch das Sinaigeschehen in Verpflichtung genommen worden, danach deutlicher auf seine Schuld hin behaftbar. Man lehnt sich dann gegen die Führenden auf, die zum Glauben und zum Weiterziehen aufrufen, lehnt gar das verheißene Land ab (P in Num 13/14). All diese Topoi könnten dafür sprechen, daß die Murrgeschichten zugleich exilische Wirklichkeit widerspiegeln, wo es erneut um einen Zug durch die Wüste ins Land ging, dem man auch ungläubig und zweifelnd gegenüberstand. Der Topos von "vierzig Jahren in der Wüste"[296], die noch dazu in all ihrer Schrecklichkeit geschildert wird (Dtn 8,15-18; vgl. Jer 2,6), der sich bezeichnenderweise noch nicht bei J und E, wohl aber in den dem Exil zeitlich nahestehenden Texten der dtr Bewegung wie der Priesterschrift und davon abhängigen, späteren Texten findet, könnte eine Chiffre für die Zeit des Exils sein. Hierher würde auch der Erzählzug passen, nach dem die Generation der Murrenden erst aussterben mußte, bevor deren Kinder dann ins Land konnten (Num 14,30-34; Dtn 1,39; 2,14). Ferner ist darauf zu verweisen, daß die Mehrzahl der Murrgeschichten innerhalb der doch wohl exilischen Priesterschrift

292 Zu Num 16+17 vgl. *F.Ahuis*, Autorität im Umbruch, 1983.

293 Zu diesen Texten vgl. vor allem: *V.Fritz*, Israel in der Wüste, 1970.- *G.W.Coats*, rebellion in the wilderness, Nashville/New York 1968.- *G.I.Davies*, The Way of the Wilderness, Cambrigde u.a. 1979.- *R.Adamiak*, Justice and History in the O.T., Cleveland 1982.- *A. Schart*, Mose und Israel im Konflikt, 1990 (OBO 98).- Vgl. auch: *G.von Rad*, Theol.I[5], 293ff.- *W.Zimmerli*, Theol.[6], 155f.

294 Umstritten ist jedoch auch hier ein möglicher Anteil des Elohisten, der ja nur in Fragmenten faßbar ist.- *V.Fritz* (s. vorige Anm.) meint sogar eine dem Jahwisten bereits vorliegende, durch ihn dann allerdings thematisch umfunktionierte, schriftliche Erzählungsgruppe aus dem Bereich der Südstämme nachweisen zu können. *Fritz* wie *Adamiak* (s. vorige Anm.) finden in der jahwistischen Darstellung außerdem eine Warnung an das Königtum aus der Zeit eines ungefährdet erscheinenden Landbesitzes.

295 Vgl. dazu auch Bd.II, § 11.9.

296 Ex 16,35; Num 14,33f.; 32,13; Dtn 2,7; 8,2.4; 29,4; Jos 5,6; Am 2,10; 5,25; Ps 95,10; Neh 9,21.

überliefert ist. Daß und wie man diese Zeit in der Wüste mit ihren Auflehnungen und Strafen, ihrer Bewahrung und ihrem unverdienten Geleit auch später als Modellfall menschlicher Geschichte und göttlicher Geschichtslenkung verstanden hat, zeigen Ps 78, Ps 106, Ps 136,10ff. und besonders Ez 20,10ff. (vgl. auch Dtn 8,3; 29,5f.; Jos 24,7).
Es gab folglich innerhalb des atl. Israel und seiner Geschichte unterschiedliche Wertungen der Wüstenzeit. Während Hosea (Hos 2,16ff.) und Jeremia (Jer 2,1-3) hier eine Zeit der ersten Liebe zwischen JHWH und Israel fanden, haben andere in ihr eine Zeit des Abfalls und (besonders in den Erzählungen, die der Sinaiperikope folgen) der darauf folgenden göttlichen Strafe gefunden. Die Murrgeschichten setzen folglich auch etwas von dem weiter fort bzw. nehmen es erneut auf, was in Ex 32-34 über Abfall, Strafe und Neubeginn gesagt wurde[297]. Beide Betrachtungen der Wüstenzeit sind sich jedoch darin einig, daß die Wüstenzeit eine wichtige Etappe auf dem Weg Israels ins Land war, in der Israel vieles über sich selbst, aber auch Entscheidendes über seinen Gott erfuhr.

6. Israel als Volk und Gemeinde war durch JHWH zur Gemeinschaft mit ihm erwählt, damit aber zugleich auch verpflichtet worden. Neben der befreienden Errettung aus Ägypten stand die Verpflichtung durch Theophanie und Bund am Sinai, neben - aber nicht vor - dem Indikativ damit der ihm zeitlich wie vor allem sachlich nachgeordnete Imperativ, neben dem Schöpfer der gebietende und verbietende Herr (Gen 1,26; 2,16). Dem Sinaigeschehen zugeordnet wurden daher auch wichtige atl. Rechtssammlungen und Gebotsreihen, wie der Dekalog, das Bundesbuch, das Heiligkeitsgesetz. In ihnen ist nach ihrem durch den Ort im Kontext bestimmten Selbstverständnis der verpflichtende Wille JHWHs Wort und Schrift geworden. Dem Dekalog als einer Art Grundsatzerklärung sind das Bundesbuch und alles Folgende als Entfaltungen im Blick auf Ethos und Kultus nachgeordnet, während das Dtn als krönender und zusammenfassender Abschluß des verpflichtenden JHWHwillens gleichzeitig zum Dekalog und seiner Auslegung zurücklenkt. Nach der genaueren Eigenart dieser Verpflichtung in ihrem Verhältnis zur Erwählung und damit nach dem *theologischen Ort von Gesetz, Gebot und Gottesrecht* ist nun zu fragen.[298]

---

297 Vgl. dazu *Th.B.Dozeman* und *M.A.Sweeney* in ihren Beiträgen zur Wüstentradition in SBL Sem.Pap., Bd.28, 1989, 282-290+291-299.

298 Dazu: *A.Alt,* Die Ursprünge des israelitischen Rechts, 1934 (= *ders.,* KS I, 1953, 278ff.).- *M.Noth,* Die Gesetze im Pentateuch, 1940 (= *ders.,* TB 6, [3]1966, 9ff.).- *E.Würthwein,* Der Sinn des Gesetzes im A.T., ZThK 55, 1958, 255-270 (= *ders.,* Wort und Existenz, 1970, 39ff.).- *F.Horst,* Gottes Recht, 1961 (TB 12).- *R.Kilian,* Apodiktisches und kasuistisches Recht..., BZ NF 7, 1963, 185-202.- *E.Gerstenberger,* Wesen und Herkunft des "apodiktischen Rechts", 1965 (WMANT 20).- *G.Fohrer,* Das sog. apodiktisch formulierte Recht und der Dekalog, KuD 11, 1965, 49-74 (= *ders.,* BZAW 115, 1969, 120ff.).- *W.Richter,* Recht und Ethos, 1966 (StANT XV).- *A.Jepsen,* Israel und das Gesetz, ThLZ 93, 1968, Sp. 85-94 (= *ders.,* Der Herr ist Gott, 1978, 155ff).- *W.Zimmerli,* Das Gesetz im A.T., in: *ders.,* Gottes Offenbarung (TB 19), [2]1969, 249-276.- *H.Schulz,* Das Todesrecht im A.T., 1969 (BZAW 114).- *R.Brunner (Hg.),* Gesetz und Gnade im A.T. und im jüdischen Denken, 1969.- *G.Liedke,* Gestalt und Bezeichnung atl. Rechtssätze, 1971 (WMANT 39).- *V.Wagner,* Rechtssätze in gebundener Sprache und Rechtssatzreihen im israelitischen Recht, 1972 (BZAW 127).- *H.Rücker,* Die Begründungen der Weisun-

a) Nach dem jetzigen Kontext ist alles *Recht* Israels mit JHWH, mit Mose und dem Sinai verbunden. Damit ist zugleich wesentliches über seinen theologischen Ort ausgesagt. Es geht bei diesem Recht nicht nur um menschliche Setzungen[299], sondern um das Erkennen und Tun des göttlichen Willens, und der hinter diesem Recht und Gesetz stehende Gott ist mit seinem Willen zugleich als der gekennzeichnet, der sein Volk errettet, aber auch in Pflicht genommen hat. Was in Israel "Recht ist", muß sich an JHWH ausweisen, muß seinem Volk als dem Volk JHWHs dienen und zu seiner Gestaltung beitragen, und dieses nach dem Dtn als "heiliges Volk" (Dtn 7,6 u.ö.), nach dem Heiligkeitsgesetz (Lev 17-26) als "heilig, denn ich [JHWH] bin heilig" (Lev 19,2 u.ö.) formen. Solches gilt von der תּוֹרָה, den מִשְׁפָּטִים, חֻקִּים, מִצְ(ו)ות, דְּבָרִים oder עֵדוֹת u.a.m., wie Israel JHWHs Weisungen sehr unterschiedlich benennen konnte (vgl. das Miteinander im Dtn oder in Ps 119).

Schaut man genauer zu, so sind innerhalb der großen Sinaiperikope jedoch verschiedene Rechtssammlungen vereint, die sich nach Inhalt und Stil voneinander abheben, wie z.B. der Dekalog (Ex 20,1-17; Dtn 5, 6-21)[300] vom anschließenden Bundesbuch (Ex 20,22 - 23,19). So hat man genauer nachgefragt, stilistische und inhaltliche Unterschiede festgestellt und eine historische Einordnung der Texte versucht. Dabei ging es dann bald und geht es noch heute vor allem um das ältere Recht Israels, wie es im Bundesbuch[301] oder im sog. Privilegrecht JHWHs (Ex 34,10-26) und wohl auch in Dtn 27,16-25 überliefert ist, dann aber auch im Dekalog und in älteren Bestandteilen des insgesamt aber mindestens exilischen Dtn's sowie des zeitlich wohl ebenfalls dorthin gehörenden Heiligkeitsgesetzes (Lev 17-26) vorliegt. Daß auch in manchen Texten innerhalb der nachexilischen Bestimmungen des Sonderguts der Priesterschrift ("P^S") älteres Gut enthalten sein kann, sei nicht grundsätzlich bestritten. Da die letzten Jahrzehnte uns (neben dem seit langem bekannten Codex Hammurabi) zahlreiche Rechtssammlungen und Rechtsurkunden aus der Umwelt des alten Israel beschert ha-

---

gen Jahwes im Pentateuch, 1973.- *J.Halbe,* Das Privilegrecht Jahwes Ex 34,10-26, 1975 (FRLANT 114).- *H.Gese,* Das Gesetz, in: *ders.,* Zur biblischen Theologie, ³1989, 55-84.- *W.Schottroff,* Zum atl. Recht, VuF 22, 1977 (H.1), 3-29 (Lit.).- *R.Smend/U.Luz,* Gesetz, 1981.- *H.D.Preuß,* Deuteronomium, 1982 (EdF 164) [Lit.].- *G.Braulik,* Gesetz als Evangelium. Rechtfertigung und Begnadigung nach der deuteronomischen Tora, ZThK 79, 1982, 127-160 (= *ders.,* SBAB 2, 1988, 123ff.).- *H.J.Boecker,* Recht und Gesetz im A.T. und im Alten Orient, ²1984.- *D.Patrick,* Old Testament Law, Atlanta 1985.- *K.Koch,* Art. "Gesetz. I: A.T.", TRE 13, 40-52 (Lit.).- *R.Martin-Achard,* La loi, don de Dieu, Aubonne 1987.- *E.Otto,* Wandel der Rechtsbegründungen in der Gesellschaftsgeschichte des antiken Israel. Eine Rechtsgeschichte des "Bundesbuches" Ex XX 22 - XXIII 13, 1988.- "Gesetz" als Thema Biblischer Theologie, 1989 (JBTh 4).- Thinking Biblical Law (Semeia 45), 1989.- Vgl. dann auch: *W.Eichrodt,* Theol.I⁸, 33ff.- *L.Köhler,* Theol.⁴, 92-96.190-199.- *G.von Rad,* Theol.I⁵, 203ff.- *W.Zimmerli,* Theol.⁶, 94ff.- *C.Westermann,* Theol., 154ff.- *R.E.Clements,* Theol., 104ff.- *B.S.Childs,* Theol., 51ff.- *W.H.Schmidt,* Atl. Glaube⁶, 343-346.

299 Zum atl. Recht als Zivilrecht mit Schadenersatzregelung, als "mildem" Recht u.a.m. vgl. *H.Seebaß,* Der Gott der ganzen Bibel, 1982, 102-113.

300 Auf den Dekalog wird, besonders im Blick auf das erste und zweite Gebot, nochmals unten in Abschnitt 8 dieses § eingegangen (= S. 111ff.).

301 Vgl. dazu auch: *P.Weimar,* Art. "Bundesbuch", NBL I, Sp. 348-356 (Lit.).

ben[302], ist die Erforschung des atl. Rechts sowohl formal als auch inhaltlich und in seiner theologischen Ortsbestimmung auch von dorther befruchtet worden.[303] Für diese Erforschung des atl. Rechts ist (nach einem vorbereitenden Versuch von *A.Jepsen*[304]) die Untersuchung von *A.Alt* aus dem Jahr 1934 nach wie vor grundlegend.[305] Er führte eine vor allem formgeschichtliche Analyse der alten Rechtssammlungen, damit besonders von Dekalog und Bundesbuch durch und fand von dort ausgehend zwei verschiedene Arten von Recht, nämlich das kasuistische und das apodiktische. Als kasuistisches Recht[306] bezeichnete er Rechtssätze mit Tatbestandsbeschreibung oder Rechtsfall (Protasis) und Rechtsfolgebestimmung (Apodosis), formuliert im objektiven Wenn-Stil[307], d.h. mit einleitendem "wenn" (כִּי) für den Hauptfall, mit weiterführendem אִם für einen möglichen Unterfall. Neben Ex 21,2 oder 22,15f. können Ex 21,18f. hierfür als besonders instruktives Beispiel gelten. Man sagt zu dieser Rechtsart heute auch gern "konditionales" statt kasuistisches Recht[308] und fragt, ob es dafür bereits im alten Israel eine "Gattungsbestimmung" gab, nämlich die Bezeichnung מִשְׁפָּטִים (vgl. Ex 21,1) , was schon *A.Jepsen* und *A.Alt* vermutet hatten. Diese Rechtsart, in der es um Sklaven- und Sklavinnenrecht, Blutrecht, Körperverletzungen, Vieh- und Feldschaden, Eigentumsvergehen, Depositen- und Eherecht geht[309], hat ihren "Sitz im Leben" in der normalen, profanen Gerichtsbarkeit und Rechtsgemeinde durch die rechtsfähigen Männer z.B. einer Ortschaft oder Sippe "im Tor" (vgl. Rut 4,1ff.)[310], und es ist in dieser Form gemeinaltorientalisch, nicht aber spezifisch israelitisch. Daß sich trotzdem einige israelitische Spezifika darin finden, verwundert nicht. So gibt es abgesehen von der gegenüber dem Mann und Vollbürger verminderten Rechtsposition der Sklaven, aber auch der Frau[311], der rechtlichen Unterscheidung des Israeliten und des Ausländers und des Fremden[312], keine das Volk weiter aufgliedernde

---

302 Vgl. dazu: ANET[3], 159ff.523ff.- TUAT I/1, 1982; I/3, 1983.- Orientalisches Recht, (HdO Erg.Bd.III), 1964.- *W.Fikentscher u.a. (Hg.),* Entstehung und Wandel rechtlicher Traditionen, 1980 (darin *J.Krecher* zum sumerischen, *W.Helck* zum altägyptischen Recht).- Zu den altorientalischen Rechten vgl. den Überblick bei *W.Schottroff,* (s. Anm.298), 10ff. und bei *K.Koch,* TRE 13, 40-42.

303 Vgl. z.B. die rechtsvergleichende Arbeit von *E.Otto,* Rechtsgeschichte der Redaktionen im Kodex Ešnunna und im "Bundesbuch", 1989 (OBO 85).

304 Untersuchungen zum Bundesbuch, 1927 (BWANT 41).

305 Siehe in Anm.298.

306 Dazu *A.Alt,* KS I, 285ff.

307 Die zuweilen bereits im Bundesbuch sich findende Du-Anrede hielt *Alt* für eine sekundäre Störung, ein Eindringen von Stilelementen anderer Gattungen (a.a.O., 287).

308 So z.B. *R.Hentschke,* Erwägungen zur israelitischen Rechtsgeschichte, ThViat 10, 1965/66, 108-133.

309 Zur inhaltlichen Interpretation vgl. *H.J.Boecker,* Recht und Gesetz (s. Anm.298), 135ff.

310 Vgl. dazu: *L.Köhler,* Die hebräische Rechtsgemeinde, in: *ders.,* Der hebräische Mensch, 1953, 143ff.- *H.Niehr,* Rechtsprechung in Israel, 1987 (SBS 130), dort auch mit Blick auf die Umwelt des alten Israel.

311 Hier läßt z.B. selbst der Codex Hammurabi eine gegenüber dem atl. Recht bessere Position der Frau erkennen.

312 Vgl. dazu Bd.II, § 15.3.

Klassenjustiz. Trotz Beibehaltung und letztlich recht oft als Rechtsfolgebestimmung (sowohl im kasuistischen als vor allem im apodiktischen Recht) eingesetzter Todesstrafe wurde diese gegenüber ihrer Anwendung in Israels Umwelt doch etwas weniger häufig als Strafe verhängt[313], jedoch immer noch häufiger als etwa im hethitischen Recht.
Nach *A.Alt* gab es nun für dieses kasuistische Recht in Israel einen besonderen "Sprecher", den er unter den sog. "kleinen Richtern" fand (Ri 3,31; 10,1-5; 12,8-15).[314] Abgesehen von dieser Sonderthese wird das meiste, was *A.Alt* zum sog. kasuistischen Recht erhob, auch heute noch für richtig und hilfreich gehalten. Man differenziert höchstens noch etwas weiter, weist z.B. auf andere Stilarten (ohne exakten Vordersatz und Nachsatz) und damit verbundene "Feststellung bestimmter Rechtsbedingungen" hin (Ex 21,2-6)[315] oder auf die Kombination von "wenn..." mit der Form direkter Anrede ("wenn du...")[316], die es nicht erst im paränetisch aufgelockerten Dtn, sondern bereits im Bundesbuch gibt (z.B. Ex 21,2; 22,24). Man entdeckt einen Mischstil zwischen kasuistisch und apodiktisch (*F.Horst*) mit in die Kasuistik eingekleideten Prohibitiven (*W.Richter*), wie z.B. in Ex 22,24f., und hat vor allem, und dies durch die Untersuchung altorientalischer Rechtssammlungen, erkannt, daß Keimzelle der kasuistischen Rechtssätze Urteile früherer Rechtsverfahren sind, die dann aufgezeichnet und als eine Art Gewohnheitsrecht für den weiteren Gebrauch gesammelt und nach ziemlich klar erhebbaren Gesichtspunkten zusammengestellt wurden.[317] Daß in diesem kasuistischen Recht nirgends sich das sonst gerade auch im Recht stark hervortretende israelitische Volksbewußtsein auswirke, wie *A.Alt* meinte[318], ist aufgrund neuerer Untersuchungen zum Bundesbuch, wie z.B. die von *E.Otto*[319], auch nicht mehr so sicher.
Oft, wie z.B. in manchen Teilen des Bundesbuches, steht nun das ganz anders geartete apodiktische Recht mit dem kasuistischen zusammen (vgl. etwa Ex 21,23ff.; 22,17ff.). Es ist seiner Form, seinem Wesen wie seinem Sitz im Leben

---

313 Zu den Strafen im atl. Recht vgl. *H.J.Boecker,* Recht und Gesetz... (s. S. 90, Anm.298), 31f.; dann auch *W.Eichrodt,* Theol.I^8, 38f.- Zur Todesstrafe im Recht der Umwelt des alten Israel vgl. *R.Haase,* Einführung in das Studium keilschriftlicher Rechtsquellen, 1965 (passim).- *V.Korošec,* Die Todesstrafe in der Entwicklung des hethitischen Rechts, in: Death in Mesopotamia *(Ed. B.Alster),* Copenhagen 1980, 199-212 (mit Lit. auch zur weiteren Umwelt Israels).

314 Da wir von diesen "kleinen Richtern", wie die angegebenen Texte zeigen, relativ wenig wissen, mußten sie auch noch für andere Ämter und Funktionen herhalten. Nach *M.Noth* waren sie nämlich Sprecher nicht des kasuistischen, sondern des apodiktischen Rechts, nach *H.-J.Kraus* Bundesmittler im Festkult; *M.Metzger* kombinierte beides; *W.Richter* fand in ihnen Vertreter einer Ordnung der zivilen Rechtsprechung beim Übergang von der Stammes- zur Stadtverfassung u.a.m.- Der Orientierung können dienen: *H.N.Rösel,* Die "Richter Israels", BZ NF 25, 1981, 180-203.- *Chr.Schäfer-Lichtenberger,* Stadt und Eidgenossenschaft im A.T., 1983 (BZAW 156), 344ff. (sieht sie im Rahmen der "segmentären Gesellschaft").

315 *H.J.Boecker,* Recht und Gesetz (s. S. 90, Anm.298), 131.

316 Dazu *H.W.Gilmer,* The If-You Form in Israelite Law, Missoula/Mont. 1975.

317 Vgl. *H.J.Boecker,* Recht und Gesetz (s. S. 90, Anm.298), 133.

318 KS I, 291.

319 Vgl. in Anm.298 und dazu auch Bd.II, § 12.3.

nach jedoch (nach *A.Alt*[320]) etwas völlig anderes. So hat die Talionsbestimmung in Ex 21,23-25 zwar noch einen Vordersatz, geht dann aber in für das kasuistische Recht untypischer Weise mit einer Du-Anrede weiter, und Rechtsfall wie Rechtsfolge werden ebenfalls in ein einziges Gefüge zusammengespannt. Die Talionsformel bricht störend ein, und diese andere Rechtsart ist nun nach *A.Alt* spezifisch israelitisch. Ähnliches wird für Ex 21,14.13 <sic> festgestellt, wo zum Du des Angeredeten noch das Ich JHWHs tritt. Auch hier stoßen zwei grundverschiedene Rechte aufeinander. Und in Ex 21,12 mit seinen nur fünf hebräischen Wörtern und der dadurch gegebenen Wucht des Ausdrucks wird der apodiktische Stil besonders gut deutlich ("Wer einen Menschen so schlägt, daß er stirbt, der muß vom Leben zum Tode gebracht werden"). Auch inhaltlich ist dieser Satz vom kasuistischen Recht gründlich geschieden, denn seine Unbedingtheit hat JHWH zum Urgrund und die Volksgemeinschaft Israels im Blick.
Dergleichen apodiktische Rechtssätze finden sich auch anderswo, wie etwa Ex 21,15-17, und dort in der für das apodiktische Recht typischen Reihenbildung, wobei diese Reihen sicher absichtlich nie über zehn oder zwölf Gebote und/ oder Verbote hinausgehen. Weitere apodiktische Rechtssätze findet *A.Alt* z.B. in Ex 31,14f. und Lev 20,2.9-13.15f.; 24,16; 27,29, wo aber schon Zusätze konstatiert werden und der apodiktische Stil mit seiner Wucht des Ausdrucks nicht mehr in seiner ursprünglichen Reinheit vorliegt. *A.Alt* verweist dann noch auf die Aufzählung fluchwürdiger Verbrechen in Dtn 27,15-26, ferner auf Lev 18,7-17 und schließlich auf den Dekalog, den man allerdings von der Masse der ihm zuteil gewordenen Zusätze befreien muß, wie die knappen und in ihrer ursprünglichen Form erhaltenen Kurzgebote ("Du wirst nicht ehebrechen" - "Du wirst nicht stehlen" usw.)[321] zeigen. Jeder Satz soll für sich so deutlich und zugleich apodiktisch sein, wie er nur kann. Es geht eben um fluchwürdige und todeswürdige Verbrechen, ohne daß jedoch eine Bezogenheit auf den konkreten Einzelfall angestrebt wird. Hier erhält nicht die Laiengerichtsbarkeit konkrete Anweisungen, sondern es liegt Sakralrecht vor, das wahrscheinlich, wie Dtn 27 und 31,10-13 zeigen, am Laubhüttenfest jedes siebenten Jahres und bei der Bundeserneuerung, damit im Kultus Israels durch einen priesterlichen Sprecher vorgetragen wurde. Dorthin verweist und paßt auch der Dekalog. Diese apodiktische Rechtsgattung führt somit an die ursprüngliche Eigenart Israels heran. Alles ist hier "volksgebunden israelitisch und gottgebunden jahwistisch"[322], wie die oft zitierte, einprägsame Formulierung lautet. Da das apodiktische Recht auch zur Abgrenzung von kanaanäischer Rechtskultur wie kanaanäischem Glauben nötigte, mußte es in Israel dann auch zum Kampf beider Rechte kommen.
Damit wird (im Gegensatz z.B. zu *J.Wellhausen*) ein "Gesetz" auch schon für das frühe Israel nachzuweisen versucht. Außerdem findet *A.Alt* im apodiktischen Recht, wie analog später *J.Begrich* in der Geschenkberit[323], etwas spezifisch Israelitisches und durch den JHWHglauben Bestimmtes. Beide Thesen werden dann durch *G.von Rad* kombiniert. Ein Problem heutiger Forschung und damit des weiteren Rückgriffs auf *Begrich, Alt* und *von Rad* besteht nun darin, daß die genannten Thesen fragwürdig geworden sind. *Alt* hatte mehr historisch und

---

320 KS I, 302ff.
321 So in der Übersetzung von *Alt* (KS I, 318).
322 KS I, 323.
323 Siehe oben S. 79f.

formgeschichtlich nach dem Gesetz in Israel gefragt. Mit *G. von Rad* und *M.Noth* brach sich dann aber auch eine inhaltliche und theologische Fragestellung Gesetz und Recht betreffend Bahn.
b) In seiner 1938 erschienenen "Formgeschichte des Hexateuch" schrieb *G.von Rad*, Israels Recht lebe dort, wo Israel seinen Bundesschluß empfängt, nämlich im Festkult. Auch er dachte dabei an ein Bundeserneuerungsfest. Der Gesamtpentateuch wird von ihm als erzählerische Ausgestaltung des "kleinen geschichtlichen Credo" (Dtn 26,5b-9), und zwar besonders durch den Jahwisten, angesehen. In diesem Credo ist nun aber die Sinaitradition nicht erwähnt. Sie war nämlich (so *von Rad)* traditionsgeschichtlich eigene Wege gegangen, habe als solche ebenfalls kultische Wurzeln und spiegele in ihrem Gesamtaufbau den Ablauf einer kultischen Feier wider, der sich auch in Ps 50 und 81, in Josua 24 und im Aufbau des Deuteronomiums wiederfände. Dieser Ablauf sei geprägt durch die Abfolge von Paränese (Ex 19,4-6) und geschichtlicher Darstellung der Sinaivorgänge (Ex 19f.), Gesetzesvortrag (Dekalog und Bundesbuch), Segensverheißung (Ex 23,20ff.) und Bundesschluß (Ex 24) und biete mit allem die Festlegende des Bundesfestes von Sichem[324], damit des Laubhüttenfestes der alten Jahweamphiktyonie. Hier habe das Gesetz sein Leben und seine Wurzel. Es sei bundesbezogen, nicht aber einfach ein allgemeines religiöses Wissen. Schaut man ferner auf die übergreifende Rahmung der Sinaiperikope im Hexateuch, wird deutlich, daß und wie Bund und Gesetz in und von der Heilsgeschichte Gottes mit seinem Volk leben. Die Dekalogpräambel (Ex 20,2 par) fasse dies knapp und zutreffend zusammen. Die Landnahmetradition hingegen weist *von Rad* dem Heiligtum von Gilgal zu, wo sie - wie auch das "kleine geschichtliche Credo" - die Festlegende des Wochenfestes war.
Die Sinaiperikope kann natürlich nur dann als alte Festlegende bemüht werden, wenn man ihren jetzigen redaktionsgeschichtlichen Aufbau mit Dekalog und Bundesbuch als ebenfalls alt ansieht. Daß dort Probleme liegen, wurde bereits erörtert.[325] Analog liegt das Problem beim Deuteronomium[326], wobei außerdem die Abfolge der einzelnen Bestandteile dieser Festlegende in der Sinaiperikope und im Dtn nicht identisch sind. Dieser formgeschichtliche Ansatz *von Rad's* mit seinen kultischen und theologischen Folgerungen und Implikationen jedoch, der durch *A.Alt* bestimmt war, wurde dann auch für *J.Begrich* (1944) von Einfluß. Zusammen mit der jetzt noch zu erwähnenden Arbeit *M.Noth's* "Gesetze im Pentateuch" (1940) wurde dann alles zu dem zusammenfassenden und eindrücklichen Bild dieser Frühgeschichte Israels und der Wertung von Gesetz und Bund weiterentwickelt, wie es in der "Theologie des A.T." von *G.von Rad* vorliegt.
In seiner Untersuchung der "Gesetze im Pentateuch" (1940) fragte *M.Noth* nicht danach, wie diese Gesetze oder auch "das" Gesetz, das es so im AT gar nicht gebe, entstanden seien. Hier setzte er die Arbeit von *A.Alt* voraus. Es geht ihm nicht um Ursprung und Entwicklung dieser Gesetze, sondern um die Fragen nach ihrem Wesen und nach den Voraussetzungen ihres Daseins, der Grund-

324 *G.von Rad* verweist in diesem Zusammenhang (a.a.O., 18 bzw. 28) darauf, daß schon *S.Mowinckel* (Le decalogue, Paris 1927) in den Berichten über die Sinaiereignisse nichts anderes als eine in die Sprache des literarischen Mythos übersetzte Wiedergabe des Neujahrsfestes Israels gesehen habe.

325 Vgl. oben S. 76.

326 Vgl. dazu *H.D.Preuß*, Deuteronomium, 1982 (EdF 164), 45ff.

lage ihrer Existenz, ihrer vorausgegebenen Ordnung. Welche Ordnung wollen diese Gesetze erhalten und bewahren? Durch welche wurden sie geschaffen? Die Antwort (1940 in Deutschland!) lautete: Sie sind keine Staatsgesetze, sondern auf die Größe "Israel" bezogen. Dies gilt auch bei und trotz der möglichen Verbindung zur Kultusreform des Königs Josia (2 Kön 22/23) für das Dtn. Die in den atl. Gesetzen angesprochene Gemeinschaft Israel mit ihrem "Jahwe, dem Gott Israels" war nun aber Israel als Gemeinde, als sakraler Stämmeverband, der sich in gemeinsamem Kult an einem gemeinsamen Heiligtum konstituierte.[327] Dieser Bund und sein Bundesfest im Herbst sind hier konstitutiv und den Gesetzen vorgeordnet. Gesetze wollen diesen Bund bewahren, die sakralen Grundordnungen der Größe "Israel" schützen.[328] Ein längeres Beispielzitat kann alles illustrieren: "Hier war nur so weit auf Einzelheiten einzugehen, daß an einigen Beispielen nun auch vom Inhalt der alttestamentlichen Gesetze aus abschließend noch einmal deutlich wird, wie wenig sie als Staatsgesetze gemeint sein konnten und wie schlecht sie sich eigneten für die stets größere Gebiete mit geschlossener 'kanaanäischer' Bevölkerung mit umfassenden Staaten auf dem Boden des israelitischen Volkes, wie sie vielmehr einen kultischen oder 'theologischen' Gesichtspunkt entscheidend in den Mittelpunkt rücken und die bestehende Institution des sakralen Verbandes der zwölf israelitischen Stämme als die ihnen vorausgegebene Ordnung der Dinge zum Hintergrunde haben."[329] So jedenfalls sei es (nach *Noth)* im vorexilischen Israel gewesen. Durch die prophetische Gerichtspredigt und das Exil kam es dann zur Krise und zum Ende des sakralen Stämmebundes und schließlich zur Umkehrung der Verhältnisse in der nachexilischen Gemeinde. Dort war das Halten der Gebote nicht mehr der alten bestehenden Sakralordnung untergeordnet. Vielmehr wurde nun umgekehrt das Halten der Gebote das Erste, damit das Gesetz eine absolute Größe. Es entstand - und hier steht *Noth* dann in enger Nachbarschaft zu *J.Wellhausen* - das "Gesetz" des Judentums.[330] Dieser Sicht der nachexilischen Zeit allgemein wie der Wertung des "Gesetzes" in dieser Zeit wird heute oft und mit Recht widersprochen.[331]

A.Alt hatte folglich Gesetz und Bund im apodiktischen Recht formgeschichtlich und damit auch im Blick auf dessen "Sitz im Leben" zusammengeordnet. *G.von Rad* hatte diese kultische Verbindung unterstrichen und sie form- und traditionsgeschichtlich wie theologisch ausgebaut. *M.Noth* hatte diesen kultischen Ansatz weiterverfolgt, ihn aber auch soziologisch und letztlich theologisch angereichert. Was *J.Begrich* 1944 über den Bund schrieb, fügte sich diesen Beobachtungen gut ein, führte sie sogar im Blick auf das öfter auch von den Vorgängern im apodiktischen Recht, in der Zuordnung von Gesetz und Kultgröße Israel und in der Geschenkberit gesuchte spezifisch Israelitische wesentlich weiter. Das Gesetz war in Israel vom Bund umschlossen, ja von ihm absorbiert. Es ordnet

---

327 Vgl. dazu oben S. 63-66 zur Frage der "Amphiktyonie".

328 Ähnliches hatte schon *A.Klostermann* behauptet, nach dem die Gesetze, und vor allem das stark predigtmäßig durchsetzte Dtn, durch den mündlichen Vortrag im Kult bestimmt waren (*ders.*, Der Pentateuch, 1893; Der Pentateuch, Neue Folge, 1907).

329 a.a.O., 49 (bzw. TB 6, 81).

330 Vgl. auch noch *G.von Rad*, Theol. I^5, 215, wenn auch mit abschwächenden Akzenten.

331 Vgl. z.B. *W.Zimmerli*, TB 19, 256ff.

das Bundesvolk und hat für dessen Ordnung erhaltende und bewahrende Funktion. Es ist - zumindest in Israels früher und vorexilischer Zeit - Ausdruck des gnädigen Bundeswillens JHWHs. All diese Ansätze wurden dann aber zu einem eindrücklichen Gesamtbild verbunden durch *G.von Rad* in dessen "Theologie des A.T." (Bd.I, 1957), wobei nicht unwichtig ist, daß *von Rad* nicht nur durch seine "Formgeschichte des Hexateuch", sondern durch weitere Einzelarbeiten gerade zum Dtn schon öfter auf das Problem der theologischen Wertung des atl. Gesetzes, um die es hier geht, gestoßen war.[332] Wo und inwiefern *von Rad* in diesem Bereich auf den genannten Arbeiten seiner Vorgänger fußt, ist hier nicht nochmals darzustellen. Es seien jedoch einige markante Aussagen zusammengestellt, die *von Rad's* Sicht der theologischen Wertung des atl. Gesetzes besonders gut verdeutlichen können.

Mit der Ausrufung des Dekalogs über Israel verwirklicht sich die Erwählung, und diese "Ausrufung des göttlichen Rechtswillens ist wie ein über Israel hingeworfenes Netz, sie ist der Vollzug seiner Übereignung an Jahwe."[333] So hat Israel auch die Offenbarung der Gebote als ein Heilsereignis ersten Ranges verstanden und gefeiert. "Der Bund wird geschlossen, und mit ihm vernimmt Israel die Offenbarung der Gebote."[334] Kein normierendes Gesetz wollen diese Gebote sein, sondern sie verlangen vielmehr in bestimmten Randsituationen ein Bekenntnis zu Jahwe, wie eben der Dekalog gewissermaßen an den Rändern eines weiten Lebenskreises Zeichen aufstellt, die der zu achten hat, "der Jahwe angehört"[335], was Enthaltung von gewissen Praktiken meint, die JHWH mißfallen. Solche Forderungen galten "als leicht erfüllbar". Denn "dem Gesetz in seiner richtenden und zerstörenden Funktion ist Israel erst in der Verkündigung der Propheten begegnet."[336] Sonst sollte man im Blick auf das AT nicht vom "Gesetz" reden. Natürlich solle Israel diese Gebote halten, wie dies z.B. an den Fluchworten über die Übertreter in Dtn 27 deutlich werde.[337] Letztlich aber ist das Gesetz im AT nach *von Rad* "Paraklese". Sie stellt die Heilsbotschaft nicht in Frage; "sie ist vielmehr eine besondere Form der tröstenden oder ermahnenden Anrede derer, die das Heilswort bereits empfangen haben."[338] Das Gesetz als den Menschen tötende Forderung Gottes ist erst das ganz Neue in der Verkündigung der Propheten[339], die mit einem völlig neuen Gesetzesverständnis arbeiten, wonach z.B. Unterdrückung der Armen zu einem Todesurteil über ganz Israel führt. Israel hat nicht gegenüber dem Gesetz versagt; nicht an ihm, sondern an JHWHs Heilswillen ist es gescheitert. Israels Sünde wird (nach den Propheten des 8.Jh.s) "ganz unmittelbar an dem Heilswalten Gottes offenbar und nicht an einem richtenden Gesetz, das diesem Heilswalten gegenüber-

---

332 Vgl.: ders., Das Gottesvolk im Deuteronomium, 1929 (BWANT 47); Deuteronomium-Studien, 1947 (^{2}1948). Später folgte noch sein Dtn-Kommentar (ATD 8, 1964 u.ö.); vgl. auch *ders.*, Theol.I^5, 232ff.

333 I^5, 205.

334 I^5, 207 und 207f.

335 I^5, 208; vgl. II^4, 419.

336 I^5, 209.

337 I^5, 210.

338 II^4, 419 (vgl. in Bd.II^4, 413-436 "Das Gesetz" insgesamt).

339 II^4, 421.- Vgl. II^4, 277: Bei Ezechiel "sind Jahwes Gebote zum richtenden und vernichtenden Gesetz geworden."

steht."[340] *G.von Rad* bezieht sich ausdrücklich auf das Dtn wenn er formuliert: "Von dem Gesetz her ist Israels Heilszustand nicht bedroht."[341] Aber trifft dies selbst für das Dtn zu?

Hier wird nun klar das Gesetz vom "Bund", die Verpflichtung von der Erwählung absorbiert. Das Gesetz wird faktisch zur Form des Evangeliums.[342] Damit dürfte, was auch die Jahreszahlen der besprochenen Arbeiten unterstreichen können, ein Einfluß *K.Barth's* greifbar sein. Daß Gesetz und Gnade kein Gegensatz sind, wird ferner oft von Juden betont. Andere Forscher haben dieses Thema ähnlich verhandelt.[343] Das Problem besteht heute nun darin, daß viele der hier angeführten Voraussetzungen dieser Sicht, wie die Wertung der Bundestheologie, die Frage nach dem theologischen Ort des Gesetzes im AT, nach dem apodiktischen Recht, nach Israel als Kultamphiktyonie und dem Verhältnis von Fest, Kult und Gesetz problematisch geworden sind, damit auch die kombinatorischen Folgerungen, wie sie vor allem in *von Rad's* "Theologie des A.T." vorliegen und von großem Einfluß wurden.

c) Beginnt man mit dem Problem des apodiktischen Rechts[344], so ist zuerst festzustellen, daß dieses als genuin und "volksgebunden israelitisch und gottgebunden jahwistisch" (*A.Alt*) nicht mehr gelten kann. Hethitische Vertragstexte[345] und andere altorientalische Rechtsparallelen wie z.B. mesopotamische Königserlasse, mündliche Grundsatzproklamationen des Königs, rechtliche Willenserklärungen vor der Öffentlichkeit[346], oder auch Formulierungen in den sog. ägyptischen "Ächtungstexten"[347] zeigen ähnliche Form. Israels Recht gehört insgesamt stärker in den Zusammenhang des Alten Vorderen Orients hinein, auch wenn es gerade durch einen Vergleich mit von dort stammenden Texten die Besonderheit dieses seines Rechts aufweisen kann. Diese besteht z.B. vor allem darin, daß nicht der König als Gesetzgeber fungiert, daß aber auch kein "Weltordnungsdenken" als das israelitische Recht bestimmende Größe erkennbar

---

340 II^4, 423.

341 II^4, 419.

342 Auf die theologiegeschichtlichen Zusammenhänge hat schon 1951 *H.-J.Kraus* im Blick auf das Gesetzesverständnis bei *M.Noth* hingewiesen: "Die theologische Bedeutung der Arbeits Noths müßte namentlich von dem Systematiker endlich einmal erkannt werden. Es ist an der Zeit, daß die Diskussion über die Probleme 'Evangelium und Gesetz' sich an den Forschungsergebnissen der exegetischen Wissenschaft orientiert. Geschieht das, dann wird es im Blick auf die Arbeit Noths schwer sein, noch mit gutem Gewissen die Priorität des 'Gesetzes' vor dem 'Evangelium' als dogmatischen Grundsatz aufrecht zu erhalten." (EvTh 10, 1950/51, 340, Anm.14).

343 Vgl. etwa den Sammelband "Gesetz und Gnade" (s. S. 89, Anm.298).

344 Vgl. dazu auch *J.Belzer,* Art. "Apodiktik/apodiktisch", NBL I, Sp. 122-124.

345 Dazu *G.Heinemann,* Untersuchungen zum apodiktischen Recht, Diss. masch. Hamburg 1958.

346 So *R.Hentschke,* ThViat 10, 1965/66, 114ff.

347 Zu ihnen vgl. die Angaben bei *S.Herrmann,* Geschichte Israels, ^{2}1980, 51, Anm.30; vgl. auch LÄ I, Sp.67-69.- Ägyptische Parallelen auch bei *R.Kilian* (s. S. 89, Anm.298).- Vgl. sonst die Lit.-Hinweise S. 91, Anm.302.

ist.[348] Wird eine das Recht tragende Autorität genannt und nicht nur implizit vorausgesetzt, dann ist es JHWH, der hier Recht setzt und Gehorsam beansprucht.
Dann wurde deutlich, daß das von *Alt* als apodiktisch bezeichnete Recht keine einheitliche Größe ist, er vielmehr unterschiedliches darunter zusammengefaßt hat. Da gibt es den klaren und knappen apodiktischen Stil des "Du sollst...(nicht)." Diesem können aber die Rechtssätze mit partizipialer oder relativischer Näherbestimmung des Täters oder der Tat ("wer das und das tut, der..."; "ein Mann, der...") nicht einfach zugeordnet werden, eben weil sie schon die Tat oder den Täter näherbestimmen. So sind die Übergänge zwischen kasuistisch und apodiktisch auch fließend (vgl. Ex 21,12). Ähnlich steht es um das sog. "Todesrecht"[349], das auch einen "Fall", eine Tatbestandsdefinition und dessen "Folge", nämlich die Todesdeklaration enthält (vgl. z.B. Ex 21,15.17; 22,17-19; 31,14f.; Lev 20,2-27). Ähnliches gilt für den atl. Fluchspruch.[350] Auch die Talionsformel (Ex 21,23-25 par)[351] rechnet man nicht mehr, wie *A.Alt* es noch tat[352], dem apodiktischen Recht(sstil) zu.[353] Ob die eigentlich apodiktischen Rechtssätze (war ihre Bezeichnung in Israel חֻקִּים ?) ihren Ursprung wirklich im Kult haben, ist ebenfalls umstritten. Daß sie später im Kult (re)zitiert wurden, ist wahrscheinlich. Ihre Entstehung, ihr ursprünglicher "Sitz im Leben" wird aber jetzt z.B. durch *G.Fohrer* oder *E.Gerstenberger*[354] in der (nomadischen? vgl. Jer 35,6f.) Sippenweisheit gesucht, womit dieses Recht nicht mehr als kultisch-sakral bezeichnet werden kann. Es steht dann eher der Familienvater oder der Sippenälteste als Autorität hinter diesen Rechtssätzen. *K.Elliger* hatte ja für die dekalogartigen Rechtssätze in Lev 18 mit ihrem Bezug auf die Großfamilie schon - auch sozialgeschichtlich fragend - einen solchen Hintergrund vermutet.[355] Ferner wird die Bezeichnung "apodiktisches *Recht"* mit Recht in Frage gestellt, denn in den apodiktischen Sätzen geht es nicht um konkretes Recht, sondern die apodiktischen Grundsätze gehen diesem Recht faktisch als Grundnormen[356], die auf Entfaltung drängen, voraus und sind mehr allgemeine Sitten-

---

348 Auf letzteres verweist mit Recht und umfassend und in kritischer Auseinandersetzung mit den Arbeiten von *H.H.Schmid*: *J.Halbe,* "Altorientalisches Weltordnungsdenken" und atl. Theologie, ZThK 76, 1979, 381-418.

349 Vgl. zu ihm *H.Schulz*, (s. S. 89, Anm.298) und auch *R.Knierim,* Semeia 45, 1989, 9-14.

350 Zu ihm *W.Schottroff,* Der altisraelitische Fluchspruch, 1969 (WMANT 30).

351 Zu ihr vor allem: *H.-W.Jüngling,* ThPh 59, 1984, 1-38.- *F.Crüsemann,* EvTh 47, 1987, 411-426.- *C.Locher,* Die Ehre einer Frau in Israel, 1986 (OBO 70), 315ff.

352 KS I, 303-305.

353 In ihrer Kritik an *Alt*'schen Thesen zum apodiktischen Recht und mit ihrem Hinweis auf "pädagogische" Ausformung von Rechtssätzen hat die Arbeit von *V.Wagner* (s. S. 89, Anm.298) mehr Anerkennung gefunden als mit ihrer eigenen These von der nur einen Rechtssatzgattung mit gemeinsamer Tiefenstruktur im altorientalischen und atl. Recht.

354 Siehe S. 89, Anm.298.

355 Vgl. S. 69, Anm.171 und *ders.,* HAT I/4, 1966, 229ff.

356 *S.Herrmann* spricht daher auch lieber von "normativem" als von apodiktischem Recht, sieht allerdings in der Entstehung apodiktischer Formulierungen einen nach wie vor besonders für Israel typischen Vorgang (Das "apodiktische Recht".

und Verhaltensregeln, was schon ihre überwiegende formale Gestaltung als Prohibitive zeigt.[357] "Apodiktisch" und "kasuistisch" verhalten sich dann eher zueinander wie Hauptanliegen und Entfaltung. Dergleichen apodiktische Prohibitive (mit לֹא mit Indikativ und ohne Begründung) sind von den Vetitiven (mit אַל mit Jussiv und öfter mit Begründung), wie sie dem weisheitlichen Mahnspruch nahestehen, zu unterscheiden.[358] Weisheit und Recht schöpfen hier aus gleichen Quellen, gehen aber formal nicht völlig gleiche Wege.

So hat man formkritisch genauer und anders differenziert. Dabei hat sich erwiesen, daß die *Alt*'schen Kategorien nicht ausreichen bzw. nicht mehr überall zutreffen[359]. Apodiktisches Recht wird jetzt mehr als Rechts*grundlage* der Sippe wie dann der Volksgemeinschaft gesehen[360]. Das wahrscheinlich aus Gerichtsprotokollen entstandene kasuistische Recht ist auf Schlichtung von Rechtsfällen aus und hat das alltägliche Leben in israelitischer Gesellschaft im Blick. Hierbei geht es noch nicht um Fragen des Gottesgehorsams. Apodiktisches Recht hingegen setzt Grundnormen des Zusammenlebens, nimmt diese aber zuerst aus der Familie und der überfamiliären Rechtsgemeinschaft, wo es "als Todesrecht verortetes Grenzrecht, das Grundnormen des Zusammenlebens und damit des Überlebens der Familie durch die Androhung der Todessanktion sichert"[361],

---

Erwägungen zur Klärung dieses Begriffs, MIO 15, 1969, 249-261 [= *ders.*, TB 75, 1986, 89ff.]).

357 Genauere formkritische Untersuchung der einzelnen Formen bei *G.Liedke* (s. S. 89, Anm.298).

358 Zum weisheitlichen Mahnspruch vgl. *W.Richter* (s. S. 89, Anm.298).

359 Im Bereich des kasuistischen Rechts wurden mehr der *Alt*'schen Thesen beibehalten: gemeinorientalisch; Sitz im Leben in der profanen Gerichtsbarkeit.

360 Vgl. die analoge Unterscheidung von "aspektivischem" und "perspektivischem" Recht bei *E.Brunner-Traut,* Frühformen des Erkennens, 1990, 96: "'Aspektivisches' Recht formuliert den Einzelfall anschaulich konkret, 'perspektivisches' Recht subsumiert abstrakt-allgemein sämtliche Analogiefälle in einer einzigen Regel."

361 *E.Otto,* ZAW 98, 1986, 162. Dort (161ff.) weiter: "Die formgeschichtliche Differenzierung zwischen kasuistischem und apodiktischem Recht weist nicht auf den Herkunftsunterschied eines genuin israelitischen Gottesrechts und eines nichtisraelitischen Profanrechts, sondern auf Funktionsdifferenzen des Rechts innerhalb der israelitischen Gesellschaft: Das apodiktische Recht ist wurzelhaft in der Familie als Todesrecht verortetes Grenzrecht, das Grundnormen des Zusammenlebens und damit des Überlebens der Familie durch die Androhung der Todessanktion sichert....Davon geschieden - nicht nach Herkunft, sondern nach Funktion - ist das kasuistische Recht, das ebenfalls ursprünglich aus familiar strukturierter Gesellschaft stammend im Gegensatz zum apodiktischen Recht zunächst keinerlei Sanktionsfunktion hatte, sondern reines Schlichtungsrecht bei Konflikten zwischen den Familien einer überfamiliaren Rechtsgemeinschaft der Sippe und später der lokalen Rechtsgemeinde war. Im Verlauf israelitischer Rechtsgeschichte gewann das apodiktische Recht eine Tendenz zur Abwanderung aus der Familie in die überfamiliare Rechtsinstitution der Torgerichtsbarkeit, während das kasuistische Recht zunehmend auch Sanktionsfunktionen übernahm. Apodiktisches und kasuistisches Recht bedurften als inner- und intergentales Recht im Ursprung keiner religiösen oder gar kultischen Legitimation. Die Rechtsbegründung gewann sich vielmehr aus der Funktion der Überlebenssicherung der Familie durch Schutz überlebenswichtiger Normen und der Konfliktregelung in überfamiliarer Rechts-

schützend und auf Internalisierung drängend fungiert. Dieses Recht wird dann später dem JHWHglauben, damit dem Gotteswillen und dem Sakralrecht zugeordnet. "Sprecher" des apodiktischen Rechts wird das göttliche Ich.
Wie ursprüngliches Sakralrecht als "Privilegrecht JHWHs" aussah, kann man gut aus Ex 34,10-26(27) erheben.[362] Auch für dieses Israel ist der hier (z.T., wie etwa in V.17.20c.21ab.26b, auch apodiktisch) fordernde Gott aber schon ein "eifernder Gott" (Ex 34,14b). Das Bundesbuch hingegen ist keine in sich geschlossene, in einem Gestaltungsvorgang geschaffene Größe, sondern es sind verschiedene Schichten und Textgruppen zu unterscheiden. Neben mehr profanen, kasuistischen Rechtssätzen (vor allem in Ex 21,1 - 22,19) stehen kultische Vorschriften, die dem "Privilegrecht JHWHs" in Ex 34,10ff. nahestehen. Damit zeigt das Bundesbuch bereits das Zusammenwachsen des Sakralrechts mit dem "profanen" Recht an, spiegelt damit wie mit den hindurchschimmernden sozialen und wirtschaftlichen Verhältnissen aber auch schon eine für Israel spätere Rechtsentwicklung wider, die mindestens in die frühe Königszeit verweist. Eindeutig aber ist schon hier, daß[363] als Gott Israels allein JHWH im Hintergrund steht. Dies wird durch die den Rechtssätzen zuweilen schon im Bundesbuch, dann aber fortschreitend im Dtn und im Heiligkeitsgesetz beigegebenen Begründungen aus der "Heilsgeschichte" Israels, wie aus dem Charakter dieses Volkes und seines Gottes und den damit zusammenhängenden und daraus folgernden Heils- oder Unheilsankündigungen besonders deutlich.[364]
Neben diese, zuerst mehr formkritisch orientierten, neueren Differenzierungen, die aber, wie sich zeigte, auch schon theologische Folgerungen aus sich heraussetzten, traten andere Beobachtungen, die in der Lage waren, das theologische Bild vom "Gesetz" im AT noch weiter zu präzisieren und gegenüber früheren Positionen zu korrigieren.
Mit dem Gesetzesverständnis *G.von Rad's* hat sich *W.Zimmerli* kritisch auseinandergesetzt und dabei für das atl. Gesetzesverständnis allgemein wichtige Fragen herausgestellt[365]. Dabei ging es zuerst um das Problem der Zuordnung des "Gesetzes" zur Predigt der Propheten, da nach *Zimmerli* bei *von Rad* Mose zum

---

gemeinschaft zur Begrenzung überlebensgefährdender Gewalt zwischen den Familien einer Sippe bzw. lokalen Rechtsgemeinde. Davon sind im Ursprung die sakralen Normen des Gottesrechts strikt geschieden, deren älteste Sammlung Ex 34,12-26* (par. Ex 23,15-19*) bewahrt hat. Diese Sammlung enthielt Normen für die Ordnung des Kultes als Ausdruck des Gotteswillens. Von ihnen geht keinerlei ethischer Impuls für das alltägliche Leben in israelitischer Gesellschaft aus."

362 Dazu: *J.Halbe,* Das Privilegrecht Jahwes Ex 34,10-26, 1975 (FRLANT 114) und auch *J.Scharbert,* Jahwe im frühisraelitischen Recht, in: *E.Haag (Hg.),* Gott, der einzige, 1985, 160-183; dort (analog zu *Otto* [s. vorige Anm.] 171: "Dieser Jahweverband bzw. dieses 'Israel' braucht noch kein Privat- und Strafrecht, weil dessen Regelung noch den durch die Sippenhäupter, die 'Ältesten', repräsentierten Primärgruppen, den Clanverbänden, überlassen ist. Die Gruppen aber, die zu Israel gehören wollen, brauchen ein sie verbindendes Sakralrecht, durch dessen Anerkennung sie an Jahwe gebunden werden." So werden dann JHWHs "Privilegien" genannt, wie aber auch die Israels.

363 Abgesehen von Ex 21,6 mit seinem האלהים? Vgl. dazu *J.Scharbert,* (s. vorige Anm.), 179.

364 Vgl. dazu *H.Rücker* (s. S. 89f., Anm.298).

365 *ders.,* Das Gesetz und die Propheten, 1963 (u.ö.), 68-81.

Evangelisten, die Propheten dagegen zum paulinischen Moses, dem Verkündiger des Gesetzes werden.[366] "Gesetz" ist aber schon innerhalb der alten atl. Rechtssammlungen, wie dann auch nach der Verkündigung der Propheten[367], die folglich (vgl. Jes 1,10.16f.; Jer 2,8; 7,9; Hos 4,1f.6.; Am 5,14f.24; Mi 2,2.9; 6,8) damit nichts grundlegend Neues bringen, ein Gebot, "das die Kraft hat, den Menschen oder das ganze Volk Israel aus dem Bunde hinauszustoßen."[368] Israels Gesetz ist nämlich stets auch mit dem Fluch verbunden (vgl. Gal 3,10.13), und auf diesen theologischen Zusammenhang von Gesetz und Fluch verweist *Zimmerli* so ausführlich wie nachdrücklich.[369] "Daß die Verweigerung der Anerkenntnis der Gebote den Fluch Jahwes nach sich zog", hatte auch *G.von Rad* gesehen[370], daraus jedoch nicht die notwendigen theologischen Folgerungen in voller Konsequenz gezogen. Man kann und muß aber in diesem Zusammenhang nochmals auf das bereits im Bundesbuch enthaltene[371] sog. Todesrecht verweisen[372], das die auch bedrohende Funktion atl. Rechts mehr als deutlich macht (vgl. auch Gen 9,6). Und in Ex 23,20-33 wird zwar nicht unter den Kategorien "Segen und Fluch", aber doch sehr nachdrücklich und mit dem Verweis auf JHWHs Fürsorge und Hilfe zum Gehorsam aufgerufen (vgl. Ex 34,10ff.). Daneben stehen noch die oft sehr umfangreichen Reihungen von Fluchsprüchen, wie Dtn 27,15-26 und 28,3-6.16-19 in dem umfangreichen Fluchkapitel Dtn 28, in dem Israel sich genötigt sah, sein Ergehen als unter göttlichem Fluch stehend zu deuten. In Dtn 27,15-26 haben die Verse 15 und 26 eine andere syntaktische Struktur als die von ihnen umschlossene Textgruppe. Diese wiederum bildet einen Fluch*dekalog*, der sicher absichtlich so *hinter* dem Gesetzeskorpus des Dtn's steht, wie der eigentliche Dekalog in Dtn 5 *davor*.[373] Was der durch solche Fluchsprüche Gekennzeichnete tut, steht automatisch unter dem Machtwort des Fluches, das performativ ergeht, sprachrealistisch gewertet wird, und dessen Subjekt letztlich JHWH selbst ist. Der Verfluchte steht selbst unter dem Unheil seiner Tat.[374] Er steht damit innerhalb der Sphäre des Bösen und ist folglich aus der Gemeinschaft mit JHWH wie aus seiner zwischenmenschlichen

---

366 a.a.O., 77.

367 Vgl. dazu: *M.Klopfenstein,* Das Gesetz bei den Propheten, in: Mitte der Schrift? *(Hg. M.Klopfenstein u.a.),* 1987, 283-297.- *G.M.Tucker,* The Law in the Eighth-Century Prophets, in: FS B.S.Childs, Philadelphia 1988, 201-216.

368 a.a.O. (s. Anm.365), 78.

369 ebd., 81-93.

370 Theol. I^5, 210.

371 "Segen" und "Fluch" waren noch nicht ursprüngliche Bestandteile des Abschlusses des Bundesbuchs. Ex 23,20-33 sind einerseits sowohl nicht einheitlich als auch später hinzugefügt und haben anderseits inhaltlich andere Akzente. Vgl. dazu *J.Halbe,* Das Privilegrecht Jahwes...(s. Anm.362), 483ff.- Zum Strafen Gottes wie zum Strafen der Menschen nach dem Recht in Ex 21/22 vgl. *A.Schenker,* Versöhnung und Widerstand, 1990 (SBS 139).

372 Vgl. dazu oben S. 98.

373 Dazu *H.-J.Fabry,* Noch ein Dekalog! Die Thora des lebendigen Gottes in ihrer Wirkungsgeschichte, in: FS W.Breuning, 1985, 75-96.

374 Zum Fluchspruch vgl. neben der in Anm.350 genannten Arbeit von *W.Schottroff* auch *V.Wagner,* (s. S. 89, Anm.298), 32ff.- Zur Wirkung des Fluchs vgl. auch *J.Hempel,* Die israelitischen Anschauungen von Segen und Fluch im Lichte altorientalischer Parallelen, in: *ders.,* Apoxysmata, 1961 (BZAW 81), 1-29.

Gruppe, damit aus dem Gottesvolk ausgeschlossen. Fluchspruchreihen und Todesrechtsreihen stehen sich nicht nur formal, sondern auch inhaltlich sehr nahe. In der Fluchreihe "liegt ...ebenfalls eine Sammlung von Kapitaldelikten für die intergentale Gerichtsbarkeit im nomadischen Recht vor"[375]. In beiden Rechtsreihen ging es um den Ausschluß aus dem Heilsbereich der Gemeinde. Das Übertreten auch nur eines dieser "Gesetze" bedeutet Verlassen der Bundestreue, damit Abfall, Fluch und Gericht. Die Gültigkeit des Bundes hängt somit auch am Gehorsam des menschlichen Partners JHWHs. Am gebietenden Willen dieses Gottes kann man auch zu Fall kommen, wie dies schon im "Privilegrecht JHWHs" (Ex 34,12.14f.) und im Bundesbuch ausgesprochen wird (Ex 21,12.15-17). "Gebot ist nicht nur die Gelegenheit, in Randsitutaionen sich zu Jahwe zu bekennen (von Rad). Es kann unversehens auch zum Ort werden, an dem innerhalb des Bundesbereiches Fluch aufbricht."[376] Dann aber entsteht die Frage, ob Übertretung oder Fluch gar zur Gefährdung und Aufhebung des Bundes führen kann, und die Propheten wie die atl. Fluchworte selbst sagen auf diese Frage klar Ja.

"So kommt Israel durch die Verkündigung des göttlichen Gebotes, die über ihm geschieht, an einen eigentümlichen Ort zu stehen. Es hört in der Ausrufung des Gottesrechtes über sich die Erinnerung an die große Gnadentat seines Gottes, der es aus der Unfreiheit Ägyptens herausgeführt und zum Volke Gottes gemacht hat. Es ist dadurch dem Gotte zu eigen geworden, der langmütig ist und reich an Huld und es überreich segnen will. Es ist darin aber zugleich Eigentum des Gottes geworden, der um seinen Willen eifert und es nicht dulden kann, daß sein Volk aus dem Gehorsam ausbricht und ihn zu hassen beginnt."[377] Beides wird man nebeneinander belassen müssen, wenn man dem atl. Zeugnis von der theologischen Bedeutung des Gesetzes JHWHs gerecht werden will. "Der Gott Israels, aus dessen gnadenvoller Zuwendung alttestamentlicher Glaube lebt, bleibt allezeit auch der in seinem heiligen Willen Unerbittliche, ohne daß das eine eindeutig in das andere aufgelöst würde. In der Spannung dieser beiden Aussagen lebt das alte Israel."[378] Israel soll eben "auf JHWHs Stimme hören", wie vor allem die dtr Bewegung es formulierte,[379] und wenn "DtrN" in diesen dtr Zusammenhängen die Rolle von Gesetz und Gehorsam besonders herausstellte, setzte er damit (wie z.B. in Jos 1,7f.; 23,6.13.15f.; 1 Sam 12,19-25; 1 Kön 9,1-9; vgl. auch Am 2,4f. dtr) zwar eigene Akzente, betonte dabei aber nur etwas stets im JHWHglauben Mitgesetztes auf seine Art. Von JHWH geschenkte Gemeinschaft will Anerkennung durch den Menschen, göttliches Erwählen will menschliches Bejahen, will Antwort des Gehorsams. "Tora" ist als Weisung und Wille JHWHs, ist als Bundesbuch oder Heiligkeitsgesetz, als Dtn wie als pentateuchische Sammlung der Rechtssammlungen insgesamt Weisung zum Leben, ist aber auch forderndes und strafendes Gesetz.

Die "Zionstora", die nach Jes 2,2-4 (V.3) und Mi 4,1-4 (V.2) vom Zion ausgeht, dort von den Völkern gesucht wird und bei der vom Fluch gegen ihre Übertreter nicht die Rede ist, hat im und für das AT gegenüber der "Sinaitora" jedoch nicht die große und sie qualitativ verändernde Bedeutung, die ihr zuweilen bei-

---

375 *V. Wagner*, a.a.O., 38.

376 *W. Zimmerli*, a.a.O., 86f.

377 *ders.*, a.a.O., 91.

378 *ders.*, ebd., 93.

379 Dazu *A.K.Fenz*, Auf Jahwes Stimme hören, 1964.- Vgl. Bd. II, § 11.8a.

gelegt wird.[380] Außerdem kann auch bei dieser "Tora" nicht von dem sie vollziehenden Gehorsam abgesehen werden, den sie per se fordert.
Der enge, äußere wie innere Zusammenhang von Bund und Gesetz, von "Jahwe-Wesensoffenbarung" und "Jahwe-Willensoffenbarung"[381], von göttlicher Zuwendung und dadurch geschehender Verpflichtung, wo Bund nicht als Größe ohne Gesetz, Gesetz nicht als Größe ohne Bund, Erwählung nicht ohne Verpflichtung gesehen werden kann, wird in der Priesterschrift[382] durch die bewußte Verbindung von Geschichtserzählung und gesetzlichen Bestimmungen verdeutlicht (vgl. in Gen 1,1 - 2,4a: Schöpfung und Sabbat; in Ex 12: Auszug und Passah). Dabei wird noch, wie in Gen 9 bei Noah und in Gen 17 bei Abraham, der besondere Akzent einer b^erit mit einem dieser verbundenem Zeichen gesetzt, sowie durch die Zuordnung der "Gesetze" zum als (vorwiegend sühnendes) Heilsmittel JHWHs verstandenen Kult[383] ebenfalls deren dem schenkenden Willen JHWHs zugeordneter Charakter betont. Ex 24,15-18 und 25,8, dann 29,42-46 und 40,34f. sind dafür die wichtigsten und zugleich rahmenden wie strukturierenden Texte der priesterlichen Kultgesetzgebung.
Die innere Zusammengehörigkeit von "Bund" und "Gesetz" wurde dann noch durch die Heranziehung der hethitischen (15.-13. Jh.v.Chr.) und vor allem neuassyrischen (9.-7.Jh.v.Chr.) Vertragstexte unterstrichen.[384] Man sah in ihnen ein sog. "Bundesformular" und zog sie zur Interpretation atl. Texte (Ex 19; Jos 24) oder Textcorpora (Sinaiperikope; Dtn) heran. Dies geschah - obwohl z.B. die hethitischen Texte schon lange zuvor bekannt waren - zuerst durch *G.Mendenhall* (1960), dann ausführlich durch *K.Baltzer* in Anwendung auf verschiedene Texte und durch *W.Beyerlin* mit dem Blick auf die Sinaiperikope, wo er die Zusammengehörigkeit von gnädiger Abmachung und Forderung, damit faktisch auch die von Auszugstradition und Gesetzgebung herausstellte. Heute hat dieses Bundesformular der Vertragstexte noch eine große Bedeutung für *N.Lohfink* und *G.Braulik* bei deren Interpretation des Dtn's, das sie als eine Art "Gegenvertrag" gegen assyrische Vertragsbeanspruchung Judas ansehen: Israel ist von JHWH, nicht vom assyrischen Großkönig in Pflicht genommen.
Die Kritik (vor allem durch *G.Fohrer, F.Nötscher* und *D.J.McCarthy*) fragte, ob formgeschichtlich die atl. Texte und Textgruppen wirklich diesem "Bundesformular" entsprächen, worauf hier nicht weiter einzugehen ist. Was aber allgemeiner aufgewiesen werden konnte, war die Tatsache, daß in diesen Vasallen- oder Suzeränitätsverträgen der übergeordnete Großkönig, der sich meist in einer Präambel vorstellte und auch die Vorgeschichte des neuen Vertrages nennt, seinem niedriger gestellten Vasallen einen "Bund", einen Vertrag gewährte, ihm darin z.B. Schutz zusagte, daß aber zugleich der so beschenkte Vasall durch

---

380 Vgl. dazu vor allem: *H.Gese*, Das Gesetz, (s. S. 90, Anm.298), 55-84; dort 75ff.- *P.Stuhlmacher*, Das Gesetz als Thema biblischer Theologie, in: *ders.*, Versöhnung, Gesetz und Gerechtigkeit, 1981, 136-165.

381 So *H.Gese*, Zur biblischen Theologie, [3]1989, 59.

382 Dazu *M.Köckert*, Leben in Gottes Gegenwart. Zum Verständnis des Gesetzes in der priesterschriftlichen Literatur, in: JBTh 4, 1989, 29-61.

383 Vgl. dazu Bd.II, § 13.

384 Die wichtigsten Textveröffentlichungen und die dazu gehörende Lit. sind verzeichnet in *H.D.Preuß*, Deuteronomium, 1982 (EdF 164), 217-219.- Hinzuzufügen sind vor allem: TUAT I/2, 1983.- *S.Parpola/K.Watanabe (Ed.)*, Neo-Assyrian Treaties and Loyality Oaths, Helsinki 1988.

Grundsatzforderungen wie Einzelgebote zu Gehorsam verpflichtet war. Der "Bund" konnte vom Vasallen durch dessen Ungehorsam aufgelöst werden, was Strafmaßnahmen vonseiten des Großkönigs nach sich zog. Es kann heißen: "Beobachte diesen Vertrag und übertritt nicht deinen Bund, damit du nicht dein Leben verlierst."[385] Götter werden zu Zeugen über diesen Verträgen angerufen. Segen und Fluch werden gewünscht bzw. angedroht. Regelmäßige Verlesungen des Vertragstextes sind gefordert. Eine strukturelle Verwandtschaft zwischen diesen (vor allem neuassyrischen) Vertragstexten und atl. Bundes- und Gesetzesdenken ist nicht zu übersehen[386], und es ist sicher auch nicht zufällig, daß eine der wesentlichsten theologischen Durchdringungen der Probleme von Bund, Erwählung, Gesetz und Verpflichtung im Dtn und dessen Schichten wie in der daran anschließenden und sich darin spiegelnden dtr Bewegung stattgefunden hat.

J.Begrich's Alternative von Geschenkberit ohne Verpflichtung und Vertragsberit erweist sich folglich erneut als zu eng. Es gab eben auch den gewährten, zusagenden Bund, der zugleich mit der Proklamation einer Verpflichtung verbunden war. So muß festgehalten werden: "Die Erwählung Israels ist nicht denkbar ohne die Gültigkeit seines Gottesrechtes und das in ihm verborgene drohende Gericht."[387] "In der Rückschau aber dürfte deutlich werden, daß sich die radikale Deutung des AT als des 'Gesetzes', wie sie von Marcion bis zu Hirsch immer wieder versucht wurde, ebensowenig rechtfertigen läßt wie die Deutung des in sich verstandenen AT als eines reinen Wortes der Gnade, wie sie als Gefahr in der neuesten Phase at.licher Arbeit am Rande erscheinen könnte."[388]

Auch nach dem Dtn[389] in seinen unterschiedlichen Schichten mit den gerade bei der Wertung des "Gesetzes" zu erkennenden Nuancen ist das hier stark paränetisch angereicherte Gesetz "zum Leben", "dir zum Besten" (Dtn 10,13) und auch zu einem langen und guten Leben im guten Land gegeben (Dtn 5,33; 7,12ff.; 11,8ff.; 30,11ff.15ff.; 32,47 u.ö.). Gleichzeitig ist in eben diesem Dtn aber auch von Ausrottung (Dtn 13) und vom Fluch die Rede (Dtn 27/28). Das Gesetz wird auch zum "Zeugen gegen dich" (Dtn 31,26). Ob das Gesetz zum "Leben" oder zum "Tode" gegeben sei, ist somit eine der Spannungen, in denen das atl. Israel belassen wurde. Ez 18,9.17.23 und 20,11 stehen neben Ez 20,25f.[390] und

---

385 So nach *W.Zimmerli*, TB 19², 268.

386 Dazu *K.Baltzer*, Das Bundesformular, ²1964 (WMANT 4), 97f.: "Es wird immer erstaunlich bleiben, daß in Israel das Verhältnis zu seinem Gott in einer so nüchternen Form erfahren und bekannt worden ist. Diese Form ist eng mit der Geschichte und ebenso mit dem Recht verbunden. Darin unterscheidet sich Israel sicher von dem, was in seiner Umwelt als 'religiös' galt, indem dort die Götter sich in erster Linie in den Perioden der Natur und im Kultmythus darstellten. Dagegen bekennt Israel, daß sich Jahve in der Geschichte offenbart hat. Israel weiß, daß Jahve ein Gott des Rechts, nicht der Willkür ist."

387 *W.Zimmerli*, TB 19², 271. (Das dort stehende "in ihm verborg*enen*" ist wohl ein Druckfehler. Oder soll es "verborgen" heißen?).

388 *ders.*, ebd., 276.- Vgl. *A.Jepsen*, Der Herr ist Gott, 1978, 161f.

389 Vgl. zu ihm besonders: *G.Braulik*, Gesetz als Evangelium, (s. S. 90, Anm.298).- *M.Köckert*, Das nahe Wort, ThPh 60, 1985, 496-519.

390 Zu der atl. ungewöhnlichen Aussage in Ez 20,25 ("Auch gab ich ihnen ungute Satzungen und Rechte, durch die sie nicht leben sollten") und ihrer Problematik (Grundsatzaussage einmaliger Art oder bezogen auf das anschließend erwähnte

Esr 7,27 mit seinem "herrlich machen" neben Neh 8,9-12 und dem dort erwähnten Weinen. Nach Jos 24,19 kann Israel sogar JHWH gar nicht dienen, denn er ist heilig und eifernd und wird nicht vergeben, und Dtn 9,4-6 betonen nachdrücklich die fehlende "Gerechtigkeit" des angeredeten Israel.[391]
Nach dem dtr bearbeiteten Abschnitt Jer 31,31-34 jedoch wird JHWH beim neuen Bund seine Tora ins Herz der Menschen schreiben und ihnen vergeben. Es wird also auch Schuld zu bereinigen sein, wenn dem Willen JHWHs dann neu entsprochen wird. Israel sah sich in Erwählung und Verpflichtung, unter Verheißung und Geheiß. Seine Hoffnung richtete sich auch darauf, daß einmal, wenn JHWH seinen Bund mit Israel im neuen Bund vollenden werde, es dem gnädigen und zugleich fordernden Willen JHWHs ganz entsprechen werde (vgl. auch Ez 36,26f.; 37,24; Dtn 30,6).
Daß neben den ethischen Weisungen der atl. Rechtssammlungen auch kultische stehen, die von den ethischen sich nicht durch geringere Würde oder Wichtigkeit unterscheiden, mag vielleicht heutige Leser des AT verwundern, nach der Meinung des AT jedoch besteht zwischen beiden kein Wertunterschied. Kultische Rituale und Opfergesetze (Lev 1-7; Num 28/29), Bestimmungen über die Errichtung eines Heiligtums (Ex 25-31) und deren Vollzug (Ex 35-40), Reinheitsbestimmungen und Speisegesetze (Lev 11-15; Dtn 14) stehen neben ethischen Weisungen und sind im jeweiligen Kontext eng mit ihnen verbunden, wie schon im sog. Privilegrecht JHWHs (Ex 34,10-27), im Bundesbuch (Ex 22,19. 28-30; 23,14ff.) und dann im Dtn wie im Heiligkeitsgesetz (vgl. Lev 18/19 in Lev 17-26). Auch diese kultischen Bestimmungen wollen das Gottesvolk nach dem Willen JHWHs gestalten, erhalten und immer wieder reinigen.[392]
Was das Dtn (Dtn 23,4-9) und das Heiligkeitsgesetz geboten hatten, nämlich daß das exilisch-nachexilische Israel als ein heiliges und von den Völkern und ihren Gebräuchen abgesondertes Volk leben sollte, wurde nicht voll befolgt. Dem Esra wird von Mischehen berichtet (Esr 9,1-5). Die Gemeinde ist aber zur Auflösung dieser Ehen bereit, verpflichtet sich dazu und kommt - trotz geringer Opposition - dieser Verpflichtung nach (Esr 10,1-6.7-17). Nach Neh 7,72b - 8,8 hat dann Esra vor der Volksversammlung feierlich "das Buch des Gesetzes Moses" verlesen, während Leviten das Volk genauer in diesem Gesetz unterwiesen. Welches Buch Esra hier verlas, ist unbekannt und umstritten. Vieles spricht für das Dtn, einiges für den gesamten Pentateuch.[393] Das schriftliche Gesetz als Buch erhält damit seine allgemein verpflichtende Position und Würde, wohl auch seinen Ort im Tora- und Wortgottesdienst. Daß all dies ein Grund zur Freude war, wird mehrfach betont (Neh 8,10ff.). Eine feierliche Verpflichtung auf dieses Gesetz rundet alles ab (Neh 10). Der Hinweis auf die Freude, die positive Wertung des "Gesetzes" in den Psalmen 1, 19B und 119[394] und die Bezie-

---

Erstlingsopfer [Ex 22,28], aber auch dann noch theologisch in seiner Wertung göttlichen Gebots rätselhaft genug) vgl. *W.Zimmerli,* BK XIII/1, 449f. und *H.Gese,* FS W.Zimmerli, 1977, 140-151.

391 Zu Dtn 9,1-6 besonders: *G.Braulik,* Die Entstehung der Rechtfertigungslehre in den Bearbeitungsschichten des Buches Deuteronomium, ThPh 64, 1989, 321-333; dort 328ff.

392 Vgl. dazu *B.S.Childs,* Theol., 84ff.- Dann in Bd.II, § 13 zum atl. Kultus.

393 Vgl. die Kommentare zu Esr 7 und Neh 8.

394 Dazu *H.-J.Kraus,* Freude an Gottes Gesetz, EvTh 10, 1951/52, 337-351.

hung von Gesetz und lobendem Gottesdienst nach den Chronikbüchern[395] lassen etwas davon ahnen, daß die nachexilische Zeit nicht unbedingt die einer Erstarrung und Verknöcherung wurde und war.[396] Esr 7 zeigt, wie das "Gesetz" Israels, die "Weisheit deines (=Esras) Gottes", nun auch von den Persern anerkanntes Reichsrecht (V.12-16) und Israel bindendes, zu lehrendes (V.25) und bedrohendes (V.26) Gesetz wurde, das jetzt verschiedene ältere Rechtssammlungen in sich vereinte und dann als Pentateuch zu einer neuen Einheit mit den beiden Schwerpunkten von Gesetz und Geschichte verband.[397]
Das chronistische Geschichtswerk[398] setzt die bereits geschriebene Tora JHWHs (bzw. Gottes, des Mose) ebenfalls voraus (1 Chr 22,12; 2 Chr 17,9; 23,18; 25,4; 34,21; Neh 8,18 u.ö.), und sie "interessiert den Chr (zuerst) als Norm, die den Jahwekult von Jerusalem bestimmt und bewahrt"[399], ist aber zugleich "Urkunde und Signum der bleibenden Erwählung Israels" und behält "ihre anklagende und schuldüberführende Funktion."[400] Inhaltlich geht es dabei um die Abwehr von Fremdkulten, um die kultische Alleinverehrung JHWHs in Jerusalem und um deren materielle und technische Sicherung und Gestaltung (vgl. auch Ez 40-48 und Mal 3,6-12). Dtn/dtr und priesterschriftliche Anliegen werden damit aufgenommen und vertieft.
Die im engeren Sinne gefaßte atl. Weisheitsliteratur (Spr; Koh; Hi), schweigt vom "Bund" wie vom "Gesetz JHWHs". Die im (weisheitlichen?) Sippenethos sich vielleicht anbahnende, im Dtn sich bereits thematisch wie literarisch aber deutlich vollziehende Verbindung von "Gesetz" und "Weisheit"[401] (vgl. nur Dtn 4,[5]6-8) findet somit ihren Fortgang in Esr 7,25 und in den nachexilischen Psalmen 1, 19(B) und 119, sowie dann bei Jesus Sirach (Sir 24 u.ö.). Hierbei wurde die Tora JHWHs zur Anreicherung und genaueren Ortsbestimmung der Weisheit innerhalb des JHWHglaubens in die Weisheit hineingeholt. So fragt jetzt auch die Weisheit deutlicher nach dem Willen JHWHs, zugleich wird dadurch aber die Tora auch zum kosmischen Gesetz.

7. Alle Pentateuchquellen zeigen die Person des *Mose*[402] im Mittelpunkt der mit Exodus, Sinai und Wüstenzug stehenden Ereignisse (vgl. auch 1 Sam 12,6.8; 1

---

395 Vgl. dazu: Bd.II, § 9.3 und § 13.3.

396 Diese Erkenntnis ist nicht erst eine Frucht neuerer Arbeiten, sondern man hätte solches schon bei *A.Bertholet* (Bibl. Theol. des A.T., Bd.2, 1911, 1) lesen können.

397 Vgl. zu diesem Prozeß und ihren möglichen (auch politisch-sozialen) Hintergründen: *F.Crüsemann*, Der Pentateuch als Tora, EvTh 49, 1989, 250-267 (Lit.).- Zur Wertung der Tora im nachexilisch-frühjüdischen Judentum vgl. auch: *J.Maier*, Zwischen den Testamenten, 1990 (NEB AT, Erg.-Bd.3), 212ff.

398 Dazu genauer: *U.Kellermann*, Anmerkungen zum Verständnis der Tora in den chronistischen Schriften, BN 42, 1988, 49-92.

399 *U.Kellermann*, BN 42, 1988, 51 (dort 51ff. und besonders in der Tabelle S.67-70 die Belege aus Chr, Esr und Neh): "Der Kultus ist in jener Zeit gefährdet und muß hinsichtlich seines technischen Ablaufs und seiner materiellen Versorgung gesichert werden" (66).

400 *U.Kellermann*, ebd., 91.

401 Vgl. dazu: *H.D.Preuß*, Deuteronomium, 1982 (EdF 164), 84-90 (Lit.) und *H.von Lips*, Weisheitliche Traditionen im N.T., 1990 (WMANT 64), 51-62 (Lit.).

402 Lit.: *R.Smend*, Das Mosebild von H.Ewald bis M.Noth, 1959.- *E.Osswald*, Das Bild des Mose in der kritischen atl. Wissenschaft seit J.Wellhausen, 1962.-

Kön 8,53 dtr). Er erfuhr seine Berufung durch JHWH (Ex 3+6), wird Wortmittler bei der Rettung am Meer (Ex 14) wie bei der Theophanie auf dem Sinai (Ex 19), ragte mit seiner Geistbegabung über andere weit hinaus (Num 11) und stand wie kein anderer in direkter Verbindung mit JHWH (Ex 33,11; Num 12,8). Im Gefolge von *M.Noth* und *G.von Rad* spricht man hierbei meist von vier Traditionszusammenhängen, in denen Mose erscheint: Herausführung aus Ägypten, Führung in der Wüste, Offenbarung am Sinai, Hineinführung in das Kulturland. *M.Noth* und ihm weithin zustimmend *G.von Rad*[403] fragten nun, in welcher dieser Traditionen Mose ursprünglich beheimatet sei[404]. Daß er nämlich in allen begegne, sei erst das Ergebnis eines harmonisierenden Ausgleichs. Da von beiden Forschern außerdem eine ursprüngliche Trennung dieser Traditionen (z.B. Exodus von Sinai) vertreten wurde, kann Mose auch schon aus diesem Grunde nicht in mehreren Traditionen verankert sein. Im Credotext Dtn 26,5ff. fehle sein Name, in Jos 24,5 sei er Zusatz. In der Sinaitradition sei Mose nun am losesten verankert. Hier werde nämlich nichts über ihn gesagt, was über seine Rolle als Sprecher und Führer hinausgehe. Auch zur Herausführung habe er keine spezielle Beziehung, denn es werden auch dort von ihm nur Dinge gesagt, die er hat tun und sagen müssen, nachdem er einmal in die Rolle des Führers hineingewachsen war. Zur Kadeschtradition (Ex 17/18; Num 13/14) kann er auch nicht gehören, da *M.Noth* diese Tradition als solche bestreitet. Das Thema "Führung in der Wüste" sei dann nur eine Zusammenfassung von Einzelsagen, und in diesen habe Mose wieder nur die typische Sprecher, Vermittler und Führerrolle. Auch in Ex 17,8ff. (Amalekiterschlacht) sei er nicht besonders fest verankert. Seine Heirat mit einer ausländischen Frau allerdings (Ex 2,16ff.; vgl. Num 12,1) sei wohl eine Art Urgestein, nur war diese Frau keine Midianiterin, da dies erst aus der späteren Kombination mit der Gottesbergtradition (Ex 18) herausentwickelt sei. Ursprünglichstes Element sei vielmehr allein die Mosegrabtradition (Dtn 34), denn gerade eine Grabtradition zeige am deutlichsten, wo eine Gestalt ursprünglich hingehöre. Aber auch in den damit verbundenen Traditionskomplex der Hineinführung in das Kulturland sei Mose erst sekundär eingefügt worden, weil sein Grab eben am Wege der landnehmenden Israeliten lag. Damit soll also faktisch alles über Mose und noch dazu in der uns vorlie-

---

K.Koch, Der Tod des Religionsstifters, KuD 8, 1962, 100-123 (= *ders.,* Studien zur atl. und altoriental. Religionsgeschichte, 1988, 32ff., mit Ergänzungen).- *F.Baumgärtel,* Der Tod des Religionsstifters KuD 9, 1963, 223-233.- *S.Herrmann,* Mose, EvTh 28, 1968, 301-328 (= *ders.,* TB 75, 1986, 47ff.).- *H.Schmid,* Die Gestalt des Mose, 1986 (EdF 237), dort weitere Lit.- *G.W.Coats,* Moses. Heroic Man, Man of God, 1988 (JSOT Suppl 57).- *E.Aurelius,* Der Fürbitter Israels, 1988 (CB OT 27).- S. auch *B.S.Childs,* Theol., 108ff.

403 *M.Noth,* Überlieferungsgeschichte des Pentateuch, 1948 (u.ö.), 172ff.; *G.von Rad,* Theol. I^5, 302ff.- Zur Forschungsgeschichte ausführlich: *H.Schmid* (s. vorige Anm.).

404 Aus der Diskussion, ob Mose mit dem Ägypter Bay/Beya aus der 19.Dyn. identifizierbar ist, möchte ich mich heraushalten. Vgl. dazu: *E.Knauf,* Midian, 1988, 135ff.; *J.C.de Moor,* The Rise of Yahwism, 1990 (BETL XCI), 136ff. Darüber, daß JHWH (und damit ein "Jahwismus") älter als Mose ist (a.a.O., 168ff. u.ö.), sollte kein Streit entstehen. Die entscheidende Frage ist jedoch, ob dieser für das AT oder gar in ihm noch eine entscheidende, theologisch prägende Rolle spielt.

genden relativ ausführlichen Form aus dieser Grabtradition herausgesponnen worden sein.

Die Kritik hat hier mit Recht eingesetzt, und *J.Bright* konnte bissig bemerken: "Es scheint also, daß wir vom historischen Mose nur dieses sicher wissen, daß er starb - was, wenn eine vorlaute Bemerkung gestattet ist, eine sehr vernünftige Annahme ist."[405] Daß man nun jedoch nicht umgekehrt gleich folgern muß, daß Mose Befreier, Organisator, Gesetzgeber, Religionsstifter und anderes mehr war, dürfte eindeutig sein.

Aber es drängen sich gegenüber dieser kritischen Schau von *M.Noth* und *G.von Rad* doch gewichtige Fragen auf. Daß der Name des Mose im Credotext Dtn 26,5ff. fehlt, besagt gar nichts, denn in diesem Text wird, da es um das Bekennen der Heilstaten JHWHs geht, überhaupt kein menschlicher Name genannt (vgl. nur V.5). Warum muß das, was über Mose gesagt wird, über die Beschreibung seiner Rolle als Sprecher und Führer hinausgehen? Vielleicht war Mose ja eben dieses. *Warum* wuchs Mose in die Traditionen hinein, in denen er nicht beheimatet war? Ist außerdem die Trennung der genannten vier Traditionen berechtigt, die doch sämtlich auf den Einzug ins Kulturland unter dem Gott JHWH zielen, von dem (wie von Mose) auch in den anderen Traditionen die Rede ist? War Mose nicht vielleicht gerade das, was *M.Noth* ihm abspricht, nämlich ein sog. niedriger Mittler, ein Sprecher JHWHs, sein Dolmetsch und Interpret? Wie steht es um den Zusammenhang des ägyptischen Namens des Mose, dem in Ex 1+2 geschilderten Milieu und der Herausführung aus Ägypten? Schon beim Jahwisten[406] ist Mose als eine Art "inspirierter Hirte" (*G.von Rad*) in allen Traditionen vorhanden und fungiert vor allem als Ankünder und Deuter der Rettung (Ex 3,16f.; 14,13f.), als Fürbitter (Ex 8,26; 9,28f.; Num 11,11) und Wortmittler mit Retterfunktion, während Führer des Volkes und Wundertäter allein JHWH ist. Der Elohist stellt dann Mose schon etwas mehr als Führergestalt heraus (Ex 3,10.12) und als Persönlichkeit, die selbst Propheten überragt (Num 11,25ff.; 12,7), aber auch wiederum als Mittler (Ex 20,19) und Erteiler von Weisung (Ex 18,19f.). Nach dem Dtn ist Mose als "Prophet" (Dtn 18,15; 34,10) der typische Ausleger der Tora (Dtn 1,5; 18,18) und als solcher wiederum der Prototyp des wahren Propheten. Nur durch ihn redet JHWH zu seinem Volk (Dtn 5,20-26). Mose ist aber auch wieder Fürbitter für Israel (3,24f.; 9,25-29; vgl. Kap.32 und Jer 15,1), der sogar bereit ist, für sein Volk zu leiden und zu sterben (Dtn 3,23ff.). Ähnlich lassen ihn dtn/dtr Texte innerhalb der sog. Murrgeschichten sehen (Ex 15,22-26; Num 11,1-3; 14; 21,4-9; vgl. auch Ex 32,11-13[407]), wo er öfter als "Knecht JHWHs" bezeichnet wird (Num 12,7; vgl. Jos 1,1f.7 u.ö.). Nach der Priesterschrift[408] wird Mose allein für das Gespräch mit JHWH freigestellt (*G.von Rad*), ist er der einseitige und notwendige Mittler von JHWH zum Volk (Ex 24,15b-18a; 34,29ff.; dann Ex 12,28; 29,42; Lev 8,36; Dtn 34,9b). Er bekommt aber den Priester Aaron an seine Seite, der dann bei den Plagen, die von P als Machterweise JHWHs geschildert werden,

---

405 *Ders.*, Altisrael in der neueren Geschichtsschreibung, 1961 (AThANT 40), 56.

406 Zum Mosebild der Pentateuchquellen vgl. *G.von Rad*, Theol.I^5, 302ff.; mit anderen Akzenten: *Coats*; vgl. auch *W.Zimmerli*, Theol.^{6}, 69f.; *W.Eichrodt*, Theol.I^5, 190ff.- Zu Ex 3+4 vgl. auch *G.Fischer*, Jahwe unser Gott, 1989 (OBO 91).

407 Zu diesen Texten vor allem *E.Aurelius* (s. Anm.402).

408 Zum Mosebild von P siehe *F.Kohata*, Jahwist und Priesterschrift in Exodus 3-14, 1986 (BZAW 166), 77-80.

als Wundertäter fungiert. Beide werden aber auch betont als Sünder gekennzeichnet, die daher auch nicht ins verheißene Land kommen werden und können (Num 20,10ff.). Mose überträgt von seiner Lebenskraft (Num 27,20) auf seinen Nachfolger Josua und vermittelt ihm Weisheit (Dtn 34,9).

Mose war demnach offensichtlich von vielem etwas oder sollte es zumindest sein,- Seher, Prophet, Fürbitter, Gesetzgeber und Gesetzesausleger, Mittler. Er war aber vor allem eine charismatische Figur, ein von JHWH gepackter und überwundener Mensch[409], JHWHs Sprecher, der das der Exodusgruppe widerfahrene, rettende Auszugsgeschehen verhieß und deutete. Die von ihm gegebene Deutung des Geschehens, die Interpretation des Ereignisses, das schon hier und eben auch hier im Bereich des AT sich findende Ineinander von Wort und Geschehen wurde zur Glaubensgrundlage Israels, zu seinem Urerlebnis, seiner Urerwählung. Mose führte diesen Gott, der ihm begegnet war (Ex 3) und dieses Volk durch sein Zeugnis zusammen, so daß diese Gruppe zum "Volk JHWHs" werden konnte.[410]

So wurde und wird immer wieder mit Recht betont, daß, wenn man die Geschichtlichkeit des Mose aus welchen Gründen auch immer bestreitet, man wohl oder übel eine andere Gestalt für eben diese seine Funktionen erfinden müsse. Natürlich soll damit nicht die Historizität des gesamten Mosestoffes behauptet werden, aber es gilt auch hier, daß Geschichten um Geschichte kreisen (*G.Fohrer).* In der sog. Midianiterschicht ist Mose fest verankert (Ex 2,11 - 4,26 und Kap.18). Er, der zu einer Gruppe des späteren Israel gehörte, die sich zeitweilig in Ägypten aufhielt, trug einen ägyptischen Kurznamen, war daher wohl in ägyptischer Umgebung aufgezogen oder erzogen worden und dann mit dem Geschehen um die Herausführung aus Ägypten als deren Ankünder und Deuter eng verbunden. Er lernte JHWH am Gottesberg der Midianiter kennen[411] (Ex 3)[412], heiratete eine midianitische Frau (ein in späterer Zeit völlig unerfindlicher Erzählzug), verkündigte diesen (wohl auch bei den Midianitern verehrten) JHWH als den die Exodusgruppe rettenden Gott und führte die Gruppe zu eben diesem Gottesberg, um sie dort diesem JHWH nun auch zu verbinden und zu verpflichten. So war Mose der Mittler zwischen Midian und Israel, zwischen JHWH und dem Exodus sowie dem Exodus und dem Sinai.

Doch nun hat die Frage nach Mose noch eine weitere Nuance und Bedeutung erfahren und zu diskussionswürdigen Folgerungen geführt. Wenn Mose (so *M.Noth*) in den genannten Traditionen nirgends zu Hause war, wenn er außerdem keine Führerpersönlichkeit, kein Sprecher JHWHs war, dann fällt er auch als möglicher Religionsstifter aus, dann ist er auch als ein solcher "tot". Wie kann man dann Ursprung und Herausbildung des Glaubens Israels erklären?

K.Koch nahm diese Fragestellung auf. Ist und bleibt Mose als Religionsstifter tot[413] und kann auch Abraham nicht als Religionsstifter angesehen werden, so bricht die Frage auf: "Wie also entstand Israels Besonderheit, die sich vor allem

---

409 "Nicht durch Studium oder Lernen, sondern durch das Aufleuchten unmittelbarer göttlicher Gewißheit wird er was er wird" (*H.Schultz,* Atl. Theologie^5, 1896, 89).

410 Vgl. dazu S. 45 und 85.

411 Vgl. zu diesem Bereich (Sinai, Horeb, Gottesberg) und auch zu Zusammenhängen mit der sog. Midianiterhypothese oben S.76f. + 163f.

412 Ist es Zufall, daß der JHWHname in Ex 1+2 fehlt?

413 Dergleichen Todesurteile sind allerdings immer etwas gewagt, da meist jemand erscheint, der den so Totgesagten wieder auferweckt!

in der Besonderheit seines Gottesverhältnisses äußert? Offenbar wurde sie durch *vielverzweigte* und weit zurückreichende *Vorgänge* angebahnt, die endlich dahin führten, daß sich ein Zwölfstämmebund in Sichem konstituierte und sich zur ausschließlichen Verehrung Jahwes verpflichtete."[414] Es sind dabei drei Traditionsballungen feststellbar, welche die hauptsächlichen Wurzeln dieser Entwicklung waren: Der Auszug, das Sinaigeschehen und die Erzväter. Dies aber war nicht alles, was Israels Religion formte, sondern es kamen z.B. hinzu die Einrichtung der Amphiktyonie (mit Parallelen im griechischen Bereich), das hethitische Bundesformular, die Vorstellung vom Heiligen Krieg, die Lade mit der ihr zugehörigen Theologie u.a.m. In Israels Religion kreuzen sich folglich die verschiedensten Einflüsse[415], aber das Ganze ist auch hier mehr als seine Teile, denn alles hat sich immer mehr israelitisch entwickelt. Diese Entwicklung war aber auch weiterhin stets durch Anstöße von außen mitbestimmt, wie z.B. durch jebusitische Kulttraditionen, phönizische Tempelvorstellungen, ägyptisches Königsritual usw. *"Ohne diese Anstöße von außen und die* dadurch bedingten *Verwandlungen im Innern wäre der Glaube Israels nicht so gewachsen* bis in die Tage Jesu, wie er gewachsen ist."[416] Israels Besonderheit ist nicht abgesehen von seinem historischen Rahmen denkbar. Damit ist Offenbarung der Ablauf einer weitverzweigten, die Breite des menschlichen Lebens umfassenden Geschichte, nicht aber Erlebnis(se) eines einzelnen Menschen - wie etwa des Mose. Offenbarung geschieht eben als Geschichte (vgl. *W.Pannenberg*), und Israels Besonderheit bestand darin, "daß das Volk der *Erwählung* allein *verstand*, was den anderen nur *widerfuhr*, so daß hier Schicksal zum Geschick wurde."[417] Man möchte sofort zurückfragen, wieso und warum Israel verstand, was anderen nur widerfuhr? Und gibt es überhaupt eine auf diese Weise entstandene Religion?

F.Baumgärtel hat *K.Koch* vehement und wohl weithin mit Recht widersprochen. *Koch's* Aufsatz zeige deutlich die Grenze traditionsgeschichtlicher Forschung. Die Einzigartigkeit der Religion Israels sei eben nicht mehr und mehr geworden, sondern gehöre dieser Religion von Anfang als konstitutives Element an, das sie gegenüber dem Alten Orient abgrenzt (vgl. Gott als eifernder Gott; erstes und zweites Gebot usw.). Anstöße von außen genügen hier nicht zur Erklärung, da das von außen Kommende ja keineswegs nur stets übernommen, sondern umgeprägt, ja auch abgestoßen wurde.

Auch wenn man heute manches (z.B. betreffs des ersten oder zweiten Gebotes) anders sehen mag, bleibt doch die Kernfrage *Baumgärtel's* nach wie vor berechtigt: Woher und inwiefern war denn Israels Offenbarungsverständnis einzigartig?[418] Das Zentrale im atl. Gottesverständnis sei nicht als Produkt eines Werdens zu erklären. Und überhaupt sei der Geschehensverlauf von Geschichte und als Geschichte nicht unter Ausschluß personaler Anstöße und Entscheidun-

---

414 *K.Koch,* KuD 8, 1962, 107.

415 ebd., 113f.

416 ebd., 114.

417 ebd., 117 (als Frage).-Ähnlich wie *K.Koch* auch *R.Rendtorff,* Die Entstehung der israelitischen Religion als religionsgeschichtliches und theologisches Problem, ThLZ 88, 1963, Sp. 735-746 (*ders.,* TB 57, 1975, 119ff.); vgl. dort auch 152ff. (Mose als Religionsstifter?).

418 KuD 9, 1963, 223ff.

gen begreifbar.[419] Das Gottbegreifen Israels geschieht nicht unter Absehung von konkreten Personen und von deren Glaubensentscheidungen. Äußere und innere Geschichte sind eben nicht trennbar. *Baumgärtel* zitiert dann *N.Söderblom*: "Es kann nicht stark genug betont werden, daß Jahwe und Israels Religionsgeschichte dem Historiker ohne Mose noch schwierigere Rätsel bietet. Mose müßte erfunden werden, wenn die Tradition nicht von ihm meldete. Diese ursprünglichste und charakteristischste Offenbarungsreligion ohne Offenbarer und unter irgendeiner anderen Firma erklären zu wollen, ist psychologisch begreiflich als kritische Kurzsichtigkeit, heißt aber die Rechnung verwirren, statt sie zu vereinfachen... Sollte Jahwe der Gott der Propheten und der Weltreligion werden, so mußte seine Offenbarung erst Moses Geist getroffen haben."[420] Das AT spricht nicht zufällig von Mose auch als einem Propheten (Dtn 34,10; vgl. 18,15; dann Hos 12,14 und auch Num 12,2-8).

Man kann ergänzen. Rede von Offenbarung umgreift biblisch stets drei Faktoren: Ein Geschehen, eine Deutung, in der das Geschehen zum Wort wird, und die persönliche Betroffenheit des Wortzeugen. Denn Rede von Gott ist vornehmlich Rede in und aus persönlicher Betroffenheit, in und aus einer Erschließungssituation. Für all dies ist das personale Element, ist der persönliche Zeuge unaustilgbar. Auch Traditionsballungen bilden sich oder verschmelzen nicht ohne Traditionsträger, ohne Interpreten. Ob man dann am Ursprung des JHWHglaubens Israels von Stiftungsreligion redet oder nicht, kann eine sekundäre Frage bleiben. Die Gestalt des Mose jedoch ist aus dem für Israels Glauben entscheidenden Geschehen nicht herausnehmbar, sondern sie hat dort ihren historisch wie theologisch wesentlichen Ort.[421]

Ob allerdings aus den Zeugnissen des AT noch weiteres über die Religion der Mosezeit erhoben werden kann, ist eine in heutiger Forschungssituation kaum zu beantwortende Frage. Daß es eine Zeit ohne Opfer gewesen sein soll (Am 5,25; Jer 7,23f.), ist wenig wahrscheinlich, zumal auch die angeführten Belege eher eine bestimmte Sicht dieser Epoche aus späterer Zeit und mit besonderer Absicht wiedergeben (vgl. auch Ex 24,5.11b). Wie alt die Führungssymbole Zelt und Lade wirklich waren, ist umstritten.[422] Daß die Führungsgottheit der Mosegruppe nur *eine* gewesen ist, ist mehr als wahrscheinlich. Ob es aber schon eine dem späteren ersten Gebot entsprechende Alleinverehrung dieses Gottes (JHWH) gab und dieser Gott schon bildlos verehrt wurde, läßt sich infolge des Fehlens atl. Zeugnisse aus dieser frühen Zeit nicht beantworten.

8. So ist nun genauer zuerst nach dem - auch wirkungs- und auslegungsgeschichtlich bedeutsamen - Dekalog insgesamt, dann nach dem Alter, Sinn und Gegenüber des ersten (Ausschließlichkeitsanspruch JHWHs) wie des zweiten Gebotes (Bilderverbot) zu fragen. Mit allem hängt außerdem das Problem der Herausbildung wie der Eigenart und Geschichte des israelitischen Monotheismus zusammen.

---

419 ebd., 229.

420 ebd., 233 (= *N.Söderblom*, Das Werden des Gottesglaubens, 1916, 310).

421 "Er hat Jahve und Israel in ein unlösbares Verhältnis zueinander gesetzt" (*O.Procksch*, Theol., 69),

422 Vgl. dazu unten S. 289-293.

a) Der *Dekalog*[423] hat seinen Namen aus Dtn 4,13; 10,4 ("die zehn Worte"; vgl. auch Ex 34,28)[424]. Er findet sich zweimal innerhalb des AT, nämlich einmal im Rahmen der Sinaiperikope (Ex 20,2-17), ein zweites Mal im Dtn als dessen Grundlagentext (Dtn 5,6-21), der dann in Dtn 12-25 seine Auslegung erfährt. Er war somit deutlich ein "Stück für sich", das man an unterschiedliche Orte plazieren und dort zitieren konnte. Die Textgestalt beider Dekaloge ist einerseits weithin analog, anderseits unterscheidet sie sich nicht nur, wie vor allem stets herausgestellt wird, im unterschiedlich begründeten Sabbatgebot, sondern auch sonst in mindestens zwanzig Differenzpunkten, wie vor allem der Verbindung und Trennung von Fremdgötter- und Bilderverbot und der Kombination der Gebote durch Tilgung der Syndese (Verbindung durch ו) aus Dtn 5 in Ex 20.[425] Eine dritte, zwischen den beiden atl. Texten vermittelnde, "unierte" Textfassung[426] liegt im Papyrus Nash aus dem 1.Jh.v.Chr. vor. Das AT selbst hat einen solchen Ausgleich nicht versucht. Sowohl die inneratl. Geschichte des Dekalogs wie die seiner späteren Auslegung und durch Auslassungen und Kombinationen verursachten unterschiedlichen Zählung lassen erkennen, daß selbst dieses, aus vielen Gründen zentrale Textstück nicht als unveränderbar angesehen wurde. Es verlangte außerdem durch seine Knappheit und Grundsätzlichkeit nach Interpretation. Im AT werden zwar die zwei "Tafeln"[427] erwähnt (z.B. Ex 31,18 u.ö.), es wird dadurch jedoch keine Aufteilung der Gebote ermöglicht.
Die Fassung in Dtn 5 zeigt eine eigene Strukturierung, bei der das Sabbatgebot - und dies wahrscheinlich aus Gründen der Exilssituation als konkretem Gegenüber - den Mittelpunkt bildet.[428] Die Arbeiten von *F.-L.Hossfeld* haben herausgestellt und gegenüber Kritikern begründet festgehalten, daß die Dekalogfassung von Dtn 5 gegenüber der von Ex 20 die ältere ist, was sich nicht nur wegen

---

[423] Dazu: *J.J.Stamm,* Der Dekalog im Lichte der neueren Forschung, ^{2}1962 (vgl. *ders.,* ThR 27, 1961, 189ff.281ff.).- *J.Schreiner,* Die Zehn Gebote im Leben des Gottesvolkes, 1966.- *H.Schüngel-Straumann,* Der Dekalog - Gottes Gebote?, ^{2}1980 (SBS 67).- *L.Perlitt,* Art. "Dekalog. I: A.T.", TRE 8, 408-413 (Lit.).- *F.-L.Hossfeld,* Der Dekalog, 1982 (OBO 45).- *F.Crüsemann,* Bewahrung der Freiheit. Das Thema des Dekalogs in sozialgeschichtlicher Perspektive, 1983.- *J.Vincent,* Neuere Aspekte der Dekalogforschung, BN 32, 1986, 83-104.- *F.-L.Hossfeld,* Zum synoptischen Vergleich der Dekalogfassungen. Eine Fortführung des begonnenen Gesprächs, in: *ders.(Hg.),* Vom Sinai zum Horeb, 1989, 73-117 (Lit.).- *N.Lohfink,* Kennt das A.T. einen Unterschied von "Gebot" und "Gesetz"? Zur bibeltheologischen Einstufung des Dekalogs, JBTh 4, 1989, 63-89.- *E.Otto,* Alte und neue Perspektiven in der Dekalogforschung, EvErz 42, 1990, 125-133.- Dann auch: *B.S.Childs,* Theol., 63ff.

[424] Zur unterschiedlichen Zählung und Textfassung in den christlichen Kirchen sowie zur Auslegung des Dekalogs im NT und in Katechismen vgl. *B.Reicke,* Die zehn Worte in Geschichte und Gegenwart, 1973.

[425] Dazu genauer die Arbeiten von *F.-L.Hossfeld* (s. Anm.423) und *A.Jepsen,* Beiträge zur Auslegung und Geschichte des Dekalogs, ZAW 79, 1967, 277-304 (=*ders.,* Der Herr ist Gott, 1978, 76ff.).

[426] So *F.Horst,* RGG^{3}, II, Sp.70.- Zu diesem Papyrus: *E.Würthwein,* Der Text des A.T., ^{4}1973, 37 und 130f., sowie *A.Jepsen,* (s. vorige Anm.), 76-78.

[427] Vgl. dazu S. 85.

[428] Vgl. dazu *N.Lohfink,* Zur Dekalogfassung von Dt 5, BZ NF 9, 1965, 17-32 (= *ders.,* SBAB 8, 1990, 193ff.).

der Gen 2,1-3 (P) nahestehenden Begründung des Sabbats in Ex 20,10 nahelegt. Genauer gesagt heißt dies, daß der Dekalog insgesamt ein Werk der dtr Schule oder Bewegung ist und in den Kontext Ex 19-24 erst im Rahmen der Pentateuchredaktion (durch einen R^P?) eingefügt wurde, wie ja auch das Bundesbuch erst sekundär in den Zusammenhang der Sinaiperikope gestellt worden ist; Ex 20,18-21 und 24,1 zeigen deutlich den ursprünglichen Zusammenhang. Infolge dieser Zuordnung zum dtn/dtr Denken unterläßt man es heute auch weithin nach einem hinter Ex 20 und Dtn 5 liegenden "Urdekalog" zu suchen oder einen solchen durch Aussonderung der möglichen Zusätze und durch Rekonstruktion einer einheitlichen (Verbots-) Form zu konstruieren.[429]

"Dekaloge" und d.h. (wohl aus mnemotechnischen Gründen gebildete) Zehnerreihen von Geboten und Verboten finden sich auch an anderen Stellen des AT, wie (wenn auch jetzt nicht mehr überall klar ausgrenzbar) in Ex 23,10-19; 34,14-26; Lev 19,3-12.13-18; Dtn 27,16-25; wohl auch in Lev 18. Dekalogähnliche Sätze stehen in Ps 15,3-5 und 24,4f. Die genaue Betrachtung der Dekalogfassung in Dtn 5 zeigt, daß ihr Vorstufen und damit eine Überlieferungsgeschichte vorangegangen sind, die sich auch in der Form einer fortschreitenden Generalisierung der Ausdrucksweise und damit der Gültigkeit vollzog.[430] Vorstufen des Dekalogs finden sich in kurzen Gebotsreihungen selbst innerhalb des AT (vgl. Hos 4,2; Jer 7,9; siehe auch Ps 81,10f.).

Während das durch die Gebote und Verbote angeredete "Du" der einzelne Fromme in der Gesamtheit des Volkes und damit zugleich diese Gesamtheit als solche ist, ist der Sprecher des Dekalogs einerseits JHWH selbst, anderseits ein Priester oder Prophet. Denn die Gebote 1-2 (nach atl. Zählung) ergehen als JHWHrede mit dem Subjekt des göttlichen Ich, während die folgenden Gebote von JHWH in dritter Person sprechen und folglich einen menschlichen Sprecher voraussetzen und fordern, wenn nicht sogar der Sprecher völlig zurücktritt, wie dies nach dem Elterngebot der Fall zu sein scheint. Die Gebote sind außerdem unterschiedlich lang. Die Anrede erfolgt jedoch gleichermaßen in "apodiktischer", besser kategorischer Form, dies allerdings in der Form knapper Prohibitive wie positiver Formulierung (Elterngebot) oder in Mischung von positiver und negativer Argumentation (Sabbatgebot). "Gottesrecht" und "Menschenrecht", Gebote, die das Verhalten des Menschen gegenüber JHWH und die es gegenüber dem Mitmenschen regeln, stehen gleichberechtigt nebeneinander. Im Dekalog "schützt der Bundesgott sein Gott-Sein, die Erwählung seines Bundesvolkes Israel und darüber hinaus die Würde jedes Menschen."[431]

Wenn die älteste Form des Dekalogs in Dtn 5 zwar Vorläufer hat, jedoch in ihrer vorliegenden Gestalt (erst) aus der dtr Bewegung stammt[432], ist damit zugleich etwas über das Alter wie über den Sitz im Leben dieses Dekalogs ge-

---

429 Als Beispiel für eine solche Rekonstruktion, bei der man durch Angleichung der Gebote an die Verbote und Reduzierung der längeren Ge- und Verbote auf Kurzfassungen eine "Urform" oder "Grundform" (*A.Jepsen*) herstellt, wird oft auf den Versuch von *R.Kittel* verwiesen (Gesch. Israels I^4, 1921, 582).- Vgl. dagegen die Kritik von *L.Perlitt*, TRE 8, 411.

430 Vgl. dazu *W.H.Schmidt*, Überlieferungsgeschichtliche Erwägungen zur Komposition des Dekalogs, VT Suppl XXII, 1972, 201-220.

431 *F.-L.Hossfeld*, Art. "Dekalog", NBL I, Sp. 400-405 (zusammen mit *K.Berger* für NT); dort 402.

432 Vgl. dazu auch *A.Jepsen*, (s. Anm.425), 78ff.

sagt. Man wird den Dekalog in seiner Gesamtgestalt nicht mehr aus der Zeit des Mose oder sogar von ihm selbst herleiten können.[433] Daß der Dekalog nichts enthält, was seiner Herleitung aus der Zeit des Mose entgegensteht (so z.B. *L.Köhler*), wird man angesichts mancher Inhalte auch nicht (mehr) sagen können. Ferner bleibt fraglich, ob man ihn überhaupt aus Israels Frühzeit herleiten kann. Dies sagt nichts über das Alter einzelner, jetzt im Dekalog vereinter Gebote und über deren sozialgeschichtlichen wie theologischen Hintergrund. Einzelgebote wie knappe Reihungen können schon einer frühen Sippenweisheit oder allgemeinen ethischen Unterweisung zugeordnet werden; ein Einfluß prophetischen Geistes muß für keines der Gebote als unbedingte Voraussetzung postuliert werden. Und der prägende Einfluß des durch die Mosegruppe nach Kanaan mitgebrachten und dort auf andere Gruppen übertragenen JHWHglaubens kann auch nicht nur schwach gewesen sein. Altes "Gottesrecht" liegt z.B. in Ex 20,24-26; 22,17-19 (bzw. bis 23,19) und 34,12-26 vor, und der Sabbat ist auch nicht erst ein exilisch/nachexilischer Brauch.[434] Ohne einen starken Anfangsimpuls (*J.J.Stamm*) kann man vieles in der Frühgeschichte Israels nicht erklären.

Wenn aber der uns vorliegende Dekalog in Dtn 5, wie es wahrscheinlich ist, aus der dtn oder besser erst der dtr Bewegung stammt und dort durch Überarbeitung älterer Reihen entstanden ist, wird man ihn nicht (mit *F.Crüsemann*[435]) als Dokument der Solidaritätsethik der freien Grundbesitzer in Israel zur "Bewahrung der Freiheit" nach den mit den Ereignissen um das Ende des Nordreichs 722 v.Chr. zusammenhängenden Erschütterungen ansehen können. Eher ist er ein dtr Programmtext für die Art des neuen Gehorsams, wie dieser im und nach dem Exil von "ganz Israel" gefordert wird und im Dtn seine Auslegung und Anreicherung (z.B. gerade auch betr. der "Waisen und Witwen")[436] erfährt. Damit ist sein erster "Sitz im Leben" wohl auch ein "Sitz in der Literatur"[437]. Daß der Dekalog nachexilisch einen "Sitz im Leben" auch im Kultus bekommen hat, ist anzunehmen. Für die Zeit vor dem Exil jedoch ist es unwahrscheinlich.

Die Präambel (Ex 20,2; Dtn 5,6) mit ihrer "Huldformel"[438] ("Ich bin JHWH, dein Gott") stellt zunächst die der Verpflichtung vorausgehende Tat des befreiend handelnden Gottes heraus. Gehorsam gegen den Dekalog ist Ausdruck der durch die Erwählung geschenkten Gemeinschaft zwischen dem hier jetzt fordernden Gott und dem einzelnen Israeliten wie dem Volk JHWHs überhaupt. Der nachdrückliche Hinweis auf den "Eifer" dieses erwählenden und nun fordernden Gottes (Ex 20,5; Dtn 5,9)[439] unterstreicht zusammen mit der Nennung der Schuldsolidarität der Generationen[440] den Ernst der Verpflichtung. Die folgenden Gebote nennen dann Grundnormen für Israel, geben Grundlagen für zu entfaltendes Recht.[441]

---

433 So z.B. noch *M.Buber, P.Volz, W.Eichrodt, H.H.Rowley.*

434 Vgl. dazu Bd.II, § 13.5.

435 Siehe S. 112, Anm.423.

436 Vgl. dazu *N.Lohfink*, Das deuteronomische Gesetz in der Endgestalt - Entwurf einer Gesellschaft ohne marginale Gruppen, BN 51, 1990, 25-40.

437 So z.B. mit *F.-L.Hossfeld* und *L.Perlitt* (s. S. 112, Anm.423).

438 So mit *A.Jepsen.*

439 Vgl. dazu S. 116+276f.

440 Vgl. dazu S. 69.

441 Zum ersten und zum zweiten Gebot siehe unter b) und c) (S. 116ff.).

JHWH hat zwar seinen Namen kundgetan, sich aber damit nicht den Menschen ausgeliefert.[442] Zu Zauber, Magie, Meineid oder Fluch soll dieser Name nicht "mißbraucht" werden (vgl. Lev 24,10-23). Wie wichtig das Sabbatgebot war, wird sowohl durch die gewichtigen Begründungen verdeutlicht, die ihm beigegeben werden, als auch durch seine Ausführlichkeit und seine (zumindest in Dtn 5) zentrale Stellung innerhalb des Dekalogs. Die ältere Fassung des Sabbatgebots in Dtn 5,12-15 argumentiert in ihrer Begründung (V.15) heilsgeschichtlich-sozial, die jüngere Fassung in Ex 20,9-11 schöpfungstheologisch (V.11). Beide Begründungen rekurrieren jedoch jeweils auf ein Handeln JHWHs, das dem Sabbat seine Bedeutung und Würde gibt. Die Gabe des Sabbats aber besteht in der Ruhe für den Menschen von der Arbeit, in die auch Knecht, Magd und Vieh eingeschlossen sind. Die Ehefrau wird jedoch nicht genannt! Das Elterngebot will den erwachsenen Sohn an die Versorgung seiner Eltern verpflichtend erinnern.[443] Das Tötungsverbot wendet sich gegen das Töten in Selbstjustiz, gegen den Mord. Das Töten im Krieg oder die Todesstrafe - beides dem AT bekannt und geläufig - sind nicht mit im Blick. Das Verbot des Ehebruchs will den Einbruch des Mannes in eine fremde Ehe verhindern, denn der Mann kann nach atl. Recht nur eine fremde Ehe "brechen", die Frau nur die eigene.[444] Was in der Bergpredigt (Mt 5,27-32) zu diesem Gebot gesagt ist, stellt gegenüber dem AT eine Verschärfung dar. Das Verbot des Diebstahls bezog sich ursprünglich vielleicht auf den Menschenraub.[445] Dann wäre es auch deutlicher von den Verboten des "Begehrens" (10. bzw. 9. und 10. Gebot) abzuheben, da das dort verwendete Verbum חמד keineswegs nur ein innerliches "Trachten nach", sondern auch die Machenschaften bezeichnet, mit denen man sich fremdes Gut anzueignen versuchte. Das Diebstahlsverbot wurde jedoch dann auf das Entwenden von Gütern allgemein bezogen. Das Verbot falschen Zeugnisses (nicht der Lüge allgemein[446]) will falsche Anklage und falsche Zeugenaussagen verhindern. Wenn in der Dekalogfassung von Dtn 5 die Frau noch gesondert beim Verbot des "Begehrens" steht (Dtn 5,21), in Ex 20,17f. diese Würde dem "Haus" und damit der Habe insgesamt zuteil wird, die Frau hingegen zu "Knecht, Magd und Vieh", damit deutlicher als in Dtn 5 zum Besitz gestellt wird, dann hat dies nicht nur seinen Grund darin, daß man wegen der Verselbständigung des Bilderverbots in Ex 20 am Schluß zwei Gebote vereinen mußte, um wieder die Zehnzahl zu erreichen. Es spiegelt sich darin wohl auch die nachexilisch-priesterlich-kultische Abwertung der Frau wider, die durch den Hinweis auf Gen 1,27 nicht bestritten werden kann.[447] Daß der Dekalog mit seinen Geboten nicht alle Lebensbereiche umfaßt und wohl auch nicht umfassen will, wird am Fehlen kultischer An-

---

442 Vgl. dazu S. 161+172f.

443 Dazu genauer *R.Albertz,* Hintergrund und Bedeutung des Elterngebots im Dekalog, ZAW 90, 1978, 348-374.

444 Zur Stellung der Frau, zu Ehe und Heiratsregeln vgl. vor allem: *F.Crüsemann,* "...er aber soll dein Herr sein" (Gen 3,16). Die Frau in der patriarchalischen Welt des A.T., in: *ders./H.Thyen,* Als Mann und Frau geschaffen, 1978, 13-106; dort 25ff.42ff.- *E.Otto,* Zur Stellung der Frau in den ältesten Rechtstexten des A.T., ZEE 26, 1982, 279-305.- *K.Engelken,* Frauen im Alten Israel, 1990 (BWANT 130).- *E.Gerstenberger,* Art. "Ehebruch", NBL I, Sp. 479-481.- Vgl. Bd.II, § 11.1.e.

445 So nach *A.Alt,* Das Verbot des Diebstahls im Dekalog, KS I, 1953, 333-340.

446 Vgl. dazu Bd.II, § 12.4.

447 Vgl. *F.-L.Hossfeld,* in: Vom Sinai zum Horeb (s. S. 112, Anm.423), 113ff.

ordnungen wie daran deutlich, daß Fragen des Verhaltens gegenüber König und Staat oder Personen, die der Fürsorge bedürfen (Witwen, Waisen, Fremdling) nicht angesprochen werden.[448] Hier war eben z.B. das an Dtn 5 anschließende und den Dekalog auslegende Dtn die notwendige Ergänzung. Dies gilt auch und besonders im Blick auf das erste Gebot der alleinigen Verehrung JHWHs in Israel.
b) *Das erste Gebot* innerhalb der Dekaloge (Ex 20,3; Dtn 5,7; vgl. die wohl älteste Fassung in Ex 22,19; dann Ex 23,13.24; 34,14 [hier (urtümlicher?) mit dem Singular לְאֵל אַחֵר]; ferner Ps 81,10)[449] fordert keinen praktischen oder gar theoretischen "Monotheismus", setzt es doch durch seine Forderung, keine anderen Götter JHWH "ins Angesicht" zu haben, deren "Existenz" voraus. Es geht vielmehr zuerst darum, daß in und durch Israel kein anderer Gott als JHWH verehrt werden soll. "Ich bin JHWH, dein Gott, von Ägyptenland her. Du kennst keinen Gott neben mir, es gibt keinen Helfer außer mir" (so schon Hos 13,4; vgl. 12,10). JHWH will für sein Volk Israel der "Einzige" sein. "Neue Götter" sollte Israel sich nicht "erwählen" (so schon Ri 5,8). Die mit JHWH gemachten Gotteserfahrungen waren nicht austauschbar und sollten es nicht sein.
JHWH war außerdem als "eifernder Gott" bekannt[450], und diese Prädikation wird nicht zufällig erstmals im Zusammenhang mit der Sinaitheophanie eingebracht (Ex 20,5) und ist bereits im sog. Privilegrecht JHWHs (Ex 34,14) wie inhaltlich im Bundesbuch enthalten (Ex 22,19; vgl. 23,13.24). Von ihr her wird die Forderung begründet, weder fremde Götter noch (deren) Götterbilder zu verehren (Jos 24,19.23; vgl. Dtn 32,16; 1 Kön 14,22f.). Israel hatte seine Geschichte mit und unter JHWH und dessen befreiender Rettung, Erwählung und Verpflichtung begonnen. "Neuaufgekommene" Götter hatten eben diese Geschichte mit Israel nicht (Dtn 32,17; vgl. Ri 5,8).[451] In der Geschichte mit Israel aber lag JHWHs Proprium, denn dort hatte JHWH und eben nur er sein Volk als der Gott Israels (Ex 5,1) befreit, sich verpflichtet, es geführt und ihm Land zuteil werden lassen. JHWHs Einzigartigkeit wird in Ex 18,8a.9-11* daher auch ganz zentral mit seinem Handeln beim Auszug aus Ägypten begründet, und in analogem Zusammenhang fragt das Moselied "Wer ist wie du unter den Göttern?" (Ex 15,11).

---

448 Vgl. dazu *F.Crüsemann,* (s. S. 112, Anm.423), 8ff.

449 Vgl. dazu vor allem (zusätzlich zur S. 112, Anm.423 genannten Lit.): *R.Knierim,* Das erste Gebot, ZAW 77, 1965, 20-39.- *W.H.Schmidt,* Das erste Gebot, 1969 (ThEx 165); vgl. *ders.,* Atl. Glaube^{6}, 82-91.- *M.Saebø,* "Kein anderer Name", KuD 22, 1976, 181-190.- *N.Lohfink,* Gott. Polytheistisches und monotheistisches Sprechen von Gott im A.T., in: *ders.,* Unsere großen Wörter, 1977, 127-144.- *O.Keel (Hg.),* Monotheismus im Alten Israel und seiner Umwelt, 1980.- *B.Lang (Hg.),* Der einzige Gott, 1981.- *E.Haag (Hg.),* Gott, der einzige, 1985.- *M.Hutter,* Das Werden des Monotheismus im alten Israel, in: FS J.Bauer, 1987, 25-39.- *J.Tigay,* You Shall Have No Other Gods, Atlanta/Gg. 1986 [vgl. S. 129, Anm.542].- Der eine Gott der beiden Testamente (JBTh 2), 1987.- *M.Görg,* Monotheismus in Israel - Rückschau zur Genese, RHS 32, 1989, 277-285.- Vgl. auch: *G.von Rad,* Theol.I^{5}, 216ff.- *W.Zimmerli,* Theol.^{6}, 100ff.

450 Vgl. dazu S. 276f.- "Eifer und Heiligkeit sind ja nur verschieden schattierte Begriffe für ein und dieselbe Eigenschaft Jahwes" *(G.von Rad,* Theol.I^{5}, 217).

451 Vgl. ThWAT I, Sp. 568.

Daß andere Völker andere Götter haben und fremdes Land den Dienst eines anderen Gottes fordert, ist dem AT weithin selbstverständlich (Jos 24,15; Ri 6,10; 10,6; 11,24; 1 Sam 26,19; 1 Kön 11,33; 2 Kön 1,2f.6.16; 3,27; 5,17; Jon 1,5; vgl. Dtn 32,8 t.em. und auch Rut 1,15f.). Ein jedes Volk wandelt im Namen seines Gottes, "wir aber wandeln im Namen JHWHs, unseres Gottes, immer und ewig", kann es Mi 4,5 heißen. Nach Dtn 4,19f. (vgl. 29,25) hat sogar JHWH selbst den anderen Völkern diese Götter zugeteilt.[452] Tritt aber in Israel ein Prophet auf, der zum Dienst fremder Götter aufruft, dann soll er getötet werden (Dtn 13,2-6). Auch sonst ist der Abfall von JHWH dort mit der Todesstrafe bedroht (Dtn 13,7ff.), was aber auch schon für das Verbot des Opferns an andere Götter nach dem Bundesbuch gilt (Ex 22,19). Elia ließ nach 1 Kön 18,40 insgesamt 450 Baalspropheten niedermachen. Religionsgeschichtlich und religionsvergleichend sind ein solches Verhalten oder ein Gebot der Alleinverehrung wie auch das Bilderverbot[453] oder das Phänomen des zu bestrafenden "Abfalls" von einer Gottheit ein Unicum.[454] Wechselte man in Israels Umwelt von einem bevorzugten Gott zu einem anderen, war der erstere wahrscheinlich böse, nahm es übel, aber das polytheistische Umfeld kannte keine Strafe bei Abfall, schon gar nicht als Todesstrafe, sondern war weithin tolerant. Das atl. DtrG (vgl. auch Dtn 29,24ff.) dagegen sah im Abfall Israels zu "anderen Göttern", die Israel nicht kennt und kennen soll[455] und in der damit eng zusammenhängenden "Sünde Jerobeams" als der Verehrung JHWHs im Stil der Verehrung von Stierbildern, die JHWH zwar repräsentieren sollten (1 Kön 12,28), dies aber weder konnten noch durften, den letzten Grund für die Strafe des Exils. Dort würde man dann "anderen Göttern" dienen können oder gar müssen (Dtn 28,64; Jer 5,19; 16,13). Die Sünde würde dort zur Strafe werden.

"Jedenfalls hat das erste Gebot zunächst ein praktisches, kein theoretisches Ziel."[456] JHWH soll selbst klarstellen, daß er der Gott ist in Israel (1 Kön 18,36), so betet Elia. JHWH aber "ist Gott, wie und insofern er von Israel am Sinai, beim Exodus und bei anderen Gelegenheiten erfahren worden war und in Israels kommemorierendem Kult immer wieder neu erfahren werden konnte. Wenn Israel also die Verehrung anderer Götter verboten wird, dann wird ihm verboten, andere Weisen der Begegnung mit Gott zu versuchen....Damit zeigt sich als die sachgemäße Übersetzung der Eifersucht Jahwes innerhalb monotheistischer Sprache die Theorie von einer besonderen, nur an Israel ergangenen Offenbarung."[457] Es ist eben JHWHs erwählendes und verpflichtendes Handeln, das die Mosegruppe in der Rettung aus Ägypten und in Theophanie und Bundesschluß am Sinai erfuhr und das Israel später auf sich insge-

---

452 Vgl. dazu auch Bd.II, § 15 (Israel und die Völker).

453 Vgl. unter c); S. 119-124.

454 Die auf die Alleinverehrung des Sonnengottes Aton hindrängende Bewegung unter dem Pharao Echnaton war für Ägypten untypisch und konnte sich daher dort auch nicht durchsetzen. Sie war außerdem mit einer Mittlerrolle des Königs verbunden, so daß auch von daher Einflüsse auf den Glauben Israels unwahrscheinlich sind.- Vgl. unten S. 125.

455 Dtn 4,28; 5,7; 6,14; 7,4.16.25; 8,19; 11,16.28; 12,2.3.30.31; 13,3.7.8.14; 28,64; 32,17 u.ö. im Dtn; dann z.B. Ri 2,17; 2 Kön 17,35.37f. u.ö.; zur Sache: *J.P.Floss,* Jahwe dienen - Göttern dienen, 1975 (BBB 45).

456 *W.H.Schmidt,* Atl. Glaube^6, 86.

457 *N.Lohfink,* Unsere großen Wörter, 1977, 142.

samt bezog, das hinter dem ersten Gebot steht. Aus welcher Zeit dann die jetzige Formulierung dieses Gebotes stammt, kann auf sich beruhen.[458] Der für die Alleinverehrung JHWHs notwendige Anfangsimpuls war durch das gesetzt, was man in Ägypten, am Sinai und in der von dort weitergehenden Geschichte mit seinem Gott, auf deren Weg er mitging (Ex 33), erlebt und über diesen erfahren hatte. JHWH ist kein stationärer Gott und dazu ein Gott, der sich Menschen zuwendet.[459] Und was dann folgte, konnte auch nur "als neue Erfahrungen desselben Gottes gestaltet werden"[460], sei es die Begegnung mit den Vätergruppen, die Entstehung des Königtums in ihrer Polarität, die Aufnahme der Glaubensaussagen über Gottesstadt und Tempel[461], oder gar das Erleben des Zerbrechens von Volk und Staat, von Exil und Fremdland mit den dort besonders eindrücklichen, aber eben auch bedrohlichen fremden Göttern (vgl. DtJes). Daß auch JHWH dabei manche Züge und Eigenarten anderer Götter, wie etwa El's, in sich aufnahm, andere hingegen, wie etwa vieles von Baal, abwehrte, daß er auch auf diese Weise ein "lebendiger Gott" war, der z.B. als "Schöpfer Himmels und der Erde" geglaubt werden konnte[462], zeigt dann weiterhin etwas von der Kraft und einzigartigen Eigenart dieses Gottes Israels. "Jahwe konnte, gerade als der einzige Gott für Israel, nicht der Gott der Wüste, der frühen Stämme, auch nicht der der Königszeit oder des Deuteronomiums bleiben - wenn er er selbst bleiben wollte."[463]

Eine der mit diesem Ausschließlichkeitsanspruch JHWHs gesetzten Folgerungen war die Tatsache, daß Israels Glaube genötigt war und wurde, auch Negatives mit JHWH in Verbindung zu bringen. Sich widersprechende Erfahrungen konnte man nicht auf verschiedene Götter, auch nicht auf JHWH und Dämonen[464] verteilen. Dies wird durch die Klagelieder des einzelnen und des Volkes belegt, in denen sich die Beter in Krankheits- wie in politischer Not eben an JHWH wenden. Es wird aber auch direkt ausgesprochen: "Siehe, dies Übel kommt von JHWH!" (2 Kön 6,33; vgl. Ex 4,11; 5,22; 1 Sam 2,6; Am 3,6; Hi 2,10; Koh 7,14)[465] und sogar zu der sich möglicherweise bereits gegen persischen Dualismus wendenden Spitzenaussage verdichtet, nach der JHWH Licht und Finsternis, Heil und Unheil schafft (Jes 45,7). Es ist JHWH, der zur Sünde reizt und der betört (2 Sam 24,1[466]; 1 Kön 2,19ff.). JHWH auch ist es, der Menschen verstockt (Dtn 2,30; Jos 11,20), vor allem den Pharao des Exodus (Ex 4,21; 7,3; 9,12; 10,1.20.27; 11,10; 14,4.8.17), aber auch die Hörer des Propheten (Jes

---

458 Dies gilt trotz oder sogar wegen der Argumentation von *F.W.Golka,* Schwierigkeiten bei der Datierung des Fremdgötterverbotes, VT 28, 1978, 352-354.- Vgl. zur Sache: *W.H.Schmidt,* Das erste Gebot (s. Anm.449), 12ff.

459 Vgl. dazu *H.Gross,* Gotteserfahrung im A.T., in: Suche nach Sinn - Suche nach Gott *(Hg. A.Paus),* 1978, 139-175.

460 *F.Crüsemann,* (s. S. 112, Anm.423), 45.

461 Vgl. dazu in Bd.II die §§ 6-8.

462 Vgl. dazu z.B. die entsprechenden Abschnitte bei *O.Loretz,* Ugarit und die Bibel, 1990.- Zu Baal: WdM I, 253-274; zu El: ebd., 279-283.

463 *F.Crüsemann,* (s. S. 112, Anm.423), 46.

464 Vgl. dazu unten S. 296f.; zur Rolle des Satans in diesen Zusammenhängen vgl. unten S. 297f.

465 Vgl. dazu *F.Lindström,* God and the Origin of Evil, Lund 1983 (CB OT 21).

466 Die Härte dieser Aussage hat man später nicht mehr durchzuhalten vermocht und an dieser Stelle den Satan eingeschaltet (1 Chr 21,1). Vgl. dazu unten S. 298f.

29,10), so daß man sogar sagen konnte, er habe dem Propheten den *Auftrag* zur aktiven Verstockung gegeben (Jes 6,9f.).[467] Die Einzigkeit des Gottes nötigt zur Einheit der Weltschau.

c) Eng mit dem ersten Gebot der ausschließlichen Verehrung JHWHs durch Israel verbunden und sozusagen als seine Kehrseite anzusehen ist das atl. *Bilderverbot*[468] (Ex 20,4; Dtn 5,8). Es findet sich aber auch schon im Privilegrecht JHWHs (Ex 34,17; vgl. Ex 20,23; 23,23f.), dann in jüngeren Texten (Lev 19,4; 26,1; Dtn 4,16ff.23.25; 27,15). JHWH will bildlos verehrt werden, und wer ein (geschnitztes, meist dann mit Edelmetall überzogenes, oder gegossenes) Götterbild[469] verehrt, verehrt damit automatisch einen anderen Gott als JHWH. Bilder fremder Götter und Bilder JHWHs stehen unter der gleichen Verurteilung. So ist das zweite Gebot eine Konkretion des ersten, und die Bildlosigkeit der Verehrung JHWHs hat sich im Zusammenhang mit der JHWH-Alleinverehrung durchgesetzt. Israel hat religiöses Gut aus seiner Umwelt nicht nur übernommen, sondern solches auch abgestoßen, dagegen polemisiert, ja es sogar auch verspottet und Götter wie deren Bilder mit Spottworten bedacht, wie אֱלִילִים ("Götterchen"), גִּלּוּלִים ("Mistdinger") oder שִׁקּוּצִים ("Scheusale"), הֶבֶל ("Nichts") oder direkt "Nicht-Gott" (Jer 2,11; 5,7).[470]

Wenn diese bildlose Verehrung JHWHs innerhalb des Alten Vorderen Orients so einmalig wie das Alleinverehrungsgebot JHWHs ist, dann ist es unmöglich, hierfür nur eine (woher auch gespeiste oder in Gang gebrachte?) zur Bildlosigkeit hinführende, allgemeine geistige Entwicklung anzunehmen. Es geht bei der Bildlosigkeit nicht um eine geistigere Gottesverehrung oder gar darum, ein "Gott ist Geist" (Joh 4,24) schon im AT zu begründen und jedes "Bild", das man sich von Gott macht, abzulehnen. Daß dies nicht möglich ist, erweist das AT selbst durch seine ungebrochenen, stets und mit innerer Notwendigkeit beibehaltenen Anthropomorphismen und oft gewagter sprachlicher Bilder (Hosea!)

---

467 Zum Problem der Verstockung vgl. *F.Hesse,* Das Verstockungsproblem im A.T., 1955 (BZAW 74).- Zur Verstockung Pharaos vgl. jetzt *F.Kohata,* Jahwist und Priesterschrift in Exodus 3-14, 1986 (BZAW 166), 216ff. (u.ö.).- Zu Jes 6,9 vgl. die in den Kommentaren genannte (zahlreiche) Lit. und *R.Kilian,* Jesaja 1-39, 1983 (EdF 200), 112ff.(Lit.).- Vgl. auch: *G.von Rad,* Theol. II^4, 159ff.

468 Dazu vor allem: *K.-H.Bernhardt,* Gott und Bild, 1956.- *W.Zimmerli,* Das zweite Gebot, in: TB 19, ^{2}1969, 234-248.- *ders.,* Das Bilderverbot in der Geschichte des alten Israel, in: FS A.Jepsen, 1971, 86-96 (= *ders.,* TB 51, 247ff.).- *G.von Rad,* Aspekte atl. Weltverständnisses, EvTh 24, 1964, 57-73 (= *ders.,* TB 8^3, 311ff.).- *W.H. Schmidt,* Ausprägungen des Bilderverbots? Zur Sichtbarkeit und Vorstellbarkeit Gottes im A.T., in: FS G.Friedrich, 1973, 25-34 (vgl. *ders.,* Atl. Glaube^6, 91ff.).- *Chr.Link,* Das Bilderverbot als Kriterium theol. Redens von Gott, ZThK 74, 1977, 58-85.- *Chr. Dohmen,* Das Bilderverbot, ^{2}1987 (BBB 62); vgl. *ders.,* NBL I, Sp.296-298.- *R.S.Hendel,* The Social Origins of the Aniconic Tradition in Early Israel, CBQ 50, 1988, 365-382.- *F.-L.Hossfeld,* Du sollst dir kein Bild machen!, TThZ 98, 1989, 81-94.- Vgl. auch: *G.von Rad,* Theol.I^5, 225ff.

469 Zu den unterschiedlichen Bezeichnungen (vor allem פסל als plastische Arbeit und מסכה eine solche mit wertvoller Ausschmückung) vgl. *Chr. Dohmen,* (s. vorige Anm.), 41ff.

470 Vgl. dazu und zu den Belegen die entsprechenden Artikel im ThWAT und die in Anm.476 genannte Arbeit von *H.D.Preuß.*

in der Rede von Gott.[471] JHWH wollte vielmehr in einem Bild nicht verfügbar sein. So wendet sich das AT gegen ein JHWHbild nicht aus Gründen philosophischer Erkenntnis, aufgeklärter Skepsis oder infolge allgemeiner Kunstkritik, sondern zentral von der Art seines Gottesglaubens her. Im Bild wird JHWHs Freiheit angetastet.[472] "Das Bilderverbot lehnt eine abbildhafte Fixierung und festschreibende Typisierung Gottes ab; eine randscharfe, konkrete, statische Festschreibung Gottes soll es nicht geben."[473]

Für den Alten Vorderen Orient[474] war ein Gottesbild weniger ein wirkliches Abbild noch eine genaue bildliche Darstellung der Gottheit. Im Gottesbild fand vielmehr die jeweilige "Einwohnung" der Gottheit statt, wo das göttliche Fluidum Besitz von einem Körper nahm. So kann gesagt werden: "Die Götter gingen in ihre Körper aus allerlei Holz, allerlei Stein, allerlei Metall, in denen sie Gestalt angenommen haben".[475]

Mit dem Götterbild war allerdings stets die Gefahr verbunden, daß man es nun eben doch in zu enge Beziehung zur Gottheit brachte, ja es mit ihr identifizierte. Das war eine der Schwachstellen des Umgangs mit Götterbildern, und genau an dieser - offensichtlich also immer wieder anzutreffenden - Schwachstelle greift die atl. Polemik gegen Götterbilder zu, die eine deutliche Entwicklungsgeschichte hat und die Herausbildung des Monotheismus in Israel korrelativ begleitet.[476] Besondere Fixpunkte dieser Polemik sind bereits Hosea[477], dann DtJes[478], sowie Psalmen (Ps 96; 97; 115; 135), Zusätze verschiedener Art (z.B. Mi 5,12f.; Hab 2,18f.) und dann frühjüdische Texte, wie Weish 13-15. Auch innerhalb der Belege bei Hosea und DtJes finden sich einige spätere Zusätze. Die Texte insgesamt jedoch als spätere Einschübe anzusehen, ist nicht haltbar; dazu sind sie auch zu eng mit der sonstigen Botschaft des jeweiligen Propheten verzahnt. In dieser Götterbildpolemik taucht spiegelbildlich das auf, was man an JHWH, seiner Macht, Hilfe, Lebendigkeit, seinem Antworten hatte und schätzte, wenn man diesen Bildern und den darin begegnenden Göttern Machtlosigkeit, Leblosigkeit, Schweigen, ja Nichtexistenz bescheinigte. Auch hier hängen Eigenart JHWHs und Götzen(bild)spott, damit erstes und zweites Gebot eng zusammen. Götterbilder sind Menschenwerk aus irdischer Materie. JHWH aber ist Schöpfer der Welt und ihr transzendent. Es gibt keine Konsubstantialität zwischen ihm und seiner Welt. Der von ihm geschaffene Mensch ist zwar sein "Bild", sein Partner; aber auch dieser Mensch ist durch JHWHs Wort

---

471 Vgl. dazu unten S. 280-283.

472 *W.Zimmerli*, TB 19², 246.

473 *F.-L.Hossfeld*, TThZ 98, 1989, 93.

474 Vgl. dazu z.B. *J.Renger*, Art. "Kultbild", RLA VI, 307-314.- *D.Wildung*, Art. "Götterbild(er)", LÄ II, Sp. 671-674.- Vgl. auch *O.Keel*, Die Welt der altorientalischen Bildsymbolik und das A.T., ²1977, 210-220.- *T.Jacobsen*, The Graven Image, in: FS F.M.Cross, Philadelphia 1987, 15-32.- *J.Assmann*, Die Macht der Bilder. Rahmenbedingungen ikonischen Handelns im Alten Ägypten, in: Visible Religion (Leiden), 7, 1990, 1-20.

475 Im ägyptischen "Denkmal memphitischer Theologie": AOT², 6; ANET²⁺³, 5.

476 Vgl. dazu *H.D.Preuß*, Verspottung fremder Religionen im A.T., 1971 (BWANT 92), passim.

477 Hos 3,4; 4,11-19; 8,4-6; 9,10; 10,1-6; 13,1-3.14; 14,2-9.

478 Jes 40,19f.; 41,6f.21-29; 42,17; 43,8-13; 44,9-20; 45,14-17; 45,18-25; 46,1-7; 47,12-15; 48,3-5.

(Gen 1,26ff.) und Werk (Gen 2,7) erschaffen[479], nach Gen 2,7 zwar auch aus Erde, aber eben nicht gleichzeitig aus dem Blut eines Gottes, wie man es sich in Mesopotamien erzählte.[480] Und die Gottebenbildlichkeit des Menschen wird nirgends im AT mit dem atl. Bilderverbot positiv oder negativ gekoppelt. Israel begegnete seinem Gott nicht im Bild, sondern vornehmlich in dessen Wort und in der Geschichte. Wo im Gottesdienst des Alten Vorderen Orients das Gottesbild in Funktion trat, da nennt das AT den Wortsegen JHWHs (Num 6,24-26). Wo das AT (in einem erst spätexilischen Text) das Bilderverbot ausdrücklich theologisch reflektiert und begründet, da weist es auf das Wortgeschehen vom Sinai/Horeb hin, wo man JHWH eben nur gehört, nicht aber gesehen habe (Dtn 4,9-20). Dieser Vorrang des Gotteswortes vor dem Gottesbild macht deutlich, daß für Israel nicht ein Gottesbild "das wichtigste Medium der Offenbarung und der Wirkmächtigkeit des Göttlichen" ist, womit dann auch der Kultus (= "colere", vor allem als Pflege des Gottesbildes) vor dem Ethos rangieren würde.[481]

Als ein möglicher Wurzelgrund der bildlosen Gottesverehrung kann hier nur auf "(halb-)nomadische Vergangenheit gewisser Teile des späteren Israel" (*W.H.Schmidt*), damit auf eine kultursoziologische Begründung des Bilderverbotes[482] hingewiesen werden[483], "denn der der nomadische Kult ist aus praktischer Notwendigkeit heraus immer in gewissem Rahmen bildlos."[484] Dies erklärt allerdings nicht alles, denn sonst hätte es auch in anderen Bereichen bildlosen Kultus' ein ausdrückliches Bilderverbot geben müssen. Es muß vornehmlich mit der Eigenart JHWHs zusammenhängen. Nicht irgendeine, sondern "Jahwes Bildlosigkeit hat ihren Ursprung in der Wüste."[485] Aus dieser Tradition und vor allem der darin sich zeigenden Eigenart JHWHs bildete sich die Forderung der Bildlosigkeit für das ganze spätere Israel heraus. Daß dabei die Lade[486] als bildloses Führungssymbol einer ebenfalls bildlos mit ihr verbundenen Gottheit eine Rolle gespielt hat[487], ist möglich, aber nicht sicher erweisbar.

---

479 Vgl. dazu: Bd.II, § 11.3.+4.

480 Enuma eliš, Tf.VI: AOT², 122; ANET²⁺³, 68; RGT², 110.

481 Zu diesen Fragen vgl. *E.Zenger*, "Hört, auf daß ihr lebt" (Jes 55,3), in: FS J.G.Plöger, 1983, 133-144; Zitat dort 135.

482 Dazu: *O.Keel*, Jahwe-Visionen und Siegelkunst, 1977 (SBS 84/85), 37-45; was *Keel* (S.37, Anm.50) kritisch über das "große theologische Aufgebot" schreibt, fällt nur auf die Götterbildpolemik des AT selbst zurück, die eben diese Identifizierung von Götterbild und Gottheit stets polemisch und doch wohl absichtlich vollzieht.

483 *R.S.Hendel* (s. S. 119, Anm.468) sieht eher das Vorurteil gegen das Königtum als einen Ursprung auch der bildlosen Gottesverehrung in Israel, verbindet damit folglich ebenfalls "kultursoziale" Argumente, wenn auch anderer Art.

484 *Chr. Dohmen*, NBL I, Sp. 296.- *J.C.de Moor* (The Rise of Yahwism, Leuven 1990 [BETL XCI], 170) möchte u.a. auch das Bilderverbot wieder von Mose herleiten.

485 *V.Fritz*, Tempel und Zelt, 1977 (WMANT 47), 167. Vgl. auch *F.-L.Hossfeld*, TThZ 98, 1989, 86.

486 Zu ihr unten S. 289-291.

487 So vor allem *K.-H.Bernhardt*, (s. S. 119, Anm.468).

Nach der in Ex 32 enthaltenen, älteren (JE?)[488] Erzählung vom "goldenen Kalb" als erstem Modellfall für das Problem einer bildlosen oder zumindest nicht stierbildartigen Verehrung JHWHs gab es bereits bald nach der Sinaitheophanie und dem Bundessschluß einen Streit um die bildlose Verehrung JHWHs. Hier wurde, wie später bei der analogen Problematik der "Kälber", die Jerobeam I. an seinen an sich für sein Reich notwendigen, eigenen Staatsheiligtümern in Dan und Bethel installierte, die Errichtung dieser "Kälber" als Abfall von JHWH gewertet, obwohl sie als "Götter"[489] qualifiziert wurden, die Israel aus Ägypten herausgeführt hatten (1 Kön 12,28), d.h. sich am Exodusgeschehen und als Exodusgott ausweisen wollten. Beide Texte (Ex 32 und 1 Kön 12) haben Verweisungszusammenhänge. Sie lassen aber, wie es eben auch das zweite Gebot durch seine Existenz verdeutlicht, zugleich erkennen, daß die bildlose Verehrung JHWHs in Israel keine Selbstverständlichkeit war.
Als nach dem "Abfall zum goldenen Kalb" Mose nach Ex 33,18 bittet, für und vor dem weiteren Weg Israels JHWHs Herrlichkeit schauen zu dürfen, wird auch dieses abgelehnt. Auch JHWHs כָּבוֹד darf nicht zum anschaubaren Abbild werden, und der (mehrschichtige) Kontext (V.19-23) versucht Ersatzbezeugungen verschiedener Art anzubieten (Schönheit; Name; Angesicht; Rücken), aber keine von ihnen wird zum echten Bild JHWHs verdichtet.[490]
So werden im AT nicht selten dergleichen Götterbilder (z.B. als "Hausgötter" oder תְּרָפִים) erwähnt.[491] Num 21,4-9 erwähnen ein Schlangenbild, das aus den Tagen des Mose stammend (?) in Jerusalem gestanden habe und ("erst"?) durch Hisqia beseitigt wurde (2 Kön 18,4). Dann hat die Archäologie uns reiches Material auch aus diesem Bereich beschert und tut es weiterhin[492], und es gab dergleichen Bilder[493] wohl nicht nur innerhalb der Volksfrömmigkeit, die zudem JHWH oft mit Elementen Baals oder anderer kanaanäischer Gottheiten verband[494], sondern auch der offizielle JHWHkult bediente sich zwar nicht eines Gottesbildes, wohl aber zahlreicher bildhafter Elemente, wie es sich vor allem an der Ausstattung des Jerusalemer Tempels (Keruben, Schlange, Tierbilder)

---

488 Vgl. *F.-L.Hossfeld*, TThZ 98, 1989, 89 (Lit.).- Zu Ex 32 vgl. auch S. 85f.; zur "Sünde Jerobeams" vgl. S. 86+248.

489 Zu diesem Plural vgl. unten S. 128f.

490 Vgl. dazu auch: *G.Glaser*, Schauen ohne Bild. Zur atl. Gotteserfahrung, GuL 55, 1982, 92-105.

491 Gen 31,19.30ff.; Ri 6,25ff.; 17,4f.[hier kann man ersehen, wie ein solches Bild aussah und welche Bestandteile es hatte]; 18,14ff.24; 1 Sam 19,13 [hier kann das zurechtgemachte Bild den David ersetzen!]; u.ö.

492 Vgl. dazu insgesamt: *S.Schroer*, In Israel gab es Bilder, 1987 (OBO 74); dort 301ff. auch zum atl. Wortfeld. Dann die zusammenfassenden Überblicke über Siegel und die Erträge der Archäologie für die Erforschung der isr. Religion in der FS F.M.Cross (Philadelphia 1987) von *N.Avigad* (S.195-208), *W.G.Dever* (S.209-247), *J.S.Holladay, Jr.* (S.249-299).

493 Dazu besonders und gerade auch mit dem Blick auf Bilder weiblicher Gottheiten: *S.Schroer*, (s. die vorige Anm.).

494 Nach 1 Kön 18,21 antwortet das Volk auf die Alternativfrage Elias (JHWH oder Baal) nicht. Es versteht diese Alternative schlicht nicht.

erweisen läßt. Ein eigentliches JHWHbild hat im Jerusalemer Tempel jedoch wohl niemals gestanden.[495]
Ob ein solches im (JHWH-?) Tempel von Arad[496] vorhanden war und irgendwann bei einer der Kultreformen beseitigt wurde, ist nicht eindeutig erhebbar. Daß dort aber zumindest eine Massebe[497] (Kultstele) vorhanden war und doch wohl der Repräsentation der Gottheit diente, zeigt erneut, daß die bildlose JHWHverehrung zwar eine Forderung war, sich aber längst nicht überall und stets durchsetzen konnte. Selbst in manchen Texten des AT wird kritiklos vorausgesetzt, daß Masseben im Kultus legitim Verwendung fanden (Gen 28,18.22; 31,13; 35,14), während andere Texte, wie z.B. Hos 3,4; 10,1f.; Dtn 12,3; 2 Kön 17,10, daran Kritik üben oder diese Steine bezeichnend uminterpretieren (Dtn 27,1-8).
Neben der Massebe als Steinstele wird im AT öfter die "Aschera" als hölzerner Kultpfahl (1 Kön 14,15.23) oder lebender Baum (Dtn 16,21) als kultisch verehrter Gegenstand erwähnt (vgl. etwa Jer 2,27).[498] Schon nach Ex 34,13 (vgl. Ri 6,25-30; Dtn 7,5; 12,3; Mi 5,13; 2 Chr 34,4 u.ö.) hat man sie zu zerstören, was Josia vorbildlich getan haben soll (2 Kön 23,4.6f.14) und was auch für die Zukunft Israels erhofft wird (Jes 17,8; 27,9). "Aschera" war an sich aber auch eine - in den Ugarit-Texten vielfach belegte[499] - kanaanäisch-syrische Göttin und Gemahlin des Gottes El, und im AT wie anderswo wird mit diesem Namen wohl zuweilen auch noch die Göttin Astarte bezeichnet. 1 Kön 18,19 nennt 400 Propheten dieser Göttin im Israel des Königs Ahab. Nun ist aber in Kuntillet ͨAjrud (etwa 50 km südlich von Kadesch) eine Kruginschrift gefunden worden, die aus der Zeit etwa um 800 v.Chr. stammt, und (vielleicht?) von "JHWH und seiner Aschera" spricht, durch die jemand andere segnet. Aus wohl derselben Zeit stammt ferner eine in einer Grabkammer in Khirbet el-Qom (westlich von Hebron) stammende Inschrift, die ebenfalls JHWH und "seine Aschera" erwähnt, durch die er Urijahu vor seinen Feinden errettet habe.[500] Mit "seiner Aschera"

---

495 Nach *O.Loretz* (Ugarit und die Bibel, 1990, 210-215) hat der Thronwagen JHWHs im Jerusalemer Tempel möglicherweise eine Kultfigur getragen, wofür Ps 17,15 den Beleg bieten soll.

496 Vgl. dazu *V.Fritz,* (s. Anm.485), 41ff.48ff.

497 Vgl. dazu *A.Reichert,* Art. "Massebe", BRL^2, 206-209.

498 Vgl. dazu *K.Galling,* Art. "Aschera", BRL^2, 12f.

499 Vgl. dazu *O.Loretz,* Ugarit und die Bibel, 1990, 83-88. Dort weitere Lit. und die Belege.- Vgl. ferner: *S.M.Olyan,* Asherah and the Cult of Yahweh in Israel, Atlanta/Gg. 1988 (SBL MS 34).- Eine etymologisch ableitende Erklärung des Namens versucht *B.Margalit,* The meaning and significance of Asherah, VT 40, 1990, 264-297.

500 Diese Texte jetzt in TUAT II/4, 1988, 556-558.561-564.- Zu den Texten (mit Lit.) vgl. *O.Loretz,* (s. vorige Anm.), 71f.; *K.A.D.Smelik,* Historische Dokumente aus dem alten Israel, 1987, 137-145.161; *P.K.McCarter, Jr.,* Aspects of the Religion of the Israelite Monarchy: Biblical and Epigraphic Data, in: FS F.M.Cross, Philadelphia 1987, 137-155; *E.S.Gerstenberger,* Jahwe - ein patriarchaler Gott?, 1988, 46ff.- *S.Mittmann* (ZDPV 97, 1981, 139-152) steht allerdings der Lesung "Aschera" skeptisch gegenüber. Vgl. auch die Übersetzungen in TUAT II/4, 557f.563f. und die andere Lesung von *W.H.Shea,* VT 40, 1990, 110-116.

ist kaum diese Göttin als Frau JHWHs gemeint und bezeichnet[501], da dann der Eigenname der Gottheit mit einem Personalsuffix ("seine") verbunden wäre, was ungewöhnlich und unüblich ist. Außerdem geht die Inschrift auf Pithos B von Kuntillet ᶜAjrud im masculinen Singular ("*er* segne...") weiter. So dürfte es sich bei dieser Aschera um einen Kultpfahl handeln, der diese Göttin repräsentiert, nicht unbedingt um die Göttin als Gemahlin JHWHs. Allerdings ist dieser Kultpfahl synkretistisch neben JHWH bezeugt. Erstes und zweites Gebot hatten es offensichtlich nicht leicht, in Israel allgemeine Anerkennung, Zustimmung und Befolgung zu finden, zumal wenn damit jegliche weibliche Gottheit aus der Frömmigkeit verbannt wurde.[502] Mit den genannten Texten aus der Zeit zwischen 850 und 750 v.Chr. werden wir außerdem ungefähr in die Epoche geführt, in der ein Elia und bald darauf ein Hosea auch religionspolemisch und götter- wie götterbildkritisch wirkten.

d) Wenn, wie dargelegt wurde, in Israel die Existenz der Götter anderer Völker der Umgebung wie auch die der mit Israel zumindest seit dem Davidreich verbundenen Kanaanäer lange Zeit nicht in Frage gestellt wurde, und wenn das erste Gebot ausdrücklich den Abfall zu "anderen Göttern" verbietet, wenn ferner in diesem Israel Bilder fremder Götter lange Zeit hindurch, wenn auch wahrscheinlich mehr im Rahmen der sog. Volksfrömmigkeit, trotz des Bilderverbots in Gebrauch waren, dann kann von einem praktischen oder gar theoretischen *Monotheismus*[503] zumindest im Blick auf Israels Frühzeit nicht die Rede sein. Selbst ob man hier schon von einem Henotheismus oder Monolatrismus spre-

---

501 Zu dieser Problematik: *U.Winter,* Frau und Göttin, 1983 (OBO 53).- *R.Laut,* Weibliche Züge im Gottesbild israelitisch-jüdischer Religiosität, 1983.

502 "Auf der anderen Seite ist der radikale Eingottglaube möglicherweise viel eher geeignet, die Grundlage für die Gleichheit aller Menschen und die Gleichberechtigung auch der Geschlechter abzugeben": *E.S.Gerstenberger,* Jahwe - ein patriarchaler Gott?, 1988, 50.- Zum Problem "JHWH als männlicher Gott" vgl. unten S.281f.

503 Vgl. dazu vieles aus der bereits S. 116, Anm.449 genannten Lit., vor allem die durch *E.Haag* (zu ihm: *B.Lang,* ThQ 166, 1986, 135-142), *O.Keel* (zu ihm: *B.Lang,* ThQ 163, 1983, 54-58) und *B.Lang* herausgegebenen Sammelbände, sowie den Beitrag von *N.Lohfink* und die Arbeit *von J.H.Tigay* [vgl. dazu Anm.542].- Ferner: *L.Ruppert,* Jahwe und die Götter, TThZ 84, 1975, 1-13.- *C.Thoma* und *M.Wyschogrod (Hg.),* Das Reden vom einen Gott bei Juden und Christen, 1984.- *F.-L.Hossfeld,* Einheit und Einzigkeit Gottes im frühen Jahwismus, in: FS W.Breuning, 1985, 57-74.- *B.Lang,* Zur Entstehung des biblischen Monotheismus, ThQ 166, 1986, 135-142.- *M.Hutter,* Das Werden des Monotheismus im alten Israel, in: FS J.B. Bauer, 1987, 25-39.- *D.L.Petersen,* Israel and Monotheism: The Unfinished Agenda, in: FS B.S.Childs, Philadelphia 1988, 92-107.- *M.Görg,* Monotheismus in Israel..., RHS 32, 1989, 277-285.- *W.H.Schmidt,* »Jahwe und...« Anmerkungen zur sog. Monotheismus-Debatte, in: FS R.Rendtorff, 1990, 435-447.- *J.C.de Moor,* The Rise of Yahwism, Leuven 1990 (BETL XCI).
Vgl. auch: *H.Graf Reventlow,* ThR 52, 1987, 264-267.- *B.Lang,* Vor einer Wende im Verständnis des israelitischen Gottesglaubens?, in: *ders.,* Wie wird man Prophet in Israel?, 1980, 149-161.- *Th.C.Vriezen,* Theol., 20-22.- *P.van Imschoot,* Theology of the O.T., Bd.I, 1965, 30ff.

chen kann, ist umstritten.[504] Daß man, wie auch in Israels Umwelt innerhalb des dortigen "Polytheismus", die Gesamtheit des Göttlichen, z.B. durch "Gleichsetzung"[505], auch auf eine gewisse Einheit hin gedacht und vor allem sich in der eigenen Frömmigkeit wohl oft besonders nur *einem* ("persönlichen") Gott angeschlossen hat, der dann für den jeweiligen Frommen dieses Göttliche schlechthin verkörperte[506], ist anzunehmen, kann aber nicht genau nachgewiesen werden. Das ebenfalls in Israels Umwelt bezeugte Phänomen einer sog. "zeitweiligen Monolatrie" in Krisenzeiten läßt sich für das AT ebenfalls nicht belegen.[507] Man wird ferner für die weitere Entwicklung in Israel zwischen dem offiziellen Staatskultus in Jerusalem und der Volksfrömmigkeit zu differenzieren haben. Daß dort Götterbildchen, Figurinen auch weiblicher Gottheiten, Amulette und anderes eine Rolle spielten, erweist die Archäologie.[508] Die erst vor einiger Zeit entdeckte bronzene Stierstatuette eines vorstaatlichen, israelitischen, bäuerlichen Clan-Heiligtums im samarischen Gebirge und der Fund des metallenen Kälbchens in Aschkalon wurden auch bereits in anderem Zusammenhang erwähnt.[509]

Dann aber sind deutliche Marksteine[510] auf dem Wege zum Monotheismus Israels innerhalb des AT und aus ihm erkennbar.[511] Während in den Vätergeschichten andere Götter neben JHWH erwähnt werden[512], die Väter selber und die ihnen zugehörenden Gruppen jedoch jeweils nur *einen* Gott (einen altbe-

---

504 Zur Geschichte der Forschung und zum Diskussionsstand vgl. den Beitrag von *N.Lohfink* in "Gott, der einzige" *(Hg. E.Haag)*, 1985, 9-25; daneben auch *D.L.Petersen,* (s. vorige Anm.).

505 Vgl. dazu *W.von Soden,* Einführung in die Altorientalistik, 1985, 144.

506 Zu dergleichen "monotheistischen" Tendenzen in Mesopotamien vgl. *B.Hartmann,* Monotheismus in Mesopotamien?, in *O.Keel,* (s. S. 116, Anm.449), 49-81.- Zum "Monotheismus" Echnaton's vgl. *E.Hornung,* ebd., 83-97.- Vgl. auch: *N.Lohfink,* Unsere großen Wörter (s. Anm.449), 131ff.- Daß es in Israels Umwelt verschiedentlich zu einer "Crisis of Polytheism" gekommen war, zeigt *J.C.de Moor,* (s. Anm.503), 42-100.

507 Das Vergraben der Götter (Gen 35,1-4) hat nicht diesen Sinn.- Diese These wird vor allem von *B.Lang* vertreten (in: Der einzige Gott, [s. Anm.449], 66-68); die dort dafür von ihm angeführten Belege aus dem AT geben aber das Verlangte nicht her. 1 Sam 7,2-14 ist dtr bearbeitet; Jer 44,18 bezieht sich nicht nur auf die Belagerung Jerusalems 587/6.

508 Vgl. wiederum die Belege bei *S.Schroer,* (s. S. 122, Anm.492) und *U.Winter,* (s. S. 124, Anm.501).

509 Vgl. oben S. 86, Anm.284.- Zu El als Stier vgl. RGT[2], 218f.220.223.

510 Ob es jeweils "Revolutionen" gewesen sind (so *O.Keel* und *F.Stolz* in dem von *O.Keel* [s. S. 116, Anm.449] herausgegebenen Sammelband), scheint mir weder erweisbar noch wahrscheinlich.

511 Vgl. zum folgenden die verschiedenen Beiträge in *E.Haag (Hg.),* Gott, der einzige, 1985.- Vgl. auch die Skizze der frühisraelitischen Religion, die *D.N.Freedman* versucht hat ("Who Is Like Thee Among The Gods?" The Religion of Early Israel, in: FS F.M.Cross, Philadelphia 1987, 315-335) und den Beitrag von *T.N.D.Mettinger,* The Elusive Essence. YHWH, El and Baal and the Distinctiviness of Israelite Faith, in: FS R.Rendtorff, 1990, 393-417.

512 Vgl. dazu Bd.II, § 6.3.

duinischen El?) als ihren Sippengott monolatrisch zu verehren scheinen[513], ist der Impuls zur Eingottverehrung, wie er von dem "JHWH von Ägypten her" in Exodus und Sinaigeschehen[514] an die Mosegruppe ausging und von ihr her im sich bildenden Israel weiterwirkte[515], nicht zu gering zu veranschlagen.[516] Dort hatte sich JHWH und eben nur er als Israels Gott erwiesen. Dieser JHWH war auch kein Erbe des solaren Atonglaubens von Echnaton. Er war der Gott des Sinai, nicht der eines unter- oder oberägyptischen Heiligtums oder einer Stadt. Nirgendwo wird JHWH in einem außerisraelitischen Pantheon genannt. Psalmen, die von El oder Baal sangen, werden auf JHWH übertragen (etwa Ps 19A; 29). Gottesprädikate und Eigenarten dieser Götter werden, soweit sie zu JHWH "passen" und Israels Glauben an ihn ausweiten und bereichern, auf ihn übertragen (z.B. Ps 29,10; 68,5.34).[517] JHWH be- und verurteilt die anderen Götter (Ps 82; vgl. Ex 12,12 P). Im Deboralied werden die "Heilstaten JHWHs" gepriesen (Ri 5,11; vgl. V.23)[518]. Dann ist bereits im frühisraelitischen Recht, d.h. im für die Ausbildung der israelitischen Jahweverehrung wichtigen Privilegrecht JHWHs (Ex 34,10ff.) und im Bundesbuch (Ex 20,22 - 23,19; s. dort 22,19), nur von JHWH die Rede, und es wird kritisch gegenüber der Verehrung fremder Götter Stellung genommen.[519] Das frühe Israel als eine an gesellschaftlicher Gleichheit interessierte, damit auch weithin antikanaanäische Gesellschaftsgruppe war durch gemeinsame Verehrung JHWHs verbunden und diesem Gott verpflichtet.[520]

Der Jahwist (2. Hälfte 10.Jh.v.Chr.)[521] erzählt nichts über eine mythische Theogonie oder Theomachie vor der Schöpfung (vgl. Hab 1,12; Ps 90,2), sondern beginnt mit dieser Schöpfung durch nur eine Gottheit selbst. Diese Gottheit ist selbstverständlich JHWH, der weder vorgestellt wird noch sich selbst vorstellt. Ferner sind für J die Bindung JHWHs an sein Volk und die Gabe des Landes an Israel durch JHWH besonders wichtig (Gen 12,7; 28,13; Ex 3,7.9). Nur JHWH gestaltet und lenkt hier das Geschehen. Er offenbart sich am Sinai als

---

513 Vgl. dazu *H.-P.Müller,* Gott und die Götter in den Anfängen der biblischen Religion. Zur Vorgeschichte des Monotheismus, in: *O.Keel,* (s. S. 116, Anm.449), 99-142; dort 114ff. Anders dazu im gleichen Band *F.Stolz,* 155ff.

514 Vgl. dazu auch *P.Welten,* Gott Israels - Gott vom Sinai, BThZ 1, 1984, 225-239.

515 "Der spätere Monotheismus ist in Israel der theologische Ausbau der ursprünglichen Gotteserkenntnis" *(Th.C.Vriezen,* Theol., 20).

516 *B.Lang* (Wie wird man Prophet in Israel?, 1980, 157) meint allerdings, daß alle Versuche, in der Nomadenreligion der Patriarchen oder bei Mose ein monolatrisches Programm zu finden, "exegetische Wüstenromantik" bleiben.- Sei's drum, - um ein "Programm" geht es auch nicht.- Was sagt er zu *J.C.de Moor* (s. Anm.503), der mit seiner Herleitung sogar noch weiter zurückgeht bis in das 14.Jh.v.Chr. und an Einfluß des ägyptischen Amun-Re und anderes denkt?

517 Vgl. dazu z.B. S. 261f.

518 Vgl. dazu auch S. 196ff.

519 Dazu *J.Scharbert,* Jahwe im frühisraelitischen Recht, in: Gott, der einzige (s. S. 116, Anm.449), 160-183.

520 Vgl. dazu auch S. 63-66.- Zu "Kanaanäer" s. auch S.265, Anm.668.

521 Zu ihm in diesen Zusammenhängen: *E.Zenger,* Das jahwistische Werk - ein Wegbereiter des jahwistischen Monotheismus?, in: Gott, der einzige (s. S. 116, Anm.449), 26-53.- *F.-L.Hossfeld,* FS W.Breuning (s. Anm.503), 60-68.- Zur Datierung des Jahwisten vgl. oben S. 44, Anm.3.

"Gott eurer Väter" (Ex 3,16) dem Mose (Ex 3*), wie in der Theophanie (Ex 19*) dem Volk, und er sagt seine Hilfe bei der Landgewinnung zu (Ex 34,10). Die Götter Ägyptens sind in den Erzählungen um Auszug und Rettung am Meer für ihn kein Thema. Wohl aber verwendet er gerade hier häufig die Wendung "mein Volk" (Ex 3,7; 7,16; 8,16f. u.ö.) und schildert das rettende Handeln JHWHs in der Form eines kriegerischen Eingreifens zugunsten seines Volkes (Ex 14*). JHWH hat seinen "Wohnsitz" natürlich im Himmel, von wo er zuweilen "herabsteigt" (ירד: Gen 11,5; Ex 19,20). So ist dieser Jahwist Zeuge einer "konsequenten, unpolemischen Monolatrie" mit einer ebenso "konsequenten Jahwe-allein-Theologie"[522], nach der sich Israel ausschließlich JHWH allein verdankt. Nirgendwo gibt es einen Beleg dafür, daß die Moseschar oder das spätere Israel insgesamt seine Befreiung aus Ägypten, die Theophanie am Sinai oder die Gabe des Landes einem anderen Gott als JHWH zugeschrieben hätte. Allein JHWH wird als hier handelnd bezeugt.
Dann war es der Prophet Elia[523], der der Verehrung JHWHs im Gegenüber zu der Baals weiteren Vorschub leistete. 2 Kön 1,2-17aα wenden sich gegen die Anfrage des Königs Ahasja bei einem fremden Gott, und in diesem Abschnitt ist die kritisch-anklagende Frage Elias (V.6a: "Gibt es denn keinen Gott in Israel, daß du Boten aussendest, um Beelzebul, den Gott von Ekron, zu befragen?") mit der anschließenden Strafankündigung gegen den König für unseren Zusammenhang wichtig, wobei zumindest die Situationsangabe in V.2 auch eine historisch, nicht zur erzählerisch glaubwürdige Situation benennt.[524] Innerhalb der "Dürre-Komposition" (1 Kön 17,1 - 18,46) ging es zunächst beim "Gottesurteil auf dem Karmel" (1 Kön 18,21-40) wohl nur um die Frage, ob dort an diesem Heiligtum Baal oder JHWH verehrt werden sollte.[525] In mehreren Bearbeitungen, Ergänzungen und Textkombinationen wurde daraus jetzt die große Komposition, die das Ganze zu einem Grundsatzkonflikt mit hochtheologischem Szenarium ausgestaltete, bei dem JHWH sich genau der eigentlich Baal zugehörenden Wirkungskräfte Blitz und Regen (vgl. Jer 14,22) bedient[526], um sich ihm gegenüber als wahrer Gott zu erweisen.[527] Daß dies in Anlehnung an die Gestalt des Elia geschieht, dürfte nach 2 Kön 1,2-17aα und wegen der Entscheidungsfrage in 1 Kön 18,21, die man dann grundsätzlicher auffaßte, als sie ursprünglich gemeint war, mit gutem Grund erfolgt sein. Auch andere Texte aus dem Elia-Zyklus in 1 Kön 17-19 wurden in weiterführender Entfaltung zu prinzipieller Bestreitung der Gottheit Baals ausgestaltet. Hier "entfaltete sich das Glaubensbewußtsein Israels."[528]

---

522 *E.Zenger,* (s. vorige Anm.), 50+51.

523 Vgl. dazu: *G.Hentschel,* Elija und der Kult des Baal, in: Gott, der einzige (s. S. 116, Anm.449), 54-90.- *P. Weimar,* Art. "Elija", NBL I, Sp. 516-520.

524 So mit *G.Hentschel,* a.a.O., 60f.

525 Nach *G.Hentschel,* a.a.O., 84 (vgl. 88f.) forderte Elia allerdings schon in der Urgestalt der Erzählung (V.21.30.40) "die Einhaltung des ersten Gebotes".

526 Zu Baal als Gewittergott und Regenspender vgl. *O.Loretz,* Ugarit und die Bibel, 1990, 73-78; dort weitere Lit. und die Belege aus den Ugarit-Texten.- Vgl. zu Baal auch: WdM I, 253-274.

527 Zum Gottesurteil auf dem Karmel als Erzählung in deren Endgestalt vgl. auch: *H.D.Preuß,* Verspottung fremder Religionen im A.T., 1971 (BWANT 92), 80-100.

528 *G.Hentschel,* a.a.O., 86.

Was Hosea polemisch gegen Baal oder gegen die Stierbilder (Hos 2,19; 4,12-19; 8,4-6; 9,10; 10,1-6; 11,2; 13,1f.) und positiv über JHWH sagte (Hos 12,10; 13,4), sollte und mußte sich ebenfalls auf die Durchsetzung alleiniger JHWHverehrung auswirken.
Wenn Jesaja[529] JHWH den "Heiligen Israels" nennt, dann war auch darin die JHWH-Monolatrie, die der Vorläufer des JHWH-Monotheismus war, eingeschlossen. Die ganze Erde ist nach Jes 6,3 voll der Herrlichkeit JHWHs, des "Heiligen"[530]. Dieser aber ist nicht nur der über die Welt Erhabene, von ihr Geschiedene, sondern der "Heilige Israels"[531], der sich zu diesem Volk herabgeneigt und sich ihm zur Gemeinschaft erschlossen hat. JHWH ist also nicht irgendein Gott unter anderen. Mit den Prädikaten "heilig" und auch mit "Herrlichkeit" und "König" (Jes 6,5)[532] sind wahrscheinlich frühere El-Prädikationen auf JHWH übertragen (vgl. Ps 19,2; 29,3). JHWH hat sie aber an sich gezogen, hat El in sich aufgenommen (vgl. Jes 31,1-3). Für Israel ist nur der "Heilige Israels" zu verehren, dem Jesaja im Tempel begegnen durfte. Und wenn Jesaja oder andere Propheten in "Völkersprüchen" andere Völker dem Machtbereich JHWHs zuordnen[533], dient auch dies der Verbreitung des Anspruchs wie des Einflusses JHWHs bei den Hörern.
Nicht nur die Hinweise auf die Volksreligion[534], die selbst im AT noch erwähnt wird (vgl. von Num 25 über 1 Kön 18 bis Jer 2 und Ez 8), und der allgemeine Hinweis, daß man JHWH offensichtlich lange Zeit hindurch, wenn nicht gar immer auf keine einheitliche Weise verehrte, sondern daß es selbst innerhalb des AT sehr unterschiedliche Weisen von JHWH zu reden gab, lassen vermuten, daß JHWH nicht gleich und überall eine wirklich vereinigende Größe war. Auch das AT selbst wie neuere Funde zeigen über diese allgemeinen Erwägungen und Befunde hinaus, daß man zwar vielfach von JHWH sprach und ihn auch verehrte, daß dieses aber in der Form des sog. "Polyjahwismus"[535] geschah, der der Aufgliederung Baals in einzelne "Baale" an verschiedenen Heiligtümern entsprach. Auch JHWH wurde lange Zeit hindurch und dies völlig legitim (Ex 20,24: "an jedem Ort, wo ich meines Namens gedenken lasse") an verschiedenen Heiligtümern verehrt.[536] In 2 Sam 15,7 läßt der Erzähler Absalom vom "JHWH von Hebron" sprechen. In 1 Kön 12,28 wird Jerobeam I. die Erwähnung "deiner

---

529 Dazu *H.-W.Jüngling,* Der Heilige Israels. Der erste Jesaja zum Thema "Gott", in: Gott, der einzige (s. S. 116, Anm.449), 91-114.

530 Vgl. dazu S. 275f.

531 Jes 1,4; 5,19.24; 10,20; 12,6; 17,7; 29,19; 30,11.12.15; 31,1; vgl. "der Heilige Jakobs" in 29,23 und in 10,17 "sein = Israels Heiliger". Daraus werden 1,4; 5,19.24; 30,11.(12.15). 31,1 (neben 6,3) durch *H.-W.Jüngling* (a.a.O.,99ff.) als jesajanisch eingestuft.

532 Vgl. S.173ff.; 191ff.; 275f.

533 Vgl. dazu Bd.II, § 15.2.

534 Dazu vor allem: *H.Vorländer,* Mein Gott, 1975 (AOAT 23).- *R.Albertz,* Persönliche Frömmigkeit und offizielle Religion, 1978.- *M.Rose,* Der Ausschließlichkeitsanspruch Jahwes. Deuteronomische Schultheologie und die Volksfrömmigkeit in der späten Königszeit, 1975 (BWANT 106).

535 Dazu *P.Höffken,* Eine Bemerkung zum religionsgeschichtlichen Hintergrund von Dtn 6,4, BZ NF 28, 1984, 88-93.

536 Vgl. Gen 12,6f.; 28,16ff.; Ri 6; 1 Sam 7,16; 9,12; 14,35; 2 Sam 15,7; 1 Kön 3,2ff.; 15,14; 18,30; 19,14 u.ö.

Götter", die dich (Israel) aus Ägypten heraufgeführt haben, in den Mund gelegt. In den bereits in anderem Zusammenhang erwähnten Inschriften auf Krügen der Karawanserei Kuntillet ᶜAjrud[537] sind ein "JHWH von Samaria" und ein "JHWH von Teman" (vgl. Hab 3,3!) erwähnt.
Als Versuch der Vereinheitlichung der JHWHverehrung und damit auch der des JHWHbildes selbst ist die dtn Bewegung[538] mit ihrem Programm "*ein* JHWH und nur *ein* legitimer Kultort für seine Verehrung" anzusehen (Dtn 6,4 und Dtn 12). Das אחד in Dtn 6,4 ist als "einer" im Sinne der Einheit zu übersetzen und zu verstehen, was durch Ex 36,16 (Versende) gestützt wird, nicht als ein "allein", was im Hebräischen eher mit לבד ausgedrückt wäre. Erst später wurde es als "einzig(er Gott)" in und für Israel, dann als einziger Gott überhaupt verstanden.[539] Ursprünglich und d.h. in der dtn/dtr Bewegung wollte man hier durch Kultuseinheit zur Kultusreinheit kommen. Durch die Forderung nach monolatrischer Praxis an nur einem legitimen Kultort soll Israel erkennen, daß es allein JHWH verbunden und verpflichtet ist. Es sollte nicht mehr heißen können: "So viele Städte, so viele Götter hast du, Juda" (Jer 2,28). JHWH war "einer", und somit gab es nur einen "einzigen" JHWH (יהוה אחד: Dtn 6,4), der nur *ein* Heiligtum geschichtlich "erwählt" hat bzw. erwählen wird und wieder (wie in Ex 34,14) als "eifernder Gott" benannt (Dtn 5,9; 6,15; vgl. 4,24) und auch sonst in seiner Einzigartigkeit gepriesen wird (Dtn 3,24; 7,9f.; 10,17).
Dieser "JHWH-allein-Bewegung" sollte man nun aber im Blick auf die Herausbildung des israelitischen Monotheismus nicht zu viel oder gar die alleinige, noch dazu dann (als ziemlich egoistische "Partei" gewertet) kritisch gesehene Verantwortung aufbürden.[540] Sie hatte, wie aufgezeigt wurde, wichtige Vorgänger, war dann allerdings mit ihren Ideen und Forderungen besonders prägend und die weitere Entwicklung bestimmend.
Ob man ferner weiterhin behaupten kann, daß Israel bis zum Ende der Königszeit polytheistisch orientiert war, wenn auch JHWH als Nationalgott anerkannt war und verehrt wurde[541], ist nach der neueren, wichtigen und interessanten Arbeit von *J.H.Tigay*[542] über die in den uns bekannten hebräischen Inschriften vorkommenden Personennamen unwahrscheinlich. Danach hatten innerhalb der 592 bekannten Personen, die innerhalb des Zeitraums des 8. bis 6.Jh.s v.Chr. in Israel ein theophores Element im Namen trugen, 94,1% ein jahwistisches, aber nur 5,9% ein heidnisches Element in diesen ihren Namen. Die Betrachtung von Votivinschriften, Briefgrußformeln u.a.m. unterstützt dieses Ergebnis. Folglich war JHWH auch im Bereich der persönlichen Frömmigkeit

---

537 Vgl. S. 123, Anm.500.

538 Vgl. dazu: *G.Braulik*, Das Deuteronomium und die Geburt des Monotheismus, in: Gott, der einzige (s. S. 116, Anm.449), 115-159.

539 Vgl. *A.Deissler*, Grundbotschaft, 25.- Zur Übersetzung von Dtn 6,4 vgl. auch *R.W.Moberly*, VT Suppl 41, 1990, 209-215.

540 So aber bei *B.Lang*, (s. S. 116, Anm.449), 74ff. zu den Interessen der JHWH-allein-Bewegung.

541 So ebenfalls *B.Lang*, (s. S. 116, Anm.449), 53-57.

542 Siehe S. 116, Anm.449.- Vgl. außerdem: *ders.*, Israelite Religion: The Onomastic and Epigraphic Evidence, in: FS F.M.Cross, Philadelphia 1987, 157-194 und (mit Einschränkungen) *J.D.Fowler*, Theophoric Personal Names in Ancient Hebrew, Sheffield 1988 (JSOT Suppl 49).

(vgl. etwa Ps 31; 91) bestimmender, als oft angenommen wurde.[543] Die erneute Durcharbeitung des Personen- (und Orts-)Namenmaterials durch *J.C.de Moor*[544] hat dieses Bild nicht grundsätzlich verändert. Für die vordavidische Zeit stehen hier Namen mit dem theophoren Element El neben denen mit JHWH, und wenn auch die Zahl derer mit El überwiegt, besteht doch die Möglichkeit, daß JHWH und El hier (schon) denselben Gott meinen. Außerdem ist die Zahl der mit JHWH zusammengesetzten Namen so hoch, daß die JHWH-verehrung schon in der Zeit vor David eine große Rolle gespielt haben muß. Daß es bei den Ortsnamen und dem dortigen Überwiegen kanaanäischer Gottesnamen anders aussieht, verwundert nicht, da Israel sich ja in einem Land bildete, das kanaanäisch besiedelt und von dorther auch religiös geprägt war.
Welche Rolle die Kultusreformen Hiskias und Josias für die JHWH-allein-Verehrung gehabt haben, läßt sich nicht genau bestimmen, da diese Reformen einen mehr politischen Hintergrund der Loslösung von Assur hatten und außerdem in ihrer Bedeutung durch die davon berichtenden Texte in den Königebüchern (2 Kön 18,4; 22/23), die dtr stark idealisiert wurden, übersteigert sind.[545] Man wird jedoch für diese Zeit das Aufkommen der dtn/dtr Bewegung annehmen können, damit zugleich das Entstehen der genannten stärkeren Ausrichtung auf eine JHWH-allein-Verehrung in Israel/Juda. Die damit verbundene Abschaffung der "Ascheren"[546] und damit auch die Ausblendung, ja Verneinung jeder weiblichen Gottheit neben JHWH brachte sicherlich auch Frömmigkeitsprobleme mit sich, und dies wohl nicht nur für den weiblichen Teil der Bevölkerung.[547]
Während des babylonischen Exils[548] kommt es dann in der Golah und d.h. eben auch in der zu solchen Überlegungen fähigen Oberschicht und vor allem dann bei DtJes[549] zur Ausbildung eines klaren, auch theoretischen Monotheismus, wobei DtJes auf vielen Zeugnissen der ihm vorangehenden Glaubensgeschichte basiert. Wenn er von der Unvergleichlichkeit JHWHs spricht, so ist dies noch ein auch in der Hymnik der Umwelt Israels üblicher Topos der Götterverherrlichung.[550] Man hat aber wohl auch in der Exilsgemeinde wirklich JHWH mit an-

---

543 Wenn man jetzt dagegen argumentiert, daß dies nichts für die offizielle Religion beweise (so *H.Niehr* in seiner Rez. zu Tigay's Buch: BZ NF 33, 1989, 298f.), mutet dies merkwürdig an, da oft bisher gegenteilig behauptet wurde, daß zwar die offizielle Religion "jahwistisch", die persönliche jedoch "polytheistisch" gewesen sei (vgl. so etwa bei *M.Rose* oder *B.Lang).*

544 Vgl. S. 124, Anm.503; dort S.10-41.

545 Vgl. dazu *H.-D.Hoffmann,* Reform und Reformen, 1980 (AThANT 66).- Vgl. auch: *H.Donner,* Gesch. des Volkes Israel und seiner Nachbarn in Grundzügen, Bd.2, 1986, 331f. mit seinen kritischen Bemerkungen zur Reform Hiskias.

546 Vgl. dazu oben S. 123f.

547 Zu diesen Problemen u.a.: *E.S.Gerstenberger,* Jahwe - ein patriarchaler Gott?, 1988; dort 38-50: Jahwe und seine Aschera.

548 Dazu auch: *H.Vorländer,* Der Monotheismus Israels als Antwort auf die Krise des Exils, in: *B.Lang,* (s. S. 116, Anm.449), 84-113.(134-139.145-148: Anm. und Lit.).

549 Dazu *H.Wildberger,* Der Monotheismus Deuterojesajas, in: FS W.Zimmerli, 1977, 506-530.

550 Vgl. dazu *C.J.Labuschagne,* The Incomparability of Yahweh in the O.T., Leiden 1966.

deren Göttern "verglichen".[551] Dies nimmt DtJes polemisch auf und bezieht gerade auch darauf seine "monotheistischen" Aussagen (vgl. Jes 40,18.25; 44,6-8; 46,9). In Gerichtsszenen zwischen JHWH und den Göttern der Völker[552] wird in der Absicht, die Exilsgemeinde zu trösten und ihre Hoffnung zu stärken, erwiesen, daß diese Götter nicht nur machtlos und stumm sind (vgl. Jer 2,5f.11), sondern daß sie, weil sie z.B. auch nur mit ihren vergänglichen, von Menschen geschaffenen Bildern identisch sind, überhaupt nicht existieren. JHWH aber ist der Erste und der Letzte und außer ihm ist kein Gott (Jes 44,6-8; vgl. 43,10-13; 45,14.18.21f.). Denn er allein ist geschichtsmächtig, und was sein wirkmächtiges Wort (vorher-)sagt, das geschieht auch. Auch die Völker werden dies erkennen, womit die Überzeugung von JHWHs alleinigem Gottsein auch diese Grenze überschreitet (Jes 45,14; 49,26; 55,5 u.ö.; vgl. 42,6; 49,6).
Ebenfalls wohl in spätexilischer Zeit, nach *G.Braulik*[553] sogar noch vor und ohne DtJes, der keinen Einfluß auf den Monotheismus des Dtn's zeigt, kommt es in dem der dtr Bewegung (vgl. auch 2 Sam 7,22; Dtn 32,39 dtr) entstammenden Text Dtn 4,1-40 zu analoger Bezeugung dieses Monotheismus. Der einzige Gott JHWH, der allein Gott ist im Himmel und auf Erden, und sonst keiner (Dtn 4,35.39), ist aber gleichzeitig der Israel nahe Gott (Dtn 4,7; vgl. das "der Heilige Israels" im Jesajabuch), was sich z.B. besonders in Israels durch diesen JHWH bestimmter Gesellschaftsordnung zeigt (Dtn 4,8). In deutlicher Nähe zu DtJes wird dann in diesem Zusammenhang die Unmöglichkeit eines Gottesbildes artikuliert (Dtn 4,25), sowie gleichzeitig gegen die - zum Abfall verlockende? - babylonische Gestirnreligion polemisiert (Dtn 4,19.28; vgl. Jes 40,26; 47,13). "JHWH - er ist der Gott schlechthin" (Dtn 4,35; vgl. Dtn 7,9; 10,17; 2 Sam 7,28; 1 Kön 18,39).
Dieser Monotheismus war dann bestimmend für die Religion des nachexilischen Israel in Palästina[554] und damit auch für die uns aus dieser Zeit vorliegenden Texte und Redaktionen des AT nicht mehr strittig. Es ist so unnötig wie unwahrscheinlich, für diese Herausbildung des vollen Monotheismus abgesehen von der aufgezeigten innerisraelitischen Entwicklung[555] religionsgeschichtliche Einflüsse von außen, etwa aus dem Parsismus[556], anzunehmen. Der JHWH von Ägypten her, der auch der vom Sinai war, hatte sich als alleiniger Gott erwiesen und durchgesetzt (vgl. Dtn 32,12). Er wurde und war - und dies auch als kriegs-

---

551 Vgl. ThWAT II, Sp. 272f.

552 Jes 41,1-5.21-29; 43,8-13; 44,6-8; 45,18-25.

553 a.a.O. (s. S. 129, Anm.538), 151: "Theologisch setzt Deuterojesaja also dort ein, wo das Deuteronomium in Kapitel 4 mit seiner Gotteslehre angekommen ist." Dort (154ff.) dann noch zur Gottesauffassung des Moseliedes Dtn 32.

554 Zum davon bezeichnend abweichenden Befund in Texten des 5.Jh.s v.Chr. aus der jüdischen Kolonie auf der Nilinsel Elephantine (s. AOT[2], 450-454; ANET[2+3], 491f.), wo man neben JHWH auch andere Götter und Göttinnen verehrte, vgl. z.B. *H.Donner,* Gesch. Isr....,Bd.2, 1986, 382f. und *F.Stolz,* (im Sammelband von *O.Keel;* s. S. 116, Anm.449), 166.172.

555 Zu "den Spuren der Geschichte des Jahweglaubens in den Psalmen" vgl. *G.Schmuttermayr,* Vom Gott unter Göttern zum einzigen Gott, in: FS H.Groß, 1986, 349-374.

556 So aber *H.Vorländer,* (s. Anm.548), 106: "Die Israeliten wurden in der Ausprägung ihres monotheistischen Glaubens von den Persern angeregt und unterstützt." Vgl. auch *B.Lang,* ThQ 166, 1986, 139.

mächtiger Gott[557] - das einigende Band des frühen und sich bildenden Israel, auch wenn dieses entstehende Volk keine Amphiktyonie, sondern vielleicht eine segmentäre Gesellschaft gewesen sollte, für die ja auch nach dem sie Zusammenhaltenden gefragt werden muß[558]. Die Abgrenzung Israels von den Kanaanäern war dann auch religiös bedingt. JHWH wurde der Gott des Staates Juda/Israel und setzte diesen seinen Anspruch gegen anders orientierte Einflüsse und Arten der Volksfrömmigkeit in der Folgezeit weiterhin durch. Seit dem Exil, seit dem Dtn und seit DtJes war sein einziges Gottsein in und für Israel in der offiziellen Religion kaum noch bestritten. Der *eine* JHWH hatte sich Israel zu seinem Volk erwählt und es zu *einem* Volk in *einem* Glauben geeint[559]. Das Dtn hatte die Beziehung dieser beiden Größen zueinander zu einem seiner wichtigsten theologischen Anliegen gemacht (vgl. z.B. Dtn 5,1), und dies wirkte prägend für die Zeit danach - für Israel bis heute. Daß dies ein Idealbild war und ist[560], ändert nichts an seiner Gültigkeit für den Glauben wie für die Hoffnung (vgl. z.B. Ez 37,15-28; Sach 14,9). Daß auch (die) Völker zu dieser Einung hinzukommen möchten, haben wichtige Teile des AT als ebensolche Hoffnung artikuliert.[561]

9. Die Herausführung aus Ägypten zielte auf die Hineinführung in das verheißene Land (Ex 3,7f.), und Landverheißung wie Landnahme sind es vor allem, welche die Überlieferungen der Erzväter und der Mosegruppe, nach späterer, zusammenfassender (dtr) Konzeption und Deutung "ganz Israels" (Jos 1,2; 3,1.7 u.ö.), in dessen unterschiedlichen Gruppen zusammenschließen. Die Landgabe ist auch die Zielaussage des (dtr) "Credo" in Dtn 26,5-9. Die Pentateuch- Hexateuchquellen zielen auf die Hineinführung Israels in das Land Kanaan, von der dann Num 32+34 sowie das Buch Josua erzählen. Das *Land*[562] wurde zur geschichtlichen Gabe des erwählenden Gottes an das erwählte Volk[563], wurde zum Zielpunkt der nächsten wie der weiteren Zukunft beider Erwählungs- und Erzählungsgruppen. JHWH gab dieses Land nach kriegerischer Vertreibung

---

557 Vgl. dazu unten S. 145ff.

558 Vgl. dazu *N.Lohfink*, BiKi 38, 1983, 58: "Vor allem... ist die Verbindung der segmentären Gesellschaftsform mit der Alleinverehrung des Gottes Jahwe ohne eine Analogie."- Zu den "Kanaanäern" s. S. 265, Anm.668.

559 Eine instruktive Skizze dieser Entwicklung liefert *J.Schreiner*, Ein Volk durch den einen Gott, in: FS P.-W.Scheele, 1988, 15-33.

560 So mit *M.Rose*, (s. S. 128, Anm.534), 144f.

561 Vgl. dazu Bd.II, § 15.

562 Dazu: *H.Wildberger*, Israel und sein Land, EvTh 16, 1956, 404-422.- *W.Eckert/ N.P.Levinson/ M.Stöhr* (Hg.), Jüdisches Volk - gelobtes Land, 1970.- *P.Diepold*, Israels Land, 1972 (BWANT 95).- *E.Cortese*, La terra di Canaan nella storia sacerdotale del Pentateuco, Brescia 1972.- *Th.F.Kane*, God Who Gives, Pamplona 1973.- *W.D.Davies*, The Gospel and the Land, Berkeley u.a. 1974.- *R.Rendtorff*, Israel und sein Land, 1975 (ThEx 188).- *F.-W.Marquardt*, Die Juden und ihr Land, 1975.- *W.Brueggemann*, The Land, Philadelphia 1977.- *A.Ohler*, Israel, Volk und Land, 1979.- *A.G.Auld*, Joshua, Moses & the Land, Edinburgh 1980.- *G.Strecker (Hg.)*, Das Land Israel in biblischer Zeit, 1983.- *E.W.Davies*, Land; its rights and privileges, in: The World of Ancient Israel *(Ed. R.E.Clements)*, Cambridge u.a. 1989, 349-369.- Vgl. auch *W.Zimmerli*, Theol.[6], 53ff.

563 Vgl. *R.E.Clements*, Theol., 92f.

und/oder Besiegung früherer Einwohner an Israel, wie der Gott Kemoš es an die Amoriter gab (Ri 11,24). Die Tatsache, daß ein Volk von dem Land, in dem es lebt, erzählt, daß es dort nicht "seit Urzeiten" gewohnt habe[564], sondern daß es fremde Voreinwohner gab, deren Anspruch auf das Land nicht rundweg bestritten werden konnte, stimmt nachdenklich im Blick auf die kritischen Fragen heutiger Forschung, ob eine solche Landnahme, die noch dazu archäologisch kaum oder nur in begrenzten Gebieten nachweisbar ist[565], überhaupt stattgefunden habe. Die Art, wie Israel von ihr erzählte, macht gegen Pauschaltheorien dieser Art skeptisch, da diese Erzählinhalte aller sonstigen altorientalischen "Landtheologie" zuwiderlaufen und folglich mehr Vertrauen genießen, als man ihnen oft entgegenbringt. Man hätte kaum erzählt, daß JHWH Israel erst ins Land gebracht hätte, wenn dies nicht zumindest für einige, später dann prägende Gruppen zutreffend gewesen wäre. Auch die wichtige Rolle, welche die Landverheißungen, die ja auch Landansprüche legitimieren wollen, im Hexateuch spielen, spricht für diese Sicht.

a) Von diesem Land kann nun innerhalb des AT als אֶרֶץ und als אֲדָמָה gesprochen werden.[566] Der erste, häufigere Begriff ist auch der umfassendere. Er kann die ganze Erde (z.B. Gen 11,1), die Erde als den Gegensatz zum Himmel (z.B. Koh 5,1), zusammen mit diesem das bekannte Weltall (z.B. Jes 1,2; Gen 1,1) kennzeichnen, dann das Land allgemein (Ex 8,12f.; Dtn 11,25), besonders aber das Land als Territorium (z.B. 2 Sam 24,8), als politisch umgrenzte Größe (Dtn 1,5 u.ö.). אדמה hingegen, das mit der Wurzel אדם zusammenhängt und an "rotbraunes" Erdreich erinnert, von dem der Mensch genommen ist und zu dem er zurückkehrt (Gen 2,7; 3,19; Ps 90,3; 104,29; Koh 12,7), und was dann auch manchen Anspielungen auf "Rotes" im Zusammenhang mit Esau/Edom ihren Gehalt vermittelt (Gen 25,30), meint das Land als Wohnstätte des Menschen, das Kulturland und den Ackerboden (Dtn 26,10), damit "eine sich über die Grenzen der Völker erstreckende Einheit".[567] Israel hat durch das ihm verheißene und gegebene Land[568] Anteil an diesem Kulturland und dann darin auch ein Territorium. Die Unterscheidung beider Begriffe wird in Dtn 26, 1-11 besonders gut deutlich, in nachexilischer Zeit jedoch verschliffen.

Alte Stammessprüche[569] führen den Landbesitz von Stämmen auf die Gabe und z.T. kriegerische Hilfe JHWHs zurück oder sehen darin einen sich realisierenden Segen (Ri 5,11; Gen 49,13.14f.; Dtn 33,12.20f.23.28). Auch Fruchtbarkeit des Landes wird hier bereits von JHWH hergeleitet (Gen 49,25; Dtn 33,13-16). Von Landverheißung ist jedoch noch nicht die Rede, auch werden die Aussagen über das Land noch in keiner festgeprägten Begrifflichkeit geboten. Nur Gen

---

564 Vgl. so die Meša-Inschrift über Gad (KAI Nr.181, Z. 10; RGT², 256; TUAT I/6, 648).

565 Dies würde nicht verwundern, wenn es zuträfe, daß z.B. die einwandernde "Mosegruppe" nur relativ klein gewesen wäre, wie meist vermutet wird.

566 Dazu: *J.G.Plöger*, Art. "אֲדָמָה", ThWAT I, Sp.95-105.- *J.Bergmann/M.Ottoson*, Art. "אֶרֶץ", ThWAT I, Sp.418-436.- *H.H.Schmid*, Art. "אֲדָמָה *ʾadāmā* Erdboden", THAT I, Sp.57-60.- *ders.*, Art. "אֶרֶץ *ʾæræṣ* Erde, Land", THAT I, Sp.228-236.- Ferner *L.Rost*, Die Bezeichnungen für Land und Volk im A.T., in: *ders.*, Das kleine Credo, 1965, 76-101.

567 *L.Rost*, a.a.O., 78.

568 Bei Ezechiel dann gern als אדמת ישׂראל bezeichnet.

569 Dazu *H.-J.Zobel*, Stammesspruch und Geschichte, 1965 (BZAW 95).

49,15 mit seiner Erwähnung der "Ruhe" im Land fällt auf (vgl. später Dtn 12,9; 25,19).
Nach den Erzählungen über erste Landnahmen im Ostjordanland (Num 21,21ff.; 26,52ff.; 32; 34) und über den Versuch einer Landnahme von Süden her (Num 13/14) finden die Pentateuchquellen im Buch Josua mit dessen Erzählungen von der Landnahme (Jos 2-11)[570] ihr intendiertes Ziel, auch wenn sich jetzt im Josuabuch andere Erzähler zu Wort melden und das ganze Buch in dtr Bearbeitung vor uns liegt. Trotz ihrer Hoffnung auf eine neue Landnahme bei der Heimkehr aus dem Exil, die für die exilische Priestergrundschrift bestimmend ist[571], scheint diese Schrift doch nicht schon in Num 32,2.5.6.20-23.25-32.33 mit der Landnahme des Ostjordanlandes bewußt zu enden, vielmehr (wenn schon nicht J und E, so doch) ist zumindest P nicht nur mit einigen Texten auch noch im Buch Josua vertreten (Jos 4,19*.10-12; 14,1.2*; 18,1; 19,51), sondern der große Abschnitt über die Landverteilung (Jos 13-21) wird mit Recht P zugewiesen.[572] Von der Väterverheißung ist im Josuabuch abgesehen von Jos 1,6; 5,6 und 21,43 (sämtlich dtr) nicht die Rede, und die genannten Texte lassen zudem nicht klar erkennen, wer mit den Vätern hier gemeint ist. Der Spannungsbogen der Pentateuchüberlieferung geht somit von der Landverheißung an die Väter über diejenige an die Mosegruppe und damit in beiden an das werdende Israel bis zu der Feststellung, daß eben diese Verheißungen mit dem Erreichen und der Besitznahme des Landes ihre Erfüllung gefunden hätten (Jos 21,43-45; 23,15: dtr). Die Erreichung dieses Zieles hindert spätere atl. Theologen jedoch nicht daran, auf Landverheißung und Landnahme als Elemente neuer und weiterer Hoffnungen erneut zurückzugreifen.
Von einer Landverheißung wissen keine Texte der Umwelt des alten Israel, wohl aber öfter von einer Landeroberung. Wird nun die Landnahme und Landeroberung Israels dem Spannungsbogen von Verheißung und Erfüllung eingefügt, werden sie damit zum Zielpunkt einer längeren Geschichtsstrecke, die dann als von JHWH gestaltet und durchwaltet angesehen wird und werden muß.
Von einer solchen Landverheißung, die zuerst an Abraham erging[573], wissen der Jahwist, die Priesterschrift und dtr Texte, nicht jedoch der Elohist (Gen 12,7 J;

---

570 Zu den historischen wie soziologischen Problemen der Landnahme vgl. die Darstellungen in den "Geschichten Israels" von *H.Donner* und *A.H.J.Gunneweg*; dann *W.Thiel*, Die soziale Entwicklung Israels in vorstaatlicher Zeit, ²1985, 88ff.- *V.Fritz*, Conquest or Settlement?, BA 50, 1987 (Nr.2), 84-100.- *I.Finkelstein*, The Archaeology of the Israelite Settlement, Jerusalem 1988.- *H. Weippert*, Palästina in vorhellenistischer Zeit, 1988.- Ferner: *M.Weinfeld*, VT 38, 1988, 324-332; *E.Otto*, ThRev 85, 1989, Sp.3-10.

571 Dazu *R.Kilian*, Die Priesterschrift. Hoffnung auf Heimkehr, in: Wort und Botschaft (*Hg. J.Schreiner*), 1967, 226-243.

572 So (betr. der Einzelverse) mit *N.Lohfink*, Die Priesterschrift und die Geschichte, VT Suppl 29, 1978, 189-225 (= *ders.*, Studien zum Pentateuch, 1988 [SBAB 4], 213-253; (dort 222f., Anm.29) und für Jos 13-21 mit *E.Cortese*, Josua 13-21, 1990 (OBO 94).

573 Zu den Vätergeschichten s. Bd.II, § 6; dort auch zu den "Vätern" in der dtn/dtr Lit.

13,14f.; 15,7.18: später Text[574] mit dem Ineinander von Landverheißung und Bundestheologie als Selbstverpflichtung JHWHs; 17,8 P; 24,7). Eine Landverheißung an Isaak wird nur in Gen 26,3f. erwähnt (dtr geprägte Sprache), eine solche an Jakob jedoch öfter (Gen 28,13 J; 35,12; 48,4). Dann nennen andere Texte noch eine Landverheißung an die (drei?) Väter allgemein (Gen 50,24; Ex 6,4ff. P; 13,5; 32,13; 33,1; Num 10,29 J; 14,23; 32,11; Dtn 34,4; Jos 1,6; 5,6; 21,43f.; Ri 2,1). Der Jahwist hat sein Interesse an der אדמה auch schon in der Urgeschichte (Gen 2,7.9.19; 3,17.19.23; 4,2f.10f.14; 6,7; 9,20) und in Gen 12,3 kundgetan.

Im Deuteronomium[575] hat die Landverheißung eine gegenüber der Mehrungs- und der Segensverheißung beherrschendere Rolle, und sie wird dort zum "Schwur" JHWHs aufgegipfelt (so auch Gen 26,3; Num 14,23; 32,11), wobei das Land noch gern als "gutes Land" qualifiziert wird. Hierbei sind sowohl dtn wie dtr Anliegen im Spiel, d.h. sowohl Interesse an der Erhaltung des Landes als Gabe als auch das Verlangen nach Wiedergewinnung dieses guten Landes durch neuen Gehorsam (Dtn 1,8.35; 4,21; 6,10.18f.23; 7,8.12f; 8,1.18; 9,5; 10,11; 11,9.21; 19,8; 26,3.15; 28,11; 30,20; 31,7.20f.; 34,4; vgl. Jos 23,13.15; 1 Kön 14,15 u.ö.). Dann wird die Gültigkeit dieser Verheißung noch durch einen Hinweis auf den Väterbund unterstrichen (Dtn 7,9.12; 8,18). Landbeschreibungen, die bewußt über die empirische Vorfindlichkeit hinausgreifen, wollen Schönheit und Größe der Gabe des Landes von JHWH an sein Volk unterstreichen (Dtn 6,10f.; 7,13; 8,7b-9; 11,10-12; vgl. 33,13-16).[576]

Nicht in den Landverheißungen der Erzvätererzählungen, wohl aber in denen an die Mosegruppe und dann in anschließenden Texten wird das verheißene Land (zuerst durch J, dann durch P und Dtr; insgesamt 21mal) gern als "Land, wo Milch und Honig fließt" gekennzeichnet[577] (Ex 3,8.17 J; 13,5; 33,2f.[frühdtn]; Lev 20,24; Num 13,27 P; 14,8 P; 16,13f. J?; Dtn 6,3; 11,9; 26,9.15; 27,3; 31,20; 34,4; Jos 5,6; Jer 11,5; 32,22; Ez 20,6.15).[578] Das Fehlen dieser Wendung in den Erzvätergeschichten spricht doch wohl für eine ursprüngliche traditionsgeschichtliche Trennung der Landverheißung an die Väter von der an die Mosegruppe.[579] Mit der Kennzeichnung "Land, wo Milch und Honig fließt" wird das Land nicht als Götterland oder mit paradiesischen Farben gemalt, sondern in

---

574 Vgl. dazu *J.Ha*, Genesis 15, 1989 (BZAW 181); mit anderer Wertung: *H.Mölle*, Genesis 15, 1988 (fzb 62).

575 Zu seiner "Landtheologie" vgl. *P.Diepold*, (s. Anm.562).- *M.Weinfeld*, Deuteronomy and Deuteronomic School, Oxford 1972, 313ff.- *H.D.Preuß*, Deuteronomium, 1982 (EdF 164), 191-194 (Lit.).- *L.Perlitt*, in: *G.Strecker*, Das Land Israel (s. Anm.562), 46-58.

576 Zu den Aussagen über die Fruchtbarkeit des Landes vgl. *Chr.Gottfriedsen*, Die Fruchtbarkeit von Israels Land, 1985.

577 Dazu *W.H.Schmidt*, BK II/1, 164f. (Lit.).- *D.E.Skweres*, Die Rückverweise im Buch Deuteronomium, 1979 (AnBibl 79), 157-165.

578 Stets mit ארץ, nur Dtn 31,20 mit אדמה.- In Ex 3,8.17 als dtr Nachtrag verdächtig nach *W.H.Schmidt*, BK II/1, 138f.

579 Eine weitergehende Differenzierung versucht *S.Schwertner*, Das verheißene Land, Diss. masch. Heidelberg 1967 [vgl. ThLZ 93, 1968, Sp. 787-790] (verschiedene Einwanderungswellen; friedliche bzw. mehr kriegerische Landnahme; Landbesitz und Lebensraum; Väter mehr Nomaden, Mosegruppe kam dagegen aus sedentärer Existenzform usw.).

ihr wird das Kulturland beschrieben[580], vielleicht sogar aus der Sicht des nichtseßhaften Nomaden, als Idealland[581], so daß in Num 16,13f. selbst Ägypten dieses Prädikat erhalten kann. In Jes 7,15 hingegen erscheint "Milch und Honig" als (dürftige?) Nahrung aus der Sicht des landnutzenden Bauern. Neben der Landverheißung an die Väter ist dann auch die an die Mosegruppe erfolgende eine Brücke, die bis hin zur Landnahme reicht. Die in der "Wüste" sich gegen JHWH Auflehnenden, Zweifelnden und nicht voll Gehorsamen kommen nicht ins Land (Num 13,22-33; 14,30-34; 20,12.24; 26,64f.; 32,11).[582] Da diese Betonungen besonders in priesterschriftlichen und auch in dtr Texten (Dtn 1,35.39f.; 2,14) erfolgen, legt sich die Frage nahe, ob es sich bei dieser "Wüste" um eine Situationsanalogie zum Aufenthalt im Exil handelt, in dem manche nicht mehr auf JHWHs Führung vertrauen konnten oder wollten.

b) Israel ist in ein Land, das vorher anderen Völkern gehörte, "gekommen", und JHWH hat es dorthin "gebracht" (בוא/הביא; Dtn 7,1; 9,1; 11,8ff.; Ri 2,6ff.; vgl. Jos 2-11). Das Volk sollte und konnte das Land erobern, weil JHWH es ihm zur Eroberung preisgegeben und als Gabe, Erbteil und Besitz übereignet hatte (נתן, ירש/הוריש, so besonders in dtn/dtr Literatur, aber auch Ps 37,9ff.[583] und Am 2,9; Ps 44,3f.; 105,44). Weil er der geschichtliche Geber des Landes war, war und wurde JHWH, nicht aber Baal, auch der Spender der Fruchtbarkeit (Gen 27,28; 49,25f.; Dtn 28,3-5; 33,13-16; Jer 5,24; Hos 2,10f.).

So fand Israel "Ruhe" im Land (Dtn 3,20; 12,9; 25,19)[584], und das Deuteronomium, das als Moserede stilisiert wurde und Israel damit betont nochmals an die Schwelle zum Land stellte, suchte mahnend und warnend zu verhindern, daß Israel dieses Landes verlustig ging. Um den Gabecharakter des Landes festzuhalten, hat Israel in seiner vorexilischen Zeit nur äußerst selten (nur 1 Sam 13,19) von diesem seinem Land als dem "Land Israels" gesprochen[585], wohl aber (seit Hosea: 9,3[586]; dann Jer 2,7; 16,18; vgl. Ez 38,16; Lev 25,23) betont vom "Land JHWHs" oder seit Jeremia oder besonders seit Ezechiel vom Land als der "Herrlichkeit (צבי) JHWHs" (Jer 3,19; Ez 20,6.15; Dan 8,9; 11,16.41.45).[587]

---

580 "Die Himmel werden Öl regnen, die Bäche Honig führen" heißt es z.B. in einem ugaritischen Baal-Text (KTU 1.6 III 6-7; vgl. KTU 1.3 II 38-41 und dazu *O.Loretz*, Ugarit und die Bibel, 1990, 16+74). Genau wörtliche Parallelen sind dies jedoch nicht, da Öl, Honig und Tau, nicht aber Milch genannt sind.

581 Vgl. die Landschilderung in der Sinuhe-Erzählung: TGI^2, 4, Z.80ff.

582 Vgl. ThWAT I, Sp.546 und *K.-D.Schunck*, Art. "לון *lûn*", ThWAT IV, Sp. 527-530.- Vgl. dazu oben S. 87-89.

583 Zu diesem Wortfeld vgl. Dtn 1,7f.20f.22.31.37-39; 4,1.5.21.38; 6,10f.18f.23; 7,1f.; 8,1.7-10; 12,1; 19,2.14 u.ö.; vgl. Ex 6,8; Num 15,18, Jer 2,7; 23,23 und ThWAT I, Sp.544-547 sowie die Artikel zu ירש in THAT I und ThWAT III, dazu *N.Lohfink*, Kerygmata des Dtr. Geschichtswerks, in: FS H.W.Wolff, 1981, 87-100 und *ders.*, BZ NF 27, 1983, 14-33. *N.Lohfink* meint, daß es eine vorexil. dtr. Landeroberungserzählung gegeben habe, die einen Grundbestand des jetzigen Textes von Dtn 1 bis Jos 22 umfaßte.

584 Vgl. Jos 1,13.15; 21,43ff.; 22,4; 23,1; 1 Kön 5,18; 8,56; auch 1 Chr 22,9; 23,25; 2 Chr 6,41; 14,5; Hebr 3,4ff.- Dazu ThWAT V, Sp. 304ff.

585 Anders und wohl aus Gründen der Exilssituation dann besonders bei Ezechiel.

586 Hos 8,1; 9,15: Haus JHWHs = das Land?

587 Dazu *A.Madl*, ThWAT VI, Sp. 893-898.

Credotexte verbinden Exodus und Landnahme, zielen auf die Landgabe und stellen dankbar heraus, daß der JHWH, der ins Land geführt hat, auch dessen Fruchtbarkeit gibt (Dtn 6,23; 26,9f.; Jos 24,13). Von Baal wird auch hier geschwiegen, und JHWH erscheint wie bei Hosea nicht als "Schöpfer", wenn von dieser Gabe der Fruchtbarkeit des Landes die Rede ist, sondern als der Gott, welcher geschichtlich ins Land geführt hat und nun auch dessen Früchte gibt.
Angesichts der Schuld des Volkes, die sich z.B. auch in der Form konkretisierte, daß man Schuldnern das Land wegnahm und sich mit Landbesitz widerrechtlich bereicherte (Mi 2,1-5; Jes 3,13-15; 5,8f.), kündigten vorexilische Propheten Israel den Verlust und die Zerstörung des Landes und das Zerstreutwerden des Volkes unter die Völker in Fremdländer als Strafe an (Am 3,11; 7,11.17; Hos 2,16-25; 4,1-3: Land und Volk in Schicksalsgemeinschaft; 9,3; 10,6f.; Jes 6,12; 9,18; Jer 4,23-28; 9,9f.; 12,4.7-13; 17,1-4; Mi 7,13 u.ö.), und Texte aus der dtr Schule nahmen dies zustimmend auf.[588]
Israel hatte dann infolge seines Ungehorsams das ("gute") Land wieder verlassen müssen[589], sein Land wieder verloren, denn der Landbesitz und das Bleiben im Land sind und waren, wie dtn und dtr Texte deutlich versichern und Propheten angedroht hatten, an den Gehorsam gebunden.[590] Israel sollte das Land nicht verunreinigen oder in Schuld bringen.[591] Und wenn man dann im Exil und damit im unreinen Land (Am 7,17; vgl. Ps 137,4; Ez 4,13) auf neue Landgabe, ein neues Kommen ins Land hoffte, das aber auch scheitern konnte (Dtn 1,19ff.), dann spielte dabei der neue Gehorsam gegenüber dem Gesetz, zu dem man sich aufgerufen wußte, eine besondere Rolle.[592]
In diesen Zusammenhängen konnte dann auch die Kennzeichnung des Landes als "Land, wo Milch und Honig fließt", zur neuen Verheißung werden (Lev 20,24; Dtn 6,3; 11,9; 27,3; 31,20; auch 26,15 letztlich; vgl. Jer 11,5; 32,22), und sie wurde durch diese Motivtransposition zum Träger und Ausdruck weiterer Erwartung. Auch die zugesagte "Ruhe" wurde als doch auch noch ausstehend angesehen (Dtn 3,20; 12,9f; 25,19; 28,65: dtr, nicht dtn[593]) und Israel somit immer neu nach vorn orientiert und in einen neuen Spannungsbogen der Geschichte hineingerufen. Daher können dann auch im Jeremiabuch schon wieder Texte stehen, die vom Heil für das Land sprechen (Jer 3,12; 12,14-17; 16,14f.; 23,7f.; 29,10ff.; 30,5-7.10f.18-21; 31,2-6.15-20.21f.), und der durch Jeremia in sei-

---

588 Dtn 4,26-28.29-31; 11,17; 28,21.51.63; 29,21-27; Jos 23,13.15; 1 Kön 8,46ff.; 9,3-9; 13,34; 14,15f,; 2 Kön 17,7ff.; 18,11f.; 23,25-27; 25,21 u.ö.; vgl. Lev 26,20.32f.34f.

589 Daß es nur Teile Israels waren, die den Weg ins Exil gehen mußten, ist hier nicht zu erörtern.- Zum Thema "Land" in der Exilssituation vgl. *D.L. Smith,* The Religion of the Landless, Bloomington/In. 1989.

590 Dtn 4,1.5; 5,16.31; 6,1.10; 7,1f.11; 8,1.9ff.; 11,22.29.31f.; 12,1.19; 15,4f.7; 17,14; 18,9; 19,1.8f.14; 25,15; 26,1; 27,3; 28,21.63; 30,16; 31,20f.; Jos 23,15f.; 2 Kön 17,23; dann Am 5,27; 7,17; Jer 7,5-7.

591 Dtn 21,23; 24,4; 1 Kön 14,16; 15,26.30.34; 16,20; 22,53; 2 Kön 3,3; 10,29 u.ö.; vgl. Lev 18,25.27f.; Num 35,31; Jer 2,7; 3,2.

592 Dtn 4,1; 6,17; 8,1; 11,8.22-25; 12,1.28; 16,20; 18,9; 19,8-10; 21,1; 23,21; 27,3; Jos 13,1.6; 23,5ff.; Ri 2,21ff.: meist DtrN.

593 Vgl. ThWAT V, Sp. 304f. und oben S. 135; für dtn plädierte *G.von Rad,* Es ist noch eine Ruhe vorhanden dem Volke Gottes, in: *ders.*, TB 8, ^{3}1965, 101-108.

ner Eigenschaft als *goël* seines Vetters getätigte Landkauf[594] signalisiert Zukunftshoffnung (Jer 32; vgl. dort V.15). So hat Israel dann auch weiterhin und wiederum von einer Landnahme sprechen können. Die Väter wie ihre Nachkommen hatten ja das Land nur als "Land der Fremdlingschaft" (אֶרֶץ מְגוּרִים[595]) erhalten, und wo diese Väter begraben lagen, da war in Form einer rechtlich einwandfrei erworbenen Grabhöhle das Angeld für die Erfüllung der Landverheißung gegeben und gesichert (Gen 23 P).
So erhoffte man sich eine neue Führung ins Land und dort dessen neue Inbesitznahme und eine neue Sammlung des Volkes (Jes 11,10-16; 14,1f.; 60,21; 65,9; Jer 12,15; Ez 47,13ff.; Mi 2,12f.; Ob 19f. u.ö.; vgl. schon Hos 2,16f.), und man kann dieses Land in Bildern paradiesischer Fruchtbarkeit schildern.[596] "Leben ist Teilbekommen am Land. Tod ist Verweigerung dieser eschatologischen Gabe."[597]
Während DtJes von einer Heimkehr ins Land schweigt und (infolge einer mehr unpolitischen Heilserwartung?) lieber von JHWHs Rückkehr und Rückführung zum Zion spricht[598] (Jes 40,9-11; 49,14-17.19.21.22; 51,3-11; 52,1.2.7-10.11f.; 54,1-3), verbindet Ezechiel mit seiner Ankündigung des neuen Exodus aus Babylonien hin zum Land noch Gerichtsgedanken. Bestimmte Abgefallene sollen ausgesondert werden (Ez 20,33-44), und ein Landanspruch Zurückgebliebener wird vom Propheten abgelehnt (Ez 11,14-21; vgl. 33,23-26). Eine neue Landnahme gegenüber einem Anspruch Fremder verheißen dann Ez 36,1-11 (vgl. 11,14-21; 34,11-14; 37,1-14)[599], eine neue Verteilung des westjordanischen Landes (in gewisser Nähe zu Jos 13-21) durch JHWH selbst Ez 47,13 - 48,29.[600]

---

594 Vgl. Rt 4,9 und dazu *R.de Vaux*, Das A.T. und seine Lebensordnungen, I^2, 1964, 268.- Keine Heilszusage, sondern Gerichtsanerkennung ist in Jer 32 enthalten nach *G.Wanke*, Jeremias Ackerkauf - Heil im Gericht?, in: FS O.Kaiser, 1989, 265-276. *Wanke* findet die folgende Beziehung zwischen symbolischer Handlung und symbolisiertem Geschehen: "Wie der vom Propheten gekaufte Acker durch die Verwahrung der Kaufurkunde in einem verschlossenen Tongefäß für einen langen Zeitraum der Nutzung durch ihn entzogen bleibt, so wird in Zukunft auch das Land der Verfügung seiner Nutzer entzogen bleiben"(271). Selbst wenn man *Wankes'* Sicht von V.15 zustimmt (sek. Deutewort), so ist doch im Text selbst nichts über die Beziehung zwischen Verwahrung der Kaufurkunde und Nichtnutzbarkeit des Ackers angedeutet.

595 Gen 17,8; 28,3f.; 36,7; 37,1; 47,9(2); Ex 6,4: sämtlich P; außerhalb von P nur Ez 20,38.

596 Am 9,13-15; Hos 2,20.24f.; Joel 2,18-27; 4,18; Jes 30,18-26; 60,15ff.; Jer 31,12-14; Ez 36,9ff.29ff.; Sach 8,11f.

597 *W.Zimmerli*, Gottes Offenbarung (TB 19), ^{2}1969, 197.

598 Dazu *H.D.Preuß*, Deuterojesaja. Eine Einführung in seine Botschaft, 1976, 45f.- Vom Land ist bei DtJes nur im Blick auf dessen Zerstörung die Rede; 49,8 ist Zusatz.

599 Dazu genauer *H.Simian*, Die theologische Nachgeschichte der Prophetie Ezechiels, 1974 (fzb 14).

600 Zur Terminologie vgl. Num 33,50 - 34,15 (Nachtrag zu P).- Zu Jos 13-21 (ebenfalls wohl exilisch-nachexilisches "Programm" der Priesterschrift) vgl. oben S. 134, Anm.572.

Hiernach soll sogar der Fremdling (גֵּר) Anteil am Land erhalten (Ez 47,21-23), das für Ezechiel JHWHs "Pracht" ist (צבי: Ez 20,6.15).[601]
Sacharja leidet um das Land (Sach 1,12; 7,7; vgl. Dan 9,18), verheißt aber auch die Heimkehr und eine neue Gottesgemeinschaft im Land (Sach 8,7f.), welches für ihn wie für andere nachexilische Texte[602] öfter jetzt besonders als Jerusalem erscheint (vgl. Sach 14,6-11; Jes 25,6-8; 26,1-4; Joel 2,1.15ff.; auch Ps 69,36f.; 78,54), wobei Joel JHWH gern von diesem "lieben Land" (Joel 2,21) oder auch von "meinem Land" sprechen läßt (Joel 1,6f.; 4,2; vgl. 2,18). Nach Sach 2,16f. wird JHWH dieses Jerusalem erneut (עוֹד; wegen Sach 8,4.20 kaum "weiterhin") erwählen (vgl. Jes 14,1), dazu auch Juda als sein Erbteil, so daß dann von einem "heiligen Land" gesprochen werden kann. Das Land wird wie eine geliebte Frau JHWH neu verbunden sein (Jes 62,4), es wird wie eine Mutter sein, die gebiert (Jes 66,7f.).
Für Esra 9,11f. ist das Land, in das die exilischen Heimkehrer kommen, durch den Götzendienst seiner zwischenzeitlichen Bewohner unrein geworden, so daß dies zu einem Grund für das Mischehenverbot wird. Neh 9,8.36f. ("fettes Land" hier sogar in V.25) hingegen nehmen nochmals positiv auf die Landverheißung an die Väter Bezug, und diese Verheißung eröffnet eine neue Zukunft, während 2 Chr 36,21-23 für die Begründung des Exils die vom Land nachzuholende Sabbatruhe aus Lev 26,34 aufnehmen.
Die Weisheitsliteratur schweigt von Landverheißung, Landnahme, Landverlust und Heimkehr, damit vom Land in seinem Bezug zur Geschichte, erwähnt aber das Land als Lebensraum für den Menschen (Spr 2,21f.; 10,30; 15,25; 22,28; 23,10f.; auch Ps 37,9; Mt 5,5). Psalmen hingegen nennen öfter das Land als נַחֲלָה Israels (Ps 37,18?; 47,5; 105,11; 135,12; 136,21f.; nur in 79,1[603] [vgl. 68,10] als solche JHWHs), während daneben auch Israel als JHWHs נַחֲלָה erscheint (Ps 28,9; 33,12; 74,2; 78,62; 106,5.40; 114,1f.). Daß das Land als Segensanteil für den einzelnen Frommen Bedeutung hat, lassen Ps 25,13 und 37,9.11 erkennen (vgl. Ps 16,5: "Teil" im Blick auf JHWH).[604] Hier tauchen dann viele Begriffe der Landtheologie in neuer Anwendung und teilweise spiritualisierender Umdeutung auf (ירשׁ: Ps 25,13; 37,9.11.22.29.34; 44,4; 69,36.- נחל: 69,37.- נפל [vom Los]: 16,6.- "Teil": 16,5; 73,26; 142,6; vgl. Klgl 3,24). Daß auch dankbar oder auch daraus neue Hoffnung schöpfend und mahnend an die Hineinführung ins Land gedacht wurde, verwundert nicht (Ps 44,3f.; 78,54f.; 80,9f.; 105,43ff.; 111,6b; 135,12; 136,21f.).
c) Die letztgenannten Texte haben schon erkennen lassen, daß innerhalb der atl. Aussagen über die Bedeutung des Landes gerne bestimmte *Begriffe* verwen-

601 Vgl. oben S. 136 mit Anm.587.

602 Dazu *R.Hanhart,* Das Land in der spätnachexilischen Prophetie, in: *G.Strecker,* Das Land Israel..., 126-140 (dort auch zur Beziehung Land Israels - ganze Erde in diesen Texten, was hier unerörtert bleibt).

603 Oder ist dort nur Jerusalem bzw. der Tempel gemeint?

604 Dazu *H.-J.Hermisson,* Sprache und Ritus im altisraelitischen Kult, 1965 (WMANT 19), 107ff.; kritisch zur "Levitenfrömmigkeit" und "Levitenliedern", von denen in diesen Zusammenhängen gern gesprochen wird, mit Recht und dem Verweis auf altorientalische Personennamen *M.Tsevat,* ThWAT II, Sp. 1018.

det werden. Deren nähere Betrachtung kann manches des bisher Ausgeführten noch vertiefen.[605]

Da ist zuerst oft vom Land als der oder einer נַחֲלָה die Rede.[606] Sie bezeichnet ein Stück Land als unveräußerlichen, dauernden Besitzanteil am Boden, das man durch Erbe, Verlosung oder Zuteilung erworben hat. Als Begriff für einen solchen Landanteil von Sippe oder Stamm ist das Wort schon bei J/E belegt (Gen 31,14; Num 32,18f.; vgl. Dtn 14,27.29; Num 27,1-11; 36,1-12). Ps 105,8-11; Ez 47,14 und 1 Chr 16,15-18 nennen in diesem Zusammenhang die Väterverheißung, die hier ihre Erfüllung fand. In und seit dem Dtn wird der Begriff gern für das Land Israels insgesamt verwendet (Dtn 4,21.38; 12,9f.; 15,4; 19,3.10.14; 20,16; 21,23; 24,4; 25,19; 26,1; 29,7; Ri 20,6; 1 Kön 8,36; Jer 3,18; 12,14; 17,4; vgl. Ps 135,12), um das Land als Gabe JHWHs zu kennzeichnen, die Israel ohne eigenes Verdienst und Zutun als "Erbteil" zuteil wurde. In dieser Weise begegnet das Wort auch bei P (Num 16,14; 18,21ff.; 26,52ff.; 27,7; 34,14 u.ö.; dann auch in Jos 13ff.). Für die Bezeichnung des Landanteils eines einzelnen findet es sich seltener (Num 27,7; Dtn 21,16; Jos 19,49b.50; 24,30; Ri 2,9; 21,23f.; Rut 4,5f.10; 1 Kön 21,3f.). Die Vorstellung, das Land sei JHWHs נחלה, fehlt im Hexateuch[607], ist aber sonst einige Male belegt (1 Sam 26,19; 2 Sam 14,16; Jer 2,7; 16,18; 50,11; Ps 68,10; 79,1; vgl. Lev 25,23 und das אדמת יהוה in Jes 14,2). In bewußter Analogie dazu kann dann in dtr Texten auch vom Volk als der *naḥ**ᵃlā* JHWHs gesprochen werden (Dtn 4,20; 9,26.29; 1 Kön 8,51.53; 2 Kön 21,14), wodurch einerseits die Zusammengehörigkeit von Land und Volk unterstrichen, anderseits aber auch lokales personalisiert wird.[608]

Da das Dtn das Land Israels als ganzes interessiert, nicht jedoch die Landanteile der einzelnen Stämme (Dtn 33 ist ein Sondertext), spricht es nicht von den Losanteilen (גּוֹרָל)[609] dieser Stämme. Solches tut aber die Priesterschrift.[610] Diese Bezeichnung fehlt aber in Genesis, Exodus, Dtn, von 1 Samuel bis 2 Kön, bei Amos und Hosea. Von einer solchen Landverteilung durch das Los handeln Jos 13-19[611] und Ez 45,1-7; 47,13-48,29, und wie dabei verfahren wurde, ist aus Jos 18,1-10 zu entnehmen.[612] Bei diesen Landverlosungstexten dürfte es sich je-

---

605 Vgl. auch *G.von Rad*, Verheißenes Land und Jahwes Land im Hexateuch, in: TB 8, ³1965, 87-100; dort 88f.

606 Dazu *E.Lipiński*, Art. "נָחַל *nāḥal*", ThWAT V, Sp. 342-360.

607 Ex 15,17 hat hier sowohl mit der Nennnung des Tempelbergs als JHWHs נחלה als auch mit seinem Kontext ("Moselied") eine Sonderstellung.

608 Vgl. oben S. 58.

609 Dazu *W.Dommershausen*, Art. "גּוֹרָל", ThWAT I, Sp.991-998.

610 In Num 26,55f.; 33,54; 34,13; 36,2f.; vgl. Jos 13,6; 14,1f.; 15,1; 16,1; 17,1.14.17; öfter auch in Jos 18-20.- Eine mögliche ältere (DtrG?) Grundlage des Landverteilungsberichts Jos 13ff. vermutet *A.G.Auld* (s. S. 132, Anm.562); nach ihm ist im jetzigen Text allerdings öfter ein ursprüngliches *gebûl* durch *gôrāl* ersetzt. *E.Cortese* (vgl. folgende Anm.; dort S.29f.) sieht hier P am Werk.

611 Die Zuweisung dieser Texte zur Priesterschrift (wenn auch durch einige spätere Texte angereichert und in nachpriesterlicher Redaktion jetzt vorliegend) scheint mir durch die Arbeit von *E.Cortese* wahrscheinlich gemacht zu sein (*ders.*, Josua 13 - 21. Ein priesterschriftlicher Abschnitt im deuteronomistischen Geschichtswerk, 1990 [OBO 94]).

612 Genaueres darüber meint *G.Dalman* (AuS II, 42) sagen zu können (vgl. ThWAT I, Sp.994).

doch eher um exilisch-nachexilische utopische Wunsch- und Hoffnungsaussagen handeln, wohingegen Mi 2,4f. einen solchen Vorgang als vollzogen bekunden. Eine derartige Verlosung dürfte wohl ursprünglich nur bestimmtes Weideland der Allgemeinheit, Brunnen, Zisternen und Wald betroffen haben.[613] Ein solcher Landanteil wurde dann auch selbst als גּוֹרָל bezeichnet (Jos 15,1; 16,1; 17,1.14.17; Ps 125,3; Mi 2,5; vgl. Ps 16,5f.).

Vom (z.B. durch dieses Losverfahren zugewiesenen) Landanteil als Flurstück wie als zugeteiltes Erbe eines einzelnen wie eines Stammes[614] wird öfter unter Verwendung von חֵלֶק gesprochen (Jos 14,4; 15,13; 19,9; 22,25.27; Num 18,20; 26,53; Hos 5,7; Am 7,4; Ez 48,8.21 u.ö.).[615] Seltener wird der Landanteil eines Stammes oder einer Gruppe als חֶבֶל bezeichnet, was ein ab- und zugemessenes Landstück meint (Jos 17,5.14; 19,9; vgl. Ps 105,11).[616] Zu den in bestimmten Schriften gern verwendeten Begriffen gehören dann noch יְרֻשָּׁה für den dtn/dtr Bereich (Dtn 3,20; Jos 12,6.7 u.ö.) und אֲחֻזָּה für Priesterschrift, Heiligkeitsgesetz und Ezechiel (Gen 17,8; 23,4.9.20; Lev 25,34; Ez 44,28).

Der Syrer Naaman sieht eine klare Beziehung zwischen Gott und Land und möchte daher zwei Maultierlasten Erde aus Israels und JHWHs Land mit zu sich nach Hause nehmen, damit er dort JHWH opfernd verehren kann (2 Kön 5,17). Denn fremdes Land gehört eben auch fremden Göttern (1 Sam 26,19; 1 Kön 20,23; 2 Kön 5,17f.; 17,26; 18,23ff.; Am 7,17; Hos 9,3f.; vgl. Dtn 32,8f.; anders: Jer 29,7-14). So hat sich Israel dann naturgemäß auch öfter des zugesagten Landraumes vergewissert und die Grenzen des ihm durch JHWH zugewiesenen Landes zu bestimmen versucht.[617] Dabei stehen neben der häufigen Landausdehnungskennzeichnung "von Dan bis Beerseba" (Ri 20,1; 1 Sam 3,20 u.ö.) noch weitere, z.T. sehr unterschiedliche Aussagen über diese Landgrenzen. Sie reichen von Maximalbestimmungen, wie "vom Nil bis zum Euphrat" oder "vom Bach Ägyptens (= Wadi el-Arisch) bis Hamat oder zum Euphrat" o.ä. (Gen 15,18; Dtn 11,24; Jos 15,4.47; 1 Kön 5,1; 8,65; vgl. 2 Kön 24,7; Jes 27,12) bis zu verschieden differenzierenden Zwischenlösungen (Ex 23,31; Num 34,2-12; Dtn 4,45-49; Jos 1,4). Das Ostjordanland wird meist nicht oder (dtr-exilisch) nicht mehr zum verheißenen Land hinzugerechnet[618], was in Jos 22,19 mit einer konzentrierten theologischen Argumentation, die Anleihen bei der Sprache von P macht, begründet wird. Hiernach ist das Ostjordanland "unrein", das Westjordanland Besitz JHWHs, und nur in letzterem ist die Wohnung JHWHs und steht daher legitim ein Altar für ihn.

d) Weil das Land Gabe JHWHs an sein Volk war, hatte Israel auch sein *Bodenrecht* von diesem Glaubenssatz her gestaltet.[619]

---

613 So mit *F.Horst*, Gottes Recht, 1961 (TB 12), 208.

614 Zum fehlenden "Anteil" der Leviten am Landbesitz (Num 18,20; Dtn 10,9; 12,12; 14,27.29; 18,1; Jos 14,4; 18,7) und zu JHWH als ihrer נחלה s. Bd.II, § 9.4.

615 Dazu *M.Tsevat*, Art. "חָלַק *ḥālaq* II", ThWAT II, Sp. 1015-1020.

616 Dazu *H.-J.Fabry*, Art. " חבל *ḥbl* I", ThWAT II, Sp. 699-706 (dort 705).

617 Dazu: *N.Lohfink*, Die Landverheißung als Eid, 1967 (SBS 28), 65ff.; *P.Diepold*, Israels Land, 1972, 29ff.56ff.; *A.Ohler*, Israel, Volk und Land, 1979, 24ff.

618 Dtn 1,7.35.37; 2,29; 3,25; 4,21f.; 9,1; 11,31; 12,10; 30,18; 34,3; Jos 22,19; Ez 47,13ff; Num 20,12; anders Dtn 4,45-49.

619 Dazu: *W.Bolle*, Das israelitische Bodenrecht, Diss. Berlin 1939.- *F.Horst*, Das Eigentum nach dem AT, in: *ders.*, Gottes Recht, (TB 12), 1961, 203-221.- *R.de Vaux*, Das A.T. und seine Lebensordnungen, I, ^{2}1964, 264ff.- *U.Küppel*, Das isr. Boden-

So gehörte das Land insgesamt weder dem König noch dem Tempel oder den Tempeln. Und wegen des Gabecharakters des Landes, der für das "Land JHWHs" letztlich konstitutiv war und blieb (Lev 25,23)[620], kannte Israel offensichtlich keine grundsätzliche Verfügungsgewalt des Menschen über Grund und Boden. Eine z.B. im Codex Hammurabi (§§ 42-47) geregelte Pacht und Verpachtung von Land war in Israel unbekannt, ist jedenfalls nirgends direkt erwähnt. Privateigentum an Land wird es aber zumindest für Weinberge und Gärten, die längere Pflege brauchten und erst nach längerer Zeit nutzbar wurden, gegeben haben, während das Ackerland wohl Gemeineigentum war. Daß man Landgrenzen nicht verrücken soll, ist zwar auch im Recht der Umwelt des alten Israel häufig betont, erhält dann aber innerhalb der atl. Landwertung ein besonderes Gewicht (Dtn 19,14; 27,17; vgl. Hos 5,10; Spr 22,28; 23,10; Hi 24,2).
Nach dem Bundesbuch (Ex 20,22 - 23,19) gehören JHWH die Erstlinge des Ertrags (Ex 23,19) da ihm das Land gehört und er Land und Fruchtbarkeit gibt (vgl. Lev 23,10ff.). So dankt bei der Abgabe dieser Erstlingsfrüchte jeder Bauer erneut für die Gabe des Landes insgesamt und überhaupt (Dtn 26,1ff.).
In diesem Zusammenhang ist wohl auch das Brachjahr zu sehen, die שְׁמִטָּה (Ex 23,10f.). In ihr sollte jeder Bauer für sich und damit wohl zuerst auch noch zu jeweils unterschiedlicher Zeit auf den Landertrag verzichten. Die soziale Abzweckung dieser Handlung (V.11) ist jetzt ein bezeichnendes atl. Interpretament (vgl. Lev 19,9f.; Dtn 24,19-22), zumal die Sitte der Brache ursprünglich sicher ganz anderen Zwecken, wie etwa der Dämonenbesänftigung diente. Die Brache wird dann in Dtn 15,1-6.12-18 (vgl. 31,10ff.) sozial auf die Sklavenfreilassung ausgeweitet und mit einem absoluten Termin verbunden. Schon Jer 34,8ff. lassen erkennen, daß es mit dieser Sklavenfreilassung Probleme gegeben hat.
In Lev 25,1-7 ist diese Entwicklung dann noch weitergeführt, indem hier vom "Sabbatjahr" gesprochen, alles mit einem absoluten Termin für das ganze Land verbunden wird und Sabbattheologie einfließt (vgl. Lev 26,34f.; 2 Chr 36,21ff. zur entsprechenden Sicht des Exils). Es ging hierbei stets um die sich in allem äußernde Anerkennung des Landbesitzrechts JHWHs, nicht primär um eine Ertragssteigerung durch zwischenzeitliche Brache. Als dies jedoch durch Lev 25,1-7 zu einer schwierig zu praktizierenden Anordnung gesteigert wurde[621], entstand wohl während des Exils[622] das Programm mit der damit verbundenen

---

recht im Hexateuch, Diss. Fribourg/Schweiz 1971.- *J.Ebach,* Sozialethische Erwägungen zum atl. Bodenrecht, BN 1, 1976, 31-46.- *H.J.Boecker,* Recht und Gesetz im A.T. und im Alten Orient, ²1984, 77-81.- *J.Ebach,* Art. "Bodenrecht", NBL I, Sp. 313f.-

Zum Alten Orient vgl. HdO, Erg.Bd,III, 1964 (Orientalisches Recht).- *K.Baltzer,* (s. Anm.625), 82ff.- RLA und LÄ s.v. Ackerbau, Besitz, Eigentum, Großgrundbesitz, Landschenkung, Landwirtschaft u.a.m.- *H.Klengel (Hg.),* Kulturgeschichte des alten Vorderasien, 1989 (s. dort Reg. s.v. Eigentum, Kauf, Pacht).- Vgl. auch *S.Schwertner,* Das verheißene Land (s. S. 135, Anm.579), 165-168.

620 Ein Satz, "den man die Magna Charta des alttestamentlichen Bodenrechts nennen könnte" (*H.J.Boecker,* a.a.O.,77).

621 Zu den Bestimmungen über den verarmten Israeliten als Sklaven (V.39ff.) vgl. *F.Crüsemann,* Der Exodus als Heiligung, in: FS R.Rendtorff, 1990, 117-129; dort 124f.

622 Ist es Zufall, daß 587 minus 538 = 49 Jahre ergibt?

Hoffnung auf zumindest ein alle 7mal 7 Jahre zu vollziehendes Jobeljahr/Halljahr[623] (Lev 25,8ff.; vgl. Ez 46,16-18). So wollte man dann auch fernerhin JHWHs Fürsorge glauben und seinen Anspruch respektieren, wie die letztlich erneut utopische Jobeljahrgesetzgebung, die nur nach 1 Makk 6 einmal realisiert worden sein soll, mit ihrer vorwiegend theozentrischen Konzeption[624] es beabsichtigte.

In 1 Kön 21 scheint der Konflikt zwischen Ahab und Naboth, bei dem der König sein Interesse am Weinberg seines Untertanen durchsetzen wollte, auch auf unterschiedlichen Bodenrechtsvorstellungen zu beruhen.[625] Es fällt jedenfalls auf, daß der Erzähler den König, welcher meint, Ahab dessen Weinberg abkaufen zu können, stets nur von dem "Weinberg" (כֶּרֶם) sprechen läßt, während Naboth betont von seinem "Erbteil" redet (נַחֲלָה; vgl. Spr 19,14), das er weder verkaufen könne noch wolle. Ahab kann ihn dazu auch nicht zwingen. Im kanaanäischen Bereich galt das Land jedoch als veräußerliches Privateigentum[626], und der König hatte zudem in diesem Rechtsbereich eine besondere Stellung, wie Landtauschurkunden oder Urkunden über Landschenkung durch den und vor dem König und ein Grundstückübertragungsverzeichnis aus Ugarit beispielhaft belegen.[627]

Nach Aussagen des AT sind Menschen ohne Grundbesitz jedenfalls "leere Männer", wie aus Ri 9,4; 11,3 erkennbar und durch die Kontrastaussage in Mi 2,2 unterstrichen wird. Zum Vollbürger gehörte der Landbesitz, den der Fremdling (גֵּר) und der Ausländer (נָכְרִי) nicht erwerben konnten.[628] Die große Ausnahme Ez 47,21-23 wurde schon erwähnt.[629]

Nur die Leviten[630] hatten mit Grund keinen Teil (חֵלֶק) am Land, wobei diese Aussage für Texte aus dem dtn/dtr (Dtn 10,8f.; 18,1-8; vgl. 33,8-11) wie dem priesterschriftlichen Bereich gilt (Num 18,20f.23f.26; 26,62; Jos 14,3; vgl. Num 35,2.8; Jos 21,8). Ob dies eine Belohnung sein soll für das Verhalten der Leviten, wie es Ex 32,25-29 und Num 25,10-15 schildern, wonach dann wegen der dort gezeigten JHWHtreue JHWH selbst "Teil" der Leviten wäre, oder ob es auch eine Strafe für den Aufruhr ist, der in Num 18,23 (vgl. 16,14) erwähnt wird, ist unklar. Jedenfalls ist JHWH ihre נַחֲלָה (Num 18,20; Dtn 10,9; 18,2; Jos 13,33; Ez 44,28f.; vgl. Ps 16,5f.). Es soll dann aber auch Levitenstädte geben (Jos 14,4; 21,8; Num 35,2-8), und die Leviten sollen den Zehnten sowie andere Priestereinkünfte und Opferanteile erhalten (Jos 13,14; 18,7; Num 18,21ff.; Dtn 18,1). Nachexilische Texte erwähnen jedoch auch Landbesitz der Leviten (Neh 11,20; vgl. das Weideland in Num 35,2ff.; Jos 21,2f.).

---

623 Dazu *A.Meinhold*, Art. "Jubeljahr. I: A.T.", TRE 17, 280f. (Lit.).

624 So *A.Meinhold*, TRE 17, 281.

625 So nach *K.Baltzer*, Naboths Weinberg (1. Kön. 21). Der Konflikt zwischen israelitischem und kanaanäischem Bodenrecht, WuD NF 8, 1965, 73-88.- Skeptischer: *R.Bohlen*, Der Fall Naboth, 1978 (TThST 35).

626 Vgl. *W.Thiel*, Die Anfänge von Landwirtschaft und Bodenrecht in der Frühzeit Altisraels, AOF 7, 1980, 127-141.

627 Die Texte in TUAT I/3, 210ff.; dort auch weitere Belege aus Alalach und dazu *W.Thiel*, (s. S. 134, Anm.570), 52ff. (dort 93ff. auch noch zum isr. Bodenrecht).

628 Vgl. dazu Bd.II, § 15.3.

629 Vgl. oben S.139.

630 Zu ihnen vgl. Bd.II, § 9.3.

e) So war das Land niemals ein Adiaphoron für den Glauben Israels, sondern vielmehr ein zentrales Heilsgut. Langes Leben im Land war eine Verheißung, die zum Gehorsam motivieren sollte (Ex 20,12; Dtn 5,16). Anteil am Land war Anteil am Segen JHWHs (Gen 27,27ff.; Lev 26,4ff.; Dtn 28,1-14), Anteil auch an den Erfüllungen seiner Verheißungen. Diese Verbindung von Gott, Volk und Land war nun aber nach dem Zeugnis des AT keine mythische, keine urzeitlich gesetzte, sondern eine geschichtliche. Israel kam ins Land, als und weil JHWH es dorthin führte und brachte. Dieses Bewußtsein vom Land als einer geschichtlichen Gabe seines Gottes ist damit faktisch so etwas wie die Kehrseite des geschichtlichen Erwählungsglaubens dieses Volkes. Man stellte im Gegensatz zur Umwelt, wo z.B. selbst Gad als "seit Ewigkeit" im Land Atharoth gesehen wurde[631], keine mythische Urzeitbeziehung her, sondern lebte in dem für den Alten Vorderen Orient singulären Bewußtsein, in diesem Lande nicht von Urzeit her zu wohnen und in der festen Überzeugung, nicht autochthon zu sein.[632] So aber erzählt man nicht, wenn dahinter nicht auch ein Stück historischer Wirklichkeit steckt.

Da es keine naturhafte Bindung an das Land gab, konnte man das Land aber auch wieder verlieren. Dies hatten die Propheten angedroht, und das Exil hatte die Verifizierung ihrer Drohungen gebracht. Es hatte aber zugleich auch erwiesen, daß infolge dieser geschichtlichen Bindung Israels an das Land man wohl dieses Land, nicht aber zugleich damit auch seinen Gott verlieren mußte. Das Land war und blieb eine Gnadengabe, die auch wieder entzogen werden konnte. Vom Bewußtsein herrlicher Führung und dem Land als göttlicher Gabe her wurden dann auch die Texte gestaltet, die im Josuabuch von Israels Landnahme erzählen.

Damit war Israel sich also auch im Blick auf sein Land des erwählenden, geschichtlichen Handelns seines Gottes bewußt, denn es hatte eine Zeit gegeben, in der Israel noch nicht in diesem Lande war. Es gab ferner eine Zeit der Bewährung und der Gefährdung dieser Gabe, immer wieder auch eine solche der Oberherrschaft Fremder, dann auch die des Landverlustes und der Heimkehr. Und gerade während des Landverlustes während des Exils wurde die Landtheologie zum theologischen Fundamentalthema.[633] Aber gerade das Exil machte auch deutlich, daß Verlust des Landes nicht Verlust JHWHs und Existenz in der Diaspora möglich war. Man mußte Vielfältiges mit seinem Land und in diesem erleben, hielt dabei aber immer an der Verheißung fest oder wagte diese neu.[634] Auch wenn prophetische Drohungen betreffs Landverlust bei Ungehorsam neben diesen Verheißungen stehen blieben, und man immer wieder erleben mußte, daß das Land nur Gabe war und zuweilen daran erinnert wurde, daß man hier überhaupt nur als Gast und Fremdling weilte (vgl. Eph

---

631 So in der *Meša-Inschrift:* KAI Nr. 181, Z.10. Vgl. oben S. 133 und Anm.564.

632 Vgl. *L.Perlitt,* in: *G.Strecker,* Das Land Israel, 47, mit Blick auf die dtn/dtr Landaussagen: "Nach Israels eigener Erinnerung oder doch Darstellung begann die Geschichte Jahwes mit Israel außerhalb des Landes und ohne das Land: in Offenbarung und Rettung, in Führung und Geleit. Und umgekehrt war Israel dann über Jahrtausende auch ohne Land - Israel, als Gegenstand der Liebe Gottes. Aber man muß noch einen Schritt weiter gehen: Für den Jahwe vom Sinai war Kanaan ja sogar Fremdland; auch er mußte es sich und den Seinen erst erobern."

633 Vgl. dazu *M.Weippert,* VT 23, 1973, 415-442.- Vgl. S. 137, Anm.589.

634 Zum Weiterwirken dieser Idee s. *M.Buber,* Israel und Palästina, 1950.

2,19ff. als Weiterführung), sah man in dem Land auch immer wieder ein Zeichen göttlicher Treue. Man hoffte erneut, daß man dieses Land (weiterhin oder wiederum) besitzen werde, was dann unter Aufnahme von Ps 37,9.11 auch in Mt 5,5 - wenn dort auch modifiziert - verheißen wurde.

10. Die Rettung am Meer beim Auszug aus Ägypten wurde im Mirjamlied (Ex 15,21) dankbar und preisend als kriegerische Tat JHWHs besungen. In den ihm zugeordneten Textbestandteilen von Ex 13,17 - 14,31, wo diese Rettung am Meer erzählend vergegenwärtigt wird[635], hat auch der Jahwist dieses Geschehen mit Zügen aus dem JHWHkrieg gestaltet.[636] Damit kann naturgemäß nicht gesagt werden, daß die Mosegruppe selbst dieses Rettungsgeschehen bereits als JHWHkrieg interpretiert hat, wenn auch manches dafür spricht. Jedenfalls hat man gemeint, es in dieser Form erzählen zu können und zu müssen. So liegt es nahe, den ersten und grundlegenden Durchgang durch das atl. Glaubenszeugnis, der in diesem § 3 erfolgt und bewußt bei Auszug und Rettung aus Ägypten seinen Einsatz nahm, mit einem Blick auf die Texte abzuschließen und abzurunden, in denen von *JHWH als Kriegsmann und vom JHWHkrieg* die Rede ist.[637]

---

[635] Vgl. auch: *P.Weimar,* Die Jahwekriegserzählungen in Exodus 14, Josua 10, Richter 4 und 1 Samuel 7, Bibl 57, 1976, 38-73. Nach *W.* gehören diese Erzählungen in den Kontext der Auseinandersetzung mit der Institution des Königtums. Außerdem ist er der Meinung, daß bereits eine ältere Darstellung des Meerwunders in Ex 14 dem Jahwisten vorgegeben war.

[636] Vgl. dazu oben S. 46.

[637] Vgl. dazu: *M.J.Benedict,* The God of the O.T. in Relation to War, New York 1927 (Neudruck 1972).- *H.Fredriksson,* Jahwe als Krieger, Lund 1945.- *G.von Rad,* Der heilige Krieg im alten Israel, (1951) ^{5}1969.- *R.Smend,* Jahwekrieg und Stämmebund, ^{2}1966 [FRLANT 84] (= *ders.,* Zur ältesten Geschichte Israels, Ges.Stud. Bd.2, 1987, 116ff.).- *F.Stolz,* Jahwes und Israels Kriege, 1972 (AThANT 60).- *M.Weippert,* "Heiliger Krieg" in Israel und Assyrien, ZAW 84, 1972, 460-493.- *P.D.Miller,Jr.,* The Divine Warrior in Early Israel, Cambrigde/Mass. (1973) ^{2}1975.- *A.Malamat,* Early Israelite Warfare and the Conquest of Canaan, Oxford 1978.- *P.C.Craigie,* The Problem of War in the O.T., Grand Rapids/Mich. 1978.- *J.Ebach,* Das Erbe der Gewalt, 1980.- *M.C.Lind,* Yahweh is a Warrior, Scottdale/Ont. 1980.- *N.Lohfink (Hg.),* Gewalt und Gewaltlosigkeit im A.T., 1983; darin (S.51-110) vor allem: *N.Lohfink,* Die Schichten des Pentateuch und der Krieg.- *H.D.Preuß,* Art. "מִלְחָמָה *milḥāmāh*", ThWAT IV, Sp. 914-926 (Lit.).- *F.Stolz (Hg.),* Religion zu Krieg und Frieden, 1986; darin (S.49-65): *H.H.Schmid,* Heiliger Krieg und Gottesfrieden im A.T.- *N.Lohfink,* Der gewalttätige Gott des A.T. und die Suche nach einer gewaltfreien Gesellschaft, in: JBTh 2, 1987, 106-136.- *S.-A.Kang,* Divine War in the O.T. and in the Ancient Near East, 1989 (BZAW 177).- *N.Lohfink,* Der "heilige Krieg" und der "Bann" in der Bibel, IKZ 18, 1989, 104-112.- *G.H.Jones,* The concept of holy war, in: The World of Ancient Israel *(Ed. R.E.Clements),* Cambridge u.a. 1989, 299-321.- *A. van der Lingen,* Les guerres de Yahvé, Paris 1990 (LeDiv 139).- *J.A. Soggin,* Art. "Krieg. II: A.T.", TRE 20, 19-25 (Lit.).

Vgl. auch *J.Hempel,* Gott und Mensch im A.T., ^{2}1936 (BWANT 38), 33-44.- *L.Köhler,* Theol.^{4}, 7f.- *G.E.Wright,* The O.T. and Theology, New York/Evanston/ London 1969, 121ff.- *W.Zimmerli,* Theol.^{6}, 49-53.- *E.A.Martens,* God's Design, Grand Rapids 1981, 41ff.- *W.H.Schmidt,* Atl. Glaube^{6}, 118ff.

Denn als ursprünglicher Gruppen-, Stammes- und/oder Volksgott ist JHWH "eo ipso Kriegsgott"[638], was man nicht vergessen sollte, und was durch frühe oder auch zeitlich den Auszugserzählungen benachbarte Texte, wie Ex 17,15f. (vgl. Dtn 25,17-19; dann Ri 5,31; Jos 10,10.12f.25; 11,6; 2 Sam 5,24) unterstrichen wird.[639] Es gab sicher nicht zufällig ein "Buch der Kriege JHWHs" (Num 21,14), und die Gabe des Landes an Israel war nach Am 2,9 (vgl. Ex 15,15f. und manches aus dem Josuabuch) nur durch kriegerische Aktion(en) JHWHs möglich. Und auch wenn man JHWH atl. als Schöpfergott oder Himmelsgott glaubt, ist nach altorientalischem Denken sowohl mit dem einen wie dem anderen Aspekt ein "Kampf" dieses Gottes verbunden. Von dieser Theomachie spricht das AT jedoch nur noch in mythologischen Restmotiven.[640] Eine ausgeführte Erzählung darüber, wie sie etwa im babylonischen Enuma eliš vorliegt[641], gab es in Israel offensichtlich nicht. Die Weisheitsliteratur schweigt weithin vom JHWHkrieg und von JHWH als Krieger. Nur Hiob klagt zuweilen darüber, daß er JHWH auch als seinen kriegerischen Gegner hat erfahren müssen (s.u.).

a) Das gegenüber dem Mirjamlied und den jahwistischen Texten in Ex 13/14 spätere, diesen aber mit Absicht zugeordnete Moselied (Ex 15,2-18) nennt den JHWH, der eine herrliche Tat getan und Roß und Reiter ins Meer gestürzt hat (V.2), einen "Kriegsmann" (אִישׁ מִלְחָמָה; V.3), einen Kämpfer. Im profanen Bereich werden innerhalb des AT damit sowohl besonders hervorragende Kämpfer als auch Soldaten allgemein bezeichnet.[642] Auf JHWH wird diese Bezeichnung nur noch in Jes 43,13 (אִישׁ מִלְחָמוֹת) angewendet. Auch das Siegeslied der Debora singt dem JHWH, Israels Gott (Ri 5,3).

JHWH wird dann aber häufiger als Chaoskämpfer[643] geschildert oder vor allem hymnisch besungen[644], wobei dieser Chaoskampf in Jes 51,9f. auf die Rettung am Meer weitergedacht wird. Ähnlich historisiert taucht das Motiv des Chaoskämpfers[645] JHWH in prophetischen Gerichtsworten auf, wo das Chaosungeheuer auf das jeweilige feindliche Gegenüber bezogen werden kann.[646] Und die Beziehung zwischen Chaoskampf und Sieg über die Völker ist ein auch in Is-

638 *H.Fredriksson,* a.a.O., 107.

639 *H.Fredriksson,* a.a.O., 112, wertet daher auch die Rolle der Vorstellung von JHWH als Krieger für das allgemeine Gottesbild des AT nur positiv: "a) Jahwe als Krieger hat Jahwe das Gepräge einer lebendigen, aktiven Gottheit gegeben; b) den Weg zum Monotheismus geebnet; c) gewisse wesentliche Eigenschaften Jahwes stärker herausgehoben, sowie d) gewisse Affekte des Gottesbildes hervorgehoben", wie z.B. JHWHs Kraft, Macht, Heiligkeit.

640 Vgl. dazu S. 270f.

641 AOT², 108-129; RGT², 106-110; ANET³, 60-72.501-503.

642 So z.B. in Num 31,28.49; Dtn 2,14.16; Jos 5,4.6; 6,3; 17,1; Ri 20,17; 1 Sam 16,18; 17,33; 2 Sam 17,8; Jes 41,12; Jer 6,23; 38,4; 39,4; 41,3; 48,14; 49,26; 50,30.42; 51,32; 52,7.25; Ez 27,10.27; Joel 2,7; 1 Chr 28,3 u.ö.- Zuweilen daneben ein גִּבּוֹר חַיִל [bzw. Plural] (1 Chr 12,9; 2 Chr 17,13), was auch für JHWH verwendet wird (s.u.)

643 Vgl. dazu unten S. 270f.

644 Vgl. Jes 51,9f.; Ps 68,22.31; 74,13f.; 77,17.20; 89,11; 104,6-9; Hi 9,13; 26,11-13.

645 "Jahwe hat in diesen Schilderungen gewöhnlich keine Waffen. In den Hymnen, in denen die Schöpfung mit Motiven aus dem Chaoskampf geschildert wird, fehlen solche gänzlich": *H.Fredriksson,* (s. S. 145, Anm.637), 78.- Zu JHWHs Bewaffnung (Bogen, Pfeil, Schwert, Speer, Schild, Stab u.a.m.) vgl. *ders.,* ebd., 94-101.

646 Vgl. z.B. Jes 17,12-14; 27,1; Ez 29,3-5; 32,2-4; Nah 1,4; Hab 3,6-15.

raels Umwelt vorhandenes Glaubenselement, da Fremdvölker und Chaosmächte in enger Verbindung gesehen wurden.[647]
Die Beziehung der Gottheit zu kriegerischem Geschehen wie auch die zu urzeitlichem Chaoskampf sind jedoch nichts für JHWH Spezifisches, sondern solches wird auch von anderen Göttern des Alten Vorderen Orients erzählt. Dies gilt von männlichen Gottheiten, z.B. vor allem vom Gott Assur, aber auch von weiblichen Gottheiten, wie z.B. von Ischtar für Babylonien als nicht nur der Göttin der Liebe, sondern als der "Herrin der Schlacht und des Kampfes"[648], oder von Anat (vgl. Ri 5,6?) für Ugarit.[649] Es ist also keineswegs so, daß das mit der männlichen Gottheit zusammenhängende kriegerisch gefärbte Gottesbild schon für altorientalisches Denken durch den Einfluß des Weiblichen gemildert oder ersetzt werden könnte. In Ri 4/5 ist die Frau Debora die Führerin im Kampf, und die Frau Jaël ist es, die den feindlichen Anführer erschlägt (Ri 5,24-27).
Als kriegerisch wirkender Gegner des Menschen wird JHWH auch im Hiobbuch geschildert (Hi 16,12-14; 30,21), dann aber zugleich in Psalmen als ein solcher zu Hilfeleistungen erbeten.[650] Die Ladesprüche[651] rufen ihn zu kriegerischer Wirksamkeit auf (Num 10,35f.), und auf JHWH als den Führer der Heere Israels verweist vielleicht auch die Gottesbezeichnung יהוה צבאות.[652] Auch Theophanie- und Epiphanieschilderungen sind mit kriegerischen Elementen durchsetzt (vgl. z.B. Ps 18,8-16, dort V.15; 68; 96,13; Jes 19; 30/31), wie überhaupt das dem Krieg und Kampf zugeordnete Wortfeld innerhalb des AT ein sehr breites ist.[653] JHWH, der von Edom kommt, hat blutige Kleider, weil er Völker wie in der Kelter zertreten und ihr Blut auf die Erde geschüttet hat (Jes 63,1-6), was sehr an eine Schilderung der Göttin Anat in einem Ugarittext erinnert[654], und auch sonst wird JHWH als starker Kämpfer gegen Völker geschildert (Jes 34,5f.; Jer 47,6 u.ö.).
Öfter wird JHWH auch als "Held" (גִּבּוֹר) bezeichnet (Jes 9,5; 10,21)[655], als "Held im Streit" (Ps 24,8), als helfender "Held in Israels Mitte" (Zeph 3,17), als Held, der sein Volk aus dem Exil heimwärts führt (Jes 42,13; vgl. Ps 78,65). Und wenn dieser Held als "Hoffnung Israels und Retter zur Zeit der Trübsal" nicht

---

647 Vgl. dazu: *F.Stolz*, Strukturen und Figuren im Kult von Jerusalem, 1970 (BZAW 118), 72-101 (dort auch Texte in Übersetzung).

648 So im Epilog zum Codex Hammurabi: TUAT I/1, 79.- Zu dieser Göttin vgl. WdM I, 81-89; zu ihrem kriegerischen Aspekt dort 85, z.B. "Die Ištar von Arbela war die ass. Kriegsgöttin schlechthin."- Vgl. auch: *J.Bottéro/S.N.Kramer*, Lorsque les dieux faisaient l'homme, Paris 1989, 203-337.

649 "In den ugaritischen Texten tritt ʿAnat als Kämpferin und Liebende hervor. Ihre Kampfeskraft wird ausführlich besungen": *O.Loretz*, Ugarit und die Bibel, 1990, 79; dort 79f. ein Textbeispiel und (81f.) der Hinweis, daß gerade wilde Kampfesszenen der Anat in biblischen Texten weiterleben könnten, die von JHWHs Zorn im Kampf berichten, wie z.B. Jes 63,1-6 (s.u.).- Vgl. auch: WdM I, 235-241 und RGT[2], 214f.

650 Ps 7,7; 10,12; 35,23; 44,24.27; 59,5f.; 74,22.

651 Vgl. dazu S. 289.

652 Vgl. dazu S. 164ff. und *H.Fredriksson*, a.a.O., 50-55.

653 Vgl. ThWAT IV, Sp. 916.917.

654 Vgl. Anm.649 und den dort zitierten Text.

655 Vgl. dazu ThWAT I, Sp. 912f.

zu helfen scheint oder nicht hilft, dann fragt man, warum er wie ein Held ohne Kraft zu helfen sei (Jer 14,8f.). Für Hiob ist dieser "Held" allerdings wiederum ein ihm feindlicher Gott (Hi 6,4; 16,14).

b) Nicht nur bei der Rettung am Meer, die in ihren älteren Bestandteilen das Rettungsgeschehen deutlich als ein kriegerisches schildert (vgl. Ex 14,6f.13f.20.24f.)[656], sondern auch erneut kurz danach erweist sich JHWH als Kriegsgott, nämlich in der Schlacht gegen die Amalekiter (Ex 17,8-16 J). Es war JHWH selbst, der hier gegen Amalek Krieg führte (V.16). JHWHs kriegerisches Engagement war also nicht nur ein einmaliges. Auf diesen Krieg und Sieg greift das AT daher auch mehrmals zurück bzw. macht diese Amalekiter zu Lieblingsfeinden Israels.[657] Hier ist dann auch vom "Banner" oder "Feldzeichen" (נֵס) JHWHs die Rede, was dann mit JHWHs Thron (כֵּס) verbunden wird (Ex 17,15f.). Ob es sich hierbei um einen Stab, eine andere Art von Kriegssymbol oder gar um einen ladeähnlichen Kasten (vgl. V.16 Altar) mit dem möglichen Namen נֵס יָה handelte[658], ist ungewiß. Israel rüstet sich zum Kampf "vor JHWH" (Num 32,20.21.27.29.32; Jos 4,13). Die Bezeichnung "Heiliger Krieg"[659] gibt es im AT nicht, wohl aber ist vom "JHWHkrieg" die Rede (Num 21,14; 1 Sam 18,17; 25,28). "JHWHs ist der Krieg" kann es heißen (Ex 17,16; 1 Sam 17,47), und man kann einen Krieg "heiligen", was jedoch meist von Völkern gesagt wird (Jer 6,4; 51,27f.; Joel 4,9f.; Mi 3,5) und auch so viel wie "einen Krieg vorbereiten oder beginnen" bedeutet. Die Erfahrung der kriegerischen Rettung durch JHWH am Meer hat später wieder analoge Hoffnungen entstehen lassen (Jes 11,15f.; 43,16-21; Sach 10,11).

Nach Ri 5,20f. streiten sogar die Sterne als himmlisches Heer (vgl. Gen 32,2f.; 1 Kön 22,19; Ps 103,20f.; 148,2) mit auf seiten JHWHs und seines Volkes. Jos 5,13-15 erwähnen einen "Mann", wahrscheinlich einen Engel, als "Führer des Heeres JHWHs". JHWH ist es, der das himmlische Heer "herausführt" (Jes 40,26; vgl. 45,12). Auch Hagel (Jos 10,11; vgl. Hi 38,22), Regen (Jes 30,30; Ez 38,22), Sonne (2 Kön 3,22; vgl. Jos 10,12ff.) und Donner (1 Sam 7,10) setzt JHWH als Kampfmittel ein.

Die Bücher Josua und Richter (vgl. auch schon Num 21; 31; 32) sind dann voll von Erzählungen über kriegerische Auseinandersetzungen der einwandernden und eingewanderten Israeliten mit den Voreinwohnern und Nachbarn, und diese Kämpfe wurden unter dem Beistand und der Führung JHWHs geführt

---

[656] *N.Lohfink* (JBTh 2, 126, Anm.33; [s. S. 145, Anm.637]) bestreitet (auch aus apologetischen Gründen infolge seiner - berechtigten - Liebe zur gewaltfreien Gesellschaft?), daß Ex 14 eine Kriegserzählung war, was aber dem Text nicht gerecht wird. Dies gilt auch gegenüber *S.-M. Kang,* (s. Anm.637), 114-125, der hier nur ein späteres theologisches Verständnis dieses Geschehens findet.

[657] Dtn 25,17-19; 1 Sam 15,2f.- Vgl. Gen 14,7; Num 13,29; 14,25.43.45; 24,20; Ri 3,13; 6,3.33; 7,12; 10,12; 12,15; 1 Sam 14,48; 15,5-7.15.18; 27,8; 30,1; 2 Sam 1,1.8; 1 Chr 4,43; 18,11.

[658] So *F.Stolz,* Jahwes und Israels Kriege (s. Anm.637), 99.- Vgl. zu נֵס auch *H.-J.Fabry,* ThWAT V, Sp. 468-473; z.St. dort 471f. und *C.Houtman,* OSt 25, 1989, 110-120.

[659] Zu dieser Erscheinung übergreifend religionsgeschichtlich und religionsphänomenologisch: *C.Colpe,* Zur Bezeichnung und Bezeugung des "Heiligen Krieges", BThZ 1, 1984, 45-57.189-214; zum AT dort 199-202.

(Jos 4,13; 6,2f.; 8,1ff.18; 10,7f.24f.; 11,19f.; Ri 3,10; 4; 5; 6,16; 7,2ff.; 8,7; 20)[660], wobei sogar diejenigen verflucht werden, die JHWH nicht zu Hilfe kamen, "JHWH zu Hilfe unter den Helden" (Ri 5,23). JHWH kam von Süden, vom Sinai oder aus Sëir den dort Kämpfenden zu Hilfe (Ri 5,4f.; Hab 3,3; Ps 68,9). Hier vollbrachte er seine "Heilstaten" (Ri 5,11; Dtn 33,21).[661] "Dieser den Kanaanäern fremde Gebirgsgott, Bundesgenosse der erstarkenden israelitischen Stämme, flößte den Alteingessenen mehr und mehr Furcht ein (vgl. noch 1 Kön 20,23: 'ihr Gott ist ein Berggott, darum haben sie uns überwunden')".[662] Noch zur Zeit Davids, in und nach der dann die JHWHkriege verblassen, gibt es den Gottesbescheid, daß JHWH "vor dir" auszieht, um das Heer der Philister zu schlagen (2 Sam 5,24). Die Erfahrung des Erfolgs nährt den Glauben an das "Mit-Sein" JHWHs, die Faktizität von Macht die Gewißheit seiner Hilfe.[663] Dies gilt für Saul und seine Kriege wie für David und dessen kriegerische Unternehmungen. Dafür, daß JHWH trotz seiner Bindung an sein Volk als Stammes- und Nationalgott doch kein "Siegesgott Israels" wurde[664], sorgten vor allem die Propheten mit ihrer Botschaft von dem auch gegen sein eigenes Volk kriegerisch wirksamen Gott (s.u.).

Selbst die sonst so unkriegerische Priesterschrift[665] bezeichnet noch das Israel des Exodus und der Wüstenwanderung als "Heerscharen" (צְבָאוֹת: Ex 7,4; 12,17.41.51).[666] Auch עָם kann ja soviel wie "Heer, Kriegsmannschaft" bedeuten (Ex 7,4; Ri 5,11; 20,2).[667] Das "hinausziehen" (יצא) oder "hinausführen" (הוֹצִיא)[668] wird für menschliches Ausziehen zum Kampf (Ri 9,38f.; 1 Sam 8,20; 18,16; 2 Sam 5,2; 10,16 u.ö.; vgl. Num 27,17 P)[669] wie für göttliches Handeln (Ri 4,14; 2 Sam 5,24; Ps 68,8) verwendet, wobei auch hier der Aspekt der kriegerischen Befreiung mitschwingt (vgl. den Gebrauch bei P und die P-Bestandteile in Ex 13,17 - 14,31).[670] "JHWH, euer Gott, der vor euch hergeht, der wird für euch

---

660 Zu diesen Texten und dieser Zeit (Landnahme, Landsicherung) vgl. auch *E.S.Gerstenberger,* Jahwe - ein patriarchaler Gott?, 1988, 50-66 ("Jahwe der Stammeskrieger"). Dort z.B. (S.65): "Stammesreligionen sind in der Regel von Männern geleitet. Die Gottesvorstellungen entsprechen den vom Stamm wahrgenommenen Schutz- und Kriegsfunktionen. Aber das weibliche Element ist polar eingegliedert."- *S.-M. Kang* (s. S. 145, Anm.637) bestreitet, daß in der "kanonischen" Überlieferung des AT für die "historisch" erfolgten Schlachten in der Zeit vor David überhaupt von einem JHWHkrieg gesprochen werde. Es handele sich vielmehr stets im spätere (meist dtr) theologische Interpretation.

661 Vgl. dazu S. 196.

662 *E.S.Gerstenberger,* a.a.O., 56.

663 Vgl. dazu: *I.L.Seeligmann,* Menschliches Heldentum und göttliche Hilfe, ThZ 19, 1963, 385-411.- *L.Schmidt,* Menschlicher Erfolg und Jahwes Initiative, 1970 (WMANT 38).

664 Vgl. *W.Zimmerli,* Theol.[6], 52.

665 Dazu *N.Lohfink* (in: Gewalt und Gewaltlosigkeit im A.T. [s. Anm.637]), 75ff.

666 Vgl. Ex 6,26; Num 1,3.52; 2,3.- Dann Ps 44,10; 60,12 = 108,12.

667 Vgl. oben S. 56.

668 Vgl. ThWAT IV, Sp. 916.

669 "Häufig begegnendes militärisches Fachwort" (*H.Fredriksson,* a.a.O., 10): Dtn 20,1; 21,10; Ri 20,28; 1 Sam 8,20; Am 5,3; Hi 39,21; mit JHWH als Subjekt: Ri 5,4; Jes 42,13; Hab 3,13; Sach 14,3.

670 Vgl. dazu § 3.1 (S. 46f.).- Zu יצא/הוציא vgl. ThWAT III, Sp.795-822.

streiten" ist auch dem dtr Denken vertraut (Dtn 1,30; vgl 20,4: mitgehen und streiten). Das Geschehen bei der Rettung am Meer ist nach P jedoch vor allem eine Offenbarung der Herrlichkeit JHWHs vor den und an die Ägypter (Ex 14,4.17f.).[671] Neben dieser priesterlichen Konzeption stand aber innerhalb der nachexilischen Gemeinde die der Chronikbücher, und bei der Gesamtredaktion des Pentateuch wie der dtr Gestaltung der Bücher Josua und Richter war die Betonung des kriegerischen Elements dann doch beherrschend.

Denn im Gegensatz zur friedlicher gestimmten Priesterschrift zeigen die spätnachexilischen Chronikbücher mit ihren Kriegsberichten und ihrem Interesse an der Heeresverfassung Judas nochmals eine betonte Wiederaufnahme der Vorstellung vom JHWHkrieg.[672] Hier kommt zugleich die Linie an ihr Ziel, die innerhalb der atl. Schilderungen von JHWHkriegen die menschliche Mitwirkung gegenüber der göttlichen Wirksamkeit immer mehr zurücktreten läßt. Da können es zwar gar nicht genug tapfere Krieger sein, die dem jeweiligen judäischen König, der jedoch stets einer der positiv beurteilten sein muß, zur Verfügung stehen (2 Chr 14,7; 17,14-19; 26,11-15). Unter 300 000 dürfen niemals gezählt werden, und diese alle sind keine Söldner, sondern Heerbann aus Juda und Benjamin. Der letztlich aber wirklich Kämpfende ist JHWH, sind Gott und seine Priester (2 Chr 13,12). Gott ist es, der hier schlägt (2 Chr 13,15; 14,11; 20,17.29). Unter den Kriegsberichten sind besonders die fünf über glücklich verlaufene Kriege judäischer Könige von Bedeutung (2 Chr 13,3-20; 14,8-14; 20,1-30; 26,6-8; 27,5f.; vgl. auch 25,10-13). Die dabei genannten Zahlen der Kämpfer überschreiten dann sogar die Million, die der Gefallenen die 500 000. Es werden Gebete (z.T. mit wichtigem heilsgeschichtlich-motivierendem Rückblick: 2 Chr 20) an JHWH, der allein helfen kann ("Keiner vermag etwas dir gegenüber": 2 Chr 14,10) gerichtet, oder programmatische, theologisch-deutende Ansprachen an das Heer gehalten mit dem Hinweis auf das "Königtum JHWHs in der Hand der Söhne Davids"[673], auf JHWH, der auf der Seite Judas ist, sowie auf das Kriegsgeschrei und die Trompeten, welche die Priester blasen.[674] Der Gottesschrecken befällt die Gegner, Gott gibt sie in die Hand der Judäer. Sie werden zerschmettert "vor JHWH und seiner Heerschar" (מחנהו; 2 Chr 14,12). All diese Texte sind ohne Vorlage in den Königebüchern, damit Werk des Chronisten und Spiegel seiner Theologie, damit wohl seiner Hoffnungen für ein Wiederaufleben dieses JHWHkrieges, d.h. der kriegerischen Mächtigkeit und Tätigkeit JHWHs zugunsten der so unpolitisch lebenden, aber anderes wünschenden nachexilischen Gemeinde. In den Berichten ist eben "die militärische Ohmacht Judas ebenso deutlich zu fassen wie das wunderhafte Eingreifen

---

671 Vgl. oben S. 46 und dazu: *J.-L.Ska,* La sortie d'Égypte (Ex 7-14) dans le récit sacerdotal (P^g) et la tradition prophétique, Bibl 60, 1979, 191-215.

672 Dazu: *P.Welten,* Geschichte und Geschichtsdarstellung in den Chronikbüchern, 1973 (WMANT 42), 79ff.115ff.- *S.J.de Vries,* 1 and 2 Chronicles, 1989 (FOTL XI); s. dort das Reg. unter "Battle Story", "Battle Report" und "Quasi-Holy-War Story".- Darauf, daß die Chronikbücher aber keinen gewaltsamen Einmarsch des Volkes Israel ins Land zu kennen scheinen, verweist *N.Lohfink* (in: Gewalt und Gewaltlosigkeit im A.T., [s. Anm.637], 51f. im Anschluß an eine Arbeit von *S.Japhet*).

673 Vgl. dazu: Bd.II, § 7.5.

674 Vgl. dazu: Bd.II, § 9.2.

Jahwes."[675] Es ist JHWH selbst, der mit den Feinden Israels kämpft (2 Chr 20,29). "Nicht euer ist der Krieg, sondern Gottes.- Ihr müßt euch nicht fürchten und nicht mutlos sein. Morgen zieht ihnen entgegen, und Jahwe wird mit euch sein" (2 Chr 20,15.17).[676]
c) Wenn man diese Schilderungen des JHWHkrieges in den Chronikbüchern liest, sehen sie mehr nach einem Wunschbild, einer grandiosen Theorie aus, was sie ja innerhalb der Chronikbücher auch waren.[677] So verwundert es aber auch nicht, wenn *G.von Rad* in seinem Buch über den "Heilige(n) Krieg im alten Israel" (1951) zuerst "ganz starr eine Theorie des heiligen Krieges" darstellt.[678] Da steht zuerst das Aufgebot durch das Stossen in die Posaune (Ri 6,34f; vgl. 3,27; 1 Sam 13,3). Das dann im Lager versammelte Heer heißt "Volk JHWHs/Gottes" (Ri 5,11.13; 20,2) und meint das amphiktyonische Aufgebot der Männer. Die Männer stehen dann als "Geweihte" (Jos 3,5; 1 Sam 21,6) unter strengen sakralen Ordnungen (vgl. Dtn 23,10-15). Es konnten bei besonderem Anlaß ein Buß- oder Trauerzeremoniell vollzogen, vor allem aber Opfer dargebracht werden (Ri 20,23.26; 1 Sam 30,4.- 1 Sam 7,9; 13,9f.12). Eine Gottesbefragung fand statt (Ri 20,23.27; 1 Sam 7,9; 14,8ff. u.ö.). Aufgrund des zusagenden Gottesbescheids verkündet dann der Führer dem Heerbann: "JHWH hat die....in eure Hand gegeben" (Jos 2,24; 6,2.16; 8,1.18; 10,8.19; Ri 3,28; 4,7.14 u.ö.). Wenn dann der Heerbann auszieht, zieht JHWH vor ihm her oder mit ihm (Ri 4,14; Dtn 20,4; nach Jos 3,11 in Gestalt der Lade). Diese Kriege sind JHWH(s)-Kriege (1 Sam 18,17; 25,28), denn er allein ist der Handelnde (Ex 14,4.14.18; Dtn 1,30; Jos 10,14 u.ö.). Daher soll Israel sich nicht fürchten sondern glauben (Ex 14,13; Dtn 20,3; Jos 8,1; 10,8.25; 11,6 u.ö.) Daß den Feinden der Mut entsinkt, ist nur die andere notwendige Folge (Ex 15,14-16; 23,27f.; Dtn 2,25; 11,25; Jos 2,9 u.ö.). Kriegsgeschrei (Jos 6,5; Ri 7,20; 1 Sam 17,20.52) und Gottesschrecken (Ex 23,27; Dtn 7,23; Jos 10,10f.; 24,7; Ri 4,15 u.ö.) gehören dazu, und den Höhepunkt und Abschluß bildete der Bann, die Übereignung der Beute an JHWH (Dtn 2,34ff.; 3,6ff.; 7,1ff.; Jos 6,18f.21; 8,26; 10,28; 1 Sam 15; 30,26 u.ö., mit Unterschieden in Auffassung und Durchführung)[679]. Das Ende war dann der Ruf "Zu deinen Zelten, Israel!" (2 Sam 20,1; vgl. 1 Sam 4,10; 2 Sam 18,17; 1 Kön 12,16). *Von Rad* zitiert abschließend an diesen Entwurf der "Theorie des Hl. Kriegs" das bekannte Wort von *J.Wellhausen*[680]: "Das Kriegslager, die Wiege der Nation, war auch das älteste Heiligtum. Da war Israel und da war Jahve." Insgesamt sieht *von Rad* in dem so Geschilderten eine kultische Begehung von ziemlicher geschichtlicher Glaubwürdigkeit, nicht nur ein dtn/dtr Konstrukt, obwohl schwerlich je ein heiliger Krieg in solch schematischer Vollständigkeit geführt worden sei. Welche Kriege in Israels Frühzeit (Exodus, Landnahme) wirklich in dieser Art stattfanden, ist wegen des Charakters der Zeugnisse nicht genau zu erheben. Eher kann man an die Zeit zwischen der Deboraschlacht und der Sauls denken. Die Kriege sind während der Richterzeit als kultische Institution Reaktionen der Amphiktyonie, auch wenn nicht ein einziges Mal das Gros der

675 *P.Welten*, a.a.O., 170f.

676 Übersetzung *P.Welten*, a.a.O., 140.

677 "Highly imaginative imitation of Israel's primitive holy-war narrative": so *S.J.de Vries*, a.a.O., 434 (zu 2 Chr 13,3-21; 14,8-14; 20,1-30; 25,5-13).

678 So a.a.O.,6; die Darstellung dann S.6-14.

679 Vgl. dazu unten unter d) (S. 154ff.).

680 Israelitische und jüdische Geschichte[3], 26 (=[9]1958, 24).

12 Stämme daran beteiligt war. Mit dem Aufkommen des Königtums tritt diese Institution zurück, da Berufskrieger den Heerbann verdrängen, und durch den "salomonischen Humanismus" löst man sich noch mehr aus den alten sakralen Bindungen. Die Erzähler dieser Zeit hatten folglich wirkliche heilige Kriege nie mehr erlebt. Jos 6 (Eroberung Jerichos), Ri 7 (Gideons Sieg über die Midianiter), Ex 14 (die Erzählung von der Rettung am Meer) und 1 Sam 17 (Davids Kampf mit Goliath) sind dergleichen Erzählungen mit zwar altertümlichen Motiven, aber sie heben alles bereits weit aus dem Bereich des Sakral-Kultischen heraus. "Umso stärker ist ihr aktuell lehrhaftes und kerygmatisches Anliegen."[681] In der Prophetie lebt der Gedanke vom JHWH-Krieg nach *von Rad* besonders bei Jesaja weiter, aber sowohl Jesaja als auch die anderen, sporadischen Belege zeigen, daß es sich nicht mehr um Bezugnahmen auf eine wirklich im Volksleben noch wirksame Institution handelt. Das Dtn hingegen[682] versucht im Zusammenhang mit seinem Gedanken vom Gottesvolk in seiner Abgrenzung von den Völkern auch die Kriegsideologie (nach *von Rad* auch den Heerbann) neu zu beleben, beeinflußt damit auch die späteren Darstellungen aus der dtr Bewegung, wie sie jetzt im Josua- und Richterbuch vorliegen. Und in nachexilischer Zeit wird der JHWH-Krieg nochmals in den Büchern der Chronik neu zu beleben versucht.

Diese so eindrückliche wie geschlossene Darstellung erfuhr durch *R.Smend*[683] wichtige Korrekturen. Ausgehend vom Deboralied (Ri 5), in dem ja eben gerade nicht zwölf Stämme als Teilnehmer an der Schlacht genannt sind, weist *Smend* zunächst nach, daß der JHWHkrieg keine Veranstaltung des kultischen Stämmebundes, damit auch selbst keine kultische Institution war.[684] An den JHWHkriegen der Richterzeit waren nur einzelne Verbände beteiligt, nicht aber ganz Israel. Sakraler Stämmebund und JHWHkrieg stimmen faktisch-statistisch nicht zusammen. "Der Krieg Jahwes kommt zwar nicht vom Nationalen her, er führt aber auf das Nationale hin."[685] Die Lade, mit der der Gottesname יהוה צבאוֹת verbunden war, hatte eine Bedeutung für den JHWHkrieg, jedoch keine als amphiktyonisches Zentralheiligtum. Es waren wohl die Rahelstämme, die innerhalb der Amphiktyonie das Element des JHWHkrieges vertraten, die Leastämme das der Amphiktyonie. Die Rahelstämme auch waren es, die den Auszug aus Ägypten als eine Kriegstat des Gottes JHWH erlebt hatten. In diese Zusammenhänge gehöre auch Mose. *Smend's* Buch bedeutete insgesamt für viele Probleme der Frühgeschichte Israels einen wichtigen Beitrag. Für das Thema "JHWHkrieg" brachte es eine historische Differenzierung und traditionsgeschichtliche Klärungen.

---

681 *von Rad*, a.a.O., 50.

682 Dazu *von Rad*, a.a.O., 68ff.

683 s. S. 145, Anm.637.

684 "Nicht als hätte dem Kriege Jahwes in der alten Zeit das kultische Element überhaupt gefehlt. Das ist von vornherein schon darum nicht zu erwarten, weil es sich ja schon dem Namen nach um einen religiösen Vorgang handelt und bei einem solchen kultische Formen in der einen oder anderen Weise fast stets hineinspielen": *R.Smend*, a.a.O., 27.- Kritik an der Auffassung des JHWHkrieges als kultischer Institution auch bei *G.Fohrer*, Gesch. d. isr. Religion, 1969, 78ff.

685 a.a.O., 30.- Vielleicht war es ja (auch) die Erfahrung der Kriegsmächtigkeit JHWHs, der eigenen Stärke unter diesem Gott, welche die Stämme zum frühen Israel zusammenführte.

Daß der JHWHkrieg keine kultische Institution war, weist auch *F.Stolz* nach.[686] Außerdem versucht er eine genauere historische Nachfrage. Mirjamlied, Amalekiterschlacht, Bannerspruch (Ex 17,16), Deboralied, die Erzählung von der Bannung der Städte des Königs von Arad (Num 21,1-3) sowie der Josuaspruch bei Gibeon (Jos 10,12f.) werden als älteste Schilderungen von religiöser Kriegsführung, allerdings aus unterschiedlichen Stämmegruppen, gewertet. Gemeinsam ist ihnen, daß sie JHWH als Kriegsherrn verstehen und dies aus unmittelbarer geschichtlicher Erfahrung, also nicht aus kultischen Gegebenheiten herleiten. Zeitlich gehört dieses Verstehen in die Zeit zwischen Landnahme und Staatenbildung. Sauls Scheitern brachte das Ende der JHWHkriege. Abgesehen von der nicht wirklich zu begründenden These der Verankerung von JHWH-kriegsvorstellungen in fast allen Stammesbereichen, der gegenüber der Hinweis auf die mittelpalästinischen Rahelstämme, auf das Haus Joseph oder auch die Mosegruppe einleuchtender ist, bringt auch dieses Buch wichtige historische Einsichten in die Theorie und Praxis des JHWHkrieges.

M.Weippert[687] blickte dann bewußt über die Grenzen des AT und Israels hinaus[688] und zog für seine Betrachtung des "Heiligen Krieges" vor allem neuassyrisches Vergleichsmaterial heran. Daraus ergibt sich, daß es sich beim "Heiligen Krieg" nicht um eine spezifisch israelitische Institution handelte, daß solche Kriege auch anderswo und dort naturgemäß nicht unter JHWH geführt wurden, sondern man begegnet hier, wie *Weippert* mit Recht betont, gemeinorientalischer, ja gemeinantiker Kriegspraxis und -ideologie, damit Elementen, die zum normalen technischen und kultischen Apparat eines jeden antiken Kriegs zählten, und solchen, die dem ideologischen Überbau angehörten. Zu letzterem wird vor allem die Verbindung von Krieg und Gottheit in einer den Krieg legitimierenden Funktion gerechnet. Bei den JHWHkriegen geht es hierbei besonders um die Legitimation des Anspruchs auf das Land.[689]

P.D.Miller zog für seine religionsgeschichtlichen Vergleiche dann stärker das Material aus Syrien/Palästina (Baal; Anat) heran, zumal bei ihm auch der kosmische Krieg der Gottheit eine größere Rolle spielte.[690] Ferner untersucht er mehr getrennt epische und poetische Traditionen des JHWHkriegs, spricht auch vom Heiligen Krieg als "Synergismus" zwischen Gott und Menschen.[691]

---

686 s. S. 145, Anm.637.

687 s. S. 145, Anm.637.

688 Zu Kriegstheorie und Kriegspraxis in der Umwelt des alten Israel vgl. die Lit.-Angaben in ThWAT IV, Sp. 914f.917 und vor allem die Darstellung im 1.Teil (S.11-110) der Arbeit von *S.-M. Kang* (s. Anm.637).

689 Wie sich die "Landnahme" (= Ansiedlung) Israels oder seiner Teile historisch wirklich vollzog (Infiltrationsmodell; Invasionsmodell; Revolutionsmodell; längere Zeit der Symbiose; verschiedene Arten und Schübe usw.) ist hier nicht zu erörtern. Vgl. dazu oben S. 134, Anm.570. Zur Sicht der Landnahme als einer vorwiegend kriegerischen und zur Analyse der dabei verwendeten "Taktik" vgl. z.B. *A.Malamat* (s. S. 145, Anm.637).

690 So untersucht *Miller* (S. 145, Anm.637) eigenartigerweise zwar Ex 15 mit seinem mythisch-historischen Schema, nicht aber Ex 13,17 - 14,31.

691 Daß die atl. JHWHkriegs- und Bannerzählungen den heutigen Lesern (und unter ihnen sicher nicht nur den vom NT her auch anders beeinflußten) Christen Probleme bereiten, veranlaßt manche atl. Forscher zu apologetischen, hermeneutischen und wirkungsgeschichtlichen Erwägungen. Vgl. dazu *M.J.Benedict*, *P.C. Crai-*

Für *M.C.Lind*[692], der aber zuvor auch die mehr "pazifistischen" Vätergeschichten untersucht[693] und dann einen historischen Längsschnitt des Redens vom JHWHkrieg versucht[694], ist das Exodusgeschehen, die Rettung am Meer der Wurzelgrund und wichtigstes Paradigma für die Glaubensvorstellung vom für die Seinen streitenden JHWH. Er sieht allerdings enge Beziehungen auch zur Sinaitradition und der Vorstellung von JHWH als König, was - zumal er es nicht detailliert begründet - in dieser Kombination problematisch verbleibt. Darüberhinaus geht *Lind* jeweils genauer dem Verhältnis von göttlichem und menschlichem Handeln nach.

Noch umgreifender wurde das religionsgeschichtliche Vergleichsmaterial im ersten Teil der Arbeit von *S.-M.Kang* erfaßt[695], wo neben Mesopotamien und Syrien/Kanaan auch Anatolien und Ägypten Berücksichtigung fanden. In seinem das AT betreffenden zweiten Teil kommt *Kang* jedoch oft zu anderen Ergebnissen als die bisherige Forschung, da er in den historischen Realitäten hinter den Darstellungen des Exodus, der Landeroberung, der Richterzeit bis hin zu Saul einen "JHWHkrieg" nicht findet, sondern erst in den Kriegen Davids. Auch für *Kang* ist der Synergismus zwischen Gott und Mensch im JHWHkrieg konstitutiv; wo dieser nicht begegnet, liegt auch kein echter JHWHkrieg vor. Außerdem muß zwischen historischer Wirklichkeit und späterer theologischer Interpretation deutlicher differenziert werden. Daß es sich jedoch bei allen atl. Erwähnungen von JHWHkriegen nur - wie in den Chronikbüchern - um künstliche Konstrukte handelt (so *J.A.Soggin*, aber auch *S.M.Kang)*, ist weder erweisbar noch religionsgeschichtlich (vgl. Moab; Assur) wahrscheinlich.

d) In einen Zusammenhang mit dem (JHWH-)Krieg[696] gehört der *Bann*[697], bei dem die Kriegsbeute dem Gott JHWH geweiht, damit der menschlichen Verfügung entnommen, letztlich aber der Vernichtung anheimgegeben wurde und werden mußte (Mi 4,13; vgl. Num 21,2f.). Im Zusammenhang der (dtr) Darstellungen der Landnahme (Dtn 2,1 - 3,17; Jos 6-11) wird er aber zur geforderten Vernichtung der unterworfenen Bevölkerung gesteigert. Dies dürfte jedoch sicher keine historische Realität wiedergeben, sondern einen Teil des dtr Programmdenkens, der theologischen Rückschau darstellen. Da die trotz Landverheißung und Landgabe JHWHs an Israel doch im Land verbliebenen Völker, die Israel ja dann nach dem Urteil der Deuteronomisten zum Abfall von

---

gie und *J.Ebach* (s. Anm.637), ferner *H.D.Preuß*, Atl. Aspekte zu Macht und Gewalt, in: Macht und Gewalt (Zur Sache, H.14), 1978, 113-134.

692 s. S. 145, Anm.637.

693 Für *M.Rose* ist die dort vorliegende "Entmilitarisierung des Krieges" aber erst ein Ergebnis sekundärer Bearbeitung (BZ NF 20, 1976, 197-211). Vgl. dazu aber auch *N.Lohfink*, in: Gewalt und Gewaltlosigkeit im A.T., (s. Anm.637), 61-64.

694 Landnahme; von den Richtern zu David; "eine Theologie der Niederlage" (Num 14,39-45; Dtn 32; Ps 78); Könige und Propheten; dtn/dtr Schriften.- Eigenartigerweise fehlen die Chronikbücher.

695 s. S. 145, Anm.637.

696 "Die Wörter der Wurzel *ḥrm I* sind vor allem im Wortfeld von Krieg und Vernichtung belegt": *N.Lohfink*, ThWAT III, Sp. 195,- oft zusammen z.B. mit "נכה schlagen".

697 Dazu: *N.Lohfink*, Art. "חָרַם *ḥāram*", ThWAT III, Sp. 192-213 (Lit.).- ders., Art. "Bann", NBL I, Sp. 237f.- *ders.*, Der "heilige Krieg" und der "Bann" in der Bibel, IKZ 18, 1989, 104-112.- *P.Welten*, Art. "Bann I: A.T.", TRE 5, 159-161.

JHWH verführten, für diese ein nicht geringes theologisches Problem darstellten (vgl. nur Ri 2,20 - 3,6), sprach man jetzt vom eigentlich notwendig gewesenen "Bann" (Dtn 7,2; 20,17; 1 Kön 9,21: dtr). So hätte man mit den Völkern und auch mit denen, die als ganze Stadt (! Dtn 13,13-19)[698] von JHWH abfielen, verfahren sollen, dann wäre Israel manches an Versuchung und Strafe erspart geblieben.[699] Das (dtr) Dtn ist es unter den atl. Gesetzescorpora auch allein, das Kriegsgesetze und Kriegsansprachen enthält.[700] Daß mit dieser Umpolung des Bannes von Realität zum rückschauenden Wunschprogramm[701] das im Bann sowie im damit verbundenen Gottesbild begegnende Problem nicht völlig "gelöst" ist, braucht nicht betont zu werden, zumal eine Reihe von späten Texten wiederum den Vollzug des Banns an anderen Völkern erwähnen.[702] Auch muß die dtr Bewegung, wie Jos 6-8, Ri 1,17 und 1 Sam 15(?) erweisen, ältere Texte, die von einem Bann erzählten, übernommen und ausgestaltet haben. Aber "aus Israel haben wir, so seltsam es klingen mag, keine historisch zuverlässige Nachricht über eine kriegerische Vernichtungsweihe."[703] Daß der Bann Praxis auch der Assyrer war, weiß auch das AT (2 Kön 19,11; Jes 37,11; 2 Chr 32,14). Grausame Kriegführung war damals keine Seltenheit[704], und die moabitische Meša-Inschrift belegt den Bann als auch moabitische Praxis der Weihung an die Gottheit.[705] In zwei Heilsweissagungen (Sach 14,11; Mal 3,24) wird dann jedoch davon gesprochen, daß an Jerusalem bzw. am ganzen Erdkreis kein Bann mehr vollzogen wird.

Ursprünglich dürfte es sich beim Bann um religiös bedingte Ausrottung einerseits (Ex 22,19), um die Weihung von Kriegsbeute (ohne Tötung der dazu gehörenden Menschen) an die Gottheit anderseits gehandelt haben. Hier dürfte der an sich nicht alte[706] Text 1 Sam 15 eine richtige Erinnerung bewahrt haben. Auch eine kultische "Weihung" bestimmter Güter gab es. Dieses Banngut verfiel

---

698 Aber auch abfallende Einzelne verfallen nach Dtn 13,2-12 der Todestrafe. Der Unterschied zwischen Bann und Todesstrafe bestand wahrscheinlich darin, daß bei ersterem auch der Besitz (und die Familie?) mitvernichtet wurden. "Nachexilisch wird diese Strafe abgemildert (vgl. Esra 10,8 Lev 27,29)": *N.Lohfink*, NBL I, Sp. 237.

699 Vgl. auch: *H.D.Preuß*, Deuteronomium, 1982 (EdF 164), 32.81f.101.134.140.189 und *N.Lohfink*, ThWAT III, Sp. 212.

700 Kriegsgesetze in Dtn 20,1-20; 21,10-14; 23,10-15 (vgl. auch 25,17-19).- Kriegsansprachen in Dtn 1,2f.29-33; 2,24f.31; 3,12f.28; 7,17-24; 9,1-6; 11,22-25; 31,1-6.7f.23.- Zum kriegerischen Geist des Dtn's und dessen Hintergrund vgl. *H.D.Preuß*, (s. vorige Anm.), 188f.- Vgl. *N.Lohfink*, ThWAT III, Sp. 209ff. und *ders.*, in: Gewalt und Gewaltlosigkeit im A.T. (s. S. 145, Anm.637), 65ff.

701 *N.Lohfink* (NBL I, Sp. 238) sieht hier eher eine literarische Gegenwehr gegen die assyrische "Reichspropaganda, die bewußt den militärischen Terror Assurs herausstellte." JHWH war danach zugunsten Israels zu noch größeren Vernichtungsaktionen fähig.- Vgl. aber *ders.*, ThWAT III, Sp. 212 zur exilischen Überarbeitung des DtrG.

702 Jes 34,2.5; Jer 50,21.26; 51,3; 2 Chr 20,23; Dan 11,44.

703 *N.Lohfink*, NBL I, Sp. 237.

704 Vgl. etwa *N.Lohfink*, ThWAT III, Sp. 205f.

705 KAI Nr. 181, Z.16f.; RGT^2, 256; TUAT I/6, 649.

706 Vgl. die Kommentare und die in Bd.II, § 7.2 genannten Arbeiten über "Sauls Verwerfung".

den Priestern (Lev 27,21; Ez 44,29: späte Texte). Mit dem Denken und Glauben in den Kategorien des Banns wird eben auch ein Stück des Abstandes des AT zum heutigen Denken (zumindest in Teilen unserer Welt) deutlich.

e) Der JHWH, der für sein Volk streitet und stritt, kann und wird sich aber nun nach dem Zeugnis der Propheten auch kriegerisch *gegen* sein eigenes Volk wenden.[707] JHWH wird zum Heerführer auch fremder Völker, wie der Assyrer gegen Israel (Jes 5,26-30; 10,5f.; 22,7f.; 30,17; 31,1-3; 29,1ff.; Mi 3,12; 2 Chr 33,11), des "Feindes aus dem Norden" (Jer 1,15; 4,6f.; 6,1ff.; vgl. 5,15f.; 22,7) oder der Babylonier gegen Jerusalem und seinen Tempel (Jer 27; 51,20-23; Ez 7,21) und nach Ezechiel (26,7; 28,7; 29,18-20) sogar Nebukadnezars gegen Tyrus. Die Aufforderung zur Flucht ergeht nicht mehr an Israels Gegner, sondern an Israel selbst (z.B. Jer 4,5f.; 6,1), so wie gegenteilig jetzt Israels Feinde, nicht aber Israel zum Kampf aufgefordert werden (z.B. Jer 5,10; 6,4-6).[708] An seinem eigenen Volk vollzieht JHWH jetzt sein kriegerisches Gericht.[709] Der "Tag JHWHs"[710] wird ein Krieg gegen Israel sein oder war es bereits (Ez 7,12; 13,5; 34,12; vgl. Dtn 28,25f. u.ö.). Der Kriegsmann JHWH kann also auch gegen sein eigenes Volk kämpfen; er führt Kriege nicht nur mit und zugunsten Israels (vgl. Num 13/14; 1 Sam 4), auch wenn selbst bestimmte Propheten dies gemeint haben (Jer 28,8). In Klgl 2,2ff. wird dies erschüttert und erschütternd zum Ausdruck gebracht. Seine "Hand" und seinen "Arm" setzt er nicht mehr zugunsten (z.B. Ps 81,15), sondern ebenfalls gegen sein Volk ein (Klgl 2,4; 3,3; Ps 74,11; vgl. Hi 30,21). Auch läßt er den König im Kampf nicht mehr bestehen, erfreut vielmehr dessen Feinde (Ps 89,43f.).

f) Mit seinem Zeugnis von JHWH als Krieger, vom JHWHkrieg und Bann steht das AT im Kontext damaliger Weltdeutung, hat aber darin auch seine es davon unterscheidenden Eigenheiten. Es erzählt von keinem vorzeitlich-mythischen Kampf JHWHs, wendet den JHWHkrieg auch gegen das eigene Volk. Von einer völligen Überwindung des kriegerischen Denkens innerhalb des AT oder von einer Entwicklung zu immer deutlicherer Betonung des "*Friedens*" (שָׁלוֹם), von einem Weg Israels aus der Gewalt oder gar von seinem Ausstieg aus ihr[711] kann die Rede nicht sein, denn die kriegerische Vernichtung der Völker findet sich auch noch in vielen nachexilischen Texten (Sach 14; Joel 4 u.ö.) bis hin zur Apokalyptik des Danielbuches.[712] שָׁלוֹם ist zwar der größtmögliche Gegensatz zu Krieg[713], muß aber keineswegs stets mit "Nicht-Krieg" identisch sein (Ri 8,9; 2 Sam 11,7; 1 Kön 2,5)[714] und geht über "Nicht-Krieg" auch weit hinaus. Und

---

707 Vgl. dazu: *J.A.Soggin,* Der prophetische Gedanke über den heiligen Krieg als Gericht gegen Israel, VT 10, 1960, 79-83 (= *ders.,* O.T. and Oriental Studies, Rom 1975, 67ff. engl.).- *D.L.Christensen,* Transformations of the War Oracle in O.T. Prophecy, Missoula/Mont. 1975.

708 Dazu *R.Bach,* Die Aufforderungen zur Flucht und zum Kampf im atl. Prophetenspruch, 1962 (WMANT 9).

709 Jes 3,25; 13,4; 21,15; 22,2; 30,32; 42,25; Jer 4,19; 6,4.23; 18,21; 21,4f.; 28,8; 46,3; 49,2.14; Ez 27,27; 39,20; Hos 10,9.14; Joel 2,5; Am 1,14; Ob 1; Sach 14,2.

710 Vgl. dazu: Bd.II, § 14.12.

711 So öfter *N.Lohfink,* z.B. IKZ 18, 1989, 105.

712 Vgl. dazu: Bd.II, § 14.12 und 15.4.

713 Vgl. 1 Kön 20,18; Mi 3,5; Sach 9,10; Ps 120,7; Koh 3,8; dann auch Dtn 20,10-12; Jos 11,19; 2 Sam 8,10; 11,7; 1 Kön 2,5; Jes 27,4f.; 1 Chr 18,10.

714 Dazu *H.H.Schmid,* Art. "Frieden. II: A.T.", TRE 11, 605-610 (Lit.).

wenn JHWH "Frieden" wirkt, dann geschieht dies auch über kosmische Katastrophen (Ps 29). Wenn er Krieg und Kriegsmaterial aus der Welt schafft, dann tut er dies auch durch Krieg (Jes 9,3f.; Ps 46,10; 76,4 u.ö.)[715], und feindliche Völker werden durch ihn vernichtet.[716] Erst ein Zusatz (Hos 1,7) beschreibt die Hilfe JHWHs dann ausdrücklich als unkriegerische, und Sach 4,6 betont, daß es (=die Beseitigung entgegenstehender Dinge) nicht durch Macht oder Gewalt, sondern durch JHWHs Geist geschehen soll. Aber der Glaube an diese unkriegerische Wirksamkeit JHWHs kann schon im Sacharjabuch nicht durchgehalten werden (Sach 10,3ff.; 14). Daß JHWH von des Schwertes Gewalt errettet (Hi 5,20), wird durch Koh 8,8 ("keiner wird verschont im Krieg") ausdrücklich bestritten. Das vielzitierte Umschmieden der Schwerter zu Pflugscharen (Jes 2,4; Mi 4,3) ist weder das einzige, noch das letzte Wort des AT zum Thema Krieg und Gewalt, wie z.B. die Kontrastformulierungen in Joel 4,9ff. zeigen. Ob und wenn Ja inwieweit das atl. Israel gerade in diesem Bereich eine wirkliche "Kontrastgesellschaft" zu seiner Umwelt war[717], ist nicht so sicher, auch wenn es in Israel keine Heldenverehrung gab. Neben der Hoffnung auf eschatologischen Frieden[718] bleibt ferner zumindest die sog. eschatologische Gewalt Gottes. Diese aber kennt auch noch das NT. Die hermeneutische Frage nach der Bedeutung und Geltung der davon redenden Texte (Mk 13 par; Apk) ist daher dorthin weiterzugeben. Daß Israel die Gewalt entlarvt, sie zugleich als *die* zentrale menschliche Sünde in den Blick nimmt, sie dann auch abbauen hilft, kann man vielleicht[719] sagen. Aber daß die letzten Propheten des AT, zu denen man doch wohl Sach 9-14 oder das Danielbuch rechnen muß, Gottes definitive Gesellschaft als eine gewaltlose schauen[720], trifft nicht zu. Ob auch das Gottesbild immer mehr Züge der Gewalt aus sich entläßt, ist trotz des Jonabuchs, des Gottesknechts u.a.m. angesichts des Festhaltens am Völkergericht doch selbst für *N.Lohfink* zweifelhaft, und er schreibt: "So bleibt das Alte Testament hinsichtlich von Gewalt und Gewaltlosigkeit gerade in seinem Gottesbild ambivalent"[721], und in *Lohfink's* großem Vortrag zum Thema Gewalt wird stärker auch das Miteinander beider Testamente in Ansatz gebracht[722]. Die theologische Kernfrage lautet, wie Gott und wie Menschen in seiner Nachfolge gegen das Böse angehen (und - Christen werden ergänzen - welche Bedeutung dafür Wort und Werk Jesu Christi haben).

---

715 Dazu *R.Bach*, "..., der Bogen zerbricht, Spieße zerschlägt und Wagen mit Feuer verbrennt", in: FS G.von Rad, 1971, 13-26.- Vgl. dazu noch Hos 1,5; 2,20; Jer 49,35; Mi 5,9f.; Sach 9,10.

716 Vgl. dazu: Bd.II, § 15.4.

717 So *N.Lohfink*, JBTh 2, 1987, 119f. (s. S. 145, Anm.637).

718 Jes 26,3.12; 32,14ff.; 60 (vgl. darin aber auch V.12); 65,17ff.; Ez 34,25ff.; 37,26ff.

719 Mit *N.Lohfink*, IKZ 18, 1989, 106f.

720 So *N.Lohfink*, JBTh 2, 1987, 133 (s. S. 145, Anm.637).

721 IKZ 18, 1989, 108.- Was *L.* dann weiter (108f.112) über Gewalt und Gewaltlosigkeit sagt, greift (so bezeichnend wie berechtigt) über das AT hinaus.

722 JBTh 2, 1987, 106-136 (s. S. 145, Anm.637), dort z.B. 107.121.133f. u.ö.,- allerdings stets bezogen auf die Sicht von Gewalt und Gewaltfreiheit bei *R.Girard*.

II. JHWH als Subjekt des geschichtlich erwählenden Handelns - Das rückschließende Reden des Alten Testaments von JHWH und seiner Welt (§§ 4+5)

§ 4: Der erwählende Gott - Seine Namen und Bezeichnungen - Sein Handeln und seine Wirkungskräfte - Aussagen über sein "Wesen"

Daß JHWH "ist", bestreiten nur der Gottlose oder der Tor in praktischem, nicht aber theoretischem Atheismus (Ps 10,4; 14,1 = 53,2; vgl. Hi 2,10). Auch der allzu Sichere meint, daß JHWH weder Gutes noch Böses, also gar nichts tue (Zeph 1,12; vgl. Jer 5,12; Spr 19,3). An JHWHs Existenz wird folglich nicht gezweifelt, sie ist aber im AT nirgends Gegenstand einer (theologischen?) Reflexion. JHWH wird zudem vor allem nicht in absoluter Existenz gedacht oder geglaubt, sondern in seiner Bezogenheit zu Israel, zum Menschen. "Ich bin JHWH, dein Gott, vom Lande Ägypten her. Einen anderen Gott kennst du nicht, und keinen Retter gibt es außer mir" (Hos 13,4; vgl. 12,10). So hat Israel seinen Gott kennen gelernt, und so hat es ihn als seinen Herrn bekannt.[1]

1.a) Dieser Gott Israels hat nun einen *Namen*, und die Kundgabe seines Namens ist, während der Jahwist ihn schon ab Gen 2,4b verwendet und in Gen 4,26 diese Frühdatierung noch begründet[2], nach den Zeugnissen des Elohisten und der Priester(grund)schrift an Mose ergangen und dies im Zusammenhang mit dem Geschehen um den Auszug aus Ägypten und die Rettung am Meer (Ex 3,14 E; 6,2-9 P). Beide Male wird diese Namenskundgabe in ihrem Kontext in die vorausgehende und die folgende Geschichte hineingewoben. Der Gott, der sich hier kundtut, wird als Gott der Väter apostrophiert (Ex 3,13.15; 6,3f.), obwohl er dies, wie die sonst nicht einleuchtende Frage Ex 3,13b und die Aussagen in Jos 24,2+14 zeigen, nicht war.[3] Die Priesterschrift verkoppelt die Kundgabe des Gottesnamens außerdem noch mit ihrer Gliederung der Offenbarungsgeschichte, die sich in einem abgestuften Gebrauch der Gottesnamen verdeutlicht. Ab Gen 1 verwendet sie אלהים, ab Gen 17 (Abrahambund nach P) אֵל שַׁדַּי, und auch hier, wie ausdrücklich unterstrichen wird (Ex 6,3), erst ab Mose יהוה. Beide Male wird dann zugleich auf die kommende Führung ins Land durch diesen Gott verwiesen und verheißend vorausgeblickt, durch den Gott, der sich hier kundgetan und dem zu ihm schreienden Volk sich zugewendet hat, um es zu befreien (Ex 3,7f.; 6,5ff.).
Gott hat also einen Namen, nämlich יהוה = JHWH. Er ist damit ansprechbar, ist kein "unbekannter Gott" (Apg 17,23). Man kann ihn anrufen[4], muß nicht zu einem "Gott, den ich kenne/nicht kenne", einer "Göttin, die ich kenne/nicht

---

1 Stärker theologische Erörterungen über JHWH, seine Art zu handeln, sein mögliches oder unmögliches Erbarmen in vielleicht dann auch mehr theoretischer Gotteslehre finden sich nach *L.Schmidt* ("De Deo", 1976 [BZAW 143]) in Hi 1, Gen 18,22ff. und im Jonabuch, wenn seine diesbezüglichen literar- und redaktionskritischen Thesen zu diesen Texten zutreffen.

2 Zur "Keniter/Midianiterhypothese" vgl. oben S. 43.67.77.109.- Zu Ex 6,1-8 vgl. auch *E.A.Martens*, God's Design, Grand Rapids 1981, 12ff.

3 Vgl. dazu: Bd.II, § 6.3-5.

4 Vgl. das קרא בשם יהוה in Gen 12,8; 13,4; 21,33; 1 Kön 18,24 u.ö.

kenne" ins Ungewisse hineinrufen.[5] Der Gott Israels hat auch nur *einen* Namen, Marduk hatte deren fünfzig.[6] JHWH ist damit als "Person", als echtes Du und persönliches Gegenüber erschlossen und zugänglich. Er macht sich nennbar, rufbar, ist - wie z.B. im Segen (Num 6,27; Dtn 10,8; 2 Sam 6,18) - Zuwendung, damit aber auch Anspruch. Sein Name soll nicht zu Nichtigem, Unnützem und Unpassendem verwendet oder "entweiht" (Lev 18,21; 20,3) werden, wie im Fluch, bei Meineid oder Zauberei (Ex 20,7; Dtn 5,11). Er ist und wird durch diesen seinen Namen von anderen Göttern unterscheidbar und ist von ihnen zu unterscheiden (Mi 4,5). Er will Gemeinschaft und ermöglicht sie durch die Kundgabe seines Namens. "Um deines/seines Namens willen" wird er um Hilfe gebeten oder als Helfer bekannt (Ps 23,3; 25,11; 143,11; Jer 14,7; Jes 48,9).

Ein Name ist für altorientalisches Denken nun aber niemals "Schall und Rauch, umnebelnd Himmelsglut" *(Goethe,* Faust I), sondern hier gilt eher das "nomen est (bzw. atque) omen" *(Plautus).* Name ist Ausdruck des Wesens, und wie jemand heißt, so ist er, so verhält er sich, und so geht es ihm auch (vgl. 1 Sam 25,25 zu "Nabal" = "Tor").

So hat es Sinn, nach der Bedeutung des atl. Gottesnamens יהוה zu fragen[7], auch wenn das AT selbst mit einer Antwort auf diese Frage zurückhaltend ist, denn es versucht innerhalb der 6828 Belege nur in Ex 3,14f. eine Deutung dieses Namens, und selbst sie ist für uns nicht eindeutig. Das Tetragramm wurde, um jeglichen Mißbrauch zu vermeiden, schon in vorchristlicher Zeit nicht mehr ausgesprochen. Daß dies ursprünglich einmal als "יַהְוֶה" geschah, läßt sich nur aus frühchristlichen Zeugnissen entnehmen bzw. aus der griechischen Transkription der samaritanischen Aussprache.[8] Schon die LXX überträgt יהוה mit κύριος, so daß man folglich schon früh "Herr" gelesen und gesprochen haben

[5] AOT², 261: in einem babylonischen Gebet.- Diese Form der Anrufung ist nicht identisch mit dem "Gebet an einen *ungenannten* Gott", zu dem man betet, weil man nicht weiß, gegen welchen Gott man gesündigt hat: vgl. dazu RGT², 133.

[6] AOT², 128f.

[7] Dazu: *O.Grether,* Name und Wort Gottes im A.T., 1934 (BZAW 64).- *J.Mehlmann,* Der Name Gottes im A.T., Rom 1956.- *R.Mayer,* Der Gottesname Jahwe im Lichte der neuesten Forschung, BZ NF 2, 1958, 26-53.- *S.Herrmann,* Der atl. Gottesname, EvTh 26, 1966, 281-293 (= *ders.,* TB 75, 1986, 76ff.).- *J.Kinyongo,* Origine et signification du nome divin Yahvé à la lumière de récents travaux et de traditions sémitico-bibliques, 1970 (BBB 35).- *E.Jenni,* Art. "יהוה *Jhwh* Jahwe", THAT I, Sp. 701-707.- *G.H.Parke-Taylor,* יהוה - Yahweh: The Divine Name in the Bible, Waterloo/Ont. 1975.- *H.von Stietencron (Hg.),* Der Name Gottes, 1975 (darin: *H.Gese,* Der Name Gottes im A.T., 75-89).- *M.Rose,* Jahwe, 1978 (ThSt 122); vgl. *ders.,* TRE 16, 438-441.- *D.N.Freedman/P.O'Connor,* Art. "יהוה *JHWH*", ThWAT III, Sp. 533-554.- *H.D.Preuß,* Art. "Jahwe", EKL³, Bd.2, Sp. 789-791 (Lit.).- Eine abweichende Deutung des JHWH-Namens vertritt (in Zusammenhang mit weitreichenden Thesen über die vorisraelitische JHWHreligion) *J.C. de Moor,* The Rise of Yahwism, Leuven 1990 (BETL XCI), 234ff.-
Vgl. ferner: *W.Eichrodt,* Theol. I⁸, 116ff.- *G.von Rad,* Theol.I⁵, 193ff.- *P.van Imschoot,* Theology of the O.T., Bd.I, 1965, 7ff.- *A.Deissler,* Grundbotschaft, 48ff.- *W.Zimmerli,* Theol.⁶, 12ff.- *W.H.Schmidt,* BK II/1, 169-180 (Lit.).- *ders.,* Atl. Glaube⁶, 63ff.

[8] Das Material bei *R.Kittel,* RE³, VIII, 529ff.; vgl. *O.Eißfeldt,* RGG³, III, Sp. 515f. und ThWAT III, Sp. 542.

wird. Später wurde dann in das Tetragramm die Punktation von אֲדֹנָי als sog. Qere perpetuum eingefügt, was ein plur. intens. ist mit Suffix der 1.plur., und dies möglicherweise in betonender Pausa. Jedenfalls ist die Bedeutung der Endung ָי umstritten.[9] Man wird "meine Herren" oder "meine Herrschaft" zu übersetzen haben, wenn man dies versucht. Hinter der Punktation יְהוָה (ohne ˙beim ו) im Codex Leningradensis (= BH[3] und BHS) steht das aram. שְׁמָא = "der Name". Die durch das Nichterkennen der Kombination von יהוה mit אֲדֹנָי etwa im 14. Jh.n.Chr. entstandene Falschlesung "Jehowa/Jehova" verschwindet jetzt[10] langsam aus dem Gebrauch, z.B. auch aus den Gesangbüchern. Der Name יהוה, dessen Bedeutung wohl auch dem AT nicht mehr bekannt war, ist dort nur Appellativum und infolge seiner Starrheit im Gebrauch am besten schlicht mit "der Herr" (Luther: "der "HErr" zur Unterscheidung von menschlichen Herren) wiederzugeben, wenn man ihn übersetzen oder übertragen will. JHWH wird dadurch - mit frühjüdischem Akzent? - als Herr und Gebieter gekennzeichnet.

Im AT fehlt das Tetragramm nur in den Büchern Koh und Est[11], wohl auch im Hld[12] und im Dialogteil des Hiobbuches (Hi 3-27).[13] Dazu ist es, vor allem in seiner Kurzform יָה(וּ) bzw. יְהוֹ oder יוֹ/יְהוֹ, in zahlreichen Eigennamen enthalten (Jesaja, Jeremia, Jonatan, Natanja usw.).[14] In Ex 3,13f.(15) wird nun innerhalb des AT die einzige Deutung oder Auslegung des JHWHnamens versucht.[15] Hierbei wird dieser Name als Verbform[16] gesehen und zwar als (archaisches) Imperfekt des Qal oder als Imperfekt des Hiphil, damit als Kurzsatz. Er wird ferner mit dem Verbum הוה zusammengebracht, welches das aramäische Äquivalent zum hebräischen היה "sein" ist (vgl. auch Ex 3,12). So müßte man etwa mit einem "er läßt sein, er ruft ins Dasein" interpretierend übersetzen, aber das Hiphil von היה kommt an sich nicht vor. Die Kurzform יָה/יָהּ oder יָהוּ und deren Verschleifung יוֹ bestand neben der Langform (vgl. etwa Ex 15,2 oder das הַלְלוּ יָהּ), kann aber für ihre Deutung nicht herangezogen werden, da es sich um eine sekundär gebildete Abkürzung handelt, die zwar

---

9 Vgl. *E.Jenni*, THAT I, Sp. 31.

10 Auch aufgrund der Fürbitte von *H.Ewald* (1803-1875)? Er soll - nach einer studentischen Anekdote - seine Vorlesungen in Göttingen begonnen haben mit dem "echt professoralem Gebet": "Großer Jahwe, den Gesenius in Halle immer noch Jehowah nennt, steh uns bei!" So nach *O.Eißfeldt*, Adonis und Adonaj, 1970, 8.

11 Dort wird von Gott nur verhüllt in Est 4,14 ("Hilfe von einem anderen Ort") gesprochen.

12 Dort ist die Interpretation bzw. Lesung des שַׁלְהֶבֶתְיָה in 8,6 umstritten. Handelt es sich um ein Kompositum mit der Kurzform des Gottesnamens יה ("Flamme Jah's" als Superlativbildung), oder ist es ein sog. Intensivsuffix (vgl. die Kommentare)?

13 Dort ist das יהוה in Hi 12,9 wahrscheinlich ein Schreibfehler.

14 Siehe zu den Eigennamen: ThWAT III, Sp. 539-541.

15 Die literarische Analyse des Textzusammenhangs führt m.E. immer noch auf einen jahwistischen (Ex 3,1.abα.2-4a.5-7-8*.16-17*) und einen elohistischen (Ex 3,1bβ.4b.6.9-15*) Erzählstrang. V.15 dürfte spätere Weiterführung sein. Vgl. dazu *W.H.Schmidt*, BK II/1, 107ff.; anders z.B.: *M.Saebø*, FS H.W.Wolff (s. Anm.22), 45-48.- Zum Elohisten vgl. *P. Weimar*, NBL I, Sp. 527-532.

16 Als normales Substantiv mit י-Präfix (so *L.Köhler*) ist es kaum anzusehen; vgl. *E.Jenni*, THAT I, Sp. 702f.

auch alt ist, aber nicht als die ursprüngliche Namensform angesehen werden kann.[17] Die in Ex 3,13f. versuchte Deutung enthält zunächst ein Element der Abwehr ("Was fragst du mich nach meinem Namen?", vgl. Gen 32,30). Dies aber ist nicht alles. Es geht weder allein um JHWHs Unnahbarkeit noch nur um seinen Unmut angesichts der Frage. Israelitische Ohren haben aus יהוה eben den Anklang an היה/הוה herausgehört und daraus Schlüsse gezogen.[18] Daß ein solcher Schluß in die Richtung "Der Seiende, der (wahrhaft) Existierende" hätte gehen können, wie dies später die LXX durch ihre (Fehl-) Übersetzung mit "Ἐγώ εἰμι ὁ ὤν" tat[19], ist vom atl. Denken her unmöglich. Gottes Existenz stand nicht in Zweifel, sie wurde auch nicht philosophisch definiert. Nun bezeichnet das hebräische היה jedoch auch[20] ein "wirksam sein". Zugleich wird dabei in Ex 3 aber noch auf die Zukunft verwiesen: "Ich werde (gewiß) dasein" - "du wirst an dem, was ich tun werde, schon sehen, wer ich bin" - "ich bin der, als der ich mich erweisen werde", so etwa wäre dann die Deutung des JHWHnamens zu verstehen, womit sowohl das Geheimnis dieses Gottes gewahrt bleibt, als auch der nach ihm Fragende auf zukünftige Erfahrungen mit und unter diesem Gott verwiesen wird (vgl. auch Ex 34,6f.). Auch Hinweise auf Israels Umwelt lassen erkennen, daß ein "Gott ist" als ein "er erweist sich als Helfer" ausgelegt wurde.[21] JHWH verweigert sich damit nicht, aber er gibt sich auch nicht preis und wahrt sein Herr-Sein (vgl. auch Ex 33,19; Ez 12,25).[22] Er will vielmehr nach der Deutung von Ex 3,14, die somit gut in den Kontext sich fügt, daß man mit ihm in Zukunft seine Erfahrungen macht. So wird auf das Sinaigeschehen vorweg verwiesen (Ex 3,12), auf die Befreiung aus der Knechtschaft (Ex 3,16f.). "Mit-Sein" will dieser Gott (Ex 3,12), was dann in Ex 3,14 mit dem Gewicht einer direkten Gottesrede versehen und daher in der Form des אהיה (1.sg.)

---

17 *M.Rose* (s. Anm.7) hält die Kurzform für die ursprüngliche und meint, daß die Langform erst unter Josia eingeführt worden sei. Diese These scheitert an eindeutig älteren, außeratl. Belegen der Langform, wie der *Meša-Inschrift* (TUAT I/6, 649), den Texten aus *Kuntillet ͑Ajrud* und *Khirbet el-Qom* (TUAT II/4, 557.563f.). Siehe auch Anm.25 und oben S. 124 + 129.

18 Von daher sind andere Deutungen und etymologische Ableitungen ("der Fäller", "der Blitzschleuderer", "der Weher" u.a.m.) ausgeschlossen. Vgl. dazu: ThWAT III, Sp. 549.- Vgl. *O.Procksch*, Theol., 439: "Je komplizierter man sich die Ableitung denkt, desto unwahrscheinlicher wird sie."- *J.C.de Moor* (The Rise of Yahwism, Leuven 1990 [BETL XCI], 223ff.) sieht in JHWH eine Stammvatergottheit, die mit dem Exodus noch nichts zu tun hatte, wie Ps 68, Hab 3, Dtn 32 + 33 sowie Ri 5 in ihren Urbestandteilen erweisen. Der Name dieser Gottheit sei אֵל gewesen, was mit יהוה verbunden bzw. identifiziert wurde und als יהוה־אֵל den Sinn ergab "Möge El gegenwärtig oder wirksam sein (z.B. als Helfer)".

19 Vgl. dazu die bei *H.Gese* (s. Anm.7; dort S.76) angeführte Interpretation Philo's (Vita Mosis I 74f).

20 Trotz des (hier nicht überzeugenden) Einspruchs von *R.Bartelmus* (*HYH*. Bedeutung und Funktion eines hebräischen "Allerweltswortes", 1982 [ATSAT 17]).

21 Vgl. dazu *W.von Soden*, Jahwe "Er ist, Er erweist sich", WO 3/3, 1966, 177-187 (= *ders.*, Bibel und Alter Orient, 1985 [BZAW 162], 78ff.).

22 Vgl. dazu *M.Saebø*, Offenbarung oder Verhüllung?, in: FS H.W.Wolff, 1981, 43-55. Seine Annahme (52f.) der Entstehung des JHWHnamens durch Reduplikation der Kurzform יה, bei der er aber dann auch noch Veränderungen annehmen muß, ist unwahrscheinlich.

dargeboten wird. Damit wäre sogar der mögliche Charakter dieses Namens als Dankname noch mitgewahrt. Die Priesterschrift hat all dies sehr wohl verstanden und in genau dieser Weise mit ihrem Vokabular weitergeführt (Ex 6,6-8). So wird der "Sinn" des JHWHnamens wie seiner sicherlich nicht zufällig nur hier gegebenen Deutung erst vom Kontext voll erschlossen.[23] JHWH war eben in der Tat "der von Ägypten her" (Hos 12,10; 13,4), und hier geschah die Kennzeichnung wie das Kennenlernen des Trägers dieses Namens, der dann in einem verheißenden Wort auf sein zukünftiges Handeln verwies. Was der Elohist hier als Deutung bietet, dürfte von den Erfahrungen des Mose wie der Mosegruppe mit JHWH nicht zu weit entfernt gelegen sein. Dies belegt auch die Kontrastaussage in Hos 1,9 (vgl. auch Jes 43,10c?), wo das ואנכי לא־אהיה לכם doch wohl schon auf Ex 3,14 anspielt und als ein "Ich bin nicht mehr euer אהיה" im Sinne von "Ich bin nicht mehr für euch da" verstanden werden kann und soll. "Mose und das Volk Israel sind also darauf angewiesen ihre Erfahrungen mit Gott zu machen. Aber sie können es getrost tun, denn es ist ihnen gesagt, daß sich Gott erweisen wird, sich aktiv betätigen wird, daß er sich als den erweisen wird, als den er sich erweist."[24]

Wissen wir sonst noch etwas über JHWH? Außerhalb des AT, aber in Texten aus dem atl. Israel findet sich der Name JHWH als Tetragramm in den Ostraka von Lachiš, in denen von Arad, auf einem 1984 veröffentlichten Siegel, sowie in den bereits erwähnten Texten aus Khirbet el-Qom und Kuntillet ᶜAjrud.[25] Die Meša-Inschrift (um 840 v.Chr.)[26] bietet für ihn einen außerisraelitischen Beleg. In den Ugarit-Texten ist er - entgegen früherer Meinungen - nicht aufzufinden[27], das Gleiche gilt für die Texte aus Ebla.[28] Ex 3 versucht einen vorgegebenen Namen israelitisch zu deuten und geht dabei von der Langform aus. Dies tut überwiegend auch die jetzige Forschung.

Im Gegensatz zu Ex 3 (vgl. Hos 12,10; 13,4), wo JHWH seinen Namen aber erst dem Mose kundtut, sagt der Jahwist in Gen 4,26, daß man "damals", also bereits

---

23 Dies gilt z.B. auch von der Rede vom Menschen als "Abbild" Gottes in Gen 1,26ff. (siehe Bd.II, § 11.3).

24 *O.Grether,* Name und Wort Gottes (s. S.159, Anm.7), 8.

25 Vgl. oben S. 124.129.- Siehe dann KAI Nr.192-197.- *Y.Aharoni,* Arad Inscriptions, Jerusalem 1981, 2:18.21; 3:16.40; 4:21; 5:21; 9:18.- Siehe ferner oben Anm.17.- Vgl. auch ThWAT III, Sp.536-538 zu den außerbiblischen Belegen.- Das Siegel des *"Miqnejaw, Knecht JHWHs"* (8. Jh. v.?) wurde veröffentlicht durch *F.M.Cross* in: Ancient Seals and the Bible *(Ed. L.Gorelick and E.Williams-Forte),* Malibu/ Calif. 1984, 55-63. Vgl. dazu auch: *N.Avigad,* The Contribution of Hebrew Seals to an Understanding of Israelite Religion and Society, in: FS F.M.Cross, Philadelphia 1987, 195-208. Vgl. auch BRev 5, 1989, 31.

26 Vgl. Anm.17.

27 Vgl. dazu: WdM I, 291f.- *O.Loretz,* Ugarit und die Bibel, 1990, 88.- Anders: *J.C.de Moor,* The Rise of Yahwism, Leuven 1990 (BETL XCI), 113ff. (Yw = Yammu?!).- Ein akkadisches Äquivalent *IA(u)* für die Kurzform *JH(w)* will *St.Dalley* nachweisen (VT 40, 1990, 21-32).

28 Dazu: *H.-P.Müller,* Gab es in Ebla einen Gottesnamen Ja?, ZA 70, 1980, 70-92.- Zu einem in Mari begegnenden akkadischen *yaḫwi* <= "[die Gottheit] hat zum Leben gebracht (ein Kind)" [oder sie möge es tun]> vgl. *H.B.Huffmon,* in: FS W.F.Albright, Baltimore and London, 1971, 283-289 und ferner ThWAT III, Sp. 543f.

unter den Nachkommen Kains, den Namen JHWHs anzurufen begann. Wenn damit gesagt sein soll, daß dieser Gott seit Menschengedenken bekannt gewesen ist, wäre ein solcher Hinweis in Gen 2 eher am Platz gewesen. Gleiches gilt, wenn man damit ausdrücken wollte, daß auch die Zeit vor Mose nicht gottlos gewesen sei, wenn ein atl. Frommer einen solchen Gedanken überhaupt denken konnte.

So hat man diese im Zusammenhang mit den Kenitern erfolgende Ersterwähnung der JHWHverehrung (Gen 4,26) oft in Kombination mit anderen Texten zur sog. *Keniterhypothese*, die auch *Midianiterhypothese* genannt wird, erweitert, wofür einiges spricht.[29]

Daß der in Gen 4 genannte Kain der Ahnherr der Keniter sein soll, ergibt sich aus dem Kainitenstammbaum in Gen 4,17ff. sowie aus Num 24,21f. Die Keniter aber waren ein Teil der Midianiter, so daß z.B. Henoch sowohl Kain als auch Midian zugeordnet werden kann (Gen 4,17; 25,4). Nach Ri 1,16 und 4,11 gehörte das Geschlecht Hobabs, mit dem Mose verschwägert gewesen sein soll, zu diesen Kenitern, und nach Num 10,29 ist dieser Hobab als Schwager des Mose mit Reguel verbunden, und beide stammen aus Midian. Hobab übernimmt hierbei als Ortskundiger auch die Führung Israels durch die Wüste. Nach Ex 2,11ff. floh Mose nach Midian, heiratete dort die Tochter eines midianitischen Priesters (Ex 2,16ff.), der in Ex 2,18 den Namen Reguel trägt. Dieser Reguel war in Num 10,29 mit Hobab, dem Keniter und Midianiter verbunden. Nach Ex 3,1 heißt der Schwiegervater des Mose, der Priester in Midian war, nun Jethro (vgl. Ex 4,18). Dieser Jethro besucht später Mose am Gottesberg, lobt JHWH als den Gott der Rettung und bringt JHWH Opfer dar. Er weiß, wie man das macht, und er hält zusammen mit den Ältesten Israels das Mahl vor JHWH. Mose selbst hat nach Ex 3,1f. seine Begegnung mit JHWH ebenfalls am Gottesberg und auf midianitischem Gebiet gehabt.[30] Die Midianiter wohnen südlich Palästinas (Jes 60,6; 1 Kön 11,18), und von Süden her kommt JHWH seinem Volk im Land zu Hilfe (Ri 5,4f.; Hab 3,3; Ps 68,9). Die Keniter standen unter dem besonderen Schutz JHWHs, denn sie trugen sein Schutzzeichen, mußten aber außerhalb des Kulturlandes wohnen (Gen 4,12.14f.). So waren sie mit Israel im Gottesglauben (zumindest eine Zeitlang) verbunden, im Landbesitz aber von ihnen getrennt. Auch die besonders jhwheifrigen Rekabiter (Jer 35; vgl. 2 Kön 10,15f.) waren nach 1 Chr 2,55 Keniter. Die Verbindung der Keniter zu Israel zeigt sich auch darin, daß die für Israel mitkämpfende Jaël Keniterin war (Ri 5,24), und unter Saul sowie bei den Anfängen Davids wurde diese Verbindung nochmals deutlich (1 Sam 15,6; 30,29). Mit den Midianitern insgesamt hielt die Freundschaft jedoch nicht an (Ri 6f.; Jes 9,3).

So könnte sich aus den geographischen Kontakten wie den persönlichen Verwandtschaftsverhältnissen des Mose und aus den Verbindungen der Keniter/ Midianiter mit Israel eine Hypothese zusammenfügen, die etwa folgendes Bild ergibt: Der Gott JHWH, den Mose bei den Midianitern und an deren Got-

---

29 So vor allem seit *B.Stade,* Gesch. des Volkes Israel, Bd.I, 1887, 130ff.- Vgl. auch: *E.Kautzsch,* Bibl. Theol. des A.T., 1911, 47ff.- *L.Köhler,* Theol.[4], 27f.- *G.von Rad,* Theol. I[5], 22ff.- *W.H.Schmidt,* Atl. Glaube[6], 71ff.- Kritisch dazu z.B. *O.Procksch,* Theol., 74ff.81 oder auch (jedoch aus anderen Gründen) *J.C.de Moor* (s. Anm.27), 223.

30 Für P war das später anstößig, so daß er die Gottesbegegnung des Mose wohl nach Ägypten verlegt: Ex 6,2ff.

tesberg kennenlernte und zu deren Gottesberg er dann auch die aus Ägypten Befreiten führte, wurde von den Midianitern, von denen die Keniter ein Bestandteil waren, bereits zeitlich vor Israel verehrt. Es war Mose, der JHWH und die Mosegruppe, damit auch Sinai und Exodus zusammenbrachte.[31] Diese Midianiter wohnten im Bereich des Landes südlich von Palästina, im Raum z.B. des öfter als Herkunftsort JHWHs genannten Sëir (Dtn 33,2; Ri 5,4). Und all diese Kombinationen erfahren nun noch eine außeratl. Stütze dadurch[32], daß in diesem geographischen Raum zwischen Negeb und Golf von Akaba und im Grenzgebiet von Edom die "Shasu"=Beduinen, die auch "Beduinen von Sëir" genannt werden, sich aufgehalten haben. Sie nämlich werden in ägyptischen Texten, die vor allem aus dem nubischen Soleb und aus dem 14. Jh.v.Chr. stammen, zusammen mit Jhȝ erwähnt. Ein anderer Text spricht sogar von Jhwȝ-Beduinen. Diese Konsonantenfolge hat eine Nähe zu יהו, bezeichnet wahrscheinlich sowohl einen Gott, als auch einen Berg und eine Gegend. Damit wären weitere außerisraelitische Belege für den JHWH-Namen[33] vorhanden, und diese würden sogar durch ihren zeitlichen, geographischen und soziologischen Hintergrund sich gut zu atl. Befunden fügen, nach denen Israel seinen Gott von einem anderen Volk übernommen haben könnte. Damit ist nichts Endgültiges über die "Entstehung des Gottesglaubens" gesagt, denn hinter das, was das AT uns (z.B. in Ex 3 und 14/15) sagt, werden wir - jedenfalls zur Zeit - nicht zurückkommen. Auch das völlige Geheimnis des JHWHnamens ist damit nicht entschlüsselt. Aber es wird vielleicht etwas davon deutlich, daß auch der Gottesglaube wie die Gottesoffenbarung etwas Geschichtliches sind, nach deren Entstehung wie Entfaltung sich zu fragen lohnt, zumal auch das AT selbst Spuren dieser geschichtlichen Entwicklung aufweist.[34]

b) 267mal begegnet der Name יהוה im AT in der Erweiterung יהוה צְבָאוֹת (zuweilen auch הצבאוֹת), dazu 18mal (wie z.B. 2 Sam 5,10; Am 3,13; 4,13; 5,27; 6,14; Hos 12,6; Jer 5,14; 15,16) als יהוה אֱלֹהֵי (ה)צְבָאוֹת, was oft für ursprünglicher als das יהוה צבאוֹת gehalten wird und ferner noch in anderen Kombinationen wie auch in der hymnischen Weiterbildung יהוה (אלהי) צבאוֹת שְׁמוֹ.[35] Damit ist dies "der häufigste Gottestitel im AT".[36] Die ur-

---

31 Vgl. oben S. 45.61.65.87.114.118.126f.

32 Vgl. dazu: *S.Herrmann*, Der atl. Gottesname (s. S.159, Anm.7), 78.82ff. (= 76ff.).- *R.Giveon*, Les Bédouins Shosou des Documents Égyptiens, Leiden 1971.- Vgl. oben S. 77.

33 Daß das Tetragramm יהוה und nicht nur die Kurzform יהו oder יה sich zu der ägyptischen Konsonantenfolge *JHȝ* fügt, hat *S.Herrmann* erwiesen (a.a.O., 286ff.= 81ff.).- Andere Deutung bei *J.C.de Moor*, (s. Anm.27), 111.

34 Vgl. dazu noch oben § 3.8 (S. 114) und 3.10 (S. 145f.) [Herausbildung des Monotheismus].- Was *J.C.de Moor* (vgl. Anm.27, passim) glaubt erschließen zu können, scheint mir nicht mehr als eine stark hypothetische Konstruktion zu sein.

35 Dazu: *A.S.van der Woude, Art.* "צָבָא *ṣābā* Heer", THAT II, Sp. 498-507 (dort Sp. 499 und bei *H.-J.Zobel*, ThWAT VI, Sp. 879 die auftretenden Kombinationen) ; dazu THAT II, Sp. 960f. zur Wendung יהוה צבאות שׁמו.- *T.D.Mettinger*, The Dethronement of Sabaoth, Lund 1982 (CB OT 18); dort (S.12) eine genaue %-Tabelle zur Streuung im AT.- *H.-J.Zobel*, Art, "צְבָאוֹת *ṣ*e*bā*ʾ*ôt*", ThWAT VI, Sp. 876-892 (Lit.).- Vgl. auch *L.Köhler*, Theol.[4], 31ff. und oben zu Anm.652 auf S. 147.

36 *H.-J.Zobel*, ThWAT VI, Sp. 892.

sprüngliche und (daher auch?) am meisten auftretende Verbindung ist die Kurzform יהוה צבאות. Die zugrunde liegende Wurzel צבא hat als Verb und Nomen Bedeutungen, die mit "Krieg führen" und "Heer" zusammenhängen. Aus dem Nomen ist der (feminine) Plural צבאות als Gottesepitheton und d.h. als Attribut zu JHWH gebildet.[37]
Schaut man auf die Streuung der Belege, so fällt ihr völliges Fehlen im Pentateuch, aber auch in den Büchern Josua, Richter, Ezechiel, Esra, Nehemia und im Eigengut der Chronik sowie im Danielbuch auf. Innerhalb des Jesajabuches fehlt das Epitheton in TrJes[38], so daß man angesichts des Fehlens auch in Esr/Neh/Chr auf ein Zurücktreten in nachexilischer Zeit schließen könnte. Dagegen steht aber eine große Zahl von Belegen bei Hag, Sach und Mal. Besonders häufig findet es sich in Jes 1-39 (56mal) und im Jeremiabuch (82mal). Die Belege im Amosbuch (Am 3,13; 4,13; 5,27; 6,14; jeweils mit יהוה אלהי צבאות; in 4,14; 5,27 + שמו) haben formelhaften Charakter und sind eher Bestandteile einer späteren Bearbeitung des Buches. In den Königebüchern ist auffällig, daß die dortigen Belege nur in Verbindung mit Propheten begegnen (Elia, Elisa, Jesaja)[39]. Damit liegt, abgesehen von 1/2 Sam (mit ihren Parallelen in 1 Chr) und den Pss, der Verwendungsschwerpunkt in der prophetischen Literatur.
Mit den צבאות kann nun verschiedenes gemeint sein.[40] Es sind einmal Israels *irdische Heerscharen* (1 Sam 17,45; vgl. 1 Sam 15,2f.; 2 Sam 5,10). Dazu fügt sich, daß das Epitheton auch in Verbindung mit Erwähnungen der Lade auftaucht (1 Sam 4,4; 2 Sam 6,2), die ja u.a. auch Kriegspalladium des frühen Israel war[41]. An eine Beziehung zum (JHWH-) Krieg lassen auch noch Jos 5,14 und 2 Kön 3,14 denken. In eigentlichen JHWH-Kriegserzählungen kommt die Verbindung יהוה צבאות jedoch nicht vor, und 1 Sam 17,45 ist wahrscheinlich kein alter Text. Auch in der prophetischen Literatur ist JHWH nicht Führer der Heerscharen Israels, wohl aber Führer fremder Heere (Am 5,27; 6,14; Jes 22,5.12.25; vgl. Jes 6,3 und 1 Kön 22,19). Daneben steht die Bezeichnung *himmlischer Heerscharen* durch צבאות (Jes 45,13; Jos 5,14?; vgl. Ps 89,7 neben 89,9), seien es Sterne, Engel oder depotenzierte Gottheiten. Hierbei muß zugegeben werden, daß die Belege für diese zweite Deutung aus dem AT kaum mehr zu beschaffen sind, es sei denn, man bezieht auch die Keruben in das "himmlische Heer" ein (s.u.). 1 Kön 22,19 sowie Ps 103,21 und 148,2 (auch Jos 5,14?) verwenden jedenfalls für das himmlische Heer nicht genau diese Begrifflichkeit. Als dritte Mög-

---

37 Die Wendung יהוה צבאות שמו findet sich als "Unterschrift des partizipialen Hymnus" (*A.S.van der Woude,* THAT II, Sp. 960) in Jes 47,4; 48,2; 51,15; 54,5; Jer 10,16; 31,35; 32,18; 46,18; 48,15; 50,34; 51,19.57, mit der Erweiterung אלהי in Am 4,13; 5,27. Es handelt sich hierbei um keine frühen Texte, und es soll durch diese Abschlußbemerkungen aus dem Mund der gottesdienstlichen, nachexilischen Gemeinde die Macht des hier gepriesenen Gottes JHWH unterstrichen werden. Der Bezug zu (irdischen) "Heerscharen" ist nicht mehr erkennbar.

38 Dazu *C.T.Begg,* The absence of *YHWH ṣ^{e}bāʾôt* in Isaiah 56-66, BN 44, 1988, 7-14.

39 1 Kön 18,15; 19,10.15; 2 Kön 3,14.- Vgl. die prophetische Botenformel כה אמר יהוה צבאות in 1 Sam 15,2; 2 Sam 7,8 (= 1 Chr 17,7) und dann vielfach bei Jes, Jer, Sach, Hag u.u.

40 Vgl. die Übersicht über die Deutungen bei *H.-J.Zobel,* ThWAT VI, Sp. 880f.

41 Vgl. dazu unten S. 289-291.

lichkeit wurde (vor allem durch *O.Eißfeldt)* die Deutung als intensiver *Abstraktplural* im Sinne von "Mächtigkeit" vorgeschlagen, und sie hat - neben der zuerst genannten - manches für sich. Die LXX hat das יהוה צבאות dann auch meist[42] mit κύριος παντωκράτωρ wiedergegeben. So besteht die Möglichkeit, entweder zwei unterschiedliche Verwendungsarten zu postulieren oder eher eine Entwicklung vom Konkreten zum Abstrakten anzunehmen, d.h. von Israels Heerscharen als Zeichen und Mittel der Mächtigkeit JHWHs zu dieser Mächtigkeit als solcher. Es besteht aber auch die andere, noch wahrscheinlichere Möglichkeit, daß die Abstraktbildung "Mächtigkeit" auf diesen mächtigen Gott im Blick auf seine besonders vorhandene Kriegsmächtigkeit Anwendung fand, und dies eben durch Vermittlung der Lade als Kriegspalladium. Denn es ist darauf zu verweisen, daß das Epitheton צבאות beim JHWHnamen zuerst im Zusammenhang mit Silo begegnet (1 Sam 1,3.11), und daß es ferner dann eben auch zusammen mit der Lade als Kriegspalladium und der (aus dem Heiligtum von Silo stammenden?) Kennzeichnung JHWHs als des "Kerubenthroners" auftritt (1 Sam 4,4; 2 Sam 6,2 = 1 Chr 13,6; vgl. Jes 37,16; Ps 80,2; 99,1) und צבאות "demgemäß die königliche Herrschermacht prädiziert".[43] Durch die Verbindung mit der nach Jerusalem verbrachten Lade und den Keruben wird יהוה צבאות (vgl. noch 2 Sam 6,18) dann auch besonders in der Zionstradition bevorzugtes, dort öfter mit der Prädikation von JHWH als König[44] verbundenes, kultisches Gottesprädikat (Ps 24,10; 46,8.12; 48,9; 84,2.4.9.13; 89,9; Jes 6,3.5; 8,18; 31,4).[45] Im Blick auf Zion und Tempel kann man sagen, daß JHWH Zebaot "mit uns" ist (Ps 46,8.12; vgl. 2 Sam 5,10). Auch wenn man hymnisch-preisend sagt "יהוה צבאות שמו" oder es gern später als Zusätze in ältere Texte einfügt, wird damit die Macht des Gottes JHWH aus dem Mund der gottesdienstlichen, nachexilischen Gemeinde herausgestellt.[46]

Dann aber hat man die Bezeichnung JHWHs als des יהוה צבאות offensichtlich auch gemieden (Ez; P), vielleicht sogar aus bestimmten Schrifen des AT sekundär getilgt, weil sich sonst das völlige Fehlen in weiten Textgruppen und Büchern kaum erklären läßt. Daß man sie (wie auch die Vorstellung vom ישב JHWHs im Tempel) in manchen Bereichen überwiegend mied und durch anderes, wie z.B. den "Namen" ersetzte, als der Tempel, mit dem sie durch die Lade und den Kerubenthroner verbunden war, in Gefahr geriet bzw. im Exil verloren wurde, vermutet *T.D.Mettinger*.[47] Nachexilisch taucht das Epitheton bei Hag (1,14) und Sach (1,6.12.14f; 2,13.15; 4,9; 6,15; 7,3.12; 8,3.9.21f.) dann sofort

---

42 Aber nicht nur! Bei Jes mit κύριος Σαβαώϑ, in anderen Schriften mit κύριος τῶν δυνάμεων. Dies weist auf unterschiedliche Übersetzer, aber vielleicht auch auf unterschiedliches Verständnis der Wendung hin. Vgl. *H.-J.Zobel,* ThWAT VI, Sp. 878f.; dazu *E.Tov,* in: Mitte der Schrift? *(Hg. M.Klopfenstein u.a.),* 1987, 241f.251f.

43 *A.S.van der Woude,* THAT II, Sp. 505.- Vgl. *H.-J.Zobel,* ThWAT VI, Sp. 885: Man kann das Verhältnis von צבאות und Lade "in der Weise bestimmen, daß zur königlichen Majestät JHWHs u.a. auch der Aspekt der JHWH-Kriege gehört, daß diese aber nicht den Aspekt des thronenden Königs definieren".

44 Vgl. dazu Abschnitt 3 dieses § (S. 173-183).

45 Vgl. den Gebrauch in Klagepsalmen: Ps 59,6; 69,7; 80,5.8.15.20.- Siehe auch 2 Sam 7,26 = 1 Chr 17,24 im Gebet Davids.- Zu den zahlreichen Belegen in Jes 1-39 vgl. *H.-J.Zobel,* ThWAT VI, Sp. 889-891.

46 Vgl. S. 165, Anm.37.

47 Siehe S. 164, Anm.35.

wieder auf, da die Rückkehr JHWHs zum Zion ja angekündigt und erhofft wurde.

2. Neben dem für das AT besonders bedeutsamen Gottesnamen יהוה und dem daraus weiterentwickelten Gottestitel יהוה צבאות finden sich in den atl. Schriften noch verschiedene allgemeinere Gottesbezeichnungen.

a) Unter diesen ist die Bezeichnung אֱלֹהִים mit knapp 2600 Belegen die häufigste.[48] Sie ist wahrscheinlich eine (mit ה erweiterte) Pluralbildung zu dem Singular אֵל oder auch zu אֱלוֹהַּ[49]. Diese beiden Bezeichnungen können außerdem öfter im gleichen Sinn wie אֱלֹהִים verwendet werden.[50] Da aber der Singular אֱלוֹהַּ nur in nachexilischen Texten vorkommt, sieht man in ihm oft eine sekundäre Singularbildung aus dem primären Plural אֱלֹהִים. Dieser wird im AT nun sowohl im pluralischen Sinn ("Götter") als auch (und überwiegend) im singularischen Sinn gebraucht, wobei letzteres wahrscheinlich eine Art Intensitäts- oder Hoheitsplural ("Gott schlechthin" = sinnhafter Plural) darstellt.[51] Beide Verwendungsweisen haben offensichtlich nebeneinander bestanden und bestehen können, so wie neben "JHWH" das "(andere) Götter" im ersten Gebot stehen kann (Ex 20,3; Dtn 5,6f.). Ein besonderes Wort für "Göttin" ist im AT nicht belegt. In 1 Kön 11,5.33 ist vielmehr von "Astarte, *dem Gott* der Sidonier" die Rede.

Der Elohist verwendet אלהים von seinem (in Gen 15 erfolgenden?) Einsatz bis zur Berufung des Mose durch JHWH in Ex 3 und kennzeichnet damit diesen Gott, von dem er hier spricht, und der natürlich der Gott Israels ist, aber sich erst dem Mose mit seinem Namen JHWH kundtut, als Gott schlechthin und überhaupt. Folglich wird אלהים dann auch stets mit dem Verbum im Singular konstruiert. Ähnliches gilt für den Gebrauch von אלהים in P von Gen 1 bis 17, von der Schöpfung, die nicht irgendein Gott vollzieht (Gen 1,1), bis zur Abrahamberit. Daher wird zuweilen im Blick auf יהוה von der atl. *revelatio specialis*, im Blick auf אלהים von der atl. *revelatio generalis* gesprochen.[52] Dies kann dadurch unterstrichen werden, daß - abgesehen vom nachexilischen Jonabuch - die Propheten אלהים ohne Beifügung als Subjekt eines Satzes nicht verwenden, "weil ihnen die Gottesbezeichnung wohl zu wenig konkret ist."[53] Wie der Gebrauch als Anrede zeigt (Ps 5,11; 51,3 u.ö.), wurde die Gottesbezeichnung aber auch als Eigenname verstanden, und der "lebendige Gott" (Dtn 5,26 u.ö.) ist natürlich nur der eine, wahre Gott, obwohl sein Attribut pluralisch konstruiert ist (חַיִּים). Was Israel an seinem "Gott" wichtig war, kann man dann gut an den mit אלהים verbundenen Adjektiven oder Konstructus-Verbindungen erken-

---

48 Dazu: *W.H.Schmidt,* Art. "אֱלֹהִים *ʾælōhīm* Gott", THAT I, Sp. 153-167.- *H.Ringgren,* Art. "אֱלֹהִים", ThWAT I, Sp. 285-305.- *H. Vorländer,* Art. "Elohim", NBL I, Sp. 526f.- Vgl. auch *O.Loretz (u.a.),* UF 7, 1975, 552f.

49 Zu beidem s.u. unter b und c (S. 169-172).

50 Vgl. die Beispiele in ThWAT I, Sp. 291.

51 Vgl. *W.Eichrodt,* Theol.I^8, 115: ein Plural, "der zur Erweiterung und Verstärkung des Begriffes dient und die dadurch bezeichnete Person zum generellen Repräsentanten ihrer Gattung erhebt".

52 Vgl. *Th.C.Vriezen,* Theol., 167.

53 *W.H.Schmidt,* THAT I, Sp. 154.

nen.[54] Außerdem ist das "dein/unser/euer Gott" von Bedeutung, denn JHWH will ja für Israel "Gott sein, und sie sollen ihm zum Volk sein", wie die sog. Bundesformel (z.B. Ex 6,7; Lev 26,12 u.ö.) lautet.[55] So ist JHWH dann אלהי ישׂראל (Ex 5,1 u.ö.)[56], und die Anrede "mein Gott" zeigt die Verbundenheit von Gott und Beter, auch wenn dieser Beter sich von Gott verlassen glaubt (Ps 38,22f. u.ö.).[57]

Daß אלהים auch für Gottheiten fremder Völker steht, ist nach dem bisher Gesagten selbstverständlich (vgl. etwa Ex 12,12; Jos 24,15; Ri 10,6.16; 2 Kön 18,35; Zeph 2,11 u.ö.). Die Wendung "andere Götter" (אלהים אחרים)[58] kommt besonders oft in Texten der dtn/dtr Bewegung und in davon abhängigen Belegen, wie z.B. in dtr bearbeiteten Texten des Jeremiabuchs oder in der Chr vor, denn dort wird vor dem Abfall zu diesen "anderen Göttern" gewarnt, der vollzogene Abfall zu ihnen als Strafgrund JHWHs dargelegt (vgl. z.B. Dtn 6,14; Ri 2,12; Jer 2,28; 5,19; 11,13) . Man sollte ihnen als "fremden" Göttern "nicht dienen", sie "nicht anbeten", ihnen "nicht nachfolgen", da Israel sie nicht "kannte", keine Geschichte mit ihnen hatte, JHWH sie nicht Israel, sondern anderen Völkern zur Verehrung zugeteilt hatte.[59] Auch Totengeister können noch אלהים genannt werden (1 Sam 28,13; Jes 8,19; auch Mi 3,7?), und der Vergleich des Gottes Israels mit anderen Göttern bzw. die Frage, wer wirklich Gott ist, gehören zwar zur altorientalischen Topik, erhalten aber im AT und dort besonders bei dem exilischen DtJes ihre besondere Bedeutung für die Stärkung des angefochtenen Glaubens.[60]

Schon wegen der רוּחַ אלהים in Gen 1,2, wo man wohl nicht "Geist Gottes", sondern "gewaltiger Wind" zu übersetzen hat, muß auf den superlativischen Gebrauch von אלהים verwiesen werden, den das Hebräische (auch wegen der fehlenden sonstigen Steigerungsmöglichkeit von Adjektiven) kennt. Ein "Gottesberg" ist ein besonders hoher Berg (Ps 68,16), ein "Gottesgarten" ein besonders schöner Garten (Ez 28,13). "Gottesweisheit" ist hervorragende Weisheit (1 Kön 3,28), die im Ugaritischen belegte "Gotteskuh" liefert nicht diesem Gott die Milch, sondern ist schlicht ein Prachtrind[61], und Niniveh war eine "selbst für Gott große Stadt" (Jona 3,3).[62]

---

54 Vgl. die Zusammenstellungen bei *H.Ringgren,* ThWAT I, Sp. 294f. und *W.H.Schmidt,* THAT I, Sp. 163f.

55 Zu ihr S. 84f.

56 Dazu THAT I, Sp. 161f.- Zu den Wendungen "Gott Abrahams/Isaaks/Jakobs", "Gott meines/deines Vaters" o.ä. vgl. Bd.II, § 6.3+4 und ThWAT I, Sp. 298f.; THAT I, Sp. 157f.

57 Siehe dazu die Lit.-Angabe S. 171, Anm.87.

58 Vgl. dazu ThWAT I, Sp. 219f.- *H.D.Preuß,* Deuteronomium, 1982 (EdF 164), 180f. (Lit.).- *A. Alghisi,* L'espressione «Altri Dèi» nella fraseologia deuteronomistica (Deut. - 2 Reg.; Ier.), RivBibl 33, 1985, 135-163 und schon S. 117+125.- Vor allem zu den Belegen im Jeremiabuch, aber auch sonst zu אלהים אחרים, vgl. aber *H.Weippert,* Die Prosareden des Jeremiabuches, 1973 (BZAW 132), 215-227.

59 Vgl. dazu oben S. 117.124f.

60 Vgl. das Material bei *H.Ringgren,* ThWAT I, Sp. 302-304.

61 ThWAT I, Sp. 290.

62 Vgl. ThWAT I, Sp. 301; THAT I, Sp. 157.

Im Zusammenhang mit der in nachexilischer Zeit zu beobachtenden und absichtlich vorgenommenen Zurücknahme des JHWHnamens[63] ist dann umgekehrt eine häufigere Verwendung von אלהים festzustellen. Daß der nachexilische Qohelet nicht von JHWH sondern nur von "Gott" oder gar nur von "dem Gott" spricht, liegt nicht nur an Eigenarten seiner nachexilischen Wirkungszeit, sondern vielmehr an seiner Weltanschauung mit ihrem sehr distanzierten Gottesbild.[64] Den nachexilisch verstärkten Gebrauch von אלהים kann man jedoch gut an den Büchern der Chronik oder am Jonabuch erkennen. In diesen Zusammenhang gehört wohl auch der sog. "elohistische Psalter" (Pss 42-83), in dem der Name JHWH zugunsten eines hier erheblich mehr als im sonstigen Psalter verwendeten אלהים stark zurückgedrängt wurde.[65] Daß man aber von JHWH als אלהים und damit als "Gott schlechthin" sprechen konnte, unterstreicht die monotheistische Tendenz des AT.[66]

b) Gemeinsemitisch (ohne äth.) ist die Gottesbezeichnung אֵל[67]. Sie bezeichnet einerseits (appellativ) "Gott" allgemein, dann aber auch den kanaanäisch-syrischen Hauptgott El mit dessen Eigennamen. Über diesen Gott El wissen wir durch die Ugarit-Texte vieles.[68] Unter anderem ist dort mit ihm die Vorstellung eines himmlischen Thronrats verbunden. Er wird als Stier, Alter (vgl. Dan 7,9), Held, König und Schöpfer tituliert, wird "barmherzig" genannt (vgl. Ex 34,6), hat wohl auch das Prädikat "heilig", und seine "Herrlichkeit" (vgl. Ps 29,3) wird erwähnt.[69] Er schenkt Nachkommenschaft, wohnt "an der Quelle der Flüsse, inmitten des Bettes der beiden Ströme", nach anderen Texten aber auch auf dem Götterberg im Norden. Es ist leicht zu erkennen, daß der Gott El manches aus seinem Divinationsbereich auf JHWH übertragen, daß JHWH im Land Kanaan manches von ihm übernommen, Israel seinen Gottesglauben dadurch ausgeweitet hat. So ist von der Versammlung El's in Ps 82,1 die Rede, von seiner Herrlichkeit in Ps 19,2 (vgl. 29,3), von seinem Thron in Ez 28,2, von den "El-Söhnen" in Ps 29,1; 89,7 (vgl. Dtn 32,8 t.em.).[70] Der Götterberg im Norden ist in Ps 48,3 erwähnt, und die "Quelle der Flüsse" erinnert vielleicht an die vier Paradiesesströme von Gen 2,10-14.

Etymologisch wird אֵל meist mit der Wurzel אול zusammengebracht, die "stark sein, vorn sein" bedeutet, so daß אֵל so etwas wie "Führer" oder auch "Kraft, Macht" bedeuten könnte. Im AT finden sich für אֵל 238 Belege, und zwar in alten (Bileamsprüche: Num 23,8.19.22; 24,4.8.16) wie in jüngeren Texten (Hiob).

---

63 Vgl. dazu oben S. 160.

64 Vgl. dazu: *H.D.Preuß,* Einführung in die atl. Weisheitsliteratur, 1987, 127ff.- *D.Michel,* Qohelet, 1988 (EdF 258), 95ff.- *ders.,* Untersuchungen zur Eigenart des Buches Qohelet, 1989 (BZAW 183), 274ff.

65 229mal אלהים, nur 44mal יהוה; im übrigen Psalter insgesamt nur 29mal אלהים und 642mal יהוה.

66 Vgl. S. 124-132.

67 Vgl. dazu: *W.H.Schmidt,* Art. "אֵל *ʾēl* Gott", THAT I, Sp. 142-149.- *F.M.Cross,* Art. "אֵל", ThWAT I, Sp. 259-279.- *D.O.Edzard,* Art. "Il", RLA V, 46-48.- *E.Otto,* NBL I, Sp. 507f.- Siehe auch: WdM I, 279-283.- *W.Eichrodt,* Theol.I^8, 110-115.

68 Vgl. dazu: *M.H.Pope,* El in the Ugaritic Texts, Leiden 1955 (VT Suppl 2).- *O.Loretz,* Ugarit und die Bibel, 1990, 66-73.153-156.

69 Vgl. dazu: *W.Schmidt,* Jerusalemer El-Traditionen bei Jesaja, ZRGG 16, 1964, 302-313.- *E.Otto,* El und Jhwh in Jerusalem, VT 30, 1980, 316-329.

70 Vgl. zu letzterem unten S. 293f.

Das Wort fehlt in Sam+Kön, dann auch in Jer und in Chr[71]. Neben dem Hiobbuch (55mal) bieten die Psalmen die meisten Belege (77mal). Der Plural אֵלִים ist im AT selten.[72] Wie אֱלֹהִים[73] wird aber auch אֵל bei der Superlativbildung verwendet (Gotteszedern = besonders große und schöne Zedern: Ps 80,11; vgl. Ps 36,7 Gottesberg).
In der Genesis werden innerhalb der Vätergeschichten verschiedene lokale Ausprägungen des Gottes El erwähnt.[74] Da erscheint zuerst (Gen 14,18ff.) der אֵל[75] עֶלְיוֹן, in dessen Namen Melkisedeq von Salem (=Jerusalem) den Abram segnet, wobei dieser Gott als "höchster Gott" und "Schöpfer Himmels und der Erde" tituliert wird (Gen 14,19.22). In Gen 16,13(J) wird für das Gebiet zwischen Kadesch und Bered (V.14) ein אֵל רֳאִי genannt, in Gen 21,33(J) für Beerseba ein אֵל עוֹלָם. In Bethel wurde ein אֵל בֵּית־אֵל (Gen 35,3; E), nach Ri 9,46 in Sichem ein אֵל בְּרִית verehrt. Diese El-Gottheit(en), deren Einzelelemente (wie etwa אֵל überhaupt, dann עוֹלָם oder עֶלְיוֹן) teilweise auch in Israels Umwelt belegt sind[76], sind im übrigen AT ohne Bedeutung. Bei diesen אֵלִים handelt es sich nicht um verschiedene Einzelgötter, sondern um unterschiedliche Offenbarungs- und Verehrungsformen des einen El mit verschiedenen Epitheta.[77] Die Gottheit El begegnet auch in Orts- und Personennamen (Bethel, Pnuel, Jesreel; Ismael, Israel, Elḥanan u.a.m.). Von besonderer religionsgeschichtlicher Bedeutung ist die Nachricht aus Gen 33,20, wonach El (nicht also JHWH) zumindest zur Zeit der "Väter" der "Gott Israels" war (vgl. Gen 46,3) und als solcher in Sichem verehrt wurde.[78] Dies legt sich auch im Blick auf den Volksnamen "Isra*el*" nahe, der eben El, nicht aber JHWH oder JH als theophores Element enthält. Israel hat jedoch - und dies nicht erst in staatlicher Zeit - seinen JHWH mit dem nordwestsemitischen El gleichgesetzt, El in JHWH hineingeholt.
Die Priesterschrift führt dann in Gen 17,1 für die Zeit der Väter bis hin zur Offenbarung des JHWHnamens an Mose (Ex 6,3 P), also für einen übergreifenderen Zusammenhang, den Namen אֵל שַׁדַּי ein (vgl. Gen 28,3; 35,11; 48,3). Dieser Gottesname, bei dem nicht sicher ist, ob das אֵל ursprünglich zum שדי hinzugehörte und somit ein Doppelname vorliegt, hat einen weiteren atl. Gebrauchsschwerpunkt im Hiobbuch (dort 31mal), während er im übrigen AT nur noch 17mal (z.B. Gen 49,25; Num 24,4.16 nur ein שדי; vgl. aber z.B. Gen 43,14 [P?]; Ez 10,5) erscheint. Hinter dem שַׁדַּי, dessen genaue Bedeutung nach wie

---

71 Zum Fehlen in Chr: *J.P.Weinberg*, Gott im Weltbild des Chronisten: Die vom Chronisten verschwiegenen Gottesnamen, ZAW 100, 1988 (Suppl), 170-189.

72 Ex 15,11; Ps 29,1; 89,7; Dan 11,36. Oder handelt es sich hier (zumindest z.T.) um ein אֵל mit enklitischem *-m*? Vgl. ThWAT I, Sp. 272f.

73 Vgl. oben S. 168.

74 Vgl. dazu: Bd.II, § 6.3.

75 Zum Problem des עליון (אל), das auch in Ugarit und Sᵉfire (KAI 222A, 11) als Gottesepitheton belegt ist, vgl. *G.Wehmeier*, THAT II, Sp. 282-287 und vor allem *H.-J.Zobel*, Art. "עֶלְיוֹן *ᶜæljôn*", ThWAT VI, Sp. 131-151 (Lit.). Zu Gen 14,18ff. vgl. *ders.*, ZAW 101, 1989, 360-363.

76 Vgl. THAT I, Sp. 143.145; ThWAT I, Sp. 274.

77 Zur Problematik der Übersetzung (z.B. "Gott Olam" oder "Gott der Ewigkeit" oder "der ewige (alte) Gott") usw. vgl. ThWAT I, Sp. 273f.

78 Vgl. dazu: Bd.II, § 6.3+4.

vor nicht klar ist (Zusammenhang mit šadû = Berg?)[79], verbirgt sich wahrscheinlich eine vorjahwistische Gottheit, deren Name jetzt als "archaisierendes Epitheton"[80] gebraucht wird. Für P ist שדי Bezeichnung einer vorjahwistischen Frömmigkeitsstufe, für das Hiobbuch ebenfalls eine Bezeichnung einer Gottheit, die im Dialogteil des Buches bewußt nicht JHWH genannt wird. *K.Koch*[81] sieht daher in *Šaddaj* "eine spezifische Erscheinungsform oder Wirkungsgröße..., die sich von Jahwä abhebt", wie etwa der "Engel JHWHs" in der Frühzeit oder die Erzengel in atl. Spätzeit. Für diese Sicht spricht jetzt auch die Nennung von *Šaddajin* (Plural) in der ammonitischen Deir ͑Alla-Inschrift[82], wonach sie eine Art Untergötter gewesen sind.[83] Die Texte werfen zugleich ein Licht auf die atl. Belege innerhalb der Bileamsprüche Num 24,4.16, von denen Num 24,16 (in V.15-17) ein sehr alter Text ist[84], und wo Bileam, der ja in den Deir ͑Alla-Texten ebenfalls erwähnt wird, den שדי nennt.

Daß auch El dann ganz von JHWH aufgesogen wird und für JHWH stehen und ihn näher bestimmen kann, zeigen die Wendungen אֵל קַנָּא ("eifernder Gott") im Dekalog (Ex 20,5; Dtn 5,9; vgl. Ex 34,14 u.ö.) oder "großer Gott", "heiliger Gott", "barmherziger und gnädiger Gott" (Ps 95,3; Jes 5,16; Ex 34,6), wo für "Gott" stets אֵל steht, selbstverständlich aber, wie auch bei DtJes (Jes 40,18; 43,12; 45,22), JHWH gemeint ist. Hier[85] ist אֵל, wie dies analog von אלהים gilt, dann zum "Allgemeinbegriff für 'Gott' schlechthin (geworden), den Jahwe für sich allein beansprucht".[86] Wenn der Beter "mein Gott" (אֵלִי) sagt, meint er natürlich JHWH (Ps 22,2 u.ö.).[87]

c) Die Gottesbezeichnung אֱלוֹהַּ wird im AT nur 57mal verwendet, davon allein 41mal im Dialogteil des Hiobbuches (Hi 3-27). Hiob und seine drei dort diskutierenden Freunde sind ja als Nichtisraeliten gekennzeichnet, folglich sprechen sie nicht von JHWH und können oder sollen dies auch nicht tun, denn das Hiobbuch hat ja das allgemein-menschliche und nicht nur spezifisch israelitisch-jahwistische Problem des Leidens eines "Gerechten" und das eines aufzeigbaren oder gar nicht vorhandenen und bei Gott nicht einklagbaren Zusammenhangs von Tun und Ergehen zum Thema.[88] Innerhalb der übrigen Belege sind beson-

---

79 Vgl. dazu: ThWAT I, Sp. 274f.; *M.Weippert*, Art. "שַׁדַּי *Šaddaj* (Gottesname)", THAT II, Sp. 873-881 und vor allem *K.Koch, Šaddaj,* VT 26, 1976, 299-332 (= *ders.,* Studien zur atl. und altoriental. Religionsgeschichte, 1988, 118ff.).

80 *M.Weippert,* THAT II, Sp. 881.

81 a.a.O., 329 (= 148).

82 Deutsche Übersetzung (mit Lit.): TUAT II/1, 1986, 138-148.

83 Vgl. dazu *K.Koch,* Studien zur atl. und altoriental. Religionsgeschichte, 1988, 27ff. und *M.Delcor,* Des inscriptions de Deir ͑Alla aux traditions bibliques, à propos des *šdyn,* des *šedim* et de *šadday,* in: FS J.Scharbert, 1989, 33-40.

84 Vgl. dazu *H.-J.Zobel,* Bileam-Lieder und Bileam-Erzählung, in: FS R.Rendtorff, 1990, 141-154.

85 Zum Gebrauch der Gottesbezeichnungen im Hiobbuch s. unten S. 212f. und Anm.88.

86 *W.H.Schmidt,* THAT I, Sp. 148.

87 Vgl. dazu *O.Eißfeldt,* "Mein Gott" im A.T., ZAW 61, 1945-48, 3-16 (= *ders.,* KS III, 1966, 35ff.).

88 Das Hiobbuch zeigt in seiner Verwendung der Gottesbezeichnungen und des Gottesnamens JHWH überhaupt einige Besonderheiten. Von JHWH ist nur im Rahmen des Buches (Hi 1+2 und 42,7ff.), dann im Zusammenhang mit den Gottesre-

dere theologische Akzente bei dieser Gottesbezeichnung אֱלוֹהַּ nicht zu erkennen. Sie findet sich aber überwiegend in poetischen Texten (Dtn 32,15.17; Hab 3,3; Ps 18,32; 50,22; 139,19; Spr 30,5).

d) Entscheidend für die Beziehung des atl. Frommen zu Gott war jedoch seine Kenntnis von JHWH, und als JHWH kannte das Volk Israel den Gott, der es erwählte, beanspruchte, führte, für es stritt. Wenn er "um seines Namens willen" half oder um diese Hilfe gebeten wurde (Ps 23,3; 25,11; 79,9; 143,11; Jes 48,9; Jer 14,7), dann hieß das, daß er es um seines Wesens willen tat oder tun sollte, wie dies in seinem Namen ausgedrückt ist. Andere Völker rufen diesen Namen nicht an (Ps 79,6). So sollte dieser Name auch "geheiligt" werden, nicht aber entweiht (Jes 29,23; vgl. Mt 6,9). Mit dem Namen JHWHs wurde gesegnet (Num 6,24-26), in seinem Namen sollte man "wandeln" (Mi 4,5). Und als die dtn/dtr Bewegung ihre Theologie des nur einen legitimen Kultorts für JHWH entwarf, um seine "Einheit" zu gewährleisten[89], da entwickelte sie eine besondere Theologie des "Namens" JHWHs[90], den er an dem Ort "wohnen lassen" (לְשַׁכֵּן)[91] bzw. dorthin "legen" (לָשׂוּם)[92] würde, den er erwählt.[93] Damit ist JHWH dort denen nahe, die ihn anrufen, die zu ihm kommen, aber er liefert auch dort sich nicht aus. Man soll seine Nähe wie den Wert dieser Kultstätte weder über- noch unterschätzen. Man spricht nicht mehr davon, daß JHWH (Zebaot) selbst dort wohnt, nicht mehr von seiner "Herrlichkeit" als Zeichen und Mittel seiner Gegenwart. Wenn man seine Gegenwart im Tempel und auf dem Zion durch diese Rede vom "Namen" nicht doch auch etwas hätte abschwächen wollen[94], warum hat man sie dann gewählt und nicht einfach weiterhin davon gesprochen, daß JHWH selbst dort wohnt (vgl. Jes 8,18)? Im "Namen" JHWHs jedoch und an dem einen Kultort hat Israel hat jetzt seine äußere wie innere Mitte. Der eine Kultort selbst jedoch hat keine in sich ruhende und in sich begründete Heiligkeit.

"Zum Wichtigsten aber gehört, daß dieser Name für Israel nie zum Mysterium geworden ist, zu dem der Zugang nur den Eingeweihten offen stand. Im Gegenteil, seine Verwendung war jedem in Israel freigegeben, und als sich Israel über die Besonderheit seiner Gottesverehrung klar geworden war, hat es diesen Gottesnamen auch vor den Völkern nicht scheu verborgen, vielmehr sich verpflichtet gefühlt, ihn den Völkern bekannt zu machen (Jes. 12,4; Ps. 105,1-3). Ja, zuletzt wird sich Jahwe derart vor der Welt offenbaren, daß aller Götzenkult verschwindet und allein seinem Namen sich alle Knie beugen werden (Sach. 14,9;

---

den (Hi 38,1 - 42,6), die ja betont als Antwort JHWHs gelten sollen, die Rede, dazu in 12,9 als Schreibfehler. Daneben wird 55mal אֵל, 4mal אלהים und 31mal שַׁדַּי gebraucht.

89 Vgl. dazu S. 194f.

90 Vgl. dazu *H.D.Preuß*, Deuteronomium, 1982 (EdF 164), 16-18 (Lit.). Zu den verwendeten (kurzen wie langen) Kult-Formeln im Dtn: *N.Lohfink*, Bibl 65, 1984, 297-329.

91 Belege: S. 195 (so nicht im DtrG!).

92 Belege: S. 195.

93 Vgl. dazu: Bd.II, § 8.1.

94 Vgl. dazu: *T.D.Mettinger*, The Dethronement of Sabaoth, Lund 1982 (CB OT 18).- Anders: *H.Seebaß*, TRE 10, 184.- *H.Weippert*, BZ NF 24, 1980, 76-94.- Vgl. auch: *B.Janowski*, JBTh 2, 1987, 173-180. Dort weitere Lit.

Jes. 45,23)."[95] Die Offenbarung des JHWHnamens war nach dem Zeugnis des AT geschichtlich erfolgt und hatte eine Geschichte begründet. JHWH war als Befreier aus Ägypten verkündigt und geglaubt worden, und sein Name selbst war auch Zusage kommenden und weiteren Handelns dieses Namensträgers. JHWHs Selbstdarstellung und damit die Erkenntnis seines Namens und Wesens vollziehen sich in der verlaufenden, auf Zukunft gerichteten Geschichte. "Ihr werdet erkennen, daß ich JHWH bin"[96] ist eine (von P nicht zufällig bei der Offenbarung des JHWHnamens Ex 6,7 verdeutlichte) Grundstruktur atl. Gottesglaubens, und in ihr sind Gotteserkenntnis aus Wort und Geschichte, Verheißung und Zukunftsbezogenheit Gottes, sowie Bewußtsein seiner Treue und Führung enthalten. Es wird sich bei diesem Erkennen JHWHs nämlich auch ein Wiedererkennen ereignen.

3. Von JHWH sprach man auch als von dem "JHWH Zebaot". Auch war JHWH der "Kerubenthroner".[97] Beides führt in die Nähe der Aussagen, die von *JHWH als König* und von seiner *Königsherrschaft* sprechen.[98]

---

[95] *G.von Rad*, Theol. I[5], 198.

[96] Dazu *W.Zimmerli*, Erkenntnis Gottes nach dem Buche Ezechiel, 1954 [AThANT 27] (=*ders.*, TB 19, [2]1969, 41ff.).

[97] Vgl. dazu S. 166 und S. 294.

[98] Dazu vor allem: *S.Mowinckel*, Psalmenstudien II. Das Thronbesteigungsfest Jahwäs und der Ursprung der Eschatologie, Christiania (Oslo) 1922 (Neudruck mit Nachträgen: Amsterdam 1961).- *A.von Gall*, ΒΑΣΙΛΕΙΑ ΤΟΥ ΘΕΟΥ, 1926.- *O.Eißfeldt*, Jahwe als König, ZAW 46, 1928, 81-105 (= *ders.*, KS I, 1962, 172ff.).- *H.-J.Kraus*, Die Königsherrschaft Gottes im A.T., 1951 (BHTh 13).- *A.Alt*, Gedanken über das Königtum Jahwes, in: KS I, 1953, 345-357.- *H.Schmid*, Jahwe und die Kulttraditionen von Jerusalem, ZAW 67, 1955, 168-197.- *M.Buber*, Königtum Gottes, [3]1956.- *J.Gray*, The Hebrew Conception of the Kingship of God: its origin and development, VT 6, 1956, 268-285.- *D.Michel*, Studien zu den sog. Thronbesteigungspsalmen, VT 6, 1956, 40-68.- *L.Rost*, Königsherrschaft Jahwes in vorköniglicher Zeit?, ThLZ 85, 1960, Sp. 721-724.- *V.Maag*, Malkût JHWH, VT Suppl VII, 1960, 129-163 (= *ders.*, Kultur, Kulturkontakt und Religion, 1980, 145ff.).- *J.Gray*, The Kingship of God in the Prophets and Psalms, VT 11, 1961, 1-29.- *J.Schreiner*, Sion-Jerusalem, Jahwes Königssitz, 1963 (StANT 7).- *J.D.Watts*, Yahweh Mālak Psalms, ThZ 21, 1965, 341-348.- *W.H.Schmidt*, Königtum Gottes in Ugarit und Israel, [2]1966 (BZAW 80).- *E.Lipiński*, La royauté de Yahwé dans la poésie et le culte de l'Ancien Israël, Brüssel 1965.- *M.Treves*, The Reign of God in the O.T., VT 19, 1969, 230-243.- *J.A.Soggin*, Art. "מֶלֶךְ mælæk König", THAT I, Sp.908-920.- *L.Ruppert*, Jahwe - der Herr und König, in: Die Botschaft von Gott *(Hg. K.Hemmerle)*, 1974, 112-127.- *J.H.Ulrichsen*, JHWH mālāḵ: einige sprachliche Beobachtungen, VT 27, 1977, 361-374.- *J.Coppens*, La royauté de Yahwé dans le Psautier, EThL 53, 1977, 297-362; 54, 1978, 1-59.- *F.Stolz*, Erfahrungsdimensionen im Reden von der Herrschaft Gottes, WuD NF 15, 1979, 9-32.- *J.Gray*, The Biblical Doctrine of the Reign of God, Edinburgh 1979.- *W.Dietrich*, Gott als König, ZThK 77, 1980, 251-268.- *P.Welten*, Königsherrschaft Jahwes und Thronbesteigung, VT 32, 1982, 297-310.- *H.Ringgren/K.Seybold/H.-J.Fabry*, Art. "מֶלֶךְ *mælæḵ* u. Deriv.", ThWAT IV, Sp. 926-957.- *E.Zenger*, Art. "Herrschaft Gottes/Reich Gottes. II: A.T.", TRE 15, 176-189.- *J.Jeremias*, Das Königtum Gottes in den Psalmen, 1987 (FRLANT 141).- *N.Lohfink*, Der Begriff des Gottesreichs vom A.T. her gesehen,

Dies geschieht 13mal verbal (מלך *qal*)[99], wobei das Verbum die Bedeutungsbreite von "König sein bzw. werden/ als König herrschen" hat, und 41mal mit dem Titel מֶלֶךְ[100]. Vom Königsein JHWHs wird vor allem in der Weisheitsliteratur völlig geschwiegen[101], aber auch in den atl. Rechtssammlungen, bei mehreren Propheten und in manchen Bereichen der erzählenden Literatur. Innerhalb der verbalen Belege gehört nur 1 Sam 8,7 zu atl. Prosatexten. Schwerpunkte des Verbums wie des Nomens zeigen sich in Texten, die auch der Zionstradition und Zionstheologie[102] Raum geben[103]; außerdem vereinigt die Gruppe der JHWH-Königspsalmen zahlreiche Belege in sich (Ps 47; 93; 95; 96; 97; 98; 99)[104]. Von der Wurzel מלך abgeleitete Abstracta[105] in Verbindung mit JHWH finden sich nur in jüngeren Texten (Ob 21; Ps 22,29; 103,19; 145,11.12.13; 1 Chr 29,11; Dan 3,33; 4,31). Hinzuzunehmen sind wohl weniger Texte, die JHWH als "Hirten" bezeichnen, wenn auch "Hirte" ein im Alten Vorderen Orient vorwiegend dem König zugewiesenes Prädikat war (vgl. 2 Sam 5,2). Die Belege für die

---

in: *J.Schreiner (Hg.)*, Unterwegs zur Kirche, 1987, 33-86.- *E.Otto*, Mythos und Geschichte im A.T. Zur Diskussion einer neuen Arbeit von Jörg Jeremias, BN 42, 1988, 93-102.- *O.Loretz*, Ugarit-Texte und Thronbesteigungspsalmen, 1988 (UBL 7).- *B.Janowski*, Das Königtum Gottes in den Psalmen, ZThK 86, 1989, 389-454.- *L.Schmidt*, Art. "Königtum. II: A.T.", TRE 19, 327-333 (dort 330-332).- *M.Z.Brettler*, God is King, Sheffield 1989 (JSOT Suppl 76).- *R.Scoralick*, Trishagion und Gottesherrschaft. Psalm 99 als Neuinterpretation von Tora und Propheten, 1989 (SBS 138).-

Vgl. auch: *W.Eichrodt*, Theol.I^{8}, 122-126.- *A.Deissler*, Grundbotschaft, 109ff.- *W.H.Schmidt*, Atl. Glaube^{6}, 170-178.- Zur Forschungsgeschichte der einzelnen Texte wie des Gesamtthemas siehe besonders *O.Loretz*, UBL 7.- Ob und inwieweit es sich bei dem Königsprädikat für JHWH (nur) um eine Metapher handelt (so *M.Z.Brettler*), hängt davon ab, wie wenig oder wie sehr man den Begriff "Metapher" füllt. Daß mit dem Königsprädikat als isolierter Metapher allein nicht alles ausgesagt ist, sondern daß es stets durch andere Aussagen angereichert und konkretisiert werden muß, zeigen die JHWH-Königspsalmen exemplarisch am deutlichsten (s.u.).

99 Ex 15,18; 1 Sam 8,7; Jes 24,23; 52,7; Ez 20,33; Mi 4,7; Ps 47,9; 93,1; 96,10 [= 1 Chr 16,31]; 97,1; 99,1; 146,10.

100 Num 23,21; Dtn 33,5; 1 Sam 12,12; Jes 6,5; 33,22; 41,21; 43,15; 44,6; Jer 8,19; 10,7.10; 46,18; 48,15; 51,57; Mi 2,13; Zeph 3,15 (vgl. LXX); Sach 14,9.16.17; Mal 1,14; Ps 5,3; 10,16; 24,7.8.9.10; 29,10; 44,5; 47,3.7.8; 48,3; 68,25; 74,12; 84,4; 95,3; 98,6; 99,4; 145,1; 149,2; Dan 4,34.

101 *N.Lohfink* verweist (s. Anm.98), 38, Anm.10 jedoch auf die Rahmenerzählung des Hiobbuches mit ihrer Szene im himmlischen Hofstaat. Gerade dort zeigt sich jedoch, daß diese Hofstaatszene für das weitere Hiobbuch keine prägende Bedeutung bekam: auf sie und die Gestalt des Satans wird in Hi 3-42 nirgends rekurriert.

102 Vgl. dazu: Bd.II, § 7.

103 Besonders deutlich in Ex 15,18; Jes 6,5; 24,23; 52,7; Jer 8,19; Mi 4,7; Ps 24,7-10; 48,3; 146,10 und den JHWH-Königspsalmen.

104 Daß hier eine eigene "Gattung" der Thronbesteigungspsalmen vorliegt, bestreitet *O.Loretz*, (UBL 7), 435ff.

105 מלכות: Ps 103,19; 145,11f.- מלוכה: Ob 21; Ps 22,29.- ממלכה: 1 Chr 29,11.- ממשלה: Ps 103,22; 114,2; 145,13.- In Dan 3,33; 4,31; 6,27; 7,27 aram. מלכו(ת[א]) in Verbindung mit שלטן.

atl. Rede vom Hirtesein JHWHs über Israel[106] schlagen jedoch an keiner Stelle eine direkte Brücke zu Aussagen über JHWH als König seines Volkes oder gar seiner Welt. Anders steht es mit den 22 Belegen, die von JHWHs "Thron" (כִּסֵּא)[107] oder von seinem "Thronen" (ישׁב; 50mal)[108] sprechen. Dieser "Ort seines Thronens" ist nach 1 Kön 8,12f. (vgl. 2 Chr 6,2; dann Ex 15,17; Ps 68,17[109]; Ez 43,7) der Tempel, nach Ps 9,12 (vgl. Jer 8,19; Ps 132,5.13f) der Zion, nach dtr bzw. davon abhängigen Texten, die von der Gegenwart des "Namens" JHWHs sprechen und damit doch wohl bewußt (vgl. 1 Kön 8,27 als Frage) JHWH in eine größere Unverfügbarkeit rücken wollen[110], der Himmel (1 Kön 8,30.39.43.49; 2 Chr 6,21.30.33.39; vgl. 2 Sam 7,5f.; Klgl 5,18f.). Ältere Texte sprechen natürlich auch schon vom Himmel als dem Ort göttlichen Thronens und Wohnens (vgl. 1 Kön 22,19 ; Ps 2,4) und dies auch so, daß die Nähe von irdischem und himmlischem Wohnsitz[111], von Tempel/Zion und Himmel deutlich markiert wird (Jes 6,1; Jer 3,17; Ez 43,7; Ps 47,9). Jüngere Texte tun dies ebenfalls, aber ohne die deutliche dtr Umakzentuierung nochmals zu artikulieren bzw. sie bereits als Denkhintergrund voraussetzend (Ps 33,14; 103,19; 123,1)[112]. Schließlich gehört auch das JHWH-Prädikat "der über den Keruben thront (יֹשֵׁב [הַ]כְּרוּבִים")[113] zum semantischen Feld des Königtums JHWHs, der nach Ps 55,20 seit der Vorzeit oder "seit uran" (קֶדֶם), nach Jes 40,22 über dem Erdenrund, nach Ps 22,4 "über den Lobgesängen Israels thront".
Angesichts der Belege ergibt sich zunächst die Frage nach ihrer zeitlichen Einordnung. Aus vorstaatlicher Zeit scheint kein Beleg zu stammen, der JHWHs Königsein aussagt[114]. Dieses Gottesprädikat wurde dort wohl bewußt noch vermieden, denn es ist sehr wahrscheinlich, daß die Erfahrung von Staat, genauer von Monarchie (vgl. die Königspsalmen Ps 2; 45; 72; 110) ein notwendiges Element des Begriffs Gottesreich und Königtum JHWHs ist, wo diese Rede dann sowohl "affirmativ-legitimierend als auch kritisch offensiv eingesetzt werden" kann.[115] In frühe staatliche Zeit Israels/Judas führen allerdings Ex 15,17; Dtn 33,5 (vgl. V.26) und Num 23,21, die man nicht zu schnell beiseite schieben sollte, und Num 23,21 bezieht sich, wie der par.membrorum nahelegt, nicht auf

106 Gen 48,15; 49,24; Ez 34; Ps 23,1; 80,2.- Vgl. Ps 28,9; Jes 40,11 u.ö.- Siehe dazu: *J.A.Soggin*, Art. "רעה *r*ᶜ*h* weiden", THAT II, Sp. 791-794 (Lit.).

107 1 Kön 22,19; Jes 6,1; 66,1; Jer 3,17; 17,12; Ez 1,26; Ps 9,5.8; 11,4; 29,10; 33,14; 47,9; 89,15; 93,2; 103,19; 2 Chr 18,18.

108 Dazu *M.Görg*, Art. "יָשַׁב *jāšab*", ThWAT III, Sp. 1012-1032.

109 *J.C.de Moor* (The Rise of Yahwism, Leuven 1990 [BETL XCI], 118ff. u.ö.), findet in den älteren Bestandteilen von Ps 68 (= V.2-25.- V.36-36 seien Hinzufügung aus der Zeit Salomos), die er in die Zeit um 1220 v. datiert, Hinweise auf JHWH als den König von Baschan (vgl. V.23+25).- Gehen wir jetzt nach den heute oft beliebten Spätdatierungen einer Forschungsphase mit Frühdatierungen entgegen?

110 Vgl. *M.Metzger*, UF2, 1970, 150.- Vgl. dazu auch S. 194f. und oben S. 166+172.

111 Vgl. dazu unten S. 286-289.

112 Zum Sonderproblem Ps 29,10a (JHWHs Thronen über der "Flut") vgl. *B.Janowski*, (s. Anm.98), 421; *M.Görg*, ThWAT III, Sp. 1031 und *O.Loretz*, UBL 7, 171-178.

113 1 Sam 4,4; 2 Sam 6,2; 2 Kön 19,15; 1 Chr 13,6; Jes 37,16; Ps 80,2; 99,1 (hier ohne Art bei כְּרוּבִים).

114 Anders urteilt *J.C.de Moor*, (s. oben Anm.109; a.a.O., 101ff.), allerdings aufgrund z.T. zumindest gewagter Hypothesen und Thesen.

115 So nach *N.Lohfink*, (s. Anm.98), 35ff. Zitat: S.40. Vgl. *E.Zenger*, TRE 15, 176.

ein irdisches Königtum, sondern auf das Königtum JHWHs. Der Jahwist schweigt vom Königtum JHWHs, obwohl er JHWHs Hofstaat kennt (vgl. Gen 3,22; 11,7 den Plural). Ältere Texte sind noch Ps 24 (V.7-10)[116], Ps 29,10[117] und wohl auch Ps 68,25. Ferner ist zu fragen, ob der Titel "der Kerubenthroner" in der Verbindung mit der Lade und Silo nicht ein altes, auf JHWH übertragenes Gottesprädikat darstellt. Ob er jedoch stets schon mit der Lade (als einem Symbol der Gegenwart JHWHs)[118] verbunden war, bleibt fraglich. Der Titel wanderte aber dann (mit der Lade) nach Jerusalem, wo der "Thron JHWHs" im Tempel und in Verbindung mit den Keruben im Allerheiligsten des salomonischen Tempels seinen Ort fand (1 Kön 6,23-28).[119] Die Bedeutung dieses "Kerubenthrones" (vgl. Jes 37,14-16 par; Ez 10,1) für die Herausbildung der Vorstellung vom Königtum JHWHs sollte nicht unterschätzt werden[120], auch wenn beide Titel erst in Ps 99,1 miteinander verbunden werden. Daß bereits der Sinaibund ein "Königsbund" und JHWH als מֶלֶךְ seitdem eine Führungsgottheit mit diesem Titel war (so *M.Buber*), wird heute - auch wegen der nicht verifizierbaren Übersetzung von מֶלֶךְ mit "Führer" - nicht mehr akzeptiert. Auch Ri 8,22f. dürfte mit seiner Ablehnung des "Herrschens" über Israel angesichts des "Herrschens JHWHs" (משׁל, nicht מלך) nicht schon aus vorstaatlicher Zeit stammen.[121] Außerdem ist dort von einem "*Königtum* JHWHs" nicht die Rede. Die wenigen weiteren Belege, die irdisches und göttliches Königtum kontrastierend gegeneinander stellen, entstammen dem dtr Denken (1 Sam 8,7; 12,12).
Daß man in frühstaatlicher Zeit etwas vom Königtum JHWHs wußte, legen dann auch einige Personennamen nahe[122], die mit *mlk* (o.ä.) zusammengesetzt sind. Mit der Priesterschaft von Nob verbunden war *Aḥimelek* (1 Sam 21,2ff.; 22,9ff.; vgl. 26,6; 2 Sam 8,17); ein Sohn Sauls trug den Namen *Malkischua* (1 Sam 14,49; 31,2). So liegt es nahe, das Aufkommen der Rede von einem Königtum JHWHs in die Zeit der Staatenbildung zu legen, wo es vielleicht sogar als Ergänzung und Korrektiv zum irdischen Königtum fungierte. Als in Israel ein Königtum entstand und man außerdem den Jerusalemer Tempel für JHWH baute, beides aber nicht ohne Einfluß der entsprechenden kanaanäischen Vorstellungen zur Sache geschehen konnte, konnte sich Israel auch nicht mehr der Vorstellung von einem göttlichen Königtum verschließen, ist jedoch bei seiner Herausbildung eklektisch und auch umprägend verfahren.

---

116 *O.Loretz* vermutet hier nach diesem Textstück aus dem vorexilischen Thronbesteigungsfest ursprünglich eine Statue JHWHs auf einem Thron oder Thronwagen oder durch einen leeren Thron als Symbol der Gegenwart JHWHs (UBL 7, 249-274). Vgl. oben S. 123.

117 Zu Ps 29 vgl. jedoch die ausführliche Behandlung durch *O.Loretz*, UBL 7, 76-248 mit Zweiteilung und Spätdatierung.

118 Vgl. unten S. 289-291.

119 Zum Problem vgl. *M.Görg*, ThWAT III, Sp. 1028f.- Den Versuch einer zeichnerischen Rekonstruktion macht *O.Keel*, Jahwe-Visionen und Siegelkunst, 1977 (SBS 84/85), 26.- Vgl. zu den Keruben unten S. 294.

120 Vgl. dazu *B.Janowski*, (s. S. 174, Anm.98), 429f.- Zu diesem Titel vgl. *R.Scoralick*, (s. Anm.98), 29ff.

121 Vgl. dazu: Bd.II, § 8.2 und zur Sache *F.Crüsemann*, Der Widerstand gegen das Königtum, 1978 (WMANT 49), 42ff.

122 Vgl. dazu *K.Seybold*, ThWAT IV, Sp. 949.

In größerem Umfang wird vom Königtum JHWHs daher erst seit der staatlichen Zeit gesprochen, ferner in Verbindung mit der Zionstheologie[123] und damit in Übernahme mancher Vorstellungen aus dem (in Ugarit-Texten belegten) Königtum El's, weniger auch Baal's.[124] In diese Zusammenhänge verweist bereits der älteste sicher datierbare, aber die Vorstellung klar als geläufig voraussetzende Beleg, nämlich Jes 6,5, wonach Jesaja den "König JHWH Zebaot" geschaut hat.[125] Diesem Gottkönig wird in seinem Hofstaat "Ehre" dargebracht (Jes 6,1-5). Daß hier kanaanäisches Erbe vorliegt, zeigen deutlicher Ps 29 und Ps 97, wo Göttersöhne bzw. Götter JHWH als König verehren sollen (vgl. Ps 96,7ff.).[126] Und in Jerusalem wurde auch der dort wahrscheinlich verehrte Gott *Sdq*[127] als "König" angesprochen, wie der Königsname Melkisedeq nahelegt (Gen 14,18ff.). Wie bei El sind Königsherrschaft und Hofstaat miteinander verbunden (Jes 6,1ff.), und der Zion wird zum Gottesberg im "Norden", zur Stadt des Großkönigs (Ps 48,3), wie sonst Baal auf dem "צָפוֹן" thronte.[128]
Dann aber wird vom Königtum JHWHs auch erheblich anders geredet als von dem El's oder vor allem Baal's.[129] JHWH ist zwar König auch über die Götter (Ps 95,3; 96,4; 97,7-9), über die ganze Erde (Ps 47,3f.8) oder gar das Weltall (Ps 103,19). Er ist aber auch König über die Völker (Ps 47,3f.9; Jer 10,7; Sach 14,13ff.)[130], dann aber eben primär und betont der seines Volkes und dessen einzelner Glieder, und dergleichen Aussagen sind "sonst anscheinend nicht bezeugt."[131] Seine Königsherrschaft kommt Israel zugute (vgl. Jes 33,22: "JHWH, unser König, er wird uns helfen"), und die Götter sind keine Realitäten mehr (Ps 96,5; 103,19ff.). JHWH hat seine Königsherrschaft nicht urzeitlich durch einen Chaoskampf erworben, sondern die Bändigung des Chaos (vgl. Ps 77,17-20) geschieht jetzt als Vollzug seiner Königsherrschaft (Ps 89,10f.; 93,3f.). Wenn JHWH wie Baal sein Königtum "ewig" behalten soll (Ex 15,18; Ps 29,10; 146,10;

---

123 Im Zusammenhang mit dem Tempelbau entstanden? So *E.Zenger,* (s. Anm.98), 177.

124 Vgl. dazu *W.H.Schmidt,* (s. S. 173, Anm.98) und (ausführlicher und mit mehr Texten) *O.Loretz* (s. Anm.98) und *ders.,* Ugarit und die Bibel, 1990, 96-109.- In Ägypten hatte vor allem Amun-Re den Titel "König der Götter" (vgl. WdM I, 331-333), in Mesopotamien z.B. Anu (RGT^{2}, 142). Weitere Belege in RGT^{2}, 176f.220.226. 235.

125 Nach *K.Baltzer* (die biographie der propheten, 1975; s. dort Reg.) hätten sich die Propheten als "Wesire" JHWHs gesehen, wodurch das Königtum dieses Gottes schon mitgesetzt gewesen sei.- Zu weit gefaßt wird das Thema "Gottesherrschaft" wohl auch bei *J.Gray,* Reign of God (s. Anm.98), der dabei auch vom Rest, vom Gottesknecht, vom Messias u.a.m. handelt; ähnliches gilt von *J.F.Walvoord.*

126 Zu Ps 96 vgl. auch *O.Loretz,* UBL 7 (s. Anm.98), 317-331.

127 Vgl. dazu unten S. 198.

128 Vgl. etwa KTU 1.3 III, 29-31 oder KTU 1.6 I, 56-62.

129 Zum (beständigen) Königtum El's und (dem stets neu zu erringenden) Baal's nach den Aussagen der Ugarittexte vgl. *O.Loretz,* (s. Anm.124).

130 Daß hier altorientalische Sprachmuster eingewirkt haben und kaum ein realistisches Streben Israels nach Weltherrschaft (!) vorliegt, kommt bei *O.Eißfeldt* nicht voll zur Geltung (*ders.,* Jahwes Königsprädizierung als Verklärung national-politischer Ansprüche Israels, in: FS J.Ziegler, Bd.I., 1972, 51-55 [= KS V, 1973, 216-221]).

131 *W.H.Schmidt,* Atl. Glaube^{6}, 173,

vgl. Ps 145,13; Dan 3,33; 4,31), dann muß JHWH aber nicht wie Baal zwischenzeitlich wieder in das Totenreich und stets neu sich das Königtum im Kampf erringen. Ähnlich wie bei manchem, was im AT über JHWHs Hofstaat, über den Zion und den irdischen König (u.a.m.) gesagt wird, liegt also in den Aussagen über das Königtum JHWHs ein in Israel und im AT umgeprägtes altorientalisches Erbe vor.[132]

Innerhalb der Belege wird man, wie bereits angedeutet, noch in anderer Beziehung zu differenzieren haben. Da wird von JHWH als dem König der Schöpfung, des Weltalls, der Götter und Völker gesprochen, dann von JHWH als dem König Israels, damit seines Volkes, und schließlich sprechen einzelne Beter von JHWH als "meinem" König (Ps 5,3; 84,4; 145,1; vgl. Ps 68,25; in Ps 44,5; 74,12 in Klageliedern des Volkes). Hierbei sind die individuellen Aussagen deutlich Anwendungen des allgemeinen Königseins JHWHs auf den einzelnen Frommen, und von den genannten Psalmbelegen ist höchstens Ps 5,3 aus vorexilischer Zeit. JHWH als König seines Volkes ist in den beiden älteren Texten Num 23,21 und Dtn 33,5 belegt . Dies gilt dann ferner für 1 Sam 8,7; 12,12; Jes 33,22; Mi 2,13; Zeph 3,15 (sek.) und Ex 15,18, wohl auch für Ps 10,16 und Jer 8,19, so daß man öfter eine Entfaltung dieser (selteneren) "relativ-sozialen" Aussagen (*O.Eißfeldt*), zu denen vielleicht noch[133] das "Hirte Israels" (Gen 49,24; Ps 80,2) wegen des in Israels Umwelt üblichen Königstitels "Hirte" sich fügen könnte, zu den "absolut-hymnischen" über JHWH als Weltkönig (vgl. auch Jer 46,18; 48,15; Mal 1,14) erwogen hat. Es handelt sich aber eher um verschiedene Applikationen des JHWH-Königs-Titels, zumal auch die ältesten Texte nicht in die Zeit vor der Staatenbildung zurückreichen und damit der Einfluß des Königtums El's und Baal's, wie z.B. in Ps 29[134], vorausgesetzt werden kann. Allerdings zeigen die vorexilischen Belege zum "Königtum JHWHs" mehr eine Beziehung zu JHWH als dem König seines Volkes, noch nicht so sehr (vgl. aber Ps 24,1f.) zur Schöpfung (vgl. so dann in Ps 95,3; 96,10; 97,7.9).

Von JHWH als dem König (nur) Israels sprechen dann eigenartigerweise auch die Texte bei Ezechiel (Ez 20,33-35) und vor allem die bei dem sonst doch so universalistischen DtJes (Jes 41,21; 43,15; 44,6; 52,7; vgl. Ps 96,10).[135] Diese Einschränkung hat vielleicht zeitgeschichtliche, d.h. mit der Exilssituation zusammenhängende Hintergründe. Daß JHWH König immer noch seines Volkes ist und sich als solcher im jetzt durch ihn anbrechenden Heil erweisen wird, ist ein wesentlicher Inhalt der Botschaft DtJes's. DtJes kennt JHWHs Hofstaat, wo der "Prolog" seinen Ort hat und der Gottesknecht präsentiert wird (Jes 40,1-8; 42,1-4). In Gerichtsszenen erweist JHWH gegenüber den Völkern und ihren Göttern seine Überlegenheit, als König seine einzig wahre Gottheit, die, da es die fremden Götter gar nicht gibt, auch das Königtum über die Völker faktisch (und aus Rücksicht auf die Herrschaft der Perser?) unausgesprochen einschließt. Der Davidbund wird in seinen Gnadenerweisen auf das Volk übertra-

---

132 "Die *mlk*-Vorstellung steht unter polemisch-apologetischem Vorzeichen": *K.Seybold*, ThWAT IV, Sp. 950. Sie "dürfte dann mit dem Jerusalemer Tempelbau entstanden sein: Sie ist nicht genuin jahwistisch, sondern kanaanäisch-jebusitisch vermittelt" (*E.Zenger*, TRE 15, 178).

133 Vgl. aber oben S. 175.

134 Dazu *H.Spieckermann*, Heilsgegenwart, 1989 (FRLANT 148), 165-179.

135 Zu DtJes vgl. *N.Lohfink*, (s. S. 173f., Anm.98), 66-71.

gen (Jes 55,3-5), und der persische König wird zum "Messias" (Jes 45,1).[136] Hier werden dann auch Exodustradition[137] und Königsherrschaft JHWHs miteinander verbunden (vgl. Klgl 5,19-21). Die Völker sind aber deswegen nicht aus dem Blick DtJes's geraten, sondern sie werden ja in das anbrechende Heil durch das, was sie sehen und erleben, mithineingenommen und folglich auch dem König JHWH unterstellt.[138] An die Stelle des babylonischen "Marduk ist König"[139] tritt das "JHWH ist König", und dieser König ist Israels und Zions Gott (Jes 52,7: "dein Gott";). Die Verbindung von Exodustradition und Königsherrschaft JHWHs findet sich dann auch noch in jüngeren Texten (Mi 2,12f.; 4,7; vgl. auch Ps 99,6f.). "Als Israel aus Ägypten zog, das Haus Jakob aus dem fremden Volk, da wurde Juda sein (=JHWHs) Heiligtum, Israel sein Königreich" (Ps 114,1f.; vgl. Ex 19,5f.; auch 15,18).[140] Israels geschichtliche Erwählung schließt ein, daß der erwählende Gott nun auch über dieses Volk herrscht. Sollten die drei dtr Belege betr. Herrschen und Königsein JHWHs über sein Volk (Ri 8,22f.; 1 Sam 8,7; 12,12) auch erst exilisch sein[141], würden sie einerseits die Position der älteren Texte aufnehmen, sie anderseits in der Situation des Exils bewußt neu zur Sprache bringen.

Das Königsein JHWHs hat man dann vor allem im Kultus hymnisch besungen und gefeiert, wie dies die sog. JHWH-Königspsalmen[142] zeigen (Ps 47; 93; 95-99).[143] Daß es dafür ein eigenes "Thronbesteigungsfest JHWHs" mit kultdramatischer Gestaltung im atl. Israel gegeben hat, ist jedoch so unsicher wie umstritten. Die Feier der "Thronbesteigung" JHWHs wie die seines Königseins und immer wieder Königwerdens war, jedenfalls in nachexilischer Zeit[144], wahrscheinlich nur ein Teil, ein Aspekt des Herbst- und Neujahrsfestes. Dort erfuhr und erlebte man das "JHWH herrscht als König" (יהוה מָלָךְ)[145] wie das

---

136 Vgl. dazu: Bd.II, § 7.7.

137 Vgl. dazu oben S. 51-54.

138 Zur Rolle der Völker bei DtJes vgl. Bd.II, § 15.6+7.

139 Enuma eliš IV 28 (AOT², 117; ANET³, 66).- Zum akkadischen Götterepitheton *šarru* (König, Herr, Besitzer) vgl. *K.L.Tallquist,* Akkadische Götterepitheta, (Helsinki 1938) Neudruck Hildesheim 1974, 232-237; dort 366f. zu "Marduk als Herr, 'Hirt', Herrscher und König".

140 Zur zweitgenannten Stelle vgl. S. 73f.; zu Ex 15,18 vgl. auch Anm.145.

141 So *T.Veijola,* Das Königtum in der Beurteilung der deuteronomistischen Historiographie, Helsinki 1977, (dort s. Reg.).

142 Zu ihnen auch *H.-J.Kraus,* Theologie der Psalmen, 1979 (BK XV/3), 105-113; vgl. zu ihm aber *P.Welten,* (s. S. 173, Anm.98).

143 Daß in nachexilischer Zeit der Psalter zum "Hofliederbuch des Königs Jahwe" wurde (so *N.Lohfink,* [s. Anm.98], 73), ist zwar eine schöne, aber auch eine exegetisch kaum verifizierbare Behauptung.

144 Ob wir über ein vorexilisches israelitisches Thronbesteigungsfest mit Thronwagen und Kultbild JHWHs (s. oben S. 123+176) so viel wissen, wie *O.Loretz* meint (UBL 7, passim, vor allem 411ff.), erscheint mir zweifelhaft.

145 *x-qatal-Stellung* = Inversion mit betont vorangestelltem Subjekt: Ps 93,1; 96,10 [= 1 Chr 16,31]; Ps 97,1; 99,1; (vgl. das entsprechende *jiqtol-x* in Ps 146,10) und 1 Kön 1,18 das "Adonia *mālak*".- Zu dieser Formel vgl. die Diskussion bei *R.Scoralick,* (s. Anm.98), 22ff. und *O.Loretz,* (s. Anm.98), 413ff.(Formel oft sekundär).- In Ex 15,18 singulär: *x-jiqtol*! Vgl. dazu *H.Spieckermann,* Heilsgegenwart, 1989, 110 (mit Hinweis auf die Parallele in KTU 1.2 IV,32: "Baal ist/sei Kö-

"JHWH ist König geworden" (מָלָךְ יהוה)[146]. Die erste Wendung hat man oft als "Inthronisationsruf" verstanden (vgl. 2 Sam 15,10; 1 Kön 1,11; 2 Kön 9,13[147]). Sie betont aber durch das vorangestellte Subjekt entweder das Königsein JHWHs im Unterschied zu dem anderer Götter oder sein Königsein von jeher. So spricht man jetzt lieber von einem Akklamations- oder Proklamationsruf, der zum Ausdruck bringt, daß JHWH eben wirklich der ist, welcher die Königsherrschaft ausübt.[148] Hier im Festkult geschah das "Aufsteigen" JHWHs unter Jubel (Ps 47,6), denn "'Thronbesteigung JHWHs' meint die Inbesitznahme des Zion durch den Königsgott."[149] Ps 93[150] könnte schon aus vorexilischer Zeit stammen.[151] Während die Psalmen 93, 97 und 99 hymnisch JHWH als König und damit die Halt gebende Ausübung seiner Herrschaft besingen, rufen Ps 47, 95, 96 und 98 zuerst imperativisch dazu auf. JHWHs Königtum wird als unableitbar konstatiert.[152] Einen Gegensatz zwischen Ausübung der Herrschaft und Thronbesteigung sollte man hier nicht konstruieren (vgl. Ps 47,6.9; 93,1f.), denn der Psalmdichter "meint, daß Jahwe König *ist,* beschreibt aber, wie er König *wird.*"[153] "Indem die Kultgemeinde das König-Werden JHWHs als aktuell sich vollziehend bzw. vollzogen proklamiert (Ps 47,6.9), wird der Kult zum Ort des Anbruchs des Gottesreichs, zu dem Ort, an dem die 'seit damals/von uran' bestehende Königsherrschaft JHWHs (vgl. Ps 93,1f) in die gegenwärtige Weltwirklichkeit hereinbricht und diese bestimmt."[154]

Was ist inhaltlich für den oder die Frommen mit der Rede von JHWHs Königsherrschaft verbunden? Was wird durch sie an Glaubensinhalten wachgerufen bzw. bewirkt? Wo liegen die Gründe dafür, daß man diese Königsherrschaft kultisch feiert und hymnisch besingt?

---

nig"): "Ganz offensichtlich ist im Schilfmeerlied auch Jahwes Königtum als Resultat des Sieges über myt(h)isch gefährliche Feindesmacht verstanden und deshalb wie in der verarbeiteten kanaanäischen Tradition für die Königsprädikation die Präformativkonjugation gewählt worden, die ingressiven und durativen Aspekt zugleich auszudrücken imstande ist. Ganz gegen seine Gewohnheit hat Israel hier offensichtlich, gelockt durch die Kombinationsmöglichkeit von Exodustat und kanaanäischer Mythologie, die Anfänglichkeit von Jahwes Königtum (als Resultat einer Theomachie) zu denken gewagt."

146 *qatal-x-Stellung:* Ps 47,9. Vgl. Jes 24,23; 52,7 und die folgende Anm.

147 Hier aber die Wortstellung *qatal-x!*

148 Zu der (betr. Marduk, nicht aber betr. Baal!) überholten These des zeitweiligen Verlustes der Königsherrschaft und damit verbundener Ablehnung der Anwendung auf JHWH vgl. *P.Welten,* (s. Anm.98) und *B.Janowski,* (s. Anm.98), 425ff.- Zum babylonischen Neujahrsfest(ritual) vgl. jetzt TUAT II/2, 1987, 212ff.

149 *B.Janowski,* ZThK 86, 1989, 433.

150 Zu Ps 93 vgl. *H.Spieckermann,* Heilsgegenwart, 1989 (FRLANT 148), 180-186.

151 Eine weitere Differenzierung der zeitlichen Ansetzung versucht *J.Jeremias,* (s. Anm.98): Ps 47: vorexilisch; Ps 93: frühe bzw. mittlere Königszeit; Ps 95 und 99: im Umkreis dtn/dtr Theologie; Ps 96 und 98: Umkreis dtjes. Theologie; Ps 97: hellenistische Zeit. Zur spätnachexilischen Datierung von Ps 99 vgl. auch *R.Scoralick* (s. S.174, Anm.98).- Die Endgestalt von Ps 47 ist kaum vorexilisch.

152 So mit *E.Otto,* BN 42, 1988, 98f.; *B.Janowski,* ZThK 86, 1989, 406.

153 *O.Eißfeldt,* KS I, 190.

154 *B.Janowski,* ZThK 86, 1989, 445.

JHWHs Königsein wird hier nicht nur als ein uranfänglicher, sondern als ständiger und neuer Sieg über die Chaosmächte bzw. Chaoswasser (Ps 93,3f.) ausgelegt, durch sein Schöpfersein, sein Herrsein über Welt, Völker (Ps 47,9; 99,1f.) und Götter (Ps 95,3; 96,4f.; 97,7.9). Die mit der Vorstellung von der Königsherrschaft JHWHs gesetzte Verbundenheit von irdischem und himmlischem Gottesthron und Tempel JHWHs (Ps 29,1; 93,1f.5; 104,1-3)[155] stärken das Volk als Gemeinde durch die Gewißheit göttlicher, helfender, königlicher Gegenwart JHWHs auf dem Zion (Ps 48,3; Jes 24,23) und vor allem im Tempel[156]. Sein Erscheinen dort und sein Durchsetzen von Recht und heilschaffender Gerechtigkeit (Ps 98,1f.; 99,4), sein "Richten" der Völker (Ps 96,10.13f.; 98,9), sein Zuteilwerdenlassen von "Herrlichkeit"[157] geben dem Kult wie der Hoffnung Grund, Sinn und Gehalt.
Königtum JHWHs hat somit einen zeitlichen ("ewig" o.ä.) und räumlichen (Israel, Völker, Erde) Bezug. Es hat ferner etwas zu tun mit Vermittlung von "Heil"[158], mit "behobener Krise"[159] (Ps 93,3f.), Erhaltung von Welt und immer neuer Überwindung von Bedrohung (Ps 104,9), mit der Relation und Vermittlung von urzeitlichem Geschehen und Erfahrungswirklichkeit im Gotteslob der Kultgemeinde[160], mit stets neuer Etablierung und Durchsetzung seiner Herrschaft und mit Stabilisierung des Glaubens an ihn bzw. der Hoffnung auf ihn als dem großen Gott und großen König, als dem "Felsen unseres Heiles", damit seiner Gemeinde als des Volkes seiner Weide (Ps 95,1.7), die diesen König hymnisch preist.[161] Psalm 96 und 97 zeigen dann schon eschatologische Farben und sprechen, wie auch Ob 19-21[162], das Königtum JHWHs auf seine Volllendung und als Ziel der Geschichte an. "Königtum JHWHs" war eben auch eine Glaubensaussage, die besonders zukunftsbezogen war, die Hoffnung aus sich heraussetzte.[163] "Königsherrschaft JHWHs" ist für den atl. Frommen nicht mit negativen Assoziationen oder Konnotationen besetzt.[164] Es ist daher etwas zu kritisch und zu schmal gedacht, wenn man vor dem Gebrauch der Begriffe "Gottesherrschaft" und "Königtum Gottes" vor allem meint warnen zu müssen, da hier das

---

155 Vgl. dazu unten S. 286-289.

156 "Tempeltheologie, wie sie von Israel bei den Kanaanäern studiert worden ist, hat ihren Ursprung im Himmel, welcher nicht Objekt des Schöpfungshandelns, sondern Kulisse göttlicher Macht- und Prachtentfaltung ist": *H.Spieckermann*, Heilsgegenwart, 1989 (FRLANT 148), 167.

157 Als Vergleich: Wenn die Hethiter ihrer Göttin Wurunšemu den Titel "Königin" zulegten, kennzeichneten sie sie als Königin des Landes Hatti, als Königin des Himmels und der Erde, als Verwalterin der Königsherrschaft und als Herrin der göttlichen Gerechtigkeit. Vgl. dazu: *H.Klengel (Hg.)*, Kulturgeschichte des alten Vorderasien, 1989, 243.247.

158 Zur Rolle von (ה)צדק JHWHs in den JHWH-Königspsalmen vgl. unten S. 200.

159 Dazu *B.Janowski*, ZThK 86, 1989, 408ff.

160 So *E.Otto* (BN 42, 1988, 100) und *B.Janowski* (ZThK 86, 1989, 417f.).

161 "Kennen die Psalmen theologia gloriae? Eindeutig ja - in Form des Soli Deo gloria": *H.Spieckermann*, Heilsgegenwart, 225.

162 Vgl. Mi 2,13; 4,7; Zeph 3,15; Jer 3,17; 10,7.10; 17,12; 51,57; Mal 1,14.

163 Der Satz "Tempeltheologie ist überhaupt nicht eschatologisch orientiert" (*H.Spiekkermannm* Heilsgegenwart, 222) trifft, z.B. schon bei den JHWH-Königspsalmen, nicht den atl. Sachverhalt.

164 Vgl. *H.Merklein*, Jesu Botschaft von der Gottesherrschaft, 1983 (SBS 111), 37.39.

Bild des machtvoll thronenden Gottes ein triumphalistisches Mißverständnis seines Wesens nahelege und "das menschenfreundliche Antlitz des biblischen Gottes zu dem eines despotischen und herrschsüchtigen Gesetzgebers verdunkelt" werde.[165] Menschen werden diese Königsherrschaft JHWHs, über die man jetzt schon jubelt und sie vor allem gottesdienstlich feiert, in ihrer vollen Form jedoch weder verwirklichen noch in Zukunft herbeiführen. Es ist aber die (vor allem gottesdienstliche) Gemeinde, die JHWHs Herrschaft stellvertretend für die Welt feiert, hoffend bekennt und ersehnt. Hier wird Wirklichkeit transzendiert, und es will beachtet sein, daß besonders das Gebet ein herausragender Ort der Rede von der Gottesherrschaft ist.

Diese positive und zukunftsbezogene Linie wird dann in den Texten der beginnenden (Sach 14,9.16; Jes 24,21-23) wie der zu ihrer ersten Ausbildung gelangten Apokalyptik[166] weitergeführt (Ps 22,28-32; Dan 3,33; 4,31), wobei aber die Königsherrschaft JHWHs als des einzigen Herrn (Sach 14,9) wieder bewußt auch auf die Völker ausgeweitet wird (vgl. Jes 25,6-8)[167]. Ferner ist wichtig zu sehen, daß selbst das so auf die Endvollendung ausgerichtete Daniel-Buch von der alle Welt umfassenden Königsherrschaft JHWHs[168] nicht nur als einer kommenden (Dan 2,28.44; 7,14.18), sondern einer trotz aller Widrigkeiten der eigenen Zeit doch auch gegenwärtigen Wirklichkeit sprechen kann (Dan 3,33; 4,31; 6,27). Dies war auch in den JHWH-Königspsalmen der Fall, dort allerdings in die Spannung von *kultischer* Gegenwart wie Vergegenwärtigung und eschatologischer Hoffnung hineingenommen (Ps 96). Die Chronikbücher versuchten dann, irdisches und göttliches Königtum in der Weise - und damit neu in die Zukunft hoffend - zu verbinden, daß sie den irdischen davidischen König als Platzhalter JHWHs, als letztlich auf dem Thron JHWHs sitzend verstehen wollten (1 Chr 17,14; 28,5; 29,23; 2 Chr 13,8).[169] Hierbei wird jedoch das Königsprädikat für JHWH vermieden. Auch anderswo kann von der Gottesherrschaft gesprochen werden, ohne daß JHWH dabei als König bezeichnet wird.

Trotz der in den aufgeführten Texten und Textzusammenhängen angeschlagenen wichtigen Themen wird man doch nicht sagen können, daß die Vorstellung vom Königtum JHWHs für das AT wirklich tragend und sehr zentral ist. Dazu sind die mit ihr zusammenhängenden Belege, selbst wenn man das semantische

---

165 So nach *W.Dietrich*, (s. S. 173, Anm.98), 252 (vgl. 268).

166 Vgl. dazu: Bd.II, § 14.11+12.

167 Zu einigen Aspekten des Verhältnisses von Gottesherrschaft und Weltmacht in der Zeit persischer Oberherrschaft vgl. *J.Maier*, Zwischen den Testamenten (NEB AT, Erg.Bd. 3), 1990, 56: Jedes persische Großreich war mächtig und fragil zugleich. "Dieser evidente Widerspruch zwischen der demonstrativ zelebrierten Macht auf der einen Seite und der erfahrenen Gefährdung auf der anderen bestätigte den im Exil durch Deuterojesaja so eindrucksvoll formulierten monotheistischen Anspruch für den Gott Israels in der schwierigen Frage der Macht... Die Erfahrung der Fragilität ausgerechnet dieser Weltmacht relativierte alle irdische Macht und bestätigte das alte liturgische Bekenntnis von der Königsherrschaft JHWHs...". Auch der nachexilische Ausbau der Vorstellungen vom göttlichen Hofstaat mit Engeln usw. sind durch persische Vorbilder von Königshof und Hofaudienz mitbedingt (vgl. a.a.O., 194.197).- Vgl. dazu unten S. 293-296.

168 JHWH gibt und nimmt auch den irdischen Fremdherrschern ihre königliche Gewalt: Dan 2,37; 3,32; 4,14.21.28f.32; 5,18-28; 6,26-28.

169 Vgl. dazu: Bd.II, § 7.6+7.

Feld weit faßt, doch auf nur einige Textgruppen beschränkt.[170] Ferner ist festzustellen, daß das Theologumenon von der Königsherrschaft JHWHs erst in nachexilischer Zeit an Bedeutung gewann (vgl. die meisten der Pss-Belege; Jes 24; Ob 19-21; Sach; Chr; Dan) und inhaltlich durch vieles Analoge mit abgedeckt war.[171]

4. JHWHs Wirkungskräfte

JHWHs geschichtlich erwählendes Handeln wird durch das AT nicht nur als ein vergangenes bezeugt. JHWH handelt auch weiterhin und gegenwärtig "als Macht..., die auf Erden wirksam wird"[172], an seinem Volk zur Gemeinschaft mit diesem. Wie und wodurch tut er dies? Wodurch erweist er sich als ein gegenwärtig wirkender Gott? Bezeichnenderweise hat das AT zahlreiche Möglichkeiten, von diesem gegenwärtigen Handeln und dem sich darin ereignenden Offenbarwerden JHWHs zu sprechen. Von den wichtigsten ist im Folgenden zu handeln.

a) JHWHs Geist[173]

Es sind insgesamt etwa 380 Belege, die innerhalb des AT vom "Geist" handeln. Das hierbei verwendete Wort רוּחַ zeigt dabei eine ähnliche Bedeutungsbreite wie sein griechisches Äquivalent πνεῦμα[174], nämlich von Wind oder Sturm (Gen 3,8; Jes 7,2; Jona 1,4; Ps 135,17; Hi 9,18; 19,17 u.ö.) über Lebenshauch (Hi 33,4), Lebensmut, Gemüt, Wille (Ex 35,21; Num 14,24; Jes 61,3; Ps 31,6), über die Kraft und den Geist der Kunstfertigkeit (Ex 35,31) oder den der Eifersucht bis zum Besitz und der Kraft Gottes. Zusammengehalten wird diese, sich z.B. in Ez 37,1-14 gut zeigende Bedeutungsbreite offensichtlich durch die Vorstellung von einer "Luft in Bewegung im Raum" (*D.Lys*), von Atem und Lebenshauch.
Auf JHWH oder Gott bezogen ist im AT nun von "Geist" 136mal die Rede, wobei die Genitivverbindung "Geist Gottes" (16mal und 5mal aram.) und "Geist JHWHs" (28mal)[175] das hier Anzusprechende eigentlich nur besonders pointieren. Daß "Geist" selbst sozusagen das innere Wesen Gottes darstellt, wie es Joh

---

170 Anders aber: *N.Lohfink,* (s. S. 173f., Anm.98), 37: "Für das Alte Testament als Ganzes, wie wir es heute in Händen halten, ist die Aussage, Jahwe sei König, prägend" und auch - aber schon mit Ausweitung auf beide Testamente - *B.Janowski,* (s. Anm.98), 391: "Für die Biblische Theologie ist die Aussage, Gott sei/werde König, von zentraler Bedeutung."

171 Daß es auch im Frühjudentum kein Hauptthema war, zeigt *O.Camponovo,* Königtum, Königsherrschaft und Reich Gottes in den frühjüdischen Schriften, 1984 (OBO 58).- Die βασιλεια-Verkündigung Jesu scheint daher in der Tat etwas gewesen zu sein, das neue Akzente setzte.

172 *W.H.Schmidt,* Atl. Glaube[6], 121.

173 Vgl. dazu: *R.Albertz/C.Westermann,* Art. "רוּחַ *rūaḥ* Geist", THAT II, Sp.726-753 (dort 742ff.) [Lit.].- *J.Scharbert,* Der "Geist" und die Schriftpropheten, in: FS A.Deissler, 1989, 82-97.- *M.Dreytza,* Der theologische Gebrauch von *RUAḤ* im A.T., 1990.- Vgl. auch: *L.Köhler,* Theol.[4], 96-105.- *W.Eichrodt,* Theol. II[4], 24-39.85f..- *W.H.Schmidt,* Atl. Glaube[6], 121ff. (vgl. *ders.,* TRE 12, 170-173; Lit.).

174 Vgl. auch das akkad. *šāru(m)* (AHw III, 1192f.).

175 Vgl. THAT II, Sp. 742f.

4,24 formuliert, ist im AT nur selten und dann auch noch mit anderen Akzenten ausgesagt (Jes 31,3; Ps 139,7; Jes 40,13).
Will man die atl. Aussagen über den Geist als Wirkungskraft JHWHs etwas systematisieren, so ergeben sich zunächst vier thematisch unterschiedliche Schwerpunkte, deren Grenzen jedoch öfter fließend sind.
Da ist JHWHs/Gottes Geist zuerst eine jeweilige, ad hoc geschehende Gabe, durch die er an bestimmten, dadurch herausgehobenen Personen in der Geschichte zugunsten seines Volkes oder an diesem wirkt. Es sind z.B. die sog. "großen Richter", auf die der Geist JHWHs fällt, sie zu Charismatikern macht, die dann zu außerordentlichen kriegerischen Leistungen fähig sind (Ri 3,10; 6,34; 11,29; 13,25; 14,6). Ein ähnliches Wirken des Geistes JHWHs wird noch bei Saul berichtet (1 Sam 11,6; vgl. Jes 37,7: Rettung als Geistwirkung), von dem der Geist JHWHs aber wieder wich, und ein böser Geist ihn ergriff (1 Sam 16,14). Diese Art des kriegerisch-heldischen Charismas hörte jedoch mit dem Auftreten des Königtums auf. Nur David soll diesen "Geist" noch ständig besessen haben (1 Sam 16,13; vgl. 2 Sam 23,2).
Das auch im Zusammenhang mit Saul erwähnte prophetisch-ekstatische Charisma von Prophetengruppen (1 Sam 10,6.10; 19,20-24), durch das man "zu einem anderen Menschen wird" (1 Sam 10,6), wird auch an anderen und späteren Stellen als wirksame Kraft bezeugt. Es wird als innerhalb älterer Prophetie wirkend erwähnt (Num 24,2ff.; 2 Sam 23,2ff.; 1 Kön 18,12; 22,24). Die Weitergabe des Geistes an den Nachfolger ist in 2 Kön 2,9.15f. innerhalb einer älteren Erzählung um Elia und Elisa wichtig[176]. In Dtn 34,9(P?) wird in Anknüpfung an Num 27,18ff.(P) analog erzählt, daß der "Geist der Weisheit" von Mose durch dessen Handauflegung auf Josua überging. Die Propheten des 8.Jh.'s schweigen dann aber bezeichnenderweise vom Geist als einer an oder in ihnen wirkenden Kraft JHWHs, was wohl als Gegenposition zur "charismatischen Prophetie" zu werten ist[177]. Auch die ironische Kritik von Hos 9,7 läßt darauf schließen. Bei Ezechiel[178] jedoch taucht diese Redeweise wieder auf und begegnet dann auch in exilisch-nachexilischen Texten.[179] Num 11,4(14)ff. handeln an sich mehr von der Speisung des murrenden Volkes mit Wachteln, jetzt aber auch davon, daß Mose ein besonderer Charismatiker war, an dessen von JHWH verliehenem Geist (vgl. Jes 63,10-14) dann aber auch die Ältesten Anteil bekommen[180]. Auch vom Gottesknecht wird eine besondere Geistbegabung erwähnt (Jes 42,1; vgl. 61,1 und Lk 4,18). Es war also vor allem die frühe Zeit Israels, in welcher der Geist JHWHs als charismatisch wirkend angesiedelt wurde. Nachexilische Texte nehmen dies bewußt auf, sehen jedoch die Geistbegabung anders wirksam werden, als dies etwa bei den Richtern oder Saul der Fall war. Auch der Apokalyptiker Daniel hat dann den "Geist der heiligen Götter" (Dan 4,5ff.; 5,11.14), so daß er Traum und geheimnisvolle Inschrift deuten kann (vgl. 5,12; 6,4).

---

176 Die zwei Teile sind der Anteil des Erstgeborenen; vgl. Dtn 21,17.

177 Vgl. Bd. II, § 10.3+4.- Mi 3,8 wird überwiegend als Zusatz angesehen.- Vgl. dazu: *J.Scharbert* (s. Anm.173).

178 Zu רוּחַ bei Ez s. *W.Zimmerli*, BK XIII/2, 1262-1265.

179 Ez 3,12.14; 8,3; 11,1.24; 37,1; 43,5; Jes 40,13; 61,1; 63,14; Sach 7,12; 2 Chr 15,1; 20,14; 24,20; Neh 9,30.

180 Geht es hier um die Zuordnung der Prophetie zur Tora? So *A.H.J.Gunneweg*, Das Gesetz und die Propheten, ZAW 102, 1990, 169-180.

JHWH kann aber auch einen "bösen Geist" schicken und durch diesen zum Bösen wirken. Damit ist dann mehr die Funktion als der Besitz des Geistes entscheidend (Ri 9,23 bei Abimelech; 1 Sam 16,14ff.; 18,10; 19,9: bei Saul; vgl. 1 Kön 22,21f.: ein "Geist" im Hofstaat JHWHs, der zum Bösen wirkt; dann 2 Kön 19,7 bei Sanherib).[181] Hierbei handelt es sich überwiegend um frühe Texte, und die Erfahrung der Wirklichkeit ist und wird hier noch nicht dualistisch aufgespalten.

"Geist JHWHs" wird dann zweitens als Gottes ständige Gabe genannt, als Lebenshauch, ohne den nichts Lebendiges zu leben vermag[182], als Lebensmut und Wille (Jos 2,11; Ex 35,21). Der Odem des Allmächtigen gibt Leben (Hi 33,4; vgl. Gen 2,7; Jes 42,5; Ps 33,6; Hi 15,13 u.ö.), und dies gilt auch für die Tierwelt (Gen 6,17; 7,15.22; Koh 3,19.21). Wo dieser Geist - auch vor Staunen (1 Kön 10,5) - schwindet (Jos 5,1; Jes 65,14; Hi 17,1), schwindet der Lebensmut, die Lebenskraft; wo er sich (wieder) einstellt, lebt der Mensch auf (Gen 45,27; Ri 15,19). Wo Gott aber diesen Geist völlig (zu sich zurück) nimmt, da muß der Mensch sterben, sein "Atem" erlischt (Gen 6,3; Ps 104,29f.; Hi 34,14f.; Koh 12,7). Die gesamte lebende Welt ist eben von der belebenden Kraft Gottes abhängig.

So verwundert es nicht, wenn in einem dritten Bereich davon die Rede ist, daß und wie der Geist JHWHs für das Gottesvolk vonnöten ist, damit es sein irdisches Dasein als erwähltes Volk recht lebt und gestaltet. Da wirkt dieser Geist an Israel in Gestalt einer Geschichtsmacht (Jes 63,11.14), und es ist der Geist JHWHs, in dem Gottes tätige Gegenwart bei seinem Volk Wirklichkeit wird (Jes 34,16; 59,21; Sach 4,6; 7,12; Ps 106,33; Hag 2,4f.; Neh 9,20; 2 Chr 15,1; 20,14; 24,20). Ein kurzer Blick auf diese Texte läßt erkennen, daß es sich besonders um Belege aus der nachexilischen Zeit handelt. Die nachexilische Gemeinde hatte aufgrund der Straferfahrung des Exils, die als notwendig bejaht und anerkannt wurde, erkennen müssen, daß der Geist JHWHs für eine gottgemäße Gestaltung des Gottesvolkes und für einen gottgemäßen Wandel dieser Gemeinde wie auch ihrer einzelnen Frommen (Ps 51,12f.; 143,10) notwendig war. Auch der Gottesknecht und der endzeitliche Heilskönig benötigen diesen göttlichen Geist, um ihre Aufgaben recht zu vollbringen (Jes 11,2; 42,1; 61,1).

In diesen Zusammenhängen stehen dann auch die beiden einzigen atl. Belege, die vom "heiligen Geist" sprechen (Ps 51,13; Jes 63,10f.). Es ist nach ihnen der von Gott ausgehende und in seiner Gemeinschaft haltende Geist, der hier als "heiliger" benannt wird.

Ein vierter und ebenfalls nachexilischer Bereich der atl. Aussagen über den Geist Gottes spricht dann von diesem Geist als der (notwendigen, verheißenen und erwarteten) eschatologischen Gabe zur Vollendung des Gottesvolkes, ja der Menschen überhaupt[183]. Nach entsprechenden negativen Kontrasterfahrun-

---

181 Vgl. noch Jes 29,10; Hos 4,12; 5,4; Sach 13,2 über negative Arten und Wirkungen des Geistes.

182 Zum "Geist" als Teil atl. Anthropologie s. Bd.II, § 11.2.- Vgl. ähnlich für Ägypten: RGT^2, 59.- רוח אלהים in Gen 1,2 ist wohl eher mit superlativischem Gebrauch des אלהים als "Gottessturm" zu übersetzen und damit noch der Schilderung des Chaos vor (!) der Schöpfung zuzuordnen (vgl. die Kommentare und Monographien zu Gen 1 und oben S. 168).

183 Vgl. dazu *H.Groß,* Der Mensch als neues Geschöpf, in: FS A.Deissler, 1989, 98-109.

gen (vgl. z.B. Jer 10,23f.; 13,23; 17,9f.) erhofft man jetzt und d.h. nach den Erfahrungen mit Abfall, Strafe und Exil, den Geist JHWHs, um den Willen seines Gottes recht tun zu können (Jes 28,5f.). Man erwartet und verheißt eine Umwandlung der "Herzen", d.h. des Willens (Jes 32,15ff.; 44,3; Ez 11,19; 36,26ff.; 37,5; 39,29). In Ez 18,31 war dies noch als menschliche Leistung gefordert worden. Joel 3,1ff. (vgl. 2,18ff.) weiten diesen Gedanken dann besonders aus (s. noch Hag 2,5; Jes 59,21; Sach 12,10; 13,1f.8f.). Obwohl der Abschnitt nicht ausdrücklich vom "Geist JHWHs" spricht, gehören Jer 31,31-34 auch mit in diesen Zusammenhang, nach dem von JHWH eine vollendende Geistgabe erhofft oder verheißen wird, welche die anthropologische wie ekklesiologische Negativerfahrung aufhebt. Hier würden dann auch Geistwirkung und Geisterfahrung eindeutig sein, während bis dahin auch der "Geist JHWHs" widersprüchlich wirksam geglaubt und erfahren wurde.
Immer jedoch ist die Geistgabe Gottes nach dem Zeugnis des AT eine freie, von Gott gewährte. Der Geistbesitz kann ein Ende nehmen, der Geist kann "weichen" (1 Sam 16,14 von Saul). Der ("falsche") Prophet Zedekia beansprucht für sich allerdings das Gegenteil (1 Kön 22,24).[184] "Der Mensch ist nie mehr als des Geistes Gottes vergängliches Gefäß"[185], und dies auch dann, wenn die Wirksamkeit des Geites sehr ausgeweitet wird und dieser zur Gabe politischer Führungskraft (Dtn 34,9 P; vgl. Gen 41,38) oder zu der von Dichtung und Kunst wird (Ex 28,3; 31,3; 35,31). Im Gegensatz dazu sind Götzen(bilder) ohne Atem, ohne Lebenskraft und Willen und folglich macht- und kraftlos (Jes 41,29; Jer 10,14; 51,17; Hab 2,19; Ps 135,17).[186]
Schaut man auf die Textgruppen zurück, in denen vom Geist JHWHs die Rede ist, so sind es vor allem erzählende und prophetische Texte der frühen Zeit, dann des Exils (DtrG; Ez; auch DtJes) und der nachexilischen Zeit, welche die meisten Belege bieten. In direkt kultischen Texten (Ex 28,3; 31,3; 35,31 haben einen anderen Hintergrund), in der Rechts- und in der Weisheitsliteratur fehlen entsprechende Belege sicher nicht zufällig. Spr 1,23 ist ein später Text, der die Geistgabe an die (personifizierte) Weisheit bindet, und im Hiobbuch wird vom Geist (Gottes) stets nur in Aussagen über allgemeine anthropologische Phänomene gesprochen.[187]
Ob der "Geist JHWHs" an manchen Stellen des AT schon als eine Art Hypostase begegnet, wie es später z.B. bei Philo eindeutig ist, kann - z.B. angesichts von 1 Kön 22,21f. - gefragt werden, trifft jedoch auf die übrigen atl. Belege und damit auf die Mehrzahl nicht zu, wenn man unter Hypostase eine Größe versteht, "die teilhat am Wesen einer Gottheit, die durch sie handelnd in die Welt eingreift, ohne daß sich ihr Wesen im Wirken dieser Hypostase erschöpft."[188]

---

184 Vgl. oben zu David.- *K.-D.Schunck* urteilt daher, daß der Geist Gottes stets eine bleibende Gabe war (*ders.*, Wesen und Wirklichkeit des Geistes nach der Überlieferung des AT, in: *ders.*, A.T. und Heiliges Land, 1989, 137-151 [dort 146]).

185 *L.Köhler,* Theol.[4], 99.

186 Vgl. dazu *H.D.Preuß,* Verspottung fremder Religionen im A.T., 1971 (BWANT 92), 171.206.240 u.ö.

187 Gute Beobachtungen und Gedanken über diese Streuung bei *H.H.Schmid,* Ekstatische und charismatische Geistwirkungen im A.T., in: *C.Heitmann/H.Mühlen (Hg.),* Erfahrung und Theologie des Heiligen Geistes, 1974, 83-100.

188 *G.Pfeifer,* Ursprung und Wesen der Hypostasenvorstellungen im Judentum, 1967, 15.

Diese Hypostase wäre damit auch irgendwie selbständig und eine Art Mittelinstanz. "Geist Jahwes" ist für das AT aber eher eine der Wirkkräfte JHWHs, ohne daß diesem Geist schon eine selbständige Art oder Funktion zugeschrieben wird.

b) JHWHs Angesicht
Wenn die Redeweise von JHWHs *Angesicht* (פָּנִים)[189], einem sog. Plural der räumlichen Ausdehnung, Verwendung findet, dann handelt es sich auch hier um keine Hypostase, sondern zunächst öfter um eine, dem profanen Gebrauch des Wortes nahestehende, nur bildhafte Ausdrucksweise (1 Sam 13,12; Sach 7,2; 8,21f.; Ps 119,58). Wenn man das "Angesicht JHWHs" schauen (ראה) oder suchen (בקשׁ) möchte, dann sucht man eine Kultstätte auf und betet oder bittet dort zu JHWH (2 Sam 21,1; Hos 5,15; Ps 24,6; 27,8; 105,4; 1 Chr 16,11; 2 Chr 7,14), wobei als Urgrund dieser Redeweise vielleicht noch der Gedanke an ein dort vorhandenes Gottesbild mitschwingen mag, was aber für die atl. Texte keine Rolle mehr spielt, folglich auch keine Hilfe vermittelt.[190] So liegen auch die sog. "Schaubrote" (לחם [ה]פנים) nur vor JHWH (Ex 25,30), ohne daß man glaubte, daß er sie verzehren würde (Ex 25,30; 35,13; 39,36; 1 Sam 21,7; 1 Kön 7,48; 2 Chr 4,19; vgl. Num 4,7; dann Ps 50,12ff., die den Nahrungsbedarf JHWHs ausdrücklich verneinen). Wer JHWHs Angesicht schauen will, besucht sein Heiligtum (Ex 23,15.17; 34,23; Dtn 16,16: so in den sog. Festkalendern[191]; dann Jes 1,12; Ps 42,3; vgl. 1 Sam 1,22 niph*?;* Hi 33,26). Es kann mit dieser Redeweise aber auch (nur?) eine besondere Vertrautheit mit JHWH ausgedrückt sein (Ps 25,14f.), eine vertrauensvolle Hingabe an ihn (Ps 123,2f.; 141,8; 145,15) oder die Erfahrung seiner Hilfe (Ps 17,15; vgl. 11,7; Num 6,25f.; Hi 33,25f.; Jes 38,11). Diese positiven Erfahrungen und Konnotationen (z.B. "leuchten lassen" des Antlitzes) werden auch noch genannt in Ps 4,7; 31,17; 67,2; 80,4.8.20; 119,135; Dan 9,17, und der Abschluß des sog. aaronitischen Segens (Num 6,26) läßt wie die zuvor aufgeführten Belege erkennen, daß es um die Zuwendung göttlicher Gnade geht. Es ist die Sprache des Kultus, insonderheit die des Gebets[192], welche diese Wendung nicht grundlos bevorzugt.[193]
Dann begegnet nun aber JHWHs Angesicht als selbst handelndes Subjekt in der Geschichte (Ex 33,14; Dtn 4,37; Jes 63,9; Klgl 4,16) und bringt damit auch - wie "Herrlichkeit JHWHs"[194] und anderes - die persönliche Anwesenheit des dadurch handelnden Gottes zum Ausdruck. Auch hier geht es dann stets um ein positives Geschehen zugunsten der davon Betroffenen. Daß JHWHs Antlitz "er-

189 Dazu *H.Simian-Yofre,* Art. "פָּנִים *pānîm* ", ThWAT VI, Sp. 629-659 (Lit.; daraus besonders *F. Nötscher,* »Das Angesicht Gottes schauen« nach bibl. und babylon. Auffassung, 1924 [Neudruck 1969] und *J.Reindl,* Das Angesicht Gottes im Sprachgebrauch des A.T., 1970).- *A.S.van der Woude,* Art, "פָּנִים *pānīm* Angesicht", THAT II, Sp. 432-460.- Zum "Schauen" vgl. *H.F. Fuhs,* ThWAT VII, Sp. 251f.

190 Zur Umwelt vgl. ThWAT VI, Sp.648f. und THAT II, Sp.454.- Zur Göttin Tinnit/Tanit als *pnj baal* auf einer phöniz. Votivtafel aus Karthago vgl. *H.Gese,* Die Religionen Altsyriens..., 1970, 206f. und WdM I, 311f.

191 Vgl. dazu Bd.II, § 13.3.

192 Vgl. die zahlreichen Psalmentexte.

193 Zum problematischen חלה (את) פנים s. ThWAT VI, Sp. 641f.; THAT II, Sp. 456f.

194 Vgl. dazu unten S. 191-195.

scheint" oder man es "schaut", um dann Gericht oder Strafe zu erfahren, wird innerhalb der atl. Texte zur Sache nirgends gesagt. Vielleicht ist es gerade diese positive semantische Füllung, die mit erklären kann, daß vom "Angesicht JHWHs" innerhalb der prophetischen Bücher nur relativ selten die Rede ist (Hos 5,15; Mi 3,4; Jes 8,17; 54,8; Jer 33,5; Ez 39,23f.29; Sach 7,2; 8,21f.).
Von einem (passivisch ausgedrückten) Erscheinen vor[195] dem Antlitz JHWHs sprechen Ex 23,15ff.; 34,20ff.; Jes 1,12; Ps 42,3 u.ö. Daß JHWH mit einem Menschen "von Angesicht zu Angesicht" spricht oder verkehrt (Gen 32,31; Ex 33,11; Dtn 34,10; Ri 6,22; Ez 20,35; vgl. Dtn 5,4), geschieht gegenüber besonders herausgehobenen und erwählten Personen und kennzeichnet besondere Vertrautheit.
Während das "Erscheinen" oder "Schauen" des Angesichts JHWHs keine negativen Wirkungen hat, kann JHWH sein Angesicht jedoch "gegen jemanden richten" (שׂים; Jer 21,10; 44,11; Ps 34,17), was dann auch extra betont wird (vgl. Lev 17,10; 20,3.6; 26,17; vgl. auch 20,5: so im Heiligkeitsgesetz; in verwandtem Gebrauch: Ez 14,8; 15,7). Oder JHWH "verbirgt" sein Antlitz (סתר hiph.: so 25mal)[196], ist nicht prinzipiell und stets dem Menschen zugewandt und gnädig, was dann ebenfalls negative Folgen - und dies nach Ps 104,29 sogar für die gesamte Schöpfung[197] - hat, auch an ihnen erkannt und beklagt wird.[198] Auch hier ist es wieder die Psalmensprache mit 12 Belegen, ist es das Gebet des einzelnen wie (seltener) des Volkes (Ps 44,25; 89,47; Jes 64,6), in der dergleichen Fragen, wie etwa das "wie lange?" (Ps 13,2), und Bitten sich häufen[199]. Nach Jes 8,17 hat das Verbergen des göttlichen Antlitzes negative geschichtliche Folgen für das Haus Jakob (vgl. Dtn 31,16-18), aber der Prophet wagt trotzdem zu hoffen.

195 Zur Wendung לפני יהוה vgl. ThWAT VI, Sp.652-655; THAT II, Sp.457-459.

196 Dazu *S.Wagner,* Art. "סָתַר *sāṯar*" u. Deriv., ThWAT V, Sp. 967-977.- *L.Perlitt,* Die Verborgenheit Gottes, in: FS G.von Rad, 1971, 367-382.- *S.E.Balentine,* The Hidden God. The Hiding of the Face of God in the O.T., Oxford 1983.- *R. Texier,* Le Dieu caché de Pascal et du Second Isaïe, NRTh 111, 1989, 3-23.

197 *L.Perlitt,* (s. vorige Anm., 373) verweist mit Recht auf die für Ps 104 anzunehmende Beziehung zum großen Sonnenhymnus des Echnaton, der hier sagt: "Gehst du auf, so leben sie, gehst du unter, so sterben sie" (AOT^2, 18; vgl. auch: *J.Assmann,* Ägyptische Hymnen und Gebete, 1975, 221; etwas abweichende Übersetzung in RGT^2, 46).- Zur Verborgenheit einer Gottheit im Glauben der Umwelt Israels s. *S.E.Balentine,* (s. vorige Anm.), 24ff. und z.B. RGT^2, 62: "schönes Gesicht" = gnädig (Äg. Gottheit).

198 Dtn 31,17f.; 32,20; Jes 8,17; 54,8; 57,17; 59,2; 64,6; Jer 33,5; Ez 39,23f.29; Ps 10,11; 13,2; 22,25; 27,9; 30,8; 44,25; 69,18; 88,15; 102,3; 104,29; 143,7.- Vgl. noch Ez 7,22; 2 Chr 30,9 mit anderen Verben. Zum semantischen Feld vgl. *S.E.Balentine,* (s. Anm.196), 1ff.115ff.

199 "Die Erfahrung des Gottesschweigens teilt der einzelne Beter in Israel mit dem Beter im Zweistromland... Allein in Israel wurde sie auf den genauen Begriff der >Verborgenheit< Gottes gebracht. Das gemeinorientalische Phänomen eines individuell oder kultisch erfahrenen Gottesschweigens wird aber da überboten, wo der Begriff seine Anwendung auf Jahwes Geschichtshandeln mit Israel findet. Diese Erfahrung der Verborgenheit Jahwes ist das eigentliche, schmerzliche Proprium Israels". "Die Verborgenheit Gottes ist eine Möglichkeit seiner Freiheit" *(L.Perlitt,* s. Anm.196, 367+373).- Vgl. auch RGT^2, 182 (hethit. Gott Telepinu "verschwunden").

Denn die Erfahrung und Anfechtung der Verborgenheit JHWHs möge keine bleibende sein, da man auch von JHWHs Zuwendung etwas wußte. Die exilischen Verheißungen in Ez 39,24 oder Jes 54,8 sprechen dann auch vom Gegenteil, nämlich daß JHWH sein Angesicht nicht mehr verbergen will oder es nur für eine Zeitlang verborgen hat. "Der sich verbergende Gott ist der Retter"[200] (Jes 45,15).
So steht das "Angesicht JHWHs" für die Zuwendung seiner Gnade. Verbirgt er jedoch sein Angesicht, so entzieht er diese Gnade (vgl. Ex 33,14f.)[201], was sich analog auch im profanen Gebrauch von פנים widerspiegelt (Gen 33,10). Und das Licht des göttlichen Antlitzes meint auch sein konkretes, helfendes Eingreifen. Wenn JHWH die geleitende Gegenwart seines פנים verheißt (Ex 33,14f.), dann geht er selbst als gnädiger Gott wieder mit seinem abgefallenen Volk, sei es durch seinen Engel (Ex 32,34; 33,2)[202] oder durch sein Antlitz, die beide JHWHs Gegenwart verkörpern und seine Führung vollziehen, wobei פנים "nach einer Art Synekdoche"[203] für seine "persönliche Gegenwart, Beziehung und Begegnung (oder Verweigerung derselben)"[204] steht.

c) Der Engel JHWHs

Zu den Kräften, durch die der atl. Gott auf Erden an und unter den Menschen wirkt, gehört auch der "Engel JHWHs" (מַלְאַךְ יהוה)[205], der von den zum Hofstaat JHWHs gehörenden Göttersöhnen und Engeln (im Plural) zu unterscheiden ist.[206] "Der" Engel JHWHs tritt als einzelner auf, ist ein besonderer und hervorgehobener, eine Art Vezier JHWHs. Während "die" Engel innerhalb des AT keine wichtige Stellung einnehmen, ist dies bei "dem" Engel JHWHs anders. Boten Gottes können Engel, Menschen, Priester, Propheten sein. "Der" Engel JHWHs (so 56mal im AT; 10mal "Engel/Bote Gottes") ist aus ihnen herausgehoben, wobei die Frage, ob seine Erwähnung in manche Texte sekundär eingefügt ist, hier auf sich beruhen kann.
Es fällt zunächst auf, daß dieser Engel JHWHs innerhalb der Prophetenbücher nicht erwähnt wird. Der deutende "Mann" in Ez 8 und Ez 40-48 sowie der "Engel" in Sach 1,9 - 6,5 - oft als angelus interpres bezeichnet - hat mit dem "Engel JHWHs" nicht unmittelbar etwas zu tun[207], da es sich um eine gegenüber diesem anders ausgeübte Funktion handelt, in der er auftritt. Auch der Deuteengel

---

200 *L.Perlitt,* (s. Anm.196), 382.

201 Zu dem komplexen Textabschnitt Ex 33,18-23 vgl. *J.Reindl,* a.a.O., 55ff.; dann auch oben S. 85f. und unten S. 194 zu "Herrlichkeit"; vgl. auch ThWAT VI, Sp. 636f.- Zur Sache auch *L.Köhler,* Theol[4], 110f.

202 Vgl. unter c (S. 189-191).

203 *H.Simian-Yofre,* ThWAT VI, Sp. 649.

204 ebd., Sp. 650; vgl. *A.S.van der Woude,* THAT II, Sp. 442.

205 Aus der (z.B. im Ugar. belegten) Wurzel לאך gebildet.- Dazu: *D.N.Freedman/ B.E.Willoughby/(H.-J.Fabry),* Art. "מַלְאָךְ *mal'āk*", ThWAT IV, Sp. 887-904 (dort 896-903) [Lit.].- *R.Ficker,* Art. "מַלְאָךְ *mal'āk* Bote", THAT I, Sp. 900-908 (dort 904-908).- *H.Seebaß,* Art. "Engel: II. A.T.", TRE 9, 583-586 (Lit.).- *J.O.Akao,* Yahweh and Mal'ak in the Early Traditions of Israel, IrBibStud 12, 1990, 72-85 (besonders zu Ex 3).- *H. Röttger,* NBL I, Sp. 539-541.- Vgl. auch: *P.Heinisch,* Theol. des A.T., 1940, 75ff.

206 Vgl. zu diesen unten S. 295f.

207 In Sach 12,8 ist die Erwähnung des Engels JHWHs wohl Glosse.

bei Daniel (z.T. als "Mann Gabriel": Dan 8,15f.; 9,21) ist eher aus den bei Ez und Sach fungierenden Personen herausgewachsen, als daß er mit dem Engel JHWHs in Verbindung gebracht werden könnte. Was der Apokalyptiker jetzt schaut, muß und soll durch diesen Deuteengel einfach stärker "erklärt" werden, einmal für die Leser, und zweitens, weil dadurch die Besonderheit eben dieses Apokalyptikers unterstrichen wird (Dan 4,16ff.; 6,23; 7,16ff.; 8,15ff.; 9,20ff.; 10,5f.9ff.; 12,5ff.; vgl. auch die im Danielbuch genannten Völkerengel: Dan 10+11; 12,1).[208]

Relativ häufig hingegen ist vom Engel JHWHs in erzählenden Texten des AT die Rede. Das beginnt in den Vätergeschichten (Gen 16,7ff.; 21,17ff.; 22,11ff.; 31,11ff.; vgl. 48,16), geht über die Moseerzählungen (Ex 3,2ff.), die Richtergeschichten (Ri 2,1-4; 5,23; 6,11ff.; 13,3ff.), über 2 Sam 24,16f. mit dem aus Anlaß der Volkszählung durch David strafenden Engel bis zu 1 Kön 13,18; 19,7 und 2 Kön 1,3ff. sowie 19,35 par. All diese Erzählungen machen hierbei einen ziemlich urtümlichen Eindruck. In priesterschriftlichen Texten findet der Engel JHWHs keine Erwähnung mehr. Jüngere Belege sind nur Gen 24,7.40; Ps 35,4ff. und Jes 63,9.

Der Engel JHWHs kommt hiernach oft mit einer Botschaft JHWHs und/oder einem Auftrag zum Handeln, zum Eingreifen. Er spricht und handelt dabei für JHWH. Ob hinter einzelnen Erzählungen noch vorisraelitische Ortsüberlieferungen stecken, die von dortigem Erscheinen eines Numens berichteten, muß jeweils einzeln erfragt werden. Meist ist sein Handeln ein hilfreiches. Nur nach 2 Sam 24,16f. (vgl. 1 Chr 21,15; vgl. aber auch Ps 35,5f.) wendet er sich *gegen* Israel[209], nach 2 Kön 19,35 gegen Sanherib, damit aber zugunsten Israels. So kann auch von seiner Güte oder Weisheit gesprochen werden (1 Sam 29,9; 2 Sam 14,17.20; 19,28; vgl. Sach 12,8).

Oft ist es nicht leicht, einen Unterschied zwischen JHWH selbst und seinem Engel festzustellen, da beide mehrfach dicht nebeneinander genannt werden (Gen 48,15f.; Ex 13,21 neben 14,19), handeln oder reden, so daß der Engel eine Art Erscheinungsform JHWHs wird, auch sein Stellvertreter (vgl. in Gen 16 und 21, in Ri 6 und 13, sowie in Ex 3; dann 2 Kön 19,35 par.; Num 22,32; 1 Kön 19,7). Er zeigt dabei jeweils an, daß und wie JHWH hier den Menschen ganz zugewandt ist, erscheint und wirkt[210]. Als Führer des Volkes beim Durchzug durch das Meer und in der Wüste wird der Engel JHWHs (neben JHWHs "Angesicht"[211], dem Feuer und der Wolke) dann noch in Ex 14,19; 23,20f.23; 32,34; 33,2 und Num 20,16 erwähnt, wobei er in Ex 33, dem Kapitel, das umfassend die mögliche oder unmöglich gewordene Gegenwart JHWHs bei seinem sündigen Volk reflektiert, sogar als von JHWH abgehoben und ihm gegenüber doch wohl eine Abschwächung darstellend erscheint (Ex 33,2f.).

Natürlich ging es all diesen Texten darum, die Einheit Gottes zu wahren in ihrer Spannung von Transzendenz und Kondeszendenz.[212] Im Rahmen dieser

---

208 Zu den verschiedenen Engelgestalten im Danielbuch vgl. *K.Koch (u.a.),* Das Buch Daniel, 1980 (EdF 144), 205ff. (Lit.).

209 So besonders nach *G.von Rad,* Theol. I^5,298ff.("die persongewordene Hilfe Jahwes für Israel": 299); vgl. auch *W.Eichrodt,* Theol. II^7,7ff.

210 *O.Procksch,* Theol., 51: "Deus revelatus im Deus absconditus."

211 Vgl. dazu oben S. 187-189.

212 "Die Vergegenwärtigung des unsichtbaren Gottes": *L.Köhler,* Theol.[4], 109; "Agent seines Beistandes": ThWAT IV, Sp.897.

Aussageversuche war die Rede vom "Engel JHWHs" mit seinen genannten Funktionen wohl eine mehr altertümliche Weise, beides nebeneinander und ineinander festzuhalten. Jüngere Texte schweigen von diesem Engel JHWHs. In Hi 33,23ff. ist von einem Engel als himmlischem Verteidiger die Rede, was wohl als Gegenperson zum himmlischen Ankläger Satan in Hi 1+2 gedacht ist[213], und der Todesengel von Spr 16,14 ist eher nur ein Todesbote. Die verschiedenen Forschungstheorien über die Herleitung des Engels JHWHs[214] haben nichts erbracht, was über das hier Gesagte hinaus für das Verstehen des atl. Befundes hilfreich sein könnte.

d) JHWHs Herrlichkeit

Zu den Kräften göttlicher Wirksamkeit und Präsenz gehört die "Herrlichkeit" JHWHs, sein כָּבוֹד.[215] Wie der profane Gebrauch von כבד und כָּבוֹד zeigt, bedeutet dieses Wort soviel wie "schwer" (1 Sam 4,18; Ex 17,12), dann "Ansehen, Würde, Gewichtigkeit, Reichtum" (z.B. Gen 31,1; Jes 5,13; 8,7; 16,14; 17,4; 21,16; 22,24; 1 Chr 29,28). Ist von göttlichem kabod die Rede, so ist auch damit an eine gewisse "Wucht" seiner Erscheinung gedacht, wie Ez 1-3 deutlich machen, wo es um eine feurige, strahlende und gewichtige Lichterscheinung des Gottes JHWH geht, der - wie auch Götter und Könige in Israels Umwelt - als von Glanz und Majestät umgeben beschrieben wird.[216] Dieser Lichtglanz, diese Herrlichkeit JHWHs/Gottes ist daher auch Zeichen und Mittel seiner wirksamen Gegenwart, und dies vor allem in seinem Heiligtum.

Jes 6,3 läßt zuerst erkennen, daß dieser k^{e}bod JHWH an den Jerusalemer Tempel gebunden war bzw. dort - sozusagen als die Außenseite der "Heiligkeit" JHWHs[217] - erfahren wurde und werden konnte.[218] Im irdischen Tempel schaut und hört der Prophet, wie im himmlischen Pantheon, zu dem der irdische Tempel ja in Beziehung steht, himmlische Wesen JHWHs kabod und ihn als König preisen (vgl. Ps 24,10). Allerdings wird zugleich betont, daß sein kabod nicht nur eine himmlische Größe ist, sondern die Erde füllt (vgl. Ps 57,6.12; 66,1f.; Jes 42,12). Damit vollzieht er JHWHs Zuwendung zu dieser und tut diese kund. JHWHs Herrlichkeitsfülle "drängt...weiter über den Bereich des himmlisch-irdischen Tempels und des königlichen Palastes hinaus in die Welt..."[219]

Diesem (kultisch geprägten) Text aus Jesaja ordnen sich Psalmbelege zu, von denen Ps 19,2 und 29,9 auf vom israelitischen JHWHglauben absorbiertes und/ oder umgeprägtes kanaanäisches (כבוד אֵל!: Ps 19,2) oder enger jebusitisches

213 Zum Satan vgl. unten S. 297ff.

214 Vgl. THAT I, Sp.907 und ThWAT IV, Sp. 901; dazu *A.S.van der Woude,* NedThT 18, 1963/64, 4ff.: Nur Gottesbote im Gegensatz zum gewöhnlichen Boten; nicht besonderer Engel, sondern einfach "der Engel JHWHs"; Revelationshypothese; Repräsentationstheorie; Identitätstheorie; Hypostasentheorie; Logostheorie.

215 Dazu: *C.Westermann,* Art. "כבד *kbd* schwer sein", THAT I, Sp.794-812 (dort 802ff.).- *M.Weinfeld,* Art. "כָּבוֹד *kāḇôḏ*", ThWAT IV, Sp.23-40 (Lit.).- *T.N.D.Mettinger,* The Dethronement of Sabaoth, Lund 1982 (CB OT 18), 80-115.

216 Belege bei *M.Weinfeld,* a.a.O., Sp.30f.

217 Vgl. dazu S. 275f.- Nach *R.Rendtorff* (KuD Beih.1, ^{5}1982, 31) die "dem Menschen erkennbare Seite des Wirkens Jahwes, in dem er selbst in seiner Macht offenbar wird." (Dort 28-32 zu כבוד יהוה).

218 Zur Tempeltheologie s. Bd.II, § 8.

219 *H.Spieckermann,* Heilsgegenwart, 1989 (FRLANT 148), 223 (vgl. dort 220-225).

Gut verweisen.[220] 24mal ist dann vom kebod JHWH in den Psalmen die Rede (z.B. Ps 24,7-10; 26,8; 57,6.12; 63,2ff.; 66,2; 72,19; 96,3; 97,6; 102,16f.; 138,5; 145,5), so daß dieses Theologumenon als deutlich zur gottesdienstlichen Jerusalemer Tempeltradition gehörend und die Themen der "Heilsgeschichte" hier noch nicht aufgreifend erweisbar ist. Im irdischen wie himmlischen Gottesdienst (Ps 29), nach Ps 19 auch in der Natur, wird Gottes kabod erfahren und gelobt. Daß (wohl auch daher) z.B. in der Genesis, bei Amos, Hosea, Micha und Jeremia von dieser kultisch präsenten und wirkenden Herrlichkeit JHWHs geschwiegen wird, verwundert nicht. Auch das Dtn schweigt (Dtn 5,24 ist sek.) vom ursprünglich Jerusalemer Theologumenon "Herrlichkeit JHWHs" als Zeichen und Mittel seiner Gegenwart, wie auch die Lade[221] dort nicht mehr Zeichen der Präsenz JHWHs ist, sondern zum Behälter der Gesetzestafeln wird. Auch der mit der Lade gern verbundene Name JHWH Zebaoth fehlt im Dtn. Wenn beides in 1 Kön 8,11 innerhalb des jetzt dtr gestalteten Kapitels 1 Kön 8 erscheint, so handelt es sich hierbei um einen Zusatz aus priesterlichem Geist.[222]

Der neben der Jerusalemer Tempeltheologie zweite Schwerpunkt atl. Rede vom kebod JHWH wird dann durch exilische Texte gebildet. Da ist zuerst die Priesterschrift[223] zu nennen, die fern vom (auch zerstörten) Tempel doch davon reden möchte, daß JHWHs kabod, der schon beim Durchzug durch das Meer und bei der Rettung Israels vor den Ägyptern und ihrem hier sogar erwähnten Pharao tätig war (Ex 14,4.17.18: mit dem Verbum *kbd*; vgl. Lev 10,3), dann auf dem Sinai seiner Gemeinde vom Himmel herabkommend erschien (Ex 24,15-18)[224], sodann - oft zusammen mit der Wolke[225] - mit diesem Volk beweglich und in Verbindung zum "Zelt der Begegnung"[226] durch die "Wüste" zog und ihm durch sein jeweiliges Erscheinen[227] göttliches Geleit und Gegenwart in einem ebenso beweglichen Heiligtum ermöglichte. Damit ist der kebod JHWH, der für die Gesamtkonzeption von P bedeutsam ist[228], auch hier vor allem für den kultischen Bereich zuständig, und insofern wirkt Jerusalemer Tempeltheologie in bewußt modifizierter wie auch festgehaltener Form nach (Ex 24,15-18; 40,34f.; Lev 9,23f.; vgl. 10,3). Das Erscheinen des kabod am "Zelt der Begegnung" wird

220 Vgl. dazu *W.Schmidt,* Jerusalemer El-Traditionen bei Jesaja, ZRGG 16, 1964, 302-313 (dort 308f.; hier allerdings ohne das entsprechende Substantiv, wohl aber mit dem Verbum *kbd*).

221 Vgl. zu ihr unten S. 289-291.

222 Vgl. *M.Noth,* BK IX/1 z.St.

223 Dazu *C.Westermann,* Die Herrlichkeit Gottes in der Priesterschrift, in: FS W.Eichrodt, 1970, 227-249 (vgl. *ders.,* THAT I, Sp.808-810).- *U.Struppe,* Die Herrlichkeit Jahwes in der Priesterschrift, 1988 (ÖBS 9).

224 Vgl. dazu oben S. 73.- Dieser Text ist in seiner Struktur grundlegend für die weiteren P-Belege (vgl. *C.Westermann,* a.a.O., 243f.).

225 Dazu *D.N.Freedman/B.E.Willoughby/(H.-J.Fabry),* Art. "עָנָן *ᶜānān*", ThWAT VI, Sp. 270-275.

226 Vgl. dazu unten S. 291-293.- Daher wohl auch bei P und Ez mit dem Verbum שׁכן, nicht aber ישׁב.

227 ...als "räumlich genau umgrenzte Größe, die je und dann vom Himmel herabkommt und in der Jahwe selbst gegenwärtig ist": *R.Rendtorff,* KuD Beih.1, [5]1982, 29.

228 13mal in priesterschriftlichen Texten.

dann in diesen priesterschriftlichen Texten gern durch eine anschließende Gottesrede weitergeführt, die einen nach vorn weisenden, verheißenden Charakter hat (Ex 16,10f.; 29,43: hier als Selbstbestimmung JHWHs[229]; 40,34f.; Lev 9,6.23; Num 14,10f.; 16,19f.; 17,7ff.; 20,6f.; Dtn 34,10). Und während der "Wüstenwanderung" erscheint der kabod betont zu dem Zweck, JHWHs auch bedrohende Kraft, seine rettende Macht, wie seine neue Zusage weiterer Führung gegenüber auch dem murrenden Volk durchzusetzen (Ex 16,10f.; Num 14,10; 16,19; 17,7; 20,6)[230]. Hier und so ist JHWH bei seinem Volk, seiner Gemeinde, und so werden Geschichte, Kultus und Gemeinde durch diesen beweglichen, mitgehenden kabod und den dadurch mitziehenden und jeweils erscheinenden JHWH verbunden. Auch hier scheint (wie bei DtJes; s.u.) die veränderte historische Situation mitbestimmend zu sein für diese theologischen Akzente, d.h. die Exilssituation durchzuschimmern und diese Erzählungen mit paradigmatischem Charakter zu versehen.

Daß nach der Zerstörung des Tempels und innerhalb der Exilsgemeinde gern auf die Rede vom kebod JHWH zurückgegriffen wurde, um auch dort von JHWHs wirksamer Gegenwart sprechen zu können, verwundert nicht. Daß diese Redeweise jedoch dann bei Haggai, Sacharja, Maleachi, Esra und Nehemia fehlt, ist erstaunlich. Zumindest bei Sacharja (Kap.1-8.- Hag 2,3.7.9; Sach 2,9 [12] gehören nicht in den hier erörterten Bereich) dürfte das Interesse am Tempelbau vielleicht geringer gewesen sein, als oft angenommen wird. Wenn dagegen die Chronikbücher (vgl. nur 2 Chr 7,1-3) diese Redeweise wieder kennen, zeigt auch dies wohl an, daß diese Bücher nicht dieselben Verfasser haben wie die Bücher Esra und Nehemia. Es läßt aber auch erkennen, daß in den Chronikbüchern die Tempeltheologie wieder wichtiger geworden ist.

Ezechiel, in dessen Buch 16mal vom kebod JHWH die Rede ist (vgl. auch Ez 8,4; 9,3), darf bei seiner Berufung fern vom Tempel und ebenfalls (wie P^g und DtJes) im babylonischen Exil die - nach Ez 1-3 ebenfalls bewegliche, in Textzusätzen dort sogar mit nach allen Seiten hin rollenden Rädern versehene - "Herrlichkeit JHWHs" schauen (Ez 1,28; 3,23). Nach Ez 11,22ff. (vgl. zuvor 10,4.18f.) hatte diese angesichts des kultischen Abfalls den Tempel Jerusalems nach Osten hin (!) verlassen. Sie wird, wie Ez visionär schaut, erst endzeitlich wieder von Osten her in den dann neu erstehenden Tempel einziehen (Ez 43,1ff.; vgl. 44,4).[231] Der ebenfalls exilische DtJes spricht auch von JHWHs Herrlichkeit, sieht in ihr jedoch vor allem eine geschichtswirksame Kraft, die sich vor aller Welt erweisen wird (Jes 40,5), zumal JHWH seinen kabod niemand anderem überlassen will (Jes 42,8; vgl. 48,11; 58,8; Jer 2,11). Daß JHWH um der Ehre, der Herrlichkeit seines Namens willen[232], doch seinem Volk helfen möge, hatte Ps 79,9f. erbeten, und hier wie in Ps 115,1f. wird dieses verdeutlichend dahin verlängert, daß es doch im Blick auf die Völker geschehen möge,

---

229 Dazu *U.Struppe*, a.a.O., 59.

230 Zu diesen "Murrgeschichten" vgl. oben S. 87-89.

231 Dazu *B.Janowski*, "Ich will in eurer Mitte wohnen", JBTh 2, 1987, 165-193 (dort 168ff.).

232 Ein sog. Selbsthymnus JHWHs (Lob seiner selbst durch sich selbst), wie er auch in Israels Umwelt (z.B. TUAT II/5, 646-649), wenn dort auch in anderer Funktion, belegt ist, findet sich innerhalb des AT nur bei DtJes und in den Gottesreden des Hiobbuches. Vgl. dazu *H.D.Preuß*, Deuterojesaja. Eine Einführung in seine Botschaft, 1976, 21+89 (Lit.); *ders.*, FS W.Zimmerli, 1977, 339-342 und unten S. 263.

die sonst fragen würden, wo denn Israels Gott sei. Beide Psalmen setzen mit dieser ihrer Argumentation DtJes wohl voraus.
Innerhalb des Großabschnitts Ex 32-34[233] ist der mehrschichtige Nachtrag Ex 33,18-22(23)[234] noch von Bedeutung, wonach Mose darum bittet, JHWHs "Herrlichkeit" schauen zu dürfen. Im jetzigen Kontext (wie in Ex 33 überhaupt) ist dies eng mit der Frage nach der möglichen weiteren Gegenwart JHWHs bei seinem (abgefallenen) Volk verwoben, im engeren Textzusammenhang dann mit dem Problem des "Schauens des Angesichts [פָּנִים] JHWHs".[235] Beides läuft darauf hinaus, daß Mose - wie jeder andere Mensch - weder das eine noch das andere schauen kann noch darf, sondern nur "hinter JHWH her" (V.23) sehen kann.
So wurde ein (vielleicht sogar aus vorisraelitischer Tradition übernommenes) Theologumenon der Jerusalemer Tempeltheologie dahingehend transponiert, daß man gerade auch fern vom Tempel und angesichts von dessen Zerstörung doch weiterhin von der Nähe dieses mächtigen Gottes, von der Gegenwart seiner Herrlichkeit zu sprechen versuchte. Gottes Herrlichkeit geht nicht auf Kosten der Menschen, sondern erscheint und wird wirksam gerade zu deren Gunsten. Was man im Kultus erfahren hatte, wagte man auch fern von diesem und ohne ihn im Exil zu glauben, und man erhoffte die neue Durchsetzung dieser göttlichen Herrlichkeit (DtJes) sowie ihre neue kultische Gegenwart (Ez), verband durch gezieltes Reden vom kebod JHWH auch Kultus, Geschichte und Exilsituation (P; vgl. auch Ez). Darüber hinaus fand das Reden von der Herrlichkeit JHWHs dann nachexilisch einen weiteren Ort in eschatologisch gefärbten Texten, die im Gefolge DtJes's die volle Durchsetzung der Herrlichkeit JHWHs erhofften (Jes 4,5; 24,23; 60,1f.; 62,1f[236]; 66,18f.; Ez 39,21; Ps 102,17; im NT besonders Lk 2,9; Jh 1,14; Apk 21,23).

e) Der "Name" JHWHs

Offensichtlich in einem gewissen (auch kritischen?) Gegenüber zur Lade- und Kabodtheologie[237] sowie vor allem angesichts einer veränderten historischen und damit auch theologischen Situation hat die hinter der dtn/dtr Literatur stehende Bewegung eine besondere Theologie des "Namens" (שֵׁם) JHWHs herausgebildet.[238] Daß man von dem "Namen" einer Gottheit als Zeichen ihrer Gegenwart sprach, war auch in Israels Umwelt nicht unbekannt.[239] Ex 20,24 ist au-

---

233 Vgl. dazu oben S. 85f.

234 Vgl. *M.Noth*, ATD 5, 212; *C.Westermann*, THAT I, Sp. 808.

235 Vgl. dazu oben S. 187-189.

236 Vgl. dort das Wortfeld.

237 Vgl. dazu unten S. 290 und oben S. 192.

238 Dazu: *A.S.van der Woude*, Art. "שֵׁם *šēm* Name", THAT II, Sp. 935-963 (dort 953ff. mit Lit.); dort aber: "Eine spezifische dtn. Namenstheologie gibt es...nicht" (Sp. 955); so auch *H.Weippert*, BZ NF 24, 1980, 76-94; *B.Janowski*, JBTH 2, 1987, 173-186; *H.Seebaß*, TRE 10, 184f.; *E.Würthwein*, ATD 11/1, 102f.- Der häufige Verweis auf *R.de Vaux* (in: FS L.Rost,[BZAW 105], 1967, 220f.) verfängt allerdings nicht mehr; vgl. dazu *M.Rose*, Der Ausschließlichkeitsanspruch Jahwes, 1975 (BWANT 106), 82ff.- Dann: *H.D.Preuß*, Deuteronomium, 1982 (EdF 164), 13.16-18.90 (dort weitere Lit.).- *N.Lohfink*, Bibl 65, 1984, 297-329.- *T.N.D.Mettinger*, The Dethronement of Sabaoth, Lund 1982 (CB OT 18), 38-79.

239 Vgl. für Ugarit: KTU 1.2:7f.; 1.16:VI:56; dazu *H.D.Preuß*, a.a.O., 17.

ßerdem ein gewichtiger alter innerisraelitischer Beleg, der anzeigt, daß die dtn/dtr Bewegung keine neue "Theologie" erfunden, sondern eine vorhandene Art zu denken aufgegriffen und weiter zugespitzt hat (vgl. auch Jes 18,7 sek.). Wird jetzt in dtn Texten davon gesprochen, daß JHWH seinen Namen an dem Ort, den er erwählen wird, "wohnen lassen" will (לְשַׁכֵּן; Dtn 12,11; 14,23; 16,2.6.11; 26,2: dort nur in paränetischen Texten; vgl. ferner Jer 7,12; Esr 6,12; Neh 1,9; so nicht im DtrG!), dann wird damit auch eine bewußt andere Akzentuierung im Blick auf die theologische Wertung von Tempel und Gottesstadt vollzogen. Die dort geglaubte Präsenz JHWHs sollte nicht mehr zu direkt und zu eng vorgestellt werden.[240] Daß im Dtn von anderen wichtigen Begriffen der Jerusalemer Tempeltheologie, wie JHWHs "Herrlichkeit" oder vom Gottesnamen "JHWH Zebaoth", geschwiegen und die Lade zum Behälter der Gesetzestafeln umfunktioniert wird, unterstreicht dies nur. Diese beabsichtigte Abschwächung wird durch die sonst kaum erklärbare (dtr) Weiterentwicklung der genannten Formel noch deutlicher. Nach ihr läßt JHWH an dem Ort, den er erwählen wird, seinen Namen nicht mehr "wohnen", sondern er erwählt, um ihn dorthin zu "legen" (לָשׂוּם: Dtn 12,21; 14,24; 1 Kön 9,3; 11,36; 14,21; 2 Kön 21,4.7; vgl. 1 Kön 8,29f.44f.; 2 Kön 23,27; 2 Chr 6,20; 33,7; "wohnen lassen" und "legen" kombiniert im ersten und damit einführenden Beleg dieser Vorstellungen: Dtn 12,5). Damit wird die Wohnvorstellung völlig verneint und mit allem "das Mißverständnis einer zu engen Bindung Jahwes an das Heiligtum auszuschließen" versucht[241] und das eine solche Vorstellung nahelegende Verbum ("wohnen lassen") völlig ausgeblendet. Damit verbunden sind dann die (dtr) Hinweise darauf, daß JHWH ja schließlich im Himmel wohne (Dtn 4,36; 26,15; 1 Kön 8,30.39.43.49[242]). Daher könne er von dort aus nicht nur seinem Tempel nahe und dort gegenwärtig sein, sondern man könne und solle ihn als allgegenwärtig glauben, was offensichtlich der Exilsgemeinde besonders wichtig war (vgl. 1 Kön 3,2; 5,17.19; 8,16.17-20.29 u.ö.). Es sind die durch die Tempelzerstörung und die Exilierung in ein fernes Land aufgebrochenen Fragen, die hier einer helfenden Antwort zugeführt werden sollen. JHWH bleibt als im Himmel wohnend vor allem anrufbar, da er seinen "Namen" den Menschen nicht entzieht. So wird der Tempel in den dtr Formulierungen des Tempelweihgebets (1 Kön 8,[14].22-61) betont nicht als Opferstätte, sondern als Ort des Gebets ins Spiel gebracht, und die direkte Präsenz JHWHs wird abgeschwächt, ja vielleicht sogar ausgeschlossen.[243] Aber JHWH "wohnt" eben auch inmitten seines Volkes (vgl. Ex 29,45 P; 1 Kön 6,11-13; Ez 43,7-9). Der Versuch einer Namenstheologie sollte dazu dienen, Gott und Volk in veränderter Situation zusammenzuhalten, ohne daß damit JHWH wieder oder auch anders als verfügbar angesehen wurde.

---

240 *M.Weinfeld*, ThWAT IV, Sp. 38: "...mehr abstrakt..."; ähnlich auch *T.N.D.Mettinger*, a.a.O.

241 *B.Janowski*, JBTh 2, 1987, 174.

242 So dann häufiger in exilisch-nachexilischen Texten; s. *B.Janowski*, a.a.O., 177, Anm.52.- Vgl. dazu unten S. 287f.

243 So *B.Janowski*, a.a.O., 178 (mit *H.Weippert*).

f) JHWHs Gerechtigkeit.

Nach ältesten wie jüngsten Zeugnissen des AT und damit in der Form einer sich durchhaltenden Grundstruktur wirkt JHWH zugunsten der Seinen[244] und seiner Welt durch seine *Gerechtigkeit.*[245] Damit ist nicht sein Wirken innerhalb des Tun-Ergehen-Zusammenhangs gemeint[246], wo dann angesichts der empirischen Krise dieses Zusammenhangs die Frage nach JHWHs Gerechtigkeit aufbricht, d.h. ob er angesichts des Leidens Unschuldiger und Gerechter selbst noch als gerecht geglaubt werden kann (vgl. Hiobbuch). Sondern es geht hierbei, wie gleich der erste und älteste Beleg zu "Gerechtigkeit(en) JHWHs" zeigt, um JHWHs geschichtliche Heilstaten, die er seinem Volk oder (so z.B. in Psalmen) einzelnen Frommen oder gar seiner Welt erweist.

Bereits im alten Deboralied wird von JHWHs "Gerechtigkeiten" gesprochen (Ri 5,11; Plural). In Ri 5 wie im dazu parallelen Prosabericht Ri 4 geht es um einen JHWHkrieg[247] im Zusammenhang mit der Landnahme und Landsicherung für "Israel". Ri 5,11 ist innerhalb des eigentlichen Liedes (V.6-30) als eine Art Hymnus auf JHWH, der für die Seinen streitet, Teil der Schilderung der Schlacht. Angesichts dieser Heilstaten JHWHs wird zum Gotteslob aufgerufen, und diese "Heilstaten" beinhalten JHWHs kriegerische Hilfe(n) zugunsten seiner Bauern oder gar durch diese in Israel, d.h. bei der Landereroberung als Landgabe an sein Volk (V.13). Diese Landgabe mit ihren notwendig mehreren Kämpfen und Siegen (Plural) in Form geschichtlicher Heilstaten wird durch die Abbreviatur "Gerechtigkeiten JHWHs" ausgedrückt, und diese werden als grundlegende Heilstaten im Rahmen der Geschichte des Volkes mit seinem Gott angesehen. Dies begegnet dann immer wieder, wo von JHWHs "Gerechtigkeit(en)" die Rede ist (vgl. Dtn 33,21; Mi 6,5; Ps 103,6; Dan 9,16). Es geht also weder um Vergeltung noch um ausgleichende Gerechtigkeit, sondern um eine begriffliche Verdichtung für (hier kriegerische) Heilstaten JHWHs zugunsten der Seinen. Hat man dies erkannt, dann fällt auf, daß diese Abbreviatur nicht auch für die Kennzeichnung früherer Heilstaten JHWHs, vor allem für das Exodusgeschehen verwendet wurde, daß - abgesehen von dem Sondertext Dtn 33 - die Rede von JHWHs "Gerechtigkeit(en)" innerhalb des Pentateuch

---

244 Daher (Jahve als Volksgott) formulierte *B.Stade* (Bibl. Theol. des A.T., Bd.I, 1905, 88) als Überschrift seines § 35: "Jahve Hüter von Recht und Sitte, aber nicht gerecht."

245 Dazu: *F.Crüsemann,* Jahwes Gerechtigkeit (*ṣ^e^dāqā/ṣädäq*) im A.T., EvTh 36, 1976, 427-450 (seine Belegliste S.432, Anm.27+28 ist zu ergänzen).- *J.Krašovec,* La justice (ṢDQ) de Dieu dans la Bible hébraïque et l'interprétation juive et chrétienne, 1988 (OBO 76).- Vgl. auch: *P.Stuhlmacher,* Gerechtigkeit Gottes bei Paulus, 1965 (FRLANT 87), 113-145.- *K.Koch,* Art. "צדק *ṣdq* gemeinschaftstreu/heilvoll sein", THAT II, Sp. 507-530.- *B.Johnson,* Art. "צָדַק *ṣāḏaq* u.Deriv.", ThWAT VI, Sp. 898-924.- *J.Scharbert,* Art. "Gerechtigkeit: I. A.T.", TRE 12, 404-411 (dort 408-410; hier wird allerdings der forensische Charakter überbetont).- Vgl. auch: *L.Köhler,* Theol.^{4}, 16f.- *G.von Rad,* Theol. I^{5}, 382ff.- Zur Forschungsgeschichte besonders *J.Krašovec,* a.a.O., 11ff.

246 Siehe dazu unter h) (S. 209-220).- Vgl. aber auch *P.Heinisch,* Theol. des A.T., 1940, 57ff.; dort 58: JHWH ist gerecht, weil er das Gute belohnt und das Böse bestraft.

247 Vgl. dazu oben S. 145-157.

überhaupt nicht begegnet, und der erste Beleg im Zusammenhang mit der Landnahme oder Landsicherung auftaucht. Dies wird weiter zu verfolgen sein.
Der zweite Beleg unter den ältesten Texten zur Sache führt in ähnliche Zusammenhänge. Im Gad-Spruch des Mosesegens (Dtn 33,21) ist von JHWHs Gerechtigkeit (Sing.) in der Weise die Rede, daß diese auch hier im Zusammenhang mit Landgabe und Landausweitung als Tat geschichtlicher Hilfe JHWHs zugunsten der Seinen und damit erneut als Abbreviatur für ein solches Geschehen begegnet. Gelobt wird der Gott, der "Gad Raum schafft". Als sich die Hüter des Volkes versammeln, vollstreckte er (עשׂה als Verb) die Gerechtigkeit JHWHs und seine Rechte zugunsten Israels (oder "zusammen mit"?). Diese Landausweitung brachte Gad wohl das Erstlingsland (Rubens?) und das Führerfeld ein (V.20).
In ähnliche Bereiche führt schließlich auch der erheblich jüngere Beleg 1 Sam 12,7, d.h. ein Text der für das DtrG so typischen Abschiedsreden, hier der des Samuel. Dieser stellt in einem Rückblick fest, daß JHWHs Heilsabsicht in Israel auf Ablehnung gestoßen sei und Israel unbegreiflicherweise an JHWHs "Heilstaten" schuldig wurde. V.20ff. ziehen dann das (dtr) Fazit. Es erfolgt letztlich ein Rechtsstreit (ריב) mit Israel, und die theologischen Motive dieses Verfahrens sind die "Heilstaten JHWHs" (12,7; wieder Plur.), womit wiederum in Abbreviatur JHWHs Geschichtstaten zugunsten seines Volkes gemeint sind, aber auch hier insonderheit die Eroberung und Gabe des Landes (V.8ff.).
Auch nach dem (ebenfalls wohl jüngeren) Beleg Mi 6,5 (vgl. 7,9) in der Einheit Mi 6,1-5(8?) wird an JHWHs geschichtliche Heilstaten erinnert. Gegenüber Anklagen seines Volkes verteidigt sich JHWH mit dem Hinweis auf sie, wobei erneut alles auf die Landgabe zuläuft. Diese Heilstaten (wieder Plural und als Abbreviatur) hätte Israel erkennen können und sollen, JHWHs Großtaten in der Frühzeit seines Volkes.
Somit gibt es keinen Text, der vor der Landnahme JHWHs "Gerechtigkeit(en)" erwähnt. Wo der Begriff jedoch auftaucht, bezieht er sich vorwiegend auf Hilfen JHWHs bei eben dieser Landgewinnung und Landsicherung. Ist damit dieser Begriff das "inhaltsschwerste Erbe"[248] Kanaans an Israel? Wieso war dieses Erbe so inhaltsschwer, und warum hat Israel es gerade in dieser Form übernommen, und wie hat es dieses Erbe verwaltet?
Auch nach Hosea 2,21 und 10,12, wo צְדָקָה bzw. צֶדֶק[249] beide Male mit חֶסֶד verbunden und dadurch mitbestimmt sind, geht es bei dieser "Gerechtigkeit JHWHs" um ein heilvolles Wirken.[250] In Hos 10,12 sind ferner der Zusammenhang mit dem Bild von Saat und Ernte sowie das vom "Regnenlassen" der Gerechtigkeit bedeutsam.
Die Belege im Protojesajabuch, die hier nicht auf ihre "Echtheit" zu prüfen sind, lassen zunächst eine Beziehung der hier erwähnten "Gerechtigkeit JHWHs"

248 So *K.Koch*, *ṣdq* im A.T., Diss. Heidelberg 1953 (masch.),63.- Vgl. *A.Dünner*, Die Gerechtigkeit nach dem A.T., 1963, 94.

249 Zur Unterscheidung dieser Begriffe s. *D.Michel*, Begriffsuntersuchung über *ṣædæq-ṣ*ᵉ*daqa* und *ʾæmæt-ʾæmuna*, Hab.-Schr. (masch.) Heidelberg 1964 (צֶדֶק als Gesamthaltung JHWHs, צְדָקָה als konkreter Heilserweis, Heilstat) und *F.Crüsemann*, a.a.O., 431 (צֶדֶק mehr Qualität und Abstractum, צְדָקָה mehr Tat und Tun).

250 In Am 5,24 handelt es sich wohl eher um von Menschen zu vollziehende Gerechtigkeit (vgl. 5,7; 6,12).

zum Zion, zur Stadt Jerusalem erkennen (Jes 1,26f.; vgl. V.8+17). In Jes 5,16 und 10,22 hat man öfter eine strafende Gerechtigkeit JHWHs finden wollen, was - abgesehen von den unten zu nennenden Psalmbelegen - innerhalb der Rede von JHWHs Gerechtigkeit selten und öfter auch sekundär ist. Die Beziehung zum Zion schimmert vielleicht auch in Jes 5,16 noch durch, da dort von אֵל die Rede ist (vgl. auch zwischenmenschlich 5,7), dann deutlicher in 28,17f., aber auch in 9,6 und 11,4f. In den beiden letztgenannten Belegen ist von JHWHs Gerechtigkeit als einer eschatologischen Heilsgabe die Rede, wobei 9,6 auf die ägyptische Vorstellung von der Maat als Thronsockel anspielen könnte[251] (vgl. Ps 89,15; 97,2.6; auch 72,2ff.; Spr 16,12; 25,5). Hier und d.h. bei dieser deutlichen Bindung von צדקה an Zion/Jerusalem liegt nun die (schon öfter ausgesprochene) Vermutung nahe, daß in dieser vormals ja nichtisraelitischen, jebusitischen Stadt, die ihren Namen wohl vom Gott *Šalem* herleitet[252] (vgl. Ps 76,3 Salem), auch noch die Gottheit *Ṣædæq* verehrt worden sein könnte, worauf noch Ps 85,10ff.; 89,15 und Joel 2,23 verweisen dürften (vgl. auch Ps 48,11f.; 97,2; Jer 31,23). Dann wäre die mögliche Einfallsstelle für das oben erwähnte "kanaanäische Erbe" Israels genauer zu fassen. Diese Gottheit *Ṣædæq*[253] ist nun im phönizisch-syrisch-kanaanäischen Bereich bezeugt, um 1400 v.Chr. auch schon in ugaritischen Personennamen und anderswo.[254] In Jerusalem regierten außerdem die Könige *Melkisædæq* und *Adonisædæq* (Gen 14,18ff.; Ps 110,4; Jos 10,1ff.- Ri 1,6?). Es gibt ferner nicht wenige atl. Texte, in denen die "Gerechtigkeit" beinahe in personifizierter Gestalt begegnet (Ps 48,11f.; 85,11.12.14; 89,15 [*Šalem* und *Ṣædæq* küssen sich]; 97,2; 112,3). Jerusalem wird als Stadt und Wohnung des *Ṣædæq* angesprochen (Jes 1,21.26; vgl. 9,6; 11,4), was auch bei Jeremia (23,6; 31,23 ; vgl. 50,7) und selbst noch im sog. Deutero- und Tritojesaja nachwirkt (Jes 54,14; 60,17). Diese Gottheit war eine solare und zuständig für die göttliche, gerechte Weltordnung, wie dies analog etwa für Utu oder Schamasch im mesopotamischen Raum galt. Der Zionsgott *Ṣædæq* war ein Sonnengott und als solcher ein Gott der kosmischen Ordnung (vgl. auch Ps 57,9-12). Vom Gottesberg her geht diese seine Ordnung hinein und hinaus in die Welt. Es war die "Sonne der Gerechtigkeit" (Mal 3,20; vgl. Ez 8,16), die in Jerusalem verehrt wurde, und deren Heiligtümer Josia zerstören ließ (2 Kön 23,11). "Gerechtigkeit" gibt daher auch Regen (Joel 2,23f.; vgl. Hos 10,12). Sie geht als Sonnenlicht vom Zion aus (Jes 60,1). So sind *Ṣædæq* und Himmel oft verbunden (Jes 45,8; Ps 50,6; 85,12; 97,6). *Ṣædæq* geht vor JHWH einher wie Maat vor Re in

---

251 Dazu *H.Brunner*, VT 8, 1958, 426-428 (= *ders.*, Das hörende Herz, 1988 [OBO 80], 393ff.).- Vgl. zur Maat: WdM I, 373f.

252 Vgl. Bd.II, § 8.1+2.

253 Zu ihr: *A.Rosenberg*, The God *Ṣedeq*, HUCA 36, 1965, 161-177.- *H.H.Schmid*, Gerechtigkeit als Weltordnung, 1968 (BHTh 40), 75-77 mit Quellen und Lit.; dort 78ff. auch zur Übernahme kanaan. Vorstellungen.- *F.Crüsemann*, a.a.O., 439.- *F.Stolz*, Strukturen und Figuren im Kult von Jerusalem, 1970 (BZAW 118), 216.218f.; dort 181ff. auch zur Gottheit Schalem.- *K.Koch*, THAT II, Sp. 509.

254 Vgl. die Belege bei *Rosenberg*, 163f.- Dann *F.Gröndahl*, Die Personennamen der Texte aus Ugarit, Rom 1967 (s. Reg. S.412).- *B.Johnson/H.Ringgren*, ThWAT VI, Sp. 902f.

dessen Sonnenbarke (Ps 85,14)[255], und die Tore des Tempels sind Tore des *Ṣædæq* (Ps 118,19f.).[256]
Die aufgeführten Belege erweisen nun aber darüber hinaus, daß diese Gottheit mit ihren Eigenarten und Funktionen durch JHWH usurpiert worden ist. Wie in Mesopotamien Kittu die rechte Hand von Schamasch war, wurde *Ṣædæq* zu JHWHs Hand oder Arm (Ps 48,11; Jes 41,10; vgl. 58,8; 61,3). Es ist jetzt JHWH, der als *Ṣædæq* Licht, Sonne und Regen gibt, wobei er auch ausdrücklich mit *Ṣædæq* gleichgesetzt werden kann. In Ps 17,1 heißt es letztlich: "JHWH, *Ṣædæq*, höre!" Nach Jer 23,6 ist JHWH "unser *Ṣædæq*" (vgl. Jes 45,8; 51,1). JHWH wird so zum Geber und Erhalter von Fruchtbarkeit (Ps 85,12f.; Joel 2,23; Ps 72,6ff.; Gen 8,21f.; dann Hosea, sowie der alte Text Dtn 28,3-6). JHWH eroberte somit zusammen mit der Stadt Jerusalem auch die Funktionen der dort zuvor verehrten Gottheiten[257], wie dies auch die sog. JHWH-Königspsalmen gut erkennen lassen (Ps 96,13f.; 97,2.6.8; 98,1-3.9; 99,4).[258] Es war wohl vor allem der Kultus (mit seiner dort sich ereignenden kultischen Theophanie?), wo man dann "Gerechtigkeit JHWHs" erfuhr.[259]
Die bis hierher bereits etwas skizzierte und noch knapp weiterzuverfolgende atl. Rede von der "Gerechtigkeit JHWHs" (bzw. Plural) läßt nun aber außerdem erkennen, daß diese "Gerechtigkeit" vergeschichtlicht wurde. Sie wird Aussagehilfe für JHWHs geschichtliche Heilstaten. Nicht die Gabe der Fruchtbarkeit ist jetzt wichtig, sondern primär geht es um die kriegerischen Hilfen JHWHs bei der Landgabe an die Seinen. Ferner ist die Beobachtung nicht unwichtig, daß die Rede von der "Gerechtigkeit JHWHs" öfter in Texten begegnet. die in ihrem weiteren oder gar engeren Zusammenhang von einem Rechtsstreit (רִיב) sprechen, den JHWH in diesem Zusammenhang zu führen hat. Er muß seine Eigenart gegen andere behaupten und durchsetzen. Naturhafte Ordnung wird folglich durch und bei JHWH auch zur geschichtlichen Heilserfahrung (vgl. Ps 103,6; Dan 9,16). Die nachweisbar analog verlaufene Geschichte des Wortinhalts von שָׁלוֹם kann als unterstützender Beleg herangezogen werden.[260] Damit hat Israel dieses kanaanäische Erbe der "Gerechtigkeit" höchst eigenständig verwaltet, und so wird der Segen Melkisedeqs (!; Gen 14,18ff.) gerade als ein geschichtlich wirkender verstanden, der Kraft zu Kampf und Sieg verleiht.[261]
Die Beziehung der Gerechtigkeit JHWHs zum Zion wird auch noch durch Jer 31,23 (vgl. Ps 48,11) unterstrichen, die des verheißenen Heilskönigs, die schon in Jes 9,6 und 11,4f. begegnete, wird in Jer 23,5f. (vgl. 33,14-16; 22,15) weiterge-

---

255 Dazu *R.Grieshammer, Maat* und *Ṣædæq*, in: Göttinger Miszellen 55, 1982, 35-42.- Vgl. *B.Johnson*, ThWAT VI, Sp. 900-902 zum religionsgeschichtlichen Material.

256 Zur Verbindung von Zionsheiligtum und Sonnengottheit vgl. auch *J.Morgenstern*, The Gates of Righteousness, HUCA 6, 1929, 1-37.- *B.Janowski*, Rettungsgewißheit und Epiphanie des Heils, 1989 (WMANT 59).

257 Vgl. dazu weiter Bd.II, § 8.

258 Zu ihnen vgl. S. 174-182.

259 So mit *K.Koch* in seiner (maschinenschr.) Diss. "Sdq im A.T.", Heidelberg 1953; vgl. *ders.*, THAT II, a.a.O., passim.- Betr. kultischer Theophanie ist aber wohl etwas mehr Skepsis angebracht, als *Koch* sie aufbringt (vgl. Bd.II, § 13.4.)

260 Dazu *H.H.Schmid*, *šalôm* "Frieden" im Alten Orient und im A.T., 1971 (SBS 51).- *O.H.Steck*, Friedensvorstellungen im alten Jerusalem, 1972 (ThSt 111).

261 Vgl. dazu *W.Zimmerli*, Abraham und Melchisedek, in: FS L.Rost, 1967 (BZAW 105), 255-264.

führt. Zeph 3,5 ist zwar als Zusatz zu werten, stellt jedoch auf seine Weise wiederum die Verbindung des "gerechten" JHWH zur (ungerechten: V.1-4) Stadt Jerusalem heraus. Das Ezechielbuch enthält zur "Gerechtigkeit JHWHs" keine Belege.

Die zahlreichen Belege in den Psalmen[262] lassen dann erneut die Bindung der Rede von der "Gerechtigkeit JHWHs" an den Tempelkult erkennen. Hier ist der bevorzugte Ort dieser Vorstellung, hier auch wird sie erfahren und wirksam, und dies überwiegend als Rettung und Hilfe[263] für den einzelnen Frommen wie für die Gemeinde. Zugleich wird "Gerechtigkeit JHWHs" hier aber auch noch als eine Art Bereich erfahren, in den man hineingenommen wird. Daß *ṣdq* hier auch öfter als beinahe personhafte Größe begegnet[264], zeigt das Weiterwirken der mit Jerusalem ja ursprünglich verbundenen Gottheit *Ṣædæq* an, die JHWH zugeordnet und ihm eingegliedert wurde.

Nach dem Zeugnis der Psalmen ist die "Gerechtigkeit JHWHs" Zuversicht und Hoffnung des Beters (Ps 4,2), so daß er an sie appelliert und appellieren kann[265], und man erwartet von ihr Rettung, Hilfe, Leben, nach Ps 51,16 auch Vergebung. Sodann wird JHWHs Gerechtigkeit gepriesen, weil man sie eben als eine positive Kraft kennt und kennengelernt hat.[266] Man spricht davon, daß JHWH in Gerechtigkeit "richtet" und zwar auch den Weltkreis[267]. Dies aber ist eine Quelle des Heils, da das "Richten" ein "Recht verschaffen" beinhaltet. JHWH liebt Gerechtigkeit und übt sie daher[268]. Gerechtigkeit JHWHs ist hiernach entschränkt auf die Welt, auf die Schöpfung insgesamt bezogen und folglich auch mit der Königsherrschaft JHWHs verbunden.[269] Man erfuhr sie offensichtlich im Kultus, wobei unklar bleibt, ob dies durch das kultische Geschehen insgesamt und allgemein, durch eine (wie zu denkende?) kultische Theophanie oder durch einen besonderen Zuspruch des Wortes geschah.

Ps 103,6 macht wiederum deutlich, daß JHWHs "Gerechtigkeiten" seine geschichtlichen Heilserweise sind, die er "getan" hat (Verbum עשׂה). Nach Ps 4,2 ist in einem Klagelied des einzelnen die "Gerechtigkeit JHWHs" Grund für die Gebetsgewißheit (vgl. Ps 17,1; 94,15; 143,2). Und wenn JHWH "gerecht" genannt wird (etwa Ps 116,5), dann wird dies dahingehend ausgelegt, daß er gnädig und barmherzig, damit also helfend ist. Ps 72 läßt die Bedeutung des Königs für die Verwirklichung von צְדָקָה erkennen (vgl. Ps 72,1.12ff.; 89,15.17; 45,5; Jes 11,1ff.).

Nur Ps 7,10.12 und 129,4 sprechen von der "Gerechtigkeit JHWHs" als einer strafenden, aber auch dieses strafende Handeln JHWHs geschieht zugleich zu-

---

262 Ps 4,2; 5,9; 7,9.18; 9,9; 17,1; 22,32; (24,5); 31,2; 35,24.28; 36,7.11; 40,11; 48,11; 50,6; 51,16; 65,6; 69,28; 71,2.15.16.19.24; 72,1; 88,13; 89,17; 96,13; 97,2.6; 98,2.9; 99,4; 103,6.17; 111,3; 116,5; 119,40.106.123.138.142.160.164; 143,1.11; 145,7.- Ps 31,2 wurde ja auch für Luther bedeutsam; vgl. seine 1.Psalmenvorlesung 1513/14 u.ö. Dazu: *E.Mühlhaupt (Hg.),* D.Martin Luthers Psalmen=Auslegung, 2.Band, 1962, 30-35.

263 Zum semantischen Feld vgl. stets besonders *J.Krašovec,* a.a.O., passim.

264 Vgl. *F.Crüsemann,* a.a.O., 438.

265 Ps 4,2; 5,9; 9,5; 31,2; 35,24; 71,1f.; 119,40; 143,1f.11.

266 Ps 7,18; 22,32; 35,28; 40,10f.; 50,6; 51,16; 71,24; 88,12f.; 89,17; 97,6; 145,7(-9).

267 Ps 9,9; 35,24; 50,6; 96,13; 98,2f.9.

268 Ps 11,7; 33,5; 37,28; 99,4; 103,6.- Bei 99,4 ist der Kontext besonders wichtig.

269 Ps 96,13f.; 97,6.8; 98,1-3.9; 99,4.

gunsten des Beters.[270] Analog bringt die Vernichtung der Feinde (z.B. des Zion) auch Heil für die Schöpfung, oder die Hilfe für Israel beinhaltet zugleich ein Streiten JHWHs gegen andere Völker.
Fern von Kult und Zion bietet neben den Psalmen DtJes mit 14 Belegen einen weiteren Schwerpunkt der Rede von JHWHs "Gerechtigkeit"[271], und hier wie dort wird sie als heilschaffendes Handeln besonders deutlich durch die ihr zugeordneten Parallelbegriffe markiert. Daß die Cstr.-Verbindung "Gerechtigkeit JHWHs" (oder Plur.) nicht wörtlich auftaucht, ist bedeutungslos, da es seinen Grund darin hat, daß es meist direkte JHWHworte sind, in denen dieser von "meiner Gerechtigkeit" o.ä. spricht.
Innerhalb der sog. Gottesknechtlieder[272] sagen Jes 42,6 und 53,11 etwas davon, daß JHWH den Knecht "in Gerechtigkeit" berufen habe, was sicher nicht nur die Art und Weise, sondern womöglich den Raum dieser Berufung[273] meint, vor allem aber das Ziel und das Mittel. Daß Jes 42,6 wohl kaum zum ersten Gottesknechtlied, sondern zu dessen Nachtrag gehört, ist für unsere Fragestellung unwesentlich. Der Gottesknecht ist dann auch zum Zweck des Heils für andere berufen, und diese anderen reichen hier, wie die "Vielen" in 53,11, über den Bereich des Volkes Israel hinaus. JHWHs Heilswirken gilt durch den Knecht jetzt auch den Heiden. Damit ist seine "Gerechtigkeit" hier erstens über das Gottesvolk Israel hinaus entschränkt und zweitens an eine Person gebunden, die für heilschaffend erklärt wird und einmal als solche für alle und vor allen dastehen wird. Wenn der Knecht in einer Selbstprädikation JHWHs als Grund und Inhalt der Heilszusage erscheint (42,6a), dürfte diese klare Aussage auch den weniger klaren Vers 42,6b beleuchten, so daß der Knecht - analog zu Jes 53,11 - als Bundesheil für die Völker angesprochen wird, so daß das schwierige ברית עם[274] nicht nur auf Israel als Ganzheit zu beziehen wäre. In 53,11 bringt die wieder beginnende Gottesrede darüber hinaus noch einen forensischen Zug hinein, wobei selbst noch hier die alte Beziehung zwischen Sonne, Licht, Ordnung und Gerechtigkeit wieder durchbricht.
In Jes 45,8, einem der für DtJes typischen hymnischen Stücke, ist von Gerechtigkeit als צְדָקָה wie als צֶדֶק die Rede. Die Naturbilder der träufelnden Wolken und Himmel, die Gerechtigkeit "regnen lassen", erinnern erneut an die Gottheit *Ṣædæq* und ihre Funktionen. Der Parallelbegriff "Hilfe" (יֶשַׁע; vgl. 45,21; 46,13) stellt wieder das positive Verständnis sicher. Die Schöpfungsterminologie unterstreicht nicht nur das hier tätige Subjekt, sondern bringt auch einen neuen Beitrag zum Wortfeld der "Gerechtigkeit JHWHs" hinzu. Wenn

---

270 *H.van Oyen,* Ethik des A.T., 1967, 52 spricht von einer "heilsam-ausgrenzenden" Gerechtigkeit.

271 Vgl. dazu: *C.T.Whitley,* Deutero-Isaiahs interpretation of *ṣedeq,* VT 22, 1972, 469-475.- *J.J.Scullion, Ṣedeq-Ṣedaqah* in Isaiah cc. 40-66, UF 3, 1971, 335-348.- *F.V.Reiterer,* Gerechtigkeit als Heil, 1976.- *H.D.Preuß,* Deuterojesaja. Eine Einführung in seine Botschaft, 1976, 83-87.- *F.Crüsemann,* a.a.O., 443ff.

272 Zu ihnen Bd.II, § 15.7.

273 So *K.Koch, Sdq* (Diss.), 15.37ff.66 (besonders 39): "in meinen *ṣdq* hinein" (vgl. 41,2; 45,13).

274 Vgl. z.B. *C.Westermann,* ATD 19 z.St.

man Jes 45,8 außerdem als "eschatologisches Loblied" einstufen kann[275], wird die Rede von der "Gerechtigkeit JHWHs" hier außerdem erstmalig mit dem eschatologischen Jetzt verbunden.

Fünf weitere Belege für "Gerechtigkeit (JHWHs)" finden sich bei DtJes nicht ohne Grund in den Gerichtsszenen zwischen JHWH und den Völkern bzw. ihren Göttern. Hier wird der mehr implizite und nach innen gewendete Rechtsstreit der älteren Belege explizit nach außen bezogen. Das Gottsein der Gegner wird bestritten, ihr Nicht-Gott-Sein aufgewiesen. In allen Belegen[276] wird beweisend von JHWHs Heilstaten an Israel gesprochen, um JHWHs Gottsein in dessen typischer Eigenart herauszustellen. Gerechtigkeit JHWHs ist im Rechtsstreit erwiesenes Gottsein. Ihre Spezifica sind Geschichtsmächtigkeit, Wirken von Heil, Erfüllung von Verheißung, Zuspruch schon jetzt im Wort, das folglich auf Glauben zielt. 45,13 und 51,1 (vgl. 51,5f.8; 42,21) stehen in sog. Disputationsworten zwischen JHWH und Israel. Hiernach hat JHWH den Kyros "in Gerechtigkeit" erweckt (vgl. 42,6), und es werden auch hier JHWH und Gerechtigkeit als Heil parallelisiert, denn nach Heil wird gefragt und gesucht.

Vier weitere Belege finden sich bei DtJes in dessen Heilszusagen an Israel (41,10; 46,[12-]13; 51,6+8). Danach ist Israel in JHWHs heilschaffender Hand (41,10). Seine Gerechtigkeit, die wieder als Hilfe näherbestimmt wird, ist nahe (46,13) und wird sich am Zion verwirklichen. 51,6+8 sind im Kontextgefüge nicht klar zuzuordnen. Es werden jedenfalls die Völker auf JHWHs Gerechtigkeit als Heil und Licht verheißend verwiesen. Selbst wenn man 51,6 wegen seiner schon stark apokalyptischen Sprache aus weiteren Erwägungen hier ausschaltet, ist doch die Grundausrichtung des Gefüges als Zuspruch einer künftigen Heilszuwendung an die Völker zu erkennen.

Daß DtJes so oft von JHWHs heilschaffender Gerechtigkeit spricht, hat wohl darin seinen Grund, daß Zweifel an diesem göttlichen Heilswillen und dieser Heilsmacht aufgetaucht waren (51,1!). Aus den Heilstaten JHWHs wurde dann hier aber die Heilstat schlechthin. Den Plural "Gerechtigkeiten" läßt DtJes nur noch in 45,24 aus dem Munde von Heiden kommen. Diese Heilstat aber bleibt eine geschichtliche, und es sind jetzt auch die Völker in sie eingeschlossen. Die Gerechtigkeit JHWHs, die im Gottesknecht sogar an eine Person gebunden sein kann, dient dem Erweis der Gottheit JHWHs, wird mit der Vorstellung vom Rechtsstreit wie mit Schöpfungsterminologie verbunden. "Gerechtigkeit JHWHs" ist folglich auch hier noch und wieder Abbreviatur für die jeweils aufzuschlüsselnde Geschichtstat, die Heilswillen, Heilstat und Heilszustand als Ziel in sich vereint, die Gabe und Herrschaft, Zuspruch[277] und Macht ist. Das sie zusprechende Wort kann und soll im Glauben ergriffen werden (41,10; 45,19.21.23; 46,12f.; vgl. 63,1). Daß man mit alledem dem paulinischen Zeugnis von der δικαιοσύνη θεοῦ nicht fernsteht, sei nur angedeutet.

---

[275] Vgl. dazu *C. Westermann*, ATD 19, 132f.- *H.D. Preuß*, a.a.O., 21.- Dagegen *F. Crüsemann*, Studien zur Formgeschichte von Hymnus und Danklied in Israel, 1969 (WMANT 32), 45f. Anm.2.

[276] Jes 41,2.26; 45,19.21.23.24f.- In 41,26 bedeutet צַדִּיק schlicht "es stimmt".

[277] "Gerechtigkeit JHWHs" und "Wort" sind verbunden in Jes 41,26; 45,19.23.(24f.); vgl. 63,1.

Die Texte im sog. Tritojesaja[278] zeigen an, daß es einerseits darum ging, an der Heilsbotschaft DtJes's festzuhalten bzw. sie neu zu wagen, anderseits aber angesichts des Ausbleibens dieses angekündigten vollen Heils nach Gründen dafür zu fragen. Man fand diese z.B. in der Sündhaftigkeit des Volkes und rief daher gerade wegen der Nähe des Heils als göttlicher Gerechtigkeit zum Tun auch menschlicher Gerechtigkeit auf (Jes 56,1; vgl. 58,8).[279] Auch JHWH selbst wird zur Verwirklichung seiner Gerechtigkeit eine neue Initiative ergreifen (59,16f.; 60,17; 63,1), die wiederum eng an den Zion gebunden ist (62,1f.; vgl. 60,17; auch 54,11.17). "Gerechtigkeit JHWHs als Heil" ist damit hier klar zum Thema geworden, und sie wird als heilbringende Macht auch in Mal 3,20 ("Sonne der Gerechtigkeit") neu tröstend verheißen.
Das Chronistische Geschichtswerk kennt die eschatologische "Gerechtigkeit JHWHs" nicht. Wohl aber wird in rückblickender Geschichtsdeutung mehrfach gerichtsdoxologisch bekannt, daß JHWH צַדִּיק sei, und dies im Blick auf sein strafendes wie sein dann doch auch "übrig lassendes"[280] Handeln (Esr 9,15; Neh 9,33; 2 Chr 12,6; vgl. Dan 9,7; Klgl 1,18).
In die beginnende Apokalyptik führen Joel 2,23f. und Jes 26,9f. Hier werden wieder und weiterhin Schöpfung und Zion zusammen genannt, damit der kosmische wie der jerusalemer-kultische Aspekt der "Gerechtigkeit JHWHs" festgehalten (vgl. Hos 10,12; Ps 72,3.5f.; 85,12-14; 89,17). JHWHs Gerechtigkeit wirkt sich als Gabe und Macht heilvoll aus, und JHWH ahndet Rechtsverstöße, so daß seine Gerechtigkeit Trost in Anfechtung sein kann (Jes 26,9ff.), d.h. "das bedingungslose Zutrauen zu dem ordnenden Eingriff Jahwes in die Geschichte"[281]. Und es ist schließlich dieses Vertrauen auf JHWHs "Heilstaten" (wieder Plur.), das in Dan 9,7ff. um JHWHs Vergebung und um Rettung bitten läßt.
In dem gesamten Prozeß der Übernahme, Umprägung und eigenen Füllung von צְדָקָה/צֶדֶק durch den JHWHglauben zeigen sich dessen personale wie geschichtsbezogene Eigenart, der dann mit Notwendigkeit die Beziehungen zu Wort und Glaube folgten, während die zum Zion und zum Schöpfungsglauben aufrechterhalten wurden. Es geht um die Gerechtigkeit als Heilshandeln, das JHWH eignet und von ihm ausgeht. Vieles von dem, was für die Füllung von "Gerechtigkeit Gottes" bei Paulus konstitutiv ist[282], findet sich folglich schon im AT und nicht erst in der frühjüdischen Apokalyptik. "Gerechtigkeit JHWHs" ist aber atl. nicht in so enger Beziehung zu "Weltordnung" sehbar, wie dies z.B. bei *P.Stuhlmacher* geschieht[283]. Sie hat sich von diesem Ordnungsdenken gerade abgesetzt, da und indem *Ṣædæq* jahwesiert wurde.

---

278 Jes 56,1; 58,8; 59,16f.; 60,17; 62,1f.; 63,1.- Zu ihm besonders *O.H.Steck*, Tritojesaja im Jesajabuch, in: *J.Vermeylen (Ed.)*, The Book of Isaiah, Leuven 1989, 361-406.

279 Diese Kombination wird man folglich nicht nur redaktionsgeschichtlich erklären können, wie *R.Rendtorff* es tut (Das A.T. Eine Einführung, 1983, 211f.).

280 Zum "Rest" (Esr 9,15) vgl. Bd.II, § 14.8.

281 *M.-L.Henry*, Glaubenskrise und Glaubensbewährung in den Dichtungen der Jesaapokalypse, 1967 (BWANT 86), 93.

282 Zu kurz kommt dieser Befund bei *H.Graf Reventlow*, Rechtfertigung im Horizont des A.T., 1971, 112-115.

283 *Ders.*, Zum Thema: Biblische Theologie des N.T., in: *K.Haacker u.a.*, Biblische Theologie heute, 1977 (bthst 1), 25-60 (dort öfter, z.B. 44 und besonders 57).

g) JHWHs Segen[284]

Obwohl unter den fast 400 Belegen[285], die innerhalb des AT vom Segen (בְּרָכָה) oder vor allem vom Segnen (ברך pi.) als Segenswirken wie Segenswirkung[286] sprechen, nur 87 direkt Gott als Subjekt haben, kann und muß gesagt werden, daß dort, wo nach den Aussagen atl. Texte auch - und so meist! - durch Menschen gesegnet wurde, doch stets eigentlich Gott selbst der hierbei Segnende war (vgl. Num 6,22ff.; Dtn 10,8; Ri 17,2; 1 Sam 15,13; 2 Sam 6,18; 1 Kön 8,14.55; 1 Chr 23,13; Ps 129,8 u.ö.)[287]. Auch in Israels Umwelt war der Segen "primär das Mitteilen lebensfördernder Kraft von Seiten der Gottheit"[288],und so weiß das AT, "daß der Segen im Ansatz nichts spezifisch Jahwistisches ist."[289] Er entstammt animistischem und dynamistischem Denken[290], hat auch innerhalb des AT zuweilen noch etwas davon bewahrt, wurde dort aber doch wesentlich umgeprägt. Denn es ist z.B. der "Name" der Gottheit, der im Sprechakt des Segens "auf Israel gelegt" wird (Num 6,27), der dem Segen Kraft verleiht. Damit aber ist es Gott selber, seine Seinsart und Zuwendung, sein Heilshandeln, das in seinem Namen beschlossen ist. Auch durch seinen Geist kann Gott segnend am Menschen wirken (Jes 44,3), und so bittet man - auch wenn man selbst segnet - Gott um (seinen) Segen (Gen 32,27; 2 Sam 7,29; Ps 3,9; 28,9; vgl. Gen 28,3; 48,16 u.ö.).

Schaut man auf die Streuung der Belege[291], so überrascht kaum, daß innerhalb der Prophetie nur selten vom Segen JHWHs die Rede ist (nur Jes 19,25; 51,2; 61,9; Hag 2,19). Schwerpunkte sind vielmehr die Genesis, das Dtn und die Psalmen, wobei innerhalb des letztgenannten Buches oft von einem Segnen

---

284 Dazu: *J.Hempel*, Die israelit. Anschauungen von Segen und Fluch im Lichte altoriental. Parallelen, in: *ders.*, Apoxysmata (BZAW 81), 1961, 30-113.- *S.Mowinckel*, Psalmenstudien V (Segen und Fluch in Israels Kult und Psalmdichtung), 1924 (und Neudruck).- *F.Horst*, Segen und Segenshandlungen in der Bibel, EvTh 7, 1947/48, 23-37 (= *ders.*, TB 12, 1961, 188ff.).- *J.Scharbert*, Solidarität in Segen und Fluch im A.T. und in seiner Umwelt, 1958 (BBB 14).- *C.Westermann*, Der Segen in der Bibel und im Handeln der Kirche, 1968.- *G.Wehmeier*, Der Segen im A.T., 1970.- *J.Scharbert*, Art. "בְּרָכָה/ברך", ThWAT I, Sp. 808-841 (Lit.).- *C.A.Keller/ G.Wehmeier*, Art. "ברך *brk pi.* segnen", THAT I, Sp. 353-376.- *C.W.Mitchell*, The Meaning of BRK "To Bless" in the O.T., Atlanta/Gg. 1987.- *Chr. Gottfriedsen*, Beobachtungen zum atl. Segensverständnis, BZ NF 34, 1990, 1-15.- Bei *Wehmeier*, im THAT und ThWAT auch Differenzierungen nach Nomen und Verbum, Subjekten und Objekten, Satzarten und Textgruppen.- Genauer: *H.-P.Müller*, Segen im A.T. Theologische Implikationen eines halb vergessenen Themas, ZThK 87, 1990, 1-32; dort 3-19 zur literarisch-sprachlichen Form des Segnens.

285 So mit *G.Wehmeier*, Der Segen..., 67f.: 398, davon 71mal das Nomen.

286 So mit *F.Horst*, TB 12, 188.

287 Nach *Chr. Gottfriedsen*, (s. Anm. 284, S.6) ist JHWH erst seit dem Jahwisten Subjekt des Segens.

288 *G.Wehmeier*, Der Segen..., 66.

289 *ders.*, ebd., 227.

290 Dazu vor allem *J.Hempel*, a.a.O.

291 Eine Geschichte des Segens im AT versuchen zu erkennen *C.Westermann*, Der Segen..., 43-61 und *G.Wehmeier*, a.a.O., 189ff.- Zwei Wurzeln des atl. Segensverständnisses vermutet *Chr. Gottfriedsen*, (s. Anm.284), nämlich die nomadische Sippe und die Kulturlandsituation.

Gottes (Gen. obj.), d.h. aber nicht mehr von einer steigernden Zufuhr von Macht an die Gottheit, sondern atl. vom "Gott loben" mit Nähe zu einer Doxologie die Rede ist, wobei diesem Preisen meist die Nennung einer Guttat JHWHs vorausgeht.[292] Im Dtn ist langes Leben im "guten" Land bevorzugte Segensgabe (Dtn 7,13; 14,29; 15,4f.10.18; 16,15 u.ö.; hier auch ein בָּרֵךְ בְּשֵׁם יהוה). Außerdem wird der Segen hier deutlich an den jeweils neu zu übenden Gehorsam des Volkes gebunden (vgl. Dtn 12,7.18; 15,4.10; 23,21; 28,8.12f. u.ö.). Segen bringt Lebenssteigerung, Fluch dagegen Lebensminderung (vgl. zu letzterem Gen 3,14-19). Im Segen als Machtwort wirkt Gottes schenkende Macht und Kraft. Er gibt diesen Segen in Menschen hinein, die ihn weitergeben dürfen. Er wandelt Fluchwort in Segen (Num 22-24 Bileam; vgl. 23,7f.20). So wird den ersten Menschen Gottes Segen zugesprochen (Gen 1,28), und die hier redende Priesterschrift macht in den anschließenden Texten deutlich, daß und wie dieser Segen als weiterwirkende Kraft bedeutsam ist (Gen 5,2; 9,1; 17,16; Lev 9,22f.; vgl. auch Gen 28,1.3f.6; 49,28; Ex 39,43). Hier werden Segen und Landverheißung, Segen und Mehrung, aber auch Segen und Gottesdienst miteinander verbunden. Segen ist und schafft gesteigertes Leben, bringt Ruhe, Erfolg, Glück, Fruchtbarkeit (Gen 24,60; 27,27f.; 30,27.29f.), Frieden und Heil (שָׁלוֹם; vgl. 2 Sam 8,10; Ps 133,3). Es ist folglich nicht zufällig eben dieses Wort שָׁלוֹם, das als Segensgruß Verwendung findet (Ri 19,20; 1 Sam 1,17; 25,6; vgl. Mt 10,12f.), da dieses "Heil" nicht nur einem einzelnen gelten kann, sondern sich in der Gemeinschaft ereignet und vollzieht. ברך kann dann auch schlicht "grüßen" bedeuten (Gen 47,7; 1 Sam 13,10 u.ö.).

So ist Segen oder Segnen auch verbunden mit "Leben" oder "Glück" (חַיִּים; Dtn 30,16; Ps 133,3), mit Gerechtigkeit (צְדָקָה; Ps 24,4f.) oder mit Hilfe und Rettung (ישׁע; Ps 28,9; vgl. 29,11 שָׁלוֹם), und was ein Segen vermittelt, kann man gut aus Gen 27,23ff. (Jakob vor Isaak) erkennen. Isaak stärkt sich zuvor und kann folglich besonders kräftig segnen. Der Segen selbst (V.28f.) spricht dann kosmische Gaben wie kriegerische Siege, Fruchtbarkeit der Felder wie Herrschaft über andere zu, bleibt somit keineswegs nur im kosmisch-erhaltenden Bereich, und wer den so Gesegneten segnet, empfängt neuen Segen. Wer ihm flucht, sei ebenfalls verflucht, denn Segen wie Fluch wirken auch weiter. Nachdem Isaak so gesegnet hat und Esau zu spät kommt, ist die Segenskraft des alten Vaters erlahmt (V.36 Ende; vgl. V.38), kann der so erschlichene Segen auch nicht zurückgenommen werden (V.33 Ende), und was der Vater seinem Sohn Esau dann noch als "Segen" zuwenden kann, ist eigentlich nicht mehr als ein solcher zu bezeichnen (V.39f.)[293]. Segenssprüche (vgl. Jer 31,23; Gen 48,15f.) waren dabei wohl auch oft rhythmisch und dadurch das Machtwort steigernd geformt sowie knapp gehalten[294], wie auch Dtn 28,3-6 oder Gen 14,19f. und 1 Kön 1,48 erkennen lassen.[295] Diese Segensformel[296] ist immer eine Bekundung enger Soli-

---

292 Dazu *G.Wehmeier,* a.a.O., 119ff.160ff.: 38mal im hebr. AT, dazu 2mal aram. [Dan 2,19; 4,31], z.B. Ps 18,47; 34,2; 41,14; 66,8.20; 68,20; 145,2; aber auch Gen 9,26; 24,27.48; Jos 22,33; 1 Sam 25,32; 2 Chr 20,26 u.ö.; in Jes 66,3 mit Bezug auf ein Götzenbild.

293 Anders *I.Willi-Plein,* Genesis 27 als Rebekkageschichte, ThZ 45, 1989, 315-334; dort 320ff.

294 Nur dort das *qal* als Ptz. Pass.

295 Vgl. die analogen Fluchsprüche Dtn 28,16-19 und *J.Scharbert,* ThWAT I, Sp.814ff. zu den Segens- und Fluchformeln; vgl. auch *G.Wehmeier,* Der Segen...,119ff.

darität mit demjenigen, dem sie gilt, oder auch ein Bekenntnis der Gemeinschaft mit der betreffenden Person. "So verwendet sie Gott gegenüber seinem Volk und seinen Frommen, vor allem aber Israel gegenüber seinem Gott"[297] (vgl. Gen 24,27; Dtn 28,2-6; 1 Sam 25,32; 1 Kön 1,47 u.ö; vgl. sogar Jes 19,25, wo sie auf andere Völker bezogen wird). Segen ist nicht nur ein Reden, ist vielmehr eine Handlung, ein Sprachgeschehen, und so steht das Verbum "segnen" im Hebräischen wohl nicht zufällig überwiegend in der Intensivform des Piel.

Auch wenn Gott Tiere, den Acker oder den Sabbat segnet (Gen 1,22; Dtn 28,4; Gen 2,1-3a), tut er dies um des Menschen willen und diesem zugute. Denn mit dem Menschen will Gott Gemeinschaft, und dessen Wohl wie Heil sollen auch durch den göttlichen Segen bewirkt werden. Segensgaben sind gute Ernte, Kinder - und hier besonders Söhne -, Regen, Vermehrung der Herde, Frieden (Ps 65,10ff.; 67,7; 112,1-4; 128; 144,12-14; vgl. auch Gen 8,21f.; Dtn 28,3-6), und da langes Leben, große Nachkommenschaft, Reichtum und Stärke auch in Israels Umwelt Gaben göttlichen Segens sind[298], erweist sich auch hier erneut eine Gemeinsamkeit in dem, was man von seinem Gott oder seinen Göttern jeweils erwartete, erbat, erhoffte und erfuhr. Sowohl Gen 27,28f. wie der (dtr) Segen Salomos im Anschluß an das Tempelweihgebet (1 Kön 8,56-61), dazu der Segen Jakobs (Gen 49) wie der des Mose (Dtn 33) oder die Segenssprüche Bileams (Num 23,7-10.19-24; 24,5-9.17-19) lassen aber erkennen, daß diesem segnenden Handeln Gottes nach dem Zeugnis des AT keineswegs nur der kreatürliche Bereich zugeordnet werden kann, während das Kriegerische dem rettenden Handeln Gottes angehört, wie überhaupt diese Aufteilung und Trennung inneralttestamentlich schwierig ist.[299] Wenn z.B. auch die Zusage des Mitseins JHWHs ein Ausdruck seines Segens sein soll[300], diese Zusage aber ebenfalls öfter im Zusammenhang mit kriegerischem Geschehen erfolgt (z.B. Jos 7,12; Ri 6,16), ergäbe sich die unalttestamentliche Folgerung, daß der Krieg etwas mit JHWHs segnendem, nicht aber mit seinem rettenden Handeln zu tun hätte. Das AT trennt hier nicht so konsequent und sauber, wie dergleichen Differenzierungen nahelegen wollen, und gerade auch unter dem Segen JHWHs fließen Kosmos und Geschichte zusammen. Die "Gesegneten" sind JHWHs geschichtlich Auserwählte, sind sein Volk, sein Erbe (Jes 65,22f.; vgl. Jes 19,25!).

Gott segnet, wen und wann er will. Segen ist Gnade, ist ein Geschehen, das auch dem erwählenden Handeln JHWHs zugehört (vgl. nur Gen 12,1-3). Auch nach Gen 6,8; 9,1 gehören Erwählung und Segen zusammen, wenn man auf das

---

296 Daß die kurze Segensformel אתה בָּרוּךְ ohne jede weitere, anschließende inhaltliche Konkretisierung am Anfang der Geschichte des Segens gestanden habe - sie hätte dort ursprünglich auf Gemeinschaft mit dem so Angesprochenen gezielt -, kann *Chr.Gottfriedsen*, (s. Anm.284) nur durch Reduzierungen belegen.

297 *J.Scharbert*, a.a.O., Sp. 819.

298 Vgl. *G.Wehmeier*, a.a.O., 66.

299 So aber vor allem *C.Westermann*, Der Segen....- Vgl. *ders.*, Theol.; (dort: "Der rettende Gott und die Geschichte" [S.28ff.], "Der segnende Gott und die Schöpfung" [S.72ff.]; dort auch 88ff. zum Segen überhaupt).- Vgl. auch *G.Wehmeier*, Der Segen..., 228 u.ö.- Kritisch dazu: *F.J.Helfmeyer*, Segen und Erwählung, BZ NF 18, 1974, 208-223.

300 So *D.Vetter*, Jahwes Mitsein ein Ausdruck des Segens, 1971.- Zu dieser Formel vgl. sonst z.B. *H.D.Preuß*, ZAW 80, 1968, 139-173 (vgl. ThWAT I, Sp.485-500).- *R.Winling*, RScRel 51, 1977, 89-139.- *M.Görg*, ThGl 70, 1980, 214-240.

Grundgeschehen erwählenden göttlichen Handelns schaut, nicht aber nur nach der Vokabel "erwählen" sucht. "Die biblische Heilsgeschichte ist ein immer neu sich vollziehendes Erwählen von seiten Gottes und dem entsprechend ein immer neu gefordertes Sichentscheiden seitens des Volkes. So ist unter solchem Erwählen und in solchem Sichentscheiden der Segen das immer neu sich zuwendende begnadende Ansprechen Gottes..."[301]
Segen wirkt weiter (2 Sam 7,29; 1 Chr 17,27).[302] Im Vater werden auch dessen Kinder mitgesegnet (Gen 49,26; Ps 115,12f.), in der Stammutter ihre Kinder (Gen 24,60), in Israels Stammvätern deren Nachkommen (Gen 12,1-7; 17,1-8; Num 25,12f. u.ö.). Im König wird auch das Volk gesegnet, in David als dem König die ihm folgende Dynastie (2 Sam 7,3-16; 2 Kön 10,30).[303] Der Segen schafft eine Art Sphäre, ist eine wirkende Macht. So sind die sog. Stammessprüche in Gen 49 und Dtn 33[304] gerne als Segenssprüche oder Segenswünsche formuliert, und auch im kunstvoll komponierten und genau strukturierten sog. aaronitischen Segen (Num 6,24-26;[305] vgl. Ps 67,2f.; 134,3) stehen die Verbformen im Jussiv[306], sind also auch nicht indikativisch übersetzbar ("Der Herr *segnet* dich..."), sondern der Segen wird als Wunsch und Verheißung, als performative Sprachhandlung der gottesdienstlichen Gemeinde zugesprochen (vgl. Lev 9,22 P). Dieses Segnen mit dem Namen JHWHs (Num 6,27) war in der späten Zeit, aus der Num 6,24-26 stammen, der Höhepunkt des Gottesdienstes. In frühen Texten des AT sind Segen und Kult noch in keinem unmittelbaren Zusammenhang. In Israels Umwelt erfolgte als dieser kultische Höhepunkt wohl die Enthüllung des jeweiligen Götterbildes. Vom Segnen der Priester am und vom Heiligtum und im Gottesdienst sprechen dann auch noch 1 Sam 9,13 (das Opfer wird gesegnet), ferner die späten Psalmtexte Ps 115,14f.; 118,26; 128,5; 129,8; 134,3 und Gen 14,19f.
Der Segen Gottes ist besonders an Wendepunkten des Lebens von Bedeutung. So ist ein Segensspruch bei einer Geburt oder bei einem Abschied begehrt und üblich (Gen 24,60; 32,1; Rut 4,14f.; 1 Kön 1,31; Jer 20,15). So segnen Sterbende die Zurückbleibenden (Gen 48,15f.; 49,26 u.ö.). Tote jedoch werden nicht (mehr) gesegnet, was auch darauf verweist, daß der Segen inneralttestamentlich mancher magischer Vorstellungen entkleidet worden ist. Der Gottesglaube Israels hat auch die Segensvorstellung modifiziert. Es wird nicht mehr ein Kraftfluidum magisch übertragen, sondern es erfolgt eine Begegnung mit dem sich zuwendenden, schenkenden Gott. Man segnet eben nicht ohne Grund und ohne Folge "mit dem Namen JHWHs" (בְּשֵׁם יהוה; 2 Sam 6,18), wie dies dann auch die Leviten oder Aaron taten bzw. tun sollten (Dtn 10,8; 21,5; 1 Chr 23,13).
Daß und wie innerisraelitisch auch eine Umprägung altorientalischer Segensvorstellungen stattgefunden hat, läßt sich außerdem noch durch einen Hinweis

301 *F.Horst*, TB 12, 199.

302 Dazu *H.-P.Müller*, Ursprünge und Strukturen atl. Eschatologie, 1969 (BZAW 109), 144ff.

303 Dazu *J.Scharbert*, Solidarität... (s. S. 204, Anm.284), 141ff.

304 Vgl. zu diesen *H.D.Preuß*, Deuteronomium, 1982 (EdF 164), 171 (mit Lit.).

305 Dazu *K.Seybold*, Der aaronitische Segen, 1977.- Zu diesem Text und zu dem 1986 gefundenen Silberplättchen mit an Num 6,24-26 anklingendem, nicht aber damit voll identischem Text vgl. *M.C.A.Koppel*, JSOT 45, 1989, 3-13.

306 Zur "Indikativ-Jussiv-Ambiguität" in Segenssprüchen vgl. *H.-P.Müller*, ZThK 87, 1990, 4-11.

auf die Art und Bedeutung der Segens*verheißung* erkennen, die innerhalb des sog. Jahwisten, dann auch in dtn/dtr Literatur wichtig ist.[307] Segen ist an sich ein Geschehen, das sich sofort oder zumindest in naher Zukunft bei dem so Gesegneten auswirkt oder auswirken soll, auch wenn es dann noch weiterwirkt. Im Zeugnis des Jahwisten wird nun dieses "Segen-Gewinnen" oder "Sich-Segnen" (ברך niph.)[308] ab Abraham zu einer Verheißung für die Völker, genauer für die "Sippen des Kulturlandes" (Gen 12,3; 28,14; anders in 18,18 und in Gen 22,18 sek.), damit aber auch zugleich noch stärker auf Zukunft bezogen und geschichtlich zerdehnt. Es wird zu einem heilsgeschichtlichen Motivwort. Auch das Dtn kennt verheißenen oder zumindest stärker auf weitere Zukunft ausgerichteten Segen (Dtn 1,11; 16,13-15), bindet diesen - und hier liegt ein wesentlicher Unterschied zu Gen 12,1-3 - aber gern an den (neuen) Gehorsam (Dtn 7,12ff.; vgl. auch 14,29; 15,10.18; 23,21; 24,19). Hierbei ist nun wichtig, daß eine entsprechende Theologisierung des Fluches und Fluchwortes, das ebenfalls ein Machtwort ist[309], innerhalb des AT nicht vollzogen wurde, es unbegründete Fluchankündigungen dort nicht gab. Bei aller Gewichtigkeit des dem Segen oft beigeordneten Fluchs (vgl. nur Lev 26; Dtn 27-29; dort besonders Dtn 27,15-26; 28,16-19) hat doch der Segen gegenüber den Androhungen des Fluchs die stärkeren Verheißungen (Dtn 30,1-10). "Israel konnte zwar mit grundlosem Segen rechnen, nicht aber mit grundlosem Fluch."[310] Fluch kann in dtr Literatur, welche die Strafe des Exils zu reflektieren genötigt wird, auch zur Kategorie dtr Geschichtsdeutung werden (Dtn 28). Ähnliches kannte auch Israels Umwelt.[311] JHWHs Barmherzigkeit ergeht jedoch über viele Tausende, während seine Strafe (nur) bis ins dritte oder vierte Glied wirkt (Ex 20,5f.; Dtn 5,9f.; vgl. Ex 34,6f.[312]).

C.Westermann hat versucht[313], auch die atl. Weisheitsliteratur und das in ihr (und d.h. vor allem im Buch der Sprüche) erwähnte Handeln JHWHs dem segnenden Handeln dieses Gottes zuzuordnen. Dabei ergeben sich schon terminologische Schwierigkeiten, da "Segen" und "Segnen" dort nicht allzu häufig und

---

307 Vgl. dazu *K.Berge*, Die Zeit des Jahwisten, 1990 (BZAW 186), 273-310.

308 So in Gen 12,3; dann weiter 18,18; 28,14; vgl. auch Ex 12,32: Bitte um Segen für den Pharao.- Vgl. dazu auch Bd.II, § 6.5.

309 Dazu: *W.Schottroff*, Der altisraelitische Fluchspruch, 1969 (WMANT 30) [dort 163ff. auch zur Segensformel].- *H.C.Brichto*, The Problem of "Curse" in the Hebrew Bible, Philadelphia 1963.- *J.Scharbert*, Art. "ארר", ThWAT I, Sp. 437-481 (Lit.).

310 *H.-P.Müller*, (s. Anm.302), 165.

311 Vgl. dazu z. B. den "Fluch über Akkade", den der Gott Enlil aufgrund eines Frevels des Königs Naramsin verhängte und der sich durch einen Einfall der Gutäer verwirklichte. Vgl. den Text bei *J.S.Cooper*, The Curse of Agade, Baltimore/London 1983 und zu ihm z.B. *J.Krecher - H.-P.Müller*, Vergangenheitsinteresse in Mesopotamien und Israel, Saec. 26, 1975, 13-44; dort 23f. Im Unterschied zu diesem Text, der wahrscheinlich "historisch" sich nicht verifizieren läßt, spiegelt Dtn 28 echte exilische Erfahrung wider.- Zum wirkmächtigen Fluchwort in altoriental. Vertragstexten vgl. RGT^2, 153f.; TUAT I/2, 1983, 143.151.157.159.169ff.

312 Zu dieser Formel vgl. unten S. 277ff.

313 *ders.*, Das AT und Jesus Christus, 1968, 46-48; *ders.*, Der Segen..., 40-42; vgl. auch *G.Wehmeier*, THAT I, Sp. 371f. und *ders.*, Der Segen...,224ff.

nicht in das Weisheitsdenken tragenden Aussagen begegnen[314]. Vor allem aber hat das Ordnungsdenken der Weisheit[315] mit dem Segenshandeln JHWHs nichts zu tun und wird nirgends mit diesem verbunden.[316] So hat *C.Westermann* dann später[317] die Weisheit mehr dem Denken der Urgeschichte parallelisiert, damit dem allgemein Menschlichen, dem weltweit vertretenen Schöpfungsglauben. Ob dies eher vertretbar ist, wird an anderer Stelle zu erörtern sein.[318]
"Segen" wird atl. stark mit der Geschichte verbunden, bekommt, z.B. auch durch seine Verbindung mit der Verheißung, nicht aber nur durch die Aporie der Endgültigkeit des gegenwärtigen Segens[319], dann sogar auch einen "Endgültigkeitsaspekt", der auf Eschatologie hindrängte. Israel sah sich auf seinem Weg als ein durch JHWH gesegnetes Volk und erhoffte die volle Einlösung und Verwirklichung dieses Segens (vgl. Hos 2,23f.; Jes 44,3-5 u.ö.). Dadurch wurde auch die Spannung zu lösen versucht, die empirisch immer wieder aufbrach, wenn "am Ergehen eines Menschen....ablesbar (sein sollte), ob Gott ihn gesegnet hat oder nicht"[320], dies aber nur gegen den Augenschein geglaubt werden konnte. Auch durch JHWHs Segen wurde Israel im weiteren Unterwegs seines Glaubens gehalten. "Das segnende Handeln Gottes oder eines Menschen bezeichnet freilich keineswegs die 'Mitte' des Alten Testaments. Diese liegt vielmehr beim rettenden Kommen und Eingreifen Gottes in die Geschichte..."[321]

h) Der Tun-Ergehen-Zusammenhang[322]
JHWH wird nach dem Zeugnis vieler atl. Texte wirksam geglaubt im Zusammenhang von Tun und Ergehen des Menschen. Diesen Tun-Ergehen-Zusammenhang nennt man in der Forschung auch synthetische Lebensauffassung[323], Tat-Schicksal-Zusammenhang oder schicksalwirkende Tatsphäre.[324] Besonders die letzgenannte Bezeichnung läßt das Gemeinte gut erkennen: Die ja auch machthaltige Tat eines Menschen schafft je nach ihrer eigenen Qualität eine gute oder böse Sphäre, die auf den Täter zurückwirkt. Eine böse Tat hat folglich zwangsläufig ein unheilvolles Ergehen des Täters zur Folge (vgl. Ps 7,14-17).[325] Man spricht im Blick hierauf wie dann auch auf den entsprechenden

---

314 Spr 10,6f.22; 11,11.26; vgl. noch 3,33; 5,18; 20,21; 22,9; 27,14; 28,20; 30,11.

315 Vgl. dazu den folgenden Abschnitt h) dieses § (S. 209-220).

316 Vgl. dazu *H.D.Preuß,* Einführung in die atl. Weisheitsliteratur, 1987, 179ff.

317 *ders.,* Theol., 85f.

318 Vgl. S. 271f.

319 Dazu *H.-P. Müller,* Ursprünge und Strukturen atl. Eschatologie, 1969 (BZAW 109), 148ff.; dort aber 129-171 zum "Endgültigkeitsaspekt" des Segens.

320 *G.Wehmeier,* Der Segen..., 230.

321 *H.-P.Müller,* ZThK 87, 1990, 3; vgl. aber auch ebd., 20 und 26ff. ("Inwiefern eröffnet also das Thema Segen einen Indifferenzraum zwischen Schöpfungstheologie und Soteriologie?" 26). Auf die weitreichenden theologischen Folgerungen von *H.-P.Müller* kann hier nur verwiesen werden.

322 Siehe dazu den Sammelband: *K.Koch (Hg.),* Um das Prinzip der Vergeltung in Religion und Recht des A.T., 1972 (WdF 125).- Dann auch: *G.von Rad,* Weisheit in Israel, 1970, 165ff.- *ders.,* Theol.I^5, 395ff.430ff.

323 So nach *K.H.Fahlgren, Ṣ^{e}dāḳā* nahestehende und entgegengesetzte Begriffe im A.T., Uppsala 1932.

324 So *K.Koch.*- Vgl. nach ihm auch *G.von Rad,* Theol.I^5, 278ff.

325 So nach *K.Koch,* WdF 125, 132.

Sündenbegriff mit Einheit von Schuld und Strafe von alttestamentlichem Ganzheitsdenken.[326] Das Gemeinte kann gut an der Wendung "Sein/dein (o.ä.) Blut (דָּמִים mit Suffix hierbei stets im Plural) auf...(ב + Suffix), zuweilen ergänzt durch 'sein Haupt'" verdeutlicht werden. Diese Formel[327], die auch hinter Gen 9,6 steht, "dient zur Feststellung der Schuld eines zum Tode Verurteilten und somit der Schuldlosigkeit der Vollstrecker des Urteils".[328] Hier stritt man nun um die Frage, ob zu übersetzen und zu interpretieren sei "Sein Blut *komme* auf sein Haupt" (so *H.Graf Reventlow*) oder "Sein Blut *bleibe* auf seinem Haupt" (so *K.Koch)*[329]. Bei der erstgenannten Interpretation wird der Ton deutlicher darauf gelegt, daß es keine Strafwirkung gebe, hinter der nicht die Autorität des göttlichen Herrn als Richter steht. Jede magische Auffassung sei überwunden. Das Gebet in 1 Kön 2,32 (vgl. auch 1 Kön 2,44) mache dies besonders gut deutlich. Die zweitgenannte Interpretation betont, daß das AT sich den Zusammenhang von menschlichem Tun und Ergehen sehr viel enger vorgestellt hat, als es durch den Begriff der 'Vergeltung' zum Ausdruck kommt (vgl. z.B. עָוֹן, das sowohl Schuld wie Strafe bedeutet).[330] Das in dieser "Sphäre" JHWH wirkt, wird nicht bestritten, wohl aber wird nach dem Todesurteil über einen Täter (מוֹת יוּמַת) durch das "sein Blut bleibe auf seinem Haupt" nicht noch einmal ein richterlicher Urteilsspruch vollzogen, sondern das nun zu vergießende Blut wird von den die Todesstrafe Vollziehenden ferngehalten durch die genannte "Schutzformel". Juristisches Denken liegt hier fern. Das AT denkt eben oft noch anders, und unsere heutige moderne Begrifflichkeit ist ihm nicht immer kongenial. Die unmittelbare Wirkung einer Übeltat und das durch JHWHs aktives Handeln hervorgerufene Verderben über den Täter stehen oft schlicht nebeneinander, wie z.B. 2 Sam 16,7f. erweisen[331]. Aber ist - so kann man fragen - der Vollzug des Todesurteils nicht doch ein neues Tun, das JHWHs Wille in Gang setzt und nun durch Menschen vollzogen wird? Geht es nur um die weiterwirkende Sphäre?

Die Anschauung vom Tun-Ergehen-Zusammenhang begegnet nun in Anwendung auf Tun und Geschick des Einzelnen vor allem in der sog. atl. Weisheitsliteratur (Spr; Pred; Hi), wird dort im Buch der Sprüche breit vertreten[332], während sie in den Büchern Qohelet und Hiob problematisiert und in Frage gestellt wird. Die Grundüberzeugung dieses Glaubensdenkens, das von der Auffassung

---

326 So z.B. *R.Koch,* Atl. Ganzheitsdenken und Sündenbegriff, ThG 23, 1980, 20-28.

327 In Lev 20,9.11.12.13.16.27 bei P; vgl. noch Jos 2,19; 1 Kön 2,37; Ez 18,13; 33,4.5.

328 *G.Gerleman,* THAT I, Sp. 449.

329 VT 10, 1960, 311-327 und VT 12, 1962, 396-416; beide Aufsätze auch in WdF 125 (s. Anm.322), 412ff. und 432ff.

330 Vgl. dazu auch Bd.II, § 11.9b.

331 In diesem Zusammenhang geht *K.Koch* (WdF 125, 442ff.) ausführlich auf die israelit. Anschauung vom (vergossenen) Blut ein. Vgl. dazu auch: *H.Christ,* Blutvergiessen im A.T., Diss. Basel (1971) 1977.

332 Vgl. dazu den wichtigen Aufsatz von *K.Koch,* Gibt es ein Vergeltungsdogma im A.T.?, ZThK 52, 1955, 1-42 (= in: WdF 125, 130ff.).- Dann *G.von Rad,* [s. Anm.322+324], und auch *H.D.Preuß,* Einführung in die atl. Weisheitsliteratur, 1987, 39f.51-54 (Lit.).

der Welt als Ordnung geprägt ist[333], ist besonders prägnant in Ps 37,25 ausgesprochen, wo der Fromme in einem sog. Weisheitspsalm sagen kann, daß er noch nie einen Gerechten verlassen, nie eines solchen Mannes Kinder um Brot betteln gesehen habe, denn nach dem Zusammenhang von Tat und Tatfolge geht es einem Gerechten eben gut. Von "Vergeltung" durch JHWH und d.h. durch ein extra erfolgendes forensisches Eingreifen der Gottheit als richterlicher Instanz muß hierbei nicht gesprochen werden.

Im Buch der Sprüche wird dies dann so formuliert, daß den Gerechten das gegeben wird, was sie begehren (Spr 10,24), daß der Gerechte niemals wanken wird, die Gottlosen aber nicht im Lande bleiben (10,30). Gerechtigkeit errettet auch vor unzeitigem Tod (11,4; vgl. 11,6), und ein herzloser Mann schneidet sich ins eigene Fleisch (11,17). Da dem Menschen nach dem Tun seiner Hände "vergolten" wird (12,14), kann Arbeit von Frevlern nur trügerischen Gewinn erbringen (11,18). Dem Gerechten geschieht kein Leid, er erfährt Gutes, während die Sünder vom Unheil verfolgt werden (12,21; 13,21; vgl. 11,23). Qohelet wird dies später vehement bestreiten, das Hiobbuch ringt mit gegenteiligen Erfahrungen. Die Beispiele aus dem Buch der Sprüche ließen sich leicht vermehren.[334] Wer eben eine Grube für andere gräbt, fällt selbst hinein, und wer einen Stein wälzt, auf den rollt dieser zurück (Spr 26,27).

Dies alles ist so, weil nach Meinung der hinter dieser Spruchweisheit stehenden "Weisen" JHWH selbst diesen Zusammenhang von Tun und Ergehen, von Tat und Tatfolge gesetzt hat und über dessen Wirksamkeit wacht. Er "vergilt" (שִׁלֵּם) damit und so dem Menschen nach seinem Tun (Spr 11,31; 13,21; 19,17; 25,21f.), macht die Tat im dazugehörenden Ergehen somit vollständig[335], und wenn auf die Gottlosen ihr Frevel "fallen" wird (10,6), dann steht JHWH hinter diesem Geschehenszusammenhang, da er die Tat des Menschen auf diesen zurückwendet (הֵשִׁיב; 24,12).[336] JHWH hat diese Ordnung gesetzt, setzt und hält sie in Kraft, wirkt in ihr und durch sie, ist ihr Garant (12,2; 16,5; 18,10; 20,22; 24,12). Daß es bei einer solchen Weltschau, auch wenn oder gerade weil sie auf das Leben des Einzelnen bezogen bleibt, auch Probleme geben könnte, wird hier noch nicht ausdrücklich thematisiert.[337] JHWH fungiert als Urheber dieser Ordnung wie als ihr gegenwärtiger Vollstrecker.[338] Daß diese Welt- und Lebensschau auch in Weisheitstexten der Umwelt des alten Israel begegnet, die

---

333 Dazu: *H.H.Schmid*, Gerechtigkeit als Weltordnung, 1968 (BHTh 40).- *G.von Rad*, Weisheit in Israel, 1970, 102ff.- *H.Gese*, Lehre und Wirklichkeit in der alten Weisheit, 1958 (er geht auch der Frage nach dem Ursprung dieses Denkens nach).

334 Spr 11,20; 13,25; 15,6; 17,13; 18,10.11.16; 19,4.5.7.23; 20,13.17; 21,18.20f.; 22,8f.; 28,10.18; 29,6.23.25.- Vgl. auch die Naturbilder 22,8; 25,23.

335 So mit *K. Koch*, WdF 125, 134.

336 Weitere Beispiele in Spr 10,3; 15,25; 22,22f.; 23,10f.

337 Zu möglichen Einschränkungen s.u. S. 212.

338 Diese Beobachtungen stehen kritisch gegen die These von *C.-A.Keller* (Zum sogenannten Vergeltungsglauben im Proverbienbuch, in: FS W.Zimmerli, 1977, 223-238), wonach dieses gelingende Leben sich allein der richtigen Handhabung gesellschaftlicher Spielregeln verdanke.- Vgl. dazu auch *J.Halbe* (ZThK 76, 1979, 408f., Anm.161) und zu ihm unten.

der atl. Weisheitsliteratur nahestehen, sei hier nur angedeutet.[339] Gott wirkt hiernach folglich in Welt- und Lebensharmonien, wirkt für denjenigen ein gelingendes und gelungenes Leben, der sich gut verhält.

Jedoch auch schon im Sprüchebuch finden sich einige Texte, die ihren Zweifel daran anmelden, ob dieser Zusammenhang von Tun und Ergehen immer so eindeutig funktioniere, vor allem so eindeutig für den Menschen erkennbar und ablesbar sei.[340] Der Mensch schüttelt zwar das Los im oder aus dem Gewandbausch, dabei aber kommt der Losentscheid doch von JHWH (Spr 16,33), ist also der menschlichen Einsicht und Berechnung entnommen. Und da es JHWHs Segen ist, der reich macht, tut menschliche Mühe dem nichts hinzu und kann es auch gar nicht (10,22). Der Mensch denkt zwar, aber was er dann ausspricht, ist jhwhgewirkt und jhwhgelenkt (16,1). Ebenso ist es mit dem Weg des Menschen und seinen Schritten (16,9; vgl. 19,14.21; 20,24; 21,1f.30f.). Dem Menschen ist eben die letzte Einsicht in das göttliche Wirken versagt (21,30), und der rechte Weise bleibt auch hier demütig[341], da Gottes Ehre auch darin besteht, etwas zu verbergen (25,2).

Mit alledem ist aber der Tun-Ergehen-Zusammenhang noch nicht grundsätzlich in Frage gestellt, wie dies dann bei Hiob und Qohelet geschieht. Es geht vielmehr hier vornehmlich um eine letzte Uneinsichtigkeit dieses Zusammenhangs und des darin erfolgenden göttlichen Wirkens für den Menschen, und ähnliche Aussagen über eine letzte Verborgenheit göttlicher Weltordnung finden sich auch in Weisheitstexten der Umwelt des alten Israel.[342] Es ist folglich zuerst mehr die einem zu eindeutigen und klaren Ordnungsdenken widerstreitende Empirie als der JHWHglaube, welche die Uneinsichtigkeit der Ordnung oder sogar ihre Unverfügbarkeit erkennen hilft.

Dieses Denken und Glauben innerhalb eines von JHWH sowohl gestifteten wie in Funktion gehaltenen Tun-Ergehen-Zusammenhangs kommt nun schon inneralttestamentlich in eine diesen Zusammenhang grundsätzlich bestreitende Krise.[343] Im Hiobbuch, dem Ps 73 in vielem parallel geht, folgern zwar die Freunde Hiobs, die bei ihrem Denken voll im Tun-Ergehen-Zusammenhang verbleiben, daß aufgrund dessen der leidende Hiob ein Sünder sein müsse, auch wenn er es nicht erkenne oder gar bestreite. Schuld und Leid stehen nach Meinung der Freunde in einem klaren Kausalzusammenhang.[344] Hiob dagegen fol-

---

339 Vgl. *H.Gese* (s. Anm.333).- Ferner *H.D.Preuß,* Das Gottesbild der älteren Weisheit Israels, VT Suppl XXIII, 1972, 117-145 (Lit.).- *ders.,* Einf. in die atl. Weisheitsliteratur, 52+204, Anm.64.

340 Oder geht es hier schon mehr um eine "beginnende Problematisierung des Tat-Ergehen-Zusamenhangs angesichts einer widersprechenden Alltagserfahrung"? So *E.Otto,* ZThK 74, 1977, 393, Anm.71.

341 Zu "Furcht JHWHs" siehe Bd.II, § 11.8b.

342 Vgl. *H.D.Preuß,* Einf. in die atl. Weisheitsliteratur, 53 und *ders.,* VT Suppl XXIII, 1972, 126-128.

343 Dazu *K.Koch,* WdF 125, 168ff.- *G.von Rad,* Theol. I^5, 467ff.- *ders.,* Weisheit in Israel, 1970, 245ff.- *H.D.Preuß,* Einf...., 69ff.- Zu analogen Texten in Israels Umwelt vgl. TUAT III/1, 1990, 102ff.110ff.

344 Hi 4,7-11; 5,1-7; 8,20; 11,20; 15,17-35; 18,5-21; 20,23-29; vgl. den vierten Freund Elihu in Hi 34,10-12; 36,5-7.12-15. Zu Hi 4,7-11 vgl. gut *F.Horst,* in: WdF 125, 207ff.: Es ist hier nicht nur von schicksalwirkender Tatsphäre die Rede, sondern auch vom "Odem Gottes", d.h. von Gottes personalem Eingreifen.

gert, daß er ein Gerechter sei, und wenn er trotzdem leiden müsse, zeige dies nur die Ungerechtigkeit Gottes an,- womit aber auch er innerhalb des Tun-Ergehen-Zusammenhangs verbleibend argumentiert.[345] Als dann JHWH sich in den Gottesreden des Hiobbuches selbst zu Wort meldet (Hi 38,1 - 42,6), bekommen weder die Freunde noch Hiob Recht. Es wird vielmehr deutlich gemacht, daß JHWH sich nicht verrechnen läßt noch lassen will, sondern daß er als der Schöpfer der Welt in unendlichem Abstand zu seinen Geschöpfen steht. Vom Menschen ist dabei noch nicht einmal die Rede, und Hiob kommt nur in den an ihn gerichteten rhetorischen Fragen indirekt und in Frage gestellt vor.
Während Hiob das Scheitern des Tun-Ergehen-Zusammenhangs existentiell erfahren mußte, die Verfasser dieses Buches das Problem folglich an einem konkreten Geschick aufzuzeigen versuchten, ging Qohelet mehr denkerisch an das gleiche Problem heran und setzte sich reflektierend mit der Weisheitstradition auseinander, wobei er diese sogar zitiert und dann kritisch dazu Stellung nimmt.[346] Hierbei bestreitet er auch energisch die Aufweisbarkeit und das Vorhandensein eines Tun-Ergehen-Zusammenhangs. Nach Qohelet gibt es Gerechte, denen ergeht es, als hätten sie Werke von Frevlern getan und umgekehrt (Koh 8,14). Ein Sünder kann viel Böses tun und doch lange leben (8,12). Auch dies ist folglich "ganz eitel", völlig absurd und nicht glaubensstärkend.[347]
Mit der Kritik im Hiobbuch und bei Qohelet ist Notwendiges zu dieser Sicht göttlichen Wirkens in einsehbaren und funktionierenden Zusammenhängen gesagt. Der atl. JHWH ist in seinem Tun dem Menschen weder verfügbar noch stets verstehbar. Er bleibt der Herr, der nicht verpflichtet ist, Harmonien im menschlichen Dasein zu garantieren. So steht das Gottesbild des Sprüchebuchs wohl doch in manchem zu dem des übrigen AT in Spannung, in Spannung aber auch schon zur Empirie, wie dies die Bücher Hiob und Qohelet zum Ausdruck bringen. Daß JHWH der "ganz Andere" ist, machen die Gottesreden des Hiobbuches, die mit Elementen einer für die Weisheitsliteratur ungewöhnlichen, für das übrige AT aber nicht seltenen Theophanie(rede) eingeleitet werden (Hi 38,1), gut deutlich. Hiobs und Qohelets Kritik ist eine grundsätzliche, die auch für heutiges Fragen nach einem verstehbaren Gott ihre Bedeutung hat.[348]
Da jedoch ein solches Gottesbild immer wieder erstrebt, ein solcher Gott immer wieder erhofft wird, verwundert es nicht, wenn nach Hiob und Qohelet auch die dann folgende frühjüdische Weisheit wieder den Tun-Ergehen-Zusammenhang auf den Schild zu heben versucht hat (vgl. Jesus Sirach), wenn sie seine volle Geltung auch erst der eschatologischen Vollendung zuzuschreiben gewillt war (Sapientia Salomonis). Im Neuen Testament hingegen wurde die grundsätzliche Kritik durch Lk 13,2 und Joh 9,2 sowie durch die Annahme gerade des Sünders durch Gott aufgenommen und weitergeführt.
Nun findet sich aber ein Denken und Glauben innerhalb des Tun-Ergehen-Zusammenhangs nicht nur in der atl. Weisheitsliteratur, wenn es dort auch - auf den einzelnen angewendet - beinahe die Stellung eines "Dogmas" mit anschließender Dogmenkritik hat. Im AT sind zunächst noch die *Chronikbücher* zu nen-

---

345 Hi 6,9-10.12; 9,22-24; 10,15f.; 16,9-17; 19,6f.; 27,2.5f.7-23; Kap. 23 und 31.

346 Vgl. dazu *D.Michel*, Untersuchungen zur Eigenart des Buches Qohelet, 1989 (BZAW 183).

347 Vgl. noch Koh 5,9ff.; 6,7ff.; 7,15; 8,10-14; 9,1-3.11.

348 Dazu ausführlicher *H.D.Preuß*, Einf. in die atl. Weisheitsliteratur, passim (vor allem 172ff.).

nen[349], die das vergeltende Handeln und Reagieren Gottes zu einem ihrer wichtigsten theologischen Interessenpunkte ausgebaut haben. Bis in Einzelheiten hinein und gerade auch im Ergehen einzelner Menschen, wie vor allem der Könige, wird nachzuweisen versucht, welche Schuld welche Strafe nach sich zog und von welcher Strafe auf welche Schuld rückgeschlossen werden kann oder gar muß.[350] Da muß alles Negative über David, wie seine Bathseba-Affäre oder seine Kriege, verschwiegen werden. Das Positive über ihn, wie die - hier bewußt ausgedehnte - Vorbereitung des Tempelbaus oder die bereits durch ihn vollzogene Ordnung des Gottesdienstes, wird dagegen ausgebaut. Ebenso wird bei Salomo manches Negative, wie z.B. aus 1 Kön 11, fortgelassen, denn diese beiden Idealkönige dürfen keine negativen Elemente in dem hier von ihnen gezeichneten Bild aufweisen, da sie ja sonst der Strafe Gottes hätten verfallen müssen. Wie es dagegen einem schlechten König ergeht und ergehen muß, schildert z.B. 2 Chr 21 am Beispiel Jorams. Ein anderer König siegt nur dann, wenn er JHWH gegenüber gehorsam ist, während er sonst Niederlagen erleiden muß (2 Chr 25; vgl. Kap.27). Und weil ausgerechnet der gottlose Manasse so lange leben und regieren durfte, erfindet die Chronik seine zwischenzeitliche Bekehrung (2 Chr 33; darüber nichts in 2 Kön 21), und wie dieser Vergeltungsglaube sich auch in einzelnen Erzählzügen und Einzelanwendungen zeigt, lassen zahlreiche weitere Belege erkennen.[351] Daß Geschichte weder so funktioniert noch so geschrieben werden kann, dürfte deutlich sein. Aber die Interessen der Chronikbücher liegen vornehmlich bei Jerusalem und seinem Zion, bei Tempel und Gottesdienst, dann auch im militärischen Bereich von Krieg und Festungen, da man wohl ein erstarkendes Israel sich wieder erhoffte, dann bei der neuen Aktualisierung früherer Texte und hierbei vor allem der Königebücher. JHWH oder "Gott" (אלהים), wie hier auch gern gesagt wird[352], soll durch die Herausstellung des Tun-Ergehen-Zusammenhangs als ein "gerechter" (2 Chr 12,1-6) aufgezeigt werden, der ständig in die Geschichte eingreift und dem man folglich vertrauen und sich anvertrauen kann (2 Chr 15,2.7; 16,9). Daß ein solches Vertrauen, wenn es mit dergleichen hier angebotenen Geschichtspostulaten und den ihnen dann bald entgegenstehenden Erfahrungen konfrontiert wird, wieder in Krisen gerät und führen muß, wird hier (noch) nicht bedacht.
Auch innerhalb des *deuteronomistischen Geschichtswerks* (DtrG)[353] kann man ein Denken und Schildern finden, das sich innerhalb des Tun-Ergehen-Zusammenhangs bewegt. Da ist z.B. an das dtr Schema im Richterbuch zu denken (vgl. z.B. Ri 2,10-23)[354], nach dem auf Abfall des Volkes von JHWH die durch ihn

349 Dazu *M.Sæbø*, Art. "Chronistische Theologie/Chronistisches Geschichtswerk", TRE 8, 74-87 (Lit.).

350 Siehe hierzu besonders *G.von Rad*, Das Geschichtsbild des chronistischen Werkes, 1930 (BWANT IV/3), vor allem 10ff.

351 1 Chr 10,13f.; 28,2f.; 2 Chr 15,2f.; 16,12; 24,14ff.; 25,14.20; 26,16-21a; 33,1-20; 35,20-25.

352 Vgl. dazu oben S. 169.

353 Vgl. dazu *W.Roth*, Art."Deuteronomistisches Geschichtswerk/Deuteronomistische Schule", TRE 8, 543-552 (Lit.).- Dann die Sammelberichte zum DtrG von *H.Weippert* (ThR 50, 1985, 213-249) und *H.D.Preuß* (erscheint auch in ThR).- Ferner *G.von Rad*, Theol. I^5, 340ff.346ff.- *H.D.Preuß*, Deuteronomium, 1982 (EdF 164), 20-26.- Vgl. ferner unten S. 248.

354 Vgl. dazu auch Bd.II, § 7.1.

gewirkte Strafe mittels eines kriegerisch einfallenden Fremdvolkes erfolgt. Daraufhin schreit das Volk Israel zu JHWH; dieser erstellt einen "Richter" als charismatischen Kriegsführer, durch den Israel gerettet wird,- doch das Schema bzw. der Geschichtsverlauf beginnt dann von Neuem.[355] Oder in den Königebüchern wird Israels und Judas Geschichte in der Weise geschildert, daß sie aufgrund des immer wieder erfolgenden und fortschreitenden Abfalls Israels/Judas die notwendige Strafe der Exilierung erst des Nordreichs, dann auch Judas heraufbeschwört (vgl. 2 Kön 17,7ff. als dtr Fazit)[356].
Hier aber kann dann auch (und wohl in einer bestimmten Schicht des DtrG) von "Umkehr" die Rede sein (Dtn 4,25-31; 30,1-10; 1 Kön 8,46-53)[357], und es wird (z.B. in Dtn 1-3) transparent auf eine mögliche neue Landnahme hin erzählt, zumal JHWH doch dieses "gute" Land den Vätern und ihren Nachkommen "zugeschworen" hat.[358] Oder es wird ein hoffender Ausblick, der durch die Begnadigung des im Exil lebenden Königs Jojachin ermöglicht wird (2 Kön 25, 27-30), betont an den Schluß des Werkes gestellt.[359] Das DtrG ist außerdem als großes Bußbekenntnis Israels gegenüber seinem Gott JHWH geschrieben, um sich damit diesem Gott neu in die Arme zu werfen, um auch zu zeigen, daß ein "Schreien" zu JHWH Verheißung hat, wie es das dtr gestaltete Richterbuch verdeutlichte. Dtn 32 als das die Geschichte des untreuen Israel zusammenschauende Lied des Mose kann dann gerade in diesem Zusammenhang von JHWH als dem "Gott der Treue" sprechen (32,4).
Daß die dem DtrG eingefügte *Erzählung von der Thronfolge Davids* (2 Sam 9 bis 1 Kön 2) auch durch weisheitliches Gedankengut mitgeprägt sei, wurde schon oft aufgezeigt und vertreten.[360] In diesem Rahmen hat *E.Otto*[361] noch genauer darauf verwiesen, daß im Zusammenhang mit dem Ziel dieser Erzählung, nach dem es darum ging, daß und wie JHWH Salomo auf den Thron Davids gebracht habe, z.B. auch vom Zurückwenden (הֵשִׁיב) einer Freveltat auf das Haupt des Täters die Rede sei (1 Kön 2,44). JHWH setzt somit durch Salomo den Tat-Ergehen-Zusammenhang durch, wozu David, wie die implizite Kritik lauten könnte, nicht in der Lage war (vgl. 1 Kön 2,8f.33; 1,52 im Vergleich zu 1,6 u.a.m.). Das Motiv der Durchsetzung des Tun-Ergehen-Zusammenhangs ist hier dem Führungshandeln JHWHs integriert[362], welches sich auch in den Wirren um die Thronnachfolge gezeigt habe. Daß hierbei sogar "Sünde und Leid Stellenwert und Sinn in Jahwes Führung auf ein heilvolles Ziel hin haben und darin

355 Darin hat eben "jede Generation den ganzen Jahwe erfahren": *G.von Rad*, Theol. I^5, 344.

356 Vgl. dazu *M.Brettler*, Ideology, History and Theology in 2 Kings XVII 7-23, VT 39, 1989, 268-282.

357 Dazu *H.W.Wolff*, ZAW 73, 1961, 171-186 (= TB 22, 1964, 308ff.).

358 Vgl. dazu Bd.II, § 6.5 und oben S. 135f.

359 Dazu *E.Zenger*, BZ NF 12, 1968, 16-30.

360 Vgl. *H.D.Preuß*, Einf. in die atl. Weisheitsliteratur, 1987, 161 (Lit.: 217f., Anm.280).

361 Die »synthetische Lebensauffassung« in der frühköniglichen Novellistik Israels, ZThK 74, 1977, 371-400; für *Otto* beginnt die Thronfolgegeschichte allerdings schon mit 2 Sam 7.

362 Das Motiv von JHWHs Führung ist jedoch auch für *E.Otto* (a.a.O., 385, Anm.54) "im Ursprung unabhängig.... von der synthetischen Lebensauffassung".

aufgehoben sind"[363], führt dann zu einer analogen Betrachtung der *Josephsgeschichte* hin[364], in der weisheitliche Einflüsse ja ebenfalls schon oft aufgewiesen wurden.[365] In der Josephsgeschichte kommt nun als erzählerisches wie motivgeschichtliches Plus hinzu, daß der Tat-Ergehen-Zusammenhang sich nicht stets und überall und vor allem nicht sofort äußerlich sichtbar durchsetzt, wozu man nur auf Josephs Geschick nach der Episode mit der Frau des Potiphar zu verweisen braucht.[366] So wird der Tat-Ergehen-Zusammenhang zerdehnt (vgl. den Blick auf das "Ende" der Feinde in Ps 73,16ff.) und damit zugleich auch etwas mehr der Alltagserfahrung angepaßt. JHWHs Führung aber umgreift auch diesen größeren Zusammenhang und erweist sich gerade darin als mächtig. Hinzukommt das im Geschick Josephs thematisierte Leiden des Gerechten, der nach der Josephserzählung "gerade nicht fern von Jahwe, sondern von ihm gehalten und bewahrt" ist.[367] Damit werden zwei neue Themen bzw. Problemlösungen in Zusammenhang mit der synthetischen Lebensauffassung gebracht und diese aus der (z.B. in den Reden der Hiobfreunde) begegnenden starren Handhabung in Form einer Art von Dogma gelöst. Auch erhält Joseph als Retter seiner Brüder, die ja auch die Ahnväter Israels sind, letztlich eine heilsgeschichtliche Stellung und Funktion[368], was ebenfalls über rein weisheitliches Denken hinausführt. Und inwieweit in der Josephsgeschichte nicht nur der Tun-Ergehen-Zusammenhang, sondern auch Vergebung und Versöhnung als Aufhebung dieses Zusammenhangs verwirklicht werden, wäre ebenfalls noch zu bedenken.
Auch bei den *Propheten*[369] finden sich Aussagen, die sich innerhalb des Tun-Ergehen-Zusammenhangs bewegen. *K.Koch* hat die wichtigsten zusammengeordnet.[370] In Hos 8,4b-7 sowie 10,12f. wird von Sünde und Strafe im Bild von Saat und Ernte gesprochen. Was hier nicht mehr nur im Blick auf den einzelnen, sondern auf das Volk gesagt wird, wird analog in Hos 12,3.15[371] und auch dort (wie zugleich in 4,9) mit יֵשִׁיב ausgedrückt. Es sind Israels Taten, die es "umgeben" (7,2). Hierbei entsteht jedoch sofort die Frage, ob damit die Botschaft Hoseas insgesamt erfaßt ist oder nur ein Teilbereich von ihr. Da wird bei Hosea auch eindeutig (z.B. 2,4ff.) von einem strafenden, persönlich eingreifenden Handeln JHWHs gesprochen, dann aber auch davon, daß JHWH sich dazu

---

363 ebd., 387.

364 ebd., 387ff.

365 Vgl. *H.D.Preuß*, Einf. in die atl. Weisheitsliteratur, 1987, 154-159 (Lit.).- Vgl. S. 245.

366 Zur zeitlichen Zerdehnung des Tun-Ergehen-Zusammenhangs s. auch *Th.Krüger*, Geschichtskonzepte im Ezechielbuch, 1989 (BZAW 180), 90f.; dort 86-96 auch ein guter und kritischer Durchblick durch die Thesen von *K.Koch* und deren Forschungsdiskussion.

367 *E.Otto*, 395; dort 395-399 auch zum Vorhergehenden.

368 So mit *E.Otto*, a.a.O., 397; vgl. 399.

369 Zu den zahlreichen Belegen in den Psalmen vgl. *K.Koch*, WdF 125, 148ff. (Ps 18,26f. besonders bezeichnend).- Vgl. auch *K.Seybold*, TRE 12, 463f.

370 a.a.O., 141ff.

371 Zur Stelle und zur Wendung "seine Blutschuld wendet er auf ihn zurück" vgl. die kultrechtlichen Texte Lev 20,9.11-13.16.27; Ez 18,13 und zur Sache die Beiträge von *H.Graf Reventlow* und *K.Koch* in WdF 125, 412ff. und 432ff.- Siehe oben S. 210.

durchringt, um seiner Barmherzigkeit willen nicht zu strafen (11,8f.).[372] Ähnliches gilt für die anderen Schriftpropheten[373], die nicht nur von einem Zusammenhang von Schuld und Strafe künden, sondern von einem Gott, der sein Volk strafen muß, will und wird (Am 3,2[374]; vgl. Hos 13,5ff.), der in kosmischen und geschichtlichen Ereignissen strafend auf sein Volk neu zukommt (Am 4,6-12; 5,17b u.ö.), der aber auch zugleich derjenige sein kann, welcher um seiner selbst willen seinen Strafwillen durchbricht (Am 5,15; Hos 11,1ff.) und Heil sowohl verheißt als auch schafft.[375]
Auch in bisher hier nicht erwähnter erzählender Literatur möchte *K.Koch* ein Denken im Tun-Ergehen-Zusammenhang nachweisen[376], so z.B. in Ri 9,23f., wo das Verbum בוֹא - wie auch anderenorts[377] - für das Funktionieren dieses Zusammenhangs verwendet wird, oder in 2 Kön 21,31-33 (mit הֵשִׁיב und שׁוּב; vgl. ferner Num 12,11; 32,23). Daß auch bestimmte hebräische Begriffe für Sünde sowohl "Sünde" als auch "Strafe" und "Schuld" bezeichnen können, wie dies vor allem z.B. bei עָוֺן der Fall ist, oder daß צְדָקָה sowohl die zu vollziehende Gemeinschaftstreue wie deren Frucht bezeichnet (vgl. Spr 21,21[378]), wird an anderer Stelle noch genauer zu erörtern sein.[379]
H.H.Schmid [380] hat nun diese Sicht von einer für den Tun-Ergehen-Zusammenhang konstitutiven "Weltordnung" als eigentliche Mitte atl., ja gesamtbiblischer Theologie zu erweisen versucht, und *U.Luck* [381] ist ihm darin in Anwendung auf das NT gefolgt. Im Blick auf das NT und die Fragen einer "Biblischen Theologie" ist dies hier nicht zu erörtern, wohl aber ist auf mancherlei Kritik einzugehen, welche die These von einem das atl. Denken insgesamt beherrschenden Tun-Ergehen-Zusammenhang oder der so gefaßten "Weltordnung" und der durch sie entstehenden Probleme hervorgerufen hat. Für die atl. Weisheitsliteratur und wohl auch für einige andere Texte und Schriften ist, wie bereits aufgezeigt, die Bedeutung des Denkens und Glaubens im Tun-Ergehen-Zusammen-

---

372 Vgl. zur Verkündigung Hoseas umfassend *H.W.Wolff*, BK XIV/1[2], XVII-XXIII.- *J.Jeremias*, Art. "Hosea/Hoseabuch", TRE 15, 586-598 (Lit.).

373 Vgl. zu ihnen ausführlicher Bd.II, § 10.

374 *H.H.Schmid* (Amos. Zur Frage nach der 'geistigen Heimat' des Propheten, WuD 10, 1969, 85-103 = *ders.*, Altoriental. Welt in der atl. Theologie, 1974, 121ff.) ist der Meinung, daß Amos von einem allgemein-menschlichen Wissen aus argumentiere. Diese These scheitert schon an Am 3,2.

375 Vgl. dazu Bd.II, § 14.

376 WdF 125, 156ff.

377 Z.B. Spr 10,24; 11,2.27; 18,3.6; Ri 9,23f.; Ps 37,15 u.ö.; dazu *H.D.Preuß*, ThWAT I, Sp. 542-544.

378 Dazu *K.Koch*, WdF 125, 161f. (dort 160ff. mit weiteren, "doppelsinnigen" lexikographischen Beispielen).

379 Siehe Bd.II, § 11.8e.9b.

380 *ders.*, Gerechtigkeit als Weltordnung, 1968 (BHTh 40).- *ders.*, Altorientalische Welt in der atl. Theologie, 1974.- *ders.*, Unterwegs zu einer neuen biblischen Theologie?, in: *K.Haacker u.a.*, Biblische Theologie heute, 1977 (bthst 1), 75-95.

381 *ders.*, Welterfahrung und Glaube als Grundproblem biblischer Theologie, 1976 (ThEx 191).- *ders.*, Inwiefern ist die Botschaft von Jesus Christus »Evangelium«?, ZThK 77, 1980, 24-41.- *ders.*, Der Weg zu einer biblischen Theologie des N.T., DPfrBl 88, 1988, (Nr.9/10), 343-346.

hang kaum zu bestreiten.[382] Wie aber steht es um eine mögliche Gesamtschau des AT unter dieser Fragestellung, wie um die (zu?) breite Heranziehung des Tun-Ergehen-Zusammenhangs für die Erklärung atl. Phänomene überhaupt?
Da hat *J.Scharbert* den atl. Gebrauch des Verbums פקד untersucht[383] und innerhalb von dessen theologischer Verwendung mit Gott als Subjekt richtig entdeckt, daß es dort keineswegs immer um eine "von selbst, schicksalhaft eintretende Folge der 'Übeltat'"[384] gehe, sondern auch um ein persönliches Eingreifen Gottes (Jer 6,15; 49,8; 50,31; Ps 59,6; vgl. hiph in Ps 109,6 und auch noch Jes 24,22; Jer 6,6; Hos 4,9). Man kann schon hier ergänzen, daß auch bei Hosea, der bei *K.Koch* ja als Beispiel eines Denkens innerhalb des Tun-Ergehen-Zusammenhangs innerhalb der Prophetie gilt[385], JHWHs Strafe durchaus sein personaler Akt ist (Hos 4,6; 5,2; 7,12.13; 10,10). Es wird Rechenschaft gefordert, ein Vergehen geahndet (Ps 89,33: "an..."; vgl. Ex 32,34; Lev 18,25; Am 3,2; Hos 1,4; auch Ex 20,5; 34,7). *Scharbert* folgert, daß dieses פקד, "sofern Gott Subjekt ist....in diesen Fällen nicht nur ein In-Kraft-Setzen eines der Sünde bzw. dem Sünder inhärierenden Unheils, sondern ein unmittelbares oder wenigstens mittelbares Eingreifen Gottes..." bezeichnet.[386] Es ist keine Weltordnung, sondern der personale Gott, der hier wirkt.
J.Scharbert hat dann außerdem den Gebrauch des Verbums שׁלם näher betrachtet[387], das ja für die Argumentation *K.Koch's* besonders wichtig war und das er gerne (in dessen Piel-Form שִׁלֵּם) mit "vollständig machen" übersetzt, das aber nun eben auch "zurückgeben, bezahlen, entgelten, ersetzen" o.ä. bedeuten kann, wenn es z.B. in im Rechts- und Wirtschaftsleben anzusiedelnden Texten erscheint.[388] Auch bezeichnet es menschliche Reaktionen auf ein Handeln anderer (z.B. Gen 44,4; Jer 18,20), wobei eben diese Belege zugleich erweisen, daß es hier um ein "vollständig machen" nicht gehen kann. Analoges gilt im theologischen Sprachgebrauch bei Anwendung von שִׁלֵּם auf Reaktionen JHWHs gegenüber menschlichem Verhalten[389] (Ri 1,7; 1 Sam 24,20; Jes 59,18; Jer 32,18; Joel 2,25; Rut 2,12)[390], wobei er stets als Person erscheint und fungiert, so daß er durch Taten des Menschen "direkt berührt wird und darauf entsprechend reagiert".[391] *Scharbert* verweist ausdrücklich darauf, "daß das Alte Testament *auch* den Gedanken von der 'schicksalswirkenden Tat' kennt"[392], daß aber daneben auch der einer "Vergeltung" steht. Im Zusammenhang der Erwägungen zu Segen und Fluch[393] war dieses schon anzumerken.[394]

---

382 Vgl. *H.H.Schmid*, Wesen und Geschichte der Weisheit, 1966 (BZAW 101).- *G.von Rad*, Weisheit in Israel, 1970.- *H.D.Preuß*, Einführung in die atl. Weisheitsliteratur, 1987 (Urban-TB 383).

383 *ders.*, Das Verbum PQD in der Theologie des A.T., BZ NF 4, 1960, 209-226 (= in: WdF 125, 278ff.).

384 WdF 125, 283.

385 WdF 125, 141ff.

386 WdF 125, 298.

387 ŠLM im A.T., in: FS H.Junker, 1961, 209-229 (= WdF 125, 300ff.).

388 So *J.Scharbert*, WdF 125, 308f.; Belege dort 306f., Anm.45ff.

389 WdF 125, 312ff.

390 WdF 125, 315ff.

391 WdF 125, 322.

392 ebd., 324.

393 Darauf verweist auch *Scharbert*, a.a.O.

R.L.Hubbard [395] hat den Begriff der Sphäre für bestimmte in diesem Zusammenhang herangezogene Texte des AT überhaupt in Frage gestellt und gemeint, daß die "act-result-connection" nicht nur in "spherical terms" verstanden werde, sondern auch in "linearen". So spreche Ps 17,7 mehr von einem "Bumerang" als von einer "Sphäre" und setze eine lineare, nicht aber eine sphärische Ontologie voraus. Ähnliches gelte von Ps 54,7 oder Ps 59,13b.14a. *Hubbard* plädiert mit allem jedoch mehr für einen "alternative term"[396], als daß er an dem hier zur Diskussion stehenden Sachverhalt und seiner Erfassung insgesamt Kritik übt.
Eine grundsätzliche und umfassende Kritik hat jedoch *J.Halbe* in einem wichtigen Aufsatz vorgetragen.[397] Hier geht es um die Sicht der Welt als Ordnung, für die der Tun-Ergehen-Zusammenhang konstitutiv ist, überhaupt, und die als selbstverständlicher Denk- und Anschauungshorizont für eine atl., ja biblische Theologie[398], als Grundfrage menschlichen Welt- und Selbstverhältnisses, als Primärhorizont aller Erfahrung der Wirklichkeit Gottes wie auch des Menschen angesehen wird.[399] Dabei wird zuerst der Begriff des (altorientalischen) Weltordnungsdenkens problematisiert[400], d.h. der Weltordnungs*vorstellung*, die dem Ausdruck gibt, daß Menschen Welt immer nur in Strukturen erleben und dies dann im Rahmen einer bestimmten altorientalischen Vorstellungswelt ausgedrückt und aufeinander bezogen wird.[401] "Verwandte Strukturen des Welterlebens werden dann unmittelbar zu Indikatoren kultur-, spezifisch religions- und geistesgeschichtlicher Abhängigkeiten, wie umgekehrt solche Abhängigkeiten, wo es nur geht, unterstellt werden müssen, hängt doch daran die Erkenntnis jener verwandten Strukturen."[402] Nun wird man solche Abhängigkeiten nicht überall entdecken, sie aber für den Bereich der Weisheitsliteratur und damit des dort konstitutiven Denkens im Tun-Ergehen-Zusammenhang nicht bestreiten können. *J.Halbe's* Kritik dürfte aber doch zutreffend sein, wo und weil er sich dem atl. Recht zuwendet[403] und dort nach der Gültigkeit des Weltordnungsdenkens mit seinem Tun-Ergehen-Zusammenhang fragt, d.h. - anders gewendet - "auf welcher Basis, kraft welcher Bindung gelang (sc. in Israel[404]) die *Integration* der gruppengebundenen Normtraditionen..."[405] Antwort: "...durch die gemeinsame Bindung der Trägergruppen *an Jahwe* ..."[406], nicht durch eine politisch zentrale Gewalt, wie z.B. das Königtum, sondern durch eine Lösung, die "konkret das Bekenntnis zu Jahwe in seiner Ausschließlichkeit fordernden und

---

394 Vgl. oben S. 205f.

395 Is the "Tatsphäre" always a sphere?, JETS 25, 1982, (Nr.3), 257-262.

396 ebd., 259.

397 »Altorientalisches Weltordnungsdenken« und atl. Theologie, ZThK 76, 1979, 381-418.

398 Zum Problem biblischer Theologie bei *Halbe* s. a.a.O., 415ff.

399 Vgl. so *J.Halbe,* a.a.O., 383f.

400 a.a.O., 385ff.- Ähnliches tut auch *K.Koch,* Art. "צדק *ṣdq* gemeinschaftstreu/heilvoll sein", THAT II, Sp. 507-530 (dort 509f. und 516ff.).

401 ZThK 76, 1979, 387f.; vgl. 413.

402 ebd., 389.

403 a.a.O., 395ff.

404 (Zusatz Verf.).

405 ebd., 399.

406 ebd., 400.

sich authentisch im Exodushandeln erschließenden Identität"[407] als prägend erfuhr, d.h. auch in der "Zuwendung Jahwes in seiner Feinde besiegenden Macht".[408] Nirgends aber sei hier das Konstrukt eines altorientalischen Weltordnungsdenkens in dessen israelitischer Ausprägung zu erkennen oder von Bedeutung, und dies gelte für die atl. Rechtscorpora vom Bundesbuch bis zum Heiligkeitsgesetz[409], wo z.B. nicht eines dieser Rechtscorpora auf den für das Weltordnungsdenken und seine Durchsetzung doch so wichtigen König zurückgeführt wird. Auch von einer (wie auch immer gearteten und zu verstehenden) Schöpfungsordnung her wird nicht argumentiert. Und wenn *J.Halbe* folgert, daß das Weltordnungsdenken als Ideologem "damit erledigt" sei[410], so ist ihm zumindest insoweit zuzustimmen, daß es sich (zusammen mit dem ihm zugeordneten Tun-Ergehen-Zusammenhang) für eine Erklärung der atl. Rechtstexte oder gar des AT insgesamt nicht eignet.
So wird man den Tun-Ergehen-Zusammenhang, in dem und durch den JHWH wirkt, als für manche Bereiche des AT wichtig oder gar, wie etwa in der Weisheitsliteratur, besonders prägend und dort auch in kritischer Auseinandersetzung mit ihm das Thema bestimmend ansehen können. Als ein Verstehensschlüssel für das AT insgesamt oder gesamtbiblischer Theologie[411] und hier dann noch gar in Kombination mit einem ihn tragenden Weltordnungsdenken kann er nicht fungieren. Er darf aber auch nicht unterschlagen werden[412], wenn man danach fragt, wie atl. Fromme göttliches Wirken in Geschichte und Gegenwart erlebt, interpretiert, dann aber auch problematisiert haben. Im Blick auf das ganze AT jedoch dürfte gelten, daß hier der Tun-Ergehen-Zusammenhang nicht zu einer alles beherrschenden Fragestellung oder gar zu einem "Dogma" werden konnte, denn JHWH als "der Gott eines geschichtlichen Kommens und Eingreifens schreibt keine Harmonien fest, die nur in Wunschbildern wirklich sind; er schafft Wandlungen und erweckt Hoffnungen, die über eine ständig regenerierte Ordnung hinausführen."[413] Wie eine solche Wunschbildharmonie bei versuchter Anwendung auf Geschichtsschreibung aussieht und diese entstellt, wurde oben am Beispiel der Chronikbücher illustriert. Gegenteilig ist von herausragender Bedeutung, daß das AT gerade unter "Gerechtigkeit(en) JHWHs" nicht "Weltordnung" verstanden hat, sondern damit JHWHs geschichtliche Heilstaten bezeichnete.[414]

---

407 ebd., 401.

408 ebd., 403.

409 Vgl. dazu oben S.105f.

410 a.a.O., 414.

411 Siehe dazu auch *O.Kaiser*, Ideologie und Glaube. Eine Gefährdung christlichen Glaubens am alttestamentlichen Beispiel aufgezeigt, 1984.

412 Vgl. *R.Knierim*, in: Horizons in Biblical Theology, Vol.3, 1981, 63 (dort 63-101 zu "World Order").

413 *J.Krecher/H.-P.Müller*, Saeculum 26, 1975, 42.

414 Vgl. dazu oben S. 196-203.

i) JHWHs Weisheit

Nur in einer eng begrenzten Textgruppe nachexilischer Zeit ist von der göttlichen (!) Weisheit die Rede, durch die er schöpferisch wirkt.[415]

Natürlich wurde auch menschliche "Weisheit" und diese z.B. als Kunstfertigkeit als eine Gabe JHWHs angesehen (Ex 36,1; 1 Kön 7,14; 2 Chr 2,12f.), und auch die Klugheit Salomos (1 Kön 3,28; 5,12f.21) stammt von Gott. Gott ist eben Besitzer der Weisheit, er gibt sie weiter und teilt sie aus, und dies an den Bauern wie den König, den Richter oder den Beamten wie an den Künstler.[416]

Etwas wesentlich Anderes ist jedoch gemeint, wenn die JHWH zugehörige, göttliche Weisheit von ihm als schöpferische Kraft eingesetzt wird, um das Weltall insgesamt zu gestalten. Ps 104,24 läßt hierbei gut das damit Gemeinte erkennen. Wenn JHWH alle seine Werke in und mit Weisheit vollbracht hat, die Erde voll ist von seinen Schöpfungen, dann bedeutet dies vor allem, daß alles in einer gottgefügten Ordnung erstellt, eines dem anderen gut zugeordnet ist, wie dies der gesamte Psalm 104 schön aufzeigt. Die göttliche Weisheit war also bei der Erstellung der Welt als Ordnung dabei. Diese Art "theologischer" Weisheit rückt die Weisheit in die unmittelbare Nähe JHWHs, macht sie sogar zu einer Person, die als erstes, vorzeitiges Werk JHWHs bei der Schaffung der Welt bereits dabei war (Spr 8,22-31), als sein Pflegekind vor ihm spielte (V.31)[417]. Diese Personifikation ist eine vorwiegend poetische, wohl auch durch ägyptische Texte sowie durch das Gegenüber von positiver Frau Weisheit zu fremder, verführender, negativer Frau angeregt, die in Spr 1-9 eine über ihr Auftreten in Spr 10ff. hinausgehende Rolle spielt. Von einer Hypostase sollte man auch hier nicht reden[418], sondern es geht eher um einen Versuch der Weisheitslehrer, die Autorität der Weisheit in nachexilischer Zeit durch deren Personifikation zu verstärken. Diese Erwähnungen haben ihren Ort nicht zufällig erst im Rahmen der sog. jüngeren Weisheit, wie sie innerhalb des AT vor allem in Spr 1-9 begegnet.

Auf ein verbreitetes und folgenreiches Mißverständnis ist noch einzugehen. Man hat oft gemeint, daß, wenn diese göttliche Weisheit bei der Schöpfung bereits als anwesend oder vielleicht sogar als mittätig gedacht worden sei, sie dann auch dem Menschen zugänglich, d.h. aus der Schöpfung ihm erkennbar sei und sein müsse. Eben dieses steht nun aber weder in Spr 8,22ff. noch in den inhaltlich parallelen Versen 3,19f. (vgl. auch 1,20-33). Auch in Hi 28, einem Nachtrag zum Hiobbuch[419], wird innerhalb eines stark theologisch reflektierenden Gedichts auf die göttliche Weisheit ausdrücklich verneint, daß sie dem Menschen zugänglich sei. Würde er auch noch so tief graben, tiefer gar, als man damals ein (atl. nur hier in 28,1-11 erwähntes) Bergwerk anlegen konnte, so würde der Mensch sie nicht erreichen. Es ist offensichtlich zweierlei, ob JHWH seiner

---

415 Vgl. dazu: *G.von Rad,* Weisheit in Israel, 1970 (vor allem 189ff.).- *H.D.Preuß,* Einführung in die atl. Weisheitsliteratur, 1987 (vor allem 60-67).- Ferner: *W.Eichrodt,* Theol. II^7, 50-56.- *G.von Rad,* Theol.I^5, 454ff.

416 Vgl. noch Ex 28,3; 2 Sam 14,2.17-20; 1 Kön 3,9.12.28; Jes 28,23ff.; 31,2; Jer 10,12; 51,15; Hi 4,12-16; 11,6.

417 Weiterführend zu diesen Fragen: *O.Keel,* Die Weisheit spielt vor Gott, 1974.- *H.-J.Hermisson,* Observations on the Creation Theology in Wisdom, in: FS S.Terrien, New York 1978, 43-57.

418 Vgl. oben S. 186f.

419 Vgl. *H.D.Preuß,* Einführung (s. Anm.415), 85-87 (Lit.).

Welt (s)eine Ordnung einstiftet, oder ob der Mensch diese "Schöpfungsordnung" oder gar durch sie Gott erkennen kann. Gott allein weiß den Weg zu ihr und kennt ihre Stätte. Hier darf man folglich die Texte nicht etwas sagen lassen, was sie ausdrücklich verneinen. Der Abstand zwischen Geschöpf und Schöpfer, den auch die Gottesreden im Hiobbuch herausstellen (Hi 38,1 - 42,6), bleibt zu wahren und gewahrt. Daß eine Gotteserkenntnis aus der Schöpfung möglich sei, wird erst unter dem Einfluß hellenistischer Popularphilosophie in Weish 13,1-5 vertreten.

Dies hat man schon zu späteren atl. Zeiten nicht mehr verstanden oder ertragen, und so wurde dem Gedicht Hi 28 mit V.28 ein Zusatz angefügt, der dann aber bezeichnenderweise von der menschlichen Weisheit redet und reden muß, und ähnliches wurde wohl auch durch die Anfügung von Spr 8,32-36 an 8,22-31 zu erreichen versucht.

Eine darüber hinausgehende Weiterführung[420] erfuhr dann dieses Denken durch Sir 24, wo die göttliche Weisheit einerseits mit dem Gesetz Israels verbunden wurde, das sich in Israel niederließ, und anderseits dabei Anleihen bei der שׁכן-Vorstellung gemacht wurden ("Wohnung nehmen"; vgl. die Š^{e}kinah im Früjudentum).[421] Ähnliches lassen Weish 7,22 - 8,1 und 9,1-8 erkennen. Erst hier wird dann gesagt, daß diese so geartete göttliche Weisheit auch in die Menschen eingehen könne (7,27; 9,7) und nicht nur das All regiert (8,1). War nach Spr 1-9, Hi 28 und Ps 104,24 die göttliche Weisheit nur im Bereich der Schöpfung tätig, so wird jetzt auch Israels Geschichte, von der bis dahin in der Weisheitsliteratur geschwiegen wurde, der Wirkungskraft göttlicher Weisheit unterstellt und diese Weisheit damit bewußt aufgewertet und ausgeweitet (Weish 10-12 und 16-19; vgl. Sir 44-49).

k) JHWHs Wort

Das nach Meinung, Gebrauch und Häufigkeitsstatistik des AT wichtigste und häufigste Offenbarungs- und Wirkungsmittel JHWHs ist sein Wort, sein דָּבָר.[422] Schon beim Blick auf das atl. Verständnis vom Segen[423], der ja "Wort" ist, wurde deutlich, daß hierbei nicht nur ein Reden, sondern ein Handeln geschieht, daß das Wort nach Meinung der atl. Zeugen - wie auch in Israels Umwelt - Macht- und Tatcharakter hat. Hieran kann angeknüpft werden.

Die Frage nach der Etymologie hilft dabei (auch hier) nicht sehr viel weiter.[424] Die Wurzel דבר soll irgendwie die Tätigkeit des Sprechens (brummen, summen) oder die Sprechfunktion ("das, was hinten ist, nach vorn treiben") wiedergeben oder gar malen, wo und wie eben Worte aufeinander folgen. Weiter hilft

420 Dazu *H.D.Preuß*, a.a.O., 137-151 (mit Lit.).- *M.Küchler*, Frühjüdische Weisheitstraditionen, 1979 (OBO 26).

421 Dazu *B.Janowski*, »Ich will in eurer Mitte wohnen«, JBTh 2, 1987, 165-193 (dort 191 mit Lit.).

422 Dazu: *O.Grether*, Name und Wort Gottes im A.T., 1934 (BZAW 64).- *L.Dürr*, Die Wertung des göttlichen Wortes im A.T. und im antiken Orient, 1938.- *G.Gerleman*, Art. "דָּבָר *dābār* Wort", THAT I, Sp. 433-443.- *W.H.Schmidt (u.a.)*, Art. "דבר *dāḇar*", ThWAT II, Sp. 89-133 (Lit.); vgl. *ders.*, Atl. Glaube[6], 296-300.- Vgl. auch: *W.Eichrodt*, Theol. II[7], 40-48.- *O.Procksch*, Theol., 468-475.- *C.Westermann*, Theol., 11ff.

423 Vgl. oben S. 205f.

424 Vgl. dazu *W.H.Schmidt*, ThWAT II, Sp. 101f.

schon die Erkenntnis, daß דָּבָר sowohl für "Wort" als auch für "Sache, Tat, Geschehen" benutzt wurde (z.B. Spr 11,13; 17,9)[425]. דִּבְרֵי הַיָּמִים sind Aufzeichnungen über Tagesereignisse, sind Annalen oder Geschichtsschreibung (1 Kön 14,19 u.ö.; Chr). "Diese Worte" meinen auch "diese Ereignisse" (Gen 15,1; 22,1; vgl. 1 Sam 4,16; 2 Sam 1,4 u.ö.). So kann von Propheten gesagt werden, daß sie "Worte schauten" (Am 1,1; Jes 2,1), daß ihnen eine Sache, ein Geschehen zur Anrede wurde. So enthält und entläßt ein Geschehen ein "Wort", und dieses Wort ist folglich mit der Macht und Kraft dieses Geschehens, dieser Sache gefüllt. Es enthält das Wesen dieses Dinges (Jos 5,4; 1 Kön 11,27), drückt dies nicht nur aus, wozu man die Eigennamen im AT oder die Namengebung als Bestandteil der Schöpfung im babylonischen Enuma eliš[426] oder in Gen 2,19 vergleichen kann. Wort ist Machtwort (Gen 1; Jes 40,8; 55,10f.; Jer 23,29; Ps 33,4.9), hat dynamischen Charakter und ist viel mehr mit dem jeweils konkreten Sinngehalt, dem Inhalt verbunden, als dies bei unserem verallgemeinernden Begriff "Wort" der Fall ist. Es geht um ein Wort-Geschehen, um einen Sach-Verhalt.

Fast 400mal werden nun Nomen und Verbum (dieses vor allem im Piel) im AT mit Gott als Subjekt verwendet. Absolut gebrauchtes דָּבָר kommt darin über 200mal als auf Gott bezogen vor, und dreiviertel dieser Belege betreffen dabei die prophetische Wortoffenbarung. Daß für die Propheten der דָּבָר typisch ist, steht auch in Jer 18,18. Beim Verbum überwiegt ein personales Subjekt. Die Konstructusverbindung דְּבַר יהוה kommt 242mal im AT vor; auch diese Wendung ist dabei 225mal term.techn. für die prophetische Wortoffenbarung, an nur sieben Stellen für das gesetzliche Wort JHWHs[427], nie aber für ein mechanisches oder mantisches Gottesorakel. Das priesterliche Gotteswort wurde mit תּוֹרָה bezeichnet[428], prophetische Wortoffenbarung aber sowohl in vor- als auch in nachexilischer Zeit, damit in fest geprägter Verwendung, als דבר יהוה. Der Plural דִּבְרֵי יהוה findet sich nur 17mal[429], nur 3mal ein דִּבְרֵי אלהים (Jer 23,36; Esr 9,4; 1 Chr 25,5). Auch dieser Plural kann für prophetische Wortoffenbarung stehen[430], aber auch für die Gottesworte des Dekalogs (als דברים: Dtn 4,13; 10,4; vgl. Ex 34,28) oder des Bundesbuchs (Ex 24,3f.; Esr 9,4). In Gen 15,1 (E?) wird die Wortoffenbarungsformel auch bei Abraham verwendet; aber dieser ist ja nach Gen 20,7 (E) eben auch ein Prophet. In der Weisheitsliteratur kommt die Wendung "Wort(e) JHWHs bzw. Gottes" nicht vor.[431]

---

425 Vgl. analog die "Übersetzungsproblematik" von Joh 1,1 ("Im Anfang war das Wort") in *Goethe's* Faust I (Studierzimmerszene; Faust mit Pudel).

426 Es beginnt mit "Als droben der Himmel (noch) nicht genannt, drunten der Grund (noch) nicht benannt war...": AOT², 109; RGT², 108. Zur Wertung des (göttlichen) Wortes in Mesopotamien vgl. *H.Lutzmann,* ThWAT II, Sp. 98-101.- Auch nach ägyptischer Auffassung schuf RE die Götter durch Nennung seiner Glieder, d.h. ihrer Namen (*E.Hornung,* Das Totenbuch der Ägypter, 1979, 60 = Spruch 17.3).- Zu RE vgl. WdM I, 389-393.

427 Num 15,31; Dtn 5,5 [plur.]; 2 Sam 12,9 [?]; 1 Chr 15,15; 2 Chr 30,12; 34,21; 35,6.

428 Vgl. Bd.II, § 9.4.

429 Ex 4,28; 24,3.4; Num 11,24; Jos 3,9; 1 Sam 8,10; 15,1; Jer 36,4.6.8.11; 37,2; 43,1; Ez 11,25; Am 8,11; 2 Chr 11,4; 29,15.

430 Prophetisches Wort ist gemeint in Jer 36,4.6.8.11; 37,2; 43,1; Ez 11,25; 2 Chr 11,4.

431 Dies war z.B. in Ägypten anders, wo menschliches Weisheitswort, das ja schöne Rede war und auch "über Gott" sprach, auch "Gotteswort" genannt wurde. Vgl.

JHWHs Wort ist nun nicht nur, wie dies z.B. von seinem "Namen" oder seiner "Herrlichkeit" gilt[432], Mittel und Ausdruck seiner Präsenz, sondern sein Wort ist Mittel seiner Wirksamkeit als Verheißung und Drohung, Anspruch, Zuspruch und Gestaltungskraft. דבר יהוה meint ursprünglich den jeweils konkreten, einzelnen Gottesspruch aus Prophetenmund als Form einer einzelnen Wortoffenbarung, wurde dann aber ausgeweitet, verallgemeinert und breiter auf prophetische Schriften insgesamt bezogen, schließlich auf das ganze AT als heilige Schrift und "Wort Gottes". Auf den einzelnen Prophetenspruch bezogen ist דבר יהוה folglich nicht mit "*ein* Wort JHWHs" zu übersetzen, sondern mit "*das* Wort JHWHs"[433], das Wort, das hier als der jetzt gültige Bescheid ergeht und das im Augenblick keine Ergänzung braucht, auch nicht erst durch Verknüpfung mit anderen Worten zum Wort JHWHs schlechthin wird. Dieses Wort bedarf keiner Abstraktion, kann aber durch JHWH, der eben Herr auch seines Wortes ist und bleibt, durch ein neues Wort wieder rückgängig gemacht werden (vgl. Jes 16,13f.; Jer 18,5-10; Jona). Botenspruch, Botenformel und prophetische Spruchgestaltung zeigen hierbei, daß es sich bei diesem Wortempfang nicht um Identitätsmystik oder Ekstase, sondern um einen bewußten Vorgang handelt, wo Indienstnahme durch Erleuchtung geschieht, eine Erschließungssituation sich ereignet, welche die Indienstnahme bewirkt.[434] "Wort JHWHs" ist nach dem Zeugnis der Propheten dabei das zentrale Offenbarungsmittel JHWHs, und dies als zugleich voll von Menschen gestaltetes Wort. "Wort JHWHs" ist sowohl das von JHWH an den Propheten ergangene, wie das durch den Propheten ergehende Wort, auf das man hören soll.[435] Von ihm her werden z.B. Träume, die sonst innerhalb des AT auch als Offenbarungsmittel gewertet werden[436], kritisiert (Jer 23,25.28). "Wort" entspricht JHWHs Personcharakter und seiner göttlichen Souveränität, als Anspruch seinem sittlichen Willen, als Zuspruch seinem Willen zur Gemeinschaft. Wenn JHWH redet, muß man gezwungenermaßen Prophet werden (Am 3,8). Im Wort gibt JHWH sein Wesen und sein Handeln kund, im Wort handelt er. Wort ist Einheit von Anrede und Tat. Es kann das Wort "niederfallen" in Israel (Jes 9,7) und wie Feuer oder wie ein Hammer sein (Jer 5,14; 23,29). So kann man die sog. Wortereignisformel ("es geschah das Wort JHWHs zu") auch berechtigt übertragen mit "es wurde die Sache, die Tat JHWHs Realität bei".[437] Entscheidend ist somit das jeweilige Wort als Ereignis, nicht eine (vielleicht noch gar ewige) Wahrheit als Inhalt. Wort trägt in sich die Einheit von inkarnativem und prädikativem Element, ist

---

dazu: *P.Kaplony,* Der Schreiber, das Gotteswort und die Papyruspflanze, ZÄS 110, 1983, 143-173.- Spr 30,5 ist (auch terminologisch) die große Ausnahme.

432 Siehe dazu oben S. 191-195.

433 So mit *L.Köhler,* Theol.[4], 91.

434 Vgl. dazu genauer Bd.II, § 10.4.

435 Vgl. z.B Jes 8,5; Hos 1,2; Am 3,8; Sach 1,9.- Dann: Jes 1,10.20; 16,13; Jer 1,7; 20,8f.; 23,28; 27,13; Am 3,13; 4,1 u.ö.

436 Vgl. z.B. Jakob in Bethel Gen 28,12; Josephsgeschichte Gen 40/41; an Propheten Num 12,6-8; Daniel 2; 4.- Das Nebeneinander von Traum und Orakel kannten auch die Hethiter, jedoch wohl nicht das schöpferisch wirkende und das prophetische Gotteswort. Vgl. dazu: *M.Hutter,* Bemerkungen über das 'Wort Gottes' bei den Hethitern, BN 28, 1985, 17-26.

437 Zu diesen Wortereignisformeln sowie zum Gebrauch von דָּבָר bei den Propheten vgl. Bd. II, § 10.4. und *L.Rost,* Studien zum A.T., 1974 (BWANT 101), 9ff.39ff.

Anrede und Befehl, dynamisches Geschehen, ist "Mit-Teilung" und Verwirklichung göttlichen Willens wie göttlicher Macht. Wort Gottes aus Prophetenmund hat auch belebende Kraft (Ez 37,4ff.), und so kann es heißen: "Hört, auf daß ihr lebt" (Jes 55,3; vgl. Dtn 8,3).[438] Es hat damit die Klarheit eines Sprachgeschehens, fordert zugleich aber Glauben, da JHWH selbst verborgen bleibt. Wenn aber JHWH zulange nicht "redet", sich nicht kundtut, entsteht Hunger nach seinem Wort (Am 8,11f.; vgl. Hos 5,6; Ps 74,9). Ezechiel kann und muß das Wort essen (Ez 3,1-3), dem Bileam oder dem Jeremia legt JHWH es in seinen Mund (Num 22,38; 23,5.16; Jer 1,9 u.ö.). Nach dem dtn/dtr Verfassungsentwurf (Dtn 16,18 - 18,22) verheißt JHWH auch, daß er dem Propheten, den er aus den Brüdern in Israel je und je erwecken wird, auch seine Worte in den Mund legen wird, damit dieser redet, was JHWH gebieten wird (Dtn 18,15.18).

Der דָּבָר JHWHs ist folglich nicht nur Ankündigung und Deutung von Geschichte, wie dies besonders bei den Propheten deutlich wird[439], sondern, wie es sich z.B. aus dem DtrG erheben läßt, auch selber Triebkraft von Geschichte. JHWH geleitet sein Volk durch immer neues Wort, er redet es an und will Antwort des Glaubens wie des Gehorsams. Dabei ist sein Wort nicht stets und sofort als das Seine ausweisbar[440]. Es trifft oder trifft nicht, verweist auf Geschichte[441], und diese Geschichte wird im Wort des Verkündigers zum Anspruch an den Hörer: "Ihr werdet erkennen, daß ich JHWH bin"![442] Geschichte JHWHs mit seinem Volk lebt als erzählte Geschichte weiter und wird neu zum Exempel, das Glauben wirken kann und soll. Was alle jeweiligen "Worte" verbindet, ist JHWHs Wille zur Gemeinschaft mit seinem Volk, der sich auch in seinem Gerichtswillen kundtut[443] und sich jeweils verschieden äußert, ja sich verschieden äußern *muß*. "Wort JHWHs" ist Kundgabe JHWHs, bleibt aber stets indirekte, besser mittelbare Selbstoffenbarung dieses Gottes. Darin, daß dieses Wort zu persönlicher Begegnung mit JHWH "geschieht, ergeht", liegt sein Spezificum.[444] JHWHs Wort hat damit auch exklusiven Vorrang gegenüber einem Gottesbild (vgl. Dtn 4,10.15). "Das ist der Modus biblischer Gottesoffenbarung: die Worte Gottes hören und dem rufenden Gott nachgehen. Nicht im Betrachten oder in der Pflege eines noch so schönen Gottesbildes wird der bi-

---

438 Zum Zusammenhang von Dtn 8,3b und Jes 55,3 vgl. *L.Perlitt,* Wovon der Mensch lebt, in: FS H.W.Wolff, 1981, 424f.- Zu Jes 55,3: *E.Zenger,* »Hört, auf daß ihr lebt« (Jes 55,3). Atl. Hinweise zu einer Theologie des Gotteswortes, in: Freude am Gottesdienst (FS J.G.Plöger), 1983, 133-144.

439 In den Mari-Briefen (18.-17.Jh.v.Chr.) ist ein göttliches Sprechen durch menschliche "Propheten" vor und außerhalb von Israel belegt. Die dortigen Prophetenworte sind jedoch mehr auf kleinere Einzelereignisse bezogen, nicht auf Interpretation größerer Geschichtszusammenhänge und Geschichtsereignisse. Zur Sache vgl. u.a.: *F.Ellermeier,* Prophetie in Mari und Israel, 1968 (dazu: *J.G.Heintz,* Bibl 52, 1971, 543-555).- *E.Noort,* Untersuchungen zum Gottesbescheid in Mari, 1977 (AOAT 202).- *A.Schmitt,* Prophetischer Gottesbescheid in Mari und Israel, 1982 (BWANT 114).- Vgl. weiter: Bd.II, § 10.2.

440 Vgl. § 10.7. zum Problem der "falschen Propheten".

441 Siehe dazu gleich S. 238ff.

442 Vgl. dazu unten S. 234f.

443 Vgl. dazu in Bd.II die §§ 10.6. und 14.7.10.

444 118mal mit היה אל als Prädikat; vgl. THAT I, Sp. 439.- Dazu: *W.Zimmerli,* BK XIII/1, 89; *W.H.Schmidt,* ThWAT II, Sp. 120f.

blische Gott erfahren, sondern indem man sein verheißendes und forderndes Wort hört und verwirklicht."[445] So ist es auch JHWHs Wort, auf daß der Beter hofft und harrt (Ps 107,19f.; 119,81; 130,5).[446]
Auch beim Jahwisten ist das an wichtigen Stellen seiner Erzähllinie ergehende Wort JHWhs entscheidend. Dies reicht von den Worten im Paradies und vor der Vertreibung aus ihm in Gen 2,18; 3,16-19.22 über Befehl und Zusage an Abram in Gen 12,1-3.7[447] und über die verheißenden Worte an Mose in Ex 3,4f. bis zu der Bundeszusage in Ex 34,10. Ob hier allerdings stets das Wort dem Geschehen vorangeht[448] oder nicht eher ein Geschehen zum Wort wird (vgl. brennender Dornbusch), ist zu fragen. Außerdem kann nicht von einer zeitlichen Vorordnung des Wortes durch den Erzähler auf eine solche auch beim erzählten Geschehen (etwa beim Auszug) geschlossen werden.
Neben den Büchern und Sprüchen der Propheten ist für das atl. Verständnis vom "Wort JHWHs" auch das Dtn von Bedeutung. Hier ist JHWHs Wort als Kundgabe seines Willens (Dtn 5,5) dann mit diesem Gesetzbuch selbst identisch (Dtn 28,14; 29,28; Jos 1,8), das Auslegung der "zehn Worte" (Dtn 4,13; 10,4) des Dekalogs sein will (Dtn 1,5; 5,22ff.) und "Leben" ist und bringt (Dtn 32,47). "Wort" bzw. "Worte (JHWHs)" sind hier nun aber verstärkt seine durch Gesetze und in Gesetzen gebietenden Worte.[449] Auch hier begegnet Gott als und in Sprache von Menschen, gar als Text und Schrift.
Im vom Geist des Dtn's abhängigen DtrG ist JHWHs Wort vor allem Ankündigung kommenden Geschehens durch Prophetenmund, Triebkraft von Geschichte. Hier geschieht das Entscheidende "gemäß dem Wort, das JHWH durch den Propheten sprach"[450], und JHWH "erfüllt" sein verheißendes (2 Sam 7,10.24) wie androhendes Wort (2 Kön 17,13), läßt nichts davon wirkungslos zu Boden fallen, wie gern ausdrücklich versichert wird.[451] Vom in der Geschichte wirken-

---

445 Dazu *E.Zenger,* (s. Anm.438), dort 137.

446 Dazu *W.H.Schmidt,* ThWAT II, Sp. 126.

447 In Form einer "Inspiration"? Vgl. *R.Rendtorff,* EvTh 22, 1962, 626 (=TB 57, 65).

448 So *Rendtorff,* a.a.O., 65f. (=626f.).

449 Dtn 12,28; 15,15; 24,18.22; 28,14; 30,14.- 17,19; 27,3.8.26; 28,58; 29,28; 31,12.24; 32,46.- Im DtrG z.B. Jos 8,34; 2 Kön 23,24. Vgl. dazu *G.Braulik,* Ausdrücke für "Gesetz" im Buch Deuteronomium, Bibl 51, 1970, 39-66 (=*ders.,* SBAB 2, 1988, 11ff.; dort [21; vgl. Bibl 51, 49; s. auch bei *W.H.Schmidt,* ThWAT II, Sp. 124f.] als Zusammenfassung: "die *d^{e}bārîm* in 4,10.13.36; 5,5.22; 9,10; 10,2.4 bezeichnen den Dekalog. *dābār* in 15,15; 24,18.22 und *d^{e}bārîm* in 12,28 meinen die konkreten vorausgehenden Einzelbestimmungen. *dābār* in 4,2; 13,1; 30,14 und *d^{e}bārîm* in 1,18; 6,6; 11,18 meinen das ganze mosaische 'Gesetz', nämlich den paränetischen Teil und die anschließenden Einzelgebote. In 28,14 bezeichnet *d^{e}bārîm* dieses 'Gesetz' wahrscheinlich samt dem Dekalog."

450 1 Kön 15,29; 16,12; 22,38; 2 Kön 10,17; 24,2; vgl. 2 Sam 24,19; 1 Kön 12,15; 14,18; 16,34; 17,16; 2 Kön 1,17; 2,22; 4,44; 9,36 u.ö.. Öfter wird hierin eine eigene dtr Redaktion(sschicht) ("DtrP") gesehen; vgl. dazu: *W.Dietrich,* Prophetie und Geschichte, 1972 (FRLANT 108); dort vor allem 88.

451 Durch hebr. מִלֵּא oder הקים: 1 Kön 1,14; 2,27.- 1 Kön 2,4; 6,12; 8,20; 12,15; vgl. Dtn 9,5; 1 Sam 1,23; 2 Sam 7,25.- Dann Jos 21,45; 23,15; 1 Sam 3,19 (vgl. Jes 55,11!).- Zu den Belegen außerhalb des DtrG vgl. *W.H.Schmidt,* ThWAT II, Sp. 122f.

den JHWHwort sprechen auch die (späten) Geschichtspsalmen (Ps 105,8.42 und 106,12.24).
In den exilischen Texten der Priestergrundschrift und Dtjes's hingegen ist aus dem ersichtlichen Grund der notwendigen Stärkung der Exilsgemeinde von JHWHs Wort als dem mächtigen, Schöpfung und Welt gestaltenden Wort die Rede. Durch Gottes wirkmächtiges Wort wird die Welt geschaffen (Gen 1; hier allerdings durch das Verbum אמר ausgedrückt; vgl. Ps 33,9)[452], und damit beginnt die auf JHWHs Wohnen inmitten seines Volkes zielende Geschichte.[453] Von Bedeutung für die Wertung des göttlichen Wortes innerhalb der Priester(grund)schrift sind auch die entsprechenden Belege in den Plagen- wie der Auszugserzählung mit sich entsprechenden Befehlen und Vollzugsformeln (z.B. Ex 6,6; 7,8.10.19a.20; 8,1a.12a.13; 9,8a; 14,15).[454] Im Streit mit den ägyptischen Zauberern berufen sich Mose und Aaron auf JHWHs Wort, und dies erweist sich als den ägyptischen Zauberkünsten überlegen.
Nach Dtjes wird JHWHs Wort sich verwirklichen in Zukunft (Jes 40,8), bleibt es auf keinen Fall wirkungslos und kehrt nicht leer wieder zu JHWH zurück (Jes 55,10f.). Götzen(bilder) hingegen können nicht reden; die Götter schweigen, obwohl JHWH sie zum Reden auffordert (Jes 41,21ff.; 44,6-8.18; 45,20-25; 46,7). JHWH hingegen sagt(e) voraus, was geschieht, und aufgrund seiner Wort- wie Geschichtsmächtigkeit trifft dies auch ein (Jes 40,21; 41,26; 43,9; 44,6-8; 45,21; 46,10f.).[455] In nachexilischer Zeit wird - wohl auch unter dem Einfluß des Dtn's - "Wort JHWHs" dann immer stärker auch mit dem Gesetz identifiziert (vgl. Neh 8,1-12; Ps 1; 19B; 119; 147,18-20; in Ps 17,4; 50,17 mit JHWHs Geboten). Ob hier oder schon in atl. Texten dieses "Wort" als Hypostase verstanden wurde oder zu verstehen ist[456], ist so unklar wie umstritten.[457] In frühjüdischer

---

452 Nach dem babylonischen Schöpfungsepos erschafft Marduk durch sein Wort ein Kleid und läßt es wieder verschwinden (Enuma eliš IV 19-26: AOT², 117; ANET³, 66). Zu Ägypten vgl. die folgende Anm.

453 In dieser Art der Weiterführung liegt auch - neben der für das AT selbstverständlichen monotheistischen Engführung - der wichtigste Unterschied zwischen dem "wirksamen Wort des einen schöpferischen Gottes" in Gen 1 und damit in Israel und dem Schöpferwort des ägyptischen Gottes Ptah im sog. "Denkmal memphitischer Theologie" (TUAT I/6, 585ff.; RGT², 31f.; ANET³, 4-6); zu Ptah: WdM I, 387-389.- Zu dieser religionsgeschichtlichen Fragestellung vgl. *K.Koch,* Wort und Einheit des Schöpfergottes in Memphis und Jerusalem, ZThK 62, 1965, 251-293 (=*ders.,* Studien zur atl. u. altoriental. Religionsgeschichte, 1988, 61ff. mit Nachträgen und Berichtigungen).- Vgl. zur Wertung des Wortes in Ägypten noch: *J.Landee,* Das Schöpfungswort im alten Ägypten, in: FS H.E.Obbink, Utrecht 1964, 33-66 und *J.Bergmann,* ThWAT II, Sp. 92-98.- Zur Schöpfung durch ein Gotteswort s. auch RGT², 32.52; vgl. 129f.

454 Vgl. dazu *F.Kohata,* Jahwist und Priesterschrift in Exodus 3-14, 1986 (BZAW 166), 226f.310-315.- Zu den Beziehungen zwischen der priesterschriftlichen Schöpfungsgeschichte und der späteren P-Darstellung des Sinaigeschehens (Ex 24, 15b-18a) sowie der Erstellung des Zeltes der Begegnung (Ex 39,43; Ex 40,17) vgl. auch: *P.Weimar,* Sinai und Schöpfung, RB 95, 1988, 337-385, dort 358ff.

455 Vgl. dazu *H.D.Preuß,* Verspottung fremder Religionen im A.T., 1971 (BWANT 92), 192-237.

456 Vgl. zu dieser Fragestellung oben S. 186f.221.

457 Vgl. dazu *W.H.Schmidt,* ThWAT II, Sp. 128-133 ("Ansätze zur Hypostasierung").

Zeit wird JHWHs Wort noch mit der Weisheit verbunden, wobei diese vornehmlich wieder als besonders bei der Schöpfung tätig bezeugt wird (Weish 9,1ff.; vgl. Sir 39,23[17]; 42,15ff.).

5. JHWHs geschichtlich erwählendes Handeln zielt auf Gemeinschaft mit seinem Volk. Dafür befreit und verpflichtet er Israel. Die bisher erörterten Mittel und Kräfte, deren sich JHWH nach den Aussagen des AT bedient, um diese Gemeinschaft zu begründen und zu erhalten, seine Gegenwart und Wirksamkeit kundzutun oder mitzuteilen, gehörten bereits zu dem Bereich, den man theologisch *Offenbarung* nennt.[458] Was das AT genauer hierzu sagt, ist jetzt darzustellen. Dabei darf jedoch nicht übersehen werden, daß wir in den atl. Texten nur Worte *über* erlebte, geschehene, behauptete, beantwortete, reflektierte Offenbarungen Gottes haben, nicht diese Offenbarung(en) Gottes selbst, auch nicht dort, wo es sich nach der atl. Textaussage um eine Selbstoffenbarung Gottes handelt. Was wir haben, sind Texte, die auf sehr unterschiedliche Weise von Offenbarung(en) Kunde geben, nicht die Offenbarung(en) als solche, und diese Texte sind noch dazu meist nicht von denen geschrieben, denen diese "Offenbarungen" zuteil wurden, sondern von späteren Zeugen.[459] Auch geht es hier nicht um die Frage, ob und inwieweit das AT insgesamt als Offenbarung Gottes zu werten ist, sondern um das Reden von Offenbarung(en) im und nach dem Zeugnis des AT. Daß kein Mensch am Leben bleiben kann, der JHWH direkt schaut (Ex 33,20.23; vgl. Ex 19,21; Dtn 4,12.15; 18,16), ist keine im Blick auf das gesamte AT zu bestätigende Grundsatzaussage, sondern diese hat ihren besonderen Ort im Zusammenhang des in Ex 32-34 erzählten Geschehens um Abfall

---

[458] Dazu: *W.Eichrodt,* Offenbarung und Geschichte im A.T., ThZ 4, 1948, 321-331.- *H.Haag,* "Offenbaren" in der hebräischen Bibel, ThZ 16, 1960, 251-258.- *R.Rendtorff,* Die Offenbarungsvorstellungen im Alten Israel, in: Offenbarung als Geschichte *(Hg. W.Pannenberg),* 1961 [[5]1982] (KuD Beih. 1), 21-41 (= *ders.,* TB 57, 1975, 39ff.).- *H.Schuster,* Offenbarung Gottes im A.T., 1962.- *W.Zimmerli,* "Offenbarung" im A.T., EvTh 22, 1962, 15-31.- *R.Schnackenburg,* Zum Offenbarungsgedanken in der Bibel, BZ NF 7, 1963, 2-22.- *F.Schnutenhaus,* Das Kommen und Erscheinen Gottes im A.T., ZAW 76, 1964, 1-22.- *F.Dumermuth,* Biblische Offenbarungsphänomene, ThZ 21, 1965, 1-21.- *F.Baumgärtel,* Das Offenbarungszeugnis des A.T. im Lichte der religionsgeschichtlich-vergleichenden Forschung, ZThK 64, 1967, 393-422.- *A.Deissler,* Gottes Selbstoffenbarungen im A.T., in: Mysterium Salutis, Bd.II, 1967, 226-271.- *W.Zimmerli,* Gottes Offenbarung, [2]1969 (TB 19).- *R.Knierim,* Offenbarung im A.T., in: FS G.von Rad, 1971, 206-235.- *M.Sæbø,* Offenbarung in der Geschichte und als Geschichte, StTh (Oslo) 35, 1981, 55-71.- *J.J.Petuchowski/W.Strolz (Hg.),* Offenbarung im jüdischen und christlichen Glaubensverständnis, 1981.-

Vgl. auch: *E.Sellin,* Theol. des A.T., [2]1936, 45-57.- *L.Köhler,* Theol.[4], 83ff.- *E.Jacob,* Grundfragen, 25ff.- *G.Fohrer,* Grundstrukturen, 33ff.- *C.Westermann,* Theol., 19-21.- *W.H.Schmidt,* Atl. Glaube[6], 100-105.- Bei *G.von Rad* fehlt eine entsprechende thematische Erörterung, obwohl er vielfach von "Offenbarung" spricht; vgl. etwas in: Theol.II[4], 380ff.

[459] Außerdem gilt: Offenbarung "ist keine objektiv faßbare Erscheinung, sondern ein persönliches Erleben und Erfahren, das den Menschen betrifft" (*G.Fohrer,* Grundstrukturen, 38).

und Wiederannahme des Volkes[460] und hat in manchen ihrer weiteren Belege außerdem in späterer Scheu vor direkter Gottesschau ihren Grund. Daß man JHWH sehr wohl "schauen" kann, sagen z.B. Gen 16,13; 32,31 ("und bin doch am Leben geblieben!"); 33,10; Ex 24,9-11; Jes 6,1. Auch für die Zeit der Vollendung erhofft man sich das Schauen Gottes (Jes 17,7; 33,17).

a) Das AT kennt keinen Offenbarungs*begriff*, schon gar nicht einen einzigen oder festen. JHWH kann seinen Willen durch das Losorakel kundtun, seine Kraft durch seinen Geist, seine helfende Gegenwart durch seinen Engel, seinen Namen oder seine Herrlichkeit vermitteln.[461] All dies sind jedoch keine wirklichen "Offenbarungen" JHWHs, d.h. seiner selbst. JHWH kann seine Pläne auch durch Träume kundtun, deren Eindeutigkeit aber umstritten ist, deren Gültigkeit sogar bestritten wird (Jer 23,25.28).[462]

Wenn nun das AT ausdrücklich vom Sich-Offenbaren JHWHs redet, gebraucht es dafür bezeichnenderweise nur Verben, keine Substantive, und dieser Verben sind mehrere. Außerdem wurden all diese Verben nicht nur im theologischen Bereich gebraucht, sondern sie zeigen eine (oft sogar überwiegende) profane Verwendung.[463] Nach atl. Anschauung kann "von Gottes Offenbarung nur in 'profaner, säkularer Sprache' geredet werden".[464] Dies hängt auch damit zusammen, daß das atl. Denken nicht wie das unsere zwischen profan und "theologisch" unterscheiden wollte und konnte[465]. Daß JHWH sich gegenüber den Vätern als אֵל שַׁדַּי, gegenüber dem Mose und damit an Israel als יהוה bekannt gemacht habe (vgl. z.B. Ex 6,3), und daß die grundlegende Offenbarung JHWHs in seinem rettenden Handeln an Israel bei dessen Herausführung aus Ägypten geschah (vgl. z.B. Hos 13,4; Ez 20,5), sind zwei der wichtigsten Aussagen des AT zur Sache.

Die Verwendung profaner Sprache zeigt sich gleich bei dem zuerst zu nennenden Verbum גלה[466] (LXX: ἀποκαλύπτειν), das nur selten mit Gott als Subjekt belegt ist. Hiernach "entblößt Gott jemandem das Ohr", d.h. er tut es ihm auf[467], so daß dieser dann eine Weisung von ihm vernimmt. Samuel erfährt daraufhin,

---

460 Vgl. dazu oben S. 87-89.

461 Vgl. dazu oben die entsprechenden Abschnitte innerhalb dieses § 4.- Zum priesterlichen Losorakel vgl. Bd. II, § 9.4.

462 Vgl. dazu *M.Ottoson u.a.*, Art. "חָלַם *ḥālam*", ThWAT II, Sp. 986-998 (Lit.).

463 Zum folgenden vor allem *R.Rendtorff*, Die Offenbarungsvorstellungen...(s. Anm.458), ferner *H.Haag* (ebd.) und die entsprechenden Artikel im THAT und ThWAT.

464 *H.-J.Zobel*, ThWAT I, Sp. 1029.

465 "Der gemeinorientalische Charakter der alttestamentlichen Sprache zeigt nicht nur, daß Israel - zumindest in dieser Hinsicht - keine spezielle Konzeption von Offenbarung hatte. Er nötigt zur Frage, ob die Erfahrung von 'Offenbarung' auch für Israel nicht wesentlich in ontologisch-kosmologischen und empirischen Kategorien gesehen wurde, theologisch gesagt: ob es bei der Offenbarung Gottes nicht wesensgemäß um die Erfahrung von Gott im Horizont menschlicher Seinserfahrung und Erkenntnis geht. Dies würde erklären, warum auch eine spezielle 'Offenbarung', wie etwa diejenige von Jahwe, von Anbeginn an einer allgemein kommunizierenden Sprache bedurfte": *R.Knierim*, FS G.von Rad, 1971, 214f. (s. Anm.458).

466 *R.Rendtorff* behandelt es daher nur in einer Anmerkung (S.23; Anm.11).

467 Dies kann auch ein Mensch bei einem anderen tun: 1 Sam 20,2.12f; 22,8.17; Rut 4,4.

daß er die Salbung Sauls vollziehen soll (1 Sam 9,15), und David empfing die Verheißung Nathans (2 Sam 7,27 = 1 Chr 17,25). Prophetische Wortoffenbarung wird auch in 1 Sam 2,27; 3,7.21 mit גלה (niph) bezeichnet. Ähnlich geschieht dies in der (dem dtr Prophetenbild entsprechenden) Einfügung Am 3,7 (vgl. noch Dan 10,1). גלה ist somit kein für die Kennzeichnung prophetischer Wortoffenbarung typisches Wort. Beim Vorgang des "Schauens" des Sehers Bileam wird jedoch das "Auftun des Auges" durch גלה ausgedrückt (Num 22,31; 24,4.16). In dem gegenüber den Bileamsprüchen viel jüngeren Ps 119 bittet der Beter (in V.18) um ein solches Auftun des Auges, damit er die Wunder der Tora JHWHs schaue. Dies ist natürlich nicht mehr als ein visionäres Schauen, sondern als Einsicht oder Erkenntnis gedacht. גלה kann für beides stehen. In den Elihureden des Hiobbuches ist dreimal von diesem "auftun des Ohrs" die Rede (Hi 33,16; 36,10.15), das (nach mehrmaligem vergeblichen "Reden" Gottes: Hi 33,14) dann durch Traum oder Nachtgesicht (Hi 33,16) oder durch schlechte Widerfahrnisse erfolgt (Hi 36,10.15). גלה bezeichnet hier das Hören selbst wie auch das daraus resultierende Verhalten.[468] Wichtig ist der innerhalb der vorexilischen Prophetie isolierte Beleg Jes 22,14: "Offenbart hat sich meinem Ohr JHWH Zebaot", wo diese Wendung anstelle der Botenformel steht. Das folgende Gerichtswort gibt den Inhalt dessen an, was der Prophet von JHWH Zebaot "gehört" hat und was dieser tun wird. "Das aufs Geschehen zudrängende Wort der Androhung, das in den Ohren des Propheten hallt, ist hier als Ort des Offenbarwerdens ausgesagt."[469] JHWHs "Auftun" betrifft nach den bisherigen Belegen folglich sowohl das Sehen wie das Hören, und entscheidend ist nicht, "ob und wie *Gott* sich offenbart, <an dessen "Existenz" ja niemand zweifelt>, sondern...ob und wie Gott im Umkreis der menschlichen Wirklichkeitserfahrung *enthüllt*, *sichtbar* wird."[470]

גלה kann dann auch eine Theophanie bezeichnen, wie Gen 35,7 (hier niph) zeigt, das sich auf Gen 28,10ff. zurückbezieht. Der zusammenfassende und das Dtn insgesamt wertende Satz Dtn 29,28 spricht vom Verborgenen, das es bei JHWH gibt, weist aber zugleich und damit hilfreich korrigieren wollend auf das hin, was im Dtn "offenbar" ist und woran man sich folglich halten kann und soll. Jes 40,5 verheißt schließlich, daß JHWHs Herrlichkeit offenbar und alles Fleisch das sehen wird, was JHWH rettend an seinem Volk jetzt tun wird (vgl. Ps 98,1f.). Auf JHWHs geschichtliches Handeln beziehen sich auch Jes 53,1 und 56,1 (hier zusammen mit בוא). Nur nach Gen 35,7 bezeichnet גלה eine Selbstoffenbarung Gottes, dies allerdings auch nur in der Reflexion des Erzählers.

Durch das Verbum ראה im niph kann das Sich-Zeigen und Erscheinen von Menschen (Lev 13,19; 1 Kön 18,1f.), dann aber vor allem das der Gottheit bezeichnet werden, was nach *R.Rendtorff*[471] den ältesten, urtümlichsten Sprachge-

---

468 *H.-J.Zobel*, ThWAT I, Sp. 1026: "Offenbarung erfaßt den ganzen Menschen und ist aufs engste mit Geschichte verflochten."

469 *W.Zimmerli*, EvTh 22, 1962, 16.

470 *R.Knierim*, FS G.von Rad, 1971, 211 (s. Anm.458). Das in < > Stehende ist Zusatz vom Verf.

471 Die Offenbarungsvorstellungen... (s. S. 228, Anm.458), 23. Zum Verbum vgl. auch *F.Schnutenhaus*, (s. Anm.458), 10f. und *H.F.Fuhs*, Art. "רָאָה *rāʾāh*", ThWAT VII, Sp. 225-266 ("Komplementärbegriff zu גלה"; "Gott tritt heraus aus der Verborgenheit seines göttlichen Wesens und erschließt sich in und durch alle möglichen

brauch widerspiegelt. Diese Gotteserscheinungen sind ursprünglich mit einem bestimmten Ort verbunden, so daß die davon handelnden Erzählungen kultätiologischen Charakter haben (Gen 12,6f.; 26,24f.; Ex 3,2: J). Das Erscheinen der Gottheit geht dem daraus resultierenden Altarbau voraus. Auch die Priesterschrift hat noch dieses Erzählschema (Gen 17,1-3; 35,9ff.), allerdings schon in Loslösung vom Kultort und als feierlicher Rahmen einer Gottesrede, und sie verwendet נראה nur für die Zeit der Väter, in Ex 6,3[472] dann נוֹדַע (ידע niph), um das gegenüber der Väterzeit abgehobene, mit der Kundwerdung des JHWHnamens an Mose weiterführende Offenbarungsgeschehen zu kennzeichnen. Auch sonst ist zu erkennen, daß das sinnfällige Erscheinen JHWHs zugunsten der göttlichen Verheißungsrede mit ihrer Ankündigung göttlichen Handelns als dem eigentlichen Inhalt der Offenbarungsszene zurücktritt (vgl. Gen 18,1ff.; 26,2f.; Ri 6,12ff.); es bleibt aber auch erhalten, wie *R.Knierim* gezeigt und betont hat.[473] Nach P "erscheint" auch JHWHs כָּבוֹד (Ex 16,7.10; Num 14,10; 16,19; 17,7; 20,6; vgl. Lev 9,23), "um Gottes Machterweis gegen das ungehorsame Volk anzukündigen."[474] Von einem "Erscheinen" JHWHs sprechen dann noch die späten Texte Ps 102,17 als Hoffnung, Sach 9,14 und Mal 3,2 mit dem Blick auf sein drohendes Einschreiten. Israel konnte eben etwas "sehen", als JHWH sein Volk beim Auszug aus Ägypten rettete (Ex 14,13).[475]
Das qal von ידע wird in 1 Sam 3,7 mit dem "Wort JHWHs" verbunden. Samuel kannte (ידע) JHWH noch nicht, das Wort JHWHs war ihm noch nicht geoffenbart worden (יִגָּלֶה). Das niph von ידע begegnet dann auch in Ps 9,17; 48,4 und 76,2. "Es sind die Machterweise Jahwes als Helfer und Retter Israels, die hier als sein נודע, sein Sich-Kundtun, bezeichnet werden."[476] Ähnliches gilt für Jes 66,14 und Jer 16,21, wo solches von JHWHs "Hand" ausgesagt wird. In seinen machtvollen Heilstaten wird JHWH sichtbar (vgl. Ps 98), gibt er seinen Namen zu erkennen (Jes 64,1; Ps 76,2), und wenn diese Taten genauer beschrieben werden, ist hervorgehoben von der Herausführung aus Ägypten, der Urerwählung Israels[477] die Rede (Ex 9,16; Dtn 3,24; Ps 77,15f.; 78,11ff.; 106,7ff.; vgl. Mi 7,15). Denn hier gab JHWH sich und seinen Namen zu erkennen, hier wurde er Israel bekannt, und seitdem ist Israel von JHWH "erkannt" (Am 3,2; vgl. Dtn 9,24; Hos 13,4). So wird Geschichte von diesem Gott her erfahren und gedeutet in aus eigener Betroffenheit resultierender Aussage wie neuer Anrede. In nur wenigen Texten wird von einem "Kommen" (בּוֹא) JHWHs gesprochen.[478] In Jes 56,1 kommt das Verbum aber zusammen mit גלה vor, so daß es im Zusammenhang der Verben für "offenbaren" mitzuverhandeln ist.[479] JHWH

Arten menschlicher Wirklichkeitserfahrung. *rā'āh* bezeichnet sodann den Offenbarungsvorgang selbst,..." (ebd., 250).

472 Zum Unterschied zwischen ראה und ידע vgl. die erwägenswerten Gedanken von *R.Knierim*, FS G.von Rad, 1971, 219f.

473 FS G.von Rad, 1971, 217.

474 *D.Vetter*, THAT II, Sp. 700. Siehe auch S. 192f.

475 Vgl. auch Ex 6,1; 14,31; 16,32; 34,10; Jos 23,3; 24,7; Ri 2,7; Ps 66,5.

476 *R.Rendtorff*, (s. S. 228, Anm.458), 26.

477 Vgl. dazu oben S. 43-54.

478 Vgl. dazu ThWAT I, 562-568 (Lit.).

479 Zu den wenigen entsprechenden Texten, die von einem "Ausziehen" JHWHs (יצא) als einem theophanen oder epiphanen Geschehen reden, vgl. ThWAT III, Sp. 803f. und *F.Schnutenhaus*, (s. S. 228, Anm.458), 2-5.

"kommt" zusammen mit der Lade (1 Sam 4,7: so sagen die Philister), kommt auch im Traum zu einem Menschen (Gen 20,3; 31,24 E). Er kommt durch seinen Boten (Jos 5,14; Ri 6,11), und er kommt, wie er selber sagt (so im Bundesbuch: Ex 20,24b), an jeden Kultort, an dem er seines Namens gedenken lassen wird, um zu segnen. Auch das Sinaigeschehen wird in interpretierenden Rahmenstücken als ein Kommen JHWHs ausgelegt (Ex 19,9; 20,20), während die Theophanieschilderungen[480] eher von einem "Herabfahren" (ירד: Ex 19,18; 34,5: J; vgl. Ps 18,10; 144,5; Jes 34,5; 63,19; Mi 1,3) sprechen. Vom Sinai, von Seïr oder vom Süden *her* kann JHWH jedoch seinem Volk zu Hilfe kommen (Dtn 33,2; Ps 68,18b; Hab 3,3; vgl. Jes 63,1; in Ri 5,4f. יצא)[481]. Nach der Botschaft der Propheten "kommt" JHWH zum Gericht über (Frevler in) Israel wie über die Völker (Jes 19,1; 59,19f.; 63,1; 66,15f.; Jer 21,13; 25,32; Mal 3,1f.), und exilisch-nachexilische Texte sprechen auch von seinem Kommen zum Heil (Jes 40,10; 42,13; Sach 2,14). Auch in "deinem König", der zur Tochter Zion kommt (Sach 9,9f.), wie im Menschensohn (Dan 7,13) kommt JHWHs Heil (vgl. noch Gen 49,10).[482] Von einem kultischen Kommen JHWHs sprechen nur Ps 24,7.9 (vgl. Ps 96,13; 98,9) und Ps 50,3 ("Unser Gott kommt und schweigt nicht"). JHWH kommt, um etwas zu tun. Sein Kommen ist keine Selbstdarstellung, ist nicht Selbstzweck, sondern er kommt vorwiegend "in den Raum der Bedrängnis Israels"[483]. So weiß man um JHWHs ständige Präsenz in dieser Welt und bei seinem Volk. Man kann, will und muß aber zugleich von seinem je gesonderten Hervortreten, von seinem besonderen Kommen sprechen, da JHWH sich nicht preisgibt, sondern als gegenwärtiger auch zugleich der verborgene bleibt, und nur er selbst kann bewirken, daß er sich einem Menschen als Gott, als der JHWH, der sich erweist, erschließt.

b) In diesem Zusammenhang ist es nicht uninteressant, darauf zu schauen, wie sich die Götter der Umwelt Israels nach den dortigen Glaubenszeugnissen "offenbarten".[484] Dies geschah primär durch und im Kultus und Ritual, wie z.B. durch Bewegungen von Götterbildern oder Prozessionsbarken, bei Opfern mit Opfer- oder Leberschau, durch Omina, durch Zeichen oder Orakel, die in Ägypten auch durch besondere Tiere vermittelt werden konnten, durch den Lauf der Gestirne oder durch Becherweissagung. Zaubersprüche können die Gottheit zu einer Offenbarung bewegen. Gottheiten offenbaren sich auch durch Träume, die dann mittels Hilfen aus Traumbüchern ausgelegt werden. Sie benutzen aber auch den König als (damit auch ständig vorhandenen) Offenbarungsmittler, zumal dieser hier ja oft göttlichen Wesens und "Sohn" der Gottheit ist. So vermittelt der König Wissen um die Gottheit und deren Willen, denn er und die Gottheit kennen und erkennen sich gegenseitig.

c) Um das atl. Reden von JHWH und seiner Offenbarung weiter zu erfassen, muß die sog. Selbstvorstellungsformel "Ich bin JHWH" betrachtet werden, die durch den weiterdenkenden Zusatz "dein/euer Gott" zur sog. Huldformel er-

---

480 Vgl. dazu oben S. 72f.74f.200.

481 Zu diesem "Kommen von Süden" vgl. die (unterschiedlichen) Folgerungen von *L.E.Axelsson,* The Lord Rose up from Seir, Lund 1987 und *J.C.de Moor,* The Rise of Yahwism, Leuven 1990 (BETL XCI).

482 Zu diesen Texten vgl. ThWAT I, Sp. 559-562.

483 *F.Schnutenhaus,* (s. S. 228, Anm.458), 17; vgl. ThWAT I, Sp. 567f.

484 Dazu: *R.Schlichting,* LÄ IV, Sp. 555-559 (Lit.).- *J.Bergmann,* ThWAT III, Sp. 485f.- *G.J.Botterweck,* ebd., Sp. 487-491.

weitert wurde, was dann durch noch genauer und typischer explizierende Weiterführungen, wie das "der ich dich/euch aus Ägypten(land) herausgeführt habe", heilsgeschichtlich ausgeweitet und unterbaut wurde.[485] Daß sie in der atl. Weisheitsliteratur völlig fehlt, verwundert nicht.
Bei der Formel "Ich bin JHWH", die einen selbständigen Nominalsatz darstellt, ist diese Kurzform ohne jede Erweiterung oder Weiterführung als die ursprüngliche anzusehen (vgl. auch Hos 12,10; Jes 42,8). Ihre Erweiterung zu "Ich bin JHWH, dein Gott" (vgl. Ex 20,2) ist z.B. wegen Ps 50,7[486] nicht mit "Ich, JHWH, bin dein Gott" zu übersetzen. In ihrer ursprünglichen Verwendung tritt ein bisher Ungenannter oder Unbekannter aus seiner Unbekanntheit heraus (vgl. Gen 45,3: "Ich bin Joseph"), indem er sich in seinem Eigennamen erkennbar und nennbar macht.
Zimmerli setzt bei seiner Untersuchung dieser Formel mit dem Heiligkeitsgesetz ein, wo sie meist in ihrer Kurzform als abschließende Schlußaussage auftritt, dann durch ein "euer Gott" erweitert und auch noch durch einen weiterführenden Relativsatz mit Hinweis auf Taten JHWHs ("der ich...") entfaltet wird, denn "die Aussage der Selbstvorstellung Jahwes drängt auf Entfaltung"[487] (vgl. z.B. Lev 19,36; 22,32f.; 25,38; Ri 6,10: Exodus bzw. Landnahme sind genannt). Das "dein Gott" wird durch Hinweise auf die Heilsgeschichte ausgelegt (Ex 20,2; Dtn 5,6.- Hos 12,10; 13,4.- Ps 81,11). Die Prädizierung kann dann zum selbständigen Prädikat werden ("Heilig bin ich, JHWH, euer Gott": Lev 19,2). Zu diesen Weiterbildungen gehört auch die sog. "Erkenntnisaussage" (s.u.), wie sie häufig im Ezechielbuch begegnet. In Ex 6,2f. wird die Formel (durch P) in eine geschichtstheologische Gesamtschau eingeordnet (vgl. Ez 20,5-7).[488] "All das, was Jahwe seinem Volke zu sagen und anzukündigen hat, erscheint als eine Entfaltung der grundlegenden Aussage: Ich bin Jahwe"[489], und es ist die Geschichte, durch die diese Entfaltung wie die Erkenntnis JHWHs sich ereignen.[490] Die Formel erscheint im Munde JHWHs wie in dem seines Gesandten, und sie ist sicher nicht zufällig im Geschehen um Mose von besonderer Bedeutung (Ex

---

485 Vgl. zum folgenden vor allem *W.Zimmerli,* Ich bin Jahwe, und *ders.,* Das Wort des göttlichen Selbsterweises (Erweiswort), eine prophetische Gattung, in: Gottes Offenbarung, ^{2}1969 (TB 19), 11-40.120-132; vgl. *ders.,* Theol.^{6}, §§ 1+2; dann *R.Rendtorff,* Die Offenbarungsvorstellungen... (s. S. 228, Anm.458), 32ff.

486 Der Beleg findet sich im sog. elohistischen Psalter, so daß ein יהוה für das jetzige אלהים zu setzen ist.

487 *W.Zimmerli,* TB 19^2, 14.

488 Hierzu *Th.Krüger,* Geschichtskonzepte im Ezechielbuch, 1989 (BZAW 180), 199ff.

489 *W.Zimmerli,* ebd., 20.

490 In der Diskussion zwischen *W.Zimmerli* und *R.Rendtorff* ging es um die Frage: "Worin wird Jahwe 'gesehen' oder 'erkannt'? Es gibt vier Alternativen: a) in seinem die Taten verheißenden Anreden; b) in dem aus der Verheißung folgenden Handeln; c) nur im Handeln; d) in der überlieferungsgeschichtlichen Einheit von beidem. Beide Forscher stimmen darin überein, daß Möglichkeit c) ausscheidet. In der Verhältnisbestimmung von Verheißung und Taten neigt jedoch *Zimmerli* der Alternative a) zu, während *Rendtorff* die Alternative b) und vor allem d) betont": *R.Knierim,* FS G.von Rad, 1971, 218 (s. S. 230, Anm.458).

7,17; 8,6.18; 9,29; 11,7: schon bei J und E).[491] Hinter der Selbstvorstellungsformel, die formgeschichtlich möglicherweise mit der im Polytheismus wurzelnden Notwendigkeit zusammenhängt, daß eine erscheinende Gottheit sich dem Angeredeten mit ihrem Namen vorstellen muß, steht, wie der Gebrauch im Heiligkeitsgesetz, bei P und Ezechiel nahelegen, nach *Zimmerli* ein wohl gottesdienstlicher Vorgang (vgl. Ps 50,5.7ff.; 81,4.9; DtJes), "bei welchem ein durch göttliches Geheiß legitimierter Sprecher gewichtigste Gehalte der Gemeinde im Wort vermittelt."[492] Während die Selbstvorstellungsformel bei Am, Jes und Micha fehlt, ist für sie - neben einigen Belegen in der Genesis[493] - dann DtJes von besonderer Bedeutung. Seine Sprache ist ja auch sonst stark durch gottesdienstliche Elemente geprägt. Sie steht hier sowohl für sich (Jes 45,6.7.18), als auch in die Erkenntnisaussage eingebettet (Jes 45,3; 49,23). Weitere Belege sind Jes 41,13; 42,8; 43,3.15.23; 44,24; 45,22; 48,17; 49,26, unter denen das "Ich bin Gott, keiner sonst" bzw. "außer mir ist kein Gott" (Jes 44,6; 45,22; 46,9) diese Formel auf ihre letzte Konsequenz hin verdichten. In Gerichtsszenen, Disputationsreden und Heilsorakeln unterstreicht das göttliche Ich die Zuverlässigkeit der hier gegebenen Argumentationen und Zusagen. Dies kann sich steigern bis zum in Israels Umwelt häufigen, im AT nur im Hiobbuch (Hi 38,9-11.23; 39,6) und dann hier bei DtJes belegten hymnischen Selbstpreis der Gottheit[494]: "Ich bin JHWH, das ist mein Name, meine Ehre gebe ich keinem anderen noch meinen Ruhm den Götzen" (Jes 42,8; vgl. 41,4; 44,6; 45,5 u.ö.). Götzenpolemik wie Trostzuspruch erhalten durch das herausgestellte Ich JHWHs ihr größeres Gewicht und ihren gewisseren Hintergrund. Die Häufung der Belege für die Selbstvorstellungsformel des "Ich bin JHWH" wie die der Erkenntnisaussage "Ihr werdet erkennen, daß ich JHWH bin" gerade in exilischen Texten (Ez; P; DtJes; HG) zeigt außerdem, daß hier dieses Ich JHWHs und damit seine Macht und Gegenwart auch bei der Exilsgemeinde besonders gefragt waren und neu gewiß gemacht werden mußten. "Ich bin es" kann es dann schlicht heißen (Jes 48,12). JHWHs Ich, sein Sein, wird folglich auch hier als ein helfendes Dasein, als ein geschichtliches Wirken, als ein Mitsein (Jes 43,5) ausgesagt.

Schaut man auf die bereits mehrfach erwähnte und in deutlichen Zusammenhängen zur Selbstvorstellung JHWHs[495] stehende Erkenntnisaussage "Und du wirst (ihr werdet, sie werden) erkennen, daß ich JHWH bin", so wird das bisherige Bild gut ergänzt.[496] 86mal kommt diese Formel, die nach *Zimmerli* ursprünglich in den Bereich des gerichtlichen oder prophetischen Beweiszeichens

---

491 Vgl. dazu: *F.Kohata,* Jahwist und Priesterschrift in Exodus 3-14, 1986 (BZAW 166), 173ff. und *W.Zimmerli,* TB 19², 61ff.

492 *W.Zimmerli,* a.a.O., 24.

493 Gen 15,7; 26,24; 28,13; 31,11ff.; 46,3; vgl. Ex 3,6; Jos 5,14.

494 Vgl. dazu: *H.D.Preuß,* Deuterojesaja. Eine Einführung in seine Botschaft, 1976, 89 (Lit.).- Vgl. S. 193.263.277.

495 Zur sonstigen Erkenntnis Gottes (vor allem durch einen Erfahrungsprozeß, auch durch konkrete Sinneswahrnehmung: Ez 20,42; Jos 3,10) vgl. *I.L.Seeligmann,* FS W.Zimmerli (s. S. 239, Anm.520).

496 Dazu: *W.Zimmerli,* Erkenntnis Gottes nach dem Buche Ezechiel, 1954 [AThANT 27] (= *ders.,* TB 19, ²1969, 41ff.).- Ferner: *R.Rendtorff,* Die Offenbarungsvorstellungen...(s. S. 228, Anm.458), 35ff.

gehört (vgl. Gen 42,33f.[497]), innerhalb des AT vor, wovon 78 Vorkommen formelhaft gebunden sind, 54 Belege allein auf das Ezechielbuch entfallen[498] und dies vorwiegend als Ziel und Schlußaussage eines vorhergehenden Wortgefüges. Dem angekündigten Erkennen geht dabei jeweils ein göttliches Tun voraus, das zuvor auch benannt wird und auf das das Wort dann verweist. Dies kann bei Gerichtsworten (z.B. Ez 7,2-4), Worten an Fremdvölker (z.B. Ez 25,3-5) oder Heilsworten (z.B. Ez 20,42; 37,5f.) der Fall sein. "Erkenntnis Jahwes ist <hier folglich> ein Geschehen im Gegenüber zu einem Handeln Jahwes, auf das der Prophet mit seinem Wort als Verkündiger hinweist."[499] Erkenntnis JHWHs hat mit vorhergehendem Handeln JHWHs zu tun, nicht mit seinem Sein[500], nicht mit menschlichem Nachdenken oder Spekulieren, und dieses Handeln JHWHs hat das Ziel der Erkenntnis dieses Gottes, hat finalen Sinn.

Mehrere Belege für die Erkenntnisaussage finden sich aus guten Gründen dann in den Mosegeschichten. Dies gilt für die Priesterschrift, wo diese Aussage in Ex 6,7 einen gewichtigen Platz einnimmt[501], dann in Ex 7,5 und vor allem innerhalb der Erzählung von der Rettung beim Durchzug durch das Meer (Ex 14,4.17f.). Sogar die Ägypter sollen erkennen (vgl. Jes 19,21), "daß ich JHWH bin, wenn ich mich (daran, daß ich mich) am Pharao, seinen Wagen und seinen Reitern verherrliche". Auf den Exodus wird dann auch noch in der priesterschriftlichen Mannaerzählung rekurriert (Ex 16,6), und ebendort wird die kommende Fürsorge JHWHs für sein Volk durch Manna und Wachteln als Grund daraus resultierender JHWHerkenntnis genannt (Ex 16,12). Daß die Erkenntnisaussage dann auch noch in dem priesterschriftlichen Zentraltext Ex 29,43ff. wie beim Sabbatgebot (Ex 31,13 mit der Weiterführung "der euch heiligt") erscheint, verwundert nicht.[502]

Die entsprechenden Erkenntnisaussagen in den vorpriesterlichen Mosegeschichten, und dort vor allem in den Plagenerzählungen, wurden schon erwähnt.[503] So gilt für den Gebrauch der Erkenntnisaussage in den Mosegeschichten: "Das Geschehen der großen Zeichen soll eine Erkenntnis wirken, bei Israel, beim Pharao, und über sie hinaus in aller Welt. Daß es bei dieser Erkenntnis nicht nur um ein beiläufiges Nebenprodukt zum Tun Jahwes geht, sondern

497 Daß die atl. Belege in 1 Kön 20,13.28 die Keimzelle einer prophetischen Tradition der Form dieses Prophetenspruchs sind, wie *Zimmerli* vermutete (TB 19², 54ff.), wird heute aber weithin nicht mehr akzeptiert, da diese Texte nicht mehr so früh angesetzt werden. Und ob die Herleitung aus dem gerichtlichen oder prophetischen Beweiszeichen zutrifft oder man nicht eher auch an ganz konkrete Erfahrungen denken kann, die zu einer Erkenntnis etwa als Folge des Sehens oder Hörens gelangen lassen, fragt mit Recht *I.L.Seeligmann* (FS W.Zimmerli, s. S. 239, Anm.520, 417f.) und verweist z.B. auf Gen 8,11; Ex 3,7; Jos 3,10; 24,7; Ri 2,7; 17,13; 1 Sam 20,33; Jes 5,19; Ez 20,42; Hi 13,1f.

498 Verzeichnis der Belege bei *W.Zimmerli*, TB 19², 43, Anm.5-11; 44, Anm.12.

499 *W.Zimmerli*, TB 19², 49.

500 Zum falschen Vorrang des Seins vor dem Geschehen in der Theologie vgl. *C.Westermann*, Das A.T. und die Theologie, in: *ders.*, Erträge der Forschung am A.T., 1984 (TB 73), 9-26.

501 Zu Ex 6,1-8 vgl. auch: *E.A.Martens*, God's Design, Grand Rapids 1981, 12ff.

502 Zum כבוד יהוה als Zeichen und Mittel der Offenbarung nach dem Zeugnis der Priesterschrift vgl. oben S. 192f. und bei S. 231, Anm.474.

503 Vgl. auch oben S. 233f.

um das von Jahwe recht eigentlich gemeinte Ziel, wird durch die häufige Anfügung der Erkenntnisaussage mit der Partikel למען ganz klar."[504] Während die Erkenntnisaussage im Dtn und im dtr Schrifttum nur gelegentlich auftritt (Dtn 4,32ff.39; 7,6-9; 29,4f.; 1 Kön 8,43.60), ist sie dann bei den Exilspropheten DtJes und Ez besonders häufig. In Jes 41,17-20; 45,2f.4-6; 49,22-26; 52,6 werden Erhörungen und Zusagen damit verstärkt und finalisiert, im Streit mit Völkern und ihren Göttern wird durch sie verdeutlicht, worauf alles zielt (Jes 41,23.26; 43,10-12). Der erkenntnisbegründende Bezug auf vorhergehendes Handeln JHWHs wird durchgehalten. So lebt das Handeln JHWHs im verkündigenden Bericht seines Volkes und seiner Zeugen weiter, und die Erkenntnisaussage macht darin besonders gut deutlich, daß die von JHWH gewirkte Geschichte den Menschen betrifft, anredet und neu in die weitergehende Geschichte als einer Geschichte mit JHWH verweist.[505] Aus allem ergibt sich, daß man als christlicher Theologe[506], der auch das Zeugnis des AT ernst nimmt, wohl von der abschließenden, vollgültigen, endgültigen (o.ä.) Offenbarung Gottes in Jesus Christus sprechen kann, nicht aber von seiner in Christus erfolgten *einzigen* Offenbarung. Der Versuch, hier zwischen atl. "Manifestationen" Gottes und seiner einzigen "Offenbarung" in Christus zu unterscheiden[507], wird ebenfalls dem atl. Zeugnis nicht gerecht.

d) Wie die Verwendung der Verben für "(sich) offenbaren", die Selbstvorstellungsformel und die Erkenntnisaussage zeigen, begegnet JHWH nach dem Zeugnis des AT vor allem in der Geschichte und im Wort.[508] Man sagt, daß er erscheint und spricht (z.B. Gen 28,10ff.; Ex 19,1ff.), daß er hier sich kundtut. Damit ist, wie z.B. auch bei Traumoffenbarungen, beim Prophetenwort oder dem Gottesbescheid durch andere Menschen (vgl. 1 Sam 28,6), eine Eindeutigkeit dieser Begegnung wie dieses Gottes nicht gegeben. So kann auch gesagt werden: "Dein Weg führte durch das Meer und dein Pfad durch große Wasser, doch niemand sah deine Spuren" (Ps 77,20). Ob ein Geschehen zum Heil oder zum Gericht sich anbahnt, bleibt zunächst offen und gibt verschiedenen Interpretationen Raum[509]. Daß es *JHWH* war, der im Babylonier unheilschaffend neu auf Juda zukam und daß Juda unter seinem Joch bleiben werde, konnte behauptet (Jer) wie bestritten (Ḥananja) werden (Jer 27f.). Geschichte bleibt mehrdeutig, wie es in 2 Kön 19,25 ("mit oder ohne JHWH?") ausdrücklich

---

[504] *W.Zimmerli*, TB 19², 65.

[505] Vgl. *S.Talmon*, in: Offenbarung im jüdischen und christlichen Glaubensverständnis (s. S. 228, Anm.458), 32: "Offenbarung antwortet nicht auf Fragen nach der Identität der sich kundgebenden Gottheit, sondern ist Bekundung seiner Taten in der Vergangenheit und in der Gegenwart. Und diese Taten haben einen Bestimmungswert für die Zukunft."

[506] Zur Sache vgl. den Überblick von *P.Eicher*, Offfenbarung. Prinzip neuzeitlicher Theologie, 1977.

[507] So *W.Pannenberg*, in: Offenbarung als Geschichte (s. S. 228, Anm.458), 9f.

[508] *H.Haag* (s. S. 228, Anm.458), 256ff. weist daher zurecht auf die Bedeutung des "Erzählens" (נגד *hiph*) für das atl. Offenbarungsgeschehen hin.

[509] Insofern ist - gegen *R.Rendtorff* (EvTh 22, 1962, 638 = TB 57, 77) - auch für das AT eine Mehrdeutigkeit von Geschichte gegeben; die vorexilischen Gerichtspropheten (besonders Jeremia) haben diese als Not erfahren, weil *ihre* Deutung eben auch bestritten wurde und keinen Glauben fand.

ausgesprochen wird, und Erkenntnis JHWHs ist nur im Glauben möglich[510]. Rückschauend kann Geschichte als von JHWH gestaltete und gelenkte Einheit bekannt (Ex 15,1ff.; Ps 78; 105; 106; Esr 9; Neh 9) und geschrieben (DtrG), kann von JHWHs "Plan" (Jes; DtJes) gesprochen werden. Daß in den Geschehnissen die Götter wirkten, war gemeinaltorientalische Überzeugung. Es ging darum, diese auf Israel zukommenden Ereignisse als Taten *JHWHs* zu erkennen und anzuerkennen. Daher mußte von diesem Gott, von dem Israel wußte, neu geredet, er mußte neu ins Spiel gebracht, an ihn mußte erinnert, sein Name neu ausgerufen werden. Geschichte ist auch der Ort der menschlichen Entscheidung[511]. Es bleibt bei dem Bewußtsein einer indirekten, mittelbaren Selbstoffenbarung JHWHs, und für den späteren, also auch den heutigen Leser des AT gilt darüberhinaus, daß er dieses Offenbarungszeugnis nur als Text und in Texten hat, in menschlicher Sprache, in Menschenrede, die, deutend[512] wie dankbar bekennend oder betroffen erschreckend, von einer geschehenen oder geschehenden Gottestat in Geschichte und Wort zu reden wagte.[513] Israel wurde durch dieses Tun und Reden JHWHs im Unterwegs und auf die Zukunft ausgerichtet gehalten ("Ihr *werdet* erkennen..."). Es hatte JHWH im befreienden Auszug aus Ägypten (Ex 14,31; Ps 77,15ff.) und in der verpflichtenden und neu verheißenden Begegnung am Sinai[514] erfahren, wenn auch eine unmittelbare Gottesschau damit nicht verbunden war und nicht verbunden sein durfte (Ex 19,20f.; vgl. Ex 3,5f.; Dtn 4,12). JHWHs Offenbarung ist immer auch noch ein Sich-Verbergen (Ex 33,20), ein Vorübergehen (vgl. Ex 34,6a), so daß man später empfahl, sich an das Dtn als Schrift zu halten, wo JHWH nicht nur verborgen bleibe (Dtn 29,28). Mit Exodus und Sinai war aber die Möglichkeit wie die Notwendigkeit für Israel gegeben, JHWH zu erkennen und anzuerkennen, von Offenbarungen JHWHs in der Geschichte und im Wort zu reden, und dies geschieht "vor den Völkern" (Ps 98,2f.). Exemplarisch dafür hat dann der Syrer Naeman durch das, was er erlebte, "erkannt", daß es keinen Gott gibt auf der ganzen Erde außer in Israel (2 Kön 5,15).

Zu einer Offenbarung gehören nach dem AT folglich mehrere, eng zusammengehörende Elemente, nämlich ein Geschehen, ein "Wort" der eigenen oder fremden Deutung und/oder Anrede von JHWH her und/oder auf ihn hin und

---

510 Den an dieser Stelle problematischen Glaubensbegriff *W.Pannenberg's* (Die Geschichtsoffenbarung ist jedem, der Augen hat zu sehen, offen) hat schon *P.Althaus* kritisch beleuchtet (Offenbarung als Geschichte und Glaube, ThLZ 87, 1962, Sp. 321-330).

511 So *W.Eichrodt,* ThZ 4, 1948, 324 (s. S. 228, Anm.458).

512 *Zimmerli's* Abneigung gegen "Deutung" (z.B. EvTh 22, 1962, 24; dort auch im Zitat von *Rendtorff*) kann nicht übernommen werden.

513 Was jedoch "der als Subjekt in seinem Namen sich selbst verkündigende Gott" sein soll (so *W.Zimmerli,* TB 19², 126), oder was es heißt, wenn gesagt wird "In diesem Geschehen hat sich Jahwe für den Glauben Israels selber ausgesagt" (*ders.,* Theol.⁶, 19), kann man zwar ahnen, ist aber so mißverständlich wie unklar. Kritisiert *Zimmerli* bei *Rendtorff* dessen "merkwürdige Geringbewertung des Namens Jahwe" (EvTh 22, 1962, 22), so liegt bei ihm selber eine gewisse offenbarungspositivistische Hypostasierung vor.

514 Zu den hierbei erwähnten Offenbarungsphänomenen (Rauch, Feuer, Wolke, Schall usw.) vgl. oben S. 74f. und *F.Dumermuth,* (s. S. 228, Anm.458).- Zur Sinaitheophanie als "Offenbarung" vgl. auch *H.-J.Zobel,* ZAW 101, 1989, 346f.

die persönliche Betroffenheit, der Erschließungs- und glaubende Widerfahrnischarakter des Erlebten und Erfahrenen, was z.B. schon durch Ri 5,4f. oder Hab 3,3f. deutlich wird.[515]

e) Die Betrachtung des atl. Redens von Offenbarung und vom Wort JHWHs führte mehrfach schon an das Phänomen *Geschichte* heran, weniger jedoch an das Thema "Schöpfung" (vgl. etwa Ps 19A), worauf noch einzugehen sein wird[516]. Der Bereich der atl. Weisheitsliteratur blieb dabei jedoch weithin ausgespart. Daß JHWH in den in der Weisheitsliteratur beschriebenen und gemachten Erfahrungen der Alltagswelt sich "offenbare", wird dort nirgends expressis verbis gesagt[517]. Daß man in den dort erfahrenen oder auch postulierten Ordnungen JHWH wirksam glaubte, ist unbestritten. Unbestreitbar ist aber auch, daß bereits innerhalb des AT dieser Glaube in eine grundsätzliche Krise geriet (Hi; Koh; Ps 73), die einen solchen Glauben in seiner Berechtigung wie seiner Tragfähigkeit bestritt. So wird man gegenüber Versuchen, der atl. Weisheitsliteratur ihren Wert für das atl. Zeugnis von Offenbarung Gottes zu sichern[518], skeptisch zu sein haben. Wenn Israel von JHWH sprach, tat es dies vorwiegend so, daß es von seinen Taten in der Geschichte redete.[519] In, mit und bei dieser Art von Wirklichkeitserfahrung hat das atl. Israel seinen Gott JHWH primär vernommen.

Das atl. Reden von Offenbarung ist somit eng mit seiner *Auffassung von Geschichte*[520] verbunden. Einen "Begriff" für Geschichte kennt das AT nicht (wie

---

515 "Wir können redlicherweise nicht einfach sagen: Gott hat sich in der Herausführung Israels aus Ägypten offenbart, sondern wir können nur sagen: Israel hat dieses Ereignis als die grundlegende Heilstat erfahren, in der sich Gott offenbart hat als der, der er ist": *R.Rendtorff,* in: Offenbarung im jüdischen und christlichen Glaubensverständnis (s. S. 228, Anm.458), 47f.

516 Vgl. unten S. 259-274.

517 Daß in Koh 3,11ff. von einer Übersteigerung der Gottesfurcht durch das Sprechen Gottes als "Offenbarung" die Rede sei, und diese Offenbarung sich in der irdischen Freude ereigne, kann ich (gegen *N.Lohfink,* BiKi 45, 1990 [Nr.1], 31f.; vgl. ebd. 35f. betr. "natürlicher Offenbarung" bei Koh) in den Texten nicht finden.

518 Vgl. etwa: *M.Sæbø,* (s. S. 228, Anm.458), 67. Nach ihm findet sich in den Erfahrungssätzen der Weisheit konzentrierte, kondensierte Geschichte oder auch "natürliche Offenbarung". Was würden das Hiobbuch und Qohelet dazu meinen?

519 Dies gilt trotz der Kritik von *J.Barr,* Revelation Through History in the O.T. and in Modern Theology, Interp. 17, 1963, 193-205.

520 Dazu (neben manchem aus Anm.458, das hier nochmals zu nennen wäre): *G.von Rad,* Theologische Geschichtsschreibung im A.T., ThZ 4, 1948, 161-174 (=*ders.,* Gottes Wirken in Israel, 1974, 175ff.).- *H.Gese,* Geschichtliches Denken im Alten Orient und im A.T., ZThK 55, 1958, 127-145 (=*ders.,* Vom Sinai zum Zion, ^{3}1990, 81ff.).- *H.W.Wolff,* Das Geschichtsverständnis der atl. Prophetie, EvTh 20, 1960, 218-235 (=*ders.,* TB 22, ^{2}1973, 289ff.).- *R.Rendtorff,* Geschichte und Wort im A.T., EvTh 22, 1962, 621-649 (=*ders.,* TB 57, 1975, 60ff.).- *I.Seeligmann,* Hebräische Erzählung und biblische Geschichtsschreibung, ThZ 18, 1962, 305-325.- *ders.,* Menschliches Heldentum und göttliche Hilfe, ThZ 19, 1963, 385-411.- *J.Hempel,* Geschichten und Geschichte im A.T. bis zur persischen Zeit, 1964.- *G.von Rad,* Der Anfang der Geschichtsschreibung im Alten Israel, in: *ders.,* Ges. Studien zum A.T., (TB 8) ^{3}1965, 148-188.- *B.Albrektson,* History and the Gods, Lund 1967 (CB OT 1).- Theologie als Geschichte, 1967 (Neuland in der Theologie, Bd.3).-

auch keinen für "Ehe", "Freiheit", "Gewissen" u.a.m.). Man konnte dafür höchstens "Ereignisse" (דְּבָרִים oder דִּבְרֵי הַיָּמִים) sagen[521], öfter auch "Weg" (Ex 32,7f.; Jos 24,17; Jer 5,4f.; vgl. Ex 33,12f.; Jes 40,14), "Werk" (Jes 5,12.19; 28,29) oder "Zeit" (Jes 8,23; Dan 2,28; 4,13; 12,7). Was und wie Israel über Geschichte dachte, haben wir jedoch (und zugleich nur) in Form seiner Geschichtsschreibung, dem Zeugnis seiner Propheten, sowie in von dieser Geschichte handelnden Gebeten, Bekenntnissen und Liedern. Ihr Bild von Geschichte ist das für eine Theologie des AT maßgebende.[522] Wir kennen und haben diese Geschichte nur in Form von Texten, die uns überliefert sind, wobei auch diese Überlieferungsgeschichte ein Stück atl. Glaubensgeschichte ist[523].
Aus den 39 Schriften des AT befassen sich 15 Bücher ganz oder zum großen Teil mit "Geschichte" (Gen; Ex; Num; Dtn; Jos; Ri; 1/2 Sam; 1/2 Kön; Est; Esr; Neh; 1/2 Chr). Auch in den Büchern Ruth, Jona und Daniel geht es vorwiegend um geschichtliche Dinge. Psalmen und Klgl nehmen auf die Geschichte JHWHs mit seinem Volk Bezug, und die Propheten sind mit ihrer Botschaft eng in die

---

R.Smend, Elemente atl. Geschichtsdenkens, 1968 [ThSt 95] (=*ders.*, Die Mitte des A.T., Ges.Stud. I, 1986, 160ff.).- *C.Westermann*, Zum Geschichtsverständnis des A.T., in: FS G.von Rad, 1971, 611-619.- *M.Weippert*, Fragen des israelitischen Geschichtsbewußtseins, VT 23, 1973, 415-442 (Lit.).- *J.Krecher/H.-P.Müller*, Vergangenheitsinteresse in Mesopotamien und Israel, Saec. 26, 1975, 13-44.- *G.von Rad*, Das Wort Gottes und die Geschichte im A.T., in: *ders.*, Gottes Wirken in Israel, 1974, 191-212.- *D.Grimm*, Geschichtliche Erinnerungen im Glauben Israels, ThZ 32, 1976, 257-268.- *G.Wallis*, Die geschichtliche Erfahrung und das Bekenntnis zu Jahwe im A.T., ThLZ 101, 1976, Sp. 801-816.- *J.Kegler*, Politisches Geschehen und historisches Verstehen, 1977.- *S.Herrmann*, Zeit und Geschichte, 1977.- *I.L.Seeligmann*, Erkenntnis Gottes und historisches Bewußtsein im alten Israel, in: FS W.Zimmerli, 1977, 414-445.- *Chr.D.Müller*, Die Erfahrung der Wirklichkeit, 1978.- *P.Gibert*, La Bible à la naissance de l'histoire, Paris 1979.- *J.Jeremias*, Gott und Geschichte im A.T., EvTh 40, 1980, 381-396.- *J.van Seters*, Histories and Historians of the Ancient Near East: The Israelites, Or 50, 1981, 137-185.- *R.Schmitt*, Abschied von der Heilsgeschichte?, 1982.- *J.van Seters (Ed.)*, In Search of History, New Haven/London 1983.- *K.Koch*, Art. "Geschichte/Geschichtsschreibung/Geschichtsphilosophie. II: A.T.", TRE 12, 569-586 (Lit.).- *J.N.Carreira*, Formen des Geschichtsdenkens in altorientalischer und alttestamentlicher Geschichtsschreibung, BZ NF 31, 1987, 36-57.-
Vgl. auch: *L.Köhler*, Theol.^{4}, 77-80.- *E.Jacob*, Théol., 148ff.- *J.L.McKenzie*, A Theology of the O.T., 1974, 131ff.- *C.Westermann*, Theol., 183ff.- *H.Graf Reventlow*, Hauptprobleme, 65ff.- *W.H.Schmidt*, Atl. Glaube^6, 100ff.

521 Dazu *J.Kegler*, Politisches Geschehen (s. vorige Anm.), 7ff.

522 Vgl. zu dem Streit um die verschiedenen Geschichtsbilder (die des AT und die heutiger Forschung) *G.von Rad*, Theol. II^4, 5-8. Mit Zuspitzung auf die Fragestellung Faktizität und Fiktionen: *M.Oeming*, Bedeutung und Funktionen von "Fiktionen" in der atl. Geschichtsschreibung, EvTh 44, 1984, 254-266; zu "Fiktion" dort 262: "...eine Art von Geschichtsdarstellung, die zwar historisch Unzutreffendes erzählt, die aber dennoch auf Historie bezogen ist, indem sie eine Wahrheit am Gewesenen aufdecken will, die in der bloßen Beschreibung nicht aufgeht." Vgl. auch oben S. 15f.

523 Dazu *R.Rendtorff*, Geschichte und Überlieferung, in: FS G.von Rad, 1961, 81-94 (=*ders.*, TB 57, 1975, 25ff.).

Geschichte hineinverflochten. "Einen so breiten Raum nehmen geschichtliche Themen in keiner anderen religiösen Literatur ein."[524] "Erkennen JHWHs" sollte aufgrund von Geschichte, als Resultat eines Erfahrungsprozesses erfolgen. Israel verlangte nach JHWHs Geleit in seiner weitergehenden Geschichte (Ex 33). JHWH benannte sein Wohnen inmitten Israels als Ziel von Geschichte (Ex 29,45f.:P). So tritt auch der Mythos innerhalb des AT aufgrund und zugunsten der Geschichte weitgehend zurück[525], denn JHWH ist ein Gott des geschichtlichen Kommens und Eingreifens, und dies führt "zu einer Historisierung der mythischen Funktionen, d.h. zu deren Übertragung auf das von ihm berührte Geschichtsereignis"[526], wozu man Ri 5,20; Ps 77,17-21 oder Jes 51,9f. vergleichen kann. Israels Glaube war mit Exodus und Sinai auf geschichtliches Geschehen gegründet und blieb darauf bezogen.

Im *Unterschied zu Israels Umwelt*[527] ist in der uns im AT vorliegenden "Geschichtsschreibung" nirgends der König das die Darstellung bestimmende und beauftragende Subjekt. Im AT liegen uns weder Königsannalen noch Chroniken oder Königsinschriften vor, auch keine Königslisten und kein königlicher Gottesbrief. Es geht hier nicht um Legitimierung oder Stabilisierung des Königtums bzw. des Herrschers. Über Omina wird nach dem Befund im AT in Israel keine Beziehung zur Geschichte hergestellt, und diese wird nicht als Wechsel von Unheils- und Heilszeiten verstanden. Es sind zwar im AT auch Annalen verarbeitet worden (vgl. 2 Kön 18,13-16), oder es wird auf sie als vorhanden und anderweitig nachzulesen verwiesen (1 Kön 14,19; 15,7.23.31; 16,5 u.ö.). Auch ein Kriegsbericht scheint verarbeitet zu sein (2 Sam 10,6 - 11,1; 12,26-31). Aber eine königsbezogene und allein zum Ruhm eines Königs verfaßte Geschichtsschreibung

---

524 *K.Koch*, TRE 12, 572.- *E.Jacob* (Théol., 149) zitiert *W.Robinson:* Geschichte als Sakrament der Religion Israels.

525 Vgl. dazu *V.Fritz*, Weltalter und Lebenszeit. Mythische Elemente in der Geschichtsschreibung Israels und bei Hesiod, ZThK 87, 1990, 145-162.

526 *J.Krecher/H.-P.Müller*, (s. Anm.520), 32f.

527 Zur dortigen Geschichtsschreibung und dem daraus zu erhebenden Geschichtsverständnis s. die Textbeispiele in TUAT I/4-6; als Sekundärliteratur neben den in Anm.520 genannten Arbeiten von *H.Gese*, *B.Albrektson*, *J.Krecher/H.-P.Müller*, *J.N.Carreira* sowie *J.van Seters* und dem in Anm.547 genannten Werk von *H.Cancik* vgl. z.B. noch: *H.-G.Güterbock*, Die historische Tradition und ihre literarische Gestaltung bei Babyloniern und Hethitern bis 1200, ZA 42, 1934, 1-91; 44, 1938, 45-145.- *A.Kammenhuber*, Die hethitische Geschichtsschreibung, Saec. 9, 1958, 136-155.- *E.Otto*, Geschichtsbild und Geschichtsschreibung in Ägypten, WO III/3, 1966, 161-176.- *ders.*, Geschichte als Fest, 1966.- *H.Cancik*, Mythische und historische Wahrheit, 1970 (SBS 48).- *H.H.Schmid*, Das atl. Verständnis von Geschichte in seinem Verhältnis zum gemeinorientalischen Denken, in: WuD NF 13, 1975, 9-21.- *J.von Beckerath*, Geschichtsüberlieferung im Alten Ägypten, Saec. 29, 1978, 11-17.- *A.K.Grayson*, Assyria and Babylonia, Or 49, 1980, 140-194.- *H.A.Hoffner*, Histories and Historians of the Ancient Near East: The Hittites, Or 49, 1980, 283-332.- *H.Tadmor/M.Weinfeld (Hg.)*, History, Historiography and Interpretation. Studies in biblical and cuneiform literatures, Jerusalem und Leiden 1983.- *E.Brunner-Traut*, Frühformen des Erkennens. Am Beispiel Altägyptens, 1990 (98ff.).- *M.Cwik-Rosenbach*, Zeitverständnis und Geschichtsschreibung in Mesopotamien, ZRGG 42, 1990, 1-20.- Siehe auch die knappen Bemerkungen von *K.Koch*, TRE 12, 570f.

enthält das AT nicht. Bauinschriften, wie sie in Israels Umwelt beliebt waren und auch für historische Mitteilungen genutzt wurden[528], besitzen wir aus der Hand isr.-jud. Könige ebenfalls nicht, und die Siloah-Inschrift[529] stammt gerade nicht von dem König, der dieses Bauwerk veranlaßte, sondern von dabei tätigen Arbeitern. Die Großtaten der Könige sind weniger bedeutsam als das Geschick des Volkes, die Führung durch JHWH wichtiger als der Ruhm des menschlichen Königs. Das Königtum kann im atl. Schrifttum zum Objekt von Geschichtsschreibung werden (Thronnachfolgegeschichte Davids; DtrG; ChrGW), es wird aber nicht zu ihrem Subjekt. Ausgehend von gegenwärtigen Fragestellungen (Salomozeit; Exil o.ä.) wird rückwärts in die Vergangenheit zurückgefragt, um Gegenwart zu erhellen und Zukunft (neu) zu eröffnen und zu beeinflussen. Man kennt ferner noch sehr gut die rein aufzählenden Gattungen, wie Listen oder Genealogien, wird aber über diese Art von aneinanderreihender Geschichtsschreibung oder überwiegend reihender Annalistik weit hinausgeführt oder stellt sie in den Dienst theologischer Aussagen (1 Chr 1-9)[530]. Daß dabei ältere, vielleicht zuweilen sogar zeitgenössische Quellen aufgenommen wurden und werden konnten, sei nicht bestritten. Es geht auch nicht nur darum, eine Ordnung neu zu fixieren oder, wie vor allem in Ägypten, die Taten des Königs als dieser Ordnung (Maat) gemäß und ihr - mit gleichem Handlungsauftrag wie Handlungsvollzug entsprechend zu dem seiner Vorgänger - wiederum dienend zu schildern. Es können daher auch Niederlagen, Schuld, Tribute, Gefangenschaft berichtet, sie müssen nicht, da man z.B. auch an ihrer Wiederholung als regelmäßigem Geschehen nicht interessiert sein konnte, verschwiegen oder ins Positive umgebogen werden. Über die bloße Aufzählung geht die atl. Geschichtsschreibung zu echter Erzählung weiter, und dies will und kann sie, weil sie Geschichte unter übergreifenden Gesichtspunkten schildert, wie z.B. Verheißung oder Androhung und Erfüllung, Abfall und Strafe, Führung und Lenkung, Zerbruch und Neuanfang, Israel und die Völker, JHWH und die Völker und deren Götter. Dabei will man ferner nicht nur Typisches und sich Wiederholendes erfassen. Zu dieser Art von Geschichtsschreibung hatten in Israels Umwelt wohl nur die Hethiter einen ersten Zugang gefunden.[531]

So geht es im AT nicht nur um kriegerische Triumphe, sondern Geschichte wird als ein menschliches Handlungs- und Bewährungsfeld unter dem Anspruch JHWHs geschildert, als ein Feld von Schuld und Abfall (DtrG), wo auch Könige "theologisch" beurteilt werden (Sünde Jerobeams; Verhalten zu den "Höhen")[532], von Gehorsam und Ungehorsam, von neuer Erstellung kultischer Ordnungen und von hoffender Darstellung weitergehender Geschichte (ChrGW). Geschichte, die zeitlich vor Auszug und Sinai angesiedelt wird, wird als auf diese Schlüsselereignisse hinführend beschrieben; sie wird auch transparent geschildert. Die priesterschriftliche Erzählung von der Rettung am Meer in Ex 14

---

528 Vgl. die Beispiele in TUAT II/4.

529 TUAT II/4, 555f.

530 Vgl. dazu *M.Oeming*, Das wahre Israel, 1990 (BWANT 128).

531 Vgl. die Lit.-Angaben in Anm.527 und 547.

532 In der babylonischen "Chronik Weidner" (bei *A.K.Grayson*, Assyrian and Babylonian Chronicles, Locust Valley/N.Y. 1975 die Nr.19) wird in deutlicher Nähe zum DtrG das Geschick der Könige als von ihrem Verhalten gegenüber dem Marduktempel Esagila in Babel abhängig geschildert. Vgl. dazu auch *E.Oßwald*, Altorientalische Parallelen zur dtr. Geschichtsbetrachtung, MdIO 15, 1969, 286-296.

soll die Hoffnung auf einen analogen Erweis göttlicher Herrlichkeit und damit auf eine analoge Befreiung aus Babylon stärken, auf einen neuen Exodus von dort. Die dtn/dtr Darstellung der Landnahme (Dtn 1-3) möchte zur Hoffnung auf eine neue "Landnahme" Mut machen. Es scheinen konkrete Erzählerpersönlichkeiten oder auch Erzählergruppen mit ganz konkreten und geprägten theologischen Anliegen und Interessen hinter den atl. Geschichtsdarstellungen zu stehen. Da geht es um Ansiedlung, Landbesitz, Landverlust und neue Landgewinnung. Da wird von der eigenen Vergangenheit als einer Knechtschaft, von der Frühgeschichte als Murren trotz der Führung und kurz vorhergehenden Befreiung durch JHWH gesprochen. Man will Geschehenes in seiner Bedeutung für Gegenwart und Zukunft schildern, treibt keine rückwärtsgewandte Geschichtsschreibung, ist nicht an dem interessiert, wie es wirklich gewesen ist[533], fragt nicht nach historischer Wahrheit und hat keinen Begriff dafür[534], will auch eher die Bedeutsamkeit, nicht die Faktizität des Geschehens verdeutlichen. Die "bruta facta" sind im "Kerygma" aufgehoben, wie es ja Ereignisse oder Erfahrungen sowieso stets nur als interpretierte gibt. Um dieses Kerygmas willen wird dann Israel auch je länger je mehr in seinen historischen Kontext hineingestellt. Es blickt - auch besonders durch die Propheten - über die eigene Volksgrenze hinaus, denn JHWH als Gott, der in der Geschichte wirkt, stellt mit diesem seinen Wirken per se die Frage, wie sich das Einwirken der Völker auf Israel zu Macht und Gottheit des Gottes Israels verhält. Amos spricht (Am 1,3 - 2,3) über und gegen die Nachbarvölker, deren Götter aber übergeht er, und andere Propheten sind ihm darin gefolgt.
B.Albrektson[535] hat mit Recht darauf verwiesen, daß auch in Israels Umwelt ein Wirken der Götter in der Geschichte geglaubt wurde. Auch dort sah man, wie z.B. in der Klage über die Zerstörung von Ur, die Götter allgemein, dann aber auch den Zorn der Götter als geschichtlich wirksam an, wenn dieser auch nicht, wie z.B. im Erra-Epos, aufgrund menschlicher Sünde hervortrat. Im Tukulti-Ninurta-Epos hingegen hatte der Bruch eines Waffenstillstandes zur Folge, daß die Götter Babyloniens ihre Städte verließen, und auch die hethitischen Pestgebete des Muršiliš bitten um Befreiung von geschichtlicher Strafe, die aufgrund von Sünde erfolgte.[536].Es ging dabei dort aber mehr um Einzeltaten, Einzelgeschehnisse, nicht um übergreifende geschichtliche Zusammenhänge. Was in Israel ferner anders als dort war, war die Bedeutung des göttlichen Wortes im Zusammenhang und Zusammenklang mit dieser Geschichte und damit die Sinngebung der Geschichte als Einheit oder zumindest in größeren Gefügen. Israel

---

533 Vgl. dazu *H.Cancik*, Mythische und historische Wahrheit (s. Anm.527), 9f.90ff.

534 Auch nicht für den des (intellektuellen und damit auch historischen) Irrtums. Siehe dazu: *W.von Soden*, WO IV, 1967, 38-47 (= *ders.*, BZAW 162, 1985, 99ff.) und *ders.*, Sprache, Denken und Begriffsbildung im Alten Orient, 1974, 39.

535 Siehe S.238, Anm.520.

536 Vgl. dazu: *L.Cagni*, The Poem of Erra, Malibu 1977.- Zum Tukulti-Ninurta-Epos vgl. die Angaben *S.Krecher*, Saec. 26, 1975, 26 (s. Anm.520)- Vgl. zu beiden Texten auch: *H.Klengel (Ed.)*, Kulturgeschichte des alten Vorderasien, 1989, 302f.395. und zum Erra-Epos: *J.Bottéro/S.N.Kramer*, Lorsque les dieux faisaient l'homme, Paris 1989, 680-727.- Zu den Pestgebeten vgl. RGT^2, 191-196 ("des Vaters Sünde kommt auf den Sohn": 195; vgl. Jer 31,29; Ex 18,2),- Die Klage über Ur: TUAT II/5, 700-707 und *P. Michalowski*, The Lamentation over the Destruction of Sumer and Ur, Winona Lake 1989.

fand zu seiner Sicht von der Geschichte als einer Einheit[537] offensichtlich durch die Einheit JHWHs, durch die Einheit des israelitischen Gottesglaubens, wo Geschichte zum Ort der erfahrenen und zu bewährenden Gottesgemeinschaft, des göttlichen Handelns nur des einen Gottes, das ja kein mythisches Gegenüber mehr hat, der Gottesherrschaft und der Entscheidung für Gott wurde. In dieser Weise hat das atl. Israel Geschichte erfahren und gedeutet. Es war nicht an Geschichte an sich interessiert, sondern weil sich JHWH ihm von dorther erschlossen hatte. In JHWHs Art, in seinem geschehenden Wort, in seinen Verheißungen, die auf Erfüllung drängen, seinen Androhungen, die Verwirklichung anstreben, liegt auch das verbindende und sinngebende Element israelitischer Geschichtsschau, wo Geschichte als zielgerichtete Einheit, als Strecke, nicht als Zyklus erfahren, beschrieben und geglaubt wurde. Und so ordnete man die Erzväter oder auch spätere Priestergeschlechter in einem zeitlichen Nacheinander an, fand auch Platz für spätere Ereignisse, die dem Glauben Israels erst geschichtlich zuwuchsen, wie z.B. das Königtum, die Stadt Jerusalem mit ihrer Glaubenstradition oder den Tempel.[538] Geschichte fragt nach Zukunft, der Weg mit JHWH fragt nach einem oder gar dem Ziel. So bekam die Geschichte in Israel eine religiös motivierte Teleologie, sie wurde "theo-teleologisch"[539]. Bei Jesaja (Jes 5,11-17.18f. u.ö.), DtJes (Jes 46,9-11 u.ö.) sowie in späteren Texten (z.B. Jes 25,1-5; 2 Chr 25,1-8) ist gern von einem geschichtlich sich verwirklichenden "Plan" JHWHs die Rede[540], und diese Vorstellung dürfte auch schon hinter der Art von Geschichtsschreibung vorliegen, wie sie in der Thronnachfolgegeschichte Davids begegnet (vgl. 2 Sam 17,14b).

JHWH war als Befreiergott zu Israel in Verbindung getreten. In der Analogsituation des Exils unter Fremdvolk und Feindgöttern erhoffte man auch ihn analog und schrieb von daher und daraufhin Geschichte des Volkes unter diesem Gott. Vergangenes wird zur Begründung gegenwärtiger Erfahrung und Hoffnung, wird zum Exempel der Gotteserfahrung. *R.Smend*[541] hat daher mit Recht und entscheidendes erschließend von Ätiologie[542] ("weil - darum") und Paradigma ("wie - so") als Grundkategorien atl. Geschichtsschreibung gesprochen, und eine solche Ätiologie entspringt nicht nur der Freude am Erzählen, sondern zeigt in ihrem Versuch, Gegenwärtiges aus Vergangenem zu erklären, auch ein geschichtliches Bewußtsein und Interesse. Man wird dies auch an den Zusammenhängen von Familien- und Volksgeschichte (Gen 12 - Ex 1; 1 Chr 1-

---

537 דברים ist vielleicht zutreffend durch "Geschehnis*folge*" wiederzugeben.

538 Vgl. dazu in Bd.II die §§ 7 und 8.

539 *H.D.Wendland*, Geschichtsanschauung und Geschichtsbewußtsein im N.T., 1938, 15.

540 Dazu *W.Werner*, Studien zur atl. Vorstellung vom Plan Jahwes, 1988 (BZAW 173); dort werden jedoch alle Texte aus Jes und die meisten aus DtJes für spät gehalten.

541 Siehe S. 239, Anm.520.

542 Zu solchen Ätiologien vgl. z.B. Gen 19,26 (Lots Weib als Salzsäule); 19,36ff. (Herkunft der Moabiter und Ammoniter); Gen 27 (Verhältnis Israel-Edom); Jos 4,20ff. (12 Steine in Gilgal); 6,25 (kanaanäische Sippe in Jericho); 8,28 (Ai als Schutthaufen).- Dazu: *B.O.Long*, The Problem of etiological narrative in the O.T., 1968 (BZAW 108).- *B.Diebner/H.Schult*, Ätiologische Texte im A.T., DBAT, Nr.5, 1974; 6, 1974, 6-30; 7,1974, 2-17; 10, 1975, 2-9.- *F.W.Golka*, The aetiologies in the O.T., VT 26, 1976, 410-428; 27, 1977, 36-47.-

9), aber auch von Bund und Bundesbruch, von Sünde, Schuld und Strafe, von Erzählung und gesetzter Ordnung (Gen 9; 17), von Kultus und Geschichte[543], von Verheißung und Erfüllung als Deutekategorien, als "Koordinaten"[544] atl. Geschichtsschreibung verdeutlichen können. Geschichtserleben und damit verbundene, durch es bestimmte Geschichtsschreibung lassen dann auch gut erkennen, daß Eschatologie als Funktion des Geschichtserlebnisses (*V.Maag*[545]) entsteht. So ist dann auch nicht die Aufzählung oder die Verwendung stereotyper Formeln, sondern das Erzählen eine grundlegende Redeform der Bibel, wenn sie etwas von Gott sagen will[546]. Das Erzählen der Taten Gottes zur Übermittlung wesentlicher Glaubensinhalte hatte (und hat) in Israel einen hohen Stellenwert (vgl. Dtn 6,20ff.; Ri 5,11; Joel 1,2f.; Ps 44,2; 48,14; 78,3ff.). Und wenn atl. Schriften erzählen, dann findet sich hierbei ein lebendiger Wechsel der Satzformen, der Unterordnung, der Aspektsetzungen, der Dialogisierung, der Unterscheidung von Erzählzeit und erzählter Zeit, der Frage nach Grund und Ziel[547]. "Das Seiende wird, wo immer es angeht, als Vorgang erfaßt".[548] So wird das Aussehen der Arche nicht beschrieben, nachdem sie fertiggestellt ist, sondern gesagt, wie sie zu bauen sei (Gen 6,14-16); ebenso verhält es sich mit dem Jerusalemer Tempel (1 Kön 6-7). Das Erzählen liefert offensichtlich die Elemente besonders angemessener Rede von Gott[549]. Dies hängt natürlich damit zusammen, daß Israel seinen Gott grundlegend im Exodus-, Sinai- und Landgabegeschehen geschichtlich erfahren hatte und danach immer wieder so erfuhr. So gilt wohl doch noch das Wort von *G.Mensching*, nach dem die Geschichte das "eigentliche Divinationsgebiet"[550] JHWHs war. Geschichtsschreibung vollzog Israel auch nicht nur auf den Höhen seiner Geschichte, in seinen großen Zeiten. Es ist zwar festzuhalten, daß es zur Zeit des davidisch-salomonischen Großreichs zur ersten Geschichtsschreibung gekommen ist (Thronnachfolgegeschichte; Jahwist). Aber gerade unmittelbar vor, während und aufgrund des Exils besann sich Israel neu auf die Grundlagen seines Glaubens, und es tat dies wiederum in besonderer Weise durch eine neue Schreibung seiner Geschichte (DtrG; P) in Form von Vergangenheitsdeutung zur Gegenwartsanrede und Zukunftseröffnung. Man fragte nicht nur (mehr griechisch) nach dem Grund, dem Warum, sondern mehr nach dem Wozu und dem erhofften Woraufhin.[551] Die erhoffte Zukunft bringt ja auch nicht nur die Wiederholung typischer Situationen, sondern (vgl. etwa DtJes; Ez 40-48; Daniel; aber auch Jos 13-21) Überbietung und Vollendung von Vergangenheit und Gegenwart. So

---

543 Vgl. die "Vergeschichtlichung" der agrarischen Feste; s. dazu Bd.II, § 13.4.

544 So mit *J.Hempel*, (s.S. 238, Anm.520), 60ff.

545 Vgl. Bd.II, § 14.2+3.

546 "Für den alttestamentlichen Menschen ist die Geschichte die Denkform des Glaubens": *I.L.Seeligmann*, ThZ 19, 1963, 385.

547 Vgl. dazu z.B.: *I.L.Seeligmann*, Hebräische Erzählung...(s. S. 238, Anm.520).- *J.Hempel*, Geschichten und Geschichte..., (s. S. 238, Anm.520), 152ff.- *H.Cancik*, Grundzüge der hethitischen und atl. Geschichtsschreibung, 1976.

548 *R.Smend*, Elemente..., (s. S. 239, Anm.520), 5.

549 Vgl. *R.Smend*, Elemente...(s. S. 239, Anm.520), 37.- Vgl. S. 236, Anm.508.

550 *G.Mensching*, Vergleichende Religionswissenschaft, ^{2}1949, 66; vgl. *M.Noth*, Ges. Studien I, ^{3}1966 (TB 6), 245.

551 Vgl. zu dieser Gegenüberstellung: *K.Löwith*, Weltgeschichte und Heilsgeschehen, 1953 u.ö., 168ff.

schrieb der durch Geschichte bestimmte JHWHglaube seine erfahrene und geglaubte Geschichte. Er tat dies also keineswegs tendenzfrei und wollte solches auch gar nicht tun. Auch diese Geschichtsschreibung sollte und wollte Anrede sein, Glauben stärken und neu vermitteln, will Antwort sein auf widerfahrenes Wort und Geschehen, will selbst neues Wort von dem so bezeugten JHWH sein.

Daß in der Geschichte JHWH handelt, ist für die Frommen des AT und das atl. Zeugnis unbestritten, daß JHWH in ihr spricht ebenfalls. Wort und Tat sind (wie im und als דָּבָר) zusammengebunden. So wird man atl. sagen müssen, daß JHWH auch *durch* Geschichte spricht. Er handelt in ihr, offenbart damit sich, besser seine Absichten und seine rettende wie strafende Art auch *durch* sie. Nach nach atl. Zeugnis geschieht Offenbarung JHWHs nicht nur *in* der Geschichte, sondern (auch) *als* und *durch* Geschichte.[552] Man fagt nicht, ob JHWH in einem geschichtlichen Geschehen wirkt, denn von Geschichte wird personal geredet: JHWH handelt (Ex 15,21), hat angesehen (Gen 19,21; Ex 4,31; 2 Kön 13,4 u.ö.), herausgerissen (Dtn 28,63; Am 3,12) u.a.m. Wohl aber kann gefragt werden, was er denn mit diesem seinem geschichtlichen Handeln erreichen wolle, warum er so und nicht anders gehandelt habe (vgl. Ri 21,2f.).

Folglich kann Geschichte in der Überzeugung des hier waltenden göttlichen Handelns erzählt werden, ohne daß von JHWH oder gar von seinem ergehenden oder auslösenden Wort ständig die Rede sein muß[553]. Hierfür wird oft mit Recht auf die *Erzählung von der Thronnachfolge Davids* verwiesen (2 Sam 9-20; 1 Kön 1-2)[554]. Die wenigen in sie eingestreuten theologischen Bemerkungen (2 Sam 11,27; 12,24; 17,14)[555] werden hier zuweilen sogar als sekundär eingefügt angesehen.[556] Große Politik und Kriegführung sind dort mit persönlichsten Handlungen eng verwoben, und gegenüber den beiden ersten Vertretern des davidischen Königtums bezieht diese auch sprachlich und stilistisch bemerkenswerte Erzählung eine äußerst kritische Position. Ebenso zurückhaltend bei theologischen Aussagen schildert die (von J und E bereits vorgefundene, von ihnen sowie auch von P unterschiedlich bearbeitete, jedenfalls mehrschichtige) *Josephsgeschichte* (Gen 37;39-48;50)[557] das Ergehen Josephs und seiner Brüder als göttliche Führung (Gen 45,5; 50,20). Joseph wie seine Brüder erfahren dabei

---

552 Vgl. zu diesen Fragen auch *M.Sæbø*, (s. S. 228, Anm.458).

553 Allerdings gilt: "In der Zeit und in dem geistigen Raum, in dem die Thronfolgegeschichte entstand, wäre eine 'rein profane' Geschichtsschreibung eine Unmöglichkeit" (*C.Westermann*, FS G.von Rad, 1971, 613).

554 Zu ihr *H.Schnabl*, Die "Thronfolgeerzählung David's", 1988 (dort die ältere Lit.). *Sch.* nimmt 2 Sam 21,1-14 noch hinzu (ohne V.7 und vor 2 Sam 9).- Vgl. oben S. 215.241.

555 *C.Westermann*, FS G.von Rad, 1971, 614 möchte diese "theologischen" Stellen ausweiten auf zusätzlich 2 Sam [6,12-17; 7: gehören aber wohl nicht zur TFE]; 8,6.14b; 10,12b; 12,1-13; 14,11.17; 15,7f.25f.31; 16,8.10.23; 18,28; 20,19; 21,2.14.

556 So z.B. durch *E.Würthwein*, Die Erzählung von der Thronfolge Davids - theologische oder politische Geschichtsschreibung?, 1974 (ThSt 115); vgl. auch *H.Schnabl*, (s. Anm.554).

557 Zu ihr: *L.Schmidt*, Art. "Josephnovelle", TRE 17, 255-258 (Lit.) und außerdem *W.Dietrich*, Die Josephserzählung als Novelle und Geschichtsschreibung, 1989 (bthst 14).- Vgl. oben S. 40.216.

eine einfühlsame Kennzeichnung ihrer Charaktere[558], und ihre Wege und Irrwege werden klar bei Namen genannt. Aber auch hier wirkt JHWH, wenn auch verborgen, in diesen Geschehnissen, in den Personen, die auch eigene Entscheidungen fällen können und fällen müssen[559]. Er wirkt in ihren Träumen wie in der Fähigkeit diese zu deuten, wie die Erzähler durch eingestreute Bemerkungen verdeutlichen oder es die handelnden Personen sagen lassen (Gen 39,3.5.23; 40,8; 41,16.39.51f.; 42,18; 43,14.23; 44,16; 45,5.7; 46,3; 48,3f.15f.; 50,20).
Der *Jahwist*[560], nach *P.F.Ellis* "The Bible's First Theologian"[561], setzt (wie später auch P und das AT überhaupt), wenn er von seinem Gott und dessen Handeln an Israel und anderen Völkern erzählen will, nicht mit vorgeschichtlicher, mythischer Zeit, nicht mit Theogonie und Theomachie ein, sondern geht (vgl. Gen 3,16ff.) gleich auf die Geschehnisse und Worte zu, die auch seine eigene Zeit bestimmen. Seine Urgeschichte ist, wiederum wie auch die von P, zugleich Grundgeschichte, und die für Israel grundlegende, stiftende Urzeit liegt nicht im Vorgeschichtlichen, sondern in der Geschichte.[562] Das Menschenbild, das der Jahwist in Gen 3 aufzeigt, begegnet in seiner Schilderung Jakobs und der Jakobsöhne wieder. Das Besondere Sems, zu dem Israel gehört, ist sein Gott (Gen 9,26), und dieser eröffnet durch und mit Abram seinen Segen schaffenden Weg mit ihm und seinen Nachkommen (Gen 12,1-4a). Segensverheißung, Landverheißung (Gen 12,7 u.ö.) und Verheißung des großen Volkes sind Grundkonstituenten der Geschichtsschreibung des Jahwisten, wenn man sein Werk schon als eine solche bezeichnen will, und dieses trotz der auch durch Gottwidrigkeit geprägten Geschichte der Menschen, der Väter, wie des Volkes. Über die Väter schreitet die Erzählung weiter zur Bedrückung in Ägypten, zur Befreiung von dort, zum Sinai, zur Führung in der Wüste. Das Thema Land und Landverheißung ist für ihn wichtig[563], und so wird er sicher einmal auch Landnahmeerzählungen enthalten haben.[564]

---

558 "Hinter diesen feinen Charakterzeichnungen wird die Hand Gottes sichtbar, der Menschen so zu prägen und zu lenken vermag, daß sie ihrer Bestimmung gerecht werden": *W.Dietrich,* (s. vorige Anm.), 58.

559 Zu dieser "doppelten Kausalität" von menschlichem und göttlichem Handeln in der Geschichte vgl. *I.L.Seeligmann,* Menschliches Heldentum..., (s. Anm.520) und auch *L.Schmidt,* Menschlicher Erfolg und Jahwes Initiative, 1970 (WMANT 38).

560 Zu ihm: *H.Seebaß,* Art. "Jahwist", TRE 16, 441-451 (Lit.).- Dazu: *S.Tengström,* Die Auffassung von der Geschichte im jahwistischen Werk und im A.T., in: Gott und Geschichte (Wiss. Beiträge der Ernst-Moritz-Arndt-Universität Greifswald), 1988, 21-46.- *K.Berge,* Die Zeit des Jahwisten, 1990 (BZAW 186).

561 *ders.,* The Yahwist, Notre Dame/Ind. 1968.

562 In der Geschichtsschreibung Israels geht es hier um "Ethnogonie statt Theogonie": *K.Koch,* TRE 12, 572. Zur stiftenden, grundlegenden Urzeit im Mythos und in der Geschichte vgl. *ders.,* Qädäm (s.u. S. 252, Anm.595).

563 Die Bedeutung des Landes als zentralem Heilsgut sowie das Bewußtsein Israels, in diesem Lande nicht von Urzeit zu wohnen, haben beides Bedeutung für die Herausbildung des israelitischen Geschichtsbewußtseins überhaupt. Dieses betont *M.Weippert* (s. S. 239, Anm.520): Geschichtsdarstellung als "große Ätiologie des ... Kulturlandbesitzes" (428) wie (DtrG) des Landverlustes.

564 Endet(e) er mit dem Verzeichnis uneroberter Gebiete in Ri 1,27ff., da diese dann, "als Israel erstarkte" (Ri 1,28), nämlich unter David und Salomo, zu deren Zeit der

Auch Israels *Propheten*[565] haben einen wichtigen Beitrag zum atl. Verstehen von Geschichte geleistet.[566] Sie wurden in eine Zeit großer geschichtlicher Bewegungen, die Israel mitbetrafen, hineingestellt, und sie erkennen und deuten[567] Geschichte als ein Geschehen, in dem JHWH neu auf sein Volk zukommt (Am 4,6-12). Sie ist sein Werk (Jes 5,19; 10,12), und das Wort der Propheten wie ihre Zeichenhandlungen nehmen das vorweg, was sich jetzt von JHWH her ereignen wird.[568] In und aus der Geschichte spricht JHWH zu den Propheten, und diese sprechen ihr JHWHwort in die konkrete geschichtliche Situation hinein (vgl. Jes 7). Sie sehen in der Geschichte das Gespräch JHWHs mit Israel, damit angesichts des kommenden JHWH die Finalität und Einheit der Geschichte. "Geschichte ist für die Prophetie das gezielte Gespräch des Herrn der Zukunft mit Israel."[569] Wenn Hörer der Propheten sich durch Rückgriffe auf Geschichte meinen absichern zu können, wird ihnen dieser Geschichtsgebrauch verwehrt (vgl. z.B. Am 3,2; 9,7; Hos 12). Propheten greifen aber selbst auf diese Geschichte zurück, um sie als Heilstat JHWHs in Erinnerung oder gegenüber der so anders gearteten Gegenwart als anklagendes Geschehen oder neue Hoffnung ins Spiel zu bringen (Hos 2,4ff.; 11,1ff.; Jer 2) oder sogar als jetzt bald überbietendes Erleben eines neuen Exodus (Jes 41,18)[570]. Da es fremde Völker sind, die am Horizont der Geschichte auftauchen, und als JHWHs Unheils- wie Heilswerkzeuge an seinem Volk sehen gelehrt werden (z.B. Assur bei Jes; Babylonien bei Jer; Kyros bei DtJes), wird die prophetische Schau wie die Erfassung und Durchdringung von Geschichte über die des eigenen Volkes ausgeweitet. Prophetie bereitet auch hier die universalgeschichtliche Schau der Apokalyptik vor.[571] Eine anders orientierte, an das DtrG erinnernde Gesamtschau der Geschichte Israels gab dann noch Ezechiel in seinen Geschichtsüberblicken (Ez 16; 20; 23), die Israels/Judas/Jerusalems Geschichte nur als eine einzige Geschichte des Abfalls und der Sünde (Ez 23) einerseits, der Zuwendung JHWHs anderseits (Ez 16), der Undankbarkeit gegenüber dem erwählenden und führenden Gott JHWH schon seit der Befreiung aus Ägypten (Ez 20,5ff.) beschreiben konnten.[572] Daß dann aus dieser Geschichtsschau doch auch positive Zukunftserwartungen erwachsen können (Ez 20,33-38.40-44),

---

Jahwist doch wohl anzusetzen ist (vgl. jetzt *K.Berge;* s. Anm.560), deren Reich eingefügt wurden (2 Sam 24,5-7; 1 Kön 4,7-19)? Vgl. auch *M.Noth,* Geschichte Israels, [10]1986, 176f.

565 Vgl. dazu genauer in Bd.II, § 10, sowie auch: *W.Zimmerli,* Wahrheit und Geschichte in der atl. Schriftprophetie, in: VT Suppl XXIX, 1978, 1-15.

566 Vgl. dazu: *H.W.Wolff,* Geschichtsverständnis..., (s. S. 238, Anm.520).- *S.Herrmann,* Zeit und Geschichte (s. S.239, Anm.520), 53ff.- *R.Schmitt,* Abschied... (s. Anm.520), 63-89.- *G.von Rad,* Theol.II[4], 182-194.

567 Auch *J.Jeremias* (EvTh 40, 1980, 393) spricht von "prophetische(r) Geschichtsdeutung".

568 Vgl. dazu Bd.II, § 10.4.

569 *H.W.Wolff,* EvTh 20, 1960, 222 (=TB 22, 293).

570 Jes 41,17-20; 43,16-21; 48,20f.; 49,7a.9-13; 52,7-10.11f.

571 "In der Prophetie erwacht das universalgeschichtliche Interesse, weil sie den kommenden Gott Israels als einzigen Herrn der ganzen Wirklichkeit erkennt": *H.W.Wolff,* EvTh 20, 1960, 229 (= TB 22, 301).- Vgl. dazu auch: *S.Herrmann,* Zeit und Geschichte, 1977, 62ff.

572 Vgl. dazu *Th. Krüger,* Geschichtskonzepte im Ezechielbuch, 1989 (BZAW 180).

kann nur von JHWH selbst her seine Begründung nehmen, der "um meines Namens willen" und "damit ihr erkennt, daß ich JHWH bin" (V.44) solches tun will.

Die atl. Propheten schrieben keine Geschichte. Sie sprechen aber von ihr als die von ihr Betroffenen, und sie lassen erkennen, daß und wie ihr eigener Glaube wie der ihrer Hörer und Leser durch das bestimmt war, was JHWH an Israel/Juda/Jerusalem in der Geschichte getan hatte, tat und tun wollte, und sie haben andere das Beobachten von Geschichte in all ihren Bereichen zu lehren versucht. Sie haben Geschichte als Ort göttlichen Handelns gedeutet, aber auch gewußt, daß JHWH doch ein verborgener Gott bleibt (Jes 45,15), dessen Tat auch seltsam ist (Jes 28,21.29). "Darum sind sie nicht zu Unrecht als die eigentlichen Interpreten geschichtlichen Geschehens im Alten Testament anzusprechen."[573]

Das mehrschichtige, von Dtn 1 bis 2 Kön 25 reichende *Deuteronomistische Geschichtswerk*[574] (DtrG) läßt durch seine geprägte Sprache und seine eingestreuten Abschiedsreden oder Gebete wichtiger Personen (Dtn die des Mose; dann Jos 23, 1 Sam 12, 1 Kön 8) sowie durch eigene Reflexionen (Jos 1; Ri 2,1 - 3,6; 2 Kön 17,7ff.) gut erkennen, worin seine Anliegen bestehen. Der Tempel in Jerusalem und sein Geschick werden immer wieder thematisiert und unterschiedlich (mit verschiedenen Akzentuierungen den "Namen [שֵׁם]" JHWHs betreffend[575]) interpretiert. Israels Geschichte wird als Geschichte des Abfalls von JHWH geschrieben (Kön), des sich immer erneut wiederholenden Abfalls, auf den JHWH jedoch, wenn das Volk zu ihm schreit, rettend reagiert (Ri). Das Königtum ist nicht nur ein Positivum, sondern bringt Israel trotz des auch positiv gewerteten David und seiner Dynastie in Gefahr (1 Sam)[576], und dies besonders durch sie sich perpetuierende "Sünde Jerobeams" (Kön), die mit und entscheidend zum Landverlust führte, so daß man den König im sog. dtr Verfassungsentwurf für den Neuanfang nach dem Exil (Dtn 16,18 - 18,22) in das Volk der "Brüder" und als Bruder einbinden und ihn mehr der Tora verpflichten muß (Dtn 17,14ff.). Verheißung (2 Sam 7; 2 Kön 8,19) und Gerichtsansage gegen Könige ergehen, wie dies schon bei Saul und David deutlich wird, nebeneinander, und ihre Beurteilungen in den Königebüchern sind dann schon ab Salomo (1 Kön 11,1-13) überwiegend negativ. Gehorsam gegenüber JHWH wurde verweigert, auf die ankündigend-warnenden Propheten und das durch sie ergehende Wort JHWHs wurden nicht gehört. Zu neuem Gehorsam jedoch, in bestimmten Texten auch zur von JHWH gewährten Möglichkeit der "Umkehr" (Dtn 4,25-31; 30,1-10; 1 Kön 8,46-53), wird jetzt aufgerufen, damit man des "guten" Landes wieder zuteil wird, das JHWH doch den Vätern und ihren Nachkommen "zugeschworen" hat. Mit allem wird sowohl ein Bußbekenntnis abgelegt, als auch durch die Hoffnung auf JHWHs Schwur und Treue und den Auf-

---

573 *S.Herrmann,* Zeit und Geschichte, 1977, 54.

574 Zu ihm vgl. schon oben S. 214, Anm.353.- Vgl. auch (mit anderen als den hier vertretenen Akzenten): *L.Eslinger,* Into the Hands of the Living God, 1989 (JSOT Suppl 84).- *M.A.O'Brien,* The Deuteronomistic History Hypothesis: A Reassessment, 1989 (OBO 92).

575 Vgl. dazu oben S. 194f.

576 Zur dtr Geschichsschreibung (durch DtrP) in den Samuelbüchern vgl. noch: *R.Bickert,* Die Geschichte und das Handeln Jahwes. Zur Eigenart einer deuteronomistischen Offenbarungsauffassung in den Samuelbüchern, in: FS E.Würthwein, 1979, 9-27.- Zur Wertung des Königtums vgl. auch Bd.II, § 7.

ruf zu neuem Gehorsam gegenüber dem Willen JHWHs, wie er im Dtn verschriftet ist, Zukunft zu erschließen versucht. Hier wird die Geschichtsschreibung voll von den theologischen Anliegen beherrscht.
Die *Priester(grund)schrift*[577] zielt mit dem, was und wie[578] sie erzählt, deutlich auf das ihr gegebene Gegenüber der Exilsgemeinde in Babylonien. Bereits mit dem Einsatz in Gen 1,1 - 2,4a[579] wird mesopotamisches Gut aufgenommen, umgeprägt und als Bedrohung des israelitischen JHWHglaubens abgetan. JHWH schafft zwar auch wie Marduk[580] die (mit den babylonischen Göttern verbundenen) Gestirne, kann aber das Licht zuvor schon ohne sie erschaffen und weist den nicht von uran vorhandenen Gestirnen, deren eigentliche Namen ungenannt bleiben, nur dienende Funktion und Namen zu. Ein Kampf JHWHs mit Tiamat[581] ist nicht mehr im Blick, auch keine Theogonie oder Theomachie. Abbild Gottes ist der Mensch, nicht etwa nur der König, und das Ziel der Schöpfung ist der Sabbat als Gabe des Gottes Israels an seine Welt. Der Segen über den Menschen wird nach der Sintflut, wo die Details der Erzählung auch mehr bei P als bei J sind und mesopotamischen Einfluß zeigen, wiederholt und der Bestand der Welt dann durch den Noahbund mit dem Regenbogen als Bundeszeichen verstärkt zugesichert (Gen 9,1-17). Nach dem priesterschriftlichen Anteil an der Völkertafel (Gen 10) ist der nächste große Höhepunkt der weitergehenden Geschichte der Bund Gottes mit Abram, der zum Abraham wird und die Zusagen der Gültigkeit des Bundes auch für seine Nachkommen sowie das Bundeszeichen der Beschneidung erhält (Gen 17). Gottesreden sind in diesen Erzählungen wichtig[582], und die Zusagen an Abraham werden dem Jakob erneut bestätigt (Gen 35,9-13). P will Ordnungen benennen, die Halt und Orientierung vermitteln. Wie der Abrahambund "ewig" sein soll, so soll dies auch für den zugesagten und im Kauf der Höhle Machpela (Gen 23) zeichen- und angeldhaft sich erfüllenden, in der Landverteilung durch Los (Jos 13-21)[583] neu erhofften Landbesitz gelten. Denn die Hoffnung auf Heimkehr und auf neuen Anteil am auch von P hoch geschätzten "Land der Fremdlingschaft" prägt z.B. auch die Schilderung der Rettung "im" Meer nach P, wo JHWH zeigt, wie herrlich er befreien kann und das Geschehen des Auszugs eine deutliche und beab-

---

577 Zu ihr vor allem: *K.Elliger,* Sinn und Ursprung der priesterlichen Geschichtserzählung, ZThK 49, 1952, 121-143 (=*ders.,* TB 32, 1966, 174ff.).- *N.Lohfink,* Die Priesterschrift und die Geschichte, in: VT Suppl XXIX, 1978, 189-225 (=*ders.,* SBAT 4, 1988, 213ff.).- *P.Weimar,* Sinai und Schöpfung, RB 95, 1988, 337-385.- Vgl. auch oben S. 227. und Reg. s.v..

578 Zu ihrem Erzählstil vgl. *S.E.McEvenue,* The Narrative Style of the Priestly Writer, Rom 1971 (AnBibl 50).

579 Siehe dazu auch unten S. 266f.

580 AOT², 120f.; ANET²⁺³, 67f.; RGT², 109.- Zur Sintflut in mesopotam. Texten vgl. RGT², 115-122 und *J.Bottéro/S.N.Kramer,* Lorsque les dieux faisaient l'homme, Paris 1989, 564-601.

581 Vgl. dazu unten S.270.- Zu mesopotam. Theogonien s. *J.Bottéro/S.N.Kramer* (s. vorige Anm.), 471-478.

582 "..; die göttliche Rede ist das darstellerische Mittel, die geschichtliche Erfahrung mit der Sinnfrage zu verbinden": *S.Herrmann,* Zeit und Geschichte, 1977, 44.

583 Daß diese Kapitel P zuzurechnen sind, hat *E.Cortese* neu gezeigt (*ders.,* Josua 13-21. Ein priesterschriftlicher Abschnitt im deuteronomistischen Geschichtswerk, 1990 [OBO 94]).- Zum Land bei P vgl. auch oben S. 135.137.139f.

sichtigte Nähe zu Hoffnungen auf den neuen Exodus aus Babel zeigt (vgl. zum P-Anteil in Ex 14: Jes 43,14ff.). JHWH und seine Diener sind auch "ägyptischen Zauberern" überlegen (P in Ex 7-9). Daß die Geschichte vor Mose und dem Exodus auf eben diese theologisch qualifizierte Zeit zulaufen und durch sie bestimmt sein soll, macht P außerdem durch seine Chronologie wie durch seinen gliedernden und einen offenbarungsgeschichtlichen Fortschritt anzeigenden Gebrauch unterschiedlicher Gottesbezeichnungen deutlich.[584] Am Sinai stiftet JHWH den Sühne schaffenden Kult. Vom (ja durch das Volk gebrochenen) Sinai*bund* wird bewußt geschwiegen. Das erste Opfer (Lev 8f.) sowie die am Sinai erschienene (Ex 24,15b-18a) und das vierzig Jahre lang durch die Wüste wandernde Volk begleitende Herrlichkeit JHWHs[585] sowie das "Zelt der Begegnung"[586] zeigen die Nähe JHWHs auch in dieser Zeit und in diesem Raum an. Mehrfach wird ferner die schöpferische und durchsetzungsfähige Kraft des göttlichen Sprechens und Wortes betont. JHWH, der als der Gott näherbestimmt wird, der aus Ägypten herausführen konnte, will (wieder) inmitten seines Volkes wohnen und ihr Gott sein (Ex 29,42ff.). Das Heiligtum wird (wieder) errichtet (Ex 25ff.). So wird hier Geschichte geschrieben, um der Exilsgemeinde neue Perspektiven zu vermitteln, die sich in den Kundschaftergeschichten (P-Anteil in Num 13/14) vielleicht auch gegen heimkehrunwillige Zeitgenossen richten. Wenn man aus der widerfahrenden Bedrückung zu JHWH ruft (Ex 2,23f.), hört er und greift befreiend ein (Ex 6,5f.). Er kann Wunder tun (Ex 14,29).

Das *Chronistische Geschichtswerk*[587], worunter hier nur die Bücher 1+2 Chr verstanden werden, setzt das DtrG mit dem Dtn und P innerhalb des Pentateuch voraus und verweist auch sonst gern auf verwendete Quellen[588]. Es hat, wie z.B. auch das DtrG, nicht nur einen Verfasser, sondern enthält spätere Zusätze und Weiterführungen. Gleich mit seiner "genealogischen Vorhalle" (1 Chr 1-9) führt es auf einige seiner wesentlichen Anliegen zu. Mit der Menschheit allgemein wird zwar eingesetzt, dies aber in Richtung Israel/Juda und Saul/David weitergedacht. Es soll vorwiegend nur über die Geschichte des Königtums, und dies in seiner Südreichsausprägung, berichtet werden. Aber diese Geschichtserzählung hat wieder einen deutlichen Gegenwartsbezug. Denn nur die Nachkommen des Südreichs und die, welche jetzt in nachexilischer Zeit auf dessen Territorium leben, sind das "wahre Israel"[589]. Bewohner des früheren Nordreichsgebietes können nur durch "Umkehr" hinzukommen (2 Chr 30,6). Das Königtum des Südreichs, wo der König Platzhalter des Königs JHWH ist[590], wird dann besonders anhand der Gestalten von David und Salomo in seiner Bedeutung für Kultus und Tempel herausgestellt. Ziel auch dieser, oft paradigmatischen, Geschichtsschreibung ist die Hilfe für die eigene, nach dem Exil neu zu gestaltende Gegenwart mit dem Kultus, dem Problem der Leviten[591], der Hoffnung auf einen gerechten JHWH, der stärker schon als אלהים benannt wird, sowie auf neue

584 Schöpfung bis Abram: אלהים; Abraham bis Mose: אל שדי; ab Mose: יהוה.

585 Vgl. dazu oben S. 192f.

586 Vgl. dazu unten S. 291-293.

587 Vgl. dazu oben S. 213f. und dort Anm.349.

588 Siehe TRE 8, 77f.

589 Vgl. *M.Oeming*, Das wahre Israel, 1990 (BWANT 128).

590 Vgl. dazu oben S. 182.

591 Vgl. dazu: Bd.II, § 9.3.

politische und auch militärische Mächtigkeit des jetzt nur als Kultusgemeinde existierenden "ganz Israel".
Wie man in Israel Geschichte erfuhr und verstand, zeigen auch gut *Bekenntnisse, Psalmen, Lieder*, die von JHWHs Wirken in der Geschichte sprechen.[592] Dies beginnt mit Texten, die zuerst nur ein einzelnes geschichtliches Geschehen als Tat JHWHs, als sein unmittelbares geschichtliches Eingreifen dankbar preisen, wie dies beim dem sog. Mirjamlied in Ex 15,21 oder dem Deboralied in Ri 5 der Fall ist. Das Gebet Jakobs (Gen 32,10-13) umgreift dann schon einen ganzen Lebensabschnitt seines "Beters", und das kurze Credo in Num 20,15f. den Weg von Ägypten bis Kadesch. Die der dtr Bewegung entstammenden (Dtn 26,5-9; Dtn 32) wie von ihr abhängigen Texte (Neh 9), sowie die späteren Geschichtspsalmen (Ps 78; 105; 106) und das Gebet Daniels (Dan 9,4-19) versuchen dagegen jeweils Israels Geschichte insgesamt oder größere Epochen aus ihr zu umschreiben. Sie tun dies unter unterschiedlichen, oft bewußt kontrastierenden Deutungskategorien, wie die von gewendeter Klage, Hilfe aus Not, Umherirren und Führung ins Land (Dtn 26), Treue JHWHs trotz menschlicher Unwürdigkeit und Untreue (Dtn 32; Ps 105), Weg vom einzelnen zum großen Volk, von Bedrückung zur Befreiung, Heilszuwendungen JHWHs und Undankbarkeit des Volkes, von Sünde, Gericht und Gnade, von Dank und Lob JHWHs für seine Taten in dieser Geschichte, von der durch Rückschau in die Geschichte ermunterten neuen Bitte um Barmherzigkeit. Alle entscheidenden "Koordinaten" (*J.Hempel)* des sich auf Geschichte beziehenden Glaubens und der Geschichtsschreibung Israels sind hier vereint und klar zu erkennen. Geschichte als Überlieferung wird als "Offenbarung" gesehen, und sie kommt als Sprache, als dankbares oder bußfertiges Bekennen im persönlichen Aneignen durch die Beter und durch das zurückwendende Aussprechen hin auf JHWH neu zu ihrem Ursprung und Sinn. "Die Tatsache der Sprache bringt das Ereignis ins Wort, und erst das Wort als Auslegung des Geschehens überliefert das Heil dem Glauben."[593] Geschichte, Wort und Sprache, und diese Sprache als religiöse Sprache der Betroffenheit, konstituieren hier gemeinsam das, was wir Offenbarung nennen. So "offenbart" sich Gott nicht voll durch Geschichte, wohl aber gibt er in der Geschichte etwas von dem zu erkennen, was sein Gottsein ausmacht.[594]
f) Durch seine Geschichtserfahrung und seinen an der Geschichte besonders orientierten Glauben ist auch Israels *Zeitverständnis* geprägt.[595] Wie bei dem

---

592 Vgl. dazu (neben *G.Wallis;* s. S. 239, Anm.520) auch: *S.Kreuzer,* Die Frühgeschichte Israels in Bekenntnis und Verkündigung des A.T., 1989 (BZAW 178).

593 *M.Honecker,* EvTh 23, 1963, 167.

594 Vgl. *S.Herrmann,* Zeit und Geschichte, 1977, 122.

595 Vgl. dazu: *Th.Boman,* Das hebräische Denken im Vergleich mit dem griechischen, (1952) ^{5}1968.- *W.Eichrodt,* Heilserfahrung und Zeitverständnis im A.T., ThZ 12, 1956, 103-125.- *J.Muilenburg,* The Biblical View of Time, HThR 54, 1961, 225-252.- *B.S.Childs,* Myth and Reality in the O.T., ^{2}London 1962 (73ff.).- *M.Sekine,* Erwägungen zur hebräischen Zeitauffassung, in: VT Suppl IX, 1963, 66-82.- *P.Neuenzeit,* "Als die Fülle der Zeit gekommen war..."(Gal 4,4). Gedanken zum biblischen Zeitverständnis, BiLe 4, 1963, 223-239.- *S.G.F.Brandon,* History, Time and Deity, New York/Manchester 1965.- *J.Barr,* Biblical Words for Time, ^{2}London 1969.- *J.R.Wilch,* Time and Event, Leiden 1969.- *H.W.Wolff,* Anthropologie des A.T., 1973 [u.ö.] (127-140).- *S.J.de Vries,* Yesterday, Today and Tomorrow, Grand

Phänomen "Geschichte" gilt auch von dem der Zeit, daß es dafür im AT (wie auch in seiner Umwelt)[596] keinen zusammenfassenden Abstrakt- und Allgemeinbegriff gibt. Das hebräische עֵת[597] bezeichnet vor allem den konkreten Zeitpunkt (z.B. Abendzeit: Gen 8,11; Zeit des Abendopfers: Dan 9,21), die "rechte Zeit", wie man gut an Koh 3,1-8 erkennen kann, oder die "Zeit der Gnade" (Jes 49,8). Es geht dabei um verabredete Zeit (Gen 29,7: Zeit des Vieheintreibens), und das "zu seiner Zeit" zeigt das Rechtzeitige ebenfalls an (Ps 1,3; 104,27 u.ö.). Man kann zu עֵת auch einen Plural bilden (vgl. "Meine Zeiten stehen in deinen Händen": Ps 31,16; auch Ez 12,27; Hi 24,1). Auch מוֹעֵד steht für den bestimmten Zeitpunkt (Gen 17,21: "Termin"), besonders für den gottesdienstlicher Feste (1 Sam 9,24; Ex 13,10; Lev 23,2ff. u.ö.) und יוֹם für den durch ein konkretes Geschehen gefüllten Tag ("am Tag, da JHWH Gott Erde und Himmel machte": Gen 2,4b), wie dies z.B. auch am "Tag JHWHs" als dem durch ein Handeln JHWHs gefüllten und bestimmten Tag[598], am Tag Midians, Jesreels oder Jerusalems (Jes 9,3; Hos 2,2; Ob 11.14) erkannt werden kann. Israels Geschichte ist durch Ereignisse an bestimmten Tagen und in früheren Zeiten qualifiziert (Dtn 4,32; 32,7), und dieser Tage wird gern und häufig gedacht.[599] Man erhofft sich auch zukünftige Tage des Heils (Hag 2,15.18f.; Sach 4,10; 8,9).

JHWH tut alles "zu seiner Zeit" (Jer 5,24; Ps 145,15), so daß *L.Köhler* den atl. Begriff von Zeit als atl. Darstellungsmittel für Gott als den Erhalter der Welt heranziehen kann.[600] Eigenartig ist die atl. Rede von Vergangenheit (קֶדֶם) und Zukunft (אַחֲרִית; vgl. Jes 46,10), da "Zukunft" danach etwas ist, was "hinter" jemandem liegt, ihm also nicht zugänglich ist (Jer 29,11), "Vergangenheit" jedoch "vor" ihm, so daß er sich zu ihr verhalten kann (Ps 143,5).[601] Das Vergangene (קֶדֶם) liegt hierbei aber nicht in mythischer Vorgeschichte, sondern ist das, was JHWH an den Vätern getan hat (Ps 44,2ff.; 74,2 u.ö.). Hinzukommt noch das Wort עוֹלָם, das für ferne Zeit in der Vergangenheit (Ps 90,2; 93,2) wie in der Zukunft (Jes 55,3) stehen kann, aber auch lange Dauer ausdrückt. Es gilt aber

---

Rapids/Mich. 1975.- *A.Petitjean,* Les conceptions vétérotestamentaires du temps, RHPhR 56, 1976, 383-400.- *S.Herrmann,* Zeit und Geschichte, 1977 (85ff.96ff.).- *N.Wyatt,* The O.T. Historiography of the Exilic Period, StTh 33, 1979, 45-67 (dort 53ff.).- *S.de Vries,* Das Verständnis der Zeit in der Bibel, Conc (D) 17, 1981, 96-109.- *R.Schmitt,* Abschied von der Heilsgeschichte?, 1982 (dort 101ff.).- Die Zeit (Schriften der Carl-Friedrich-von-Siemens-Stiftung, Bd.6), 1983.- *A.Lacocque,* La Conception hébraïque du Temps, Bull. Centre Prot. d'Étud. 36, 1984, (FS R.Martin-Achard), 47-58.- *K.Koch,* Qädäm. Heilsgeschichte als mythische Urzeit im Alten (und Neuen) Testament, in: FS W.Pannenberg, 1988, 253-288.- Vgl. auch: *G.von Rad,* Theol.II^4, 108-133.

596 Siehe dazu unten S. 257 und die Lit. in Anm.625.

597 Vgl. zu den hebräischen Begriffen jeweils die entsprechenden Artikel im THAT und ThWAT, dazu die Arbeit von *J.Barr* (s. Anm.595), zu עֵת die von *J.Wilch,* zu יוֹם die von *S.J.de Vries* und zu קֶדֶם die von *K.Koch* (sämtlich s. Anm.595).

598 Vgl. dazu: Bd.II, § 14.9.

599 Ex 10,13; 12,17; Num 9,15; 11,32; Dtn 4,10; 9,24; Jos 10,12; Ri 19,30; 1 Sam 8,8; 2 Sam 7,6; Jes 11,16; Jer 7,22; 11,4.7; 31,32; 34,13; Ez 16,4f.; Hos 2,17; Ps 78,42.

600 Theol.^{4}, 75.

601 Dies war im Ägyptischen ähnlich; vgl. dazu *H.Brunner,* (s. S. 257, Anm.625), 589 (= 336).

hier wie auch sonst bei der Frage nach hebräischen Lexemen, daß nicht ihre eigene Etymologie oder ihre Wortsemantik sie voll bestimmen, sondern daß auf ihren Gebrauch im Kontext zu schauen ist, damit auf das, was der Zeit ihre Bedeutung gibt und wodurch sie geprägt wird. Wie bei Geschichte ist es auch bei der Sicht und Wertung der Zeit nicht zu erwarten, daß angesichts der Unterschiede zwischen Weisheitsliteratur, Geschichtsschreibung, Prophetie und Kultus innerhalb des AT überall das gleiche Verständnis, die gleiche Erfahrung von Zeit vorliegt.[602] Da aber das Hebräische als für diese unterschiedlichen Literaturgruppen gemeinsame Sprache doch allgemeine Verstehens- und Erfassensstrukturen von Zeit mitsetzt, kann mit aller Vorsicht nach einem Zeitverständnis des AT und seiner Sprache gefragt werden. Zusammenfassend kommt dabei etwa das Folgende (als knappste, aber hoffentlich nicht verkürzende Zusammenfassung) heraus: "Die Zeitrelationsangabe in der biblisch-hebräischen Sprache läßt sich näherhin beschreiben mit den grammatischen Kategorien Zeitlageverhältnis (Aspekt: perfektiv - imperfektiv), Richtungskoeffizient (retrospektiv - ø - prospektiv) und Ablaufsart (punktuell - durativ). Dieser Beschreibung liegt ein Verständnis von Zeit als einem eindimensionalen, in eine Richtung verlaufenden und irreversiblen 'Fluß' zugrunde." Für die Zeitstellenangaben gibt es Indexworte (jetzt; dann; damals; hier; dort usw.), durch die der Bezug vom Sprecher/Erzähler und seiner Kommunikationssituation zu anderen Zeitpunkten hergestellt wird. "Diese Beschreibung der Zeitstellenangabe und ihrer Funktion für sprachliche Verständigung setzt ein Verständnis von Zeit als einem kontinuierlichen und umfassenden Medium der Erfahrung...voraus."[603] Gegenwart wird folglich mit Vergangenheit verbunden und auf Zukunft hin geöffnet, was sich besonders gut in der Geschichtserzählungen innewohnenden Erzählart und Erzählabsicht erkennen läßt.[604]

Für den atl. Menschen überhaupt geht außerdem trotz der möglichen Unterschiede im Erleben und Erfassen von Zeit ein qualitatives Verstehen von Zeit als Aufeinanderfolge von Ereignissen dem quantitativen als Abfolge von Zeiteinheiten an Bedeutung voran. *S.de Vries,* der auch das Begriffspaar quantitativ-qualitativ verwendet, macht in diesem Zusammenhang darauf aufmerksam, daß die prophetischen Schriften häufiger von יוֹם sprechen, die weisheitlichen[605] und apokalyptischen mehr von עֵת.[606]

---

[602] Eine auch diese Unterschiede berücksichtigende, umfassende Untersuchung der Bedeutung der Afformativ- und der Präformativkonjugation im hebräischen Verbsystem für das atl. Zeitverständnis (!) liegt leider noch nicht vor. Erste Ansätze bot *W.Zimmerli* (Die Weisung des A.T. zum Geschäft der Sprache, in: *ders.,* Gottes Offenbarung, TB 19², 1969, 277-299, dort 287f.). Eine Weiterführung ist zu entdecken bei *Th.Krüger,* Geschichtskonzepte im Ezechielbuch, 1989 (BZAW 180), 19-38 (Lit.).- Für ältere semit. Sprachen vgl. *M. Cwik-Rosenbach* (s. S. 240, Anm.527), 3-5.

[603] *Th.Krüger,* (s. vorige Anm.), 20+22.

[604] Genaueres bei *Th.Krüger,* (s. Anm.602).

[605] Neben Koh hat auch Sir über die Zeit meditiert; vgl. etwa Sir 18,26; 39,16-21.33f.

[606] Conc 17, 1981, 97 (s. Anm.595): es zählt für die Weisheitsliteratur "nicht so sehr das Einmalige, Einzelne, sondern das Katalogisierbare und abstrakt Feststellbare."

Zeit beginnt für das AT nicht in mythischer Vorzeit[607], sondern der "Anfang" (Gen 1,1) der Welt ist der Anfang menschlicher Zeit und Geschichte (vgl. auch Gen 2,4bff.). Der segnende Vermehrungsbefehl (Gen 1,28 P) ist es, der dann auch die kleine Jakobsippe zum großen Volk macht (Ex 1,7 P). Die Zeit als Verlauf wird allgemein durch den Wechsel von Tag und Nacht (vgl. Jer 33,20; Ps 74,16) und dem damit verbundenen Auftreten unterschiedlicher "Lampen" am Himmel (Gen 1,4f.16; vgl. Ps 136,8f.), spezieller durch den Sabbat gegliedert (Gen 2,1-3) und damit zugleich auf Israel, das ja allein unter den Völkern den Sabbat auch als Gebot kennt[608], bezogen. Die Woche als wiederkehrender Zyklus ist der fortschreitenden Zeit als Linie und Strecke, die einen "Anfang" hat, ordnend und Halt vermittelnd eingegliedert. Fortschreitende Geschichte markieren auch die in Gen 5 aufgereihten Nachkommen Adams wie die weiteren Genealogien. Letztere umgreifen Zeiträume wie Geschichte als Verlauf, deuten sie zugleich durch abnehmende Lebenszeiten (Gen 5) als fortschreitend abnehmende Lebenskraft infolge der Entfernung von Gott. Eine Verheißung für künftige Geschlechter empfängt die ganze Menschheit in dem Noah und seinen Nachkommen gewährten Bund (Gen 9,1-17). Dann wird diese Zeit mit der Geschichte durch - oft mit Absicht wiederholt ergehende - Verheißungen von Nachkommen, Land, Segen oder Beistand an die Erzväter, die Mosegruppe, das Volk Israel insgesamt, dann an David und seine Dynastie weiter nach vorn getrieben, denn JHWH "ist" ja auch der, "als der er sich erweisen wird" (Ex 3,14).[609] Prophetische Androhungen und Verheißungen folgen und halten Israel im Unterwegs von Zeit und Geschichte.

Daß und wie über Zeit folglich auch ohne Rückgriff auf die eigentliche Begrifflichkeit gesprochen werden konnte, zeigen ferner Gen 8,22 ("In Zukunft, solange die Erde steht. soll nicht aufhören Saat und Ernte, Frost und Hitze, Sommer und Winter, Tag und Nacht": J; vgl. Ps 74,17). Hier sieht alles nach Zeit als Zyklus, besser als Rhythmus aus. Aber dieser Zeitrhythmus ist als Zeichen tragender Geduld JHWHs mit den nachsintflutlichen Menschen, die sich "in dem unbegreiflichen Bestand der natürlichen Ordnungen trotz andauernder menschlicher Sünde" äußert[610], in die Zeit als weitergehendem Verlauf, die der Jahwist dann erzählt, hineingenommen.[611] Segenssprüche des Erzvaters sind es ferner, die Zeit und Geschichte überschauen und als sich verwirklichenden Plan (letztlich JHWHs), der von einzelnen zum Stamm, damit zum Volk sich erstreckt, gestalten (Gen 27; 48; 49). Wenn dann (noch nicht bei J und E, wohl aber) in dtr und priesterschriftlichen Texten von "vierzig Jahren in der Wüste" gesprochen wird[612], geht es dabei einerseits darum, daß hierbei eine Chiffre für die Exilszeit vorliegt, anderseits darum, daß, weil vierzig Jahre für eine Generation stehen, erst die folgende Generation mit einer Heimkehr aus dem Exil rechnen kann, was auch anderenorts ausdrücklich thematisiert wird (Num 14,22f.; Dtn 9,7ff.).

607 Vgl. dagegen für Ägypten: "Die erste Geburt der Zeit geschah in der mythischen Vergangenheit": *L.Kákosy*, LÄ VI, Sp. 1361.

608 Vgl. dazu: Bd.II, § 13.5.

609 Vgl. dazu oben S. 161.

610 *G.von Rad*, ATD 2 z.St.

611 Auf die Bedeutung des temporalen Kennwortes טֶרֶם ("noch nicht, bevor") beim Jahwisten verweist *H.W.Wolff*, Anthropologie..., 130.

612 Ex 16,35; Num 14,33f.; 32,13; 33,38; Dtn 1,3; 2,7; 8,2.4; 29,4; Jos 5,6.- Davon abhängig: Am 2,10; 5,25 dtr; Neh 9,21; Ps 95,10.

Wie bei den chronologischen Angaben von P und im DtrG wird auch hier mittels Zahlen und Zeiträumen Theologie getrieben und vermittelt.
Wenn *Qohelet*, bei dem das Nomen עֵת 40mal vorkommt, in Koh 3,1-8 über die Zeit nachdenkt[613], so tut er dies, um an ihr aufzuzeigen, daß dem Menschen die Erkenntnis des jeweils richtigen Zeitpunkts (Koh 3,1: זְמָן und עֵת), der ja auch schon in der Weisheit der Proverbien eine Rolle spielte (Spr 15,23; 25,11; vgl. Jes 28,23-29), für das Vollbringen einer bestimmten Sache (vgl. Koh 3,11) verschlossen ist. Zeit ist hier nicht primär gewährte Zeit und Chance, sondern eher ein stets neuer Fallstrick, ein Risiko angesichts an sich gegebener, aber nicht erkennbarer Möglichkeiten (vgl. Koh 8,6), so daß neben "Zeit" der "Zufall (פֶּגַע)" erwähnt werden kann und muß (9,11f.). Zeit kann nur als immer wiederkehrendes Erleben von Bedrückendem gesehen werden, bei dem es nichts Neues unter der Sonne gibt (Koh 1,4.9.11).[614] Der Tag des Todes ist besser als der der Geburt (Koh 7,1).[615] Angesichts des kurzen menschlichen Lebens empfiehlt Qohelet das Genießen der Freude, wann und wie immer dies möglich (Koh 5,18f. u.ö.) und solange man jung ist (Koh 11,9ff.). Innerhalb dieses Kontextes ist dann auch Koh 3,11 zu sehen, wonach Gott den Menschen עוֹלָם in ihre Herzen gegeben hat, d.h. das Bedenken von Zeit und Zukunft als Mühsal (vgl. Koh 6,10; 7,14).[616] Und so wendet sich Qohelet in 6,10 wahrscheinlich sogar gegen das Hiobbuch und betont, daß man nicht rechten kann mit dem, der stärker ist als man selbst. Gott wie das menschliche Dasein bleiben unverfügbar und undurchdringlich, und so gilt dies auch für die Zeit.
Was Qohelet reflektierend feststellt, klagt *Hiob* in seiner ersten, sehr grundsätzlich gehaltenen Klage heraus (Hi 3)[617], da seit dem zu verfluchenden Tag der Geburt auch sonst die Lebenszeit nichts Positives brachte. Der Tag der Geburt und der des Todes hätten zusammenfallen sollen. Später wird dann auch anderes über die menschlichen Lebenstage gesagt, wie z.B. deren Kürze sowie die Unkenntnis und Plötzlichkeit ihres Endes beklagt (Hi 7 und 14; vgl. Weish 2,1-5) oder der Kontrast zwischen dem guten Einst und dem traurigen Jetzt (Hi 29). Qohelet hielt dagegen nichts von solchem Vergleichen (Koh 7,10). Kon-

---

613 Dazu: *K.Galling*, Das Rätsel der Zeit im Urteil Kohelets, ZThK 58, 1961, 1-15.- *G.von Rad*, Weisheit in Israel, 1970, 182-188.- *N.Lohfink*, Gegenwart und Ewigkeit. Die Zeit im Buch Kohelet, GuL 60, 1987, 2-12.- *M.Laumann*, Qoheleth and Time, BiTod 27, 1989, 305-310.- *D.Michel*, Untersuchungen zur Eigenart des Buches Qohelet, 1989 (BZAW 183); s. dort Reg. s.v. "Zeit".

614 Nach *N.Lohfink* (GuL 60, 1987, 7) ist dies ein Freudenschrei: "weil hinter dem versinkenden Augenblick ewige Dauer aufleuchtet".

615 Oder zitiert hier Qohelet eine fremde Meinung?

616 "Was den Menschen wirklich zum Menschen macht, nämlich die Frage nach einem über den jeweiligen Augenblick hinausgehenden Sinn, ist zugleich das, woran er leidet": *D.Michel*, BiKi 45, 1990, 23; dort 22f. zu Koh 3,11.- Daß Qohelet hingegen hier "voll des Hungers nach Ewigkeit" war und es um einen positiven "Ewigkeitsbezug" gehe, kann ich nicht erkennen (anders *N.Lohfink*, GuL 60, 1987, 3+9; nach *L.* geht es auch in Koh 3,1ff. um die Fülle der dem Menschen geschenkten Zeit [49]; dann aber auch: "Wir können die Inhalte der Zeit nicht selbst bestimmen" [5]), denn "Im Hintergrund der Wirklichkeit hat ein anderer die Zeit in der Hand" [6]).

617 Vgl. dazu *P.Höffken*, Des Menschen Zeit - Hiobs Zeit, in: *W.C.-W.Clasen/G.Lehnert-Rodiek (Hg.)*, Zeit(t)räume, 1986, 121-133.

takte dieses weisheitlichen Denkens zur Vorstellung von der Zeit als der des göttlichen Wirkens für sein Volk sind hier nicht erkennbar.
Kultisches Geschehen ist durch zeitlich festgelegte, wiederkehrende und in ihrem zeitlichen Ablauf geregelte Feste geprägt.[618] Die atl. Festgemeinde, die im Kultus herausgehobene Zeit erlebt und durch sie vereint wird, wird jedoch durch die Vergeschichtlichung dieser Feste und durch deren Beziehung zur "Heilsgeschichte" kultisch nicht nur in einen Zyklus gestellt, sondern auch stets zugleich mit der Geschichte konfrontiert und neu in sie hineingenommen. Diese Art Feste zu feiern und Kultus zu interpretieren und zu füllen scheint bisher in Israels Umwelt ohne Analogie zu sein. Ein solches Fest ist dann "der Tag, den JHWH gemacht hat" (Ps 118,24), ist gefüllte Zeit schlechthin. Man kann dazu die Beziehungen und Bezugnahmen des christlichen Kirchenjahres und seiner Feste auf das ntl. Heilsgeschehen vergleichen. Hier hatte der Kalender seine besondere Bedeutung, und die innerhalb des AT maßgebende Chronologie stammt auch aus priesterlichen Kreisen.[619] Sie orientiert sich jedoch bezeichnenderweise nicht an astralen oder sonstigen naturhaften Geschehnissen, wie dies z.B. in Ägypten geschah[620], sondern am Exodus aus Ägypten (Ex 12,40f.; 19,1; vgl. 1 Kön 6,1). Der "Kalender" jedoch ist dann von astralen Gegebenheiten her bestimmt (Gen 1,14ff.) Die im Kultus erfahrene Gleichzeitigkeit mit Vergangenem, wie sie Ps 114 gut verdeutlicht, wird auch direkt bewußt gemacht, so etwa im Passahgeschehen (Ex 12; vgl. 13,8-10)[621], im (70maligen) "Heute" des Dtn's, in der ebenfalls dort betonten Gleichzeitigkeit der Generationen innerhalb des Bundesschlusses (Dtn 5,2f.; 29,9-14). Das Aufeinanderfolgen verschiedener Feste mit ihren einzelnen Festlegenden einerseits, das für die atl. Frömmigkeit konstitutive Erzählen der göttlichen Heilstaten, das Sich-Erinnern und das im Wort sich vollziehende Erinnert-Werden an ein grundlegendes Damals anderseits, sowie Erfahrungen aufeinander folgender Taten JHWHs bewirkten die Herausbildung eines auch mit der Geschichte als Verlauf, als Strecke verbundenen Zeitverständnisses. "Gott war es, der zwischen der Vielzahl der Begebnisse die Kontinuität und die Zielstrebigkeit in der zeitlichen Abfolge der Ereignisse hergestellt hat."[622] So stellt sich von verschiedenen Seiten her die Frage neu, ob es sehr sinnvoll und berechtigt ist, von "zyklischem" und "linearem" Zeitverständnis (schon gar in einem sich ausschließenden Gegeneinander) zu sprechen, oder ob man[623] nicht eher von dem notwendigen Miteinander von "rhythmisch" und "kontinuierlich" gegliederter und erfahrener Zeit sprechen sollte, wobei ge-

---

618 Vgl. dazu: § Bd. II, 13.4.- Zur "temps liturgique" s. *A.Lacocque,* FS R.Martin-Achard (s. S. 252, Anm.595), 48ff.; vgl. auch: *G.von Rad,* Theol. II^4, 111ff. Zu *von Rad* vgl. hier *F.Mildenberger,* Gottes Tat im Wort, 1964, 32ff.

619 Hier soll dafür nur auf neuere Lit. verwiesen werden, die den Zugang auch zur früheren Forschung erschließt: *G.Larsson,* The Secret System, Leiden 1973.- *ders.,* The Chronology of the Pentateuch: A Comparison of the MT and LXX, JBL 102, 1983, 401-409.- *J.Hughes,* Secrets of the Times, 1990 (JSOT Suppl 66).- Vgl. auch: *A.Jepsen,* Art. "Zeitrechnung", BHHW III, Sp. 2211-2214.

620 Vgl. dazu die Artikel "Kalender" und "Chronologie" in LÄ III bzw. I.

621 Vgl. Mischna b.Pes. X.5 [= 116b] (unter Verweis auf Ex 13,8 und Dtn 6,23): "In jeder Generation soll ein jeder einzelne von uns sich so betrachten, als ob er selbst aus Ägypten ausgezogen sei."

622 *G.von Rad,* Theol. II^4, 116; d.h. so sahen es die Erzähler.

623 Einer Anregung von *N.Wyatt* folgend (StTh 33, 1979, 55).

fragt werden kann, ob eine der beiden Perspektiven irgendwo überwiegt. Für das AT kann dann wohl gesagt werden, daß der Zeitrhythmus dem Zeitverlauf und der Zeit wie der Geschichte als Weg und Strecke integriert und untergeordnet ist.

Nach dem *Danielbuch*[624] mit seinen Zeitangaben (Dan 7,25; 8,14; 9,2; 11,11f.; 12,7), seinem Reden von Weltzeiten (Dan 3,33; 4,31; 7,14.27 u.ö.) und seinem Mühen um das Erfassen von Zeit (Dan 9) muß zugleich das Weitergehen von Zeit ertragen werden (Dan 12,11f.), da das angesprochene "Ende" (קֵץ: Dan 9,26; 12,13), das hier als Ende irdischer Zeit, Reiche und Geschichte überhaupt verstanden wird, verzieht. Die Abfolge der Weltreiche (Dan 2 und 7) zeigt zwar eine fallende, den Wert der Reiche deutlich abmindernde Tendenz (Dan 2), so daß auch dies, wie die jetzt erlebte konkrete Geschichte (Dan 11), auf das nahende Ende und das alle Geschichte und Zeit beendende, hereinbrechende, allein durch JHWHs Tun kommende Gottesreich verweist.

Das *Zeitverständnis in der Umwelt* des alten Israel[625] läßt sich - wie im Hebräischen - auch nicht allein durch eine Analyse der verwendeten Begriffe erheben, und ein Abstraktum "Zeit" gibt es dort ebenfalls nirgends. Versucht man, die dortigen Vorstellungen und ihre nicht leichte und auch umstrittene Erforschung zusammenzufassen, so ergibt sich etwa folgendes Bild: Ein durch den Mondumlauf, durch die Gestirne und die Sonne wie durch den Wechsel der Jahreszeiten bestimmter Kalender und Jahreslauf waren in Ägypten wie in Mesopotamien auch für das Erleben und Gliedern von Zeit, die damit automatisch "zyklisch" erfaßt wurde, wesentlich[626]. Für die genauere Bestimmung des Tageslaufs gab es Sonnen- und Wasseruhren. Im Ägyptischen wurde für "Tag" als Kalendertag ein anderes Wort verwendet als für "Tag" als etwas Helles, durch die Sonne Geprägtes. Das Akkadische kennt Ausdrücke für "Zeitpunkt, Termin" und spricht von "Tagen" oder "Jahren" für Vergangenheit oder Zukunft.[627] Im Ägyptischen geht es beim Blick auf die Zeit weniger um den Verlauf, sondern zuerst um die Wiederholung (vgl. Tageslauf oder Nilüberschwemmung) und die Wiederholbarkeit, z.B. im Fest, so daß das Jahr "das sich Verjüngende" (rnp.t) heißt, ferner mehr um das Bleibende und Gültige als um das Einmalige.[628] Der babylonische König Hammurabi konnte von sich sagen, daß er bereits "damals" vor aller menschlichen Geschichte mit seinem Namen genannt wurde, als die Götter dem Marduk die Enlil-Würde übertrugen

---

624 Dazu vor allem: *K.Koch*, Spätisraelitisches Geschichtsdenken am Beispiel des Buches Daniel, HZ 193, 1961, 1-32.- *ders. (u.a.)*, Das Buch Daniel, 1980 (EdF 144).

625 Dazu: *H.Brunner*, Zum Zeitbegriff der Ägypter, StGen 8, 1955, 584-590 (= *ders.*, Das hörende Herz, 1988 [OBO 80], 327ff.).- *S.G.F.Brandon*, (s. S. 251, Anm.595).- *S.Morenz*, Untersuchungen zur Rolle des Schicksals in der ägyptischen Religion, 1960.- *E.Otto*, Zeitvorstellungen und Zeitrechnung im Alten Orient, StGen 19, 1966, 743-751.- *W.von Soden*, Sprache, Denken und Begriffsbildung im Alten Orient, 1974.- *J.Assmann*, Zeit und Ewigkeit im Alten Ägypten, 1975.- *ders.*, Das Doppelgesicht der Zeit im altägyptischen Denken, in: Die Zeit (s. Anm.595), 189-223.- *L.Kákosy*, Art. "Zeit", LÄ VI, Sp. 1361-1371.- *M.Cwik-Rosenbach*, (s. S. 240, Anm.527).

626 Vgl. die Artikel "Kalender" in RLA und LÄ.

627 Vgl. *W.von Soden*, (s. Anm.625), 37.

628 Daß auch über den "Zeitpunkt" der Weltschöpfung in Ägypten anders als im AT gedacht wurde, zeigt *S.Morenz*, Ägyptische Religion, 1960, 167-191.

und auch die Stadt Babel mit ihrem erhabenen Namen nannten.[629] Jeder ägyptische König vollzog die Reichseinigung wie die Weltordnung insgesamt neu, vollbrachte Taten, die zu ihr gehörten oder schilderte sie zumindest als vollzogen. Zeit wird hier zum Ritual. Dann wurde auch in Ägypten die Zeit gern durch ihre Inhalte und Relationen bestimmt. So gab es innerhalb der zahlreichen ägyptischen Wörter für Zeit mit ꜣt (at) ein Wort für den Zeitpunkt, den Augenblick, wo z.B. Ramses II. sagen kann "ich gleiche dem Baal in seiner Zeit"[630], mit pꜣw.t (= pa.ut) eines für die vorgeschichtliche Urzeit, mit tr (ter) eines für die rechte Zeit, dann aber auch eines für (abgemessene) "Lebenszeit" (ꜥḥꜥw = aḥau), die in Opposition zur ungemessenen Zeitfülle ("Ewigkeit" in diesem [!] Sinne: nḥḥ = neḥeḥ) steht. Der andere (durch das Markenzeichen einer Keksfabrik vielleicht nicht unbekannte) Begriff für "Ewigkeit" lautet ḏt (djet), und sein - von den Ägyptologen viel diskutierter - Unterschied zu neḥeḥ (Vergangenheit/Zukunft - resultativ/virtuell?) kann hier auf sich beruhen.[631] Beide hängen zusammen, haben es aber offensichtlich nicht primär mit der Zeit des Menschen, sondern mit der des Kosmos und mit Zyklischem, wie vor allem mit dem Sonnenlauf, damit mit dem Sonnengott RE, der auch den Jahres- und Tageslauf bestimmt, zu tun. "Dasein und Geschichte lassen sich in diesen Kategorien nicht denken"[632], wenn man auch praktisch an einem dann zugleich linear geprägten Zeitverständnis nicht vorbeigekommen sein wird. Die kosmische Zeitfülle ist es, die den Ägypter bewegt und trägt, und in sie ist auch sein Leben als Lebensverlauf und von den Göttern bestimmte und gelenkte Zeitdauer eingebettet.

Sicher ist weder das atl. Zeit- noch "das alttestamentliche Geschichtsverständnis...der Schlüssel für den alttestamentlichen Gottesglauben schlechthin"[633]. Es ist z.B. auch auf die Bereiche Recht, Schöpfung, Kult und Weisheit zu achten. Aber beim Recht wie beim Kultus und bei den atl. Schöpfungsaussagen lassen sich bezeichnenderweise auch stärker werdende Einflüsse eben der Geschichtsbezogenheit des JHWHglaubens erkennen[634], wie auch die frühjüdische Weisheit (Sir; Weish) sich genötigt sah, Elemente atl. Geschichtszeugnisses in sich aufzunehmen. So wird dieses atl. Zeugnis von der Zeit und der Geschichte in seiner Vielschichtigkeit, die aber auch gemeinsame Grundstrukturen erkennen läßt, doch für die Erfassung des atl. Gottesbildes und des atl. Redens von Offenbarung wichtig bleiben. JHWH ist es, der Zeit gestaltet, Geschichte füllt, und wenn man ihn bekennen (Dtn 26,5-9) und ihm danken will, weil seine Güte ewig währt (Ps 136), dann erzählt man von seinen geschichtlichen Taten.

---

629 Prolog des Codex Hammurabi: TUAT I/1, 40.

630 Zitiert nach *S.Morenz*, Ägyptische Religion, 1960, 80. Dort 80ff. zahlreiche Belege für das auch in Ägypten häufige "in meiner/deiner/seiner/ihrer Zeit".

631 Vgl. dazu *J.Assmann*, Zeit und Ewigkeit..., 41ff.- *ders.*, Das Doppelgesicht der Zeit..., 198ff.- Ferner: *E.Brunner-Traut*, Frühformen des Erkennens, 1990, 101f.156; dort (108f.) auch zum Unterschied zu israelitischem Zeitverständnis, das zu Recht mit seiner Art der Geschichtsschreibung verbunden gesehen wird.

632 *J.Assmann*, Das Doppelgesicht..., 201.

633 *J.Jeremias*, EvTh 40, 1980, 381 (s. S. 239, Anm.520).

634 Vgl. dazu oben S. 89ff. und Bd. II, § 13.4.9, sowie zum Bereich "Schöpfung" gleich S. 269-274.

6. Nach atl. Zeugnis ist JHWH nicht nur der Herr der Geschichte Israels und der Völker, sondern auch der *Schöpfer der Welt*. Wie kommen die Aussagen über diesen Schöpfer und seine Schöpfung im AT theologisch zu stehen?[635]
a) Das den atl. Schöpfungsaussagen zugrunde liegende und in ihnen sich ausdrückende *Weltbild*[636] ist das gemein-altorientalisch-antike, das - trotz mancher Unterschiede in Einzelheiten - sich weithin ähnelte. Die Erde wurde als auf dem Wasser schwimmende oder dort feststehende Scheibe angesehen (Gen 7,11; 49,25; Ex 20,4; Ps 18,16; 104,5; Hi 9,6; 26,11; 38,4.6[637]; Spr 8,29), und auch

---

635 Dazu: *G.von Rad*, Das theol. Problem des atl. Schöpfungsglaubens, in: BZAW 66, 1936, 138-147 (= *ders.*, Ges. Studien I [TB 8], ^{3}1965, 136ff.).- *R.Rendtorff*, Die theol. Stellung des Schöpfungsglaubens bei Deuterojesaja, ZThK 51, 1954, 3-13 (= *ders.*, TB 57, 1975, 209ff.).- *G.von Rad*, Aspekte atl. Weltverständnisses, EvTh 24, 1964, 57-73 (= *ders.*, TB 8, ^{3}1965, 311ff.).- *C.Westermann*, Das Reden von Schöpfer und Schöpfung im A.T., in: FS L.Rost, 1967 (BZAW 105), 238-244.- *ders.*, Neuere Arbeiten zur Schöpfung, VuF 14, 1969 (H.1), 11-28.- *L.I.J.Stadelmann*, The Hebrew Conception of the World, Rom 1970 (AnBibl 39).- *W.Zimmerli*, Die Weltlichkeit des A.T., 1971.- *H.H.Schmid*, Schöpfung, Gerechtigkeit und Heil, ZThK 70, 1973, 1-19 (=*ders.*, Altorientalische Welt in der atl. Theologie, 1974, 9ff.).- *C.Westermann*, Genesis 1-11, 1974 [u.ö.] (BK I/1).- *R.Albertz*, Weltschöpfung und Menschenschöpfung, 1974.- *L.Vosberg*, Studien zum Reden vom Schöpfer in den Psalmen, 1975 (BEvTh 69).- *F.de Liagre-Böhl/H.A.Brongers*, Weltschöpfungsgedanken in Alt-Israel, Persica 7, 1975-78, 69-136.- *R.Lux*, Schöpfungstheologie im A.T., ZdZ 31, 1977, 416-431.- *O.H.Steck*, Zwanzig Thesen als atl. Beitrag zum Thema: "Die jüdisch-christliche Lehre von der Schöpfung in Beziehung zu Wissenschaft und Technik", KuD 23, 1977, 277-299.- *ders.*, Welt und Umwelt, 1978.- *A.Angerstorfer*, Der Schöpfergott des A.T., 1979.- *R.Martin-Achard*, Et Dieu crée le Ciel et la Terre..., Genf 1979.- *S.Wagner*, "Schöpfung" im Buche Hiob, ZdZ 34, 1980, Nr.3, 93-96.- *H.D.Preuß*, Bibl.-theol. Erwägungen eines Alttestamentlers zum Problemkreis Ökologie, ThZ 39, 1983, 68-101.- *E.Zenger*, Gottes Bogen in den Wolken, 1983 (SBS 112).- *E.Otto*, Schöpfung als Kategorie der Vermittlung von Gott und Welt in Biblischer Theologie, in: FS H.-J.Kraus, 1983, 53-68.- *P.Doll*, Menschenschöpfung und Weltschöpfung in der atl. Weisheit, 1985 (SBS 117).- *K.Eberlein*, Gott der Schöpfer - Israels Gott, 1986.- *H.D.Preuß*, Einführung in die atl. Weisheitsliteratur, 1987 (dort 177ff.).- La Création dans l'Orient Ancien, Paris 1987 (LeDiv 127).- *R.Rendtorff*, "Wo warst du, als ich die Erde gründete?" Schöpfung und Heilsgeschichte, in: Frieden in der Schöpfung *(Hg. G.Rau u.a.)*, 1987, 35-57.- *H.Spieckermann*, Heilsgegenwart, 1989 (FRLANT 148).- *M.Schubert*, Schöpfungstheologie bei Kohelet, 1989.- Themaheft "Frieden, Gerechtigkeit, Schöpfung", BiKi 44, 1989, Nr.4.-
Vgl. auch: *W.Eichrodt*, Theol.II^{7}, 59-74.- *Th.C.Vriezen*, Theol., 295ff.- *E.Jacob*, Théol., 110-121.- *G.Fohrer*, Grundstrukturen, 149ff.- *G.von Rad*, Theol.I^{5}, 149ff.- *H.Graf Reventlow*, Hauptprobleme, 148ff.- *C.Westermann*, Theol., 72ff.- *W.Zimmerli*, Theol.^{6}, 24ff.- *W.H.Schmidt*, Atl. Glaube^{6}, 197ff.- *J.Goldingay*, Theological Diversity and the Authority of the O.T., Grand Rapids 1987, 200ff.

636 Dazu: *H.Gese*, Die Frage des Weltbildes, in: *ders.*, Zur biblischen Theologie, ^{3}1989, 202-222.- Vgl. auch: *W.Eichrodt*, Theol.II^{7}, 57ff.- *L.Köhler*, Theol.^{4}, 140ff. und z.B. RGT^{2}, 100f.108f.

637 Zu den Aussagen des Hiobbuches über Gott, Welt(bild) und Mensch vgl. auch *A.Bertholet*, Bibl. Theol. des A.T., Bd.2, 1911, 121-135.

über dem festen Himmelsgewölbe (Gen 1,6; Hi 37,18), an dem die Gestirne ihren Lauf zogen (Gen 1,16-18; Ps 104,19.22 u.ö.), befand sich Wasser (Gen 1,7; Ps 104,3.13; 148,4; Hi 26,11). Über diesem Himmelsozean[638] war der Ort Gottes, sein Thron (Jes 6,1; 66,1; Ez 1; Ps 104,3), unter dem irdischen Ozean der Ort der Toten (Ps 88,7; Hi 26,5f.). Ein zusammenfassendes Wort für "Welt" hat das AT eigentlich nicht. Es wird zwar vom "Weltkreis" gesprochen (תֵּבֵל), was allerdings eher die bewohnte Erde insgesamt bezeichnet[639], und nur in Jes 44,24 (auch 45,7?), Jer 10,16 [= 51,19], Koh 3,11, Ps 8,7 und 103,19 begegnet ein הַכֹּל für "das All". Sonst spricht das AT gern von "Himmel und Erde", wenn es die Schöpfung in ihrer Gesamtheit bezeichnen will (z.B. Gen 1,1; 2,1.4 u.ö.), oder es wird, wie z.B. in Ex 20,4, Ps 135,6 oder Hiob 11,8f., noch weiter differenziert.

Die Welt wurde im Alten Vorderen Orient allgemein als Schöpfung der Götter, oft einer bestimmten Gottheit angesehen, welche diese Schöpfung in mythischer Vorzeit und oft in Form eines Kampfes mit einer anderen Gottheit oder nach siegreichem Kampf mit ihr vollzogen hatte.[640] Die wesentlichen Unterschiede zwischen den altorientalischen Religionen lagen nicht im Wie ihres Weltbildes, sondern mehr im Wie, Woraus und Wozu der Schöpfung. Obwohl JHWHs Macht über die Naturmächte in dem im Exodusgeschehen mit der Rettung am Meer gesetzten Geschichtsglauben mit angelegt war, ist doch der Glaube an JHWH als den Schöpfer dem Glauben Israels erst zugewachsen (s.u.). So kann man atl.-theologisch nicht mit der Betrachtung des Schöpfungszeugnisses einsetzen, wird allerdings zu bedenken haben, was es bedeutet, daß das AT jetzt mit den Zeugnissen von der Schöpfung beginnt. Es ist der Herr und Schöpfer der Welt, der sich dann (Gen 12ff.) den Vätern Israels und dem Volk Israel (Ex 1ff.) zuwendet, und in Israel erwählt er sich exemplarisch und paradigmatisch die Menschheit zur Gemeinschaft mit ihm.

Die Rede von JHWH als dem Schöpfer begegnet nun in unterschiedlichen Textzusammenhängen und auf verschiedene Art. Neben erzählenden Texten stehen hymnische Aussagen, neben Bezugnahmen in Heilszusagen bzw. analog in Klagen stehen Betrachtungen über Weisheit und Schöpfung. Man spricht von Schöpfung der Welt und von der des Menschen allgemein, aber ein einzelner Frommer kann JHWH auch seinen persönlichen Schöpfer nennen. So entstehen die Hauptfragen, wann und warum Israel von JHWH auch als dem Schöpfer gesprochen hat. Das Wie dieser Schöpfung konnte, wie schon Gen 1 neben Gen 2 zeigen, offensichtlich unterschiedlich ausgesagt werden. Ferner wird zu fragen sein, ob, nachdem die Beziehung von Geschichte und Offenbarung erörtert wurde, das AT auch eine "Offenbarung" JHWHs durch die Schöpfung kennt[641].

---

638 Zu dem problematischen מַבּוּל in Ps 29,10 vgl. *D.T.Tsumura,* UF 20, 1988, 351-355 und *B.Janowski,* ZThK 86, 1989, 421.- Vgl. S.175, Anm.112.

639 Vgl. die Belege in den Wörterbüchern.

640 Das altorientalische Vergleichsmaterial findet sich in "La Création..." (s. Anm.635), in *M.Eliade (Hg.),* Quellen des alten Orients I: Die Schöpfungs-Mythen, 1964 (u.ö.) und für Mesopotamien bei *J.Bottéro/S.N.Kramer,* Lorsque les dieux faisaient l'homme, Paris 1989, vor allem 478-679; dort auch S.526-564 das Atraḫasis-Epos; zu ihm auch *W.G.Lambert/A.R.Millard,* Atraḫasīs, Oxford 1969 und *W.von Soden,* ZA 68, 1978, 50-94.- Vgl. auch die Textauswahl in RGT², dazu WdM I, 121-124.183.309f.405.

641 Zu den exegetisch-hermeneutischen Positionen das atl. Schöpfungshandeln und sein besonderes Handeln an Israel betreffend vgl. *K.Eberlein,* (s. Anm.635), 24ff.

b) Das AT läßt, wenn man seine Schöpfungsaussagen durchmustert, textliche und historische Schwerpunkte seiner Rede von "Schöpfung" erkennen. Da ist zuerst *die sog. hymnisch-weisheitliche Tradition* zu nennen, die weithin aus Texten wie aus Aussageformen besteht, die Israel mit seiner Umwelt gemeinsam hatte bzw. sogar von dort übernahm. Von Schöpfung wird hierbei hymnisch, protologisch und präsentisch gesprochen.

Ein erster alter Psalm (und ursprünglicher Sonnenhymnus?), der jetzt in jüngerer Sprachgestalt vorliegen mag, ist Ps 19A[642], der von der Sonne singt, der Gott ein Zelt gemacht hat, von wo aus sie ihren Kreislauf beginnt. Nach diesem Psalm erzählen die Himmel die Herrlichkeit El's (!), was aber wortlos und folglich für den Menschen nicht hörbar geschieht (V.4)[643]. Damit es nicht bei dieser Negativaussage bleibt, hat Israel Ps 19B als interpretatio israelitica an 19A gefügt, wie in frühjüdischer Weisheit ja auch sonst Schöpfung und Tora verbunden wurden (vgl. Sir 24; Weish 9)[644], um zu verdeutlichen, wo denn nun wirklich und eindeutig JHWH zu vernehmen ist, nämlich in der Tora (vgl. Dtn 29,28).

Ps 104[645] ist zwar kein alter und ein auch überarbeiteter Psalm. Er bewahrt in seinem Ineinander von Tradition, Erfahrung und Reflexion (und zwar vor allem in V.20-30, enger gefaßt V.25f.) jedoch Anklänge an den großen Sonnenhymnus des Pharao Echnaton[646], denen er mit dem "damit zu spielen" (V.26) einen Zusatz beigibt, der JHWHs Majestät gegenüber dem Leviatan unterstreicht.[647] Ferner besingt der Psalm die Schöpfung als gut gefügte Ordnung ihres Schöpfers, der alles "in Weisheit" gemacht (V.24) und dem Menschen, der wie alle anderen Geschöpfe abhängig ist von Gottes Erhalten (Ps 104,27-30), seinen Ort innerhalb der Schöpfung angewiesen hat, wobei das Besondere des Menschen in seiner Arbeit besteht (Ps 104,14f.23). Schöpfung ist hier überhaupt vorwiegend als Erhaltung gesehen, und durch das geordnete Gefüge der Welt wird auch etwas von Gottes Art bekannt. Dies zeigt die häufige Anrede mit "Du" sowie das ständig wiederkehrende "du hast..." oder das "du tust....", das im Preis dieses Gottes gipfelt (V.24). Umso auffälliger ist der Schlußvers (V. 35), der plötzlich von den Sündern spricht, die diese Ordnung offensichtlich stören und beeinträchtigen, und die verschwinden sollten. Das theologische Problem der Schöpfung ist hiernach der Mensch als Sünder,- was sehr aktuell ist. Sollte es

---

642 Vgl. *O.Loretz*, Ugarit und die Bibel, 1990, 167-172 mit einem ausführlichen Vergleich mit KTU 1.3 III 20-31 und dem Versuch der Rekonstruktion einer Urgestalt von Ps 19A.

643 Da auch in dem in der vorigen Anm. genannten Ugarittext die von den kosmischen Dingen ausgehende Botschaft nur den Göttern verständlich ist, sollte man Ps 19,4 nicht zu schnell als späteren Zusatz abtun.

644 Von der schon ursprünglichen Einheitlichkeit von Ps 19 insgesamt hat mich auch *H.Spieckermann* (Heilsgegenwart, 1989 [FRLANT 148], 60-72) nicht überzeugen können.

645 Zu ihm u.a.: *O.H.Steck*, Der Wein unter den Schöpfungsgaben, TThZ 87, 1978, 173-191.- *E.von Nordheim*, Der grosse Hymnus des Echnaton und Psalm 104, in: FS E.Link, 1978, 51-74.- *H.Spieckermann*, Heilsgegenwart, 1989 (FRLANT 148), 21ff.

646 AOT², 15-18; ANET³, 369-371; RGT², 43-46.

647 Vgl. dazu *H.D.Preuß*, Verspottung fremder Religionen im A.T., 1971 (BWANT 92), 108-110.

sich hier um einen Zusatz handeln[648], dann ist derjenige zu beglückwünschen, der zu solchem Zusatz fähig war.
Kein nachexilischer, von Gen 1 (P) abhängiger, sondern zusammen mit Gen 1 auf eine beiden Texten vorgegebene Tradition zurückgehender Psalm ist wohl auch Ps 8, der stark tempeltheologisch geprägt ist, einem Neujahrsnachtgottesdienst (von der Sonne wird geschwiegen: V.4[649]) zu entstammen scheint, ursprünglich einen (kanaanäischen?) König als Beter voraussetzt und in Israel "demokratisiert", d.h. auf den Menschen schlechthin bezogen wurde.[650] Angesichts der Schöpfung macht der Psalm jedoch keine Aussage über Gott, sondern über den Menschen, und erst der rahmende Kehrvers (V.2+10), in dem die Gemeinde sich hymnisch zu Wort meldet, preist die Herrlichkeit des Namens JHWHs in allen Landen. Alle diese "Schöpfungspsalmen" rekurrieren nicht auf Schöpfung als den die Welt konstituierenden Anfangsakt, sondern preisen den Schöpfergott als den Herrn seiner gegenwärtigen Schöpfung. Er ist es, der dieses Leben gewährt (Ps 104,27ff.). Das Lob des Schöpfers ist somit auch älter als die "Lehre" vom Schöpfer oder der Schöpfung, und der Preis der Schöpfung als Erhaltung ist bedeutsamer als der Rückgriff auf das Anfangshandeln Gottes.[651]
Einige Propheten- und Psalmtexte nennen dann noch im Gegenüber zu dem göttlichen Du das eigene, individuelle Geschaffensein des Beters, um daraus eine Vergewisserung (Jer 1,5; Jes 49,1) oder neue Hoffnung ableiten zu können (Ps 22,10f.) oder um den allgemeinen Gottespreis auch durch dieses Thema noch zu erweitern (Ps 119,73; 139,13.15).
Ps 104 hat mit seiner listenähnlichen Erfassung der Schöpfungswirklichkeit und mit seiner Erwähnung der "Weisheit" als dem Prinzip der Ordnung der Schöpfung (V.24) schon die Nähe zum weisheitlichen Reden von Schöpfung verdeutlicht. Von JHWH als dem Schöpfer, d.h. dem Ersteller von Ordnungen, die jedoch (noch) nicht in Beziehung zur Geschichte (Israels) gebracht werden, wird dann ähnlich in den älteren Sammlungen der Proverbien (Spr 10-29) gesprochen.[652] JHWH ist hiernach der Schöpfer des Reichen wie des Armen, des Gerechten wie des Frevlers. Es gibt folglich nach Gottes Willen Unterschiede in der Schöpfung und unter den Menschen, und diese sind nicht schnell veränderbar. Alles dies sagt aber wahrscheinlich derjenige Weise, der zugleich ein "Reicher" in damaliger Gesellschaftsordnung war. Über JHWHs Weisheit als Schöpfungsmittlerin insgesamt (Spr 8,22ff.) wird erst in Israels jüngerer, nachexilischer Weisheit reflektiert (Spr 1-9).[653]

---

648 So *K.Seybold*, ThZ 40, 1984, 1-11.

649 Vgl. zu nächtlichen Gottesdiensten Jes 30,29; Ps 134,1; 1 Chr 9,33.

650 So mit *J.Hempel*, FF 35, 1961, 119-123; vgl. auch *H.D.Preuß*, (s. Anm.647), 106.- Andere Deutung, aber auch unter der Überschrift "Der königliche Mensch", bei *H.Spieckermann*, Heilsgewißheit (s. Anm.644), 227ff.; *S.* spricht auch davon, daß gegenüber Gen 1 die Herrschaftsstellung des Menschen in Ps 8 deutlicher als "Königsamt" ausgewiesen werde (235; vgl. 238).

651 Vgl. *H.Spieckermann*, Heilsgegenwart (s. S. 261, Anm.644), 73ff.: "Von der Erhaltung zur Schöpfung".

652 Spr 14,31; 16,4; 17,5; 19,17; 21,13; vgl. 16,19; 22,2; 29,13.

653 Vgl. dazu oben S. 221f. und den dort (S. 221, Anm.417) genannten Aufsatz von *H.-J.Hermisson*.

Im Hiobbuch[654] bieten zunächst die Gottesreden (Hi 38,1 - 42,6) das innerhalb des AT umfassendste Zeugnis vom Schöpfer und seiner Schöpfung. Nur schweigen sie, und das mit voller Absicht, vom Menschen überhaupt wie von Hiob speziell. Sie sprechen von JHWH als dem Schöpfer (Hi 38,4-21) und Erhalter (Hi 38,22 - 39,12; vgl. 39,13-30) dieser Welt, machen seine Majestät und Erhabenheit über allen Geschöpfen deutlich und lassen JHWH sogar im nur hier (Hi 38,9-11.23; 39,6) und bei DtJes[655] begegnenden Selbstlob einen Hymnus auf sich selbst sprechen. "Der dem leidenden Hiob nun endlich zugewandte Gott zeigt dann, wer er in der Überlegenheit seines Gott-Seins ist"[656], nämlich der ihm schlechthin Überlegene und Unvergleichliche. Damit steht das Hiobbuch mit seinen Schöpfungsaussagen in großer Nähe zur Doxologie, damit auch zu den bereits erwähnten Psalmen und Schöpfungshymnen, und auch in Hi 38ff. geht es nicht um Protologie, um JHWHs erstes Schöpfungshandeln, sondern um sein gegenwärtiges Schöpfersein, sein Walten als Schöpfer und Herr. Dem Menschen soll ferner deutlich werden, daß er nicht der Mittelpunkt der Welt ist, daß er nicht alles Geschehen nur von sich aus und auf sich hin interpretieren und bewerten kann und soll, und so werden in den Gottesreden, wohl hier wie in Gen 1 und Ps 104 in Anlehnung an altorientalische Listenweisheit, dann auch Tiere geschildert, die für den Menschen nicht von Nutzen sind. Von Hi 38ff.[657] her sind dann ähnlich orientierte Texte als Zusätze, die jetzt das Thema der Gottesreden faktisch schon vorwegnehmen, aber natürlich auch auf diese hinführen sollen, damit deren Bescheid nicht zu konträr zum Bisherigen klingt, eingefügt worden (Hi 9,5-10; 12,7-11; 26,7-13; 34,10-15). Den Abstand zwischen dem Menschen als Geschöpf und Gott als dem Schöpfer herauszustellen ist auch das eigentliche Ziel anderer Schöpfungsaussagen im Hiobbuch (Hi 4,17ff.; 5,8ff.; 7,17ff.; 15,14ff.; 25,1-6; vgl. 34,19; 37,1-24). Ferner bringt Hiob in seinen Klagen sein Geschöpfsein mit ins Spiel, um damit sein Angewiesensein auf Gott, aber auch seine Verbindung zu ihm zu benennen. Es ist für das Hiobbuch typisch, daß auch diese Hinweise gegenüber Gott nicht verfangen (Hi 10,3.8-13.18; 14,13-15; 31,15). Hierbei wird (in Hi 7,17ff. und 15,14) sogar der Schöpfungspsalm 8 mit seiner Sicht des Menschen pervertiert. Der Mensch wird deutlich *unter*, nicht neben seinen Schöpfer gestellt, und die der Schöpfung innewohnenden Ordnungen kann er nicht erkennen. Sie sind ihm verschlossen und sollen es auch bleiben, denn Schöpfung hat nicht nur ihre Abzweckung auf den Menschen. Dies wird durch den Hymnus auf die göttliche Weisheit (Hi 28), die dem Menschen unzugänglicher als in einem tiefen Bergwerk verschlossen bleibt, unterstrichen[658]. Die für den Menschen "stimmige" Welt (*S.Wagner)* erfährt ihre ausdrückliche Bestreitung.

---

654 Zu den Schöpfungsaussagen im Hiobbuch vgl. *S.Wagner,* (s. S. 259, Anm.635).- *J.Lévêque,* in: La Création...(s. Anm.635), 261ff. und *H.D.Preuß,* Einführung in die atl. Weisheitsliteratur, 1987, 90ff.

655 Jes 41,4b; 42,8; 43,10b-13; 44,24b.25-27: 45,6b.7.12.18b.21b; 46,9b.10; 48,12b.13; 50,2b.3; 51,12.15.16.- Vgl. S.193+234.

656 *H.-P.Müller,* EvTh 37, 1977, 297.

657 Vgl. dazu *H.Rowold,* The Theology of Creation in the Yahweh Speeches of the Book of Job, Ann Arbor, University Microfilms 1977.

658 Vgl. dazu und zu Spr 8,22ff. oben S. 221.

Bei Qohelet[659] sind direkte Aussagen über Gott als Schöpfer spärlich, jedoch sind sie indirekt in anderen Aussagen enthalten. So wird von Gott (Qohelet spricht nie von JHWH) gesagt, daß er etwas "gibt" (נתן)[660]. Die Pointe besteht hierbei aber meist darin, daß er dies für den Menschen uneinsichtig tut. So gibt er den Lebensodem oder die Lebenszeit (Koh 5,17; 8,15; 9,9; 12,7), aber eben um dies auch wieder zu nehmen, wann er will, womit nur die Unverfügbarkeit der Zeit für den Menschen verdeutlicht wird. Gott schuf auch die Welt (הַכֹּל: Koh 3,11[661] mit עשׂה; 12,1 ברא[662]), und zwar sogar "schön" (Koh 3,11 יפה, nicht טוב), doch auch hier ist dann oft ein "aber" dabei, das alles dem Menschen auch wieder entzieht (Koh 3,11; 7,13.29). Gott schafft den guten Tag wie den bösen, so daß der Mensch nicht wissen kann, wie der weitere Gang der Dinge sein wird (Koh 7,14; 11,8f.). Das Wirken Gottes bleibt dem Menschen nun einmal verschlossen (Koh 11,5). Rekurs auf die Schöpfung oder die Schöpfertätigkeit Gottes vermittelt für Qohelet folglich keinen Halt, weder bei der Erkenntnis (Koh 6,10; 8,17), noch bei der Lebenspraxis. Schöpfung begegnet als Fatum[663], und dies ist deswegen von besonderer Bedeutung, als Qohelet von Gott letztlich nicht anders als vom Schöpfer reden kann. Daß die Welt dann doch "schön" geschaffen ist (Koh 3,11), ist für Qohelet die Basis des so gut wie einzigen Positiven, das er kennt, nämlich den Lebensgenuß mit Freude, wobei jedoch auch diese Freude vom Todesschatten verdunkelt wird[664] und somit letztlich doch auch Torheit ist (Koh 2,1.11; 6,7; 7,2.4).

In dieser hymnisch-weisheitlichen Tradition[665] atl. Rede von Schöpfung, innerhalb derer Qohelet infolge seiner Weisheitskritik noch eine (negative) Sonderstellung einnimmt, hat Israel folglich vor allem Aussagen und Anschauungen aus seiner Umwelt übernommen, wobei die Kontaktstelle Kanaan und - enger gefaßt - Jerusalem gewesen sein kann, da man dort auch den "El, den Schöpfer Himmels und der Erde" verehrte (Gen 14,18ff.). El als "Schöpfer" wie Baal als Erhalter der Schöpfung sind in Ugarittexten klar bezeugt.[666] Die Welt wird hier als Schöpfung überwiegend positiv gesehen, und wenn JHWH als ihr Schöpfer gepriesen oder eingebracht wird, dann geschieht dies in Abgrenzung gegen Baal oder El oder in Übertragung solcher Aussagen auf ihn. Der JHWHglaube erfährt damit eine Ausweitung. Er usurpiert fremdes Divinationsgebiet, ist dazu aber auch in der Lage, war diesem folglich nicht völlig artfremd; es wurde ihm

659 Vgl. dazu *M.Schubert,* (siehe S. 259, Anm.635).

660 Koh 1,13; 2,26; 3,10.11; 5,17.18; 6,2; 8,15; 9,9; 12,7; vgl. 3,13.

661 Zu עולם in Koh 3,11 siehe oben S. 255 und *M.Schubert,* (s. Anm.635), 139ff.

662 Die im AT für das schöpferische Wirken JHWHs/Gottes verwendeten Verben sind: עשׂה, ברא, יצר, יסד, קנה, כון.- פעל nur in Jes 41,4; Spr 16,4; Hi 36,3.- Vgl. noch נטה in Jes 40,22; 42,5; Ps 104,2 und רקע in Jes 42,5; 44,24; Ps 136,6. Zu יצר vgl. auch Jer 18,1-12.- Als Nomen erscheint מַעֲשֶׂה.- Siehe zu allem und zum Gebrauch in Israels Umwelt (z.B. für die Vorstellung des töpferischen Bildens = יצר) die jeweiligen Artikel in THAT und ThWAT.

663 *M.Schubert,* (s. Anm.635), 117ff.

664 Koh 2,24-26; 3,12.22; 5,17-19; 7,13f.; 8,15; 9,7-9; 11,7-10; 12,1; vgl. 9,10.

665 Zum weisheitlichen Reden von Schöpfung vgl. auch *H.D.Preuß,* ThZ 39, 1983, 82ff. (Lit.).

666 Siehe *O.Loretz,* Ugarit und die Bibel, 1990, 66ff.156ff.- Zum Verbum קנה in Gen 14,19.22 vgl. *E.Lipiński,* ThWAT VII, Sp. 67f., der allerdings mit "Besitzer" übersetzt.

wahrscheinlich aber auch in der gegenüber seiner Herkunft von Wüste und Gottesberg neuen Situation aufgenötigt.[667] Jetzt wird nicht mehr die Herrlichkeit El's besungen, es steht nicht mehr nur der König unter Gottes Gedenken und positivem Heimsuchen (Ps 8), sondern JHWH erschafft die Welt in Weisheit und Ordnung, bleibt allerdings hinter ihr weithin verborgen.

c) Um 950 v.Chr. bezeugt der *Jahwist* im (davidisch-) salomonischen Großreich erneut JHWH als den Schöpfer. Er tut dies zu einer Zeit, in der kanaanäische Bevölkerungsteile mit ihrer Religion diesem Großreich eingefügt wurden. Die Auseinandersetzung mit der kanaanäischen Religion bahnt sich an, die sich dann bei Elia oder Hosea fortsetzte und z.B. auch in der fortschreitenden Historisierung der von den Kanaanäern übernommenen agrarischen Feste ihren Ausdruck fand.[668] Hosea wie das Dtn argumentieren hierbei bemerkenswert anders, als man es vielleicht erwartet. Sie stellen JHWH als den Geber der Fruchtbarkeit des Landes nicht dadurch heraus, daß sie auf ihn als den Schöpfer rekurrieren, sondern sie bezeugen ihn als den Gott, der geschichtlich ins Land geführt habe und *daher* auch der Geber seines Ertrages sei (vgl. z.B. Hos 2,7ff.; Dtn 8,7ff.). Auch in Dtn 26,5-9 wird für die Gaben des Landes im Zusammenhang mit der Führung in der Geschichte gedankt.

Ähnlich spricht nun schon der Jahwist von JHWH als dem Schöpfer und von der Schöpfung. Er tut dies in Form erzählender Textgattungen, folglich notwendig anders als in weisheitlichen oder hymnischen Texten. Er führt seine Erzählung, die das trockene Land, das Bewässerung benötigt (Gen 2,5f.), als Ausgangspunkt hat, jedoch über das eigentliche Schöpfungshandeln JHWHs hinaus, denn für ihn beginnt (nach Gen 2,4b-3,24) mit der Schöpfung, die sich auch mehr als in Gen 1 um den Menschen zentriert, die menschliche, auf JHWHs Handeln an Israel zulaufende Geschichte.[669] Dies macht er nicht erst in Gen 12ff., sondern bereits in seiner Urgeschichte zuerst durch das אֲדָמָה-Motiv, das von Gen 2 über 3,17 und 4,10.14 bis nach 12,3 läuft, und dann durch Gen 9,20ff. deutlich, wo auch die Abgrenzung zu den Kanaanäern bereits thematisiert wird (Gen 9,25f.). Von Götterentstehung oder Götterkampf sagt er nichts, und die menschliche Arbeit geschieht nicht, wie z.B. nach dem Atraḥasis-Epos, für die Götter, sondern für den Unterhalt des Menschen selbst (Gen 3,19).

Am jahwistischen Zeugnis von Schöpfung ist auch gut zu erkennen, daß für das AT Schöpfung der Welt durch JHWH und *Erhaltung* dieser seiner Schöpfung[670] eng miteinander verbunden sind. Der Rhythmus der Schöpfung, der diese Welt erhält und weitertreibt (Gen 8,21f.; vgl. Ps 74,16f.; 136,8f.), ist von JHWH gesetzt und wird von ihm, nicht aber von Baal in Gang gehalten. JHWH auch ist es, der Regen und Feuchtigkeit spendet, nicht aber Baal (Gen 2,5f.; vgl. 1 Sam 12,17f.; 1 Kön 18,41ff.; Jer 10,13; 14,22; Am 4,7; Ps 104,10.13f.). Die Welt wie der Mensch sind auch nicht aus göttlichem Stoff geschaffen, ihre Ersterschaf-

---

667 Vgl. dazu oben S. 163f. u.ö.

668 Vgl. dazu: Bd.II, § 13.4.- Daß "Kanaan/Kanaanäer" zwar eine territoriale Größe, nicht aber eine ethnische Gruppe bezeichnet, sondern ein sozialer Terminus ist ("Städter", "Händler"), versucht *K.Engelken* zu zeigen (BN 52, 1990, 47-63).

669 Jer 27,5ff. führen diese Linien später noch über Israel hinaus auf Nebukadnezar zu, in dem JHWH geschichtlich handelt.

670 Vgl. dazu ausführlicher: *W.Eichrodt,* Theol. II^7, 100-124.- *P.van Imschoot,* Theology of the O.T. Bd.I, 1965, 98ff.- Vgl. auch schon oben S. 252 zum Thema "Zeit".- Zum Atraḥasis-Epos s. oben S.260, Anm.640.

fung mündet hinein in eine klare creatio continua (Gen 2,8ff.18ff.), und durch sie wurden Grundordnungen gesetzt für das weitere Miteinander von Gott und dem Gott nicht gehorchendem Menschen (Gen 3) wie für das der Menschen untereinander (Gen 3,14ff.). Zur Erhaltung der Welt durch ihren Schöpfer gehört auch, daß er den Fluten eine Grenze gesetzt hat (Jer 5,22; Ps 104,5-9; 148,6; Hi 26,10; 38,8-11; Spr 8,29), daß er Nahrung gibt (Dtn 7,13; Ps 104,14f.; 145,15f.), daß Geburt und Kindersegen von ihm kommen (Gen 21,1f.; 29,31; Ps 22,10f.), daß jeder Mensch sich als Geschöpf Gottes sehen darf (Ps 22,10; 139,13-15; Hi 10,8-12; Spr 16,9; Mal 2,10).[671] JHWH tut eben als Erhalter alles "zu seiner Zeit" (Lev 26,4; Dtn 11,14; Jer 5,24; Ps 145,15).
Der Jahwist ist aber nicht in der Lage, von der Welt, wie etwa Ps 104 oder Ps 8 es tun, nur positiv zu reden, sondern er benennt auch die Lebensminderungen, die das gegenwärtige Dasein belasten (Gen 3,15ff.). So wird beim Jahwisten Schöpfung auf Geschichte hin orientiert, und die Aussagen über JHWH als Schöpfer erfolgen in polemischer Ausweitung des JHWHglaubens und in Umprägung von bzw. Abgrenzung gegenüber ähnlichen Aussagen in Israels Umwelt.
Dieser Bezug auf Umweltaussagen war es wohl, der dem *Elohisten* einen Verzicht auf eine Urgeschichte nahelegte. Er begann sein uns nur noch in Bruchstücken erhaltenes Erzählungswerk erst mit Abraham, damit mit Israels deutlicherem Proprium. In seiner Tradition bewegte sich später auch die dtr Bewegung, deren Credotexte von JHWH als Schöpfer ebenfalls schweigen und erst mit JHWHs Handeln an den Vätern einsetzen (Dtn 26,5-9; vgl. 6,20ff.; Jos 24,2bff.). Ein israelitisch-alttstamentliches "Glaubensbekenntnis", das von JHWH als Schöpfer spricht, findet sich erst in Jon 1,9 ("Ich bin ein Hebräer und fürchte JHWH, den Gott des Himmels, der das Meer und das trockene Festland gemacht hat"), und es wird dort wohl nicht zufällig auf dem in diesem Credo erwähnten Meer und vor Heiden abgelegt, die von Israels besonderer Geschichte nichts wissen und verstehen konnten.[672]
Ein weiterer und besonders wichtiger Schwerpunkt atl. Redens vom Schöpfer und von Schöpfung wurde die Exilszeit. Hier ist zuerst die *Priester(grund)schrift* zu nennen, die mit Gen 1,1-2,4a einen Text schuf, der nicht zu Unrecht später an den Anfang des gesamten AT gerückt wurde. In konzentrierter, begrifflich durchreflektierter, lehrhafter und zugleich auch hymnischer Sprache wird hier von Gott als dem durch sein mächtiges Sprechen wirkenden Schöpfer gesprochen. Dies geschieht unter kritischer Aufnahme und Umprägung mesopotamischer Vorstellungen und Termini, wie תֹּהוּ/תְּהוֹם, Gottessturm (V.2), Erschaffung und gleichzeitige Depotenzierung der Gestirne, die Gott für die vorhergehende Erschaffung des Lichts nicht benötigt und deren Namen unterdrückt werden, unter Benutzung von Listenwissenschaft und in Hinführung auf die Geschichte und Heilsgeschichte Israels durch die Herausstellung des Sabbats als Gabe Gottes und als Ziel seiner Schöpfung. Für das göttliche Schaffen, das auch als "Trennen" interpretiert wird (בדל hiph), wird das Verbum ברא[673] her-

---

671 Vgl. zur Schöpfertätigkeit der Erhaltung noch: Gen 26,12; 27,27f.; 49,25; Jer 8,7; 10,13; 33,25; Jes 40,26; Hos 2,10ff.; Ps 65,7-14; 107,35ff.; 147,8f.; 148,6; Hi 9,7ff.; 34,13-15; 38,25f.

672 Zu den Schöpfungsaussagen im Jeremiabuch sei auf die schöne kleine Studie von *H.Weippert* verwiesen: Schöpfer des Himmels und der Erde, 1981 (SBS 102).

673 Zu ihm: *A.Angerstorfer*, (s. S. 259, Anm.635).

ausragend benutzt, das nur mit Gott als Subjekt und stets ohne eine Angabe des Stoffes, aus dem etwas "geschaffen" wird, erscheint. Damit kennt P noch nicht die Schöpfung aus dem Nichts, zumal man fragen muß, ob sie überhaupt den Gedanken eines "Nichts" denken konnte, aber ברא streift diese Argumentation, die dann erst in Weish 11,17 und vor allem 2 Makk 7,28 sich findet, doch "irgendwie".[674] Israels Gott ist es, der die Welt erschaffen hat und sie durch seine Ordnungen erhält (vgl. Gen 9,1-17 P). Hier soll keine Theorie über Weltentstehung vermittelt, sondern das Vertrauen in die Macht dieses Gottes neu gestärkt werden: "Der Wolken, Luft und Winden gibt Wege, Lauf und Bahn, der wird auch Wege finden, da dein Fuß gehen kann." Was Gott geschaffen hat, ist "sehr gut", wie nicht oft genug versichert werden kann (Gen 1,4.10.12.18.21.25.31; Koh 3,11 sagt dazu "schön"). Der Mensch wird als Partner Gottes[675] eingesetzt und gewürdigt, und der segnende Auftrag an ihn gibt nicht die Erde seiner Willkür preis, sondern bindet ihn an Gott in Verantwortung vor ihm (Gen 1,28f.)[676] Es geht um ein Inbesitznehmen (vgl. Num 32,21f.[24].29; Jos 18,1; 1 Chr 22,18f.) und ein hegendes Leiten (vgl. Ez 34,4; Ps 49,15), nicht ein Beherrschen oder gar Niedertreten, wie man die in Gen 1,28 auftretenden Verben lange Zeit hindurch leider mißverstanden hat. Der Mensch ist auch nicht Krone der Schöpfung[677], sondern dies ist der Sabbat (Gen 2,1-3). Ein Herrschaftsauftrag könnte im Bereich des AT auch niemals Ausbeutung beinhalten. Das bis in die Zeit nach der Sintflut geltende Verbot des Fleischgenusses (Gen 1,29f.) für Menschen wie für Tiere, die auch den Mehrungssegen empfangen haben (Gen 1,22; vgl. 8,17[678]), macht dies gut deutlich. Als dann der Fleischgenuß erlaubt und der Vermehrungsauftrag an die nachsintflutliche Menschheit wiederholt wird (Gen 9,1-6), wird doch wieder das Blut dem Menschen entzogen. Auch hier noch soll die Grenze menschlicher Herrschaft unterstrichen werden, zumal auch Tiere in die Noahberit hineingenommen sind (Gen 9,10f.). Daß und wie das priesterschriftliche Reden von Schöpfung dann auch über die Erzväter (Gen 17,2.20f.; 28,3f.; 35,11; 47,27; 48,3f.: P) bis in die Erzählung über den

---

674 *A.Angerstorfer,* (s. S. 259, Anm.635), 225.

675 Vgl. dazu: § Bd.II, 11.3.

676 Zu diesem sog. dominium terrae und den Verben רדה und כבשׁ vgl. *N.Lohfink,* Unsere großen Wörter, 1977, 165ff. und *K.Koch,* Gestaltet die Erde, doch heget das Leben!, in: FS H.-J.Kraus, 1983, 23-36.- Vgl. aber folg. Anm.

677 So z.B. aber noch nach *P.Heinisch,* Theol. des A.T., 1940, 118.- So konnte das AT auch niemals erzählen, daß neben der Erschaffung des Menschen durch Gott (bzw. in Israels Umwelt durch Götter) ein weiterer Schöpfungsakt den König bereits in dieser Urzeit hervorgebracht habe, wie dies wahrscheinlich in einem kürzlich bekannt gewordenen babylonischen Text erzählt wird. Vgl. zu ihm: *W.R.Mayer,* Ein Mythos von der Erschaffung des Menschen und des Königs, Or 56, 1987, 55-68. Um eine Interpretation dieses Textes (besonders auch in seinen Bezügen zu atl. Vorstellungen) mühte sich *H.-P.Müller,* Eine neue babylonische Menschenschöpfungserzählung im Licht keilschriftlicher und biblischer Parallelen - Zur Wirklichkeitsauffassung im Mythos - , Or 58, 1989, 61-85.- Skeptisch gegenüber der Auslegung von *Lohfink* und *Koch: J.Scharbert,* FS J.Kard.Ratzinger, Bd.I, 1987, 241-258.- Vgl. Bd.II, § 11.3.

678 Zum Fehlen des Segens für die Landtiere in Gen 1 vgl. die Kommentare. Wahrscheinlich sollte hier noch ein möglicher "Konflikt" zwischen Mensch und Tier vermieden werden.

Aufenthalt in Ägypten (Ex 1,7 P; vgl. Lev 26,9) und in die Sinaiperikope hineinreicht (Ex 24,15b-18a) und auch noch das Erstellen der Stiftshütte[679] als letzter Vollendung der gesamten Schöpfung bestimmt, sei hier nur noch angedeutet.[680] Die Schöpfungsaussagen haben für P^g jedenfalls deutliche, den Glauben an JHWHs weiteres rettendes Geschichtswirken stützen wollende Funktion.

Dies gilt analog und noch eindeutiger für *Deuterojesaja*[681]. Er kann von JHWHs Schöpferhandeln hymnisch sprechen und dabei viele der dafür auch sonst üblichen Bilder verwenden.[682] Dann aber wird das schöpferische Handeln JHWHs seinem geschichtlichen klar zugeordnet, und dies geschieht in Heilsorakeln (z.B. Jes 43,1-7), in Disputationsworten zwischen JHWH und seinem Volk (z.B. Jes 40,26), wie in Gerichtsszenen zwischen JHWH und den Völkern bzw. deren Göttern (z.B. Jes 45,18-25), in der letztgenannten Textgattung allerdings seltener, da JHWH hier mehr sein Proprium geschichtlichen Handelns, das er im Wort vorhersagte, herausstellt. Schöpfung kann (in einer "recht entschränkten Weise" der Verwendung von Schöpfungsterminologie[683]) mit Erwählung gleichgesetzt werden (Jes 43,1; 44,24ff.; 46,5; 54,5), und die Schöpfungsaussagen haben eine dienende, den Heils- und Geschichtsglauben stützende Aufgabe (vgl. Jes 40,12-31; 42,5; 43,1-7; 44,24b-28)[684]. DtJes muß offensichtlich "weiter ausholen"[685], um seine Heilsbotschaft so gewißmachend wie möglich zu begründen. Wenn DtJes von Erkenntnis JHWHs spricht, fällt auf, daß diese nur in Jes 40,12-31 als durch die Schöpfung vermittelt gedacht ist, während es sonst stets um ein geschichtliches Handeln JHWHs geht.[686] Mythisches Handeln in der Vorzeit wird auf Israels Auszug aus Ägypten bezogen (Jes 51,9f.), denn JHWH ist Geschichtslenker, weil er Schöpfer ist. Israels Geschichte liegt folglich auch im Exil in der Hand dieses Schöpfergottes, nicht aber in den Händen Marduks, des Gottes Babylons. Aussagen über JHWH als Schöpfer haben auch hier einen deutlichen Gegenwartsbezug. Der Schöpfer der Welt lenkt Geschichte, ruft daher auch den Perserkönig Kyros als Heilswerkzeug ("Messias": Jes 45,1) herbei (Jes 44,24ff.; 45,1ff.), wie es analog, aber mit der gegenteiligen Absicht des strafenden Handelns an Israel, JHWH bei und mit Nebukadnezar tat (Jer 27,4-6). Und in der pointierten Aussage in Jes 45,7, daß JHWH Heil wie Unheil, Licht wie Finsternis schafft, was in Gen 1,2f. gerade nicht gesagt ist, wird doch wohl bereits - und dies am Ende des Kyrosorakels - auf einen persischen religiösen

---

679 Vgl. dazu unten S. 291f.

680 Vgl. dazu *N.Lohfink*, Unsere großen Wörter, 160 und vor allem *P.Weimar*, Sinai und Schöpfung, RB 95, 1988, 337-385.

681 Zu seinen Schöpfungsaussagen vgl. *R.Rendtorff*, (s. S. 259, Anm.635).- *E.Haag*, Gott als Schöpfer und Erlöser in der Prophetie des Deuterojesaja, TThZ 85, 1976, 193-213.- *H.D.Preuß*, Deuterojesaja. Eine Einführung in seine Botschaft, 1976, 58-61 (Lit.).- *W.Kirchschläger*, Die Schöpfungstheologie des Deuterojesaja, BiLi 49, 1976, 407-422.- *A.Angerstorfer*, (s. S.259, Anm.635), 119ff.- *J.Vermeylen*, in: La Création... (s. S.259, Anm.635), 183ff.- *K.Eberlein*. (s. S.259, Anm.635), 73ff.

682 Jes 40,22; 42,5; 44,24.27; 45,18; 48,13; 50,2; 51,9.10.13.15.

683 *K.Eberlein*, (s. S.259, Anm.635), 93.

684 Vgl. auch Jes 41,17-20; 43,16-21; 44,2; 45,11-13; 50,2; 54,4-6.

685 *G.von Rad*, Theol. II[4], 251.

686 Jes 41,20; 42,16.25; 43,10.19; 48,6.7.8; 49,23; 52,6. Vgl. dazu: *K.Eberlein*, (s. S.259, Anm.635), 174ff.

Dualismus kritisch Bezug genommen[687]: JHWH hat alles in seiner Hand; es gibt keine Macht neben ihm oder gar gegen ihn. Schöpfung wird als gegenwartsrelevantes Handeln bezeugt und der Geschichts- und Heilsverkündigung zugeordnet. Ist JHWH der Schöpfer, dann spricht DtJes nicht nur von einem Gott, der für seine Exilsgemeinde neues Heil schaffen *will*, sondern der dieses Heil als machtvoller Herr auch schaffen *kann*. Wie P stellt daher auch DtJes (Jes 40,6-8; 55,8-11; vgl. auch Ez 37,1ff.) die wirkende Kraft des Wortes JHWHs heraus.
Ähnliche, den Erwählungsglauben stützende oder ihn neu ermöglichende Funktion hat die Rede von JHWH als Schöpfer in einer Reihe von exilischen und nachexilischen Psalmen, wie Ps 74, 89 und 102.[688] In Psalmen, die Vertrauen ausdrücken (Ps 33; 115; 124) oder ein Bekenntnis wagen (Ps 135), liegt eine analoge Argumentation vor.[689] Die Welt ist in der Hand JHWHs, da sie aus seiner Hand gekommen ist. Es erfolgt Heilsvergegenwärtigung und Stärkung von Heilsgewißheit durch das Reden vom Schöpfer.
Aussagen über JHWH als Schöpfer werden in den Textbereichen, die Israel überwiegend von seinem Glauben her selbst gestaltete, also vornehmlich zur Stützung und Unterbauung des Heilsglaubens verwendet. Sie dienen außerdem der Ausweitung dieses Glaubens und seines Horizonts über das eigene Volk und Land hinaus.
d) Schaut man auf das bisher Erfaßte zurück, so zeigte sich, daß der JHWHglaube dort, wo er in eigener Gestaltung bzw. Umgestaltung Schöpfungsaussagen tätigt, dies nicht in isolierter Schöpfungstheologie tut, sondern im Ineinander von Schöpfung und Geschichte, von Schöpfungswirken und Heilswirken argumentiert[690]. Schöpfungstheologie soll stützen, bereichern, ausweiten, unterbauen. Schöpfung wird als Beginn von Geschichte der Heilsgeschichte Israels vorgeordnet, ja ihr integriert, und die Volksgeschichte wird in der Urgeschichte mitverankert. Dies zeigen dann auch spätere Psalmen, wie Ps 33, 74, 89, 136 oder 148 ganz deutlich. Ps 19A läuft dann auf Ps 19B zu und kann nur zusammen mit diesem und mit ihm als Achtergewicht recht verstanden werden. Ps 104 erhält seinen nach Heilshandeln verlangenden Zusatz in V.35. So wurde Israel durch seine Geschichtserfahrungen und seinen mit geschichtlichem Erwählungshandeln verbundenen JHWHglauben genötigt, über das Lob des Schöpfers als ursprünglichste Theologie der Schöpfung hinauszugehen. Die Rede von Schöpfung bleibt hier nicht nur im Gottespreis, wie er z.B. im babylonischen

---

687 Vgl. dazu *A.Angerstorfer*, (s. S.259, Anm.635), 154-56.

688 Vgl. dazu: *L.Vosberg*, (s. S.259, Anm.635).- *K.Eberlein*, (s. S.259, Anm.635), 190ff.246ff.

689 Sollten die sog. Gerichtsdoxologien im Amosbuch (Am 4,13; 5,8f.; 9,5f.; auch 8,8?) aus der Situation des Exils stammen, würde die bisherige Argumentation durch diese Texte verbreitert. Sie reden sämtlich hymnisch-doxologisch von JHWH als dem Schöpfer, stehen alle unmittelbar nach Gerichtsankündigungen und könnten folglich die Funktion von (exilischen) Gerichtsdoxologien haben, mit denen diesen Gerichtsankündigungen durch die hier redende Gemeinde Recht gegeben wird.

690 Vgl. *L.Köhler*, Theol.^{4}, 71: "Die Schöpfungsgeschichte des AT antwortet nicht auf die Frage: Wie kam es zur Welt? mit der Antwort: Gott hat sie geschaffen, sondern sie antwortet auf die Frage: woher hat die Geschichte des Gottesvolkes ihren Sinn? mit der Antwort: Gott hat durch die Schöpfung der Geschichte des Gottesvolkes ihren Sinn gegeben." Gen 1,1-2,4a ist daher z.B. "nicht eine Aussage, sondern eine Ansage" (ebd.).

Schöpfungsepos Enuma eliš begegnet, beheimatet. Auch wurde es ihm verwehrt, Schöpfung als vorzeitliches, zwischengöttliches Geschehen zu sehen. Wo innerhalb des AT Motive aus diesem Bereich, wie Drachenkampf, Bändigung der Urfluten oder ähnliches auftauchen[691], sind diese Aussagen ihres Eigengewichtes beraubt. Sie dienen der Verherrlichung des Gottes, von dem man auch so etwas wie Drachenkampf sagen kann, in damals üblichen Motiven und mythischen Reminiscenzen[692]. Auch geht es bei Anklängen z.B. an den Drachenkampf nicht stets, wie dies z.B. im babylonischen Schöpfungsepos Enuma Eliš (Tf.IV)[693] der Fall ist, um Schöpfungsmotivik. Es geht vielmehr in gewisser Analogie zum Kampf Baals mit Mot und/oder Jam[694], wo es auch nicht um eine Schöpfung der Welt an ihrem Anfang[695], wohl aber um ihre Erhaltung geht, im AT um Aussagehilfen für die Stabilisierung und Durchsetzung göttlicher Herrschaft

---

691 Zu diesen mythologischen Elementen im AT gibt es eine Fülle von Lit., aus der hier nur folgendes in Auswahl genannt sei: *H.Gunkel,* Schöpfung und Chaos in Urzeit und Endzeit, ²1921.- *O.Kaiser,* Die mythische Bedeutung des Meeres in Ägypten, Ugarit und Israel, ²1962 (BZAW 78).- *A.Ohler,* Mythologische Elemente im A.T., 1969.- *H.-P.Müller,* Mythos, Tradition, Revolution, 1973.- *M.K.Wakeman,* God's Battle with the Monster, Leiden 1973.- *O.Keel,* Jahwes Entgegnung an Ijob, 1978 (FRLANT 121).- *B.Otzen/H.Gottlieb/K.Jeppesen,* Myths in the O.T., London 1980.- *C.Petersen,* Mythos im A.T., 1982 (BZAW 157).- *J.Ebach,* Leviathan und Behemoth, 1984.- *U.Steffen,* Drachenkampf, 1984.- *C.Kloos,* Yhwh's Combat with the Sea, Amsterdam/Leiden 1986.- *H.H.Schmid (Hg.),* Mythos und Rationalität, 1988.- Vgl. auch *C.Westermann,* BK I/1, 39-46.- *W.H.Schmidt,* Atl. Glaube⁶, 194ff.

692 Folgende Bezeichnungen werden dafür verwendet: תְּהוֹם: Nur Hab 3,8; Spr 8,24.28.- רַהַב: Jes 51,9; Ps 89,11; Hi 9,13; 26,12; vgl. Ps 74,12-17; Ps 18,5ff.- לִוְיָתָן: Jes 27,1; Ps 74,14; 104,23; Hi 3,8; 40,25; vgl. Ps 89,10-15; Hab 3,8-15.- בְּהֵמוֹת: Hi 40,15(-24).- תַּנִּין: Jes 27,1; 51,9; Jer 51,34; Ez 29,3; 32,2; Ps 74,13; Hi 7,12.- נָחָשׁ: Am 9,3; Jes 27,1; Hi 26,13.- יָם: Jes 51,9f.; Ps 74,13f.; Hi 3,8 cj.; 7,12; 26,12.- בֶּטֶן: Jon 2,3.- Der See- oder Meeresdrache ist im AT zuweilen auch nicht mehr das Chaoswasser selbst, sondern Tiere darin: Jes 27,1.- Vgl. ferner die Bilder von einer Flutbedrohung = Chaosbedrohung = Völkeransturm, oft in Vertrauensaussagen von Psalmen oder dort im Rückblick auf früheres Heilshandeln Gottes: Ps 46; 48; 148,7-11; vgl. 24,2; 29,3; 33,6f.; 36,7; 65,8; 77,20; 104,5-9; dann Jes 51,9f.; Jer 5,22; Hi 9,5-13; 26,5ff.; 38,6.8-11; vgl. Spr 3,20; 8,29; 30,4.- Dazu: *Th.Römer,* La redécouverte d'un mythe dans l'A.T.: La création comme combat, ETR 64, 1989, 561-573.

693 AOT², 117ff.- ANET²⁺³, 66f.- RGT², 108f.- Zu diesem Text und weiteren mesopotamischen Theogonien und Kosmogonien vgl. jetzt besonders: *J.Bottéro/S.N.Kramer,* Lorsque les dieux faisaient l'homme, Paris 1989, 470ff.526ff.602ff.

694 KTU 1.1-6.- Dazu: *D.Kinet,* Ugarit, 1981 (SBS 104), 65ff.- *O.Loretz,* Ugarit und die Bibel, 1990, 73ff.108f.156ff.- Zum לויתן in Ugarittexten (dort *ltn)* vgl. *O.Loretz,* a.a.O., 92f.- Zu Jam: WdM I, 289-291; zu Mot: ebd., 300-302.- Vgl. auch: RGT², 216f.222-224.231-238 und RGT², 182 zum hethit. Wettergott Telepinu.

695 Ein eigentlicher Schöpfungsmythos ist bisher in den Ugarittexten nicht belegt. Daß El jedoch als Schöpfergott, Baal als Erhalter der Schöpfung geglaubt wurden, läßt sich erschließen. Vgl. dazu: *J.-L.Cunchillos,* in: La Création... (s. S.259, Anm.635), 79ff.- *O.Loretz,* Ugarit und die Bibel, 1990, 153ff.156ff.

und Macht[696]. Jedoch wird im AT der in den Ugarittexten im Zusammenhang damit genannten Abstieg (des) Gottes in das Totenreich und sein Wiederaufstieg getilgt. Ferner wird unter Benutzung von תְּהוֹם (bzw. Plural) von der Führung durch die Fluten, d.h. von der Rettung am Meer beim Auszug aus Ägypten gesprochen, mythisches damit historisiert (Ex 15,5.8; Jes 51,9f.; 63,13; Ps 74,13f.; 77,17; 78,15; 106,9) und auch eschatologisiert (Jes 27,1), und רַהַב kann dann Ägypten bezeichnen (Jes 30,7; 51,9; Ps 87,4; vgl. Ez 29,3; 32,2). Diese mythischen Reste werden in Aussagen verwendet, die sich auf das Urgeschehen beziehen (Ps 74,13f.; 89,11; Hi 9,13; 26,12f.; Spr 8,24.29), aber auch auf die Erhaltung und gegenwärtige Bewahrung der Schöpfung (Hab 3,8-15; Ps 18,5ff.; 89,10-15; 104,23; Hi 3,8; 40,15[ff.]; vgl. Hi 7,12). Schöpfung ist folglich ein geschichtlicher Akt und durch sein mögliches Weiterdenken auf "neue Schöpfung", die in der Zukunft, nicht aber als goldenes Zeitalter in der Vergangenheit liegt, "in der Theologie des ATs <letztlich> ein eschatologischer Begriff".[697] Sie mündet ein in die creatio continua (Gen 2/3), in den Sabbat als Gabe der Ruhe Gottes (Gen 2,1-3), und dieser Sabbat hat im Gegensatz zu den sechs vorangegangenen Schöpfungstagen keinen Abend, klingt offen in die Zukunft aus. Schöpfung führt weiter zur Hoffnung auf eine neue Schöpfung, die nicht die Wiederkehr des Paradieses, sondern die Vollendung der Heilsgeschichte JHWHs mit seinem Volk und seiner Welt bringen wird, wozu man auch die Kombination von Schöpfung und Volk in Jer 31,35-37; 33,19-22.23-26 vergleichen kann[698]. Sie verbindet sich folglich mit der eschatologischen Vollendung auch anderer Glaubenstraditionen Israels, wie neuer Bund, neuer Tempel, neues Jerusalem, neues Gottesvolk, neuem David(iden) u.a.m.[699] Diese Hoffnungen und damit die Theologie der Schöpfung sind dadurch hineingenommen in den geschichtlichen Weg JHWHs mit seinem Volk hin zur Vollendung seiner Herrschaft, zur Vollendung der Welt, nicht aber nur des Menschen.

Schöpfung ist Tat JHWHs, aber als solche nicht nur - und nicht einmal nach Gen 1+2 - innerhalb des AT primär seine vergangene Tat. Sie ist vor allem auf die Gegenwart bezogen und setzt beim Vorfindlichen an.[700] "Schöpfung" hat somit innerhalb der atl. Glaubenswelt kein theologisches Eigengewicht, kann es daher auch innerhalb einer "Theologie des AT" nicht haben. Eine solche kann mit "Schöpfung" auch nicht einsetzen, wohl aber hat sie zu bedenken, was es bedeutet, daß das AT in seiner jetzt vorliegenden Gestalt damit beginnt. Es soll dadurch verdeutlicht werden, daß die Welt eine Vorgabe JHWHs an die Menschen ist[701], daß all das, was innerhalb des AT folgt, nicht nur ein Unternehmen zwischen einem Gott und seinem Volk ist, sondern auf die Welt zielt, auf die anderen Völker, auf den Kosmos, daß hier der Herr dieser Welt sich zu Worte melden will (vgl. Jer 27,5f.; 32,27), nicht aber nur ein Volksgott, wenn JHWH auch als ein solcher seinen Weg mit Israel begann. Folglich kann es auch eine

---

696 "Gott führt einen ständigen Kampf der Verteidigung seines Werkes" (*L.Köhler,* Theol.[4], 74). Vgl. Jes 17,12-14; Jer 5,22; Hab 3,10; Nah 1,4; Ps 74,13; 89,10f.; 104,7; Hi 26,12; 38,8-11.

697 *L.Köhler,* Theol.[4], 72.

698 Vgl. zu diesen Texten die Auslegungen von *H.Weippert* (s. S.266, Anm.672).

699 Dazu sind zu vergleichen: Am 9,11-15; Hos 2,20-25; Jes 11,1-9.10ff.; Jer 31,31-40; 32,36-41; 33,10-13; dann vor allem Jes 65,17-25; 66,22; Ez 47,1-12: Joel 4,18.

700 Vgl. oben S. 252.261f.265 zur Erhaltung der Schöpfung.

701 So *O.H.Steck,* ThZ 34, 1978, 206f.

von ihrer Fortsetzung und der Verzahnung mit ihr absehende, eigenständige und isolierte Theologie der Urgeschichte nicht geben[702], zumal auch Gen 1-11 bereits vom israelitischen JHWHglauben her gestaltet und in dieser ihrer Form nicht allgemein menschliches Glaubensgut sind. JHWHglaube ist primär Erwählungsglaube, damit Heilsglaube.[703] Israel hat seinen Gott JHWH primär als befreienden Rettergott erfahren und bezeugt, dessen Offenbarung in einer Erlösung bestand, dessen Erlösung die entscheidende Offenbarung war und immer wieder wurde.[704] Der JHWHglaube erfährt aber durch die ihm zugewachsenen und zugeordneten Schöpfungsaussagen, die sehr unterschiedlich sich artikulieren können[705], eine Ausweitung und Bereicherung. Schöpfung ist nicht nur Vorbau, sondern auch Ausbau der Heilsgeschichte, und Schöpfergott und Erlösergott sind (gegen *E.Bloch)* keine Gegensätze, sondern identisch. Die Welt ist der Ort der Zuwendung JHWHs, und wenn JHWH z.B. sein Volk auch kreatürlich auf dessen Wanderung durch die Wüste bewahrt, dann geht es dabei um das Erhalten dieses Volkes hin auf die zugesagte Heilsgabe des Landes. Schöpfungstheologie ist damit, wie das Königtum, die Vorstellung vom Königtum Gottes, wie Tempel und agrarische Feste, ein dem JHWHglauben zugewachsenes Element sedentärer Kulturlandfrömmigkeit. Was dabei mit dem Gott El zusammenhing (Gen 14,18ff.), konnte dem JHWHglauben weithin integriert werden. Was mit dem auch sterbend und auferstehend geglaubten, dazu sexuell sehr aktiven Baal zusammenhing, wurde nur in enger Auswahl und umgeprägt (Ps 19A?) übernommen. Auch ein bestimmtes Weltordnungsdenken, das mit dem Thema Schöpfung eng zusammenhing, wurde dem JHWHglauben stark umgeprägt eingeordnet, denn aus der kosmischen Ordnung und ihrem Gott צדק wurden geschichtliche Heilstaten JHWHs.[706] Folglich kann auch eine mit dem altorientalischen Ordnungsdenken eng verzahnte Schöpfungstheologie keine zentrale theologische Bedeutung für das AT bekommen, wie *H.H.Schmid* dies befürwortet.[707]

Damit werden durch die atl. Schöpfungsaussagen in ihrer Zuordnung zu Geschichte und Heil nsch, Geschichte und Natur eng aufeinander bezogen. Sie werden gerade nicht voneinander getrennt[708]. Der Mensch wird eingebunden in die Welt[709], in seine Mitwelt, mit der er in Schicksalsgemeinschaft lebt. Dies

---

702 Zu dieser Abgrenzung (z.B. gegen *C.Westermann, R.Albertz* oder *G.Liedke)* ThZ 39, 1983, 89f.; vgl. *K.Eberlein,* (s. S.259, Anm.635), 17ff.42ff.

703 Diese 1936 zugespitzt formulierte Aussage *G.von Rad's* (TB 8^3, 136) gilt in ihrem Kern nach wie vor.

704 So im Anschluß an *H.W.Robinson;* zitiert bei *Th.C.Vriezen,* Theol.,158.

705 Vgl. die verschiedenen Verben S. 264, Anm.662; dann durch das Wort, durch Kampf.

706 Vgl. oben S. 196-203.

707 Vgl. S. 259, in Anm.635.- Zu seinem theol. Ansatz vgl. *K.Eberlein,* (s. Anm.635), 54ff.

708 *H.Groß* (Die Schöpfung als Bund, in: FS J.Kard.Ratzinger, 1987, Bd.I, 127-136) möchte daher von Gen 9 her Schöpfung und Bund aufeinander beziehen und dies sogar als mögliche Mitte des AT ansehen.

709 Die traditionsgeschichtliche Trennung von Weltschöpfung und Menschenschöpfung (dazu: *R.Albertz,* s. S.259, Anm.635) spielt innerhalb der für die Schöpfungsaussagen wichtigsten Schriften des AT (vgl. Jahwist, Priesterschrift, DtJes) keine bedeutsame Rolle mehr.

zeigte sich in der Sintflut, dies wird erhofft für die neue Schöpfung, die nicht nur einen neuen Menschen oder ein neues Gottesvolk hervorbringen soll. Schöpfung spricht von dem, was ist und sein soll, nicht zuerst von dem, was war. Schöpfungsaussagen sind Bekenntnisse zur Weltdurchwaltung Gottes und hängen daher öfter auch mit Aussagen über das Königtum JHWHs zusammen.[710] Gott und Welt sind aber nie identisch und können es nicht sein. Die Welt steht aber auch nicht dem Menschen bedrohlich gegenüber, sondern Mensch und Mitwelt sind Schöpfung, die alles auch zusammenschließt. Die Welt ist dem Menschen durch Gott vorgegeben. Sie und damit nicht nur der Mitmensch ist Objekt menschlicher Ethik (vgl. Ps 8), und der Mensch darf und soll sie mitgestalten in Verantwortung vor diesem Gott, in Bindung an ihn, der sich ihm zur Gemeinschaft und d.h. erwählend und verpflichtend erschlossen hat. Welt und Mensch sind auch, wie z.B. die jahwistische Urgeschichte zeigt, abhängig vom Heilswillen Gottes über seiner Welt, da sie auch eine Welt voller Übel und voller Schuld ist. Sie ist auf JHWHs Segen, auf sein rettendes Handeln hin angelegt (J). Sie wird durch JHWHs Ordnungen erhalten (Gen 8,21f.J; dann P). Dies, wie die Tatsache, daß der Mensch als Sünder in dieser Welt lebt (Ps 104,35) und doch Verantwortung für die Welt behält, bewegt zu rechter Theologie von Schöpfung und Welt. Es hat nicht nur eine historische oder religionsphänomenologische Bedeutung, daß das AT nicht nur eine Schöpfungstheologie herausgebildet hat, sondern zu Fragen nach Geschichte, Heil, Eschatologie bewegt wurde. Die Beziehung des Menschen zur Welt soll auch keine authonome, kann keine direkte sein, sondern es ist die Gottesbeziehung dieses Menschen, die beides erst recht vermittelt und prägt. Diese Gottesbeziehung aber wird nicht primär und nicht allein durch die Schöpfung und den Glauben an den Schöpfer vermittelt, sondern das AT spricht von göttlichen Erwählungstaten in der Geschichte, welche diese Gemeinschaft begründeten. Daß die Welt dann Schöpfung JHWHs, des Gottes Israels ist, läßt sich nicht aus der Schöpfung als solcher erkennen. So bleibt "Schöpfung" - eine "Natur" kennt das AT nicht - auch im AT Glaubensaussage. Der Glaube entdeckt JHWHs Wirken auch in der Schöpfung, und JHWH hat der Schöpfung auch seine Ordnungen eingeprägt. Daß er aber sich in der Schöpfung dem Menschen voll "offenbare", sagt das AT nirgends.[711] Der Heilsglaube sagt, daß JHWH Heil schaffen will. Der Schöpfungsglaube ergänzt, daß er dieses Heil auch schaffen *kann*.[712] Der erwählende Gott stellt sein Volk hinein in seine Schöpfung; er gibt ihm das Land, das Gott, Volk und Schöpfung verknüpft.

---

710 Vgl. dazu oben S. 177-181.

711 Anders *R.Knierim*, FS G.von Rad, 1971, 229. Er reiht dort auf: Gen 8,22; 27,28; 49,24-26; Dtn 7,13; Ps 18,8-16; 29; 104,10ff.24.28-30; 107,25-29; Jes 45,12; Am 4,13 und sagt: "...all dies und vieles andere macht auch für den Jahweverehrer Jahwe als den Gott der Welt erkennbar, offenbar. Der Jahweglaube hat sich der Offenbarung Gottes in der Natur eben nicht nur durch Historisierung bemächtigt, sondern auch durch Erkenntnis dieser Offenbarung Gottes als Jahwe in der Natur als solcher." Hier wird ein etwas schillernder Offenbarungsbegriff verwendet. Sind "Manifestationen" (so *Knierim*) = Offenbarung? Daß der JHWHverehrer in vielem JHWH handelnd findet, ist eine Sache. Daß sich JHWH dort offenbart, doch wohl eine andere, und woher weiß der JHWHverehrer von seinem Gott?

712 Vgl. *A.Eitz*, Studien zum Verhältnis von Priesterschrift und Deuterojesaja, (Diss. theol. Heidelberg) 1969, 61.- Zum "Land" vgl. S.132ff.

So sind Welt und Mensch in ganzheitlicher Schau verbunden, in geschichtlicher Bewegung gehalten und auf gemeinsame Hoffnung ausgerichtet. Schöpfung, Heil und Geschichte sind im AT auch durch die wichtige Stellung des Landes im atl. Glauben verbunden. Schöpfungsaussagen haben damit einen bestimmten Erfahrungshintergrund, den sie tiefer zu durchdringen suchen. Anerkennung der eigenen Geschöpflichkeit heißt dann in Israel auch Anerkennung von Schuld, Anerkennung der Vergänglichkeit, damit Erkenntnis des Gottes, der seiner Welt auch darin Halt vermittelt und dem sündigen Geschöpf zurecht hilft. Für P mündet die Schöpfung daher mit Gewicht in den erstellten Kultus, der Sühne schafft. "Meine Hilfe kommt von JHWH, der Himmel und Erde gemacht hat" (Ps 121,2). In diesem Satz dankbarer Erkenntnis läßt sich atl. Schöpfungstheologie gut zusammenfassen.[713]

7. Nur selten findet man im AT *Aussagen über das Wesen oder über Eigenschaften Gottes*[714], und wenn solche gemacht werden, dann betreffen sie nicht Gottes Wesen an sich, sein absolutes Sein o.ä. (auch nicht in Ex 3,14[715]), sondern sein Verhältnis zum Menschen[716]. Nicht, weil Gott an sich so und so ist, werden von ihm Eigenschaften benannt, sondern weil er dies oder jenes tat oder tut, sich so und so verhielt oder verhält, zeigt er etwas von seinem Wesen und seinen Eigenschaften. Es sind Rückschlüsse, die dann getätigt werden, und diese Rückschlüsse bleiben in atl. Denkvoraussetzungen, so daß man vorsichtig sein sollte mit Anwendung späterer philosophisch-theologischer Begrifflichkeit auf atl. Tatbestände (z.B. "Aseität").

a) Von JHWH wird nicht erzählt, wie er "entstand", wie er sich (kämpfend) gegen andere Götter durchsetzte usw. Das AT kennt im Gegensatz etwa zum Enuma eliš oder zu ägyptischen Anschauungen[717] keine Theogonie und keine Theomachie. Auch von manchen anderen Verhaltensweisen und Tätigkeiten, die man in Israels Umwelt von den dortigen Göttern erzählte, schweigt das AT. Von JHWH gilt "Ehe denn die Berge geboren wurden und Erde und Festland in Wehen lagen, bist du, Gott, von Ewigkeit zu Ewigkeit" (Ps 90,2; vgl. Dtn 32,40; Jes 43,10; 45,5f.; Ps 102,27). JHWH ist der Erste und der Letzte (Jes 40,28; 41,4; 44,6), er ist ein *ewiger Gott*. Die von JHWH geschaffene Welt hat einen Anfang, er selbst jedoch keinen. Er wird nicht älter (Hi 10,5), "stirbt" auch nicht (Hab 1,12 cj?), auch ißt er kein Fleisch von Stieren und trinkt kein Blut von Böcken (Ps 50,13).[718] Er bedarf des Menschen und seiner Gaben nicht (Jes 40,16;

---

713 Vgl. *E.Otto* (s. S.259, Anm.635), S.66: "Israel redet von der Schöpfung in der Durcharbeitung leidvoll erfahrener empirisch-geschichtlicher Wirklichkeit... Wird JHWH als der Schöpfergott zur Sprache gebracht, so wird er als der prinzipiell diese Welt auch in ihrer Chaosgefährdung Transzendierende gegen empirische Leiderfahrungen aufgerufen."

714 Vgl. dazu auch: *E.Sellin*, Theol., 15-38.- *W.Eichrodt*, Theol. I^8, 131ff.(§ 6).

715 Vgl. oben S. 160f.

716 Zu JHWHs "Gerechtigkeit" s.o. S. 196-203.

717 AOT^2, 109; ANET^{2+3}, 60f.; RGT^2, 32.108.- Für Ägypten: *E.Hornung*, Der Eine und die Vielen, 1971 (u.ö.), 134ff.; auch *S.Morenz*, Ägyptische Religion, 1960, 170ff.183.- Für Mesopotamien vgl. oben S. 249, Anm.581.

718 Vgl. dagegen z.B. die Schilderung der Götter während und nach der Sintflut im Gilgameschepos, Tf. XI, 113ff.: Sie erschrecken, kauern sich wie Hunde, schreien und klagen, scharen sich wie Fliegen um den Opferer, streiten sich u.a.m. (AOT^2,

43,22f.). Er ist groß und hoch, erhaben über Welt und Menschen.[719] Von ihm gibt es kein Kultbild, auch hat er - zumindest nach dem atl. Befund als solchem[720] - keine Frau und auch keine Familie, noch werden von ihm, wie etwa von Baal[721], amouröse Abenteuer erzählt. Das kann vielleicht damit zusammenhängen, daß das uns vorliegende AT ein Werk nachexilischer Redaktionsarbeit ist, die manches getilgt oder verwischt haben mag. Nach dem Zeugnis des AT begegnet der atl. Gott jedenfalls erheblich "transzendenter" als Götter der damaligen Umwelt Israels, ohne jedoch die von ihm erstrebte und ermöglichte Gemeinschaft mit den Menschen dadurch zu reduzieren oder gar zu gefährden. JHWH als ewiger Gott (Gen 21,33[722]; Ps 9,8; 10,16; 29,10; 33,11; 92,9; 93,2; 102,13; 145,13; 146,10) hat sich durch sein erwählendes Handeln den Menschen selbst zur Gemeinschaft erschlossen. Der über Welt und Menschen erhabene Gott hat sich zu ihnen herabgeneigt (Jes 57,15; Ps 113,5f.; 138,6).

b) So ist JHWH der *heilige Gott*[723] (1 Sam 6,20; vgl. Jos 24,19), der majestätische und abgesonderte (Ex 15,11), der bei seiner Heiligkeit schwört (Am 4,2). Man begegnet ihm an heiliger Stätte, spricht vom "heiligen Berg" und von Jerusalem als "heiliger Stadt"[724], und muß sich für eine Begegnung mit ihm heiligen (Ex 19,10f.). Das Lob des heiligen Gottes wird in seinem himmlischen Hofstaat von den Serafen gesungen (Jes 6,3; vgl. Ps 99)[725]. Aber JHWH ist als heiliger Gott nicht für und bei sich selbst heilig und d.h.erhaben über und getrennt von Welt und Mensch, sondern er ist "heilig in deiner (=Israels) Mitte" (Hos 11,9), er ist der "Heilige Israels".[726] Dies äußert sich nach Jes vornehmlich in seinem Gerichtshandeln an seinem Volk und an Assur (Jes 10,17), nach DtJes und

---

178f.; ANET^{2+3}, 94f.); s. auch den Anfang des Atraḥasis-Epos (s. dazu S. 260 und ZA 68, 1978, 55): "Als die Götter (auch noch) Mensch waren...".- Zum Altern z.B. RE's s. RGT^{2}, 36.

719 Ex 15,11; 34,10; Dtn 10,14; Jes 2,11; 37,16; 55,8f.; 57,15; Jer 10,6; Mi 4,13; Ps 92,6; 93,1; 95,4f.; 99,2; 113,4; 145,3; 147,5 u.ö.

720 Vgl. dazu oben S. 119-124.

721 Vgl. nur KTU 1.11:1-3.

722 Vgl. dazu oben S. 170 und Bd.II, § 6.4.

723 Vgl. zum Folgenden: *H.-P.Müller,* Art. "קדשׁ *qdš* heilig", THAT II, Sp. 589-609.- *W.Kornfeld/H.Ringgren,* Art. "קדשׁ *qdš* und Deriv.", ThWAT VI, Sp. 1179-1204.- *D.Kellermann,* Art. "Heiligkeit. II: A.T.", TRE 14, 697-703.- *J.G.Gammie,* Holiness in Israel, Minneapolis 1989.- Vgl. auch: *L.Ruppert,* Jahwe - der lebendige und heilige Gott, in: *K.Hemmerle (Hg.),* Die Botschaft von Gott, 1974, 128-141.- *W.Eichrodt,* Theol.I^{8}, 176-185.- *L.Köhler,* Theol.^{4}, 34ff.- *Th.C.Vriezen,* Theol., 124-127.- *W.H.Schmidt,* Atl. Glaube^{6}, 178ff.

724 Ex 3,5; 15,13; vgl. 19,23; 28,43; Jos 5,15; Jes 11,9; 27,13; 48,2; 52,1; Ps 2,6; Neh 11,1.

725 Jes 6,3 mit seiner Beziehung zur Zionstradition legt nahe, daß das Prädikat "heilig" auch für Götter in Israels Umwelt gebraucht wurde. Entsprechende Belege in THAT II, Sp. 598 und z.B. RGT^{2}, 59; dazu: *W.H.Schmidt,* Wo hat die Aussage: Jahwe "der Heilige" ihren Ursprung?, ZAW 74, 1962, 62-66. Außerdem ist das Bewußtsein von etwas "Heiligem" wohl eine religionsphänomenologische und damit auch anthropologische Grundkonstante.

726 So noch nicht in der Genesis, also auch nicht in den Vätergeschichten!- Dann aber besonders gern bei und seit Jesaja (Jes 1,4; 5,19.24; 10,17; 29,23; 30,11f.15; 31,1), bei DtJes und TrJes (Jes 41,14.16; 43,3.14f.; 47,4; vgl. 40,25; 41,20; 45,11; 60,14).

TrJes in seinem Heilswirken. Er ist zwar heilig, mächtig und zu fürchten (Ps 111,9f.), aber er leitet als solcher zugleich sein Volk (Ex 15,11.13). Er gibt sich als der Heilige kund, indem er sich in strafender Gerechtigkeit als heilig erweist (Jes 5,16; sek.) und Sünde auch *nicht* vergibt (Jos 24,19). Er kommt als der Heilige zu seinem Volk (Hab 3,3) und erweist sich vor den Augen der Völker als solcher, indem er Israel errettet (Ez 20,41f.), und da niemand heilig ist wie er, ist keiner wie "unser Gott" (1 Sam 2,2). Weil er heilig ist, soll und kann sein Volk es in seiner Gemeinschaft auch sein (Ex 19,6; 22,30; Lev 19,2; 20,7.26; 21,8; Dtn 7,6; 14,2.21; 26,19)[727], denn er ist es, "der euch heiligt" (Lev 20,8.24f.).[728] JHWHs Name soll nicht entheiligt werden, "damit ich geheiligt werde unter den Israeliten, ich bin JHWH, der euch heiligt, der ich euch aus Ägyptenland geführt habe, um euer Gott zu sein. Ich bin JHWH" (Lev 22,32f.).[729] Die Heiligkeit JHWHs bestimmt das Dasein und Sosein seines Volkes[730] wie die Eigenart seines Tempels. "Das beinhaltet eine doppelte Bedeutung der Heiligkeit, eine dingliche und eine personale, eine kultisch-rituelle und eine erwählungsbedingte..."[731] Es geht um Reinheit und um Absonderung. Im Tempel ist das "Allerheiligste" (דְּבִיר) dunkel und enthält kein Gottesbild, und in nachexilischer Zeit darf nur der Hohepriester es einmal jährlich am Versöhnungstag betreten (Lev 16,2). Was als Altar fungiert, was als Opfermaterie und wer als Priester mit ihm in Berührung kommt, muß "geweiht" (קדשׁ) sein (Ex 28,3; 29,21.33.36f.; 30,29; Lev 6,11.20 u.ö.)[732]. Der Hohepriester trägt am Turban ein Schild mit der Aufschrift "Heilig für JHWH" (Ex 28,36), und JHWH selbst hat den Sabbat als Tag seiner Ruhe und der Gemeinschaft mit sich "geheiligt", was auch der Mensch tun soll (Gen 2,3; Ex 20, 8f.; Dtn 5,12f.). Das Adjektiv "heilig" jedoch wird innerhalb des AT abgesehen von Orten und Zeiten (vgl. Lev 6,9.19ff.) nur auf Personen, nicht aber auf Gegenstände angewendet. Der heilige und d.h. auch der transzendente Gott gibt sich hinein in die Immanenz und bleibt doch für seine Welt das Gegenüber.[733]

c) JHWH ist ein *"eifernder" Gott*[734] (קנא als Adj., Verb und Nomen), ein leidenschaftlicher, sich durchsetzen wollender Gott, und dies sogar nach seiner Selbst-

---

727 Vgl. oben S. 57f.

728 Vgl. dazu: *W.Zimmerli*, "Heiligkeit" nach dem sogenannten Heiligkeitsgesetz, VT 30, 1980, 493-512.- *F.Crüsemann*, Der Exodus als Heiligung, in: FS R.Rendtorff, 1990, 117-129 und oben S. 49.

729 Nach *Hanna Wolff* jedoch (Neuer Wein - Alte Schläuche, 1981) gehört die Aussage von der Heiligkeit Gottes zum krank machenden Gottesbild des AT, so daß man dieses Buch wieder den Juden überlassen und es nicht mehr als Heilige Schrift und Grundlage des Glaubens für Christen anerkennen solle.

730 Vgl. dazu auch *M.du Buit*, La sainteté du peuple dans l'A.T., VS 683 (Tome 143), 1989, 25-37.

731 *J.Maier*, Zwischen den Testamenten, (NEB AT Erg.Bd. 3), 1990, 220.

732 So auch in Israels Umwelt; vgl. z.B. KAI 37A,7; 69,12; 74,9; 76B,2f.

733 Die atl. Weisheitsliteratur gebraucht das Prädikat "heilig" für JHWH/Gott nur in Spr 9,10 und 30,3 in jeweils etwas veränderter Form (Plural), ferner in Hi 6,10. Die Verbindung "der Heilige Israels" begegnet in der Weisheitsliteratur nicht.

734 Ex 20,5f.; 34,14; Num 25,11-13; Dtn 4,23f.; 5,9f.; 6,15; 29,19; 32,16.21; Jos 24,19; 1 Kön 14,22; 2 Kön 19,31 (= Jes 37,32); Jes 9,6; 26,11; 42,13; 59,17; 63,15; Ez 5,13; 8,3.5; 16,38-42; 23,25; 35,11; 36,5f.; 38,19; 39,25; Joel 2,18; Nah 1,2; Zeph 1,18; 3,8; Sach 1,14f.; 8,2; Ps 78,58; 79,5; auch Hld 8,6?- Dazu: *B.Renaud*, Je suis un Dieux

aussage in Ich-Rede am gewichtigen Ort des Dekalogs (Ex 20,5; Dtn 5,9) bzw. im sog. Privilegrecht JHWHs (Ex 34,14[2]). Bei dieser (in der atl. Weisheitsliteratur fehlenden) in Ex 34,14 zuerst sich findenden, durch die dtn/dtr Bewegung stärker verbreiteten Aussage (Dtn 4,24; 6,15; 29,19; 32,16.21; Jos 24,19; vgl. 1 Kön 14,22) geht es nicht (mehr) um Götterneid und Götterstreit, sondern JHWH will in und für Israel sein Gottsein mit niemandem teilen. JHWHs Eifer richtet sich aufgrund des besonderen Verhältnisses, das er geschichtlich zu Israel eingegangen ist, gegen seine und dessen Feinde (Nah 1,2), vor allem aber gegen den Abfall zu anderen Göttern, und dies in Form von Verbot und Strafreaktion. Damit steht diese Aussage über ihn in Nähe zu der von seiner Heiligkeit ("Eiferheiligkeit"; vgl. Jos 24,19), aber auch (vgl. Dtn) zu seiner Liebe, und sie ist ferner Ausdruck des dem JHWHglauben innewohnenden Trends zur Alleinverehrung, aus dem sich der praktische wie theoretische "Monotheismus" Israels entwickelt haben.[735] Im Zeugnis nachexilischer Zeit wendet sich JHWHs Eifersucht auch gegen Israels Feinde oder die Völker (ein Eifer JHWHs *zugunsten* von Völkern ist nicht belegt) und dient dann mehr dem Heil Israels. Aber auch schon zuvor richtete sich JHWHs Eifer nicht nur *gegen* ein abfallendes Israels, sondern er wollte diesem seinem Volk auch zugute kommen, weil ein Abfall zu fremden Göttern eine Zuwendung zu Nichtsen, zu machtlosen Göttern bzw. deren Bildern bedeutet hätte.

d) Ein kleines Kompendium der sonst im AT so seltenen Aussagen über JHWHs Art und Wesen bietet die (durch JE gebildete?) Formel *Ex 34,6f.*[736], die in ihrem Kontext vielleicht auch als eine Selbstprädikation JHWHs[737] verstanden werden soll: "Jahwe, Jahwe, barmherziger und gnädiger Gott, langmütig und reich an Treue und Wahrhaftigkeit, der Tausenden Treue hält, indem er Schuld und Auflehnung und Sünde vergibt, der aber doch nicht völlig ungestraft läßt, indem er Väterschuld heimsucht an Kindern und Enkeln, an der dritten und vierten Generation".[738] Diese "Gnadenformel" *(H.Spieckermann)* wurde in den Kontext von Ex 34 vielleicht erst eingefügt und steht damit jetzt im Zusammenhang von Abfall, Schuldbekenntnis und (neuer) Gebotsmitteilung. Sie begegnet noch mehrfach innerhalb des AT (in Joel 2,13 und Jona 4,2 mit z.T. anderer Wortfolge und dem Zusatz "Das Böse tut ihm leid"; dann Ps 86,15; 103,8ff.; 145,8; Neh 9,17; vgl. auch Ex 20,5f.= Dtn 5,9f.; Num 14,18)[739], zeigt stark liturgisch gefärbte Sprache, hat ihren Ort häufig in Gebeten und sagt stets

---

jaloux, Paris 1963.- *G.Sauer,* Art. "קִנְאָה *qinʾā* Eifer", THAT II, Sp. 647-650.- *W.Berg,* Die Eifersucht Gottes..., BZ NF 23, 1979, 197-211 (Lit.).- *E.Reuter,* Art. "קנא *qnʾ*", ThWAT VII, Sp. 51-62.- Vgl. auch: *Th.C.Vriezen,* Theol., 128f.- *W.H.Schmidt,* Atl. Glaube[6], 87f.

735 Vgl. dazu oben S. 124-132.

736 Zu ihr: *J.Scharbert,* Formgeschichte und Exegese von Ex 34,6f und seiner Parallelen, Bibl 38, 1957, 130-150.- *R.C.Dentan,* The literary affinities of Exodus XXXIV 6f, VT 13, 1963, 34-51.- *H.Spieckermann,* "Barmherzig und gnädig ist der Herr...", ZAW 102, 1990, 1-18.- Vgl. auch TRE 5, 223.

737 Als Selbsthymnus im AT nur noch bei DtJes und in Hi 38f. belegt, in Israels Umwelt (Mesopotamien) häufig; vgl. dazu: *H.D.Preuß,* Deuterojesaja, 1976, 89 mit Lit.- Vgl. S. 193.234.263.

738 Übersetzung von *M.Noth,* ATD 5 z.St.

739 Weitere Texte, die Anspielungen auf die Formel oder Teile von ihr enthalten, bei *H.Spieckermann,* ZAW 102, 1990, 1f., Anm.4.

etwas über JHWHs Sein als sein Verhalten gegenüber Israel aus, in Jona 4,2 sogar gegenüber den Menschen, und zwar den bösen Niniviten, die aufgrund prophetischer Predigt aber Umkehr vollzogen haben, allgemein. Die Formel setzt Jeremia wie das Dtn voraus, hat eine längere Vorgeschichte, die sich am Auftreten ihrer einzelnen Bestandteile wie am in V. 6 und 7 unterschiedlichen Stil erweisen und betreffs "gnädig und barmherzig" bis auf Prädikate des kanaanäisch-syrischen El zurückverfolgen läßt. Durch das doppelt vorangestellte JHWH wird alles jetzt jedoch betont auf ihn bezogen (vgl. Ex 33,19).

"Barmherzig" (רחמים; oft auch mit חֶסֶד)[740] bezeichnet Fürsorge, konkretes Tun, nicht nur Gesinnung. 26mal wird es von JHWH ausgesagt, dabei in vorexilischen Texten vorwiegend noch verneint (Hos 1,6; 2,6; Jes 9,16; vgl. aber Hos 11,8f.). Als JHWHs neues Heilshandeln und dessen Ermöglichungsgrund wird JHWHs Barmherzigkeit dann aber in exilischen und vor allem nachexilischen Texten vielfach genannt[741]. JHWHs Barmherzigkeit äußert sich dabei in Form von geschenkter Bewahrung und Neuanfang, als Vergebung, als Hören auf das Schreien des Armen. JHWH wird Israel weder verlassen noch verderben, zürnt nicht ewig, so daß Umkehr möglich ist.

"Gnädig" (חנון)[742] bezeichnet die Huld und Gunst des Hohen, der sich, z.B. wie ein erhörender König, zum Niedrigeren herabläßt. Als Adjektiv findet es sich im AT nur bei Gott[743] und neben den genannten Belegen innnerhalb der Formel noch in Ex 22,26; Ps 111,4; 116,5; 2 Chr 30,9; vgl. Jer 3,12; 9,23; Neh 9,31 u.ö. Gnädige Zuwendung und barmherzige *Treue* sind es, die hier und anderswo (Dtn 7,9f.; 32,4; Jer 42,5; Hos 2,22; Ps 33,4; 100,5; 115,1; 117,2; 143,1; vgl. Ps 89 u.ö.) an JHWH als seine herausragenden Eigenschaften preisend ausgesagt werden[744]. Die folgenden Prädikationen legen diese Adjektive aus. JHWH ist gnädig und seine Güte währet ewiglich (Ps 106,1; 136 u.ö.).[745]

Ferner ist JHWH *"langmütig"* (ארך אפים), d.h. er hält selbst berechtigten Zorn zurück, und außerdem *"reich an Güte und Treue"* (רב חסד ואמת), damit reich an freiwilliger Öffnung, Zuwendung und Güte und voller unermüdlicher Gemeinschaftstreue.[746]

Nach diesen mehr begrifflichen Beschreibungen göttlichen Verhaltens wird dann (in V.7) von der Polarität göttlicher Reaktionen auf Sünde und Schuld gesprochen. JHWH bewahrt Gnade und hebt Schuld, Sünde und Vergehen auf über Tausende, aber er sucht Schuld heim (פקד עון) bis zur dritten und vierten Generation. Segen wirkt länger, Fluch vernichtet bald. Es gibt überbor-

---

740 Dazu: *H.-J.Stoebe*, Art. "רחם *rḥm* pi. sich erbarmen", THAT II, Sp. 761-768.- *H.D.Preuß*, Art. "Barmherzigkeit. I: A.T.", TRE 5, 215-224 (Lit.).

741 Ex 33,19; Dtn 13,18; 30,3; 1 Kön 8,50; 2 Kön 13,23; Jes 14,1; 55,7; Jer 12,15; 33,26; 42,12; Sach 10,6 u.ö.; dann 2 Chr 5,13; 7,3.6; 20,21; Esr 3,11; Neh 9,17.19.27.31; 13,22 und Ps 23,6; 25,6f.; 40,12; 51,3; 69,17; 77,10; 103,4; 106,46; 119,77.156; 145,9; vgl. Dan 9,9.18; Hab 3,2.

742 Dazu: *H.J.Stoebe*, Art. "חנן *ḥnn* gnädig sein", THAT I, Sp. 587-597.- *D.N.Freedman/J.Lundbom*, Art. "חָנַן *ḥānan* u.Deriv.", ThWAT III, Sp. 23-40.

743 Einzige und eventuelle Ausnahme: Ps 112,4.

744 Vgl. dazu *J.Schreiner*, Unter Gottes Treue, in: FS A.Deissler, 1989, 62-81.

745 Dazu *K.Koch*, "denn seine Güte währet ewiglich", EvTh 21, 1961, 531-544.

746 Zu חֶסֶד und אֱמֶת vgl. auch die entsprechenden Artikel in THAT und ThWAT, dann *E.Kellenberger*, *ḥäsäd wä ᵓᵆmät* als Ausdruck einer Glaubenserfahrung, 1982 (AThANT 69) und *S.Romerowski*, VT 40, 1990, 89-103.

dende Gnade Gottes, aber auch Solidarität von Schuld, Leiden an der Schuld der Väter. JHWHs Vergebung jedoch ist immer neu (vgl. Ps 103,3).[747] Daß die Gnadenformel vorwiegend in Gebeten ihren Ort gefunden hat, sagt deutlich etwas darüber aus, wo man diesen JHWH vor allem als gnädigen und barmherzigen Gott gepriesen hat.

e) JHWH ist auch ein *"lebendiger Gott"* (אֵל חַי)[748]. Auf den ersten Blick wäre hier zu vermuten, daß sich diese Bezeichnung gegen eine Gottesvorstellung richtet, die (vgl. die "Adonisgärtchen": Jes 17,10f.) vom Sterben[749] (und Auferstehen) der Gottheit spricht. Dies ist innnerhalb des AT aber nur selten zu finden (Hab 1,12 cj?; Ps 102,26ff.). Vom lebendigen Gott spricht man eher, wenn man dessen Kraft und Macht herausstellen (1 Sam 17,26.36; Jos 3,10) und sich selbst zu ihr in Beziehung bringen will (Hos 2,1). Es geht auch hier nicht um JHWHs Sein, sondern um sein Wirken. Dies zeigt sich gleich bei den Wunschnamen J^{e}ḥijja und J^{e}ḥiel (1 Chr 15,18.24 u.ö.; vgl. Ḥîel 1 Kön 16,34), dann bei der im AT 53mal auftretenden Schwurformel "So wahr JHWH lebt" (חַי יהוה)[750], durch die Gott zugleich zum Zeugen des Eides und der über diesem Wachende wird. 22mal sagt sogar JHWH selbst "חַי אני" (Dtn 32,40 mit חַי אנכי). Man schwor auch beim Leben des Königs (1 Sam 17,55; vgl. Gen 42,15f.), und in Ugarit war der (Kult-?)Ruf "ḥaj ^{c}alijan ba^{c}al" bekannt, der wohl aufgrund des im Traum geschauten neuen Regens und der wieder fließenden Bäche erfolgte.[751] Auch von El wird "ewiges Leben"[752] ausgesagt, und er auch ist es, der den Menschen Leben verleiht.[753] Nahe bei der Schwurformel stehen hymnische Aussagen (vgl. Ps 18,47). JHWH aber hat seine lebendige Macht beim Auszug aus Ägypten erwiesen (Jer 16,14f; 23,7f.: dtr) oder Salomo auf seinen Thron gelangen lassen (1 Kön 2,24). Er erlöst aus der Not (1 Sam 14,39; 2 Sam 4,9; 1 Kön 1,29) oder nimmt Gottesmänner in seinen Dienst (2 Kön 3,14; 5,16). Israel hat die Stimme des lebendigen Gottes am Horeb/Sinai aus dem Feuer vernommen (Dtn 5,26). So preist man den lebendigen JHWH als geschichtlich und auch kriegerisch (Jos 3,10; 1 Sam 17,26) rettenden Gott (Ps 18,47ff.), und an die Israeliten ergeht die Verheißung, daß sie einmal nicht mehr "Nicht-mein-Volk", sondern "Söhne des lebendigen Gottes" genannt werden (Hos 2,1). Das Reich des lebendigen Gottes, des ewigen Königs (Jer 10,10), wird bestehen ohne Ende (Dan 6,27f.). Da er, und hier zeigt sich eine Verbindung eher zu El als zu Baal, als lebendiger Gott auch das Leben den Menschen

---

747 Vgl. dazu auch Bd.II, § 11.10.

748 Dazu: *H.-J.Kraus*, Der lebendige Gott, EvTh 27, 1967, 169-200 (=*ders.*, Bibl.-theol. Aufsätze, 1972, 1ff.).- *H.-J.Zobel*, Der kanaanäische Hintergrund der Vorstellung vom lebendigen Gott: Jahwes Verhältnis zu El und zu Baal, WZ Greifswald 24, 1975, 187-194.- *S.Kreuzer*, Der lebendige Gott, 1983 (BWANT 116).- Vgl. auch: *E.Jacob*, Théol., 28-32.- *W.H.Schmidt*, Atl. Glaube^{6}, 183-190.

749 Vgl. zum gestorbenen Baal: KTU 1.5.VI,9f.23f. Zu seiner "Auferstehung" siehe bei Anm.751.

750 Auch auf zwei (oder drei) Ostraka von Lachisch (Nr.3 und Nr.6; auch 12,3?) TUAT I/6, 621.624; KAI I, 35f.- *H.-J.Kraus* nennt sie ein "Weihewort" (a.a.O. = Aufsätze, 10). Zu ihr vor allem: *S.Kreuzer*, (s. Anm.748), 30-145.

751 KTU 1.6.III,2-4.20f.- Vgl. dazu: *W.Schmidt*, Baals Tod und Auferstehung, ZRGG 15, 1963, 1-13.

752 KTU 1.4.IV,4-6.- Vgl. RGT^{2}, 65 zum ägypt. König als "lebendigem Gott".

753 Vgl. die Ausführungen bei *H.-J.Zobel*, (s. Anm.748), 189f.

schenkt (Jer 38,16), wird er auch als Quelle des Lebens bekannt (Jer 2,13; 17,13; Ps 36,10; 42,3; 84,3).
f) Wenn von JHWH als einem lebendigen Gott gesprochen wird, wird damit letztlich auch - in moderner Begrifflichkeit gesagt - verneint, daß er ein "Prinzip" darstellt. Alttestamentlich heißt das, daß er veränderlich ist, sich etwas "gereuen" lassen kann. Damit ist *das Problem der atl. Anthropomorphismen und Anthropopathismen* angesprochen.[754] Gott ist auch in der Weise ein lebendiger Gott, als er als heiliger Gott doch mit den sündigen Menschen Gemeinschaft haben will. Dies auch ist letztlich der Sinn der atl. Anthropomorphismen.
Nach dem Abfall Israels zum "goldenen Kalb" (Ex 32) läßt JHWH sich durch die Fürbitte des Mose und durch sein eigenes "Wesen", das sich in Ex 34,6f. (s.o.) ausgedrückt findet, zur Begnadigung des Volkes bewegen (Ex 34). Die Strafe (Ex 32,25ff.) trifft nicht das ganze Volk und bleibt nicht das letzte Wort. In der Urgeschichte "reut" es JHWH, daß er die Menschen geschaffen hat, und er läßt die Sintflut kommen, weil "das Dichten und Trachten des menschlichen Herzens böse ist immerdar" (Gen 6,5f.:J). Mit der gleichen Begründung kommt es zum Ende der Flut (Gen 8,21:J). Die Flut hat also nicht den Menschen verändert, wohl aber JHWH, dessen Gnade jetzt siegt. Damit geht es bei dergleichen anthropomorphen Aussagen nicht nur um eine naive, kindliche Redeweise, sondern Gott wird unwillkürlich nach der menschlichen Seite hin gedacht, da er sich den Menschen zuwendet und Gemeinschaft mit ihnen will.[755] Er wacht auch "eifersüchtig" über seinem Volk und seinem ausschließlichen Gottsein.[756]
So hat nach atl. Aussagen JHWH Antlitz, Mund, Augen, Herz, Hände, Ohren, Füße, Stimme. Er geht zur passenden, erquickenden Zeit spazieren, kommt, sieht, lacht, pfeift, wird müde, riecht.[757] Er empfindet Reue, Haß, Zorn, Schmerz.[758] Zu wenig wird bedacht, daß auch sein Sprechen oder sein "Wort", sein "Name" wie seine Bezeichnungen anthropomorphe Rede sind, die sich in menschlicher Rede von Gott auch gar nicht vermeiden läßt. Auch findet man

---

754 Vgl. dazu: *J.Hempel,* Jahwegleichnisse der israelit. Propheten, ZAW 42, 1924, 74-104 (=*ders.,* Apoxysmata, 1961 [BZAW 81], 1ff.).- *ders.,* Die Grenzen des Anthropomorphismus Jahwes im A.T., ZAW 57, 1939, 75-85.- *E.L.Cherbonnier,* The Logic of Biblical Anthropomorphism, HThR 55, 1962, 187-206.- *H.Gollwitzer,* Die Existenz Gottes im Bekenntnis des Glaubens, 1963 (u.ö.), 113ff. (Lit.).- *J.Lindblom,* Die Vorstellung vom Sprechen Jahwes zu den Menschen im A.T., ZAW 75, 1963, 263-288.- *H.Kuitert,* Gott in Menschengestalt, 1967.- *U.Mauser,* Gottesbild und Menschwerdung, 1971.- *J.Jeremias,* Die Reue Gottes, 1975 (BSt 65).- *Ch.Abramowitz,* In the Language of Man, Dor le Dor 9, 1981, 139-143.- *E.Jüngel,* Anthropomorphismus als Grundproblem neuzeitlicher Hermeneutik, in: FS G.Ebeling, 1982, 499-521.- *Th.H.McAlpine,* Sleep, Divine & Human, in the O.T., 1987 (JSOT Suppl 38).- *A.Schenker,* Art. "Anthropomorphismus", NBL I, Sp. 109-111.- Vgl. auch: *L.Köhler,* Theol.^{4}, 4ff.- *P.Heinisch,* Theol. des A.T., 1940, 32f.- *Th.C.Vriezen,* Theol., 144ff.- *E.Jacob,* Grundfragen, 18ff.

755 Vgl. *W.Eichrodt,* Theol. I^{8}, 135f.

756 Vgl. oben S. 276f.

757 Gen 3,8; 8,21; 32,31; Num 11,1.18; 14,28; 1 Sam 5,11; 13,14; 26,19; 2 Kön 19,16; Jes 7,13.18; 43,3f.; 52,10; Jer 9,11; Nah 1,3; Ps 2,4; 8,4; 33,13; 37,13.

758 Gen 6,5f.; 9,5; Ex 32,35; Dtn 12,31; 32,35; Jes 61,8; 62,5; Jer 9,23; Hos 11,8; Zeph 3,17; Jon 3,10.

dergleichen Anthropomorphismen nicht nur in den älteren Texten des AT, so daß es sich sozusagen um unverdaute Reste aus theologisch noch wenig geklärter Zeit handelt, sondern, wie die Belege zeigen, z.B. auch bei DtJes mit dessen "theoretischem Monotheismus". Im spätnachexilischen Text 2 Chr 6,40 ist die Rede vom Ohr Gottes z.B. auch ein Plus gegenüber dem älteren Text 1 Kön 8,52. Israel hatte (und hat) keinen philosophischen Gottesbegriff, und das johanneische "Gott ist Geist" (Joh 4,24) ist eine beinahe "unbiblische" Definition, wenn man es als absolute, aus dem Kontext gelöste Aussage faßt[759]. Atl. Bilder für Gott wagen sich oft ins beinahe Problematische vor.[760] So kam[761] und kommt man ohne anthropomorphe Redeweise nicht aus, wenn man als Mensch von Gott sprechen will. Es kann folglich nicht darum gehen, möglichst geistig oder gar abstrakt von Gott zu reden, zumal auch eine abstrakte Rede von Gott anthropomorph bleibt, sondern die Anthropomorphismen sind auf ihre Angemessenheit zu prüfen. Partikulare, spezielle, personhafte, konkrete Aussagen in und aus Betroffenheit sind (mit *H.Gollwitzer)* gegenüber allgemeinen, abstrakten und sachlichen vorzuziehen. Von Gottes Leber, Blut, Knochen wird z.B. geschwiegen. Gott existiert nicht an sich, sondern als ein Du. Er will Beziehung zwischen sich und uns, uns und sich. So gibt er sich durch sein erwählendes Handeln auch in unsere Aussagebedingungen hinein[762], und doch gibt es nichts, womit man ihn vergleichen könnte (Jes 40,25). Anthropomorphismen unterstreichen den personalen Charakter des atl. Gottes, machen Gott dem Menschen zugänglich, und sie wollen eben dieses auch tun. Der Versuch, angemessen von Gott zu reden, muß stets neu gewagt werden. Er bleibt aber damit zugleich auch offen für weitere Versuche, die schon inneratl. manches ins Allegorische umzubiegen versuchen (Jes 59,17: Panzer des Heils; Helm der Hilfe; Gewand der Rache; Mantel des Zorns).

Gott wurde wohl auch menschengestaltig gedacht, ferner als Mann (Jes 50,1; 54,1-6; 62,5; Jer 2,2; Ez 23; Hos 2,18)[763], aber über beides wurde nicht weiter reflektiert (vgl. z.B. 1 Kön 22,19; Jes 30,27; Ez 1,26), und in Hos 11,9b (vgl. V.3)

---

759 So hat *P.Heinisch* (Theol. des A.T., 1940, 29f.) Probleme, seine Aussage über "Gott als vollkommenen, reinen Geist" atl. zu belegen.

760 So besonders bei Hosea: Gott als Ehemann (2,4ff.; vgl. Ez 16,8f.), Vater (11,1ff.; vgl. Ex 4,22; Jes 63,16; 64,7), Vogelfänger (Hos 7,12), Löwe (5,14; 13,7; vgl. Am 3,8), Leopard (13,7), Bärin (13,8; vgl. Klgl 3,10), als Eiter und Knochenfraß (5,12). JHWH soll die Zähne im Maul anderer zerbrechen (Ps 58,7).

761 Zu Anthropomorphismen in den Religionen von Israels Umwelt vgl. RLA I, Sp. 113f.*(E.Ebeling)* und LÄ I, Sp. 311-318 (*E.Otto).* Vgl. auch: *O.Keel,* Die Welt der altorientalischen Bildsymbolik und das A.T., ^{2}1977, 157ff.

762 "Die Anthropomorphismen sind Beweise für die Inadäquatheit des menschlichen Redens von Gott, aber zugleich für die lebendige Relation zu ihm, aus der heraus der Glaubende gezwungen wird, von ihm Zeugnis abzulegen" (*Th.C.Vriezen,* Theol., 145).

763 Aus der zu diesem Thema ausufernden Fülle von Lit. seien (zum Bereich des AT) nur genannt: *U.Winter,* Frau und Göttin, 1983 (OBO 53).- *R.Laut,* Weibliche Züge im Gottesbild israelitisch-jüdischer Religiosität, 1983.- *F.J.Stendebach,* Vater und Mutter. Aspekte der Gottesvorstellung im alten Israel und ihre anthropologische wie soziologische Relevanz, in: FS KBW 1983, 147-162.- *E.S.Gerstenberger,* Jahwe - ein patriarchaler Gott?, 1988.- *O.Keel,* Jahwe in der Rolle der Muttergottheit, Orien. 53, 1989, 89-92.- Vgl. auch: *B.S.Childs,* Theol., 39f.

versichert JHWH sogar selbst: "Denn Gott bin ich und nicht ein Mann (אִישׁ)". Sowohl der Gottesname יהוה als auch die Gottesbezeichnung אלהים werden aber stets mit masculinen Prädikaten verbunden. Das Hebräisch des AT bietet auch kein eigenes Wort für "Göttin".[764] JHWHs Geschlechtlichkeit ist, im Unterschied etwa zu derjenigen Baals in den Ugarittexten oder anderer Gottheiten in Israels Umwelt, im uns vorliegenden AT nicht ausdrücklich thematisiert, spielt auch keine besondere (oder gar sexistische) Rolle. Das atl. Bilderverbot[765] und sein theologischer Hintergrund wirkten sich wohl auch hier aus. Kriegerisches konnte in Israels Umwelt auch von Göttinnen erzählt[766], und von JHWH können auch "mütterliche" Verhaltensweisen und Empfindungen ausgesagt werden. JHWH ist Vater (Dtn 32,6; Jes 63,16; 64,7; Mal 1,6; 2,10; vgl. Ex 4,22; Hos 11,1; Ps 2,7 u.ö.), tröstet aber auch wie eine Mutter (Jes 49,15; 66,13) und trägt sein Volk wie eine Mutter ihren Säugling (Num 11,12; vgl. Ps 131,2). Vater und Mutter werden gemeinsam im Blick auf Gott als Schöpfer genannt (Jes 45,9-11), und JHWH wendet sich freundlich den Menschen zu (Hos 11,1-9), zumal auch ein Vater sich seiner Kinder erbarmt (Ps 103,13).[767] Hier mußte weder Weiblich-Mütterliches verdrängt (Jes 42,14), noch Männlich-Patriarchalisches besonders herausgestellt werden.

Daß die atl. Anthropomorphismen als Aussagen auch nicht absolut und rein benennend genommen sein wollten, sondern schon dort eine Tendenz zur Metapher herausbilden können, zeigt sich darin, daß öfter gegenteilige Aussagen nebeneinander stehen konnten. So wurde gesagt, daß JHWH etwas "gereue" (Gen 6,6), dies aber auch bestritten (Num 23,19; 1 Sam 15,29; Jer 4,28; vgl. Mal 3,6), und Jes 31,2, wonach JHWH seine Worte nicht zurücknimmt, steht letztlich im Gegensatz zum im Jonabuch Erzählten. JHWH wird zum Erwachen aufgefordert (Ps 7,7; 35,23; 78,65ff.; vgl. betr. Baal 1 Kön 18,27), zugleich aber gesagt, daß er nicht müde werde und weder schlafe noch schlummere (Jes 40,28f.; Ps 121,4). Auch sieht JHWH (Ps 94,7), aber dann auch wieder nicht wie mit Menschenaugen (Hi 10,4f.). JHWHs Herz kehrt sich um vor Mitleid, aber zugleich ist er dann Gott und kein Mensch (Hos 11,8f.). JHWHs Reue[768] kann sowohl sein strafendes Handeln als Folge haben (Gen 6,5f.; 1 Sam 15,11.35), als auch umgekehrt ihn zur Rücknahme eines Strafvorhabens bewegen (Ex 32,14; Am 7,3.6; Hos 11,8). JHWH ist ein strafender (Amos), aber auch ein liebender Gott (Hos; Dtn). Er ist eben der Lebendige und will als solcher ernst genommen sein. Er will den Menschen nahe sein, erwählt sie zu seiner Gemeinschaft, kommt zur Welt *(E.Jüngel)* und nimmt daher auch schon im AT Menschenge-

---

764 Vgl. "Astarte, *der* Gott der Sidonier" (1 Kön 11,5). Vgl. oben S. 167.- Zum Problem der Aschera neben JHWH in neueren Texten s. oben S. 123.

765 Vgl. dazu oben S. 119-124.

766 Vgl. dazu oben S. 147.

767 Nach *O.Keel* (s. Anm.763) übernimmt bei und für Beendigung der Flut (Gen 8,20-22) JHWH die Rolle der Ischtar (Gilg. Tf.XI, 116ff.164ff.), d.h. der Mutter, die das nicht vernichtet sehen will, was sie unter Mühen und Schmerzen hervorgebracht hat. Vgl. AOT^2, 178f.; ANET^{2+3}, 94f.; RGT^2, 121f. (Z.164ff. dort nicht übersetzt).- Auf zweigeschlechtliche Götter bzw. Gott als Vater und Mutter in Israels Umwelt verweist *F.J.Stendebach,* (s. Anm.763), 153ff. Dort auch religionsphänomenologische, religionssoziologische und religionspsychologische Erwägungen zu diesen Fragen (mit Lit.).

768 Vgl. dazu *J.Jeremias,* (s. S. 280, Anm.754).

stalt an (Phil 2,7). Es geht folglich auch bei den atl. Anthropomorphismen um Gott als Du, als "Person", um seine Gemeinschaft mit den Menschen, um Gott auch in menschlicher Sprache, um ein Geschehen zwischen Gott und Mensch, nicht um göttliche Eigenschaften an sich. Gott handelt menschlich nicht trotz, sondern kraft seiner Gottheit.[769] Er ist nahe und fern (Jer 23,23).

g) *Das atl. Zeugnis von Gott* unter dem Namen JHWH *(W.H.Schmidt)*[770], dem das AT seine Bedeutung verdankt, ist also ein vielschichtiges. Dies hat seinen Grund in der breiten zeitlichen Erstreckung und der unterschiedlichen Art der atl. Literatur. Es hat aber auch zur Folge, daß sich sehr unterschiedliche Leser in den hier zur Sprache gebrachten Gotteserfahrungen wiederfinden können. Versucht man eine Zusammenfassung des bisher über die atl. Rede von JHWH/Gott Erschlossenen, wobei zugleich auf später Darzustellendes schon etwas vorausgeblickt werden muß, so ergibt sich:

JHWH wird als der Gott gepriesen wie erzählend bezeugt, der die Welt geschaffen hat und sie erhält, der sich Israel als sein Volk erwählt, damit aber wiederum auf die Welt und die Völker zielt. Als Gott der Väter (Gen 12ff.) ist er der verheißende, mitgehende, persönliche Gott der Sippe, aus denen und der das Volk sich bildet und in der sich der einzelne vorfindet und getragen weiß. Gott ist als JHWH von Ägypten her (Hos 12,10; 13,4; Ex 3; 13-15) der aus Ägypten herauf- und herausgeführt hat, der rettende, kriegerisch wirksame (Ex 15,3.21) Befreier des Volkes, dem er sich als mit dem Gottesberg/Sinai verbundener Gott in Namensoffenbarung (Ex 3 und 6) und Theophanie (Ex 19) kundtut und das er sich verpflichtet, dem er auch Weisungen gibt, dem er alleiniger Gott sein will (Hos 13,4; Ex 22,19; 1.Gebot). Daß er zuvor bereits bei den Midianitern verehrt wurde, ist möglich, für das AT aber nicht mehr wichtig. Sein Wort ergeht als Verheißung und Geheiß, die von ihm kündenden Wortmittler deuten und kündigen seine Taten an, schauen deutend, dankbar und auch aufgrund ihrer Erfahrungen warnend und schuldbewußt auf sie zurück. In Exodus und Sinai glaubt das AT die entscheidenden Gotteserfahrungen Israels, womit der Glaube Israels geschichtsbezogen wird. Das Dasein wird als Geschichte unter JHWH, als Weg mit ihm, als Führung verstanden oder sehen gelehrt. JHWHs Befreiungstat geht seinen Geboten zeitlich wie sachlich voraus, und er hält diesem Volk auch bei dessen Abfall und Murren die Treue, er straft, aber

---

769 Vgl. *K.H.Miskotte,* Wenn die Götter schweigen, 1963, 139.

770 Vgl. dazu (aus der Fülle der Lit. in Auswahl): *V.Maag,* Das Gottesverständnis des A.T., NedThT 21, 1966/67, 162-207 (=*ders.,* Kultur, Kulturkontakt und Religion, 1980, 256ff.).- *K.Hemmerle (Hg.),* Die Botschaft von Gott, 1974 (darin drei Beiträge von *L.Ruppert* zu JHWH).- *J.Coppens (ed.),* La Notion biblique de Dieu, Leuven 1976 (BETL XLI).- *W.Eichrodt,* Gott im A.T., 1977.- *E.Zenger,* Wie spricht das A.T. von Gott?, in: Möglichkeiten des Redens über Gott, 1978, 57-79.- *H.Groß,* Gotteserfahrung im A.T., in: *A.Paus (Hg.),* Suche nach Sinn - Suche nach Gott, 1978, 139-175.- *W.H.Schmidt,* Art. "Gott. II: A.T.", TRE 13, 608-626 (Lit.).- *D.Patrick,* The Rendering of God in the O.T., Philadelphia 1981.- *N.Lohfink (u.a.),* "Ich will euer Gott werden". Beispiele biblischen Redens von Gott, 1981 (SBS 100).- *H.Seebaß,* Der Gott der ganzen Bibel, 1982, 35ff.- *H.D.Preuß,* Art. "Gotteslehre. 4. A.T.", EKL^3, Bd.II (1988), Sp. 296-300 (Lit.).- Vgl. auch die oben (S. 159+167) zu אלהים und zu יהוה, sowie die auf den Seiten 116, 119 und 124 zum ersten und zweiten Gebot und zur Frage des atl. Monotheismus angegebene Lit.

er verwirft nicht. Er ist mehr ein gruppenverbundener als ein ortsgebundener Gott, führt ins Land, kommt von Süden, um seinem Volk kriegerisch zu helfen (Ri 5,4f.; Dtn 33,2; Ps 68,8-11), sichert den Landbesitz und gibt die Fruchtbarkeit des Landes. Agrarische Feste der kanaanäischen Umwelt werden ihm zugeordnet und vergeschichtlicht. Königtum, Zion und Tempel werden durch ihn "erwählend" adaptiert und zugleich auch jeweils nicht nur wie in Israels Umwelt interpretiert. Andere Bereiche altorientalischer Frömmigkeit werden (nach und nach?) bewußt ausgeblendet, wie z.B. Totenkult, Dämonenglaube, Magie, Astrologie, Göttermythen. Kultus ist kein Mittel zur Einwirkung auf die Gottheit, sondern eher Gabe JHWHs an sein Volk, Opfer sind Mittel zur Heiligung des Gottesvolkes. Gegen eine der kanaanäischen Frömmigkeit mit ihren Ausprägungen El's und Baal's folgende Volksfrömmigkeit in Form eines Polyjahwismus und einer synkretistischen Vermischung Baals mit JHWH wehren sich zuerst Elia und Hosea, dann die dtn/dtr Bewegung mit ihrem programmatischen "JHWH ist einer" (Dtn 6,4) und der Forderung nach Kultusreinheit durch Kultuseinheit (Dtn 12), wobei wichtig ist, daß Israel das für seinen Glauben grundlegende Geschehen niemals mehreren Göttern oder einem anderen als JHWH zugeschrieben hat. JHWH war und wurde auch der Gott eines sich ausweitenden Israel, und die Bildlosigkeit der JHWHverehrung wird immer mehr zu einem ihrer Hauptcharakteristika. Prädikate und Eigenarten des kanaanäischen Hochgottes El hingegen werden auf JHWH übertragen (Heilig, Herrlichkeit, König, Hofstaat, lebendiger Gott, Schöpfer) und kommen weithin erst in nachexilischer Zeit zu ihrer vollen Entfaltung. Vielleicht wurden (wie und neben El) auch noch andere (Väter-) Götter ihm eingegliedert (Ṣdq; Šalem). JHWHs "Charakter" jedoch ging über den eines reinen Gruppengottes wie eines Orts-, eines Ressortgottes oder einer nur kosmischen Gottheit weit hinaus.

Die vorexilischen Propheten hingegen müssen JHWH als den Gott verkünden, der angesichts der sozialen, kultischen und politischen Sünde seines Volkes neu und jetzt strafend auf sein Volk zukommt. "Bereite dich, Israel, deinem Gott zu begegnen" (Am 4,12). JHWH streitet nun auch *gegen,* nicht mehr nur *für* sein Volk, und sein "Tag" wird Finsternis, nicht aber, wie erwartet und erhofft, Licht sein (Am 5,18ff.). Als Israel die Strafe des Exils erfährt, wird es gerade dort besonders zur Selbstbesinnung und Bestandsaufnahme, darin zu neuer Erkenntnis JHWHs (Ez; P; DtJes) genötigt, diese ihm aber auch positiv verheißen, und es wird gerade dort zur Erkenntnis der Machtlosigkeit der fremden Götter befreit. Nicht JHWH ist diesen Göttern unterlegen, nicht Babylon und nicht Marduk triumphieren über JHWH und Israel, sondern hier geschieht Handeln JHWHs (Klgl), das auf Israels Umkehr, auf Neuanfang zielt (Ez; DtrG; DtJes), so daß Neuentwürfe für die Gestalt der nachexilischen Gemeinde gewagt werden können (Ez; P; DtJes; DtrG mit dem Dtn; Nachtgesichte des Sach). Im Dtn, der Priestergrundschrift und bei DtJes findet sich die ausgeführteste "Theologie", das am meisten durchreflektierte Gotteszeugnis des AT.

Alle Epochen und Arten atl. Rede von Gott sind schließlich von der Rede zu ihm hin begleitet und getragen (Gebete; Pss), und der Hymnus ist wahrscheinlich die älteste Art der Rede von Gott. Eine wohl eigene Art von Theologie, die wahrscheinlich auch an bestimmte Standesgruppen gebunden war, versuchte die ältere atl. Weisheitsliteratur (Spr 10-29[31]) mit ihrer Herausstellung JHWHs als des Stifters und Garanten des Tun-Ergehen-Zusammenhanges. Hiob und Qohelet, die jedoch gerade wegen ihres besonderen Zeugnisses von Gott man-

chem heute einen Zugang zum AT ermöglichen, bestritten diesen Versuch der Verbindung von Gott und Weltharmonie, während die Chronikbücher erneut den aussichtslosen Versuch unternahmen, JHWH als den genauen Vergelter individueller Taten aufzuweisen. JHWH soll und kann nicht als ein Gott geglaubt oder gar postuliert werden, der eine heile Welt garantiert.
Daß die atl. Weisheitsliteratur, die ja stark durch ihr ähnliche Texte der Umwelt sowie durch darin sich äußernde allgemein-menschliche Probleme geprägt war, dann auch von JHWH und (abgesehen von Hi 3-27 und Qohelet[771]) nur von ihm als Gott sprechen konnte, war nicht unbedingt nur eine Auswirkung des ersten Gebotes.[772] Auch die Weisheitstexte der Umwelt des alten Israel sprachen meist jeweils nur von *einem* Gott[773], so daß diese sowohl einschränkende wie verallgemeinernde Art von Gott zu reden hier kein israelitisches Spezificum war und innerhalb dieser Textgruppe sowohl als üblich wie auch als hinführend wirken konnte.
JHWH ist nach dem AT der Heilige, aber auch der Heilige Israels, der nahe wie der ferne Gott, der erwählende, aber auch der verwerfende, der rettende, aber auch der strafende, das persönliche Du, wie der Gott, dem man nicht entgehen (Ps 139; Jona), vor dem man weder bestehen noch ihn schauen kann. Er ist nur in seiner Freiheit für den Menschen da und verweist auf Gehorsam, Glauben und Zukunft. Er tut sich kund, hat seine Wirkungskräfte, bleibt aber doch verborgen und auch rätselhaft (Koh; Hi; Jer; Gen 22). Man kann ihn loben, muß und darf aber auch zu ihm klagen (Pss; Jer). Und wenn die Propheten JHWHs Gericht ansagen müssen, für das JHWH auch fremde Völker als seine Gerichtswerkzeuge in Anspruch nimmt (Jes: Assur; Jer: Babylonier), entsteht nicht erst für die heutige atl. Forschung die Frage, ob dies das Ende (Am 8,2) der Wege JHWHs mit seinem Volk, ob es eine endgültige Verwerfung sei (dtr Texte in Jer), oder ob es die Möglichkeit von Rettung und Heil, wenn auch nicht ohne das Gericht, gibt. JHWH ist ein mitleidender Gott, der selbst um sein Volk klagt, wie auch sein Prophet dies tut (Jer), der mit sich ringt (Hos 11). Wenn er neue Erkenntnis verheißt, neue Zukunft erschließt, hat diese allein in ihm, in seinem Ich seinen Grund. Man weiß nichts von Gottes Unveränderlichkeit, denn er kann sich etwas "gereuen" lassen. Wohl aber weiß man etwas von seiner Treue (Ex 34,6f.; Dtn 7,9; Jes 49,7; Ps 143,1), an der man glaubt festhalten zu können auch wenn Israel selbst untreu war (Dtn 32). Gottesgemeinschaft und Transzendenz Gottes, vorausgehende Erwählung und nachfolgende Verpflichtung, Zusammenhang von Exodus und Bund, von Vertrauen und Gehorsam, von Geschichte, Recht und Ethos, Gottesdienst und Leben sind Grundstrukturen des atl. Gottesglaubens.

---

771 Vgl. dazu S.169.171.210ff.

772 Daß Qohelet z.B. streng am ersten Gebot festhält (so *W.H.Schmidt,* Atl. Glaube^6, 309), scheint mir den Sachverhalt nicht wirklich zu treffen.

773 Vgl. dazu z.B. *B.R.Forster,* Wisdom and the Gods in Ancient Mesopotamia, Or 43, 1974, 344-354.- *W.Barta,* Der anonyme Gott der Lebenslehren, ZÄS 103, 1976, 79-88.- *B.Couroyer,* Le 'Dieu des Sages' en Égypte, RB 94, 1987, 574-603; 95, 1988, 70-91.195-210.

§ 5: Die Welt Gottes und die gottferne Welt

Die hier zu verhandelnden Bereiche atl. Glaubens nehmen innerhalb desselben eine mehr untergeordnete Rolle ein. Im atl. bezeugten JHWHglauben spielen z.B. Dämonen, Engel, Satan keine bedeutsame Rolle. JHWH hat keine direkten Gegenspieler. Auch zu dem Bereich des Todes, des Totenkultes und des Totenreiches hatte der mehr halbnomadisch bestimmte Wüstengott JHWH ursprünglich kein Verhältnis. Für das frühe Judentum und das ihm benachbarte NT lagen die Dinge schon anders, da dort infolge einer stärkeren Transzendentalisierung Gottes sich Zwischenwesen zwischen Gott und Mensch schoben, die mit manchen aus dem im Folgenden zu erörternden Themen in Beziehung stehen. Außerdem ist einiges von dem, was hier als atl. weniger bedeutsam benannt wird, im Laufe der Theologie- und Religionsgeschichte und damit auch für uns heute wichtiger geworden (z.B. Satan). Aber es wird letztlich dieser § mit seinen Themen dargeboten, weil einiges des hier Anzusprechenden, wie etwa Zelt, Lade oder himmlischer Hofstaat, mit anderen Themenkreisen, wie Königtum Gottes oder Präsenz Gottes bei seinem Volk eng zusammenhängen. Außerdem wird von manchem des hier Folgenden nicht gehandelt, damit davon geredet, sondern damit davon nicht geschwiegen werde, wie es ähnlich *Augustin* über die drei "Personen" innerhalb der Trinitätslehre formuliert hat (De Trinitate 5.9,10).

1. JHWHs Wohnstätten[1]

Wenn JHWH sich ein Volk erwählt, sich zur Gemeinschaft mit Menschen erschließt, ihnen zu Hilfe kommt, von wo aus geschieht dies? Wo wohnt JHWH? Wenn er zu den Seinen kommt, kommt er nach dem Zeugnis mehrerer atl. Texte von Süden her, also wohl vom Sinai/Horeb/Gottesberg.[2] Auch das im Zusammenhang damit genannte Seïr weist in Gegenden südlich des eigentlichen Palästina (Ri 5,4; vgl. Dtn 33,2; Hab 3,3). Und als Elia über Beerscheba hinaus nach Süden zum Gottesberg Horeb und damit zu JHWH um sein Leben lief, da eilte er in und durch die Wüste (1 Kön 19,3ff.). Allerdings berichtet das AT sonst von keinerlei "Pilgerfahrten" zu diesem Gottesberg, obwohl es ein Stationenverzeichnis des Weges dorthin gab (Num 33,3-49).
Dann aber ist auch davon die Rede, daß JHWH im Himmel wohnt (Ps 2,4; 123,1; Dtn 4,36; 26,15), und von dort steigt er zum Sinai oder auch sonst herab.[3] Von dort schaut er herab (Ps 33,13f.; 102,20), kommt auch von dort aus seiner Wohnung herab zum Tempel (vgl. den Ausruf in Hab 3,20; Zeph 1,7; Sach 2,17), wo er dann seine zeitweilige Gegenwart nimmt. Von seinem Palast über den Himmeln sprechen Ps 104,3; Am 9,6; Ex 24,10, von seinem dortigen Thronen über dem himmlischen Ozean (?)[4] Ps 29,10, was dem üblichen altorientali-

---

1 Dazu: *M.Metzger,* Himmlische und irdische Wohnstatt Jahwes, UF 2, 1970, 139-158.- *B.Janowski,* »Ich will in eurer Mitte wohnen«. Struktur und Genese der exilischen Schekina-Theologie, JBTh 2, 1987, 165-193.

2 Vgl. dazu oben S.76f. und auch *H.-J.Zobel,* ZAW 101, 1989, 344.

3 ירד: Ex 19,11.18.20; 34,5; vgl. Gen 11,5.7; 18,21; Ex 3,8; 33,9; Num 11,17.25; 12,5; Neh 9,13; Mi 1,3.

4 Zum Problem des מַבּוּל in Ps 29,10 vgl. oben S. 260, Anm.638.

schen Weltbild entspricht. Aber מָכוֹן kann dann sowohl die himmlische wie die irdische Wohnstatt JHWHs bezeichnen.[5]
Nach dem alten Tempelweihspruch 1 Kön 8,12f. ist nun aber der Tempel der Wohnsitz JHWHs, wobei die dort verwendeten Verben שׁכן und ישׁב sich gegenseitig interpretieren. Ähnlich werden Tempel und Zion vielleicht in Am 1,2; Ez 37,26f.; Sach 2,14 (vgl. 1,16) gesehen. Als aber Jesaja im Jerusalemer Tempel seine Berufung erfährt, sieht er JHWH selbst dort nicht, sondern dieser weilt und bleibt unsichtbar im Himmel, während nur der Rand seiner Schleppe im Tempel bemerkt werden kann, wodurch aber auch eine Beziehung zwischen Himmel und Tempel signalisiert wird (Jes 6,1ff.). Vom Zion als dem Wohnsitz JHWHs sprechen auch Ps 9,12; 132,13f.; Jes 8,18; Joel 4,17, während 2 Sam 7,4-7 vehement gegen ein "Haus" für JHWH protestierten. Wenn von JHWH als dem "Kerubenthroner" die Rede ist (vgl. Ps 99,1; 2 Kön 19,15), dann kann auch gefragt werden, ob damit an eine irdische Wohnstatt im Tempel oder eine himmlische gedacht ist, die jedoch zum Tempel in irgendeiner Beziehung stehen muß.[6] Der im Jerusalemer Heiligtum "fundierte JHWH-Thron (ragt) bis in den Himmel " auf.[7]
Nach dem Dtn hingegen[8] will JHWH seinen "Namen" an dem Ort, den er erwählen wird, wohnen lassen bzw. ihn, wie die dtr Weiterführung und Abschwächung dieser Formel lautet[9], dorthin "legen".[10] Daß JHWH selbst dort wohnt, wird sicherlich mit Absicht nicht mehr gesagt. Vom "Namen" einer Gottheit konnte man z.B. auch in Ugarit reden[11], wo "Name Baals", d.h. seine kultische Erscheinung oder Präsenz, als gegenüber seiner eigenen Anwesenheit doch abgeschwächte Form angesehen wurde, da die Göttinnen Astarte oder Aṯtart ihn zu vertreten hatten. So wohnte also eben auch nicht JHWH selbst an diesem erwählten Ort, sondern "nur" sein Name, was einerseits doch wohl kritisch gegen die Präsenztheologie (1 Kön 8,11; vgl. Ex 40,34f.) gerichtet war, die an die Lade und die mit ihr verbundene כָּבוֹד-Vorstellung gekoppelt war[12], da das Dtn von beidem und auch vom damit verbundenen Gottesnamen "JHWH Zebaoth" so beredt schweigt[13], anderseits doch die theologische Bedeutung des Tempels auf andere Weise sichern wollte. JHWH blieb anrufbar, und Kultus war möglich (1 Kön 8,52f.59f.). So konnte man "vor JHWH"" dann zuerst auch noch an unterschiedlichen Heiligtümern erscheinen (Ex 23,14ff.; 34,20c) bzw. kann er an unterschiedlichen Orten seines Namens gedenken lassen (Ex 20,24). Durch das Dtn (16,16) wurde dies jedoch anders entschieden.

---

5 Ex 15,17; 1 Kön 8,13.39.43.49 [= 2 Chr 6,2.30.33.39]; Jes 4,5; 18,4; Ps 33,14; 104,5.

6 Zu den Keruben siehe unten Abschnitt 4 (S. 294).

7 *B.Janowski,* Das Königtum Gottes in den Psalmen, ZThK 86, 1989, 389-454 (dort 415).

8 Vgl. dazu *H.Seebaß,* TRE 10,14.- *N.Lohfink,* Bibl 65, 1984, 297-329.

9 Vgl. dazu *H.D.Preuß,* Deuteronomium, 1982 (EdF 164), 13.16-18.90.- *B.Janowski,* JBTh 2, 173-180.- Vgl. zur Sache auch oben S. 195 und Bd.II, § 8.2.

10 Beide Aussagen vereint in Dtn 12,5.- Dann mit לְשַׁכֵּן Dtn 12,11; 14,23; 16,2.6.11; 26,2: so nicht im DtrG!- Mit לָשׂוּם in Dtn 12,21; 14,24; dann in den dtr Texten 1 Kön 8,29f.44f.; 9,3; 11,36; 14,21; 2 Kön 21,4.7; 23,27.

11 KTU 1.2:7f.; 1.16:VI:56; vgl. KAI 14, Z.18 (*ʾEšmunʿazar*-Inschrift).

12 Siehe dazu *T.N.D.Mettinger,* The Dethronement of Sabaoth, Lund 1982 (CB OT 18).

13 Vgl. dazu oben S. 165f.

Versucht man eine Zusammenschau, so kann diese nicht so aussehen, daß eine Entwicklungslinie Sinai - Heiligtümer Kanaans - Tempel - Himmel konstruiert wird.[14] So sind auch parallele Aussagen über Gott am/im Himmel und in seinem Heiligtum möglich, wie Ps 68,34-36 neben Jes 60,13 oder Ps 11,4 neben 1 Kön 6,13 und Ps 5,8 erweisen.[15] Der Tempel oder nach Ps 132,7f. die Lade ist dann der Schemel seiner Füße (Klgl 2,1; vgl. Jes 6,1ff.).
Wie z.B. Gen 28,16ff. oder Jes 6 (und Ps 29,10?) verdeutlichen, war das Heiligtum auch der Ort, an dem die Grenzen zwischen Diesseits und Jenseits, zwischen himmlisch und irdisch aufgehoben sind. So fußt der Thron JHWHs im Heiligtum, ragt aber hinauf bis in den Himmel (vgl. Jes 66,1; Ez 43,7), und ähnliches gilt vom Gottesberg (Jes 14,13f.). "Wer das Heiligtum betritt, steht vor dem im Himmel thronenden Gott"[16], wie beides wohl auch in Ps 11,4 und 150,1 nebeneinander genannt ist. So wird je nach Herausstellung des Himmels oder des Tempels als Ort JHWHs jeweils ein Aspekt seiner Präsenz betont, nämlich der seiner majestätischen Ferne und Allgegenwart oder der seiner helfenden Nähe, der seiner Erhabenheit oder der seiner Verbundenheit. Daß JHWH nicht an sein Heiligtum gebunden war, erwies dann die Erfahrung des Exils und deren Bewältigung. Da wird dann (in spätdtr Texten) der Himmel als Ort JHWHs betont und sein Thron dort geortet (1 Kön 8,30.39.43.49 mit dem als Korrektur deutlich erkennbaren "im Himmel"; vgl. 2 Chr 6,21.30.33.39),[17] oder JHWHs "Herrlichkeit"[18] verläßt diesen Tempel nach Osten (Ez 11), um im fernen Babylonien dann dem Propheten zu begegnen (Ez 1-3) bzw. mit dem Volk "durch die Wüste" zu ziehen (so die Priesterschrift). Obwohl der Tempel dann zerstört ist, kann man zu JHWH beten (Jer 29; 1 Kön 8,23ff.), denn JHWH hört ja im Himmel (1 Kön 8,36 u.ö.), und Beten im Tempel und Hören im Himmel stehen nebeneinander (1 Kön 8,30). JHWHs Gegenwart bei seinem Volk und seine diesem Volk zuteil werdende Hilfe sind durch die Zerstörung des Tempels nicht angetastet. JHWH kann eben der ferne wie der nahe Gott sein (Jer 23,23; 1 Kön 8,27; vgl. Jes 66,1f.), und er ist "nahe" besonders für Gebete (1 Kön 8,52f.59f.) oder in der Weisheit seines Gesetzes (Dtn 4,6-8), wobei beide letztgenannten Texte wohl aus der Zeit der Zerstörung des Tempels stammen.

---

14 So etwa bei *B.Stade,* Bibl. Theologie des A.T., 1905, 103f.: Jahve sei erst ab Ezechiel "in den Himmel hineingewachsen" (dort 291).- Anders z.B. *G.von Rad,* Theol.II^4, 368: "Die Erklärung, diese Vielfalt der Vorstellungen sei nur das Ergebnis der so diskursiv verlaufenen Kultusgeschichte, wird nicht ausreichen. Gerade die eigentümliche Beweglichkeit und Offenheit dieser Vorstellungen muß der Einsicht, die Israel von Jahwes Nähe und Gegenwart hatte, und Israels mangelndem Bedürfnis, diese Vorstellungen dogmatisch und statisch zu normieren und zu harmonisieren, entsprochen haben.".- Vgl. auch *L.Köhler,* Theol.^{4}, 60.

15 Vgl. noch Jer 3,17; 17,12: JHWHs Thron in Jerusalem.- Ps 93,2; 103,19: im Himmel.

16 *M.Metzger,* UF 2, 145.

17 "...das (zerstörte) Heiligtum ist in erster Linie Gebetsstätte, an der der Name Jahwes anwesend ist; Jahwe selbst aber ist nicht an den Tempel gebunden, sondern er 'thront/wohnt' (יָשַׁב) im Himmel und erhört von dort die Gebete seines 'Knechtes' Salomo und seines Volkes Israel...": *B.Janowski,* JBTh 2, 1987, 177 (dort 175ff. auch zur Schichtung von 1 Kön 8,14-66).- Vgl. oben S. 195.

18 Siehe dazu oben S. 191-194.

So fiel es Israel offensichtlich nie zu schwer, von der einen Vorstellung über JHWHs "Wohnung" zu einer anderen umzudenken. JHWH ist nicht Teil des Kosmos, daher auch nicht kosmischen Begrenzungen unterworfen. Er ist der ferne Gott, der sich doch in Theophanie und in der an diese meist anschließenden Rede auf den Menschen zubewegt und seine Offenbarung als Hilfe erfahren läßt. So verheißt JHWH auch, daß er unter seinem Volk Israel wohnen wolle (1 Kön 6,13 dtr; Ex 29,45f. P), wobei auch dieses wiederum Texte aus der Zeit und Erfahrung des Exils sind, wo JHWH und Israel getrennt zu sein schienen (Dtn 31,17f.), JHWH vielleicht nicht mehr in Israels "Mitte" weilte.[19] So wird um sein neues "Mitsein" ausdrücklich gebeten (1 Kön 8,57f.). Der nahe wie ferne JHWH ist an seinen Tempel nicht unbedingt gebunden, er will sich aber weiterhin und neu an sein Volk Israel binden, das er sich zur Gemeinschaft erwählt hat.[20] Für Qohelet jedoch ist der Abstand wichtig: "Der Gott" ist im Himmel, der Mensch jedoch auf der Erde, so daß man nicht zu großspurig daherreden sollte (Koh 5,1).

2. Die Lade[21]

Auch die Lade (hebr. "Kasten")[22] ist Symbol und Repräsentant des bei den Seinen gegenwärtigen, für sie streitenden und sie geleitenden Gottes. Die ältesten sie betreffenden Texte[23] sind neben den Ladesprüchen Num 10,35f. (vgl. 10,33; 14,44 J?) die Erwähnungen in der sog. Ladeerzählung (1 Sam 4-6 und 2 Sam 6), denen die in Jos 3; 4 und 6 zu vergleichen sind. Hiernach ist die Lade weniger ein leerer Gottesthron, sondern eher ein Teil von diesem, nämlich ein Thronschemel (vgl. Jes 6,1; 1 Chr 28,2; Ps 132,7) oder zumindest ein "machthaltiges Unterpfand von Jahwes Gegenwart."[24] Die Bezeichnung אֲרוֹן "Kasten" wäre dann mehr dem Aussehen nach gewählt und כִּסֵּא "Thron" bewußt vermieden, zumal auch nirgends gesagt ist, daß JHWH auf der Lade thront. Sie ist ferner schon während der Wüstenzeit vorhanden, wenn sie dort auch selten erwähnt wird, weil ja nicht alle Gruppen dieser Zeit, die sich später zu Israel vereinigten, unter dem Symbol der Lade ihren Weg gezogen sind.[25] Sollte die Lade als typisches tragbares Wanderheiligtum und Kriegspalladium (1 Sam 4,4; 2 Sam 6,2)[26] nicht schon vor der Landnahme geschaffen sein, warum wurde sie dann noch nach der Seßhaftwerdung erstellt? Seit Silo (1 Sam 3,3) war sie offensichtlich mit dem Titel "Kerubenthroner" verbunden[27] (vgl. wieder 1 Sam 4,4; 2 Sam 6,2).

---

19 Dazu *B.Janowski,* a.a.O., 181; dort 184ff. auch zu P (Ex 29,45f. u.ö.).

20 Vgl. *B.Janowski,* a.a.O., 187. Dort 181, Anm.75 auch zum "Weilen (JHWHs) in der Mitte Israels" als Ausdruck der Erwählungstheologie.

21 *R.Schmitt,* Zelt und Lade als Thema atl. Wissenschaft, 1972.- *H.-J.Zobel,* Art. "אֲרוֹן", ThWAT I, Sp. 391-404.- Vgl. auch: *G.von Rad,* Theol.I^{5}, 247ff. zu Zelt und Lade.

22 Zu ihr auch *H.Spieckermann,* Heilsgegenwart, 1989 (FRLANT 148), 88-96.- *B.Janowski,* Das Königtum Gottes in den Psalmen, ZThK 86, 1989, 389-454 (dort 428-446).

23 Ri 20,27f. wird oft als Glosse angesehen; vgl. aber *H.-J.Zobel,* a.a.O., Sp. 399: "Daß die Notiz...literarisch sekundär ist, besagt nichts über ihren historischen Wert."

24 *R.Schmitt,* Zelt und Lade..., 173.

25 *H.-J.Zobel,* a.a.O., Sp. 402: Wanderheiligtum des Hauses Joseph.

26 Vergleichsmaterial bei *H.-J.Zobel,* a.a.O., Sp. 396f.

27 Vgl. *R.de Vaux,* Das A.T. und seine Lebensordnungen, II^{2}, 1966, 120.

In der Ladeerzählung ist sie Symbol der Präsenz JHWHs bei den Seinen in deren Kampf. Die Einschätzung der Lade durch die Philister (1 Sam 4,7: Gott ist ins Lager gekommen) und die Auseinandersetzung zwischen JHWH und dem Philistergott Dagon (1 Sam 5) zeigen deutlich JHWHs Gegenwart bei ihr an. Sie wirkt segnend (2 Sam 6,11) wie vernichtend (2 Sam 6,6f.), und der Gottesname "JHWH Zebaoth", der ursprünglich sich vielleicht auf die irdischen Heerscharen Israels bezog (1 Sam 17,45), ist oder wird oft mir ihr verbunden.[28] Nach 1 Sam 2,22 und 2 Sam 7,6 gehörte auch ein Zelt zur Lade, so daß diese Kombination nicht erst ein Werk von P ist.
Das Dtn und die an dieses anschließende dtr Literatur machen die Lade zum אֲרוֹן (הַ)בְּרִית (יהוה) (vgl. 1 Kön 8,21)[29] d.h. zum Behälter der Gesetzestafeln (Dtn 10,3.8; 31,9.25f.), werten sie damit gleichzeitig theologisch ab wie dtn/dtr auf und vollziehen darin auch eine indirekte Polemik gegen die ältere Jerusalemer Ladetheologie. Nach J und E waren wohl Tafeln vorhanden (Ex 31,18)[30], aber diese lagen nicht in der Lade, und umgekehrt kennen vordtn Texte die Lade, nicht aber Gesetzestafeln in ihr. So kann die Frage entstehen, was zuvor in der Lade war. Heilige Steine vom Sinai[31] oder gar nichts? Warum wird in 1 Kön 8,9 so sehr betont, daß nichts anderes (רַק) als die Tafeln in der Lade war? Die Priesterschrift übernimmt vom Dtn die Funktion der Lade als Behälter der Gesetzestafeln (Ex 25,16; 40,20), tut noch einiges außerdem in die Lade hinein (Ex 16,33f.), gibt ferner eine genaue Beschreibung von ihr (Ex 25,10-22; 37,1-9), stellt sie in das Begegnungszelt[32] in der Mitte des Lagers Israels (Ex 26,33; 40,21)[33] und nennt sie "Lade des Zeugnisses" (אֲרוֹן הָעֵדֻת: Ex 25,22; 26,33f. u.ö.).[34] Möglicherweise haben diese Texte aus P eine ältere Beschreibung der Lade aus JE verdrängt, und ein älterer Herstellungsbericht stand einmal zwischen Ex 33,6 und 7.
David überführte die Lade nach Jerusalem (2 Sam 6), was sehr dagegen spricht, daß sie aus dem kanaanäischen Bereich stammte. In Jerusalem stand sie später im Tempel (1 Kön 6,19; 8,1-11) unter den Flügeln der Keruben (1 Kön 8,6).[35] Aus dem mitziehenden war jetzt ein "wohnender" und thronender JHWH geworden.[36] Zusammen mit dem Tempel wurde sie offensichtlich zerstört (Jer 3,16f.), hatte aber wohl schon vorher an Bedeutung verloren, da sie kaum noch erwähnt wird. JHWH und Lade werden noch einmal eng verbunden in Ps 132,8,

---

28 Zu dieser Verbindung vgl. *J.Jeremias,* FS G.von Rad, 1971, 183-198; kritisch dazu *H.Spieckermann,* a.a.O., 196, Anm.22.- Vgl. auch oben S. 165f.

29 Dazu *L.Perlitt,* Bundestheologie im A.T., 1969, (WMANT 36), 40-42.

30 Vgl. dazu oben S. 85 + 112.

31 Vgl. *H.-J.Zobel,* a.a.O., 400f.

32 Siehe dazu gleich S. 291-293.

33 Zum möglichen Zusammenhang von Zelt und Lade s. *H.-J.Zobel,* a.a.O., Sp. 395f.; dort auch Verweis auf die hierfür bedeutsam gewordene Unterscheidung verschiedener "Theologien" von Zelt und Lade durch *G.von Rad* (Lade = Wohn- und Thronvorstellung, Zelt = Begegnungsvorstellung).

34 Zur כַּפֹּרֶת als Deckplatte der Lade nach P siehe Bd.II, § 11.10 und § 13.4.

35 Zu diesen siehe S. 294.- Zum Verhältnis Lade-Keruben vgl. *E.Würthwein,* ATD 11/1, 1977, 89ff.

36 Vgl. dazu *T.N.D.Mettinger,* The Dethronement of Sabaoth, Lund 1982 (CB OT 18), 19-37.

einem aber wohl nicht frühen, sondern dtr beeinflußten Text.[37] Daß die Lade bei kultischen Prozessionen im Tempel benutzt wurde, ist nicht so sicher, wie oft angenommen wird. Die dafür herangezogenen Belege (Ps 24; 47; 132) geben das in ihnen Gesuchte nicht eindeutig her.[38] 2 Makk 2,4ff. wissen dann mehr über das spätere Geschick der Lade.

3. Das Zelt (der Begegnung)[39]

Sowohl im Zusammenhang mit als auch losgelöst von der Lade und dann eigenständig ist ein Zelt als Zeichen und Mittel göttlicher Präsenz erwähnt.[40]

Von einem solchen ist 182mal im AT die Rede, und 140 Belege gehören davon zu P. Vom "Zelt der Begegnung" (אֹהֶל מוֹעֵד, abgeleitet vom hebr. Verbum יעד) wird 133mal gesprochen, davon wiederum 120mal in Texten der Priesterschrift und deren Schichten.[41] Ähnlich den Texten der Priesterschrift und vielleicht sogar ihnen zuzurechnen sind die Belege in Jos 18,1 und 19,51.

Das priesterliche "Zelt der Begegnung" (Luther: "Stiftshütte") ist für P offensichtlich "in Wahrheit nicht das Urbild, sondern die Kopie des jerusalemischen Tempels"[42] und wird hauptsächlich in Ex 25 bis Num 10 genannt. Es soll mit seinen am salomonischen Tempel orientierten Maßen sowohl eine (exilische) Erinnerung an diesen als zugleich das Modell auch für den künftigen, wieder erhofften und so geplanten Tempel sein, dessen Modell (תַּבְנִית: Ex 25,9) und himmlisches Urbild Mose auf dem Sinai geschaut hat. Dieses Zelt der Begegnung ist Stätte kultischen Vollzugs (Ex 25,22; 29,10f.), an der nur berufene Personen wirken dürfen.[43] An diesem Ort ist JHWH ständig inmitten der Israeliten gegenwärtig (Ex 25,8)[44]. Das aus vergoldeten Brettern und aus Teppichen erstellte Zelt, in dem für P auch die Lade sich befindet[45], steht mitten im Lager Israels (Ex 25,8; 29,42-46), und hier kommt der כְּבוֹד יהוה herab (Num 14,10; 16,19; 17,7; 20,6). Eine der Zentral- und Zielaussagen priesterschriftlicher Theologie (Ex 29,42-46) fokussiert all dieses in klar erkennbarer Weise[46], denn auf dieses Zelt der Begegnung als dem Ort sich ereignender göttlicher Gegenwart bei seinem durch die Wüste ziehenden Volk zielt die Darstellung von P bereits seit Gen 1 und über Ex 24,15ff. hin.[47] Umstritten ist, ob es zwischen diesem priesterschriftlichen Zelt der Begegnung mit seiner ausgebauten theologischen

---

37 Dazu *H.Spieckermann,* ZThK 86, 1989, 94f.

38 Dazu *B.Janowski,* a.a.O., 428-446.

39 Dazu: *R.Schmitt,,* Zelt und Lade als Thema atl. Wissenschaft, 1972.- *K.Koch,* Art. "אֹהֶל", ThWAT I, Sp. 128-141.- *C.R.Koester,* The Dwelling of God, Washington 1989 (CBQ MS 22).

40 Vgl. dazu auch *V.Fritz,* Tempel und Zelt, 1977 (WMANT 47), 100ff.112ff.

41 So nach *K.Koch,* a.a.O., Sp. 134.

42 *J.Wellhausen,* Prolegomena zur Geschichte Israels, ^{4}1895 (u.ö.), 37.

43 Vgl. dazu *M.Görg,* Das Zelt der Begegnung, 1967 (BBB 27).

44 Zur Stelle auch *B.Janowski,* JBTh 2, 1987, 184f.190.

45 Vgl. dazu den vorhergehenden Abschnitt dieses § (S. 290).

46 Andere Bezeichnungen in P, die wahrscheinlich unterschiedlichen Bearbeitungsschichten zuzuordnen sind, sind noch: מִשְׁכָּן, מִקְדָּשׁ, אֹהֶל הַמִּקְדָּשׁ; dazu *R.Schmitt,* a.a.O., 219ff.

47 Vgl. dazu: *P.Weimar,* Sinai und Schöpfung, RB 95, 1988, 337-385.- Vgl. oben S. 73+192f.

Anreicherung und dem Zelt, das auch schon Jahwist und Elohist erwähnen, traditionsgeschichtliche Zusammenhänge gibt.[48]
Neben der Verbindung mit Lager, Lade und Kultus ist dann dieses "Zelt der Begegnung" bei und für P noch in den sog. Murrgeschichten bedeutsam, wo die Erscheinung des כָּבוֹד jeweils als rettendes Ereignis in dieser Situation des Murrens und der Not erfolgt, und wo die Anführer Israels durch dieses Erscheinen gestärkt und bestätigt werden. "Das so eingerichtete, Segen und Sühne beschaffende Heiligtum ist das Ziel der Wege Gottes mit Israel, ja mit der Schöpfung."[49] Die in Ex 39,32.43; 40,17.33b.34 begegnende Schöpfungsterminologie weist unübersehbar darauf hin.
In den gegenüber P älteren Traditionen[50] von J und E wird ein Zelt[51] genannt in Ex 33,7-11 und Num 11,16f.24-30; 12,4f.10, wobei Ex 33,7-11[52] die Einführung zu Num 11 und 12 sind. Dtn 31,14f. können nicht hierzu gerechnet werden, und auch Ex 34,29-35 sind überarbeitet. Hiernach wird ein Zelt außerhalb des Lagers errichtet. Mose geht zu ihm hinaus, und JHWH kommt jeweils in einer Wolkensäule zu diesem herab (ירד)[53], ist also nicht stets hier präsent. Er begegnet dort dem Mose und fällt durch Orakelerteilung die wichtigen Entscheidungen für das Volk und dessen Weg (Ex 33,7-11; Num 12,4). Josua fungiert als "Diener" an diesem Begegnungsort[54]. Da dieses Zelt doch wohl leer gedacht ist, sind genauere und über das bisher Gesagte hinausgehende kultische Funktionen unklar. Möglicherweise sollte es als Orakelstätte fungieren, obwohl ein völlig leeres Zelt unwahrscheinlich ist. Sollte dieses Zelt tatsächlich in die Zeit vor der Landnahme zurückreichen, "wird es von der Person des Mose nicht zu lösen sein."[55]
Daß auch die Lade in vorstaatlicher Zeit in einem Zelt untergebracht wurde (1 Sam 2,22; 2 Sam 7,6)[56], ist wahrscheinlich. Das öfter als drittes Zelt genannte Davidzelt (2 Sam 6,17; vgl. 7,6)[57] war wohl nichts anderes als eben dieses Schutzzelt für die Lade (vgl. 1 Kön 1,39; 2,28-30).
Hinter Zelt und Lade wird man verschiedene Trägerkreise oder auch Einwanderungsgruppen des späteren Israel zu vermuten haben, zumal beide Heiligtü-

---

48 Dazu *R.Schmitt,* a.a.O., 228ff.

49 *K.Koch,* ThWAT I, Sp. 140.

50 Dazu *R.Schmitt,* a.a.O., 180ff.- Anders: *A.H.J.Gunneweg,* Das Gesetz und die Propheten, ZAW 102, 1990, 169-180 (nachpriesterschriftliche Texte, die an Mose, d.h. an die Tora verweisen, damit an den Vorrang der Tora als *medium revelationis* vor Tempel und Opferkult).

51 Zuweilen auch mit (dem sek. Zusatz?) "der Begegnung".

52 Zur Diskussion dieser Verse, der These einer Lücke vor V.7 und der unklaren Beziehung des לוֹ vgl. *M.Görg,* a.a.O., 151ff.; *R.Schmitt,* a.a.O., 198f.276f. Ob es sich hier um Texte aus E oder Zusätze zu J handelt, ist umstritten.

53 Vgl. zu ירד auch Gen 11,5.7; Ex 19,11.18.20; 34,5: sämtlich J.- Vgl. S. 286.

54 Hat Josua hier andere Priester verdrängt? Sind diese Texte Zusätze, die Josua nahe an Mose heranrücken wollen?

55 *K.Koch,* ThWAT I, Sp. 136; (vgl. Ex 18,7?).

56 Vgl. oben S. 290.

57 Die Thesen von *M.Görg* zu diesem (a.a.O., 97.121ff.134f.) sind schon wegen der nicht begründbaren Konjektur von Gihon zu Gibeon in 1 Kön 1,38 problematisch (trotz 1 Chr 21,29); vgl. die Kritik von *R.Schmitt,* a.a.O., 195f.; zur Sache vgl. auch *V.Fritz,* Tempel und Zelt, 1977 (WMANT 47), 94ff.

mer in der Zeit vor P deutlich getrennt und unterschieden bezeugt sind. Ob man jedoch unterschiedliche "Theologien", wie Präsenztheologie (Lade) und Erscheinungstheologie (Zelt) mit ihnen verbinden kann, wird[58] kritisch zu fragen sein. Beides sind keine sich ausschließenden Gegensätze, und die jeweils eigenen Akzente ergänzen sich komplementär.[59] Für P gehören beide Heiligtümer zusammen, zuvor werden sie jedoch nie gemeinsam erwähnt. Das Zelt ist dem Thema "Wüstenwanderung" stärker zugeordnet, während die Lade dort nur in Num 10,35f. (14,44) genannt ist. Später "geht...die Zeltterminologie in die Tempelsprache ein"[60] (Ps 27,5; 61,5; vgl. 15,1; 78,60 und Jes 33,20f.).

4. JHWHs Hofstaat - Die Keruben, Serafen und Engel[61]

JHWH ist zwar ein einziger oder gar der einzige Gott, aber er ist nicht allein.[62] Bei sich in seiner himmlischen Welt hat er seinen *Hofstaat* (1 Kön 22,19; Jes 6,1f.; Hi 1+2; vgl. auch Gen 6,1-4; Dtn 32,8f. t.em.; Ps 8,6; 29,1; 82,1; 89,7f.; Dan 7,9f.), auf den auch der öfter verwendete göttliche Plural verweist (Gen 1,26f.[63]; 3,22; 11,7; Jes 6,8; vgl. auch Jes 40,1-8). So wie der Gott El nach ugaritischen Texten sein Pantheon um sich hatte und sammelte[64], dem er als höchster Gott und König der Götter präsidierte, so ist JHWH von seinem Hofstaat umgeben, wobei aber dieser nur noch nach Ps 82,1 aus "Göttern" besteht, die jedoch auch und gerade dort deutlich als depotenzierte gekennzeichnet werden. Die Mitglieder dieses Hofstaates haben ihre jeweiligen Funktionen, sind Teil einer Kosmologie mit auch politischen Ausdrucksformen (königlicher Hofstaat als Analo-

---

58 Gegenüber *G.von Rad,* Zelt und Lade, TB 8, ^{3}1965, 109-129; zur kritischen Diskussion der Forschung zur Sache vgl. *R.Schmitt,* a.a.O., 256ff.

59 So auch *W.Eichrodt,* Theol. I^{8}, 61f.; *R.de Vaux,* Das A.T. und seine Lebensordnungen II^{2}, 1966, 114-117.

60 *K.Koch,* ThWAT I, Sp. 138.

61 *H.Schultz,* Atl. Theol., ^{5}1896, 470-492.- *M.Görg,* Keruben in Jerusalem, BN 4, 1977, 13-24.- *ders.,* Die Funktion der Serafen bei Jesaja, BN 5, 1978, 28-39.- *D.N.Freedman/P.O.'Connor,* Art. "כְּרוּב *kᵉrûḇ*", ThWAT IV, Sp. 322-334.- *E.T.Mullen,* The Assembly of the Gods: The Divine Council in Canaanite and Early Hebrew Literature, Chico/CA. 1980 (HSM 24).- *S.Schroer,* In Israel gab es Bilder, 1987 (OBO 74).- *P.D.Miller,Jr.,* Cosmology and World Order in the O.T.: The Divine Council as Cosmic-Political Symbol, in: HorBiblTheol 9/2, 1987, 53-78.- *V.Hirth,* Die Keruben - Vorstellung und Wirklichkeit zur Zeit des A.T., in: Theol. Versuche XVII, 1989, 15-22.- *ders.,* Gottes Boten im A.T., 1975.- *C.Westermann,* Gottes Engel brauchen keine Flügel, 1957 (u.ö.).- *M.Welker,* Über Gottes Engel, JBTh 2, 1987, 194-209.- Vgl. auch: *W.Eichrodt,* Theol.II^{7}, 131ff.136ff.

62 So mit *Th.C.Vriezen,* Theol...., 151.

63 Auf eine ähnliche Wendung ("Wir wollen eine Lehmfigur schaffen") aus dem Mund der Göttin Belet-ili in einer 1987 veröffentlichten, neuen babylonischen Menschenschöpfungserzählung verweist *H.-P.Müller,* Or 58, 1989, 63f.- Gehörten zu diesem Hofstaat JHWHs auch weibliche Wesen, da die nach Gen 1,27 von "uns" und "nach unserem Bilde" geschaffenen Menschen doch auch als Mann und Frau erschaffen werden?

64 Vgl. vor allem KTU 1.2:I:13ff.; auch RGT^{2}, 34.240; zur Sache *H.Gese,* in: *H.Gese/M.Höfner/K.Rudolph,* Die Religionen Altsyriens, Altarabiens und der Mandäer, 1970, 100ff.- *O.Loretz,* Ugarit und die Bibel, 1990, 56ff.

gon) und z.B. als Keruben oder besonders als Engel Mittel göttlichen Weltregiments und göttlicher Weltlenkung.
Zu diesem Hofstaat gehören die besonders in 1 Kön 6-8 und Ez 10 erwähnten *Keruben*[65], die - wie viele, vor allem babylonische Funde erweisen - als eine Art Mischwesen, damit also wohl ursprünglich mythologischer Herkunft anzusehen sind und gewöhnlich als geflügelte Sphingen vorgestellt werden. Sie sind eng mit dem Thron JHWHs und damit auch mit JHWHs Hofstaat verbunden, haben vor allem den Wächterdienst am himmlischen Thron oder am Lebensbaum (Ez 28,13ff.; vgl. Gen 3,24; 1 Kön 6,29.32.35; Ez 41,17ff.), ja sind Träger oder gar Teil dieses Thrones, damit auch Träger der Gottheit und - wie in anderer Weise die Lade[66] - Symbol von JHWHs Gegenwart. Sie fungieren als sein Fahrzeug (Ez 10; Ps 18,11 par.), weswegen man sie früher auch als personifizierte Gewitterwolke ansah (vgl. Jes 19,1; Ps 104,3). Sie waren im Tempel Jerusalems vorhanden (1 Kön 6,23-28; vgl. 1 Kön 8,6-8), und werden in vorstaatlicher Zeit schon im Zusammenhang mit der Lade erwähnt[67], wo der Titel "Kerubenthroner" (2 Kön 19,14f.; Ps 99,1) JHWH vielleicht in Silo zugewachsen war (1 Sam 4,4; 2 Sam 6,2). Inwieweit damit schon eine Vorstellung von JHWH als König verbunden war, ist nicht ganz eindeutig zu erheben[68], wenn es auch vom ikonographischen[69] und semantischen Umfeld (Thron; vgl. Ez 10) her wahrscheinlich ist[70]. Die Keruben waren ursprünglich nicht so sehr zur Verbindung von Gott und Mensch eingesetzt, sondern sie dienten eher zur Veranschaulichung der Majestät Gottes. "Sie schützen den heiligen Bezirk, sie markieren die Gegenwart des Heiligen, und sie sind Träger des Heiligen."[71] Der Kerubenthron JHWHs verbindet folglich dessen irdischen Thron im Tempel mit seinem Thron im Himmel und stellt damit erneut, wie es der Tempel insgesamt tut[72], die Verbindung von himmlischer und irdischer Wohnstatt JHWHs, damit vom fernen zum nahen Gott dar und her. Wenn aber nach der Zerstörung des (ersten) Tempels an der Vorstellung der Keruben bewußt festgehalten (Ez) und diese dabei auch etwas uminterpretiert wird (P: Ex 25,17ff.), werden sie jetzt gerade hier dem Anliegen dienstbar gemacht, JHWH bei seinem Volk trotz Verlust des Tempels präsent zu haben (vgl. Ez 11,22 und die Nähe der vier Wesen in Ez 1 zu den Keruben).

---

65 Dazu ausführlicher auch *W.Eichrodt*, Theol.II^7, 136ff.- *O.Keel*, Jahwe-Visionen und Siegelkunst, 1977 (SBS 84/85), 15ff.152ff. u.ö.- *S.Schroer*, In Israel gab es Bilder, 1987 (OBO 74), 121ff.

66 Zu ihr S. 289-291.

67 Spätere Ausgestaltung dieser Verbindung: Ex 25,18-22; vgl. 26,1.31; 36,8.35; 37,7-9.

68 Dazu *B.Janowski*, Das Königtum Gottes in den Psalmen, ZThK 86, 1989, 389-454 (dort vor allem 428ff.-Lit.!).

69 Vgl. dazu *O.Keel*, (s. Anm.65) und *T.N.D.Mettinger*, The Dethronement of Sabaoth, Lund 1982 (CB OT 18), 19ff.

70 Vgl. *N.Lohfink*, Der Begriff des Gottesreichs vom A.T. her gesehen, in: Unterwegs zur Kirche *(Hg. J.Schreiner)*, 1987, 33-86; dort 47: "Die Lade als Thron(podest) Jahwes ebenso wie die Vorstellung von Jahwe als dem Kerubenthroner könnten beide schon vorstaatlich sein (Haftpunkt: Schilo) und gehören der Sache nach in den Zusammenhang der Königsvorstellung."

71 *V.Hirth*, Theol. Versuche XVII, 18.

72 Vgl. oben S. 288.

Die *Serafen* sind nur in Jes 6,2f. erwähnt, werden dort aber als bekannt vorausgesetzt. Sie sind wohl mit einem geflügelten Schlangenleib vorzustellen (vgl. Num 21,6; Jes 14,29; 30,6; auch Dtn 8,15; 2 Kön 18,4?), mit menschlichen Händen und Füßen und in etwa der ägyptischen Uräusschlange vergleichbar. Die himmlische Anbetung des thronenden Gottes ist ihre Hauptfunktion. Sie sind JHWH untergeordnet und singen das Lob des heiligen JHWH, der somit nicht nur auf irdische Lobgesänge angewiesen bleibt. Dabei müssen sie sich mit ihren Flügeln vor der Majestät JHWHs schützen. Die für ihre Bezeichnung verwendete Wurzel שׂרף läßt an den Blitz denken[73], wozu die Verbindung mit den Keruben als ursprünglich personifizierter Gewitterwolke passen würde (Ps 18,12f.; 104,3; Jes 19,1).[74]

Ob auch die *Engel* (Plural!)[75] als JHWHs Boten ursprünglich Bestandteil seines Hofstaates waren, ist umstritten[76]. Daß sie auch "die Starken", "die Heiligen" oder "Göttersöhne" genannt werden können, legt einerseits eine solche Beziehung nahe, kennzeichnet sie anderseits als männliche Wesen[77]. Auch mit dem "Himmelsheer" sind wohl sie gemeint (1 Kön 22,19; Jes 24,21; 40,26; Jer 33,22; Ps 33,6; 148,2 u.ö.; vgl. "Heer JHWHs" Jos 5,14 oder auch Dan 7,10), und möglicherweise hatten sie als solches sogar einmal etwas mit den Sternen zu tun (Ri 5,20: die Sterne kämpfen; vgl. Hi 38,7). Da Sterne auch als Boten Gottes angesehen wurden, wäre hier eine Brücke zu den Engeln als Boten Gottes. Eine Verbindung zur Botenfunktion wird auch durch ihre hebräische Bezeichnung מַלְאָכִים nahegelegt, die vom (im Ugaritischen belegten) Verbum לאך ("gehen,senden") abgeleitet ist. Diese himmlischen Wesen haben keine Flügel (Gen 28,12) und sind vor allem, was aber auch von Menschen und sogar von Naturmächten gesagt werden kann (Ps 104,4), JHWHs "Boten", damit Repräsentanten seiner Gegenwart und Funktionäre seines Willens. Die für sie möglichen religionsgeschichtlichen Wurzeln und Hintergründe sind für das AT nicht mehr wesentlich. Die Engel sind hier ohne wirklich eigenständige Bedeutung, sondern als Vermittler von Schutz, aber auch von Offenbarung, ja von Strafe und Widerstehen Gottes ein Ausdruck für JHWHs Distanz und Nähe.[78] Ent-

---

73 *M.Görg* (BN 5, 29f.) leitet es von einer mitteläqypt. Wurzel *sfr/srf* "Greif" her.

74 Vgl. auch das ugaritische "Baal, der Wolkenreiter" (KTU 1.2:II:7 u.ö.) und Ps 18,11; 68,5.- Dazu: RGT^2, 215-218.228.232.

75 Die Abgrenzung zum "Engel JHWHs" als Einzelgestalt ist nicht immer leicht zu vollziehen. Zu ihm vgl. S. 189-191.- Zur Problematik besonders *V.Hirth,* Gottes Boten im A.T., 1975.- Vgl. auch: *P.van Imschoot,* Theol. of the O.T., Bd.I, 1965, 107ff. und *H.Röttger,* NBL I, Sp. 537f.

76 Auch die Götter Ugarits, Mesopotamiens oder Ägyptens verkehrten untereinander und mit den Menschen durch "Boten". Vgl. dazu: *H.Gese/M.Höfner/K.Rudolph,* Die Religionen Altsyriens, Altarabiens und der Mandäer, 1970; darin *H.Gese,* 170f.198.- *O.Loretz,* Ugarit und die Bibel, 1990, 89.- *E.Otto,* LÄ I, Sp. 846f.- In Mesopotamien waren es vor allem die sog. *lamassu,* die Boten- und Schutzfunktion übernahmen und dann als "gute" wirkten; vgl. RLA VI, S. 446-455 und WdM I, 46 s.v. "Botengötter".

77 Gen 6,1-4; Ex 15,11; Sach 14,5; Ps 29,1; 78,25; 82,6; 89,6-8; Hi 1,6; 2,1; 5,1; 15,15; Dan 4,14; 8,13 u.ö.- Vgl. oben S. 148.

78 Vgl. den "Verderber" Ex 12,23; den Pestengel 2 Sam 24,16; 2 Kön 19,35; 1 Chr 21,15.

scheidend ist, daß Gott diese Engel sendet. Zur Spekulation über die himmlische Welt wollen sie keinen Anlaß geben.[79]
Während bei Ezechiel noch ein "Mann" die führende wie erklärende Funktion bei der Beschreibung des neuen Heiligtums einnimmt (Ez 40,3 u.ö.; vgl. noch Dan 8,15; 9,21), kennt Sacharja bereits einen Deute*engel* (Sach 1,9ff.; 2,2 u.ö.), der auch Fürbitte leistet (Sach 1,12). Ab Daniel werden diese Engel dann noch untergliedert, erhalten Namen und treten auch als Schutzengel der Völker und deren himmlische Entsprechung auf (Gabriel: Dan 8,16; 9,21.- Michael: Dan 10,13.- Vgl. Raphael im Buch Tobit). Ein weiterer Ausbau der Angelologie in nachexilischer Zeit und im frühen Judentum (Qumran![80]) ist durch die auch hier sich zeigende stärkere Transzendentalisierung Gottes in dieser Zeit sowie durch religionsgeschichtliche Einflüsse aus dem Parsismus mitbedingt.[81]

5. Die Dämonen[82]
Weit weniger als seine Umwelt fühlte sich Israel, wenn man dem Zeugnis des AT Glauben schenkt, durch Dämonen gefährdet oder gar unterdrückt. Vor allem in Babylonien war die Dämonenfurcht groß und die gegen diese gerichtete Beschwörungspraxis von Bedeutung.[83] Der Grund dafür, daß das für das alte Israel im AT relativ selten bezeugte Reden von Dämonen "ererbt und unterdrückt"[84] und eher "Strandgut umweltlichen Dämonenglaubens" war[85], liegt eindeutig in der Gotteserfahrung und dem Gottesbild Israels begründet, damit in der Eigenart JHWHs. Daß Dämonenfurcht im sog. Volksglauben verbreiteter war, als dies im AT deutlich wird, kann man annehmen, nicht aber klar beweisen.
Nach dem AT sind Zauberei und Mantik an sich verboten, um JHWHs Majestät zu wahren (Ex 22,17; Lev 19,31; 20,27; Dtn 18,9ff.; 1 Sam 28; vgl. 2 Kön 23,8; Jes 2,6). An einigen Stellen wird jedoch ihre Praktizierung oder die ihnen nahestehender Riten erzählt (Gen 30,14ff.37ff.; Num 5,11ff.; 2 Kön 2,19ff.; 4,33ff.). Wegen dieses relativ schmalen Befundes findet man im AT auch nur sehr vereinzelte und meist untergeordnete Aussagen über Dämonen. Hierzu zählen vor allem die Erwähnungen der "Wüstentiere"(? Jes 13,21), der "Haarigen" oder "Bocksgeister" (Jes 34,14) oder der Lilith als weiblicher Nachtdämon

---

79 "Weit davon entfernt, im Widerstreit zum Monotheismus zu stehen, ist diese Vorstellung die höchste Akzentuierung der Majestät Jahwes" *(Th.C.Vriezen,* Theol., 151).

80 Dazu *K.E.Grözinger,* TRE 9, 586-596.

81 Vgl. dazu auch *J.Maier,* Zwischen den Testamenten, (NEB AT Erg.Bd.3), 1990, 34.108f.203.

82 Vgl. dazu: *W.Eichrodt,* Theol.II[7], 152-156.- *G.Wanke,* Art. "Dämonen. II: A.T.", TRE 8, 275-277.- *M.Görg,* Art. "Dämonen", NBL I, Sp. 375-377 (AT).- Dann auch: *E.S.Gerstenberger/W.Schrage,* Leiden, 1977, 54-59, dort jedoch mit m.E. zu gewichtiger Wertung.

83 Vgl. *B.Meissner,* Babylonien und Assyrien, Bd.II, 1925 (s.Reg.).- *H.W.F.Saggs,* Mesopotamien, 1966, 449ff.- *H.Gese,* (s. Anm.76), 171.- *O.Loretz,* (s. Anm.76), 90.- WdM I, 46-49.274-276.

84 So *L.Köhler,* Theol.[4], 148.

85 So *H.Haag,* Teufelsglaube, 1974, 166.

(Jes 34,14)[86], des Wüstendämons Asasel in Lev 16,10[87] und dann die Notiz in 2 Chr 11,15, wo sogar Priester für die Dämonen erwähnt werden, allerdings als Kennzeichnung einer schlimmen Sünde Jerobeams. Dtn 32,17 und Ps 106,37f. (auch Lev 17,7; Jes 8,19; 1 Sam 28,13?) lassen noch erkennen, daß man diese Dämonen als göttliche Wesen angesehen hatte, wie ja auch in Mesopotamien sowohl Götter- als Dämonennamen mit dem Gottesdeterminativ versehen wurden. In manchen kultischen wie anderen Bräuchen (Lev 19,9; vgl. Hi 31,38-40), in Speisegesetzen und besonders Totenbräuchen können sich noch alte, auch in Israels Umwelt belegte Abwehrriten gegen Dämonen verbergen (Jes 22,12; Jer 16,6; 41,5; Ez 7,18; Mi 1,16 u.ö: oft in prophetischer Polemik!).[88] Krankheiten jedoch werden im AT nicht auf Dämonen, sondern auf JHWH selbst zurückgeführt (Lev 26,16; Num 12,9-14; Dtn 28,21f.; 2 Sam 24; Hi 6,4ff.; dann die Klagepsalmen des einzelnen u.a.m.). In Schilderungen, die an Dämoneneinflüsse erinnern, wird dann doch vom "Du" des hier handelnden JHWH gesprochen (Ps 22,13-17; vgl. dort V.16c). Der "Verderber" (Ex 12,23) kommt von ihm, und JHWH ist es auch, der Israels Arzt ist (Ex 15,26).[89] Da es keine Götter neben JHWH gibt, gibt es auch keine Geister neben ihm (Ps 91,5f.; vgl. aber 1 Kön 22,21), was - ähnlich wie für die Aussagen über die Engel und den Satan[90] - erst in nachexilischer Zeit und im frühen Judentum anders wird, so daß Dämonen dann im NT eine beinahe größere Rolle als im AT spielen können. "Nach der alttestamentlichen Offenbarung hat es der Mensch mit Gott zu tun, nur mit Gott."[91] Ernsthafte Widersacher JHWHs waren nach dem AT weder die Dämonen noch der Satan.

6. Der Satan[92]

Eine innerhalb des AT ebenfalls geringe und noch dazu erst späte Rolle spielt der Satan. Bei der Suche nach seinem möglichen Ursprung und Herkommen[93] hat man an eine nur literarische Figur gedacht, an ein bösartiges Märchenwesen. Man hat ihn aus Babylonien oder Persien hergeleitet, als Glied der göttlichen Polizei angesehen, als Gegenpol zum persönlichen Schutzgott, als aus dem Rechtsleben übernommener Ankläger, als personifizierte Funktion Gottes. Jedenfalls sei er aber "erst nach dem Exil entstanden".[94]

---

86 So auch in Mesopotamien.- Vgl. zu ihr: *H.Wildberger,* BK X/3, 1347-1349.- Zu den Namen s. auch *H.Donner,* ZThK 87, 1990, 291f.

87 Zu ihm: Bd.II, § 13.4.

88 Vgl. Ex 28,33-35; Lev 19,27f.; Dtn 14,1; Ez 27,31; Am 8,10 u.ö.- Zu ähnlichen Bräuchen in Ugarit vgl.: *O.Loretz,* (s. S. 295, Anm.76), 109-115.- Dazu auch: Bd.II, § 11.1d.6.

89 Dazu genauer *N.Lohfink,* "Ich bin Jahwe, dein Arzt", in: "Ich will euer Gott werden", 1981 (SBS 100), 11ff.

90 Zu ihm gleich S. 297f.

91 *L.Köhler,* Theol.[4], 148.

92 Vgl. dazu: *R.Schärf,* Die Gestalt des Satans im A.T., in: *C.G.Jung,* Symbolik des Geistes, 1953, 151ff.- *H.Haag,* Teufelsglaube, 1974.- *P.L.Day,* An Adversary in Heaven, Atlanta/Gg. 1988 (HSM 43).- Zum Satan (mit weitergehender Wertung) auch: *H.D.Preuß,* Einführung in die atl. Weisheitsliteratur, 1987, 104-107+210.

93 Vgl. dazu den Forschungsüberblick bei *G.Fohrer,* Studien zum Buche Hiob, [2]1983 (BZAW 159), 43, Anm.14.

94 So *L.Köhler,* Theol.[4], 167.

Der Name "Satan" ist von der hebräischen Wurzel שטן hergeleitet, die "anfeinden, anschuldigen, anklagen" bedeutet (Ps 38,21; 71,13; 109,4.20.29; vgl. Ps 55,4; Hi 16,9; Gen 27,41; 49,23; 50,15). Damit ist zunächst folglich weder eine feste Funktion, noch ein Titel oder gar ein Eigenname bezeichnet. Dergleichen Widersacher können zunächst Menschen sein, so David für die Philister (1 Sam 29,4), persönliche Gegner oder Gegner im Gerichtsverfahren (2 Sam 19,23; Ps 109,6; Ps 71,13). Es geht um Gegner im politischen Bereich (1 Kön 5,18; 11,14.23.25) oder um den Engel JHWHs, der dem Bileam und seiner Eselin widersteht (Num 22,22.32). Widersacher zu sein ist dabei nicht das ständige Wesen dieser Gegner, sondern sie sind es nur ad hoc und zeitweise. Somit steht am Anfang des Gebrauchs dieser Wurzel ihre Verwendung für ein zwischenmenschliches Verhalten.
In Sach 3,1f. und Hiob 1+2 erscheint "der Satan" (mit Artikel) in der Funktion eines himmlischen Anklägers[95] innerhalb von JHWHs Hofstaat und im Auftrag JHWHs. Er ist hier im Gespräch mit JHWH, steht unter dessen Macht, handelt in seinem Auftrag. Er ist Gott nicht gleichrangig beigeordnet, kann vielmehr ohne dessen Erlaubnis nichts tun (Luther: "Gottes Teufel"). Der entscheidende Gegner Hiobs ist Gott selbst, nicht der Satan. Selbst wenn der Satan in dem (nur vorderen) Rahmen des Hiobbuches erst später hinzugefügt sein sollte[96], so führen diese Belege zusammen mit denen des Protosacharja doch in die (früh-) nachexilische Zeit.
In 1 Chr 21,1 erscheint dann in spätnachexilischer Zeit "Satan" als Eigenname und ohne Artikel. Zu diesem Text gibt es nun die ältere inhaltliche Parallele in 2 Sam 24,1. Vergleicht man beide Texte, so wird deutlich, daß in 1 Chr 21,1 vom Satan in der Weise die Rede ist, daß er als Vollzugsorgan des Zornes Gottes fungiert. Er ist hiernach ein Widersacher des Menschen in göttlichem Auftrag, jedoch noch nicht Widersacher Gottes, Urheber des Bösen oder ähnlich. Auch die "Satanologie" wurde in dieser Weise erst in der Zeit des Frühjudentums ausgebaut[97] und ist - wie die Dämonologie - im NT daher deutlicher als im AT vertreten. War Gott für das AT ursprünglich auch Urheber des Negativen, des Unglücks, des dem Menschen Abträglichen[98], so rückte jetzt der Satan in diese Rolle, da man Gott aufgrund einer auch ethisch stärkeren Transzendentalisierung nicht mehr mit Bösem oder Negativem in Verbindung bringen wollte. Man vergleiche in diesem Sinne etwa Hi 2,7 mit Ex 11,5; 12,23; Lev 26,16; Dtn 28,20ff.; 1 Sam 16,14; 2 Sam 24,15f.; 1 Kön 22,22f. So werden jetzt zwei Vorstellungen - JHWH als Urheber des Guten und JHWH als Bewirker auch des Negativen - voneinander getrennt und das Böse aus JHWH herausverlagert, obwohl der strenge atl. Eingottglaube an sich diesen Weg hätte ausschließen müssen. Daß dabei ein dualistischer Einfluß des Parsismus verstärkend am Werke war, ist möglich. So übernimmt jetzt Satan die Taten Gottes, die man diesem ursprünglich zuschrieb, wenn man ihn in unbegreiflicher Weise zuschla-

---

95 Vgl. zum himmlischen Ankläger den himmlischen Verteidiger Hi 33,23ff.

96 Vgl. zu diesen literar- und redaktionskritischen Fragen des Hiobbuches den Überblick bei *H.D.Preuß*, Einf. in die atl. Weisheitsliteratur, 1987, 72ff.

97 Dazu *H.Haag*, Teufelsglaube, 192ff.- *J.Maier*, Zwischen den Testamenten, (NEB AT Erg.Bd.3), 1990, 34.211f.

98 Dtn 32,39; 1 Sam 2,6f.; 2 Kön 6,33; Jes 45,7; Am 3,6; Pred 7,13f.; Hi 1,21; 2,10.- Ist Jes 45,7 bereits gegen persischen Dualismus gerichtet?- Vgl. dazu S. 118f.

gen spürte.[99] Ob man damit dieses Problem in angemessener Weise "gelöst" hatte bzw. ob es überhaupt rational lösbar ist, bleibt zu fragen. Mit dem Ursprung der Sünde jedoch wird der Satan im AT noch nicht zusammengebracht, auch nicht in Gen 3, wo die Schlange als Versucherin alttestamentlich noch nichts mit dem Satan zu tun hat. Diese Verbindung begegnet erst in Weish 2,24.

7. Das Totenreich[100]

Angesichts der Tatsache, daß und wie JHWH durch das AT als alleiniger und mächtiger Gott bezeugt wird, fällt auf, daß er seinen machtvollen Einfluß nicht von Anfang an auch auf das Reich der Toten, auf die שְׁאוֹל[101] hat ausdehnen wollen oder können, so daß die Welt der Toten atl. der gottfernen Welt zugerechnet werden muß.[102] Hierbei kennt das AT außerdem die שְׁאוֹל nur als Ort der Toten, weiß aber noch nichts von einer Hölle als dem Ort der Verdammten.[103]

Wenn der Tod den Menschen ereilt und er der Unersättlichkeit (Spr 27,20; 30,15f.) des Totenreichs anheimfällt, dann ist er dort von JHWH geschieden (Ps 88,6). JHWH hat kein Interesse an den Toten, die ja außerhalb seines irdischen Handelns stehen. Eine Gottesgemeinschaft gibt es dort nicht mehr (Jes 38,18; Ps 88,6.11-13). Der irdische Beter kann ein Zeuge JHWHs sein, der Tote ist davon ausgeschlossen.[104] Dies gilt trotz der gegenteilig anmutenden Aussagen in Dtn 32,39; 1 Sam 2,6; Am 9,2; Hi 26,6; Ps 30,4; 49,16; 86,13; 139,8 u.ö.[105], die einerseits in den auch die Scheol umgreifenden Bildern nur davon reden, daß ein lebender Mensch JHWH nicht entrinnen kann. Anderseits geben sie davon Kunde, daß JHWH auch aus der Macht der Scheol herausreißen kann. Hierbei ist jedoch diese Macht des Totenreichs als eine das Diesseits bedrängende gesehen[106]. Denn die Scheol reicht mit ihrer Macht bis ins Diesseits hinein (Spr 7,27; Ps 18,5f.; 116,3), weil und insofern ja bereits eine Krankheit den von ihr befallenen Menschen als in der Gewalt des Todes kennzeichnet.[107] So ist die Scheol nicht nur ein Ort, sondern sie umfaßt mit ihren Armen und Schlingen

---

99 Zur atl. Sicht des Leids siehe Bd.II, § 11.6.

100 Dazu: *V.Maag,* Tod und Jenseits nach dem A.T., SThU 34, 1964, 17-37 (=*ders.,* Kultur, Kulturkontakt und Religion, 1980, 181ff.).- *Th. Podella,* Grundzüge atl. Jenseitsvorstellungen, BN 43, 1988, 70-89.- Vgl. auch: *W.Eichrodt,* Theol.II[7], 143-152.

101 So 66mal im AT.- Zur umstrittenen Etymologie des Wortes siehe *G.Gerleman,* THAT II, Sp. 837f. und *Th.Podella,* BN 43, 1988, 75f.- Zuweilen heißt sie auch schlicht "das Land", "die Erde": Ex 15,12; Num 16,30.32; 1 Sam 28,13 u.ö.- Zu ihren Namen und Bezeichnungen s. *N.J.Tromp,* Primitive Conceptions of Death and the Nether World in the O.T., Rom 1969 (BibOr 21), 21ff.

102 Zu Tod, Sterben und Auferstehung des Menschen nach dem AT s. Bd.II, § 11.1d.7b.d.

103 Vgl. *L.Köhler,* Theol.[4], 142: Scheol als "Vorläufer der Hölle und Seitengänger des Hades".

104 Vgl. dazu *Chr. Hardmeier,* "Denn im Tod ist kein Gedenken an dich..." (Psalm 6,6). Der Tod des Menschen - Gottes Tod?, EvTh 48, 1988, 292-311.

105 Vgl. noch Jes 7,11; Hos 13,14; Spr 15,11.

106 Vgl. die "Arme" und den "Rachen" der Scheol: Hab 2,5 u.ö.

107 Zur Lebensminderung als Todesmacht vgl. Bd. II, § 11.1d.7b.- Vgl. auch: RGT[2], 50.60.

einen Bereich und bildet eine Todessphäre (Ps 18,5f.). Folglich geht es um ein Erretten *vor* dem Tod, nicht aber *aus* ihm (Ps 9,14; 16,10; 30,4; 56,14; 71,20; Jes 38,10), und im Tal der Finsternis und damit der Todesgefahr muß JHWH seinen Frommen schützend geleiten (Ps 23,4), denn auch das "Tal der Finsternis" weist in die Todessphäre.[108]
Wie es nach atl. Vorstellung in der Scheol aussieht, wird besonders durch Jes 14,9-11; 38,10ff.; Ps 88 und Ez 32,17-32 deutlich. In ihr ist es dunkel, sie liegt im Innern der Erde unter dem Urozean, so wie umgekehrt Gottes Palast über dem himmlischen Ozean zu suchen ist.[109] Man steigt zu ihr hinab, sie wird auch "Grube" oder "Tiefe" genannt und hat Tore und Riegel.[110] Man führt dann dort ein Schattendasein[111], spricht nicht mehr, sondern zirpt nur noch[112] und bleibt für immer an dieser Stätte des Schweigens und in diesem Land ohne Wiederkehr[113], so daß man nur gegen alle Regeln und Gebote einen Toten von dort wieder heraufholt (1 Sam 28: Samuel). Im Totenreich lobt man JHWH nicht, denn man ist ja von ihm getrennt (Ps 6,6; 30,10; 88,11-13; 115,16-18; Jes 38,18; vgl. Sir 17,27f.). So ist die dortige Existenzform der Toten (Jes 26,19) als "Schatten"[114] atl. nicht mehr als Leben zu bezeichnen (Koh 9,5f.10). Die Scheol ist schlicht die "Un-Welt",[115] ein Sterbender muß faktisch auch von seinem Gott Abschied nehmen[116], und wenn der Mensch reich war, kann er auch von seinem Reichtum nichts in die Scheol mitnehmen (Ps 49,17f.; Koh 5,14; Jes 14,11f.). Hierbei berühren sich die atl. Vorstellungen über das Totenreich eng mit denen des alten Mesopotamien[117], wie sie exemplarisch in der Tf.XII des Gilgameš-Epos begegnen.[118]
So findet man in der Scheol zwar ein getreues, aber ein nur schattenhaftes Abbild irdischen Lebens, und wenn man nicht richtig begraben, mit dem Schwert erschlagen war oder ganz unbestattet blieb, wirkt sich dies auch in der Scheol negativ aus, so daß man sich selbst noch dort mit einer negativ abgehobenen Existenz begnügen muß (1 Kön 13,22; Jes 14,3-21; 34,3; Jer 16,6; 26,23; Ez 32,17ff.).

---

108 Jer 2,6; 13,16; Ps 44,20; 107,10.14; Hi 3,5; 10,21f.; 16,16; 38,17 u.ö.

109 Vgl. dazu Abschnitt 1 dieses § (S. 286f.).- Zum Weltbild vgl. S. 259f.

110 Gen 37,35; 44,29.31; Num 16,31-33; Dtn 32,22; Jes 5,14; 14,9; 38,10; Ez 31,15ff.; Am 9,2; Jon 2,7f.; Ps 9,14; 16,10; 30,4; 63,10; 88,4-7; 89,49; 95,4; 107,10-16; Spr 1,12; 7,27; 9,18; Hi 7,9f.; 10,21; 16,22; 17,13f.16; 21,13; 26,6; 38,16f.; Koh 9,5.10.

111 *V.Maag,* SThU 34, 1964, 23: "Wachsfigurenkabinett" (vgl. Hi 3,13ff.).- Hebräisch רְפָאִים: Jes 14,9; 26,14.19; Ps 88,11; Hi 26,5 (von רפא "schlaff sein").- Zu den ebenfalls so benannten Gestalten in den Ugarittexten: *D.Kinet,* Ugarit, 1981 (SBS 104), 90ff.- *O.Loretz,* Ugarit und die Bibel, 1990, 128-134.208 (Lit.).- Vgl. auch *Th.Podella,* BN 43, 1988, 85ff. und WdM I, 304f.

112 Jes 8,19; 29,4.

113 2 Sam 12,23; Ps 78,39; 94,17; 115,17; Hi 3,11ff.; 7,9f.; 10,21; 14,12-14.

114 Was nicht mit "Seelen" verwechselt oder gar wiedergegeben werden darf.

115 *L.Köhler,* Theol.[4], 143.

116 So mit *V.Maag,* SThU 34, 1964, 20.

117 Zu diesen *M.Hutter,* Altorientalische Vorstellungen von der Unterwelt, 1985 (OBO 63) und WdM I, 130-132.

118 AOT[2], 183-186; ANET[2+3], 97-99.507.- Ferner: *A.Schott/W.von Soden,* Das Gilgamesch-Epos, (1958) 1963 u.ö., 100-106.- Vgl. auch "Inannas Gang zur Unterwelt": ANET[2+3], 52-57.106-109 und *J.Bottéro/S.N.Kramer,* (s. S. 242, Anm.536), 318-330.

Daß man neben der Scheol auch vom Grab als Ort des Toten wußte (Jes 22,16) und beides offensichtlich nebeneinander unausgeglichen bestehen konnte, ist wohl als sog. "mentaler Archaismus" zu werten[119], bei dem man bewußt an einem solchen Ausgleich nicht interessiert ist.[120] Jedenfalls ist die Scheol nicht als Sammelgrab oder als Gräberkonzentration zu verstehen, sondern Grab und Scheol stehen als zwei unterschiedliche Traditionsstränge bzw. mit unterschiedlichen Wurzeln nebeneinander.
Wie ist es nun aber zu erklären, daß der Bereich der Toten innerhalb des alten Israel, wie es das AT uns erkennen läßt, so lange als nicht unter JHWHs Wirksamkeit und Einfluß stehend angesehen wurde (vgl. Hi 14,7ff.; Ps 115,17)? Hierbei handelte es sich zuerst wohl um eine bewußt vollzogene Ablehnung und Abgrenzung, wie dies die Ablehnung der Totenbräuche erweisen kann. Totenbräuche und Totenglauben waren in Israels damaliger religiöser Umwelt ein zu verbreitetes und dann eben auch oft mit anderen Göttern verbundenes Phänomen. So kannte Ugarit den Mot ("Tod") als Gott, und von ihm und seinem Gegner Baal erzählte man sich mancherlei, was auch mit dem Totenreich und dem Sterben zusammenhing.[121] All dieses wurde als "unrein" ausgegrenzt und verboten (z.B. Lev 19,31; 20,6; 21,1; Dtn 14,1f.; 18,11).[122] JHWH war ein Gott der Lebenden und wollte es auch sein, nicht aber der Toten (vgl. Mt 22,32 par.). So wurden auch, da der JHWHglaube an diesen Fragen kein eigenes Interesse bekundete, einige Jenseitsvorstellungen (etwa über das Totenreich) aus der Umwelt übernommen. Man muß, will man diese im Zusammenhang erheben, die Aussagen darüber sich innerhalb des AT sehr zusammensuchen, und dort geben Psalmen, Prophetie und Weisheitsliteratur (Hiob!) bezeichnenderweise erheblich mehr her als die erzählende Literatur des AT. Eine Jenseitsliteratur, wie sie z.B. das alte Ägypten kannte, hat Israel nicht ausgebildet. Auch die Anthropologie des alten Israel[123] bot keine Möglichkeit der Anknüpfung, um positiv von einer postmortalen Existenz zu sprechen. Vielleicht hat sich außerdem der JHWHglaube mit seiner Reserve und Keuschheit gegenüber Jenseitshoffnungen und Jenseitsaussagen noch ein Stück nomadischen Erbes bewahrt[124] gegenüber der solchen Fragen offener begegnenden sedentären Frömmigkeit, die z.B. vom "Gottesacker" sprechen kann. Auch ein Ahnenkult ist ja für das alte Israel nicht nachzuweisen[125], obwohl die Gräber der Väter keine geringe Rolle spielen können (Gen 23), und das Sterben und Begrabenwerden als ein "zu seinen

---

119 So mit *V.Maag*, SThU 34, 1964, 20.

120 Vgl. bei uns die Rede von der Oma im Grab, auf dem Friedhof, im Himmel o.ä.

121 Dazu z.B. *H.Gese*, (s. S. 295, Anm.76), 119ff.135ff. u.ö.- WdM I, 253ff.300ff.- *D.Kinet*, (s. S.300, Anm.111), 65ff.90ff.- *O.Loretz*, (s. Anm.111), 73-75.89.- Vgl. RGT^2, 231-238.

122 Zu diesen Trauerbräuchen und zum Problem einer Totenverehrung vgl. *J.Nelis*, Art. "Totenverehrung", BL^2, Sp. 1774-1777.- *O.Loretz*, (s. Anm.111), 109-115.- *Th.J.Lewis*, Cults of the Dead in Ancient Israel and Ugarit, Atlanta/Gg. 1989 (HSM 39) und Bd.II, § 11,1d.7b.

123 Zu ihr Bd.II, § 11.1-4.

124 Vgl. dazu *V.Maag*, SThU 34, 1964, 18-20.

125 Zuversichtlicher urteilt hier *O.Loretz*, (s. Anm.111), 88f.125-143.183.218, der die "Väter" (Abraham usw.) als ursprünglich vergöttlichte und als solche verehrte Ahnen ansieht, die man erst in nachexilischer Zeit zu nur noch herausgehobenen Ahnen umformte.

Vätern versammelt werden" (bzw. "sich legen" oder "eingehen") immer wieder erwähnt wird (Gen 47,30; 49,31; 50,25; 2 Sam 17,23; 19,38 u.ö.). So konnte man zwar zuweilen hoffen und bitten, daß JHWH seinen Frommen nicht das Totenreich schauen lassen und somit ihn angesichts einer Krankheit heilen werde (Ps 16,10; 49,16), damit man weiterhin unter den Lebenden JHWH loben könne (Ps 115,17f.). War man aber einmal gestorben und im Totenreich, dann gab es keine Hoffnung mehr. Man kann dann nur noch resigniert fragen, wo dieser Mensch eigentlich sei (Hi 14,7ff.; dort V.10). JHWH hat zwar Macht auch über das Totenreich (Am 9,2; Ps 139,8; vgl. Hos 13,14), aber dieses Reich und seine Bewohner liegen eben nach dem Zeugnis des AT außerhalb seines Interesses (Jes 38,11; Ps 88,6.11), womit der atl. Fromme sich weithin abgefunden hat. Seine diesseitige Gemeinschaft mit JHWH innerhalb seiner Sippe und seines Volkes, die JHWH durch sein geschichtlich erwählendes Handeln ermöglicht und gestiftet hatte, waren ihm genug. Er war ein Gast und ein Fremdling bei seinem Gott wie alle seine Väter (Ps 39,13).

Register

[Die Seitenangaben beziehen sich auch auf die Anmerkungen.]

Hebräische Wörter

Sachregister

Register wichtiger Bibelstellen

Leviticus

Hiob (Ijob)